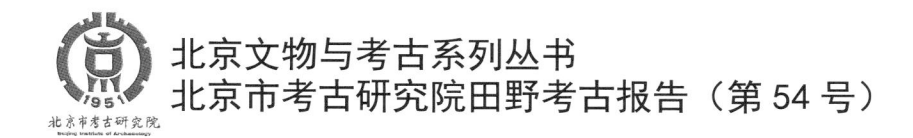

北京文物与考古系列丛书
北京市考古研究院田野考古报告（第54号）

北京考古
第4辑

北京市考古研究院　编著

北京燕山出版社

图书在版编目（CIP）数据

北京考古 . 第 4 辑 / 北京市考古研究院编著 . — 北京：北京燕山出版社，2024.2
ISBN 978-7-5402-7087-2

Ⅰ . ①北… Ⅱ . ①北… Ⅲ . ①考古工作—北京 Ⅳ . ① K872.1

中国国家版本馆 CIP 数据核字（2023）第 201329 号

北京考古 . 第 4 辑

| 编　　著：北京市考古研究院
| 责任编辑：吴蕴豪　梁　萌
| 书籍设计：北京麦莫瑞文化传播有限公司
| 封面设计：黄晓飞
| 出版发行：北京燕山出版社有限公司
| 社　　址：北京市西城区椿树街道琉璃厂西街 20 号
| 邮　　编：100052
| 电　　话：010-65240430（总编室）
| 印　　刷：北京富诚彩色印刷有限公司
| 开　　本：889mm×1194mm　1/16
| 字　　数：490 千字
| 印　　张：26.5
| 版　　次：2024 年 2 月第 1 版
| 印　　次：2024 年 2 月第 1 次印刷
| ISBN　978-7-5402-7087-2
| 定　　价：228.00 元

未经许可，不得以任何方式复制或抄袭本书部分或全部内容
版权所有，侵权必究

北京文物与考古系列丛书

内 容 简 介

本书是北京市考古研究院（北京市文化遗产研究院）的配合基本建设考古发掘报告集，收录的发掘报告全部为北京地区的配合基本建设考古发掘工作成果，涉及到朝阳、海淀、丰台、昌平等区域，时代跨度为唐代至清末民国初，类型有墓葬和窑址。出土的器物数量多，类型丰富，比较全面、及时地反映了北京市近年来配合基本建设考古工作的新成果。

本书可供从事考古、文物、历史等研究的学者及相关院校师生阅读和参考。

目 录

延庆区南菜园唐代墓葬发掘报告 ………………………………………………………………… 1

朝阳区孛罗营辽代墓葬发掘报告 ………………………………………………………………… 5

丰台区看丹村辽金窑址发掘报告 ………………………………………………………………… 8

昌平区平坊村辽金窑址及清代墓葬发掘报告 …………………………………………………… 13

海淀区小营村明代墓葬发掘报告 ………………………………………………………………… 25

昌平区东小口明清墓葬发掘报告 ………………………………………………………………… 30

昌平区马连店清代墓葬发掘简报 ………………………………………………………………… 52

昌平区七里渠清代墓葬发掘报告 ………………………………………………………………… 72

朝阳区豆各庄清代墓葬发掘报告 ………………………………………………………………… 91

朝阳区华侨村清代窑址发掘报告 ………………………………………………………………… 108

朝阳区祁家庄清代墓葬发掘报告 ………………………………………………………………… 113

朝阳区来广营清代墓葬发掘报告 ………………………………………………………………… 140

经济技术开发区路东区清代、民国墓葬发掘报告 ……………………………………………… 157

丰台区分钟寺清代墓葬发掘简报 ………………………………………………………………… 166

海淀区清河清代、民国墓葬发掘报告 …………………………………………………………… 193

海淀区树村清代墓葬发掘报告 …………………………………………………………………… 203

海淀区中关村清代窑址、墓葬发掘报告……………………………………………………… 213

顺义区赵全营清代、民国家族墓葬发掘简报……………………………………………… 229

通州区次渠清代墓葬发掘报告……………………………………………………………… 252

八达岭经济开发区清代墓葬发掘报告……………………………………………………… 278

密云区鼓楼西区考古勘探报告……………………………………………………………… 291

插图目录

延庆区南菜园唐代墓葬发掘报告

图一　发掘地点位置示意图 ……………………………………………………………… 1

图二　M1平、剖面图 ……………………………………………………………………… 2

图三　出土器物 …………………………………………………………………………… 3

图四　出土开元通宝（M1：4-1） ………………………………………………………… 4

朝阳区幸罗营辽代墓葬发掘报告

图一　发掘地点位置示意图 ……………………………………………………………… 5

图二　M1平、剖面图 ……………………………………………………………………… 6

丰台区看丹村辽金窑址发掘报告

图一　发掘地点位置示意图 ……………………………………………………………… 8

图二　发掘区东西向地层柱状剖面图 …………………………………………………… 9

图三　Y1平、剖面图 ……………………………………………………………………… 10

图四　Y2平、剖面图 ……………………………………………………………………… 11

昌平区平坊村辽金窑址及清代墓葬发掘报告

图一　发掘地点位置示意图 ……………………………………………………………… 13

图二　PF03、04、05地块遗迹分布图 …………………………………………………… 14

图三　M1平、剖面图 ……………………………………………………………………… 15

图四　M2平、剖面图 ……………………………………………………………………… 16

图五　M3平、剖面图 ……………………………………………………………………… 17

图六　Y1平、剖面图 ……………………………………………………………………… 18

图七　M1平、剖面图 ……………………………………………………………………… 19

图八　M1出土器物（一） ………………………………………………………………… 21

| 图九 | M1出土器物（二） | 22 |
| 图一〇 | M1出土器物（三） | 23 |

海淀区小营村明代墓葬发掘报告

图一	发掘地点位置示意图	25
图二	总平面图	26
图三	M1平、剖面图	27
图四	玉坠（M1:1）平、剖面图	28
图五	铜镜（M1:2）平、剖面图	28

昌平区东小口明清墓葬发掘报告

图一	发掘地点位置示意图	30
图二	总平面图	31
图三	M1平、剖面图	32
图四	M2平、剖面图	33
图五	M3平、剖面图	33
图六	M4平、剖面图	34
图七	M5平、剖面图	35
图八	M6平、剖面图	36
图九	M7平、剖面图	37
图一〇	M8平、剖面图	38
图一一	M9平、剖面图	39
图一二	M10平、剖面图	40
图一三	M11平、剖面图	41
图一四	M12平、剖面图	41
图一五	出土陶器	42
图一六	出土银器	44
图一七	出土铜钱拓片（一）	45
图一八	出土铜钱拓片（二）	47

昌平区马连店清代墓葬发掘简报

| 图一 | 发掘地点位置示意图 | 52 |

图二　总平面图 … 53
图三　M4 平、剖面图 … 54
图四　M14 平、剖面图 … 55
图五　M1 平、剖面图 … 56
图六　M2 平、剖面图 … 57
图七　M3 平、剖面图 … 58
图八　M9 平、剖面图 … 59
图九　M5 平、剖面图 … 60
图一〇　M6 平、剖面图 … 61
图一一　出土陶器 … 63
图一二　出土镇墓瓦 … 64
图一三　出土瓷器 … 65
图一四　出土器物 … 66
图一五　出土铜钱拓片 … 69

昌平区七里渠清代墓葬发掘报告

图一　发掘地点位置示意图 … 72
图二　总平面图 … 73
图三　地层堆积图 … 73
图四　M3 平、剖面图 … 74
图五　M5 平、剖面图 … 75
图六　M6 平、剖面图 … 76
图七　M1 平、剖面图 … 78
图八　M4 平、剖面图 … 79
图九　M2 平、剖面图 … 81
图一〇　M7 平、剖面图 … 82
图一一　M8 平、剖面图 … 83
图一二　出土器物 … 84
图一三　出土银簪 … 85
图一四　出土银器（一） … 86

| 图一五 | 出土银器（二）··· | 87 |
| 图一六 | 出土铜钱拓片··· | 88 |

朝阳区豆各庄清代墓葬发掘报告

图一	发掘地点位置示意图···	91
图二	总平面图···	92
图三	M1平、剖面图··	93
图四	M2平、剖面图··	94
图五	M3平、剖面图··	95
图六	M4平、剖面图··	96
图七	M5平、剖面图··	98
图八	M6平、剖面图··	99
图九	M7平、剖面图··	100
图一〇	M8平、剖面图···	101
图一一	M9平、剖面图···	102
图一二	M10平、剖面图··	103
图一三	M11平、剖面图··	104
图一四	出土釉陶罐···	105
图一五	出土器物···	105

朝阳区华侨村清代窑址发掘报告

| 图一 | 发掘地点位置示意图··· | 108 |
| 图二 | Y1平、剖面图·· | 110 |

朝阳区祁家庄清代墓葬发掘报告

图一	发掘地点位置示意图···	113
图二	总平面图···	114
图三	地层堆积图···	115
图四	M4平、剖面图··	116
图五	M5平、剖面图··	117
图六	M6平、剖面图··	118
图七	M1平、剖面图··	119

图八　M2平、剖面图……………………………………………………………………120
图九　M3平、剖面图……………………………………………………………………121
图一〇　M7平、剖面图…………………………………………………………………123
图一一　M8平、剖面图…………………………………………………………………124
图一二　M11平、剖面图…………………………………………………………………126
图一三　M9平、剖面图…………………………………………………………………127
图一四　M10平、剖面图…………………………………………………………………128
图一五　M12平、剖面图…………………………………………………………………130
图一六　M13平、剖面图…………………………………………………………………131
图一七　出土器物…………………………………………………………………………133
图一八　出土铜钱拓片（一）……………………………………………………………134
图一九　出土铜钱拓片（二）……………………………………………………………135

朝阳区来广营清代墓葬发掘报告

图一　发掘地点位置示意图……………………………………………………………140
图二　总平面图……………………………………………………………………………141
图三　M1平、剖面图……………………………………………………………………142
图四　M2平、剖面图……………………………………………………………………142
图五　M3平、剖面图……………………………………………………………………143
图六　M4平、剖面图……………………………………………………………………144
图七　M5平、剖面图……………………………………………………………………144
图八　M6平、剖面图……………………………………………………………………145
图九　M7平、剖面图……………………………………………………………………145
图一〇　M8平、剖面图…………………………………………………………………145
图一一　M9平、剖面图…………………………………………………………………146
图一二　M10平、剖面图…………………………………………………………………147
图一三　M11平、剖面图…………………………………………………………………147
图一四　M12平、剖面图…………………………………………………………………148
图一五　出土器物…………………………………………………………………………149
图一六　出土银器…………………………………………………………………………151

图一七　出土铜钱拓片（一）……………………………………………………………… 152

　　图一八　出土铜钱拓片（二）……………………………………………………………… 153

经济技术开发区路东区清代、民国墓葬发掘报告

　　图一　发掘地点位置示意图………………………………………………………………… 157

　　图二　总平面图……………………………………………………………………………… 158

　　图三　M1平、剖面图……………………………………………………………………… 159

　　图四　M2平、剖面图……………………………………………………………………… 160

　　图五　M3平、剖面图……………………………………………………………………… 161

　　图六　M4平、剖面图……………………………………………………………………… 162

　　图七　出土器物……………………………………………………………………………… 163

丰台区分钟寺清代墓葬发掘简报

　　图一　发掘地点位置示意图………………………………………………………………… 166

　　图二　总平面图……………………………………………………………………………… 167

　　图三　M11平、剖面图…………………………………………………………………… 168

　　图四　M19平、剖面图…………………………………………………………………… 169

　　图五　M22平、剖面图…………………………………………………………………… 170

　　图六　M26平、剖面图…………………………………………………………………… 171

　　图七　M7平、剖面图……………………………………………………………………… 172

　　图八　M21平、剖面图…………………………………………………………………… 173

　　图九　出土瓷罐……………………………………………………………………………… 174

　　图一〇　出土银器…………………………………………………………………………… 175

　　图一一　出土器物…………………………………………………………………………… 177

　　图一二　出土铜器…………………………………………………………………………… 178

　　图一三　出土铜钱拓片……………………………………………………………………… 180

　　图一四　出土铜币拓片……………………………………………………………………… 181

　　图一五　出土枕砖拓片……………………………………………………………………… 182

海淀区清河清代、民国墓葬发掘报告

　　图一　发掘地点位置示意图………………………………………………………………… 193

　　图二　总平面图……………………………………………………………………………… 194

图三	M1平、剖面图	195
图四	M3平、剖面图	196
图五	M4平、剖面图	197
图六	M6平、剖面图	198
图七	M2平、剖面图	198
图八	M5平、剖面图	198
图九	出土银质头饰品	200
图一〇	出土铜钱、铜元拓片	201

海淀区树村清代墓葬发掘报告

图一	发掘地点位置示意图	203
图二	M4平、剖面图	204
图三	M5平、剖面图	205
图四	M6平、剖面图	206
图五	M7平、剖面图	206
图六	M1平、剖面图	207
图七	M2平、剖面图	208
图八	M3平、剖面图	209
图九	出土器物	210

海淀区中关村清代窑址、墓葬发掘报告

图一	发掘地点位置示意图	213
图二	M5平、剖面图	214
图三	M1平、剖面图	216
图四	M4平、剖面图	217
图五	M2平、剖面图	218
图六	M3平、剖面图	221
图七	出土器物（一）	222
图八	出土器物（二）	223
图九	出土铜钱拓片	223
图一〇	Y1平、剖面图	224

顺义区赵全营清代、民国家族墓葬发掘简报

图一	发掘地点位置示意图	229
图二	总平面图	230
图三	M30 平、剖面图	231
图四	M30 出土银器	232
图五	M30 出土铜币拓片	232
图六	M15 平、剖面图	234
图七	M15 出土器物	235
图八	M15 出土康熙通宝拓片	235
图九	M31 平、剖面图	237
图一〇	M31 出土银器	239
图一一	M31 出土铜钱、铜币拓片	240
图一二	M19 平、剖面图	243
图一三	H1 平、剖面图	244

通州区次渠清代墓葬发掘报告

图一	发掘地点位置示意图	252
图二	总平面图	253
图三	M1 平、剖面图	254
图四	M2 平、剖面图	255
图五	M3 平、剖面图	256
图六	M10 平、剖面图	257
图七	M9 平、剖面图	257
图八	M4 平、剖面图	258
图九	M7 平、剖面图	259
图一〇	M11 平、剖面图	261
图一一	M14 平、剖面图	262
图一二	M5 平、剖面图	264
图一三	M6 平、剖面图	265
图一四	M8 平、剖面图	266

图一五　M16 平、剖面图 ··· 267

图一六　M13 平、剖面图 ··· 268

图一七　M15 平、剖面图 ··· 270

图一八　M12 平、剖面图 ··· 271

图一九　出土银器 ·· 272

图二〇　出土铜钱拓片 ··· 273

八达岭经济开发区清代墓葬发掘报告

图一　发掘地点位置示意图 ·· 278

图二　墓葬分布示意图 ··· 279

图三　地层堆积示意图 ··· 279

图四　M3 平、剖面图 ·· 280

图五　M4 平、剖面图 ·· 281

图六　M5 平、剖面图 ·· 282

图七　M1 平、剖面图 ·· 283

图八　M2 平、剖面图 ·· 284

图九　M6 平、剖面图 ·· 285

图一〇　M7 平、剖面图 ··· 286

图一一　出土黑釉瓷罐 ··· 287

图一二　出土铜钱拓片 ··· 288

密云区鼓楼西区考古勘探报告

图一　勘探地点位置示意图 ·· 291

图二　自北向南地层剖面示意图 ·· 292

图三　自西向东地层剖面示意图 ·· 292

图四　遗迹平面分布图 ··· 294

图五　遗迹空间关系图 ··· 296

彩版目录

延庆区南菜园唐代墓葬发掘报告

彩版一　唐代墓葬 M1

彩版二　唐代墓葬出土器物

朝阳区孛罗营辽代墓葬发掘报告

彩版三　辽代墓葬 M1

丰台区看丹村辽金窑址发掘报告

彩版四　辽金窑址 Y1

彩版五　辽金窑址 Y2

彩版六　辽金窑址 Y2 烟道及采集青砖

昌平区平坊村辽金窑址及清代墓葬发掘报告

彩版七　PF03、04、05 地块清代墓葬 M1、M2

彩版八　PF03、04、05 地块清代墓葬 M3 及辽金窑址 Y1

彩版九　PH07 地块清代墓葬 M1

彩版一〇　PH07 地块清代墓葬 M1 出土器物（一）

彩版一一　PH07 地块清代墓葬 M1 出土器物（二）

海淀区小营村明代墓葬发掘报告

彩版一二　明代墓葬 M1

彩版一三　明代墓葬出土器物

昌平区东小口明清墓葬发掘报告

彩版一四　明清墓葬 M1、M2

彩版一五　明清墓葬 M3、M4

彩版一六　明清墓葬 M5、M6

彩版一七　明清墓葬 M7、M8

彩版一八　明清墓葬 M9、M10

彩版一九　明清墓葬 M11、M12

彩版二〇　明清墓葬出土陶罐、银簪

彩版二一　明清墓葬出土银器

昌平区马连店清代墓葬发掘简报

彩版二二　清代墓葬 M14、M1

彩版二三　清代墓葬 M2、M9

彩版二四　清代墓葬 M5、M6

彩版二五　清代墓葬出土陶器

彩版二六　清代墓葬出土陶器、镇墓瓦

彩版二七　清代墓葬出土镇墓瓦、瓷罐

彩版二八　清代墓葬出土瓷器、银簪

彩版二九　清代墓葬出土铜簪、银簪

彩版三〇　清代墓葬出土铜器、银器

彩版三一　清代墓葬出土器物

昌平区七里渠清代墓葬发掘报告

彩版三二　清代墓葬 M3、M5

彩版三三　清代墓葬 M6、M4

彩版三四　清代墓葬 M1、M2

彩版三五　清代墓葬 M7、M8

彩版三六　清代墓葬出土瓷碗、银耳环

彩版三七　清代墓葬出土银簪、银扁方

彩版三八　清代墓葬出土银簪、银押发

彩版三九　清代墓葬出土银器、铜器

彩版四〇　清代墓葬出土银器

朝阳区豆各庄清代墓葬发掘报告

彩版四一　清代墓葬 M1、M6、M2

彩版四二　清代墓葬 M3、M4

彩版四三　清代墓葬 M5、M7

彩版四四　清代墓葬 M8、M9

彩版四五　清代墓葬 M10、M11

彩版四六　清代墓葬出土陶器、瓷器

彩版四七　清代墓葬出土陶罐

朝阳区华侨村清代窑址发掘报告

彩版四八　清代窑址 Y1

彩版四九　清代窑址 Y1 用砖

朝阳区祁家庄清代墓葬发掘报告

彩版五〇　清代墓葬 M1、M2

彩版五一　清代墓葬 M3、M4

彩版五二　清代墓葬 M5、M6、M13

彩版五三　清代墓葬 M7、M8

彩版五四　清代墓葬 M9、M10

彩版五五　清代墓葬 M11、M12

彩版五六　清代墓葬出土铜器、银器、玉器

彩版五七　清代墓葬出土骨簪、玉簪、银簪

彩版五八　清代墓葬出土瓷器、银器

朝阳区来广营清代墓葬发掘报告

彩版五九　清代墓葬 M1、M2

彩版六〇　清代墓葬 M3、M4

彩版六一　清代墓葬 M5、M6

彩版六二　清代墓葬 M7、M8

彩版六三　清代墓葬 M9、M10

彩版六四　清代墓葬 M11、M12

彩版六五　清代墓葬出土陶罐、银簪

彩版六六　清代墓葬出土银器

经济技术开发区路东区清代、民国墓葬发掘报告

彩版六七　清代墓葬 M1、M2

彩版六八　清代墓葬 M3、M4

彩版六九　清代墓葬出土器物

丰台区分钟寺清代墓葬发掘简报

彩版七〇　清代墓葬 M11、M21

彩版七一　清代墓葬 M19、M22

彩版七二　清代墓葬 M26、M7

彩版七三　清代墓葬出土瓷器、银器

彩版七四　清代墓葬出土银器、玉器、铜器

海淀区清河清代、民国墓葬发掘报告

彩版七五　考古发掘现场及清代墓葬 M1

彩版七六　清代墓葬 M2、M3 及民国墓葬 M5

彩版七七　民国墓葬 M4 及清代墓葬 M6

彩版七八　清代墓葬出土银器

海淀区树村清代墓葬发掘报告

彩版七九　清代墓葬 M1、M2

彩版八〇　清代墓葬 M3、M4

彩版八一　清代墓葬 M5、M6 及发掘工地现场地貌

彩版八二　清代墓葬出土陶器、铜器

海淀区中关村清代窑址、墓葬发掘报告

彩版八三　清代墓葬 M5、M1

彩版八四　清代墓葬 M4、M2

彩版八五　清代墓葬 M5、窑址 Y1

彩版八六　清代墓葬出土银器、铜器、铁器

彩版八七　清代墓葬出土银器

彩版八八　清代墓葬出土银器、铜器

彩版八九　清代墓葬出土银器、铜器、骨器

顺义区赵全营清代、民国家族墓葬发掘简报

彩版九〇　清代墓葬 M30、M19、M15

彩版九一　清代墓葬 M31 及灰坑 H1

彩版九二　清代墓葬出土银器、陶器

彩版九三　清代墓葬出土银器

通州区次渠清代墓葬发掘报告

彩版九四　清代墓葬 M1、M2、M3、M10

彩版九五　清代墓葬 M5、M7、M4

彩版九六　清代墓葬 M9、M14、M13

彩版九七　清代墓葬 M8、M11、M15

彩版九八　清代墓葬出土银簪

彩版九九　清代墓葬出土银器

八达岭经济开发区清代墓葬发掘报告

彩版一〇〇　清代墓葬 M3、M4、M5

彩版一〇一　清代墓葬 M1、M2

彩版一〇二　清代墓葬 M6、M7

彩版一〇三　清代墓葬出土黑釉瓷罐

密云区鼓楼西区考古勘探报告

彩版一〇四　考古勘探土样

延庆区南菜园唐代墓葬发掘报告

延庆区南菜园 1-5 巷棚户区改造项目位于延庆区南部，北邻菜园南街、东距妫水南街约 300 米、南距百泉街约 800 米、西邻百莲路（图一）。地理坐标为东经 115°48′47.51″，北纬 40°26′49.36″，高程 492 米。2017 年 7 月 21 日至 7 月 31 日，为配合项目建设工程，北京市考古研究院（原北京市文物研究所）对该项目用地范围内发现的 1 座墓葬进行了发掘。

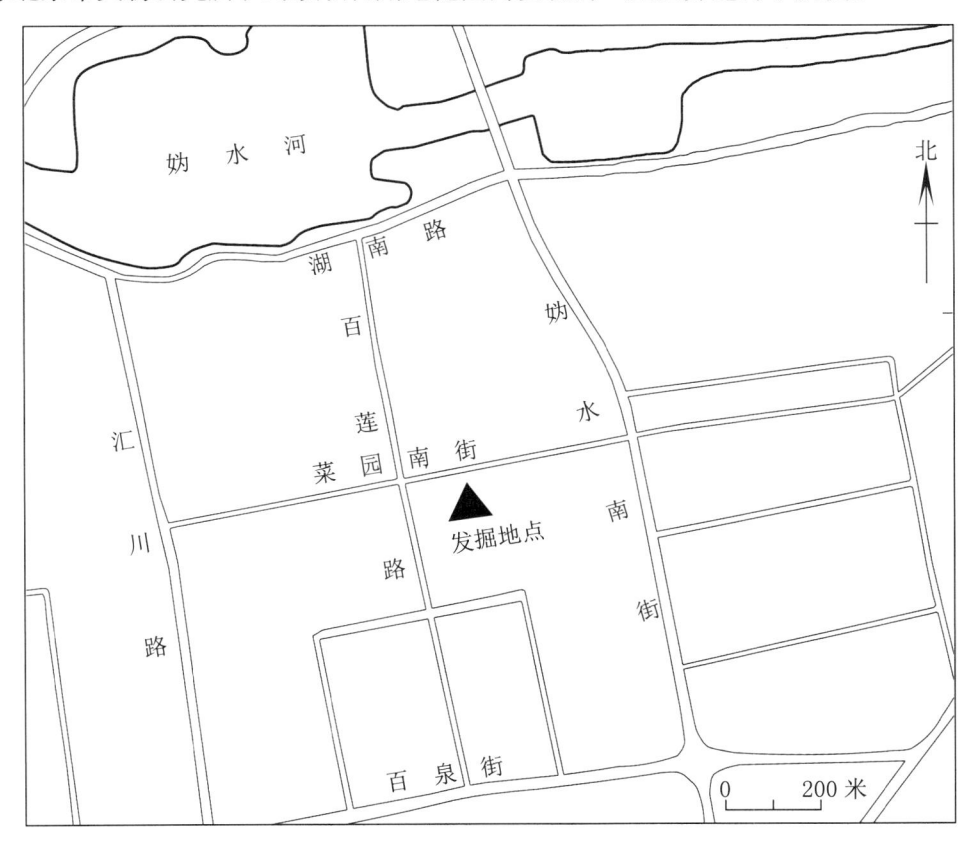

图一　发掘地点位置示意图

一、墓葬形制

发掘区域地表堆积厚 0.5 米的现代建筑渣土，其下为厚 0.6 米的褐色土层。墓葬开口于褐色土层下。

M1 为竖穴土圹砖室墓，墓口距现地表深 1.1 米。由墓道、甬道和墓室组成，方向为 156°，平面呈球拍形（图二；彩版一）。

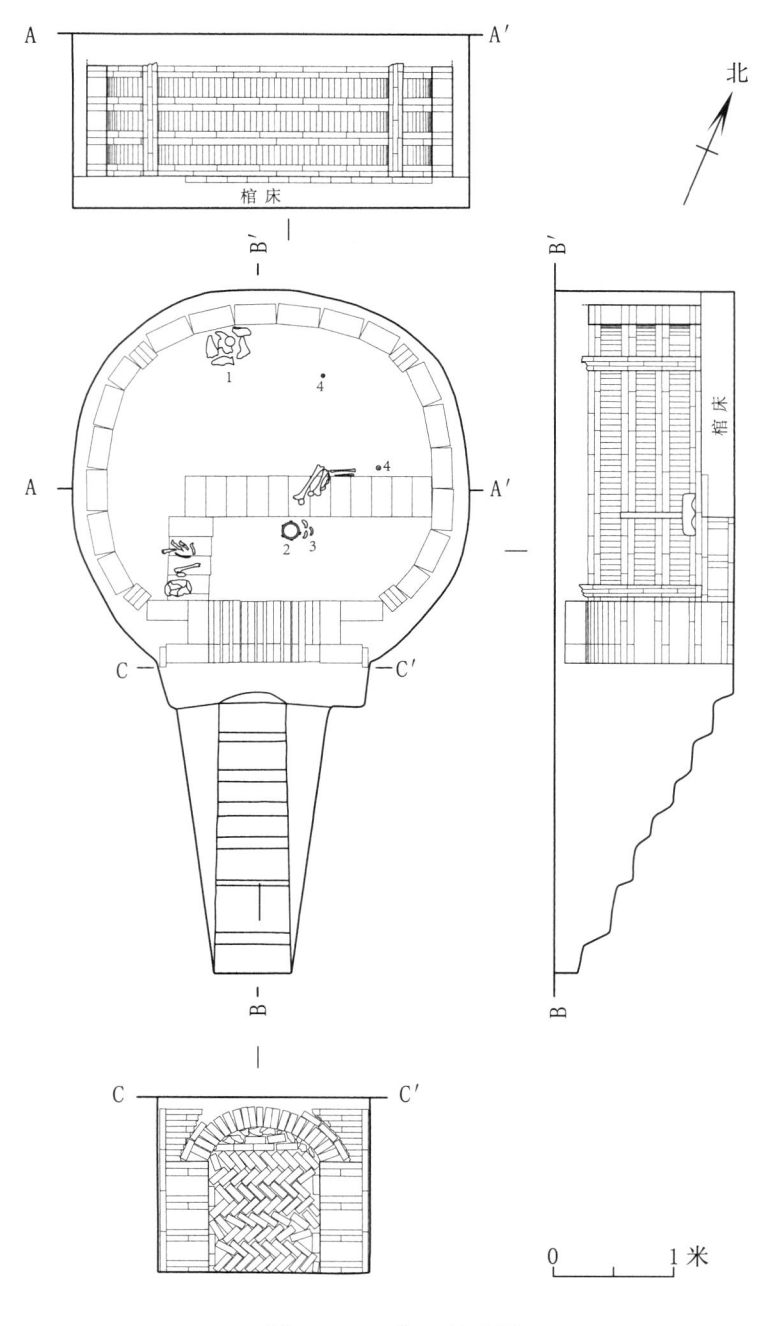

图二　M1 平、剖面图
1. 陶罐　2. 陶釜　3. 铜饰　4. 铜钱

墓道位于甬道南端，呈阶梯式，口大底小，南窄北宽，平面呈梯形，剖面呈倒梯形。南北长 2.7 米，口部南宽 0.55 米、北宽 1.75 米，底部南宽 0.55 米、北宽 0.57 米，深 0.2～1.5 米。墓道内自上而下修筑七步台阶：第一步台阶面宽 0.54 米、进深 0.22 米、高 0.21 米；第二步台阶面宽 0.52 米、进深 0.41 米、高 0.13 米；第三步台阶面宽 0.5 米、进深 0.28 米、高 0.11 米；第四步台阶面宽 0.59 米、进深 0.18 米、高 0.16 米；第五步台阶面宽 0.58 米、进深 0.18 米、高 0.14 米；第六步台阶面宽 0.57 米、进深 0.25 米、高 0.15 米；第七步台阶面宽 0.57 米、进深 0.26 米、高 0.17 米。

甬道位于墓道与墓室之间，拱形券顶，平面呈长方形，宽 0.93 米、进深 0.52 米、高 1.41 米。两壁用青灰色多道细沟纹砖，以两平一丁叠压砌筑。甬道以人字形砖叠砌封堵。甬道口东西两侧砌置有立颊构筑成门楼，上部已被破坏，残高 1.41 米。

墓室位于甬道北端，平面呈圆形，顶部已被破坏，形制不详。周壁用青灰色多道细沟纹砖，两平一丁叠压砌筑，并砌置四个对称立柱。西壁偏南部位用砖砌置有长明灯台。墓室直径 2.4～2.74 米、残高 1.22～1.3 米。墓室内北半部有棺床一处，平面形状呈曲尺形，高于墓底 0.32 米，床壁用青灰色勾纹砖修筑，呈壸门状。棺床之上发现有散乱骨骼，性别、年龄不详。

二、随葬器物

随葬品 4 件皆出土于墓室内，散乱分布。有陶罐、陶釜、铜饰各一件，另出土铜钱 10 枚。

陶罐残片 1 件，M1∶1，泥质灰陶，直口，平折沿，束颈，弧腹，平底，素面。

陶釜 1 件，M1∶2，泥质灰陶，敛口，圆唇，鼓腹，腹部有 5 个等距的錾耳，平底，素面。口径 10.7 厘米、底径 6.7 厘米、高 8.7 厘米、厚 0.7 厘米（图三，1；彩版二，1）。

铜饰 1 件，M1∶3，残，断裂为三截，扁平长条形，残长分别为 7.2 厘米、3.5 厘米、2.4 厘米，厚 0.2 厘米（图三，2；彩版二，2）。

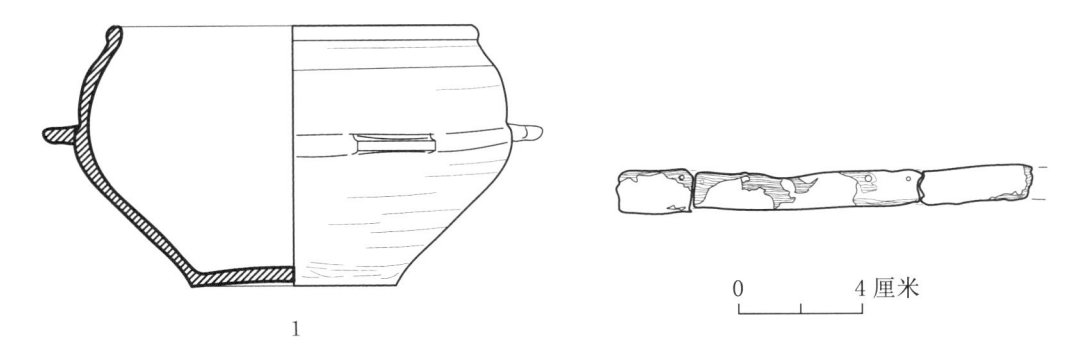

图三　出土器物
1. 陶釜（M1∶2）　2. 铜饰（M1∶3）

铜钱10枚，均为开元通宝。圆形、方穿。正面郭缘较窄，铸"开元通宝"四字，楷书，对读；背面无字。标本M1：4-1，直径2.2厘米、穿径0.8厘米、郭厚0.2厘米（图四，1）。

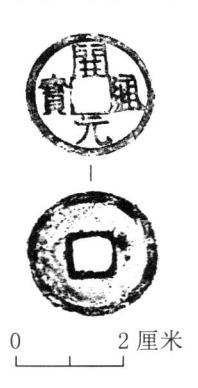

图四 出土开元通宝（M1：4-1）

三、结语

延庆区南菜园1-5巷棚户区改造项目发掘的唐代墓葬为竖穴土圹砖券单室墓，破坏严重，出土器物较少，类型单一。该墓墓室平面形状、曲尺形棺床结构分别与通州唐开成二年幽州潞县丞艾演墓[1]及次渠唐墓M5[2]等相近；出土的陶釜与艾演墓陶釜（M422：2）[3]相似。该墓还出土有开元通宝钱币，因此，初步推断该座墓葬年代属唐代中晚期。

为研究北京地区唐墓形制结构的演进提供了新的材料。

发掘：孙峥
拓片：黄星
摄影：王宇新
绘图：刘晓贺
执笔：徐蕙若

注释

[1] 北京市文物研究所：《北京市通州区唐开成二年幽州潞县丞艾演墓》，《考古》2019年第2期。
[2] 北京市文物研究所：《北京通州次渠唐金墓发掘简报》，《文物春秋》2015年第1期。
[3] 同[1]。

朝阳区孛罗营辽代墓葬发掘报告

2019年5月17日至19日，为配合朝阳区王四营乡孛罗营村安置房项目L09地块的建设，北京市考古研究院（原北京市文物研究所）在该项目占地范围内进行了考古发掘。发掘地点位于朝阳区王四营乡孛罗营村，北为古塔北路，西邻高碑店路，东为东五环，南为京哈高速（图一）。

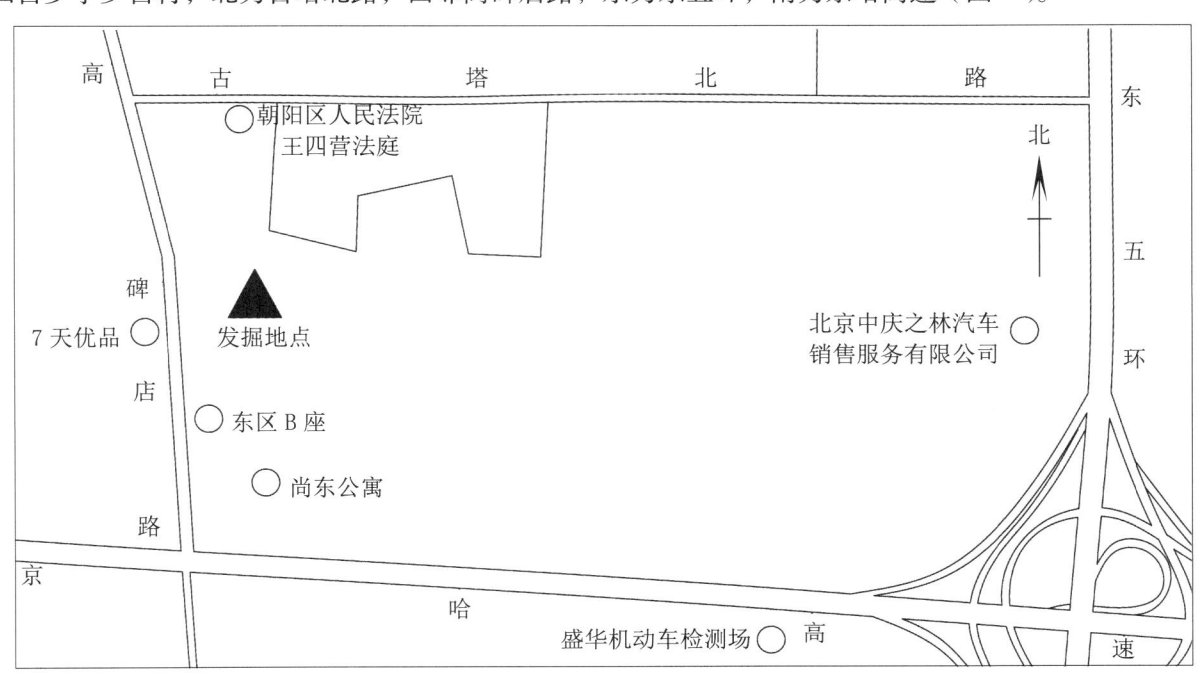

图一　发掘地点位置示意图

一、墓葬

此次共发掘辽代砖圹墓 1 座。

M1 开口于现代垫土层下,向下打破生土。M1 为竖穴土坑砖圹墓,为东西方向。土坑平面近似梯形,东部略为弧形,墓口距地表深约 1.3 米、距墓底深 0.8 米,东西长 3.5~3.55 米、南北宽 1.96~2.3 米。墓坑四壁为直壁,较规整,未发现有工具加工痕迹,底部为平底。砖圹西宽东窄,平面呈梯形,砖室东西长 2.5 米、南北宽约 1.2~1.6 米。墓顶已被破坏,仅存四壁青砖。墓壁主要用残砖平铺错缝叠砌而成,完整青砖数量较少,现存 12~13 层。墓内底部未发现铺地砖,为原生土。墓壁所用青砖为沟纹砖。墓室内已遭后期破坏和扰乱,仅存少量人骨,主要位于西部。未发现葬具遗存。未发现随葬器物。坑壁与砖壁之间的填土为花土,土质较硬,内含料礓石。墓室内填土土质较软,结构较疏松,包含有较多料礓石和较多青砖残块、铁钉、瓷片等(图二;彩版三,1、2)。

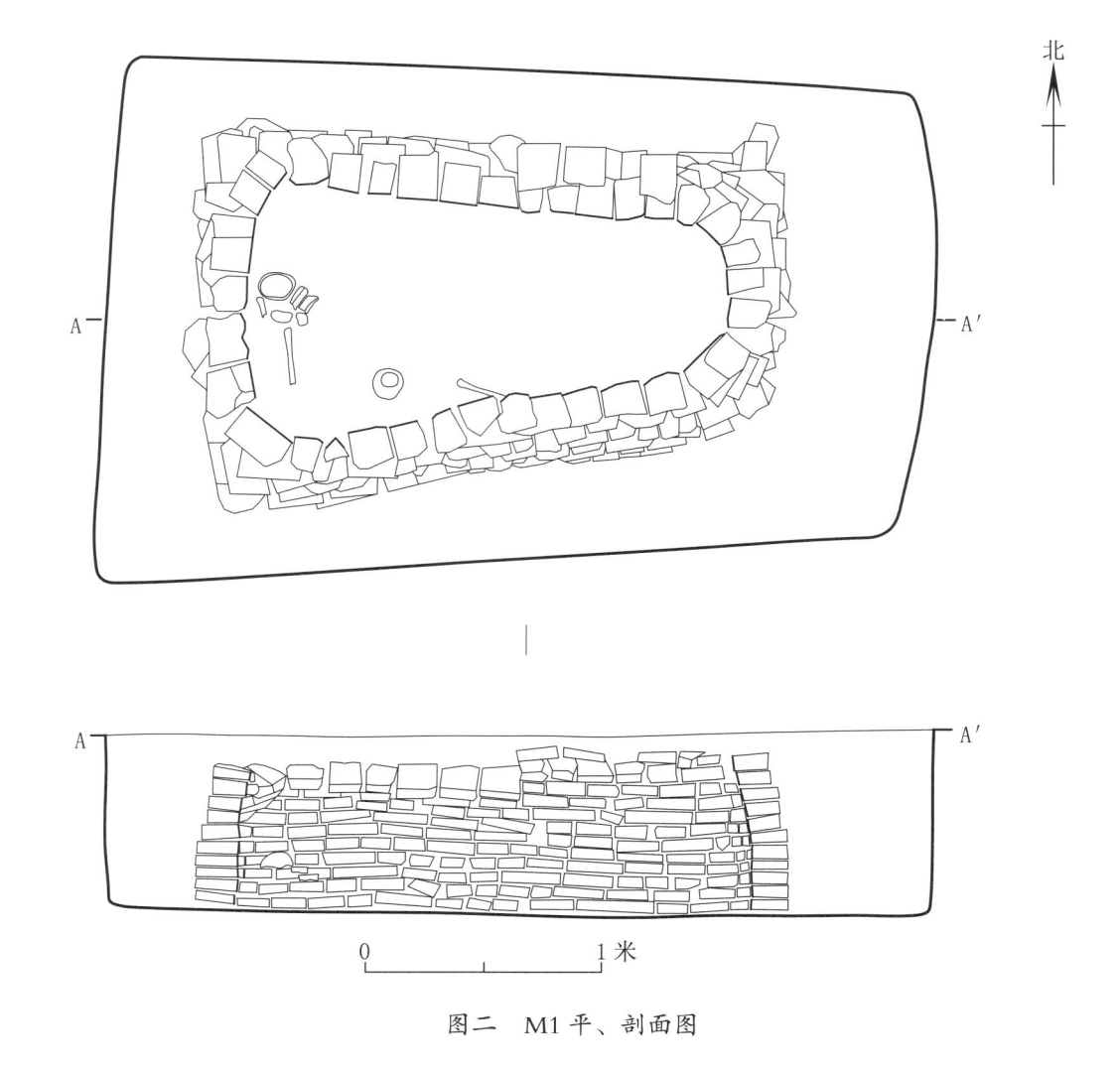

图二 M1 平、剖面图

二、结语

根据墓葬的形制和建筑材料等，初步推断该墓属于辽代墓葬。

依据墓葬的形制与结构，北京地区的辽代墓葬主要可分为带墓道的砖室墓和砖石混构墓、无墓道的砖框墓、石棺墓与土坑墓四大类型，大体可与全国范围内辽墓所划分的类屋式墓、类椁式墓和土坑竖穴墓等类型相对应[1]。其中，带墓道的砖室墓是发现数量最多、最为常见的类型。而无墓道的砖框墓并不多见，发现数量较为有限。M1属于无墓道的砖框墓，与大兴区亦庄80号地M30[2]、大兴区团河农场三号地辽墓[3]的形制、结构基本相同。M1对于了解和认识北京地区辽代墓葬的形制具有较为重要的价值。

发掘：曹孟昕
照相：曹孟昕
绘图：黄星
执笔：李鹏

注释

[1] 董新林：《辽代墓葬形制与分期略论》，《考古》2004年第8期。
[2] 北京市文物研究所：《北京亦庄考古发掘报告》，科学出版社，2009年，第250页。
[3] 北京市文物研究所：《大兴团河农场三号地辽代窑址和墓葬》，《北京文博文丛》2010年第1辑。

丰台区看丹村辽金窑址发掘报告

　　丰台区看丹村回迁安置住宅工程项目（KD-039/KD-040 地块）位于看丹村西部。该地块北邻看丹路、东邻大井西路（未建成）、西邻地铁 16 号线、南邻看丹南路（图一）。2017 年，北京市考古研究院（原北京市文物研究所）在配合基本建设过程中，发现古代窑址 2 座，随后对窑址进行了考古发掘。发掘面积为 100 平方米。

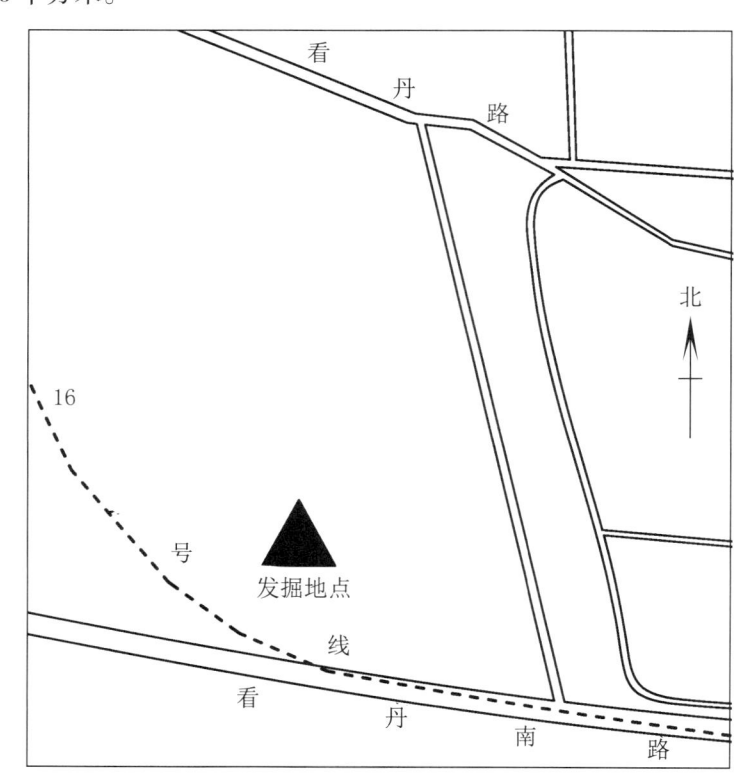

图一　发掘地点位置示意图

一、地层堆积

该项目所在区域地势较平坦，地层堆积较清晰、连续。第①层堆积厚 0.5 ~ 0.6 米，土质较松散，含残砖块、混凝土块；第②层堆积厚 0.6 ~ 1.5 米，呈黄褐色，土质松散稀疏，含少量砖块、草木灰，两座窑址皆开口于②层下；第③层堆积厚 0.2 ~ 1.5 米，呈黄色，土质松散，含粗沙，包含物较少。该层下为砾石，应为自然堆积。

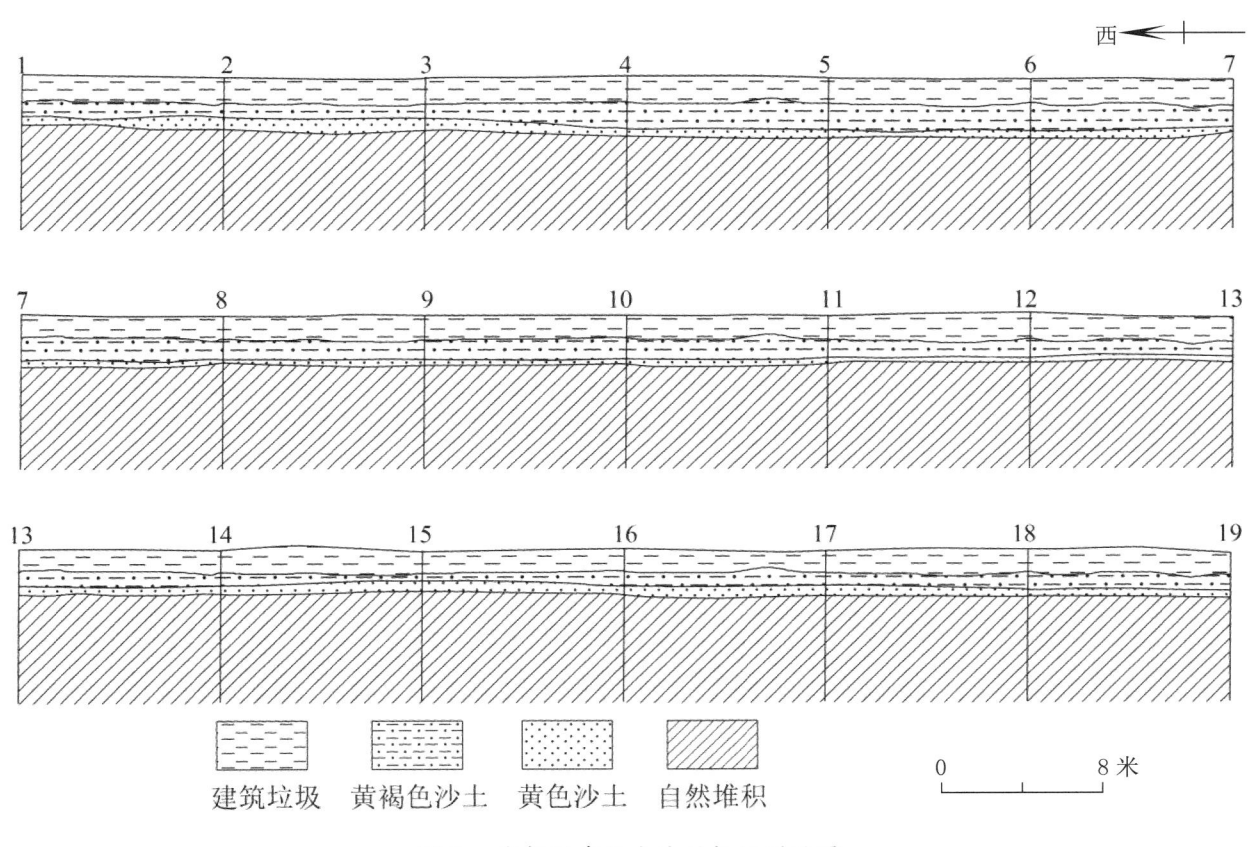

图二 发掘区东西向地层柱状剖面图

二、窑址概况

Y1 位于发掘区东北部，方向为 10°。开口于②层下，距清理渣土后的地表深 0.4 米，南北长 4.8 米、东西宽 2.8 米，由操作间、火门、火膛、窑室等组成（图三；彩版四，1）。该窑破坏严重，顶部和烟道已不存在。

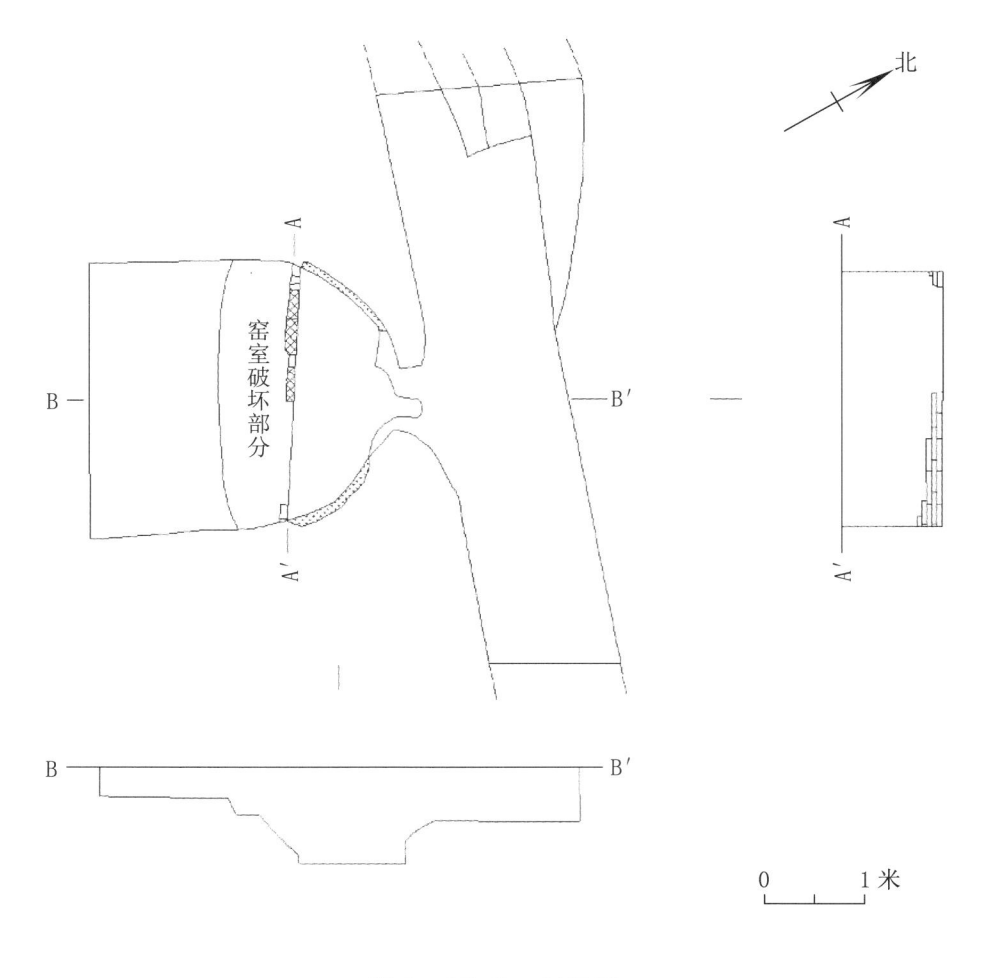

图三 Y1 平、剖面图

操作间平面呈长方形，东西向，东西长 5.9 米、南北宽 1.3～2.08 米、深 0.48 米，东西两边延伸至探方外。西北部发现 3 个台阶，台阶上有踩踏痕迹。内填较松散灰黄色沙土，含青砖块、红烧土、草木灰和石块等。

火门位于操作间南侧，平面呈不规则形，东西长 0.62 米、南北宽 0.48 米、深 0.48 米。火门下方与出灰口相连，出灰口南北长 0.3 米、东西宽 0.2 米、深 0.2～0.4 米（彩版四，2）。

火膛位于火门南侧，平面呈半圆形，东西长 0.7～2.6 米、南北宽 0.8 米、深 1 米。北壁为弧形，壁面有青灰色烧结面，现存厚度为 0.08～0.1 米。南壁为青砖砌成，青砖长 0.34 米、宽 0.08～0.1 米、厚 0.06 米，上面有沟纹，仅残存少量。火膛内填土松散，土色花杂，含有大量青砖残块，青灰色烧结块、草木灰、红烧土和石块等。

窑室位于火膛南侧，破坏严重，仅存下部，平面呈长方形，东西长 2.8 米、南北宽 2.04 米、深 0.34 米。窑壁表面有青灰色烧结面，现存部分厚 0.08～0.1 米。窑室北部破坏严重，现存底部有青灰色烧结面、红烧土，其上堆有土坯砖。

Y2位于Y1西南部约200米处，方向为23°。开口于②层下，距清理渣土后的地表深0.3米，南北长8.2米、东西宽3.48米，由操作间、火门、火膛、窑室、烟道组成。该窑破坏严重，顶部已不存在（图四；彩版五，1）。

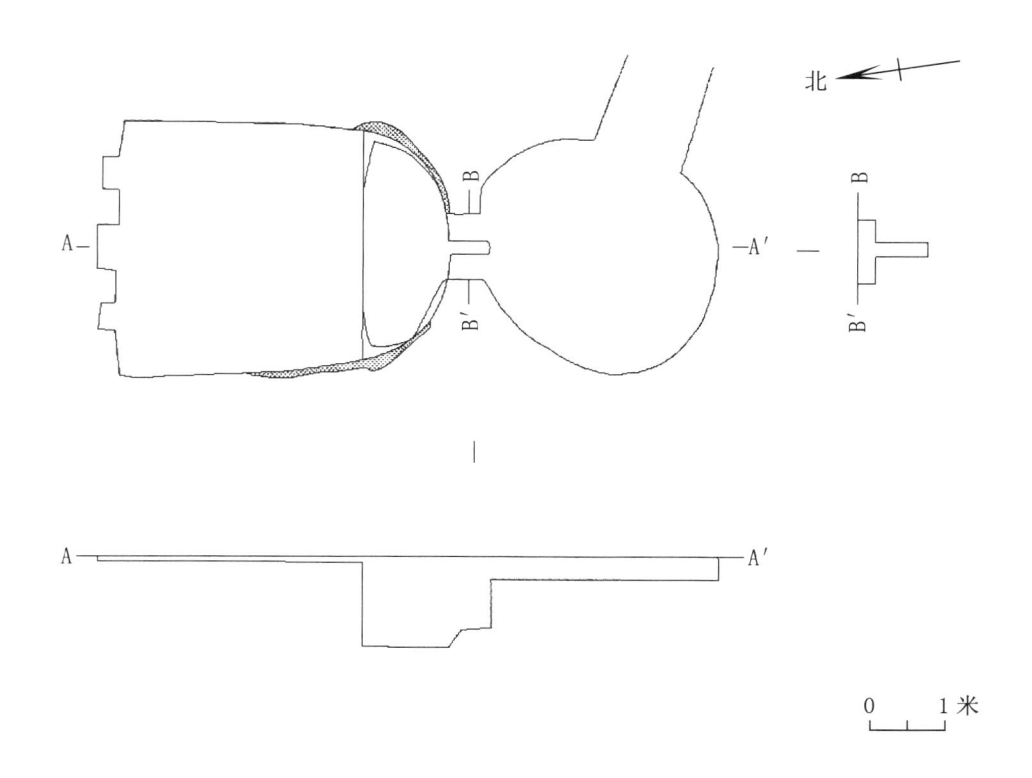

图四　Y2平、剖面图

操作间平面呈椭圆形，南北长3.1米、东西宽3米、深0.32米，东南部有斜坡向外延伸。内部填土松散，土色花杂，含青灰色烧结块、红烧土块和草木灰等。

火门位于操作间北侧，平面呈长方形，东西长0.9米、南北宽0.48米、深0.3米，底面见青灰色烧结块、红烧土块和草木灰等。火门下方与出灰口相连，出灰口平面呈长条形，南北长0.45米、东西宽0.18米、深0.7~0.86米，底面见青灰色烧结块、红烧土块和草木灰等（彩版五，2）。

火膛位于窑门北侧，平面呈半圆形，东西长0.9~3.1米、南北宽1.16米、深1.26米。南壁为弧形，北壁较直，底部较平。内含青砖块、青灰色烧结块、红烧土块和草木灰等。

窑室位于火膛北侧，破坏严重，仅存下部，平面呈长方形，南北长3.22米、东西宽3.1~3.48米、深0.1米。窑壁表面有青灰色烧结面，厚度为0.08~0.18米。窑室破坏严重，仅残存底部。底面见一层青灰色烧结面、红色烧结面。

烟道位于窑室北壁处，共发现三处。由东向西第一处烟道平面呈长方形，东西长0.44米、南北宽0.22米、深0.1米；第二处烟道平面呈长方形，东西长0.6米、南北宽0.24米、深0.1米；第三处烟道平面呈长方形，东西长 0.36 米、南北宽 0.20 米、深 0.1 米（彩版六，1）。

三、结语

两座窑址结构相对完整，大致由操作间、火门、火膛、窑室、烟道几个部分组成。在 Y2 内采集青砖一块（彩版六，2），表面饰有沟纹。根据窑址的平面形制、结构及出土器物并结合北京地区以往的考古发掘成果初步判断，Y1、Y2 为辽金时期遗存。

此次的发掘工作为北京地区辽金时期窑址类遗存的研究提供了新的资料。

发掘：李永强
执笔：王祯哲

附表　窑址发掘记录表

编号	窑口方向	操作间 形状	操作间 长×宽×深（米）	火门 形状	火门 长×宽×深（米）	火膛 形状	火膛 长×宽×深（米）	窑室 形状	窑室 长×宽×深（米）
Y1	10°	长方形	5.9×（1.3～2）×0.48	长方形	0.62×0.48×0.48	半圆形	（0.7～2.6）×0.8×1	长方形	2.8×2.04×0.34
Y2	23°	椭圆形	3.1×3×0.32	长方形	0.9×0.48×0.3	半圆形	（0.9～3.1）×1.16×1.26	长方形	3.22×（3.1～3.48）×0.1

昌平区平坊村辽金窑址及清代墓葬发掘报告

昌平区北七家镇平坊村土地一级开发项目南邻王府花园小区、北邻定泗路、东邻立汤路。

图一 发掘地点位置示意图

在前期考古勘探的基础上,根据古代墓葬的分布情况,PF03、04、05地块发掘面积为30平方米,共发掘清代墓葬3座、窑址1座,出土铜、银器各1件;PH07地块发掘面积为8平方米,共发掘清代墓葬1座,出土各类文物共计17件(组)。

一、地层堆积

地块内地势较平坦，地层堆积较为单一，地表多为建筑垃圾或渣土，现地层共分为三层。

第①层，现代堆积层，厚约2米，土色呈褐色，土质致密，包含物见较多现代生活垃圾、建筑垃圾等。

第②层，明清堆积层，厚2~3.5米，土色呈黄褐色，土质较疏松。

第③层，黏土层，土色呈黄褐色，土质较致密，该层为自然地层。

二、PF03、04、05地块遗迹

PF03、04、05地块共发掘墓葬3座、窑址1座，根据墓葬开口层位、墓葬形制及出土器物，初步推断3座墓葬均为清代中晚期墓葬。窑址破坏严重，但因其烟道位置位于窑室中间的特殊形制，初步推断为辽金时期窑址。

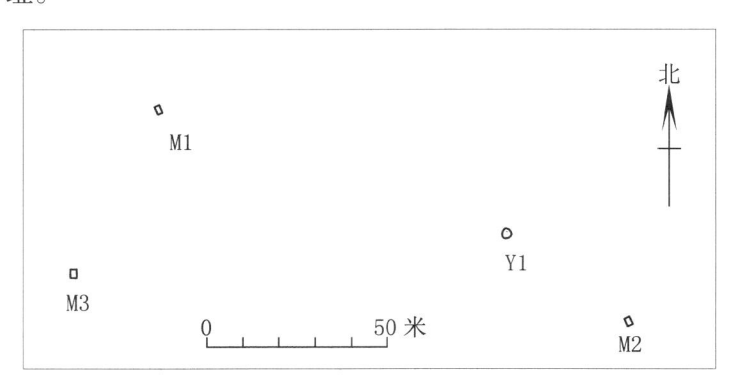

图二　PF03、04、05地块遗迹分布图

（一）M1

M1（图三；彩版七，1）开口于②层下，向下打破生土。现墓口距地表深1.7米。该墓为竖穴土圹墓，方向为339°，平面呈曲尺形，墓口长3米、宽1.8米。墓内淤土为灰褐色土，土质较致密。墓壁为直壁，墓壁粗糙。墓底较平坦，长3米、宽1.8米、距地表深2.6米。葬具腐朽严重，依据残留痕迹可分辨为双棺，东西排列，西棺所在墓穴年代较晚，打破东棺所在墓穴。

东棺长1.9米、宽0.5~0.6米、残高0.3米。棺内葬一人。骨骼保存状况差，残存长度为0.3~0.4米，头向北，面向西，葬式为仰身直肢葬。

西棺长1.9米、宽0.52~0.62米、残高0.2米。棺内葬一人。骨骼保存状况差，残存长度为0.2~0.36米，头骨已破碎，头向北，面向、葬式均不详。

该墓东棺出土铜钱1枚，为M1:1。

M1:1，圆形，方穿，正面有郭，铸"乾隆通宝"四字，楷书，对读；背面有郭，穿左右为满文"宝源"，纪局名。直径2.4厘米、穿径0.6厘米、郭厚0.35厘米。

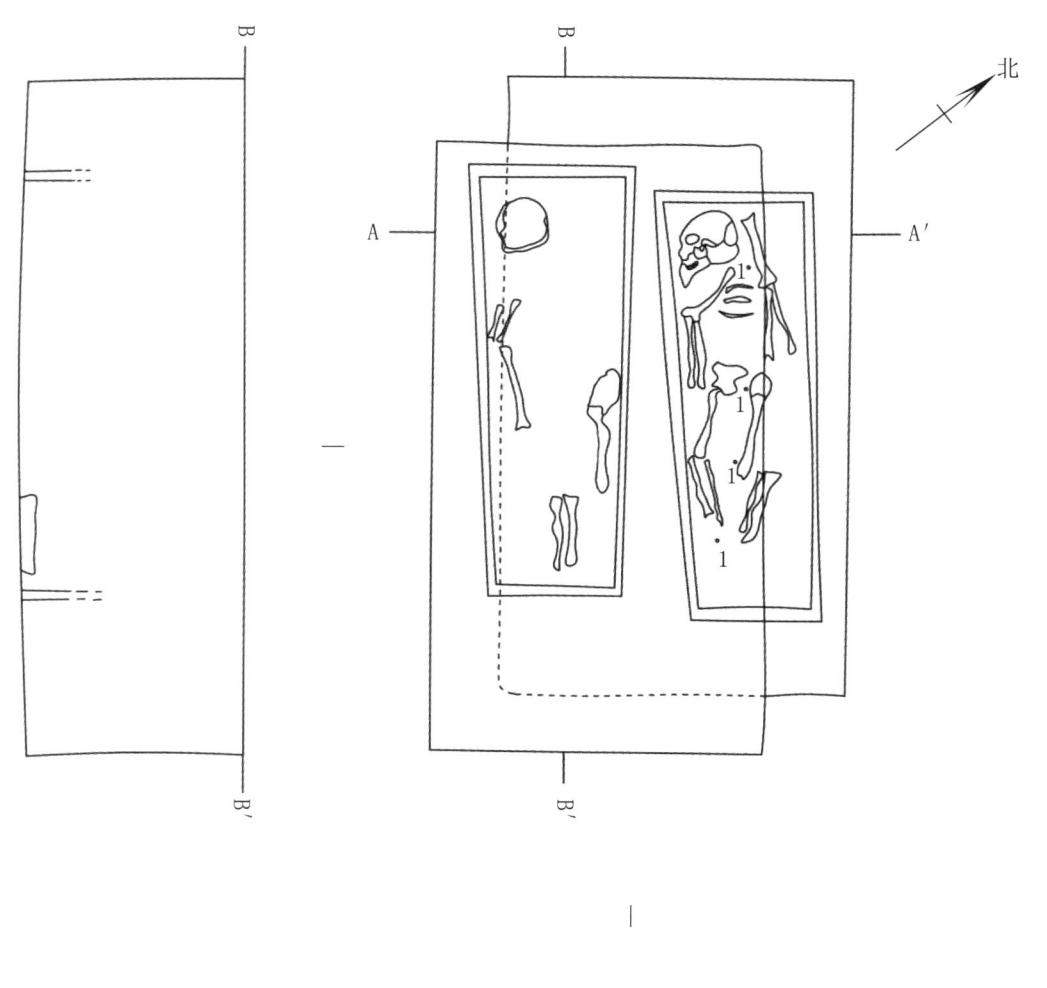

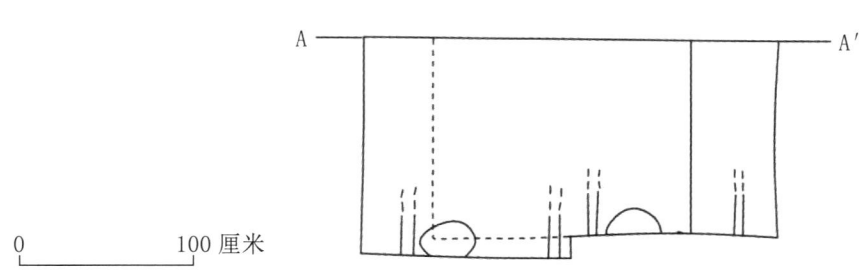

图三 M1平、剖面图
1. 铜钱

（二）M2

M2（图四；彩版七，2）开口于②层下，向下打破生土。墓葬平面呈长方形，方向为326°，为竖穴土圹墓。墓口南北长2.5米、东西宽2.9米，墓坑四壁垂直，墓口与墓底同大。墓口距地面深3.2米，墓底距地面深3.5米。墓内填土为五花土，土质较疏松，壁面无明显加工痕迹，较粗糙。葬具腐朽严重，依据残留痕迹可分辨为双棺，其中东棺所在墓穴年代较晚。

西棺东西残长2~2.1米、南北残宽0.6~0.66米、残高0.2米。棺内人骨保存状况较差，仅存几段残骨。头向、面向、葬式均不详。

东棺距西棺上端0.3米，下端0.42米。东西残长1.84~1.94米、南北残宽0.64~0.74米、残高0.2米。棺内人骨保存状况较差，仅存几段残骨。头向，面向，葬式不详。

该墓出土手镯1件，为M2∶1。

M2∶1，银质，为一根银条弯折而成，整体呈马蹄形。长径为6.4厘米、短径为5.7厘米、宽0.7厘米、厚0.1厘米。

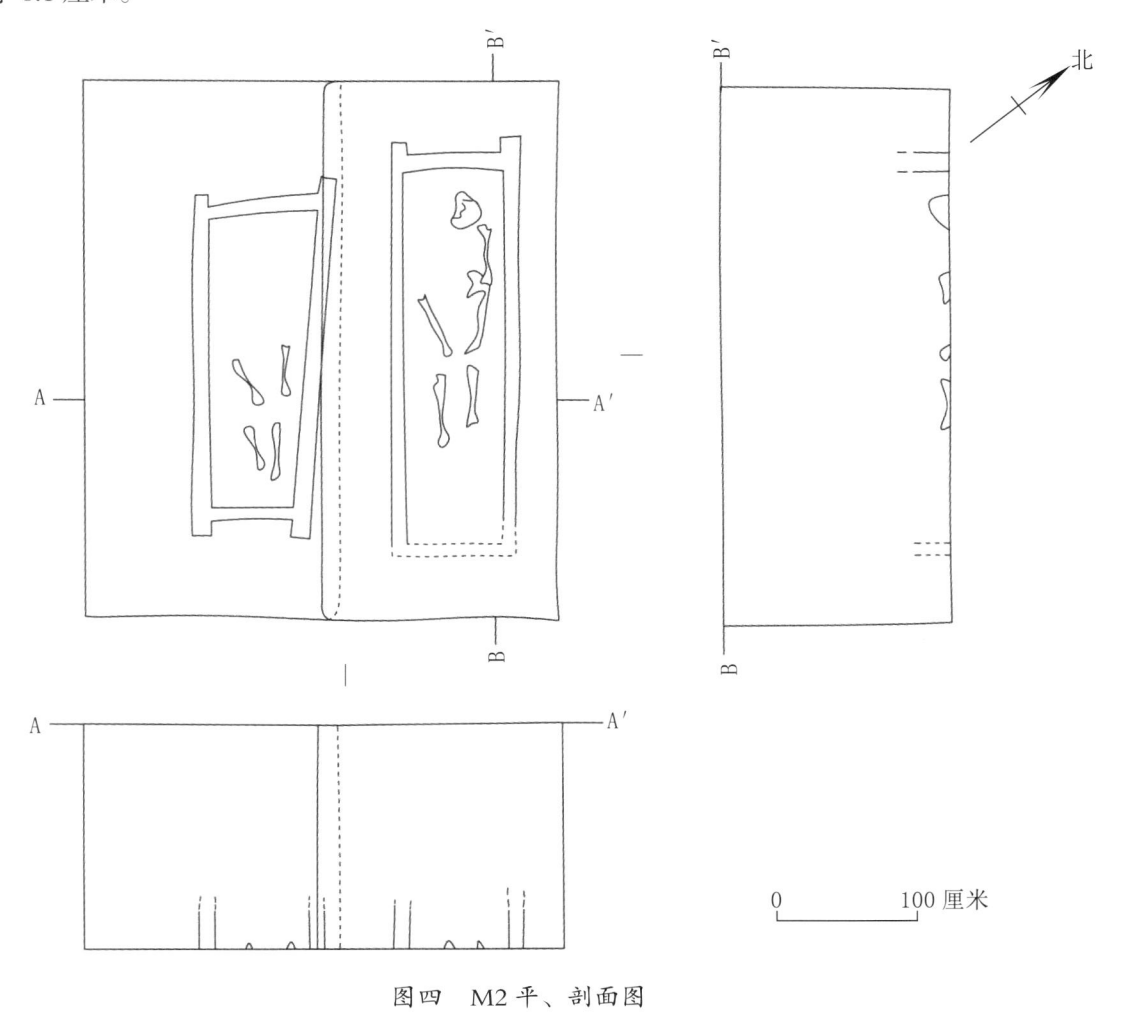

图四 M2平、剖面图

（三）M3

M3（图五；彩版八，1）开口于②层下，向下打破生土。墓葬平面呈长方形，方向为133°，为竖穴土圹墓。墓口长2.5米、宽1.9米、深1.2米，墓底距地表深1.8米。内填五花土，土质较疏松，壁面无明显加工痕迹，较粗糙，平底。葬具为双棺，棺木已朽，其中东棺较晚，打破西棺。

东棺长1.94米、宽0.74~0.79米、残高0.2米。棺内葬一人，骨骼保存状况差，头向、面向、葬式均不详，棺内未发现随葬品。

西棺长1.95米、宽0.75~0.8米、残高0.2米。棺内葬一人，骨骼保存状况较好，头向不详，面向不详，葬式为为仰身直肢葬，棺内未发现随葬品。

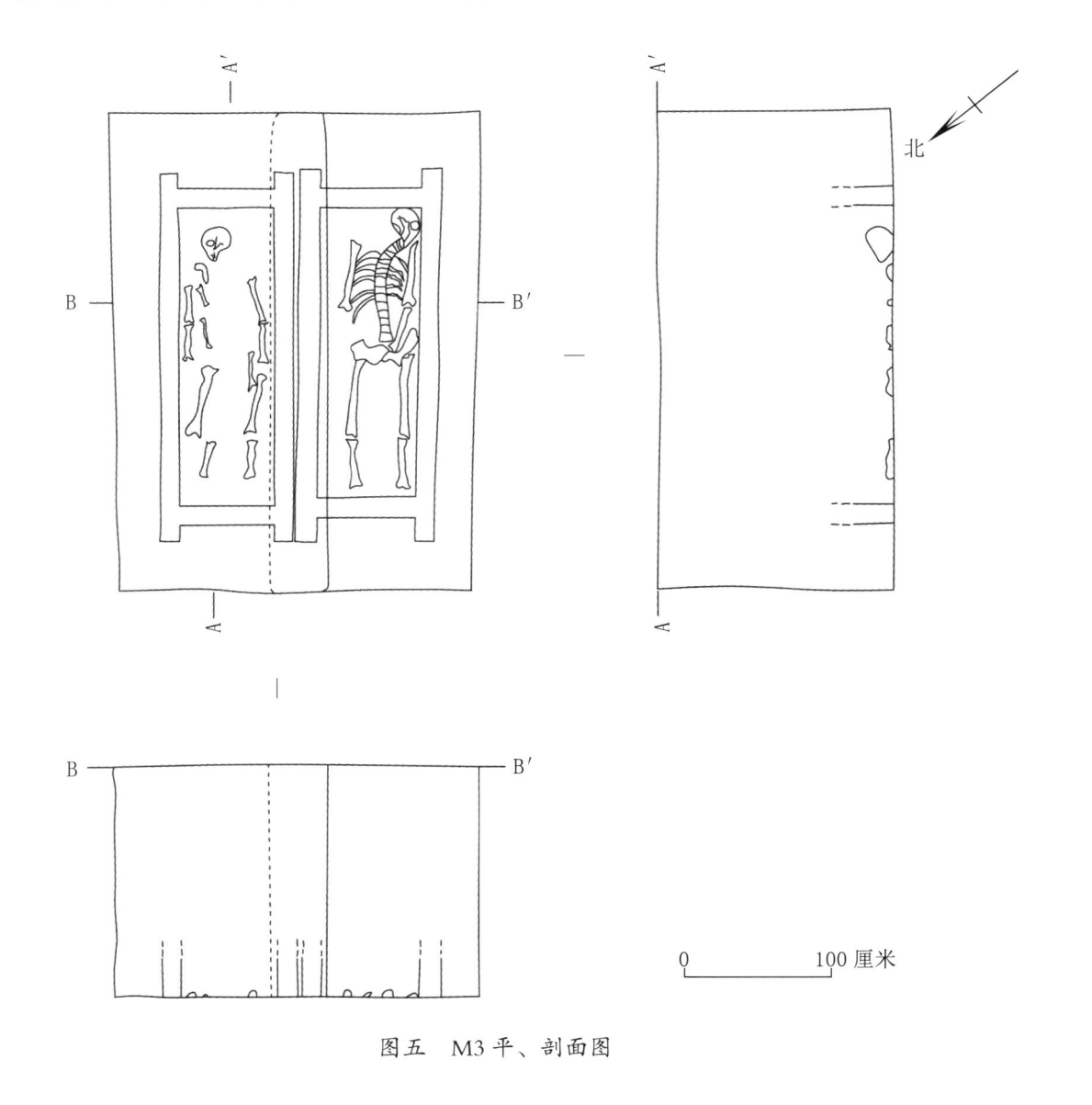

图五　M3平、剖面图

（四）Y1

Y1（图六；彩版八，2）开口于②层下，向下打破生土。窑口距地表深2.2米，平面呈马蹄形。该窑破坏严重，现存下半部，总长3米、宽1.7米。该窑由操作间、火门、火膛、窑室、烟道组成。分述如下：

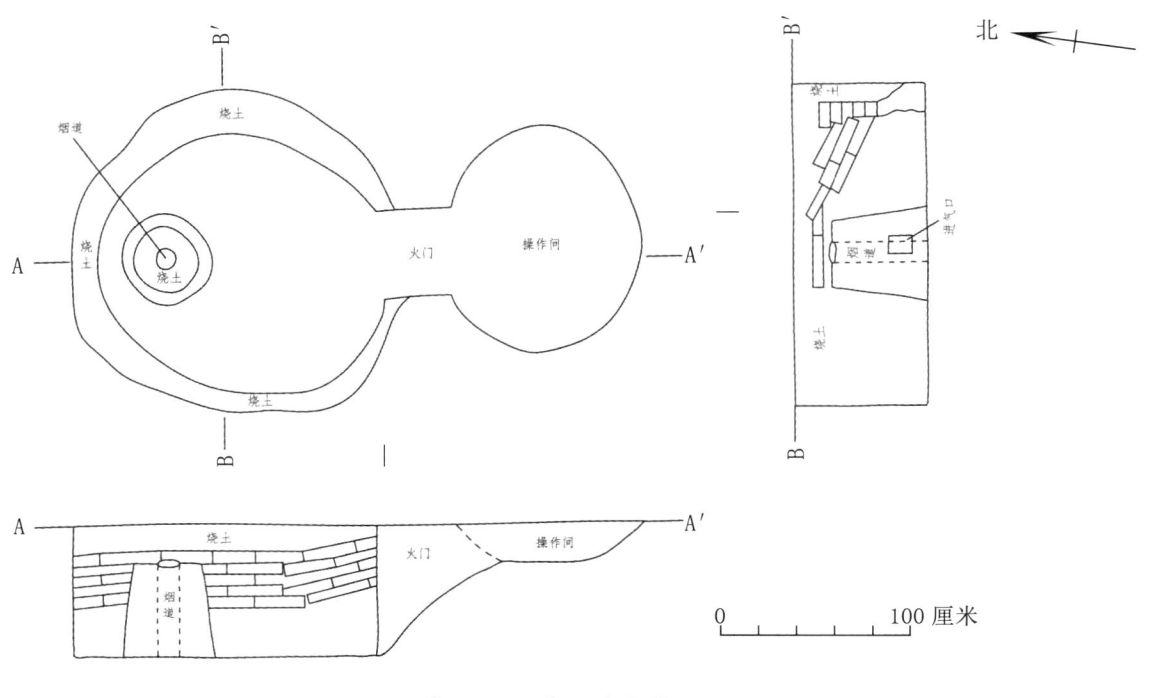

图六 Y1平、剖面图

操作间平面呈椭圆形，位于窑床南侧。壁面粗糙，呈锅底形向内倾斜，平底，东西上口长1.2米、南北宽1.02米。内填黄褐色土，土质较致密，含有烧结块、砖块、炭灰颗粒等。

火门位于操作间北侧，与火膛相连。火门比操作间地面低约0.22米，火门现已被破坏，宽0.46米、高0.3米、进深0.4米。

窑室位于火门北侧，平面呈近圆形，南北长1.5米、东西宽1.38米、残高0.7米。窑壁内为烧结面，土质坚硬，厚0.06～0.15米；外侧为红烧土，厚0.1～0.25米。底部为窑床烧结面，土质坚硬。窑室内堆积黄褐土，局部泛黑，土质较疏松，内含较多烧土块、砖块。

烟道位于窑室北部，呈不规则圆形，东西南北各有一个烟道进气口，高0.12米、宽0.1米，现存残高0.7米。烟道内直径0.1米、外直径0.5米。

三、PH07 地块遗迹

PH07 地块共发掘墓葬 1 座，为 M1，根据该墓的开口层位、形制结构及陪葬品，初步推断该墓为清代墓葬。

M1（图七；彩版九）开口于①层下，向下打破生土。墓口距地表深 0.4 米。为南北向长方形竖穴土坑墓。墓壁较整齐、底较平坦，墓口长 2.8～3 米、宽 2.8～2.9 米、深 1.2～1.9 米。墓内填土为褐色花土，未发现包含物。墓底内置三棺，分为东棺、中棺及西棺，根据其所在墓穴的打破关系可判断入葬先后顺序为西棺、中棺、东棺。现将其具体情况分述如下：

西棺发掘时较完整，在清理过程中渗水严重，棺木已朽、变形，长 2.26 米、宽 0.64～0.7 米、残厚 0.1 米、残高 0.7～0.74 米。棺内骨架保存状况较差，头向北、面向上，仰身直肢葬，为女性。

中棺在发掘过程中渗水严重，棺木已朽、变形，长 2.3 米、宽 0.64～0.7 米、残厚 0.12 米、残高 0.68～0.82 米。棺内骨架保存状况较差，头向北、面向上，仰身直肢葬，为女性。

东棺在发掘过程中渗水严重，棺木已朽、变形，长 2.1 米、宽 0.56～0.62 米、残厚 0.14 米、残高 0.76～0.84 米。棺内骨架保存状况较差，头向北、面向上，仰身直肢葬，为男性，棺内底部铺垫有厚 0.06 米的白灰。

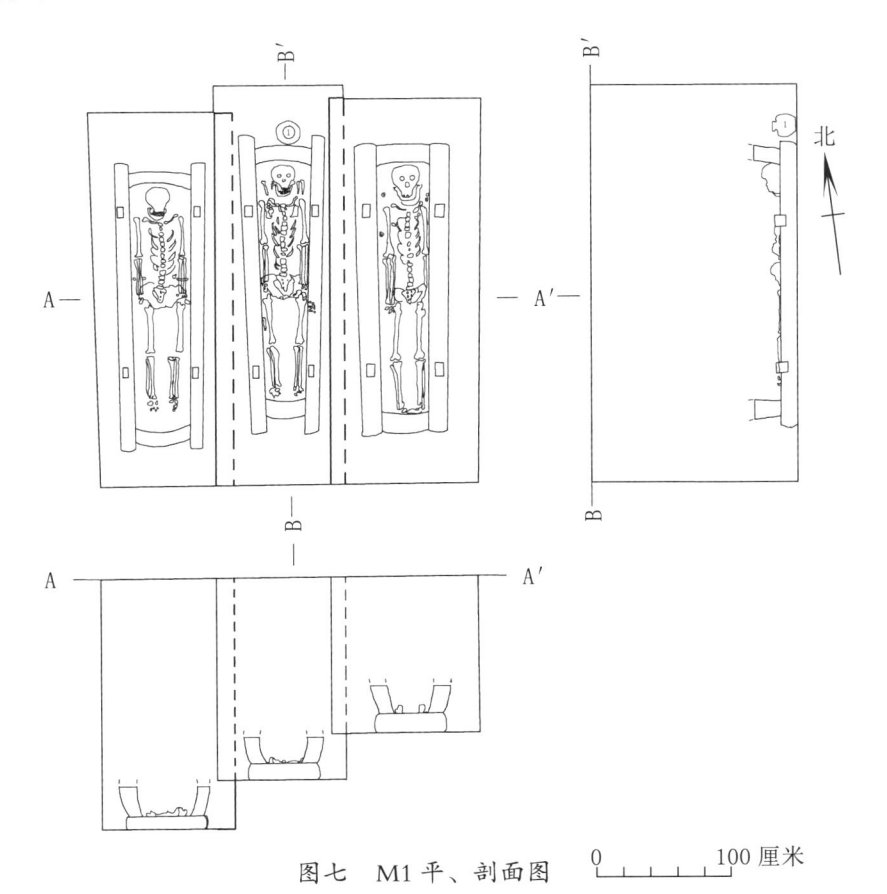

图七 M1 平、剖面图

该墓随葬品较多，以棺为单位介绍如下。

西棺共出土2组银手镯，每组各2件，分别为M1：14、M1：15。

中棺共出土随葬品9件（组），其中青花瓷罐1件（M1：1）、银簪2件（M1：2、M1：3）、玉佩1组2件（M1：4）、金扁方1件（M1：5）、玉烟嘴1件（M1：6）、铜钱1枚（M1：7）、金耳环1组2件（M1：8）、铜鎏金饰件1件（M1：16）。

东棺共出土随葬品6件（组），其中银怀表1件（M1：9）、鼻烟壶1件（M1：10）、玉佩1件（M1：11）、玉饰件1组2件（M1：12）、饰件1件（M1：13）、料器1件（M1：17）。

青花瓷罐1件。M1：1，直口，方唇，短束颈，鼓腹，平底，圈足。器身通体施釉，饰缠枝花卉纹，圈足底部露胎，胎质较细腻，胎色呈乳白色。口径8.4厘米，腹径17.5厘米、底径13.5厘米、通高17.4厘米。（图八，1；彩版一〇，1）。

银簪2件。M1：2，首一侧呈弧边三角形，另一侧随簪体延伸逐渐变窄；簪体扁平，截面呈"一"字形，体中部饰花卉图案，末端尖利。全长17.4厘米、宽0.55～1.85厘米、厚0.1～0.2厘米（图九，1；彩版一一，1）。M1：3，首一侧呈弧边三角形，另一侧随簪体延伸逐渐变窄；体扁平，截面呈"一"字形，体中部饰草叶图案，末端尖利。全长17.4厘米、宽0.55～1.85厘米、厚0.1～0.2厘米（图九，2；彩版一一，2）。

玉佩1组2件。M1：4，蟹形，蟹钳中部及蟹腿之间为镂雕，正面蟹钳、蟹腿、蟹盖中部皆雕有仿生纹饰，背面为素面。长4.65厘米、宽3.45厘米、厚0.3厘米（图九，5；彩版一〇，2）。

金扁方1件。M1：5，首截面呈梅花形，两端各饰五处戳印点纹，首一侧体正面饰有圆形变体"寿"字纹，一周环饰乳钉纹，背面饰有两处商号戳印，其中一处可辨识为"英华"，另一处难以识别；体扁平，截面呈"一"字形，另一端呈半圆形，该侧体正面饰蝙蝠纹。全长15.4厘米、宽1.6～1.9厘米、厚0.1～0.5厘米（图九，3；彩版一一，3）。

玉烟嘴1件。M1：6，烟杆中空，孔径0.5厘米、直径1.1厘米，烟嘴部作圆帽形，有一周棱，孔径0.2厘米、直径0.9厘米、通长11.1厘米，最细部直径为0.7厘米（图九，4；彩版一〇，3）。

铜钱1枚。M1：7，圆形，方穿，锈蚀严重，文字无法识别。直径2.5厘米、厚0.1厘米。

金耳环1组2件。M1：8，2件形制相同。整体近似"C"形，展开后一端尖细，一端扁平，中部饰一圈凸弦纹。直径1.8～2.1厘米、宽0.1～0.45厘米、厚0.1厘米（图九，6、7；彩版一〇，4）。

银怀表1件。M1：9，混合材质。表壳主体部分似为银质，素面无纹饰，表盘或为白色珐琅地，未见数字，表针已佚；表壳为玻璃材质，表壳一侧见细长柱状物，末端有穿孔，或为穿环挂表链之用，表链已佚。表盘直径5.5厘米、连同柱状物总长7.1厘米，厚0.7～2.4厘米。

鼻烟壶1件。M1：10，料质，小直口，短直颈，扁瓶形腹。器身一周饰红色高浮雕虎纹，椭圆形平底，壶身通高6.1厘米，壶口直径1.45厘米，壶体正面最大宽5厘米、侧面最大宽3厘米，底部长径为2.55厘米、短径为1.75厘米。器盖为玉质，盖首为圆帽形，直径1.45厘米，下连接金属质地小勺，连盖总长5.95厘米，插入壶内后器物通高7厘米（图八，2；彩版一〇，5）。

玉佩1件。M1：11，平面呈近圆形，两侧均高浮雕缠枝花卉纹，一侧以高浮雕形式镂雕一穿，或为系绳之用。器物直径为4.4厘米、厚0.9～2.3厘米（图八，3；彩版一〇，6）。

玉饰件1组2件。M1：12，第一件为中空筒状，通高6.3厘米，口底均呈圆形，口略小，底略大，口径2.8厘米、底径3.2厘米，底部实心，中央饰一钻孔，孔径0.5厘米；第二件为中空筒状，通高3.2厘米，口底均呈圆形，口略小，底略大，口径3厘米、底径3.2厘米，底部实心，未见钻孔（图九，8、9；彩版一〇，7）。

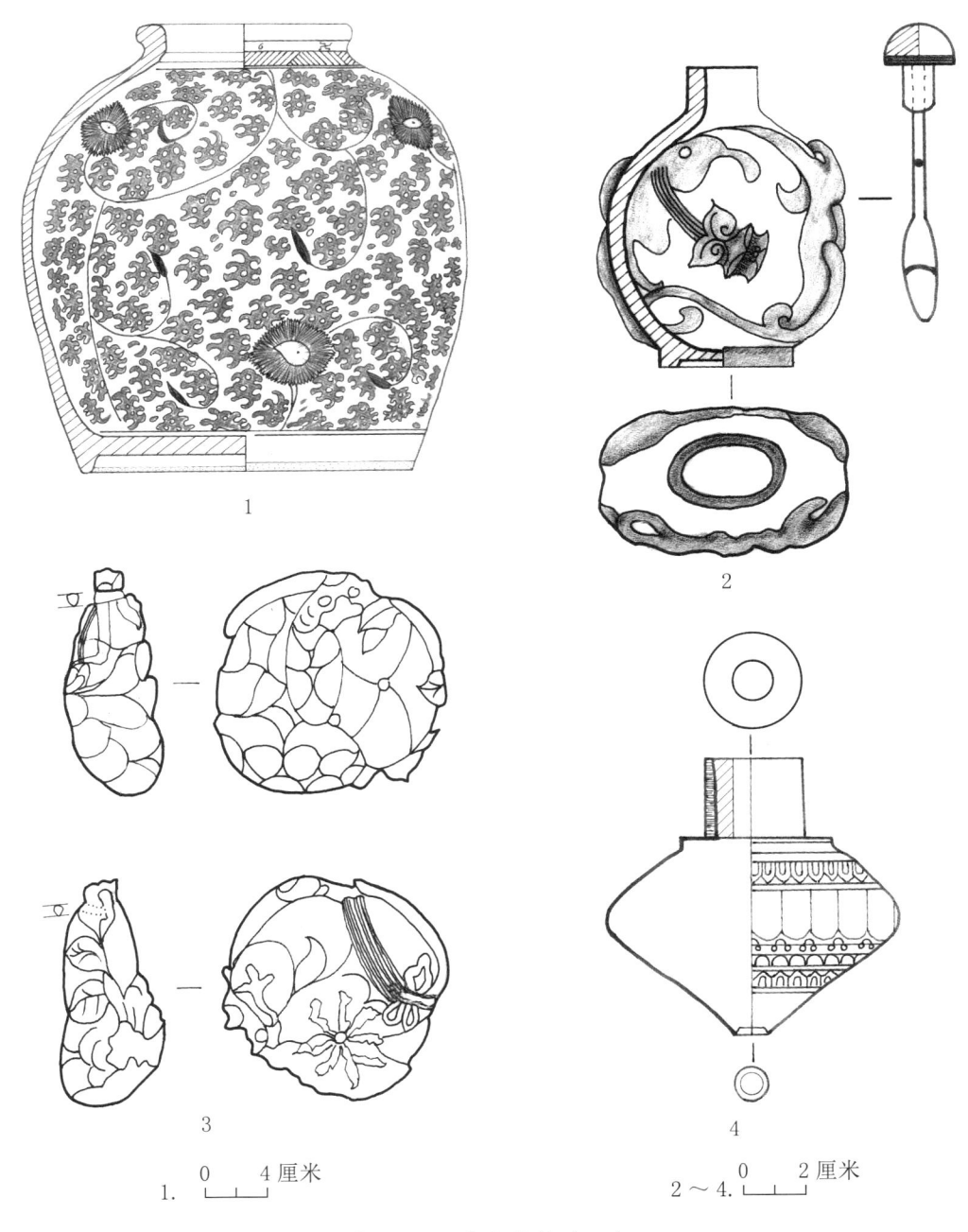

图八　M1出土器物（一）
1. 青花瓷罐（M1：1）　2. 鼻烟壶（M1：10）　3. 玉佩（M1：11）　4. 饰件（M1：13）

饰件 1 件。M1：13，材质不明，疑似木质但极为致密、细腻。整体呈陀螺形，直口，直径，折肩，腹部明显外凸，折腹，尖底，器身一周饰多层各类纹饰。器身通高 5 厘米、口径 1.7 厘米、腹径 5.5 厘米、底径 0.65 厘米（图八，4；彩版一〇，8）。

银手镯 4 件。M1：14，为 1 组 2 件，均为一根银条弯折而成。第一件整体呈近圆形，直径 6.7～6.8 厘米，截面为圆形，直径 0.4 厘米。第二件整体呈马蹄形，直径 5.85～6.9 厘米，截面为圆形，直径 0.4 厘米（图一〇，1、2；彩版一一，4）。M1：15，为 1 组 2 件，均为一根银条弯折而成。

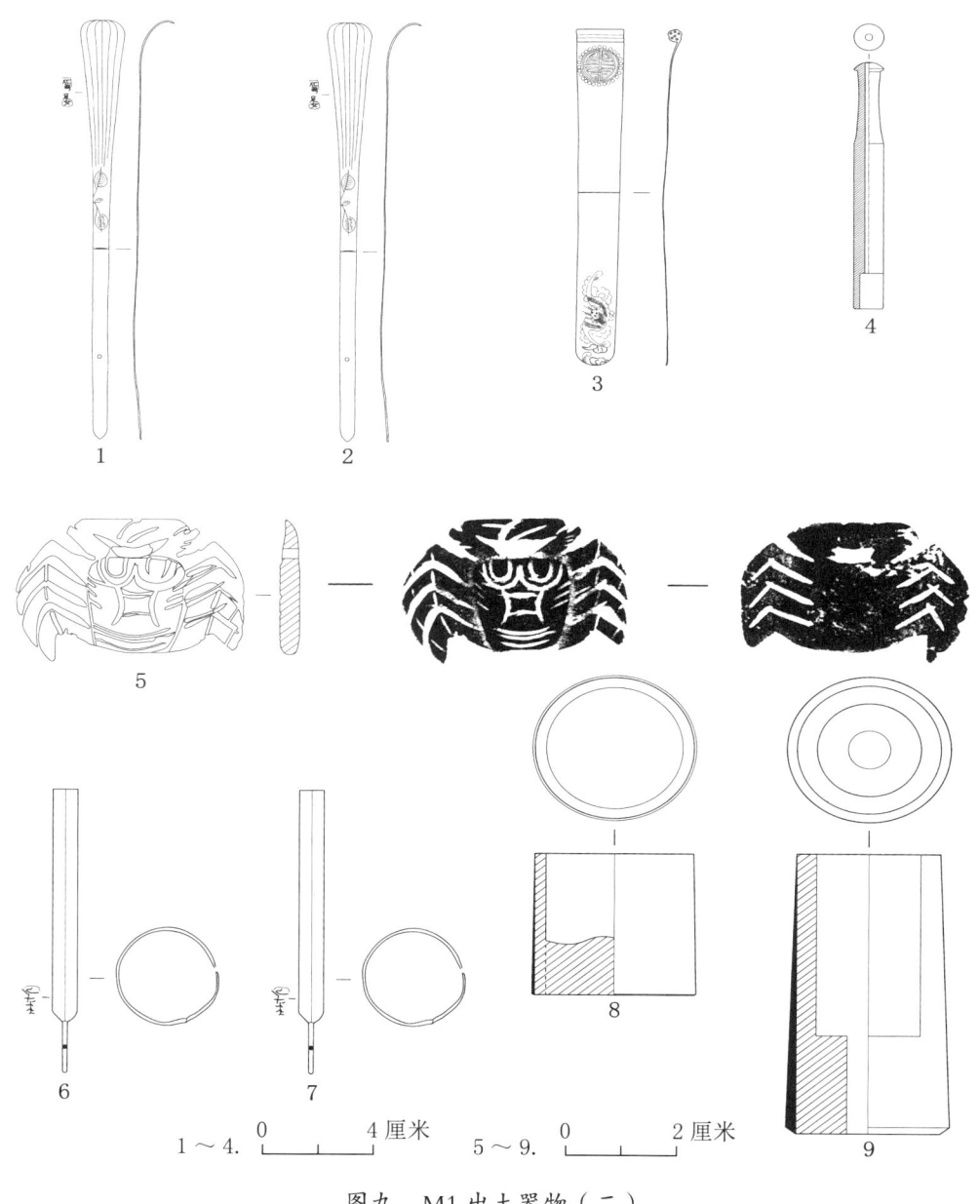

图九　M1 出土器物（二）

1、2. 银簪（M1：2、M1：3）　3. 金扁方（M1：5）　4. 玉烟嘴（M1：6）　5. 玉佩（M1：4）
6、7. 金耳环（M1：8-1、M1：8-2）　8、9. 玉饰件（M1：12-1、M1：12-2）

第一件整体呈马蹄形，直径6.15～6.35厘米，截面为圆形，直径0.3～0.4厘米。第二件整体呈马蹄形，直径6.1～7.3厘米，截面为圆形，直径0.2～0.4厘米（图一〇，3、4；彩版一一，5）。

铜鎏金饰件 1 件。M1：16，整体呈不规则形，表面锈蚀严重，纹饰难以分辨。长 4.2 厘米、宽 2.8 厘米、厚 0.3～0.6 厘米（图一〇，5；彩版一一，6）。

料器 1 件。M1：17，呈中空筒状，全长 2.4 厘米，两端开口，一端较粗、另一端较细，口径分别为 3.2 厘米和 3.05 厘米（图一〇，6；彩版一一，7）。

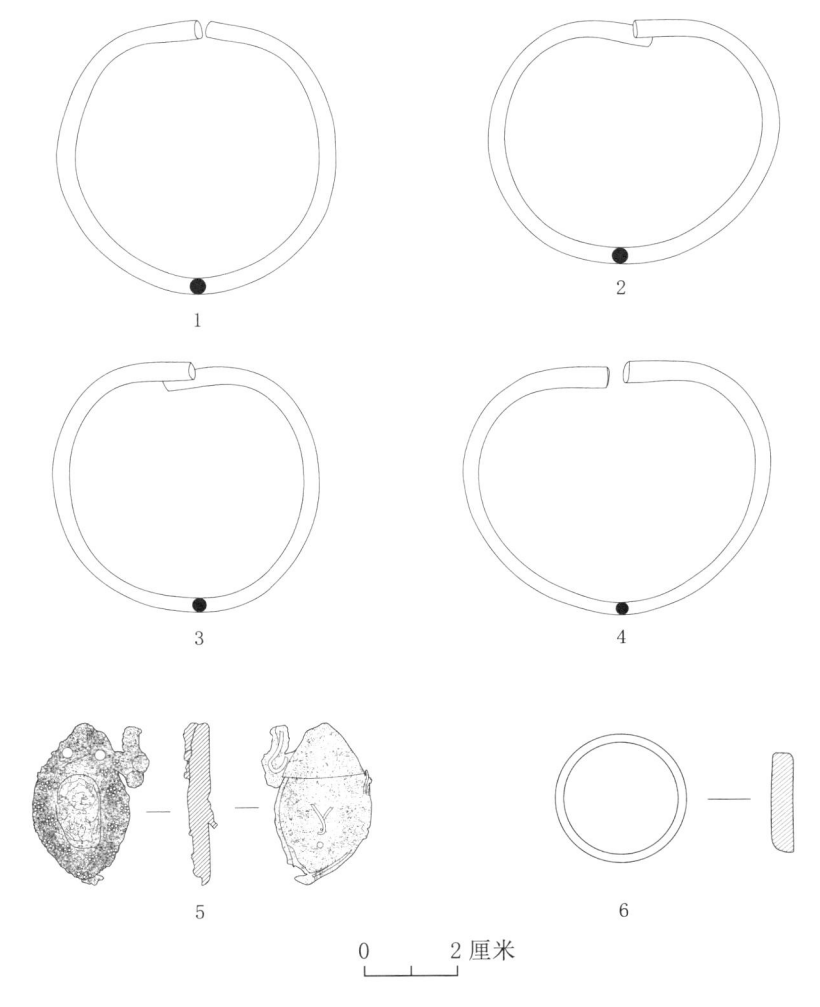

图一〇　M1 出土器物（三）

1～4.银手镯（M1：14-1、M1：14-2、M1：15-1、M1：15-2）　5.铜鎏金饰件（M1：16）　6.料器（M1：17）

四、结语

PF03、04、05 地块的 3 座墓葬形制单一，皆为竖穴土圹墓，均为双人合葬墓。1 座窑址被后期破坏严重，部分形制已不明确。葬具均为木棺。从残留人骨的墓葬中可以看出，葬式均为仰身直肢葬。墓葬有扰乱，出土器物较少，出土器物有铜钱 1 枚、手镯 1 件。窑址内未出土器物。根据墓葬开口层位和墓葬形制及出土器物，初步推断 3 座墓葬均为清代中晚期墓葬。窑址被破坏严重，但形制较特殊，且烟道位置位于窑室中间，初步推断为辽金时期窑址。

PH07 地块的 1 座墓葬为竖穴土圹墓，采用三棺分三次入葬的合葬形式。葬具均为木棺。葬式均为仰身直肢葬。墓葬内出土器物 17 件（组），数量相对较多，且包含金、银、玉等贵重材质的器物。根据墓葬开口层位、墓葬形制及出土器物，初步推断其为清代晚期墓葬。

根据墓葬的形制形状及出土器物推断，这批墓葬属平民墓葬，且有部分墓葬遭到近现代破坏。这批墓葬的发掘，为研究清代平民墓的分布、形制及当时的丧葬习俗提供了新的资料。

发掘：曹孟昕

绘图、摄影：王宇新

执笔：李澔洋

海淀区小营村明代墓葬发掘报告

2022年10月9日至25日，北京市考古研究院在海淀区东升镇小营建材城占地范围内，对前期考古勘探发现的1座明代墓葬进行了考古发掘。

发掘地点位于海淀区东升镇，西邻京藏高速、东邻北京信息科技大学清河小营校区、北为小营东路、南为北京清河医院。发掘区域平面呈"L"形，南北长183米、东西宽155米（图一、图二）。

图一 发掘地点位置示意图

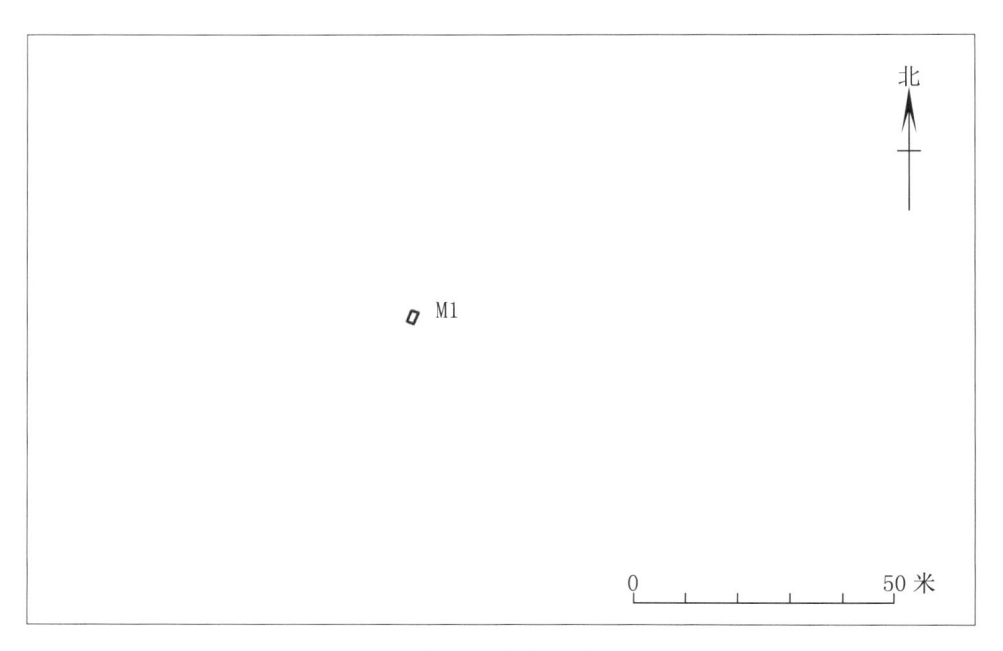

图二　总平面图

一、地层堆积

由于近现代破坏，原地表已为渣土破坏。

发掘区域地势较为平坦，地层自上而下可分为四层。

第①层：渣土层，深 0.4～0.5 米，土质杂乱，内含大量建筑垃圾。M1 发现于该层下。

第②层：黏土层，深 0.5～2.2 米，土色褐色，土质稍黏，结构不甚紧密，内含少量粉砂。

第③层：砂土层，深 1.9～3.2 米，土色黄褐色，土质较软，结构较疏松，无包含物。

第④层：胶泥土层，深 2.5～5.5 米，土色褐色，土质稍黏，结构不甚紧密，无包含物。该层未至底。

二、墓葬及器物形制

M1 位于发掘区域中部，东西向，墓葬距地表深 0.6 米。该墓为长方形竖穴土圹墓，东西长 2.5 米、宽 0.9 米、深 0.4 米。墓壁竖直，底较平，深 0.4 米。内置单棺，棺木已朽，木棺平面略呈梯形，长 1.86 米、宽 0.5～0.6 米、残高 0.2 米，棺板厚 0.1 米。棺内葬一成年男性骨架，头向东北，面向北，残高 1.44 米，葬式为仰身直肢葬，人骨保存较差。墓内随葬品 2 件，包括铜镜 1 件、玉坠 1 件（图三；彩版一二）。

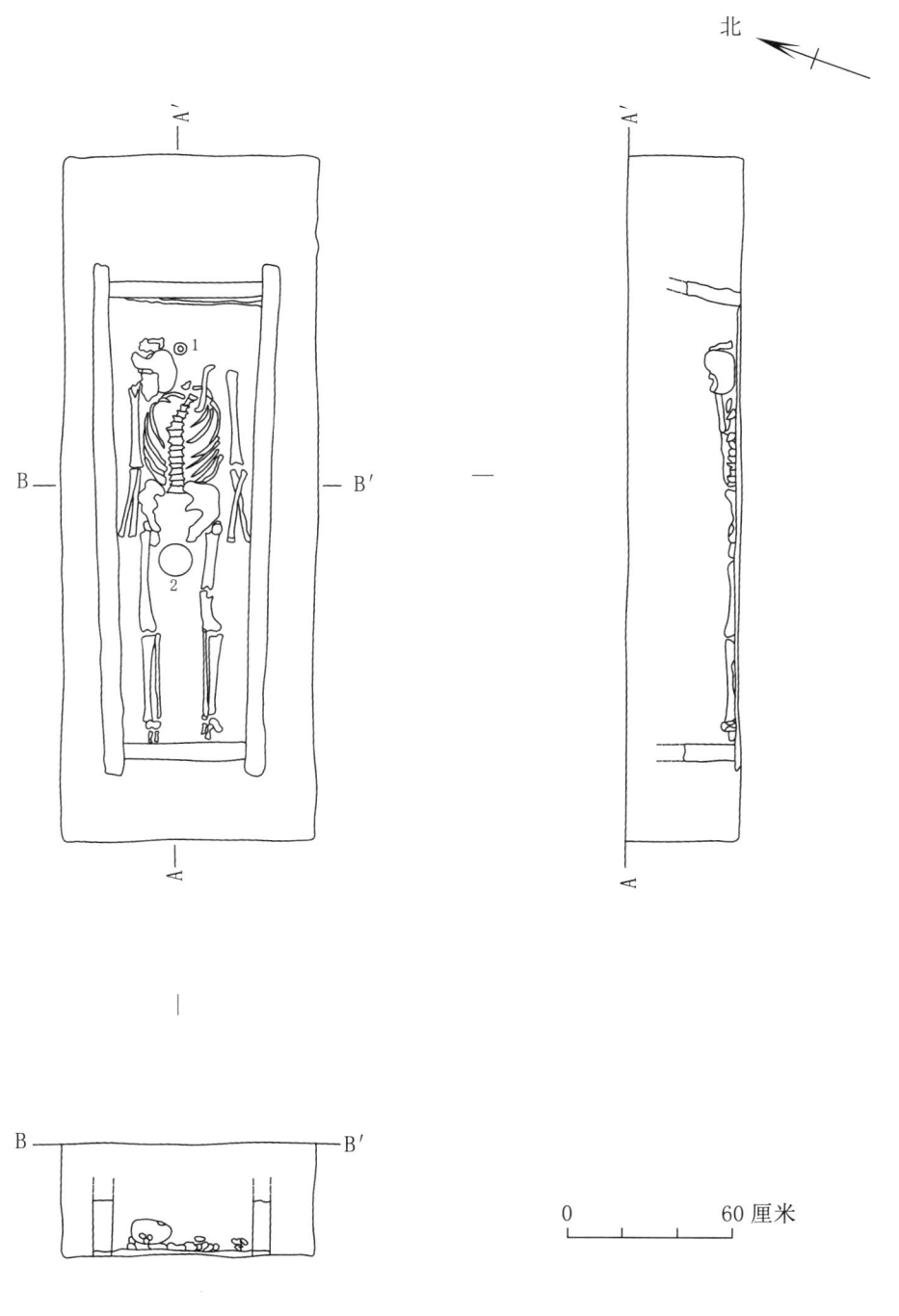

图三　M1平、剖面图
1. 玉坠　2. 铜镜

玉坠，1件。M1：1，随葬于墓主人头骨左侧。平面呈圆环形，中央有圆孔，圆孔一侧有小缺口，推测应为穿绳处。玉坠质地较硬，颜色白中泛绿。玉坠直径2.6厘米、厚0.2厘米，圆孔直径0.9厘米（图四；彩版一三，3）。

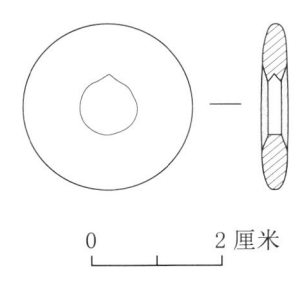

图四　玉坠（M1∶1）平、剖面图

铜镜，1件。M1∶2，随葬于墓主人两腿之间。平面呈圆形，正面为镜面，上有深绿色铜锈，且夹杂有黄色斑块。背面中央为银锭形钮，钮下部有圆形穿系。背面靠近边缘处有一圈凸起的弦纹，其余均为素面。铜镜直径10厘米、厚0.3厘米，钮长1厘米、宽0.5～0.8厘米，镜墙高0.1厘米（图五；彩版一三，1、2）。

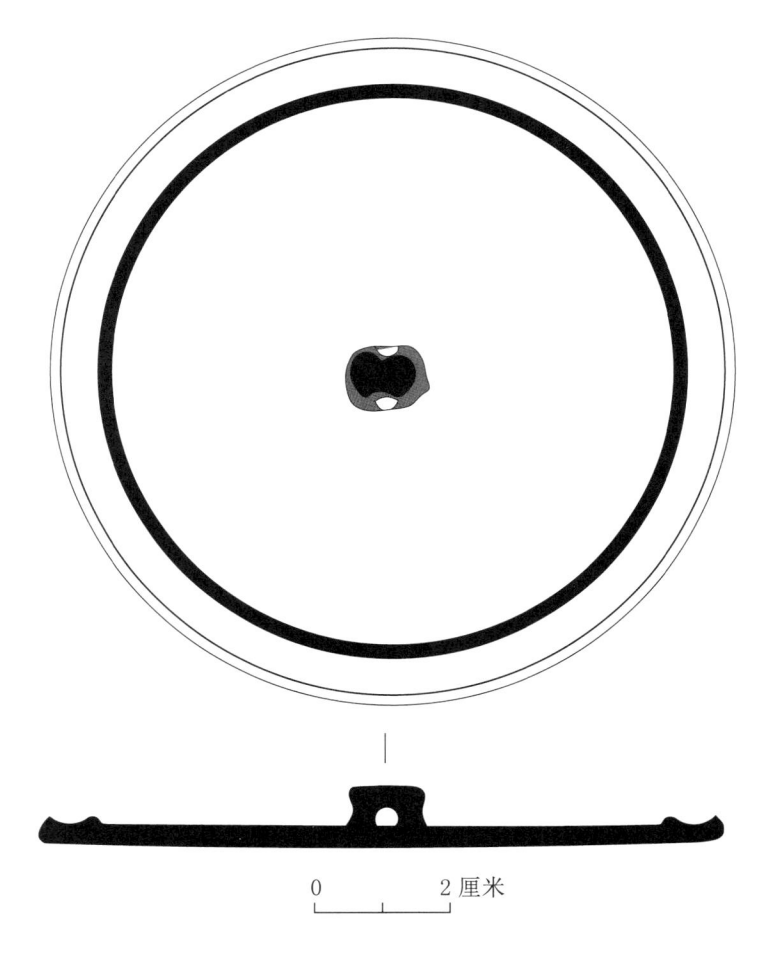

图五　铜镜（M1∶2）平、剖面图

三、结语

M1 为长方形竖穴土圹单人葬墓，为明代平民典型墓葬形制，这与大兴采育西组团 M25、M27[①]等，医学科学院 M8 和 M9[②]，大兴新城北区 8 号地 M8[③]，昌平区朱辛庄 M1～M6[④]等明代单人葬墓，以及大兴黄村双高花园 M3[⑤]、康庄安置房 M1[⑥]等清代单人葬墓形制基本相同。

2014 年 4 月至 5 月，北京市考古研究院（原北京市文物研究所）在海淀区东升乡后屯路发掘过 9 座清代墓葬[⑦]，由此认为东升镇小营村附近应是明清时期的一片墓葬区。

尽管该墓随葬品不多，且未发现铜钱、墓志等重要的文字纪年器物，但所出铜镜时代特征较明显。该铜镜圆形，除靠近边缘的一周弦纹外，均为素面，钮为银锭形钮，足墙较矮。根据明代铜镜特征[⑧]，银锭形钮是明代时开始出现的一种形制，是当时较为显著的时代特征，清代此类钮继续沿用。但明代银锭形钮较大，有的钮上带铭文，且铜镜背面多内凹，镜墙稍向内倾斜。另外，从整体来看，明隆庆（1567～1572）以前的铜镜崇尚纹饰，而之后则转为重铭文，且多素面镜。清代铜镜器形复杂，且更加规矩化，纹饰也更为繁缛，但是一些清代民间所制作的铜镜还以素面镜为主。综合分析，这件素面带弦纹铜镜可能更接近于明后期形制，因而由铜镜年代推断该墓葬为明代后期。

综上所述，本次发掘不仅为北京地区明代墓葬形制类型、分布格局的研究提供了新的考古资料，也为研究明代铜镜形制提供了重要的实物资料，具有十分重要的学术研究价值。

发掘：曹孟昕
执笔：曹孟昕

注释

①② 北京市文物研究所：《大兴古墓葬考古发掘报告集》，科学出版社，2020 年，第 270 页。
③ 于璞、韩鸿业、李春山：《北京市大兴新城北区 8 号地考古发掘报告》，《文物春秋》2008 年第 4 期。
④ 于璞等：《北京市昌平区朱辛庄明清墓葬发掘简报》，《北京文博文丛》2008 年第 3 辑。
⑤⑥ 北京市文物研究所：《大兴古墓葬考古发掘报告集》，科学出版社，2020 年，第 271、272 页。
⑦ 于璞、周宇：《海淀区东升乡小营村汉代、清代墓葬发掘简报》，《北京文博文丛》2019 年第 3 辑。
⑧ 管维良：《中国铜镜史》，群言出版社，2013 年，第 319～334 页。

昌平区东小口明清墓葬发掘报告

　　为配合昌平区东小口镇贺村中滩村组团 A 地块重点村旧村改造一级开发项目的建设，2016 年 9 月 30 日~10 月 9 日，北京市考古研究院（原北京市文物研究所）对该项目占地范围内的古代遗存进行了考古发掘。发掘区北邻建材城东路及华鸿家园住宅区，东邻回迁楼 A 地块施工区及建四路，南邻中东路，西邻东芦路（图一）。此次共发掘明清时期墓葬 12 座，发掘面积共计 166 平方米（图二）。

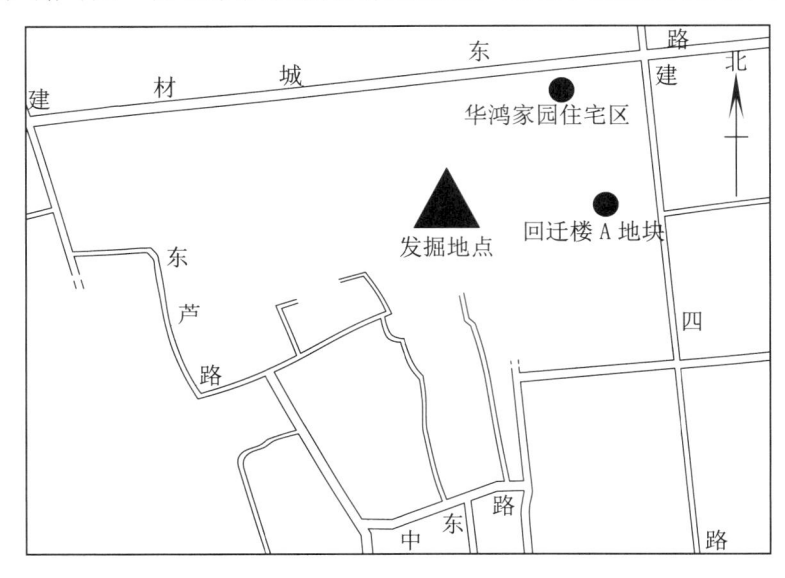

图一　发掘地点位置示意图

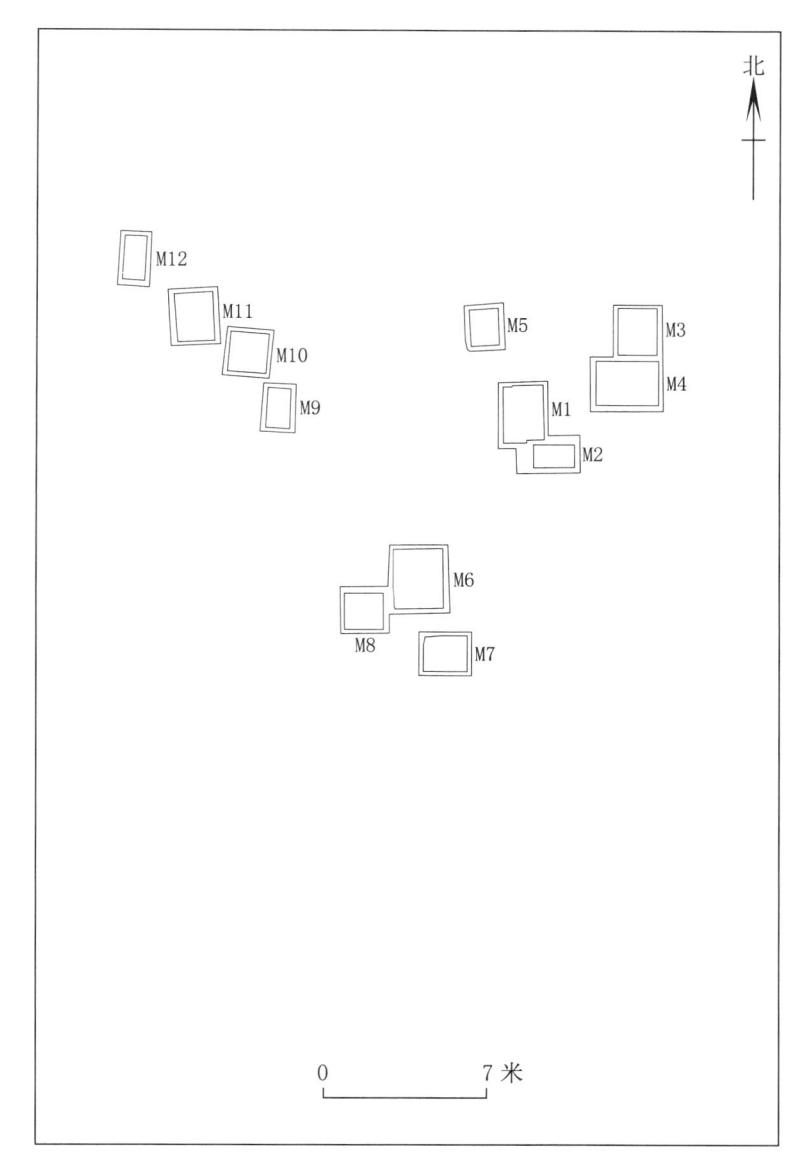

图二　总平面图

一、墓葬形制

M1 为竖穴土圹墓。方向为 355°。墓圹平面呈长方形，南北长 2.9 米、东西宽 1.9 米，墓底距地表深 0.8 米。墓圹内填五花土，土质较疏松，土色呈黄褐色，较纯净。墓圹四壁较规整，壁面较光滑，上下垂直，墓底内置双木棺，棺木已朽，仅残留棺痕，东西并排。为夫妻合葬墓，西棺为一女性、东棺为一男性。西棺棺痕南北长 2.8 米、宽 0.66 米、残存高度 0.4 米。人骨架保存较完整，头骨位于北部，面向下，为仰身直肢葬。人骨架长 1.55 米，为女性。该棺应早葬于东棺。东棺棺痕南北长 2.1 米、宽 0.6～0.7 米、残存高度 0.2 米。人骨架保存较完整，头骨位于北部，面向西，为仰身直肢葬。人骨架长 1.9 米，为男性。该棺应晚于西棺。出土的随葬器物，西棺内有银簪 1 件、银扁方 1 件、铜钱 5 枚、银耳环 1 件。东棺内未发现随葬器物（图三；彩版一四，1）。

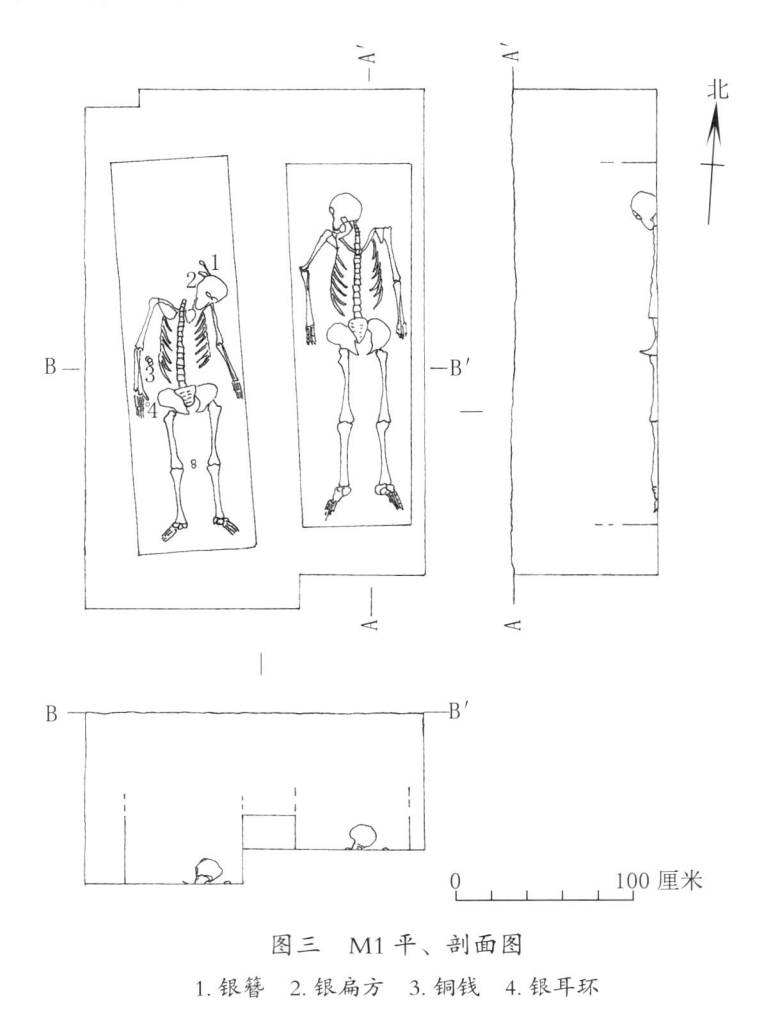

图三　M1 平、剖面图
1. 银簪　2. 银扁方　3. 铜钱　4. 银耳环

M2 为竖穴土圹墓。方向为 95°。墓圹平面呈长方形，东西长 2.7 米、南北宽 1.2～1.3 米，墓底距地表深 1.3 米。墓圹内填五花土，土质疏松，土色呈黄褐色。墓壁较为规整，壁面光滑，上下垂直。墓圹内未见棺痕、人骨架和随葬器物，应为一座搬迁墓（图四；彩版一四，2）。

M3 为竖穴土圹墓。方向为 345°。墓圹平面呈长方形，南北长 2.9 米、东西宽 2.2 米，墓底距地表深 1.6 米。墓圹内填五花土，土质较疏松，土色呈黄褐色，较纯净。墓圹四壁较规整，壁面较光滑，上下较垂直。墓圹内置双棺，棺木已朽，仅存棺痕，东西并排。西棺棺痕南北长 2 米、东西宽 0.56～0.6 米、残存高度 0.2 米。人骨架保存状况较好，头骨位于北部，面向下，为仰身直肢葬。人骨架长 1.8 米，为男性。东棺棺痕南北长 1.98 米、东西宽 0.54 米、残存高度 0.2 米。人骨架保存状况较好，头骨位于北部，面向东，为仰身直肢葬。人骨架长 1.6 米，为女性。出土的随葬器物，西棺内有铜钱 4 枚，东棺内有银簪 2 件、铜钱 3 枚、银耳环 1 件（图五；彩版一五，1）。

图四　M2 平、剖面图

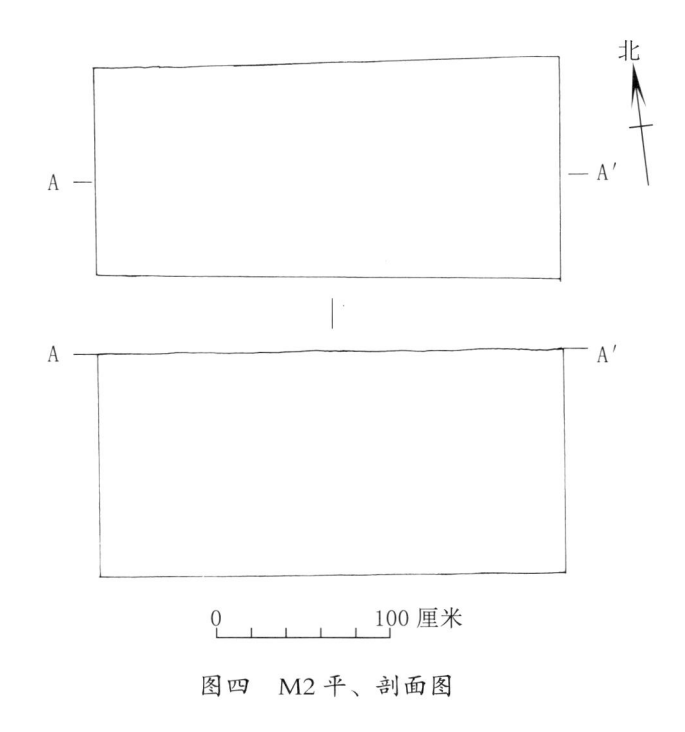

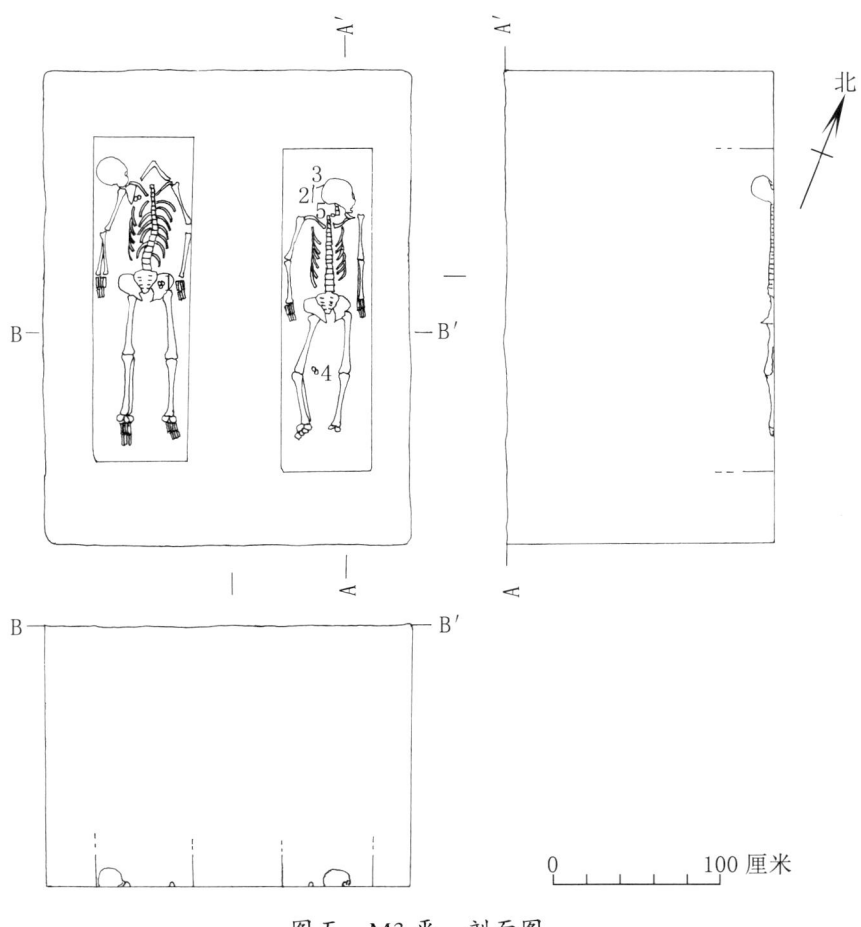

图五　M3 平、剖面图
1、4. 铜钱　2、3. 银簪　5. 银耳环

M4为竖穴土圹墓。方向为5°。墓圹平面呈长方形，东西长3.55米、南北宽2.4米，墓底距地表深1.4米。墓圹内填五花土，土质较疏松、土色呈黄褐色，较纯净。墓圹四壁较规整，壁面光滑，上下垂直。墓圹内置三棺，棺木已朽，仅存棺痕，东西并排。西棺棺痕南北长1.8米、东西宽0.46～0.6米、残高0.1米。人骨架保存较乱，头骨位于北部，面向上，为仰身直肢葬。人骨架长1.3米，为女性。中棺棺痕南北长1.8米、东西宽0.54～0.6米、残存高度0.1米。人骨架保存基本完整，头骨位于北部，面向下，为仰身直肢葬。人骨架长1.75米，为男性。东棺棺痕南北长1.76米、东西宽0.46～0.6米、残存高度0.1米。人骨架保存基本完整，头骨位于北部，面向上，为仰身直肢葬。人骨架长1.5米，为女性。出土的随葬器物，中棺内有铜钱7枚，东棺内有铜扁方1件、银耳环1对，西棺内有铜钱4枚（图六；彩版一五，2）。

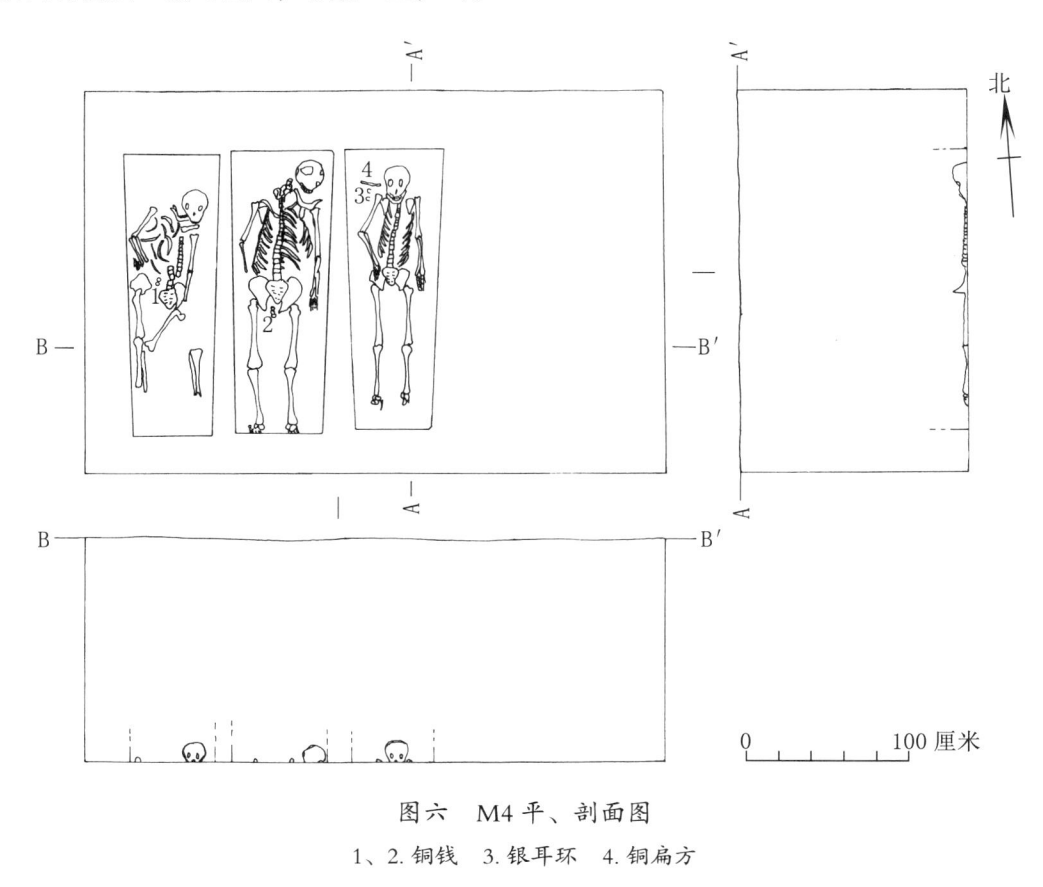

图六 M4平、剖面图
1、2.铜钱 3.银耳环 4.铜扁方

M5为竖穴土圹墓。方向为340°。墓圹平面呈长方形，南北长3米、东西宽1.8米，墓底距地表深1.2～1.3米。墓圹内填五花土，土质较疏松、土色呈黄褐色，较纯净。墓四壁较规整，壁面光滑，上下较垂直。墓圹内置双棺，棺木已朽，仅存棺痕，东西并排。西棺棺痕南北长2.1米、东西宽0.5～0.6米、残存高度0.3米。人骨架保存基本完整，头骨位于北部，面向西，为仰身直肢葬。人骨架下有一层厚约0.2米的草木灰。人骨架长约1.75米，为男性。该棺早葬于东棺。东棺棺痕南北长2米、东西宽0.6米、残存高度0.2米。人骨架保存基本完整，头骨位于北部，面向下，为仰身直肢葬。

人骨架下有一层厚约 0.3 米的煤渣。人骨架长 1.7 米，为女性。该棺晚葬于西棺。出土的随葬器物，西棺内有铜钱 1 枚，东棺内有铜钱 1 枚（图七；彩版一六，1）。

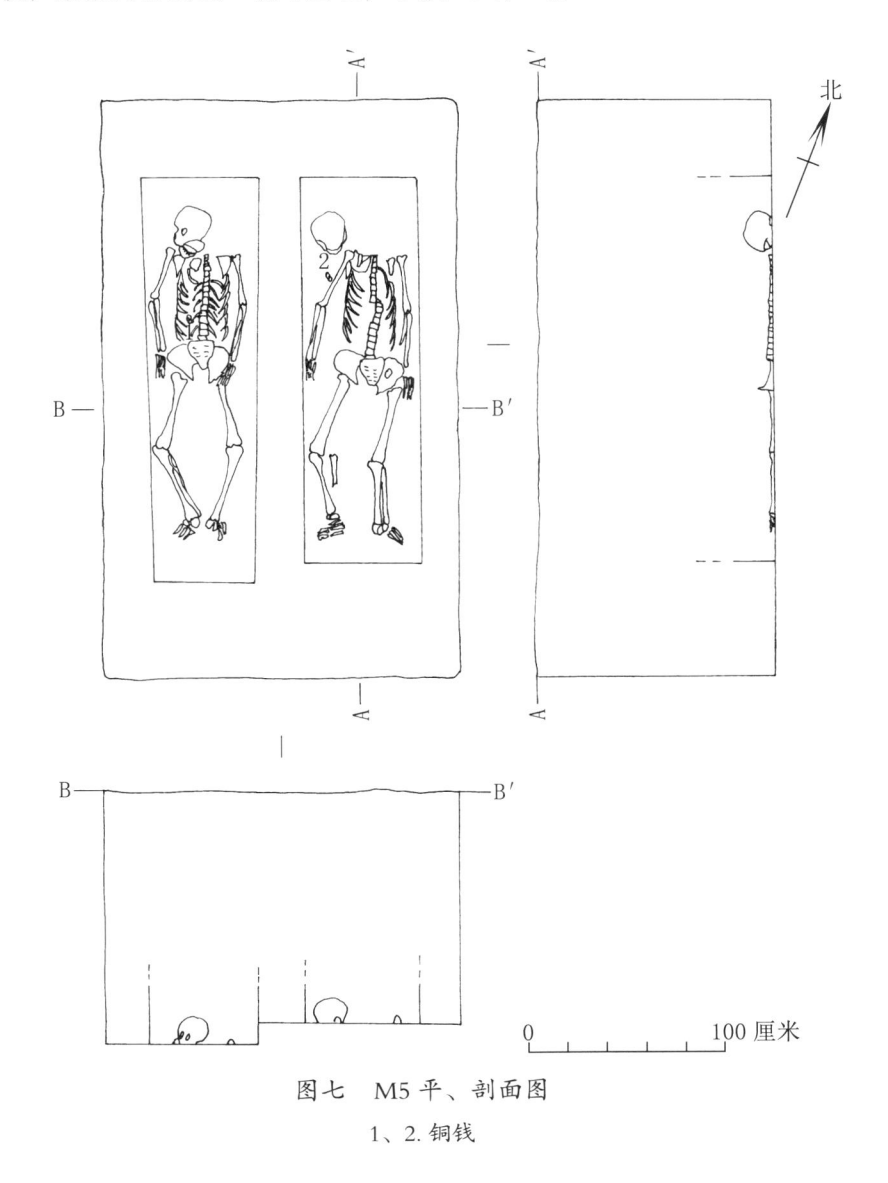

图七　M5 平、剖面图
1、2. 铜钱

M6 为竖穴土圹墓。方向为 270°。墓圹平面呈近似正方形，东西长 3.2 米、南北宽 2.8 米，墓底距地表深 1.2 米。墓圹内填五花土，土质较疏松，土色呈黄褐色，较纯净。墓圹四壁较规整，壁面光滑，上下较垂直。墓圹内置双棺，棺木已朽，仅存棺痕，南北并排。南棺棺痕东西长 1.96 米、南北宽 0.5～0.56 米、残存高度 0.2 米。人骨架保存较乱，头骨位于西部，面向下，为仰身直肢葬。人骨架长 1.5 米，为女性。北棺棺痕东西长 2.1 米、南北宽 0.47～0.6 米、残存高度 0.2 米。人骨架保存较乱，头骨位于西部，面向上，为仰身直肢葬。人骨架长 1.6 米，为男性。出土的随葬器物，北棺内有红陶罐 1 件（图八；彩版一六，2）。

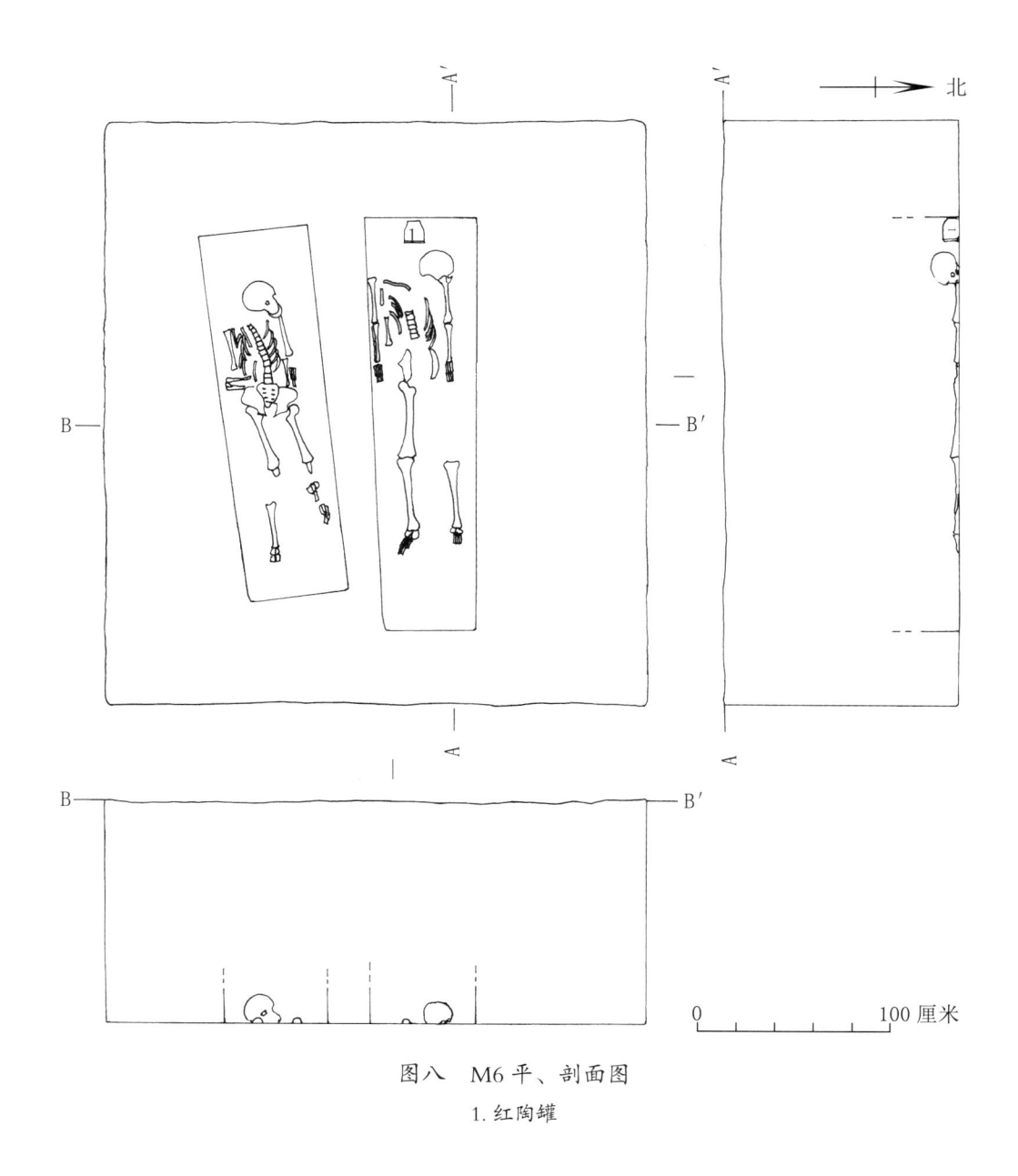

图八　M6平、剖面图
1. 红陶罐

M7为竖穴土圹墓。方向为85°。墓圹平面呈长方形，东西长2.6米、南北宽2.2米，墓底距地表深1～1.2米。墓圹内填五花土，土质较疏松，土色呈黄褐色，较纯净。墓圹四壁较规整，壁面光滑，上下较垂直。墓圹内置双棺，棺木已朽，仅存棺痕，南北并排。南棺棺痕东西长1.66米、南北宽0.6～0.62米、残存高度0.2米。人骨架保存较完整，头骨位于西部，面部向上，为仰身直肢葬。人骨架长1.37米，为女性。北棺棺痕东西长1.74米、南北宽0.56～0.6米、残存高度0.1米。人骨架保存较完整，头骨位于西部，面向北，为仰身直肢葬。人骨架长1.6米，为男性。未发现随葬器物（图九；彩版一七，1）。

M8为竖穴土圹墓。方向为260°。墓圹平面呈长方形，东西长2.4米、南北宽2米，墓底距地表深1.3米。墓圹内填五花土，土质较疏松、土色呈黄褐色，较纯净。墓圹四壁较规整，壁面光滑，上下较垂直。墓圹内置双棺，棺木均已朽，仅存棺痕，南北并排。南棺棺痕东西长1.9米、南北宽0.5米、残存高度0.2米。人骨架保存较完整，头骨位于西部，面向上，为仰身直肢葬。人骨架长1.64米，为女性。北棺棺痕东西长1.85米、南北宽0.55～0.6米、残存高度0.2米。人骨架保存状况较差，头骨位于西部，面向上，为仰身直肢葬。人头骨下面置一件板瓦。人骨架长1.8米，为男性。出土的随葬器物，南棺有铜钱2枚，北棺有铜钱6枚（图一〇；彩版一七，2）。

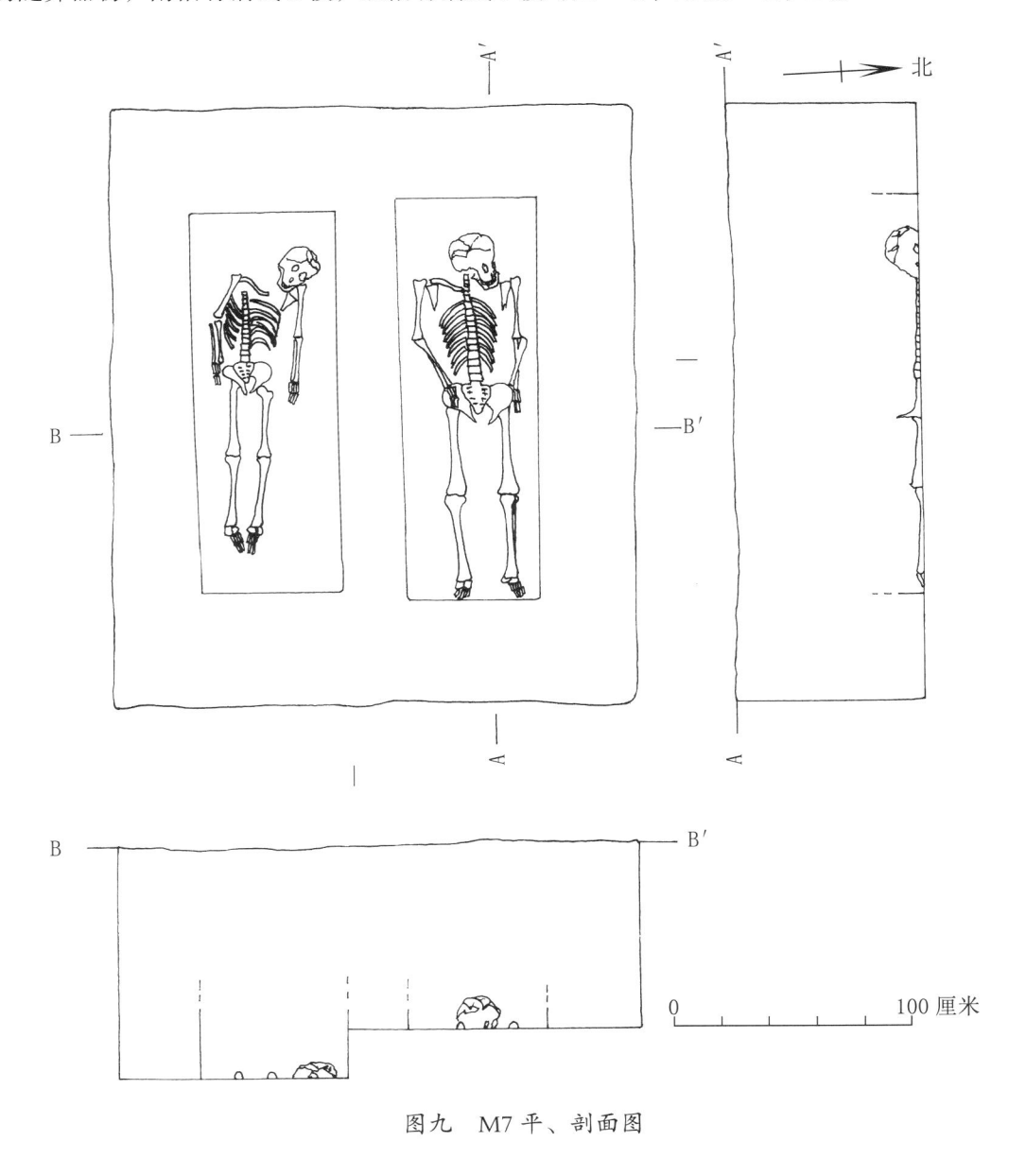

图九　M7平、剖面图

图一〇 M8 平、剖面图
1、2. 铜钱

　　M9 为竖穴土圹墓。方向为 355°。墓圹平面呈长方形，南北长 2.2 米、东西宽 1.1 米，墓底距地表深 1.2 米。墓圹内填五花土，土质较疏松，土色呈黄褐色，较纯净。墓圹四壁较规整，壁面光滑，上下较垂直。墓圹内置单棺，棺木已朽，仅存棺痕。棺痕南北长 1.8 米、东西宽 0.45～0.5 米、残存高度 0.1 米。人骨架保存较完整，头骨位于北部，面向下，为仰身直肢葬。人骨架长 1.65 米，为男性。出土的随葬器物有釉陶罐 1 件（图一一；彩版一八，1）。

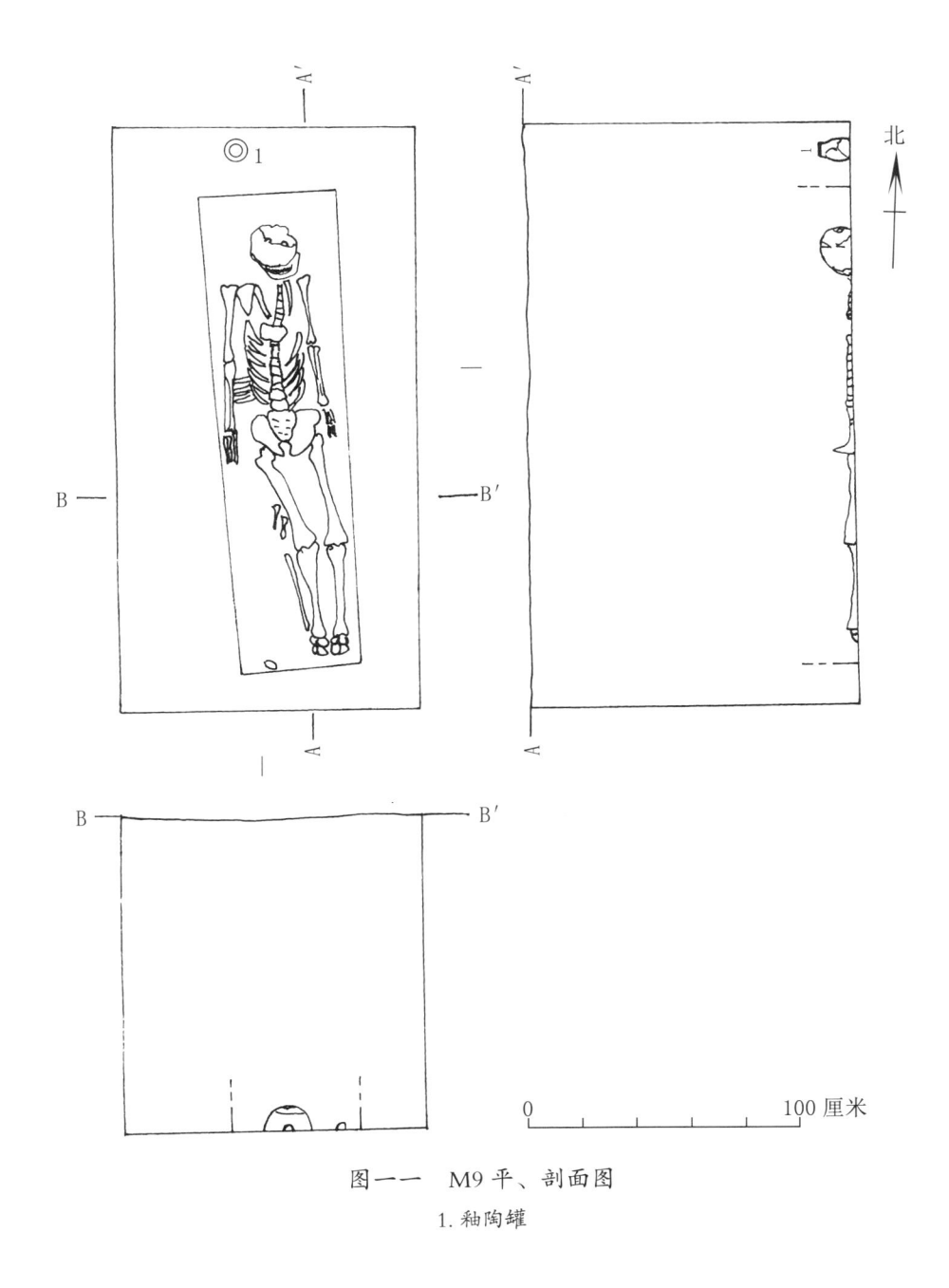

图一一　M9 平、剖面图
1. 釉陶罐

M10 为竖穴土圹墓。方向为 355°。墓圹平面呈长方形，南北长 2.5 米、东西宽 2.2 米，墓底距地表深 1.2 米。墓圹内填五花土，土质较疏松、土色呈黄褐色，较纯净。墓圹四壁较规整，壁面光滑，上下较垂直。墓圹内置双棺，棺木均已朽，仅存棺痕，东西并排。西棺棺痕南北长 1.6 米、东西宽 0.54 ~ 0.6 米、残存高度 0.3 米。人骨架保存较完整，头骨位于北部，面向上，为仰身直肢葬。人骨架长约 1.4 米，为女性。东棺棺痕南北长 1.7 米、东西宽 0.52 米、残存高度 0.3 米。人骨架保存较完整，头骨位于北部，面向下，为仰身直肢葬。人骨架长 1.54 米，为男性。出土的随葬器物，东棺有铜钱 1 枚、釉陶罐 1 件（图一二；图版一八，2）。

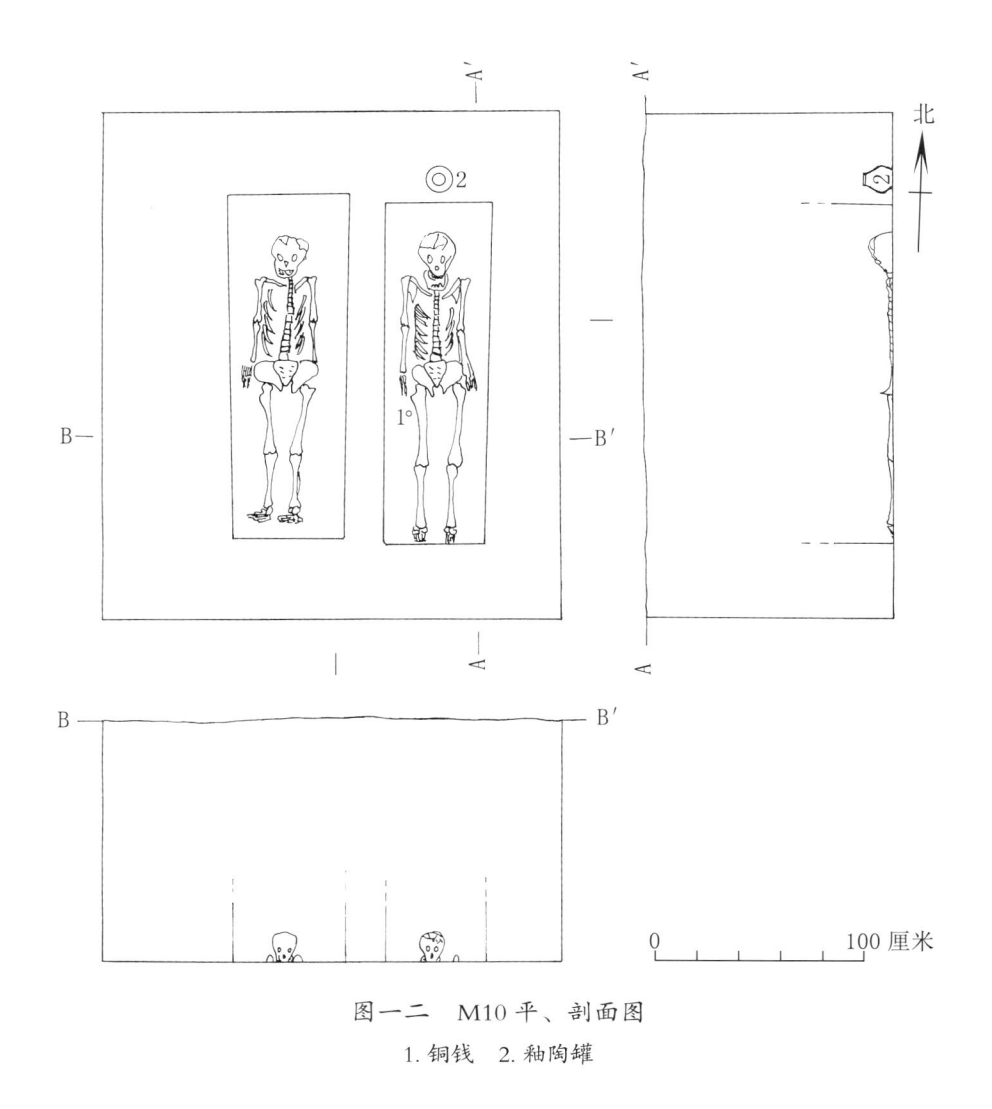

图一二　M10 平、剖面图
1. 铜钱　2. 釉陶罐

M11 为竖穴土圹墓。方向为 347°。墓圹平面呈长方形，南北长 2.8 米、东西宽 2.1 米，墓底距地表深 1.2 米。墓圹内填五花土，土质较疏松，土色呈黄褐色，较纯净。墓圹四壁较规整，壁面光滑，上下较垂直。墓圹内置双棺，棺木均已朽，仅存棺痕，东西并排。西棺棺痕南北长 2.1 米、宽 0.6 米、残存高度 0.3 米。人骨架保存状况较差，头骨位于北部，面向下，为仰身直肢葬。人骨架长 1.76 米，为女性。东棺棺痕南北长 2.18 米、东西宽 0.45～0.56 米、残存高度 0.3 米。人骨架保存状况较差，头骨位于北部，面向下，为仰身直肢葬。人骨架长 1.9 米，为男性。出土的随葬器物，西棺有铜钱 4 枚，东棺有铜钱 4 枚（图一三；彩版一九，1）。

M12 为竖穴土圹墓。方向为 350°。墓圹平面呈长方形。墓圹南北长 2.7 米、东西宽 1.5 米，墓底距地表深 1.2 米。墓圹内填五花土，土质较疏松，土色呈黄褐色，较纯净。墓圹四壁较规整，壁面光滑，上下较垂直。墓圹内置单棺，棺木已朽，仅存棺痕。棺痕南北长 1.8 米、东西宽 0.5～0.6 米、残存高度 0.2 米。棺内为迁葬的两具人骨架，保存较乱。头部位于北部，面向下，为仰身直肢葬。人头骨下方置一件板瓦。出土的随葬器物有釉陶罐 1 件（图一四；彩版一九，2）。

图一三　M11 平、剖面图
1、2. 铜钱

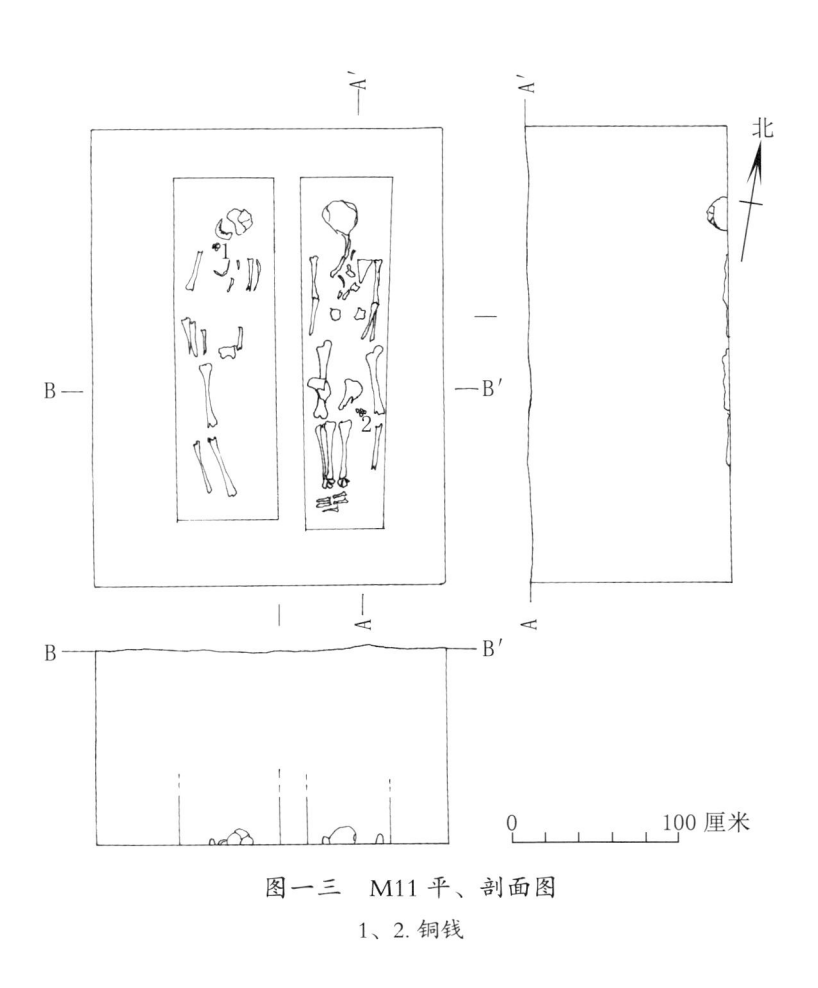

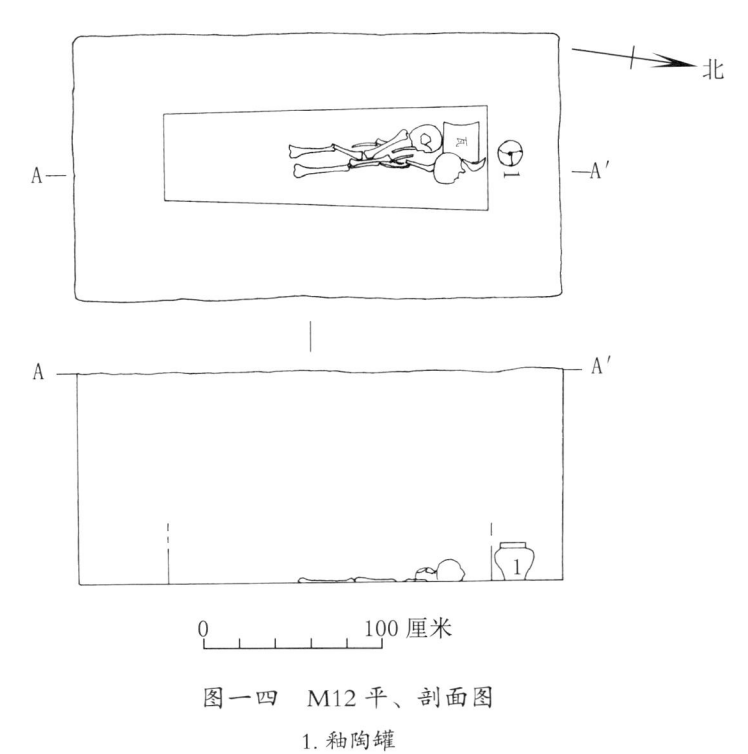

图一四　M12 平、剖面图
1. 釉陶罐

二、随葬器物

此次发掘的随葬器物主要有陶器、釉陶器、银质头饰和耳饰以及铜钱等。

（一）陶器和釉陶器

陶器和釉陶器均为罐，共计4件。

陶罐 1件。M6：1，泥质红陶，坚实致密。口微侈，圆唇，短束颈，微鼓腹，最大腹径偏于上部，下腹部向下斜直内收，平底。素面。轮制痕迹明显。口径11.6厘米、最大腹径12.1厘米、底径6.3厘米、通高12.5厘米（图一五，1；彩版二〇，1）。

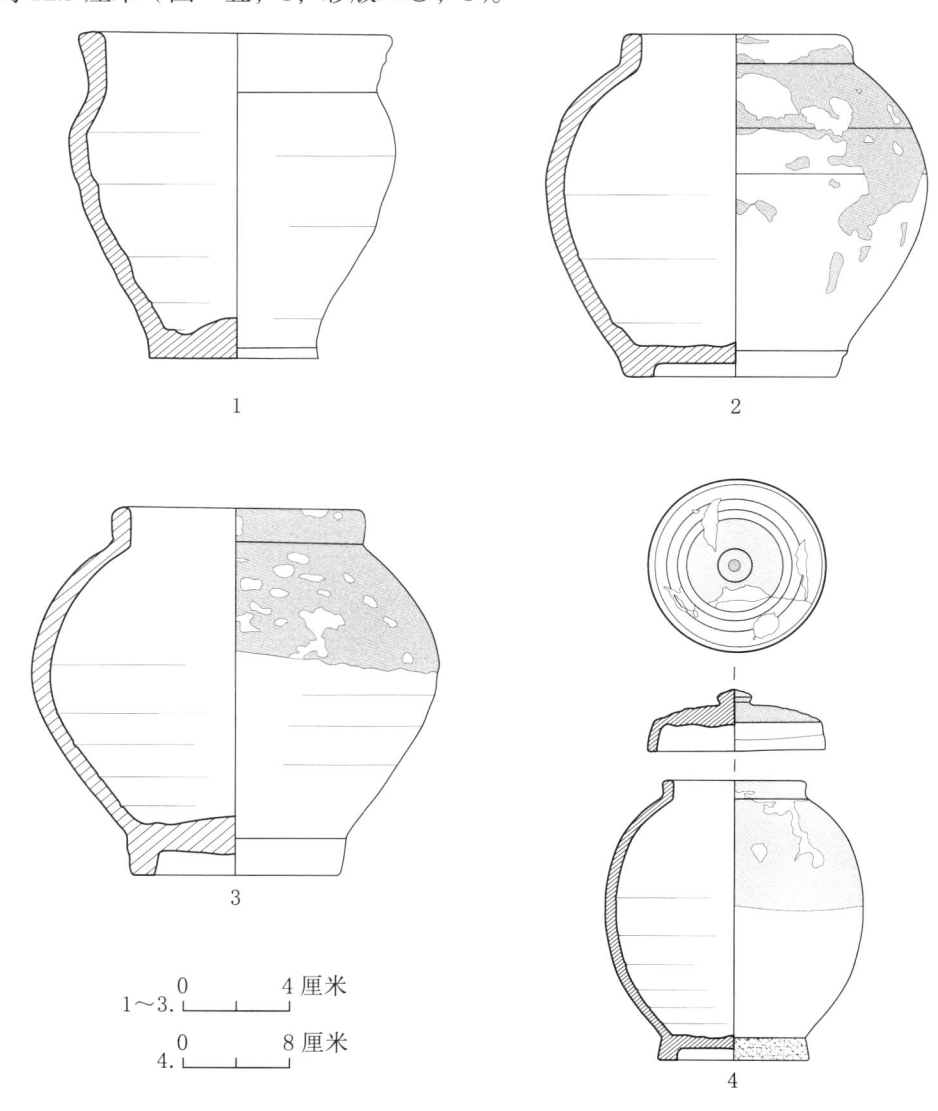

图一五　出土陶器

1.陶罐（M6：1）　2～4.釉陶罐（M9：1、M10：1、M12：1）

釉陶罐 3 件。鼓腹釉陶罐 2 件，形制大体相同。M9：1，直口，圆唇，短直颈，溜肩，圆鼓腹，最大腹径偏于上部，矮圈足。圈足内的外底中部有一周凹弦纹。外壁从口沿至上腹部施釉，内壁施釉至下腹部，内底和外底均无釉。釉呈酱色，施釉较薄，与胎体的结合较差，剥落较为严重。胎体为黄色，较为坚实致密。口径 8.4 厘米、最大腹径 14.2 厘米、圈足直径 7.9 厘米、通高 13 厘米（图一五，2；彩版二〇，2）。M10：1，直口，圆唇，短直颈，溜肩，圆鼓腹，圈足。素面。外壁从口沿至上腹部施釉，内壁均有釉。釉呈酱色，施釉较薄，与胎体的结合较差，剥落较为严重。胎体为黄色，较为坚实致密。口径 9.4 厘米、腹径 15.1 厘米、圈足直径 7.9 厘米、通高 14 厘米（图一五，3；彩版二〇，3）。带盖釉陶罐 1 件，M12：1，由器盖和罐两部分组成。器盖上部正中有一宝珠状钮，盖面略有凸起，呈弧形面，周壁斜直，向下略外撇。盖面上有三周凹弦纹。盖外壁施酱色釉，内壁无釉。罐为直口，圆唇，短直颈，溜肩，圆鼓腹，矮圈足。素面。外壁从口沿至上腹部施釉，内壁均有釉。釉呈酱色，施釉较薄，与胎体的结合较差，剥落较为严重。胎体为黄色，较为坚实致密。盖面直径 13.2 厘米、高 4.8 厘米；钮径 2.6 厘米；口径 10.7 厘米、腹径 19.2 厘米、圈足直径 11 厘米、高 21.1 厘米；通高 23.7 厘米（图一五，4；彩版二〇，4）。

（二）银质器物

银质器物主要为发簪和耳环等。

发簪 3 件。禅杖形簪 1 件。M1：1，整体为禅杖形，由首和体两部分组成。首残损较为严重，顶部为一葫芦状物，下面为银丝编卷而成的纵向卷云，应为六组，每组卷云内衔小圆环。体细长，横截面为圆形，末端尖细。残长 10.1 厘米，重 4.9 克（图一六，1；彩版二〇，5）。"福"字纹簪 2 件，为 M3：2 和 M3：3，形制与纹饰基本相同。由首和体两个部分组成。首为圆形花瓣状，纵截面呈"凸"字形，顶部正中为一"福"字图案。体细长，横截面为圆形，末端尖细。M3：2，残长 9.1 厘米，重 5.8 克（图一六，2；彩版二〇，6）。M3：3，残长 12.9 厘米，重 6.1 克（图一六，3 彩版二一，1）。

扁方 2 件，基本为一字形扁平状。M1：2，由首和体两部分组成。首为卷曲状，中空，装饰一凸起的蝙蝠图案。体较宽，末端为圆弧形。体正面上部錾刻圆形寿字纹，外侧饰一周花瓣纹。体正面下部錾刻一蝙蝠纹饰，漫漶不清。宽 2.2～2.3 厘米、通长 12.2 厘米，重 18.6 克（图一六，4；彩版二一，5）。M4：4，略残。由首和体两部分组成。首略卷曲，纵截面为五瓣花状。体较窄，末端为圆弧形。体正面上部錾刻圆形寿字纹。体正面下部錾刻一蝙蝠纹饰，漫漶不清。宽 1.6～1.9 厘米、通长 15.5 厘米，重 15 克（图一六，5；彩版二一，6）。

耳环 4 件，其中 3 件形制基本相同，首部为圆饼状，体为近似圆环形，末端尖细。M3：5，1 件。首部直径 1 厘米，通高 2.2 厘米，重 2.4 克（图一六，6；彩版二一，3）。M4：3-1 和 M4：3-2，2 件一组。首部直径 0.6 厘米，通高 1.6 厘米，分别重 1.1 克和 1.2 克（图一六，7、8；彩版二一，4）。另外 1 件 M1∶4，首部为如意状椭圆形，饰蝙蝠图案，以圆柱纹为底。体一侧为圆柱状，末端尖细；另一侧为长方形，饰连枝花卉图案。首部宽 1.7～2.4 厘米、直径 2.2～2.7 厘米，重 4.4 克（图一六，9；彩版二一，2）。

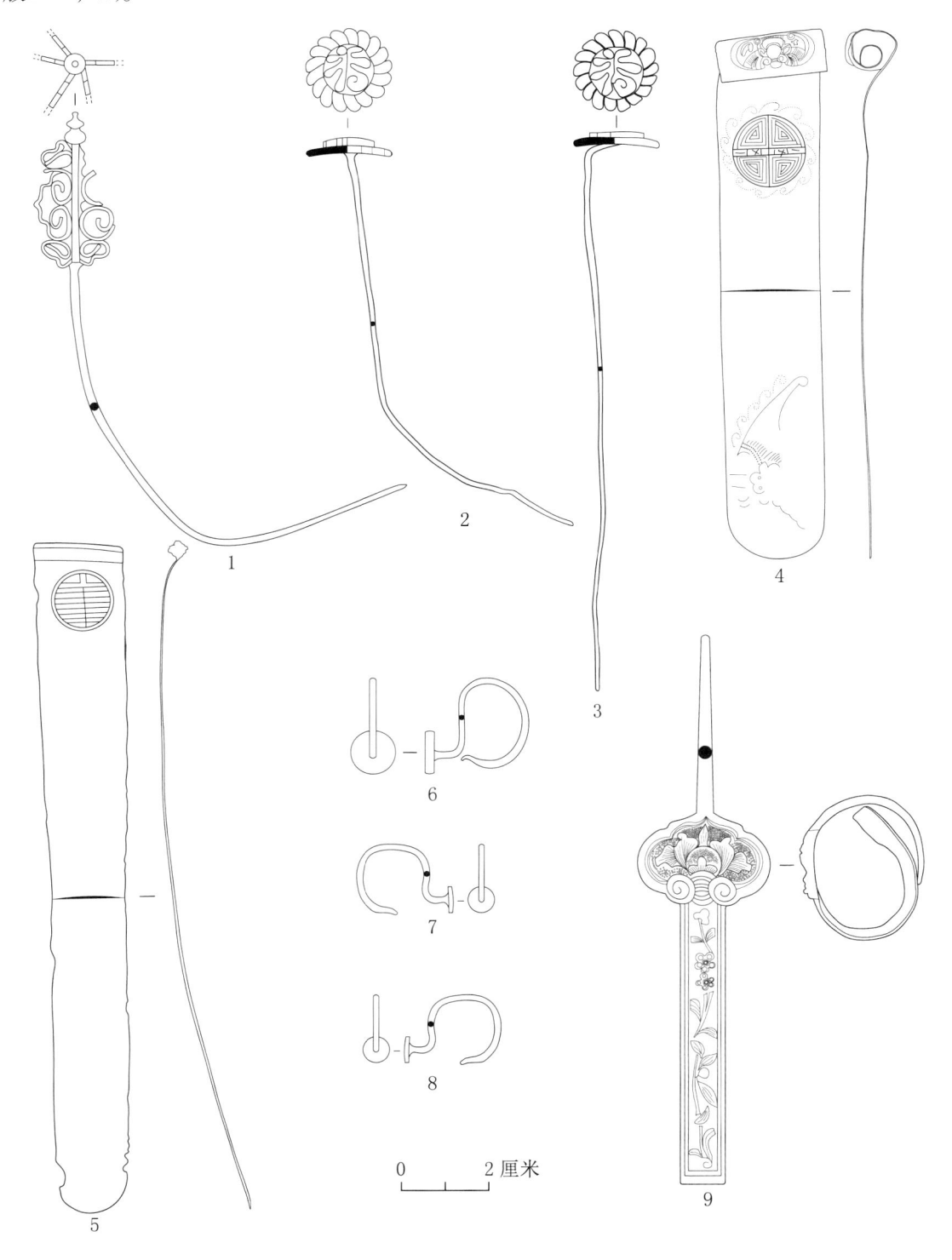

图一六　出土银器

1～5.发簪（M1∶1、M3∶2、M3∶3、M1∶2、M4∶4）　6～9.耳环（M3∶5、M4∶3-1、M4∶3-2、M1∶4）

（三）铜钱

出土铜钱共计44枚。

M1：3，标本6枚。M1：3-1～M1：3-5，同治重宝。圆形，方穿，宽郭，正面钱文楷体"同治重宝"四字，对读。背面穿上为"当"、穿下为"十"，纪值；穿左右为满文"宝泉"，纪局名。钱径2.35～2.65厘米、穿径0.55～0.65厘米、郭厚0.1～0.12厘米（图一七，1～5）。M1：3-6，光绪重宝。圆形，方穿，宽郭，正面钱文楷体"光绪重宝"四字，对读。背面穿上为"当"、穿下为"十"，纪值；穿左右为满文"宝源"，纪局名。铜质较差，制作粗糙。钱径3.15厘米、穿径0.75厘米、郭厚0.17厘米（图一七，6）。

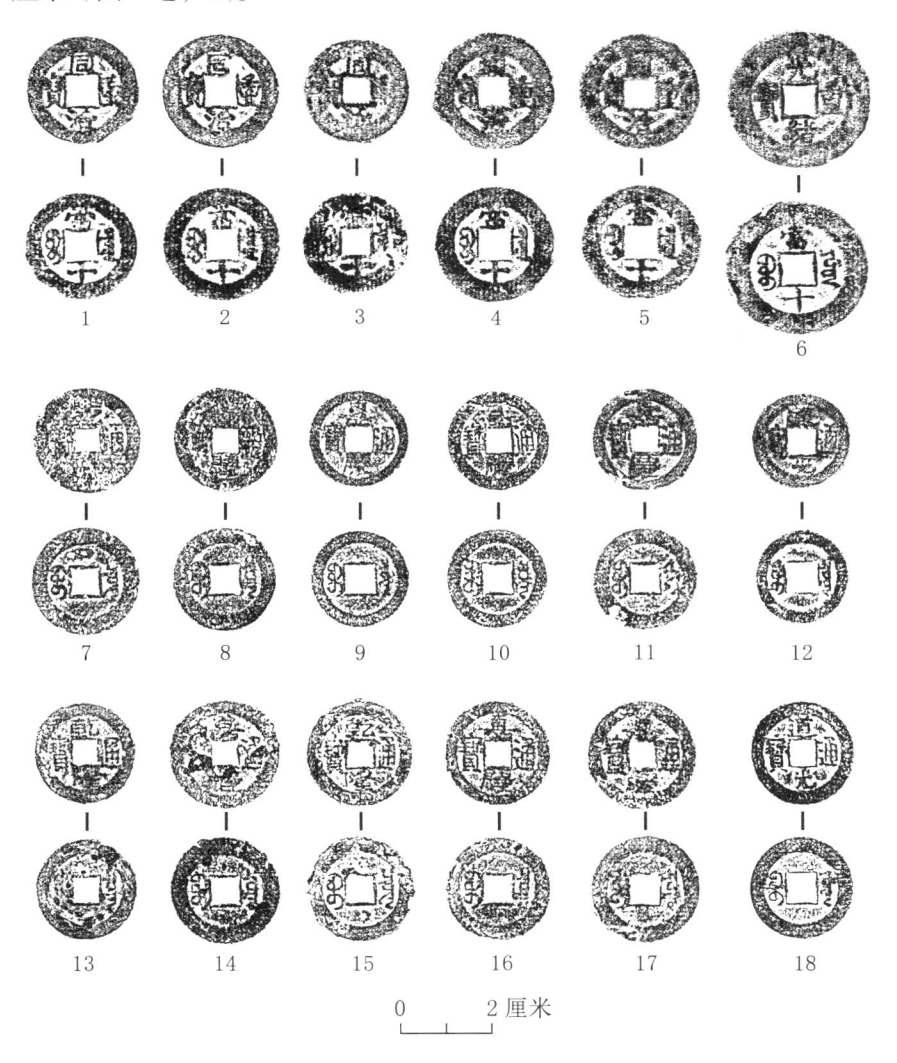

图一七　出土铜钱拓片（一）

1～5.同治重宝（M1：3-1、M1：3-2、M1：3-3、M1：3-4、M1：3-5）　6.光绪重宝（M1：3-6）
7、13、15.乾隆通宝（M3：1-1、M4：1-1、M4：2-1）　8～11、14、16、17.嘉庆通宝（M3：1-2、M3：1-3、M3：1-4、M3：4-1、M4：1-2、M4：2-2、M4：2-3）　12、18.道光通宝（M3：4-2、M4：2-4）

M3 : 1，标本 4 枚。M3 : 1-1，乾隆通宝。圆形，方穿，宽郭，正面钱文楷体"乾隆通宝"四字，对读。背面穿左右为满文"宝泉"，纪局名。钱径 2.42 厘米、穿径 0.55 厘米、郭厚 0.17 厘米（图一七，7）。M3 : 1-2 ~ M3 : 1-4，嘉庆通宝。圆形，方穿，宽郭，正面钱文楷体"嘉庆通宝"四字，对读。背面穿左右为满文"宝泉"，纪局名。钱径 2.37 厘米、穿径 0.6 厘米、郭厚 0.17 厘米（图一七，8 ~ 10）。

M3 : 4，标本 2 枚。M3 : 4-1，嘉庆通宝。圆形，方穿，宽郭，正面钱文楷体"嘉庆通宝"四字，对读。背面穿左右为满文，左为"宝"字，右所纪局名锈蚀严重不清。钱径 2.35 厘米、穿径 0.62 厘米、郭厚 0.16 厘米（图一七，11）。M3 : 4-2，道光通宝。圆形，方穿，宽郭，正面钱文楷体"道光通宝"四字，对读。背面穿左右为满文"宝泉"，纪局名。钱径 2.21 厘米、穿径 0.61 厘米、郭厚 0.17 厘米（图一七，12）。

M4 : 1，标本 2 枚。M4 : 1-1，乾隆通宝。圆形，方穿，宽郭，正面钱文楷体"乾隆通宝"四字，对读。背面穿左右为满文"宝泉"，纪局名。钱径 2.29 厘米、穿径 0.52 厘米、郭厚 0.14 厘米（图一七，13）。M4 : 1-2，嘉庆通宝。圆形，方穿，宽郭，正面钱文楷体"嘉庆通宝"四字，对读。背面穿左右为满文"宝泉"，纪局名。钱径 2.51 厘米、穿径 0.56 厘米、郭厚 0.12 厘米（图一七，14）。

M4 : 2，标本 4 枚。M4 : 2-1，乾隆通宝。圆形，方穿，宽郭，正面钱文楷体"乾隆通宝"四字，对读。背面穿左右为满文"宝泉"，纪局名。钱径 2.41 厘米、穿径 0.51 厘米、郭厚 0.12 厘米（图一七，15）。M4 : 2-2 和 M4 : 2-3，嘉庆通宝。圆形，方穿，宽郭，正面钱文楷体"嘉庆通宝"四字，对读。背面穿左右为满文"宝泉"，纪局名。钱径 2.45 厘米、穿径 0.6 厘米、郭厚 0.11 厘米（图一七，16、17）。M4 : 2-4，道光通宝。圆形，方穿，宽郭，正面钱文楷体"道光通宝"四字，对读。背面穿左右为满文"宝源"，纪局名。钱径 2.33 厘米、穿径 0.6 厘米、郭厚 0.15 厘米（图一七，18）。

M5 : 1，乾隆通宝，标本 8 枚。圆形，方穿，宽郭，正面钱文楷体"乾隆通宝"四字，对读。背面穿左右为满文"宝泉"，纪局名。钱径 2.2 ~ 2.47 厘米、穿径 0.57 ~ 0.61 厘米、郭厚 0.15 ~ 0.17 厘米（图一八，1 ~ 8）。

M5 : 2，乾隆通宝，标本 3 枚。圆形，方穿，宽郭，正面钱文楷体"乾隆通宝"四字，对读。其中 2 枚背面穿左右为满文"宝泉"，纪局名；另外 1 枚背面穿左右为满文"宝源"，纪局名。钱径 2.22 ~ 2.4 厘米、穿径 0.6 ~ 0.68 厘米、郭厚 0.16 ~ 0.18 厘米（图一八，9 ~ 11）。

M8 : 1，嘉靖通宝，标本 6 枚。圆形，方穿，宽郭，正面钱文楷体"嘉靖通宝"四字，对读。光背。钱径 2.51 厘米、穿径 0.6 厘米、郭厚 0.17 厘米（图一八，12 ~ 17）。

M8 : 2，标本 2 枚。M8 : 2-1，开元通宝。圆形，方穿，光背。正面有内、外郭，外郭较宽。背面无郭。正面钱文隶书"开元通宝"四字，对读。钱径 2.19 厘米、穿径 0.61 厘米、厚 0.1 厘米（图一八，18）。M8 : 2-2，□□元宝。略残，圆形，方穿，郭较宽，光背。正面钱文行书"□□元宝"四字，旋读。钱径 2.31 厘米、穿径 0.6 厘米、厚 0.1 厘米（图一八，19）。

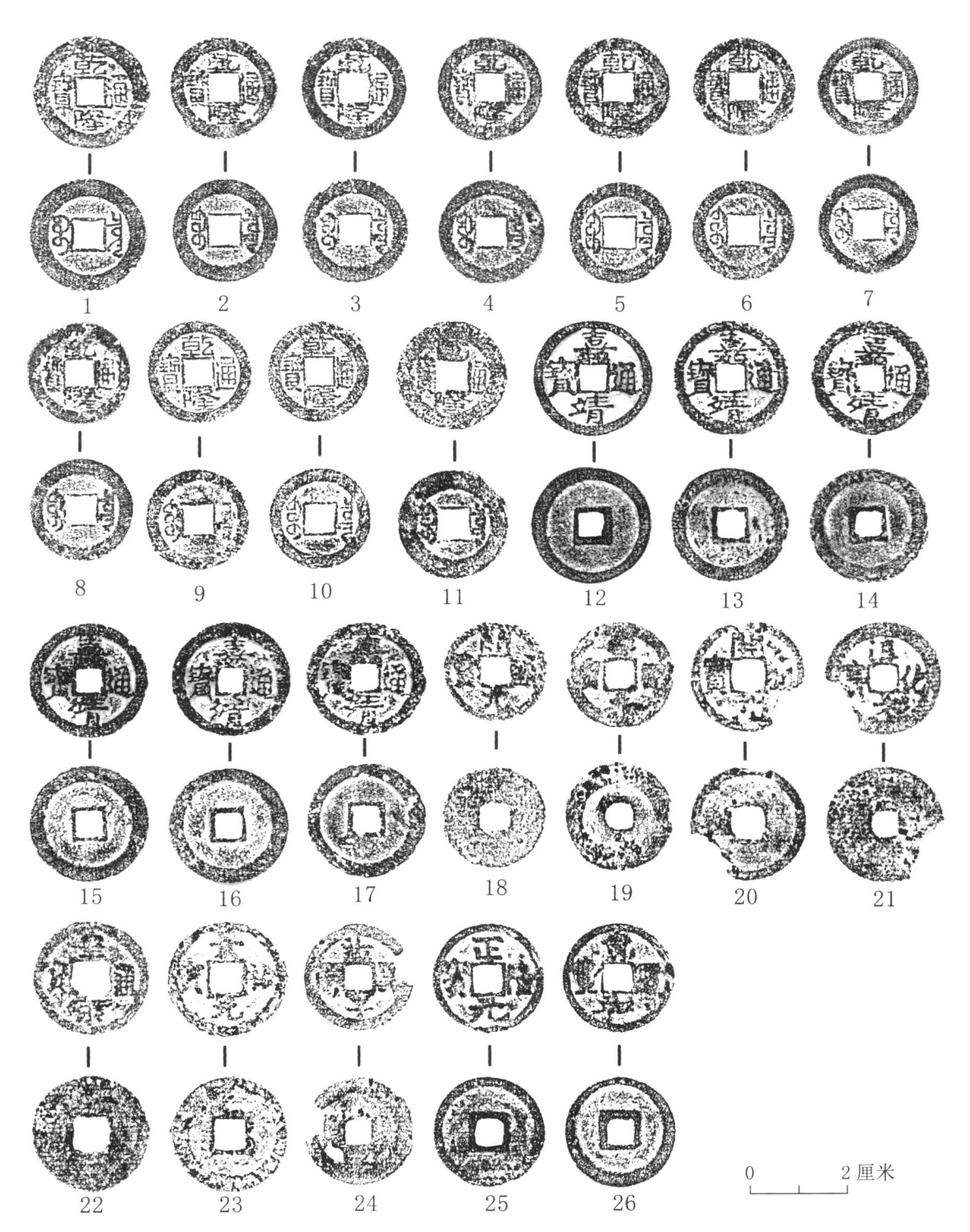

图一八　出土铜钱拓片（二）

1~8.乾隆通宝（M5∶1-1、M5∶1-2、M5∶1-3、M5∶1-4、M5∶1-5、M5∶1-6、M5∶1-7、M5∶1-8）
9~11.乾隆通宝（M5∶2-1、M5∶2-2、M5∶2-3）　12~17.嘉靖通宝（M8∶1-1、M8∶1-2、M8∶1-3、M8∶1-4、M8∶1-5、M8∶1-6）　18.开元通宝（M8∶2-1）　19.□□元宝（M8∶2-2）　20.开元通宝（M11∶1-1）
21.淳化元宝（M11∶1-2）　22.至和通宝（M11∶1-3）　23.景祐元宝（M11∶2-1）
24.太平通宝（M11∶2-2）　25.正隆元宝（M11∶2-3）　26.宣和通宝（M11∶2-4）

M11:1，标本3枚。M11:1-1，开元通宝。残，圆形，方穿，光背。有内、外郭，外郭较宽。正面钱文隶书"开元通宝"四字，对读。钱径2.46厘米、穿径0.75厘米、郭厚0.15厘米（图一八，20）。M11:1-2，淳化元宝。圆形，方穿，光背。正面有内、外郭，外郭较宽。背面无郭。正面钱文行书"淳化元宝"四字，旋读。钱径2.51厘米、穿径0.6厘米、郭厚0.12厘米（图一八，21）。M11:1-3，至和通宝。圆形，方穿，光背。正面有内、外郭，外郭较宽。背面无郭。正面钱文楷书"至和通宝"四字，对读。钱径2.46厘米、穿径0.7厘米、郭厚0.11厘米（图一八，22）。

　　M11:2，标本4枚。M11:2-1，景祐元宝。圆形，方穿，光背。有内、外郭，外郭较宽。正面钱文楷书"景祐元宝"四字，旋读。钱径2.53厘米、穿径0.61厘米、郭厚0.17厘米（图一八，23）。标本M11:2-2，太平通宝。圆形，方穿，光背。正面有内、外郭，外郭较宽。背面无郭。正面钱文隶书"太平通宝"四字，对读。钱径2.3厘米、穿径0.55厘米、厚0.08厘米（图一八，24）。标本M11:2-3，正隆元宝，圆形，方穿，光背。有内、外郭，外郭较宽。正面钱文楷书"正隆元宝"四字，旋读。"正"字最后一笔的左端没有出头，即左竖连下横为"⌐"。钱径2.36厘米、穿径0.65厘米、郭厚0.1厘米（图一八，25）。M11:2-4，宣和通宝，圆形，方穿，光背。有内、外郭，外郭较宽。正面钱文隶书"宣和通宝"四字，对读。钱径2.38厘米、穿径0.62厘米、郭厚0.1厘米（图一八，26）。

三、金属器物合金成分检测

　　此次发掘出土的金属器物可分为银质和铜质两大类。大多数器物的保存状况较好，形制基本完整，因此对其仅作了简单的除锈处理。在确保器物完整性的前提下，为了了解和认识其合金成分，本文使用美国NITON公司的便携式X射线荧光能谱仪XL3T950以常见金属模式对其中的金属器物标本进行了检测。

（一）银质器物

表一　银质器物常见金属检测pXRF检测数据（wt%）

名称编号	Cu（铜）	Pb（铅）	Sn（锡）	Fe（铁）	Au（金）	Ag（银）	Zn（锌）
簪子M1:1	3.50	0.428	0	0.293	0	90.59	0
扁方M1:2	2.95	0.104	0	0.425	0	94.64	0.022
耳环M1:4	1.49	0.018	0.602	0.634	0.266	94.25	0
簪子M3:2	2.66	62.44	0	0.414	0	29.244	0.046
簪子M3:3	11.73	42.88	0	1.94	0.279	36.77	0.440

续表

名称编号	Cu（铜）	Pb（铅）	Sn（锡）	Fe（铁）	Au（金）	Ag（银）	Zn（锌）
耳环 M3：5	9.52	0.137	1.17	0.086	0.424	88.57	0
耳环 M4：3-1	2.86	0.466	1.38	0.635	0.235	93.22	0.063
耳环 M4：3-2	1.72	0.245	1.58	0.897	0.334	93.25	0.036
扁方 M4：4	25.47	4.99	0	1.92	0	53.32	8.90

（二）铜钱

表二　常见金属检测 pXRF 检测数据（wt%）

编号	Cu（铜）	Pb（铅）	Sn（锡）	Fe（铁）	Zn（锌）
M1：3-1	65.89	6.906	0.34	3.047	20.074
M1：3-2	58.878	17.398	0.69	2.915	17.766
M1：3-3	52.608	23.902	1.111	4.827	14.844
M1：3-4	59.578	11.239	0.813	3.14	23.309
M1：3-5	59.182	12.818	0.676	2.5	22.499
M1：3-6	65.018	7.423	0	2.106	23.244
M3：1-1	54.187	18.352	3.152	3.582	15.227
M3：1-2	43.688	16.85	0	9.159	22.361
M3：1-3	51.059	8.946	0	6.159	16.713
M3：1-4	35.649	11.743	0	4.065	40.479
M3：4-1	37.663	4.966	0.051	3.086	49.827
M3：4-2	50.04	21.616	0	2.946	20.5
M4：1-1	54.096	17.077	1.709	2.707	20.644
M4：1-2	57.131	7.73	0.015	6.606	22.777
M4：2-1	69.574	9.385	3.639	0.871	16.159
M4：2-2	59	8.085	0	4.15	20.775
M4：2-3	35.24	6.505	0	3.875	46.421
M4：2-4	53.098	14.306	0	3.583	22.754
M5：1-1	30.508	28.698	3.057	0.784	34.155
M5：1-2	60.373	9.627	2.197	1.108	24.096
M5：1-3	55.934	12.255	1.883	2.78	23.529

续表

编号	Cu（铜）	Pb（铅）	Sn（锡）	Fe（铁）	Zn（锌）
M5：1-4	63.615	11.85	1.574	1.615	18.345
M5：1-5	48.553	17.415	0.143	3.326	25.651
M5：1-6	54.11	16.975	1.898	1.148	22.931
M5：1-7	54.804	17.817	2.24	1.619	21.594
M5：1-8	57.27	11.226	2.296	1.765	25.971
M5：2-1	50.902	17.035	3.053	2.885	22.124
M5：2-2	46.27	24.343	1.207	2.742	22.822
M5：2-3	49.072	15.189	0.045	2.859	24.752
M8：1-1	35.296	36.641	16.386	4.758	3.707
M8：1-2	48.166	28.817	13.058	4.937	3.693
M8：1-3	57.599	22.274	13.881	2.285	3.26
M8：1-4	43.274	34.953	12.975	3.172	4.376
M8：1-5	38.557	35.297	20.147	2.544	3.026
M8：1-6	39.827	46.263	7.546	2.086	3.115
M8：2-1	18.029	68.656	2.856	3.439	0
M8：2-2	13.485	61.687	8.979	4.189	0
M11：1-1	53.231	15.393	19.227	1.477	0
M11：1-2	36.241	37.417	21.043	2.083	0
M11：1-3	29.876	49.902	15.144	0.86	0.314
M11：2-1	49.002	31.067	13.394	1.628	0
M11：2-2	36.742	33.446	24.499	0.605	0.083
M11：2-3	58.545	26.048	6.165	1.86	0
M11：2-4	31.783	33.009	27.638	3.364	0

四、初步认识

1. 此次考古发掘，共发掘墓葬12座。从墓葬的空间分布情况来看，大体呈南北向分布，人字形排列。其中，M6～M8位于南部，其余9座墓葬位于北部。位于北部的墓葬，分东、西两侧排列，其中M1～M5位于东侧，M9～M12位于西侧。这种墓葬群的分布，很可能属于一种家族墓葬的排列方式。

2. 根据墓葬的空间排列形式、墓葬的形制和结构与出土随葬器物的种类和型式等，可以初步断定此次发掘的墓葬应为明清时期墓葬。从随葬铜钱的种类来看，M1、M3、M4和M5中出土的均为清代铜钱，主要有乾隆通宝、嘉庆通宝、道光通宝等制钱和同治重宝、光绪重宝等大钱，这4座墓葬应属清代。而M8和M11中出土的大多数为唐代、宋金时期铜钱，主要有开元通宝、太平通宝、淳化元宝、至和通宝、景祐元宝和正隆元宝等；其中M8，与唐宋铜器伴出的还有嘉靖通宝。再结合"明代北方地区明墓多出前朝旧钱"[①]，可以推断M8和M11应为明代墓葬。M8∶2-1开元通宝、M11∶1-2淳化元宝和M11∶1-3至和通宝的钱背均已无郭，应是在长时期流通、使用中磨损所致。

3. 这些墓葬均为竖穴土圹墓，从葬具的数量来看，主要可分为无葬具、单棺、双棺和三棺墓；从墓主人的数量来看，主要可分为无人骨、单人、双人和三人合葬墓。其中，M2内没有葬具、人骨和随葬器物，应为迁出墓。M12为单棺墓，棺内有人骨架2具，这种埋葬方式并不多见，需要今后加以注意。墓葬内用瓦的情况基本一致，均置于头骨下，枕瓦而葬应是当地的一种葬俗。M5东棺内的人骨架下有一层厚约0.3米的煤渣，是一种较为特殊的人骨或墓葬保护措施。以往所见墓葬内人骨架下常见白灰、草木灰或木炭颗粒等，很少用煤。因此，这一现象需要在今后的考古发掘中加以注意。

发掘：孙勐

器物修复、绘图：黄星

照相：王宇新

执笔：孙勐　周宇

注释

① 夏寒：《浅议明墓中的古钱》，《四川文物》2006年第2期。

昌平区马连店清代墓葬发掘简报

2019年8月15日至9月16日，为配合昌平区东小口镇马连店村土地一级开发项目MLDC-003地块建设项目，北京市考古研究院（原北京市文物研究所）对该项目占地范围内的清代墓葬开展了考古发掘工作，发掘面积共计300平方米，发掘清代墓葬19座（图二）。发掘区域位于昌平区马连店村，东临文华东路、南临回南北路、西为马连店家园小区，GPS坐标为N40°05′29.0″、E116°20′52.4″（图一）。

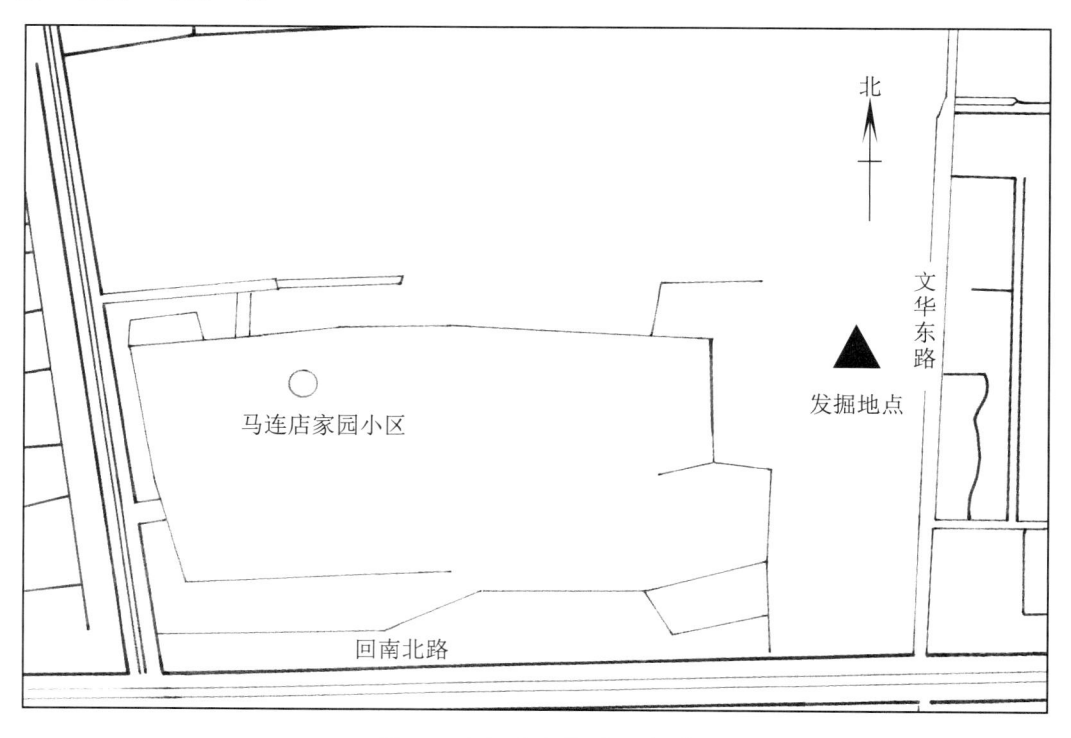

图一　发掘地点位置示意图

图二　总平面图

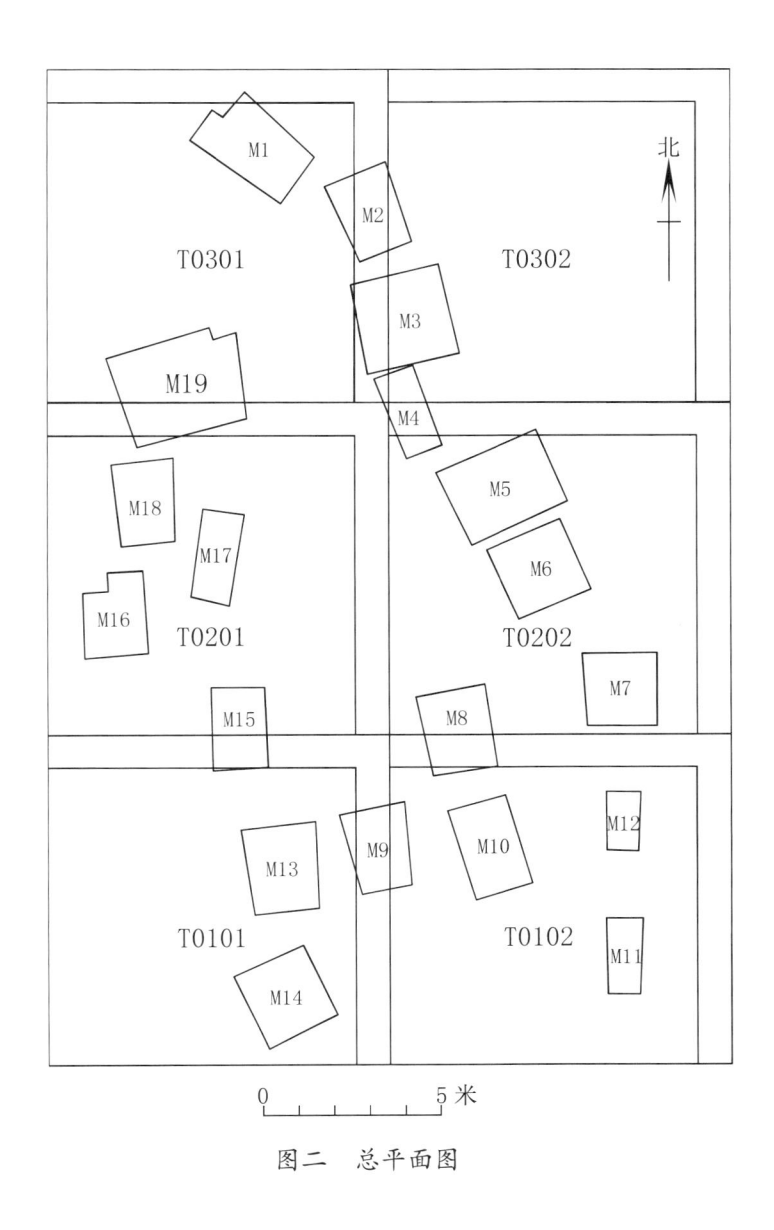

一、地层堆积及包含物

墓葬区域地势平坦，原地表已被近现代地层破坏，渣土厚0.2～1.2米，深褐色，表面有汽车碾压痕迹。土质较致密，内含建筑及生活垃圾。在墓葬区西侧，有一条南北走向现代电缆沟，对个别墓葬造成了破坏。

地层堆积自地表以下依次为：

第①层：扰土层，厚0.7～1.2米，褐色，土质较疏松，内含草木灰等。墓葬均发现于该层下。

第②层：黄色冲积沙土层，厚0.4～1.5米，土质较致密，内含沙粒、水锈斑点等。

第③层：灰色青泥层，4.5米未到底。

二、墓葬概况

共发掘清代墓葬19座,均为竖穴土坑墓,葬具为木棺,依内葬人数多寡分为单人葬墓、双人合葬墓、三人合葬墓。其中单人葬墓6座,双人合葬墓9座,三人合葬墓4座。下面分类介绍。

(一)单人葬墓

共6座,为M4、M10、M11、M12、M14、M17。以M4、M14为例简介如下:

M4位于发掘区的中部偏北,北邻M3、南邻M5,开口于①层下,墓向为342°。长方形竖穴土圹墓,墓圹南北长2.5米、东西宽1.2米,墓口距地表深0.2米,墓底距地表深1米。内填花土,较疏松(图三)。

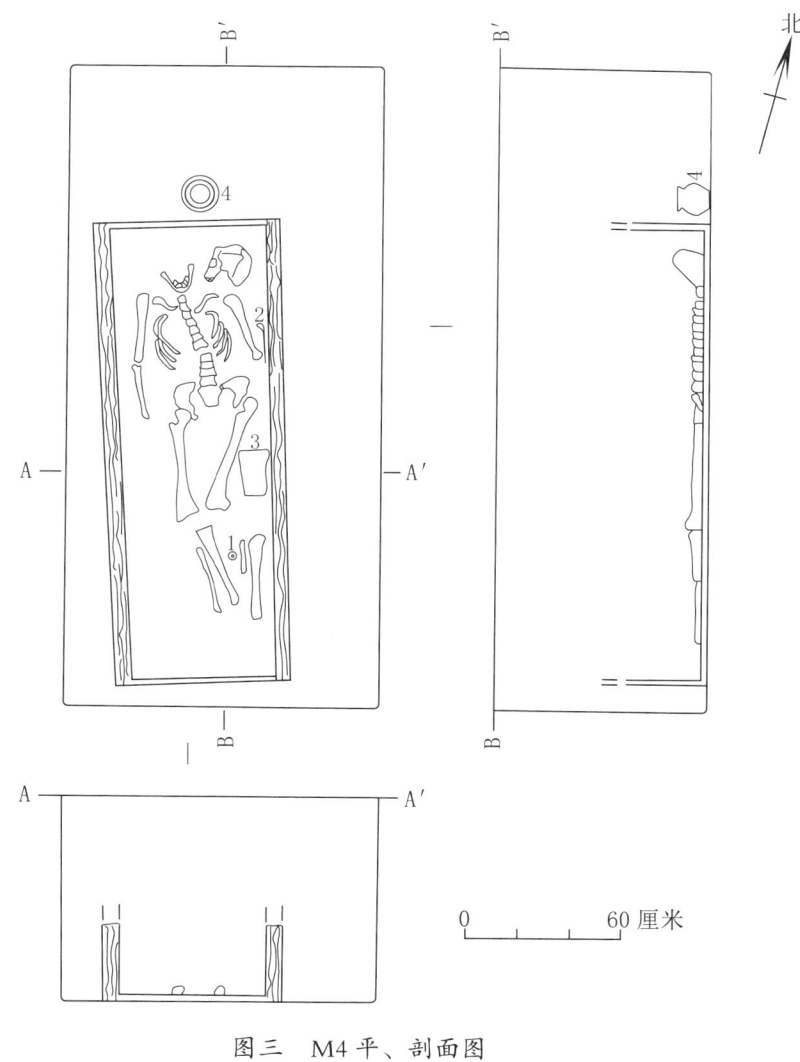

图三 M4平、剖面图
1. 铜钱 2. 铜烟锅 3. 镇墓瓦 4. 瓷罐

内置单棺，棺木已朽，平面呈长方形。棺长1.9米、宽0.65～0.7米、残高0.4米，棺板厚0.1米。棺内骨架保存较差，仰身直肢葬，头向北，面向上。随葬铜烟锅1件，位于左臂处；镇墓瓦1件，位于人骨腰部；瓷罐1件，位于头部上方；铜钱数枚，位于骨架下。

M14位于发掘区的西南部，西侧为现代电缆沟破坏，北邻M13，开口于①层下，墓向为3°。长方形竖穴土圹墓，墓圹长2.5米、东西宽0.9～1米，墓口距地表深0.3米，墓底距地表深0.8米。内填花土，较疏松（图四；彩版二二，1）。

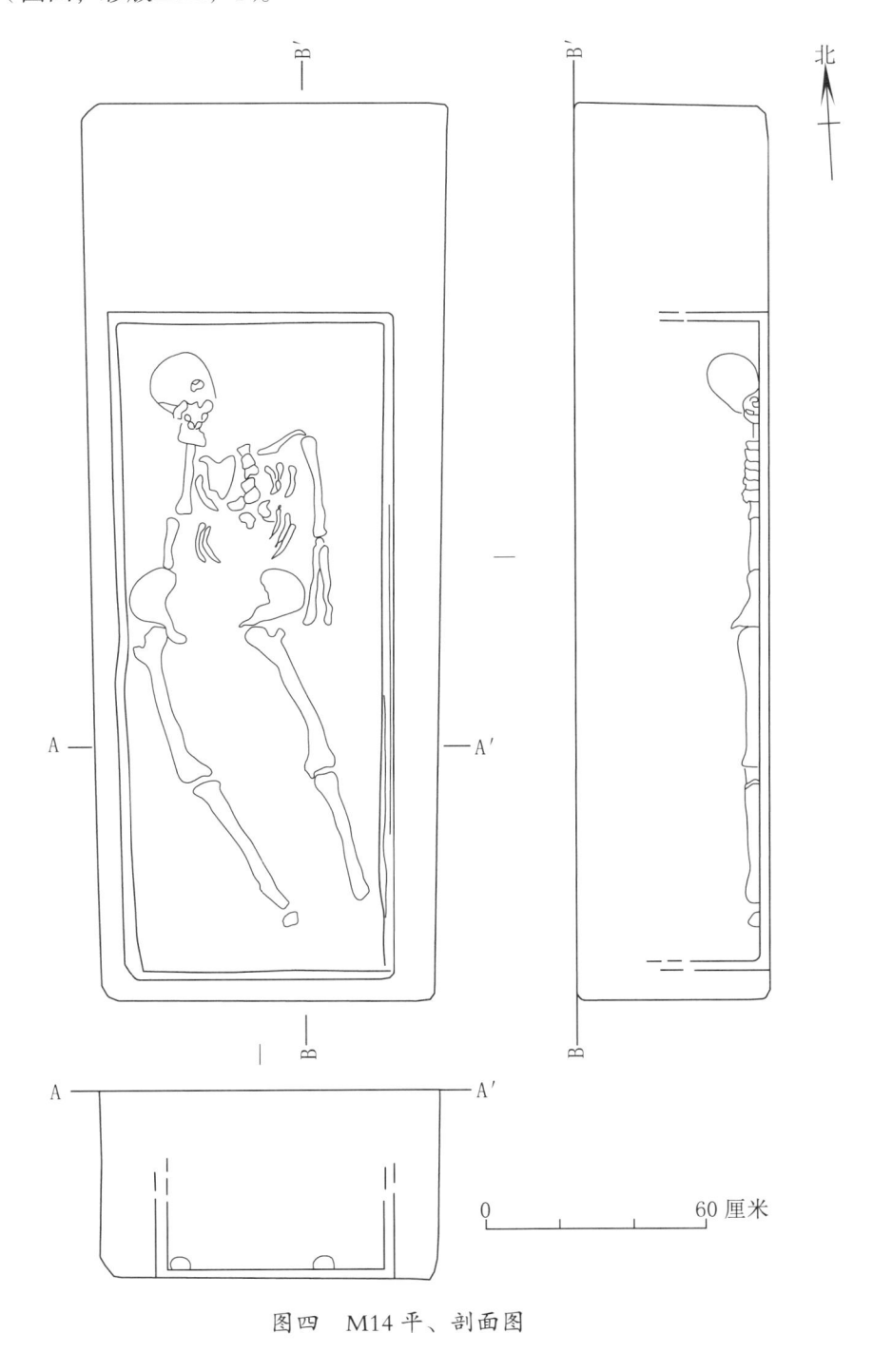

图四　M14平、剖面图

内置单棺，棺木已朽，平面呈长方形。棺长 1.8 米、宽 0.7 米、残高 0.2 米。棺内骨架保存较差，仰身直肢葬，头向北，面向上。颅骨较大，眉弓发达，初步推断为男性。未发现随葬品。

（二）双人合葬墓

共 9 座，分别为 M1 ~ M3、M8、M9、M13、M15、M16、M18。以 M1 ~ M3、M9 为例简介如下：

M1 位于发掘区的北部，南邻 M2，开口于①层下，墓向为 325°。平面呈不规则形，竖穴土圹墓，墓圹南北长 2.9 ~ 3.3 米、东西宽 1.8 ~ 2.25 米，墓口距地表深 1.2 米，墓底距地表深 1.6 米。内填花土，较疏松、水分大（图五；彩版二二，2）。

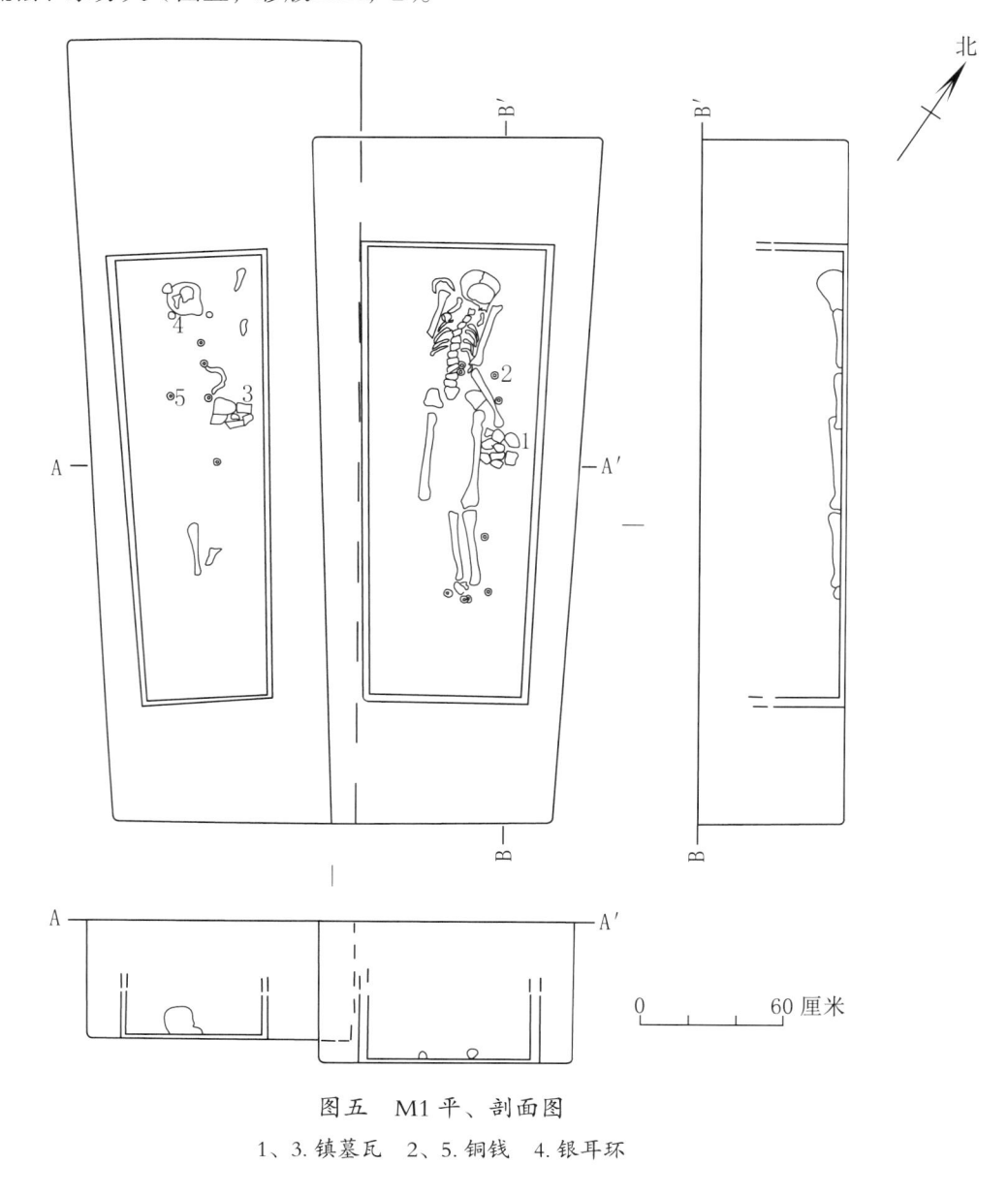

图五　M1 平、剖面图
1、3. 镇墓瓦　2、5. 铜钱　4. 银耳环

内置东、西双棺，棺木已朽，平面接近长方形。东棺长 2.9 米、宽 1.2 米，残高 0.4 米，棺厚 0.1 米。棺内骨架保存较差，部分腐朽，仰身直肢葬，头向北，面向西，为男性。西棺长 3.3 米、宽 1.2 米、残高 0.3 米，棺厚 0.1 米。棺内尸骨保存较差，仰身直肢葬，头向北，面向不详，为女性。根据土质、土色判断东棺打破西棺。随葬镇墓瓦 2 件，分别位于东、西棺骨架腰部；银耳环 1 对，位于西棺内头部；铜钱数枚，分别位于东、西棺骨架下。

M2 位于发掘区的北部，北邻 M1、南邻 M3，开口于①层下，墓向为 352°。平面略呈梯形，竖穴土圹墓，墓圹南北长 2.6 米、东西宽 1.7 ~ 2.1 米，墓口距地表深 1.2 米，墓底距地表深 1.6 米。内填花土，较疏松、水分大（图六；彩版二三，1）。

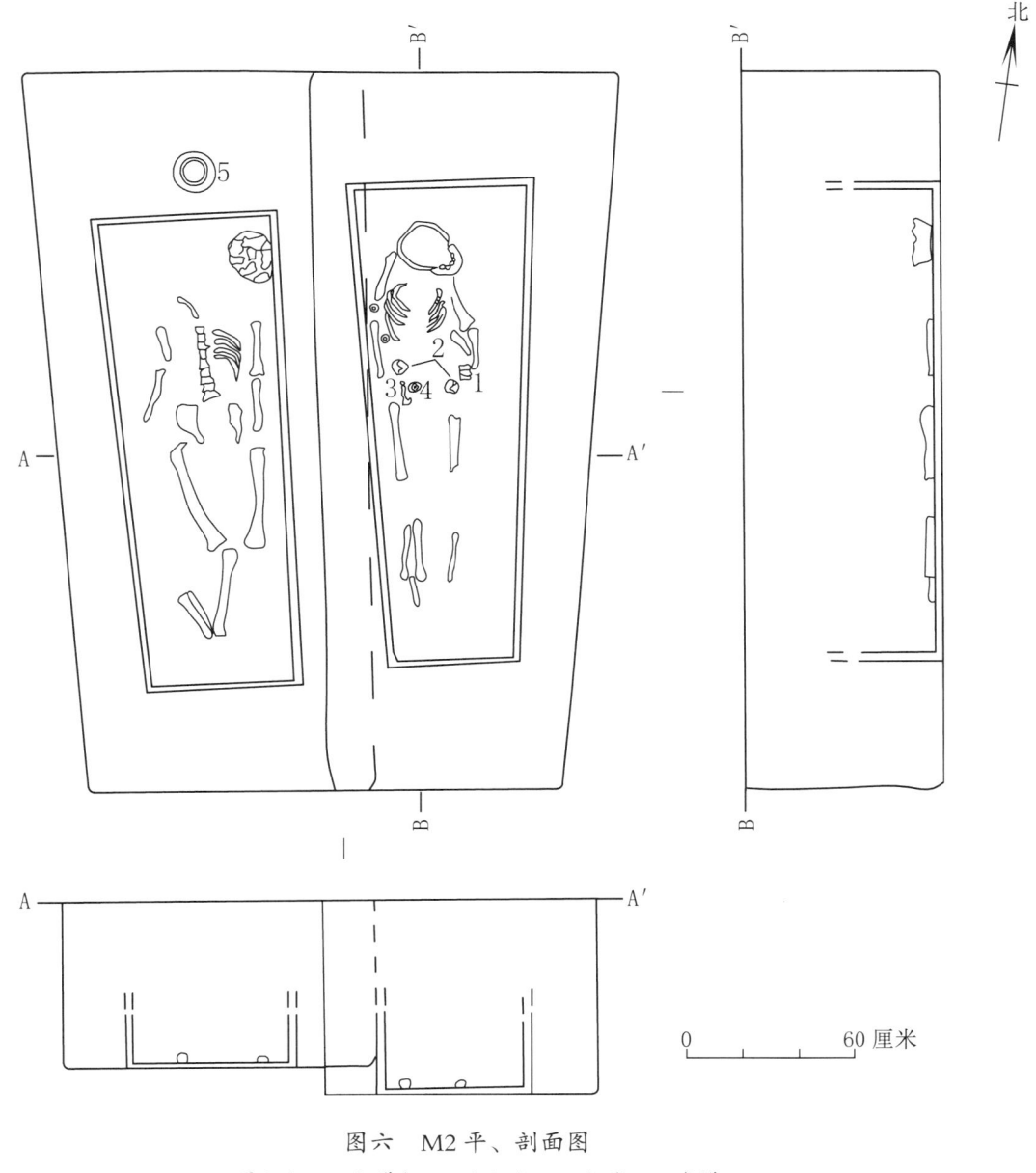

图六 M2 平、剖面图

1. 骨扳指　2. 铜带扣　3. 铜烟锅　4. 铜钱　5. 瓷罐

内置东、西双棺，棺木已朽，平面略呈梯形。东棺长 1.75 米、宽 0.7 米、深 0.3 米，棺厚 0.1 米。棺内尸骨保存较差，仰身直肢葬，头向北，面向上，为男性。西棺长 1.75 米、宽 0.55～0.65 米、残高 0.2 米，棺厚 0.1 米。棺内尸骨保存较差，仰身直肢葬，头向北，头骨不存，为女性。根据土质、土色判断西棺打破东棺。随葬骨扳指 1 件，位于东棺手部；铜带扣 2 件、铜烟锅 1 件，位于东棺腰部；铜钱数枚，位于东棺骨架下；瓷罐 1 件，位于西棺内。

M3 位于发掘区的北部，北邻 M2、南邻 M4，开口于①层下，墓向为 4°。平面呈梯形，竖穴土圹墓，墓圹南北长 2.8 米、东西宽 2.7 米，墓口距地表深 0.2 米，墓底距地表深 0.4 米。内填花土，较疏松（图七）。

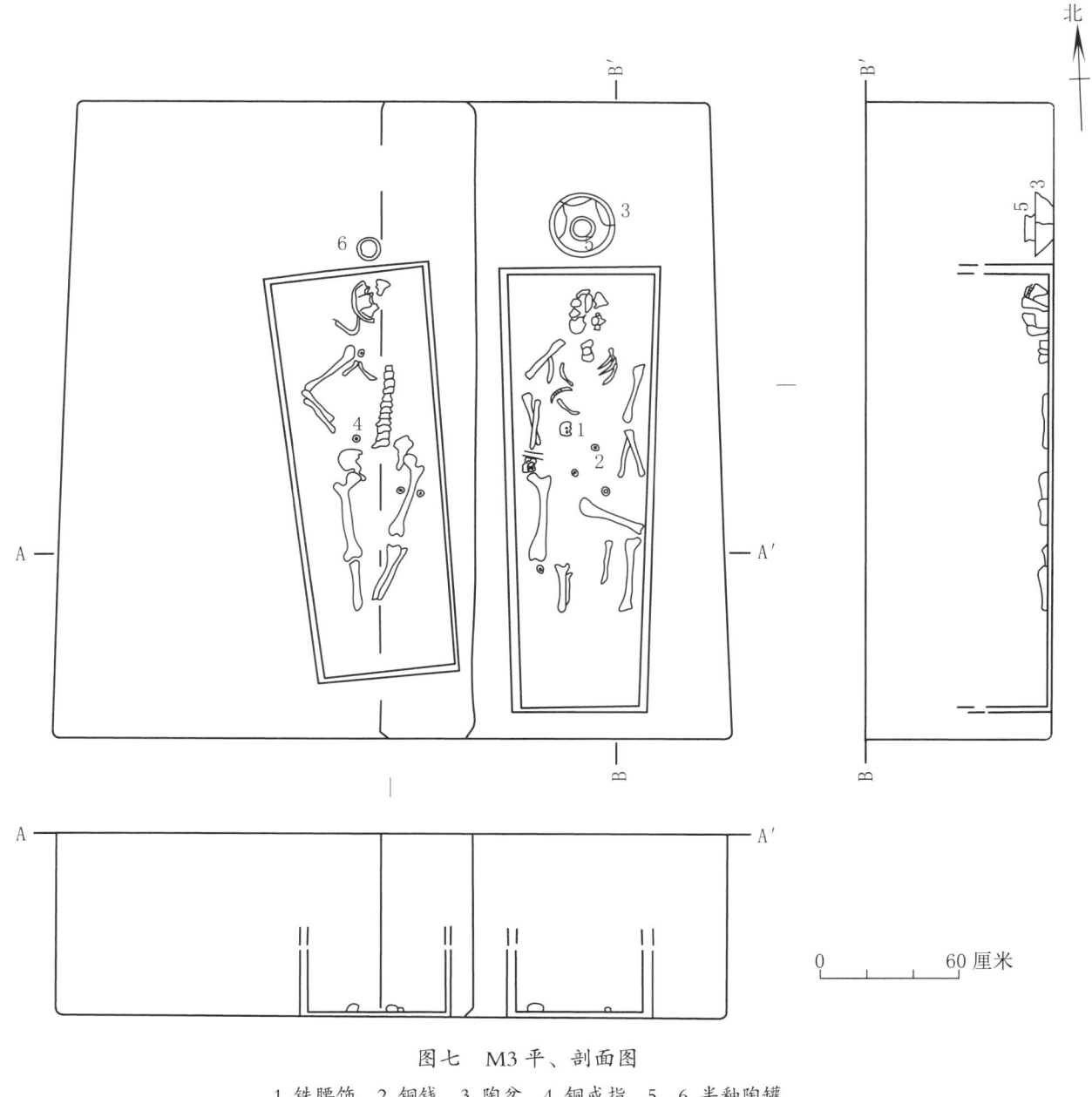

图七　M3 平、剖面图
1. 铁腰饰　2. 铜钱　3. 陶盆　4. 铜戒指　5、6. 半釉陶罐

内置东、西双棺，棺木已朽，平面略呈梯形。东棺长 1.9 米、宽 0.5～0.6 米、残高 0.4 米，棺厚 0.1 米。棺内骨架保存较差，仰身直肢葬，头向北，面向不明，为男性。西棺长 2 米、宽 0.5～0.6 米、残高 0.4 米，棺厚 0.1 米。棺内骨架保存较差，仰身直肢葬，头向北，面向不明，为女性。根据土质、土色判断西棺早于东棺。随葬铁腰饰 1 件，位于东棺骨架腰部；陶盆 1 件、陶罐 2 件，分别位于东、西棺骨架头部；铜钱数枚，分别位于东、西棺骨架下。

M9 位于发掘区的南部，北邻 M8、东邻 M10、西邻 M13，开口于①层下，墓向为 355°。平面呈不规则形，竖穴土圹墓，墓圹南北长 2.4～2.6 米、东西宽 1.8～2.2 米，墓口距地表深 0.3 米，墓底距地表深 0.6 米。内填花土，较疏松（图八；彩版二三，2）。

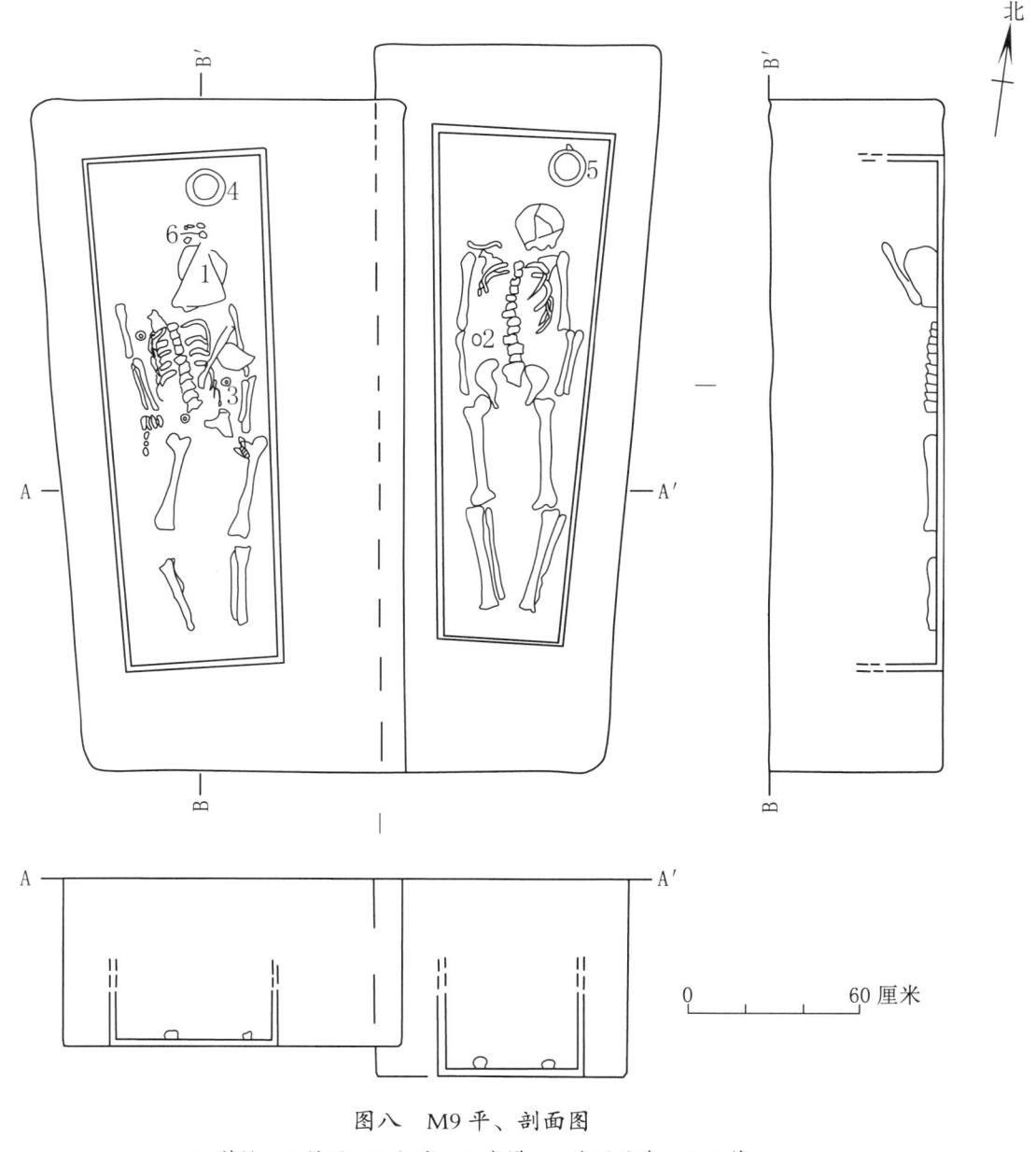

图八　M9 平、剖面图

1. 犁铧　2. 铁器　3. 铜钱　4. 瓷罐　5. 夹砂陶壶　6. 铜簪

内置双棺，棺木已朽，平面呈梯形。东棺长1.8米、宽0.4～0.5米、残高0.3米，棺厚0.1米。棺内骨架保存一般，仰身直肢葬，头向北，面向上。西棺长1.8米、宽0.46～0.6米、残高0.2米，棺厚0.1米。棺内骨架保存较差，仰身直肢葬，头向北，面向不详。根据土质、土色判断西棺打破东棺。随葬铁器1件，位于东棺骨架中部；夹砂陶壶1件，位于东棺内；犁铧1件、瓷罐1件，位于西棺骨架头部附近；铜簪1件，戴于西棺人骨发髻中；铜钱数枚，位于西棺墓主人骨架下。

（三）三人合葬墓

共4座，分别为M5～M7、M19。以M5、M6为例简要介绍如下：

M5位于发掘区的东部，北邻M4，南邻M6，开口于①层下，墓向为356°。平面呈不规则形，竖穴土圹墓，墓圹长4米、宽2.8米，墓口距地表深0.2米，墓底距地表深1.1米。内填花土，较疏松（图九；彩版二四，1）。

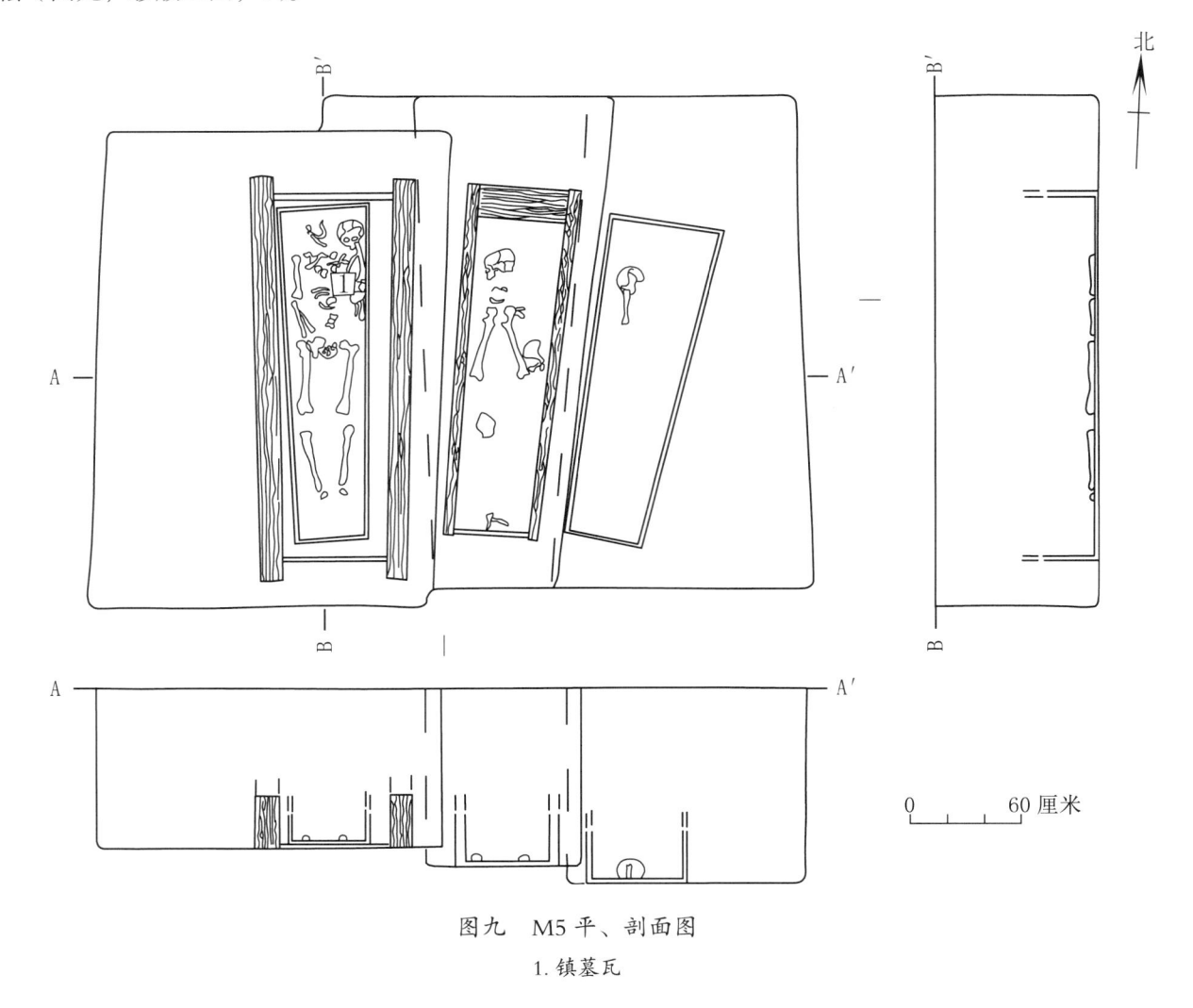

图九 M5平、剖面图
1. 镇墓瓦

内置三棺，棺木已朽，平面呈梯形。东棺长 1.9 米、宽 0.4～0.6 米、残高 0.3 米，棺厚 0.1 米。棺内骨架保存较差，仰身直肢葬，头向北，面向不详。中棺长 2 米、宽 0.45～0.6 米、残高 0.3 米，棺厚 0.1 米。棺内骨架保存较差，仰身直肢葬，头向北，面向不详。西棺长 2.3 米、宽 0.4～0.6 米、残高 0.3 米，棺厚 0.2 米；外侧有椁，长 2.25 米、宽 0.56～0.6 米、残高 0.3 米，椁板厚 0.12 米。棺内骨架保存较差，仰身直肢葬，头向北，面向上。根据土质、土色判断西棺打破中棺，中棺打破东棺。随葬镇墓瓦 1 件，位于西棺内。

M6 位于发掘区的东部，北邻 M5、南邻 M7，开口于①层下，墓向为 350°。平面呈不规则长方形，竖穴土圹墓，墓圹东西长 3.9 米、南北宽 2.8 米，墓口距地表深 0.2 米，墓底距地表深 1.2 米。内填花土，较疏松（图一〇；彩版二四，2）。

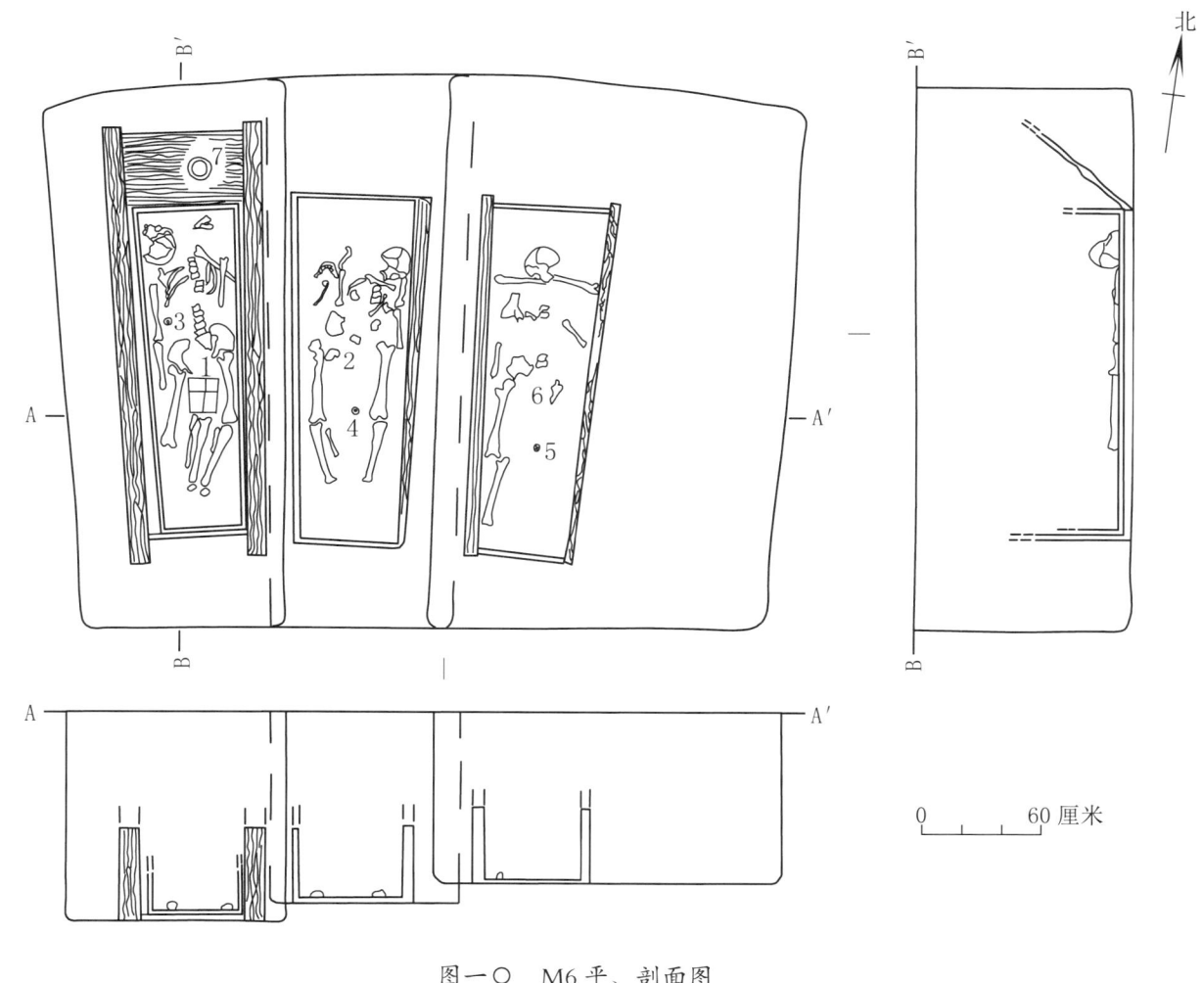

图一〇 M6 平、剖面图
1. 镇墓瓦 2、6. 铁器 3～5. 铜钱 7. 陶罐

内置三棺，棺木已朽，平面呈梯形。东棺长 1.9 米、宽 0.5～0.7 米、残高 0.3 米，残厚 0.1 米。棺内骨架保存较差，仰身直肢葬，头向北，面向不详。中棺长 1.86 米、宽 0.5～0.6 米、残高 0.32

米、残厚 0.1 米。棺内骨架保存较差，仰身直肢葬，头向北，面向不详。西棺长 1.8 米、宽 0.4～0.5 米、残高 0.2 米。西棺外侧有椁，长 2.2 米、宽 0.5～0.6 米、残高 0.5 米，椁板厚 0.14 米。棺内骨架保存较差，仰身直肢葬，头向北，面向不详。根据土质、土色判断东棺、西棺打破中棺。随葬器物共 7 件。镇墓瓦 1 件，位于西棺内人骨腿骨处；铁器 2 件，分别位于中、东棺人骨腰部；陶罐 1 件，位于西棺内；铜钱数枚，分别位于东、中、西棺内。

三、随葬品

本次发掘出土随葬品 55 件（不含铜钱），器型有壶、罐、盆、瓦、簪、帽顶等。另有铜钱 26 组，共 236 枚。

1. 陶器 14 件

半釉陶罐 4 件。

M3：5，口部微侈，方圆唇，微束颈，平底。肩部以上及口沿内侧施酱绿釉，以下露褐胎，外壁有轮制抹痕。口径 10.3 厘米、腹径 11.2 厘米、底径 7.7 厘米、高 11.6 厘米（图一一，1；彩版二五，1）。

M3：6，侈口，厚方唇，卷沿，矮颈，溜肩，斜腹，平底，素面。肩部以上及口沿内侧施绿釉，以下露红胎，外壁有轮制抹痕。口径 10.1 厘米、腹径 11.2 厘米、底径 7.6 厘米、高 11.4 厘米（图一一，2；彩版二五，2）。

M6：7，侈口，圆唇、卷沿，溜肩，腰部以下弧收，平底内凹。肩部以上及口沿内侧施酱绿釉，以下露褐胎，素面。口径 9.4 厘米、腹径 10.5 厘米、底径 7.2 厘米、高 10.7 厘米（图一一，4；彩版二五，4）。

M7：11，侈口，厚方唇，卷沿，矮颈，溜肩，斜腹，平底，素面。肩部以上及口沿内侧施绿釉，以下露红白胎。外壁有轮制抹痕，底部有偏心旋纹。口径 9.2 厘米、腹径 11 厘米、底径 7.4 厘米、高 11 厘米（图一一，3；彩版二五，3）。

陶盆 1 件。

M3：3，敞口，平沿，尖圆唇，浅腹斜收，平底，底部中间有小孔。口径 28 厘米、底径 13 厘米、孔径 1.8 厘米、高 6 厘米（图一一，8；彩版二六，1）。

夹砂陶壶 3 件。

M9：5，夹砂灰陶，陶质粗糙。残缺，敛口，短颈，折肩，微鼓腹，下部斜收，圜底，鸭嘴流，圆柱形把缺失，颈部饰一道凹弦纹。口径 8.8 厘米、腹径 12.1 厘米、底径 8.2 厘米、高 11 厘米（图一一，6；彩版二六，2）。M13：3，形制与 M9：5 相同，口径 11 厘米、腹径 14 厘米、底径 10.2 厘米、高 10.4 厘米（图一一，7；彩版二五，5）。M15：9，形制与 M9：5 相似，颈肩部饰两道凹弦纹。口径 12 厘米、腹径 16 厘米、底径 10.6 厘米、高 11.5 厘米（图一一，5；彩版二五，6）。

瓦 6 件。

图一一 出土陶器

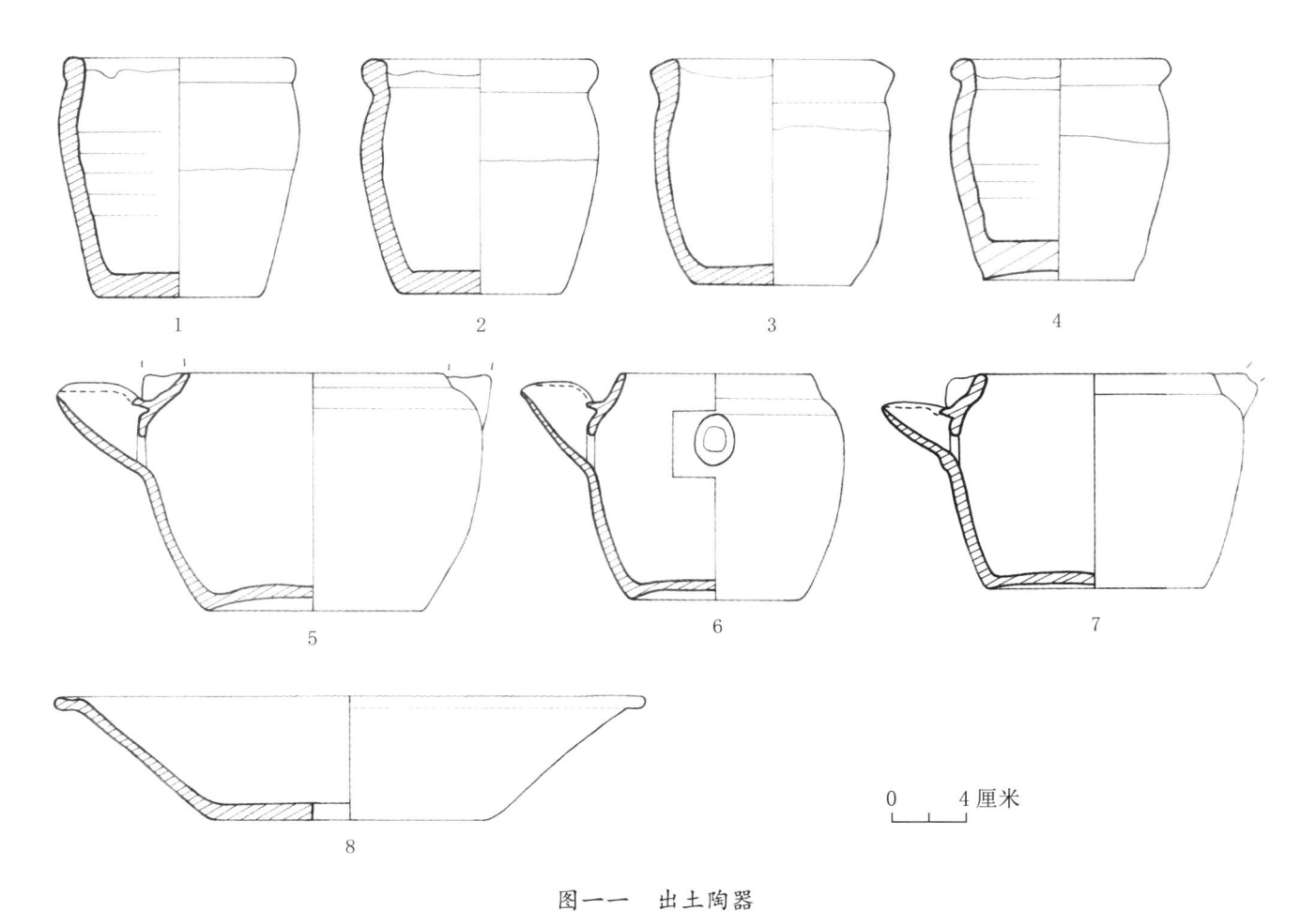

1~4. 半釉陶罐（M3:5、M3:6、M7:11、M6:7）
5~7. 夹砂陶壶（M15:9、M9:5、M13:3） 8. 陶盆（M3:3）

M1:3，残，泥质灰陶，轮制，一端宽一端窄，体呈梯形，侧面呈弧形。通长16.2~18.2厘米、通高19.2厘米、厚1.4厘米（图一二，5；彩版二六，6）。M4:3，形制与M1:3相同，通长16.4~19.5厘米、通高21.1厘米、厚1.4厘米（图一二，4；彩版二七，1）。M1:1，形制与M1:3相似，中间饰两道凹弦纹。通长17.2~19.2厘米、通高20.6厘米、厚1厘米（图一二，2；彩版二六，5）。M5:1，形制与M1:3相似，中间饰两道凹弦纹，上有黑墨书写符咒，字迹模糊。通长17.2~19.4厘米、通高20厘米、厚1.4厘米（图一二，1；彩版二六，3）。M6:1，形制与M1:3相似，中间饰三道凹弦纹。通长15.1~18.5厘米、通高19厘米、厚1.6厘米（图一二，3；彩版二六，4）。M7:1，残，泥质灰陶，轮制。平面略弧，表面饰两道凹弦纹。残长6.8厘米、残高16厘米、厚1.2厘米（图一二，6；彩版二七，2）。

图一二　出土镇墓瓦

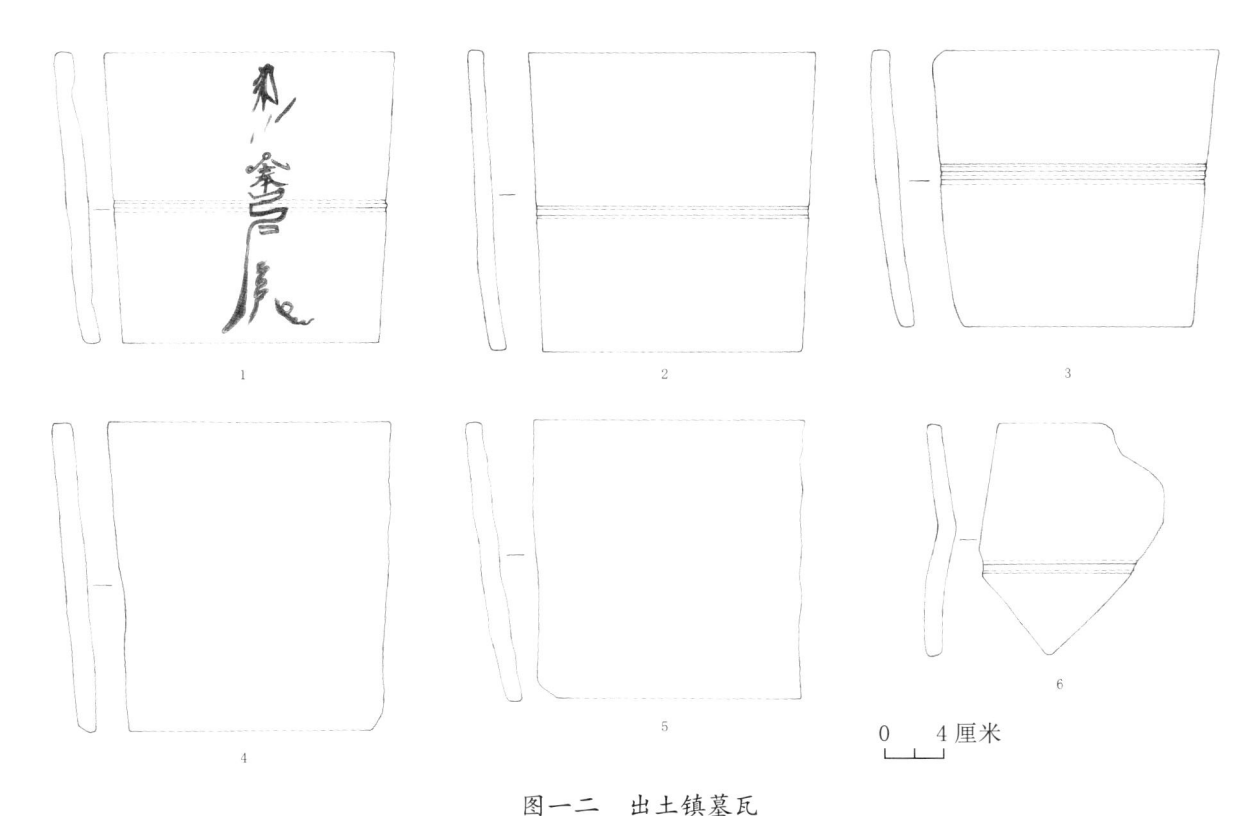

1. M5∶1　2. M1∶1　3. M6∶1　4. M4∶3　5. M1∶3　6. M7∶1

2. 瓷器 6 件

瓷罐 5 件。

M2∶5，直口微敛，方唇，溜肩，腹下收，矮圈足，双系残，肩部到腹部有三条棱，外壁及内侧施棕色釉。口径 8.8 厘米、腹径 11.6 厘米、底径 6.4 厘米、高 11.4 厘米（图一三，3；彩版二七，5）。

M4∶4，直口，方唇，溜肩，弧腹，贴塑象鼻形双系，素面。器身大部分施棕釉，以下露褐胎。口径 9.8 厘米、腹径 12 厘米、底径 6.4 厘米、高 11.4 厘米（图一三，1；彩版二七，3）。

M7∶10，敛口，方圆唇，鼓腹，矮圈足，肩部附象鼻形双耳。肩部以上施酱釉，以下露褐胎，内壁以下施酱釉。口径 8.7 厘米、腹径 11.4 厘米、底径 6.5 厘米、高 11.2 厘米（图一三，2；彩版二七，4）。

M9∶4，敛口，圆唇，矮颈，圆肩，鼓腹，平底略内凹。腹部以上及口沿内侧施黑釉，釉较厚，其余露白胎。口径 9.4 厘米、腹径 12.6 厘米、底径 7.6 厘米、高 8.2 厘米（图一三，6；彩版二八，2）。

M11∶1，敛口，方唇，溜肩，鼓腹，矮圈足，双系残。肩部以上施棕釉，以下露白胎，内壁施棕釉，素面。口径 8.2 厘米、腹径 11.4 厘米、底径 6.7 厘米、高 10.4 厘米（图一三，5；彩版二七，6）。

瓷壶 1 件。

M7∶9，侈口，圆唇，溜肩，斜腹，平底略内凹，断壶嘴，器身及口沿内侧施褐色釉，底部露灰白色胎，肩颈对称四系，腹上饰三角纹，腹围吉祥花纹，两侧竖线纹，腹胫饰水波纹。口径 7.6 厘米、腹径 12.6 厘米、底径 8.8 厘米、高 13.2 厘米（图一三，4；彩版二八，1）。

图一三　出土瓷器

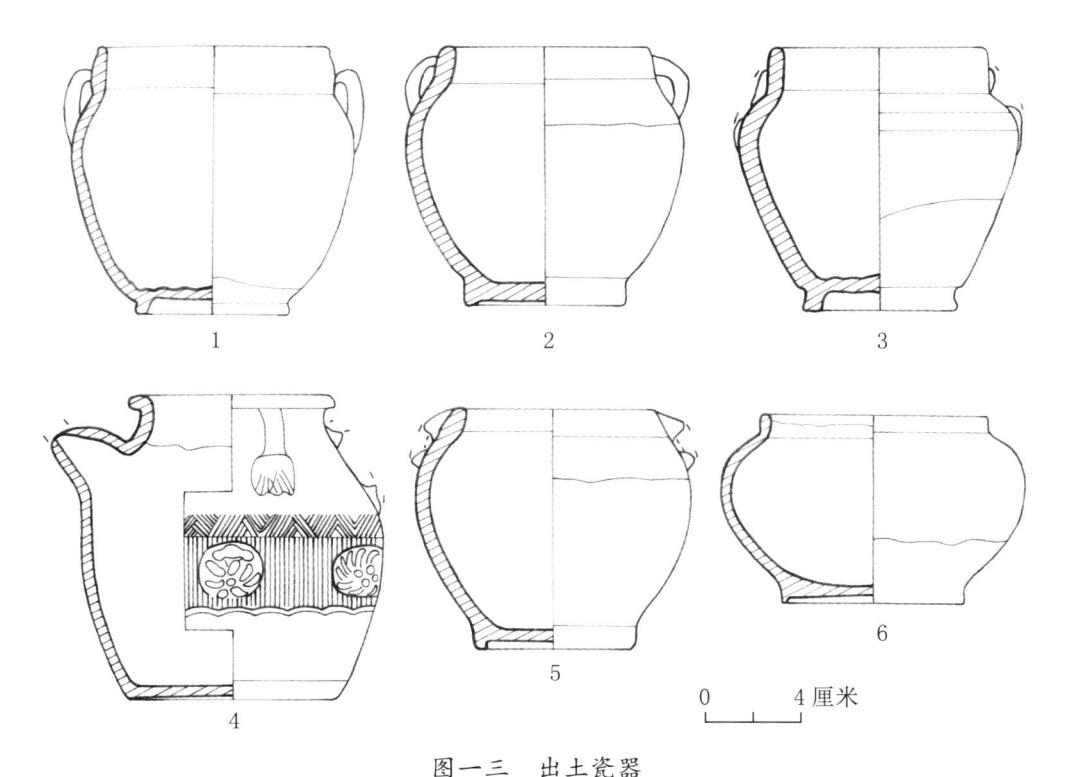

1～3、5、6. 瓷罐（M4∶4、M7∶10、M2∶5、M11∶1、M9∶4）

4. 瓷壶（M7∶9）

3. 银器 11 件

银簪 7 件。

M15∶8，锈残，首分两层，内层为圆形，外层由掐丝细圆条交错包裹而成。体呈圆锥形，尾尖。通长 12 厘米（图一四，10；彩版二八，3）。

M18∶3，锈残，局部有鎏金，首呈六面禅杖形，用银丝缠绕成如意纹，顶部呈葫芦状，体残断，呈圆锥形。残长 7.4 厘米（图一四，12；彩版二九，1）。

M18∶4-1，锈残，体平面呈扁长方形，首卷状，截面呈梅花状，短颈较宽，首至尾逐渐变窄，体弯曲，尾圆尖。通长 16.2 厘米、宽 1.2 厘米（图一四，2；彩版二八，6）。

M18∶4-2，锈残，体呈锥形，首为一素面半球体。长 13.1 厘米（图一四，9；彩版二八，4）。

M18∶4-3，锈残，体呈长方形扁条状，首卷曲呈钩形状，体弯曲。通长 16 厘米、宽 0.5 厘米（图一四，3；彩版二八，7）。

M18∶4-4，锈残，首呈如意头状，中部镂空，体呈扁条形，略弯曲，上部錾刻细小的梅花瓣纹，背面鎏刻"富华"二字。通长 16.5 厘米（图一四，1；彩版二八，5）。

M19∶4，体呈锥形，首为耳挖，颈部较细，有三道凸弦纹。长 10.2 厘米（图一四，15；彩版二九，2）。

银耳环 4 件。

图一四　出土器物

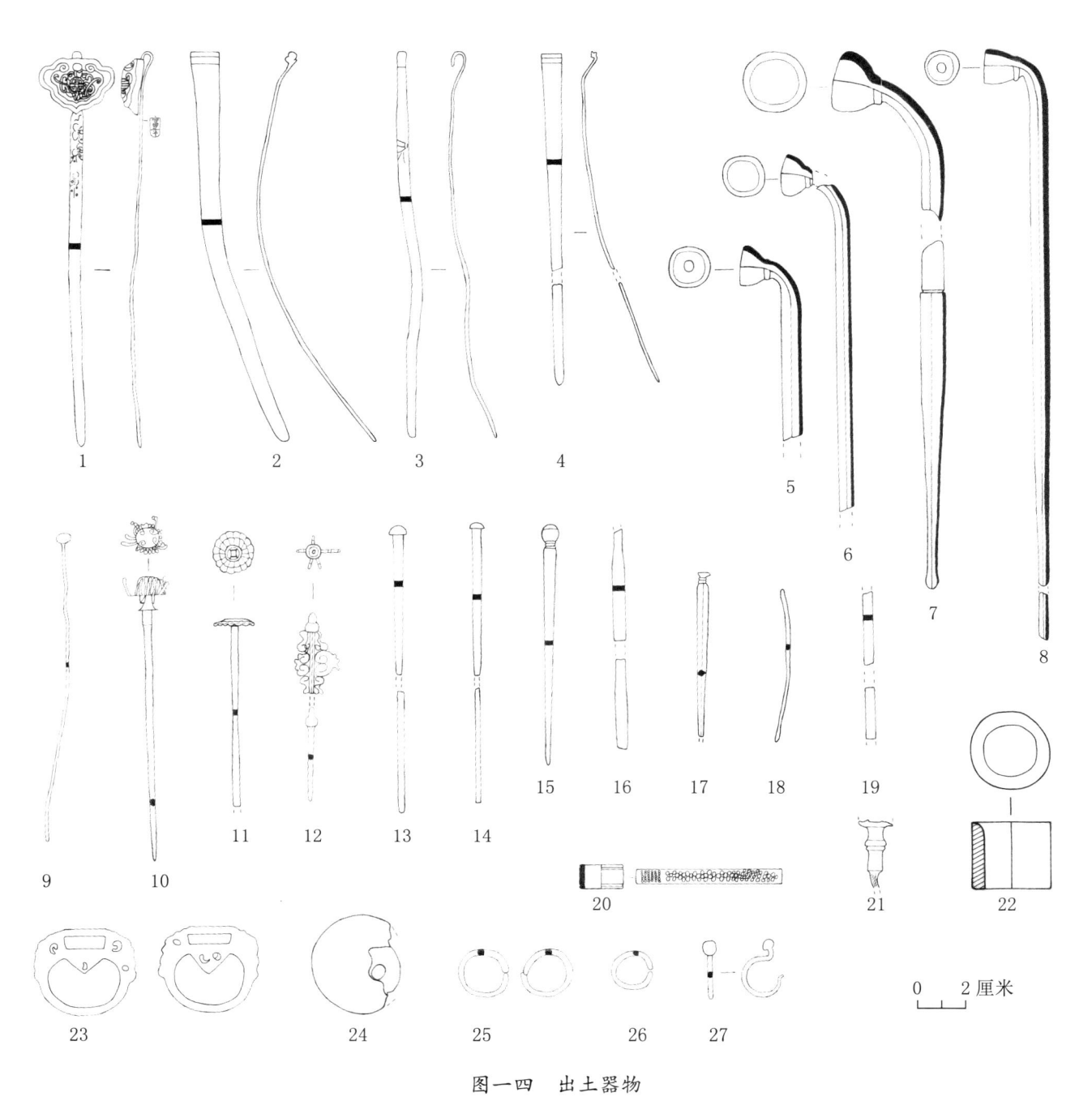

1~3、9、10、12、15. 银簪（M18∶4-4、M18∶4-1、M18∶4-3、M18∶4-2、M15∶8、M18∶3、M19∶4）　4、11、13、14、16~19、21. 铜簪（M15∶7-1、M7∶8、M15∶7-2、M15∶7-3、M15∶7-4、M9∶6-1、M15∶7-6、M15∶7-5、M9∶6-2）　5~8. 铜烟锅（M2∶3、M19∶5、M18∶1、M4∶2）　20. 铜戒指（M3∶4）　22. 骨扳指（M2∶1）　23. 铜带扣（M2∶2）　24. 铁腰饰（M3∶1）　25~27. 银耳环（M1∶4、M19∶3、M15∶1）

M1∶4，2件，形制相同，残，体呈环形，由素面银圆条弯曲而成，截面呈圆形。直径2厘米（图一四，25；彩版三〇，4）。

M15∶1，残，环坠子为半圆形，较小，素面无纹，底部与环体焊接，环体呈"S"形圆柱体，尾尖。通高 2.4 厘米（图一四，27；彩版三〇，3）。

M19∶3，残，体呈环形，由素面银圆条弯曲而成，截面呈圆形。直径 1.6 厘米（图一四，26；彩版三一，1）。

4. 铜器 16 件

铜簪 9 件。

M7∶8，残，体呈圆柱形，首呈菊花状。残长 7.9 厘米（图一四，11；彩版二八，8）。

M9∶6-1，残，体呈棱锥形，截面呈菱形，首上端为绳索状。残长 6.9 厘米（图一四，17；彩版二九，7）。

M9∶6-2，残，仅存簪首部分。残高 3.3 厘米（图一四，21；彩版三〇，2）。

M15∶7-1，锈残，体平面呈扁长方形，首卷状，截面呈梅花状，短颈较宽，首至尾逐渐变窄，体弯曲，尾圆尖。残长 13.4 厘米、宽 0.8 厘米（图一四，4；彩版二九，3）。

M15∶7-2，残，体呈扁条状，头宽于尾，首为蘑菇头状。残长 11.5 厘米、宽 0.7 厘米（图一四，13；彩版二九，4）。

M15∶7-3，残，体呈扁条状，头宽于尾，首为蘑菇头状。残长 11.4 厘米、宽 0.6 厘米（图一四，14；彩版二九，5）。

M15∶7-4，残，仅存体部，体呈扁条状。残长 8.5 厘米、宽 0.5 厘米（图一四，16；彩版二九，6）。

M15∶7-5，残，仅存两节体，体呈扁条状。残长 5.2 厘米、宽 0.4 厘米（图一四，19；彩版二九，8）。

M15∶7-6，残，仅存体，体呈圆锥形，尾较尖。残长 6.3 厘米、宽 0.2 厘米（图一四，18；彩版三〇，1）。

铜戒指 1 件。

M3∶4，体呈环形，由一扁长铜条弯曲而成，边缘凸起，中间环带表面布满小圆坑。直径 1.8 厘米（图一四，20；彩版三〇，5）

铜带扣 2 件。

M2∶2，2 件，残，平面呈椭圆形，两侧对称呈龙头状，中间三角舌。长 4.2 厘米、宽 3.5 厘米、厚 0.5 厘米（图一四，23；彩版三一，2）。

铜烟锅 4 件。

M2∶3，残，铜质烟锅呈圆形，烟杆圆柱筒形，中空，烟嘴圆柱形，中空。烟锅直径 1.7 厘米、残长 8.3 厘米（图一四，5；彩版三〇，6）。M4∶2，形制与 M2∶3 相同，烟锅直径 1.4 厘米、残长 24.7 厘米（图一四，8；彩版三〇，7）。M19∶5，形制与 M2∶3 相同，烟锅直径 1.7 厘米、残长 14.9 厘米（图一四，6；彩版三〇，9）。M18∶1，形制与 M2∶3 相同，烟杆与烟嘴连接处为木质，已朽，烟锅直径 2.6 厘米、残长 21.9 厘米（图一四，7；彩版三〇，8）。

5. 铁器 7 件

铁腰饰 1 件。

M3∶1，锈残，平面呈圆形。残径 4.1 厘米（图一四，24；彩版三一，3）。

铁器 4 件。

M6∶2，锈蚀，横截面呈长方形。残长 14.7 厘米、残宽 7.8 厘米（彩版三一，6）。

M6∶6，周身锈蚀较重。残长 11.8 厘米、残宽 6.2 厘米（彩版三一，11）。

M7∶2，锈蚀，残为三块，横截面呈长方形。残长 15.8 厘米、残宽 14 厘米（彩版三一，4）。

M9∶2，锈蚀，平面呈三角形。残长 20 厘米、残宽 18.8 厘米（彩版三一，5）。

铁锄头 1 件。

M7∶3，锈残，体呈圆柱形。残高 5.6 厘米、宽 2.9 厘米（彩版三一，8）。

犁铧 1 件。

M9∶1，锈蚀，平面呈三角形。长 5.3 厘米、宽 5.2 厘米、厚 3.7 厘米（彩版三一，9）。

6. 其他 2 件

骨扳指 1 件。

M2∶1，残，骨质，呈圆柱体。外径 3.2 厘米、内径 2.2 厘米、高 2.8 厘米（图一四，22；彩版三一，7）。

蚌壳 1 件。

M17∶1，残为多片。残长 2.5～4 厘米、残宽 1.4～2.1 厘米（彩版三一，10）。

7. 铜钱 26 组

共 236 枚。可辨 37 枚，其余 199 枚无法辨认。

顺治通宝 4 枚。

圆形方穿，正面背面有圆郭，正面铸钱文"顺治通宝"四字，楷书，上下右左对读。标本 M1∶2-1，背面穿左右为满文，锈蚀不清。郭径 2.45 厘米、钱径 1.8 厘米、郭厚 0.1 厘米，重 2.93 克（图一五，1）。标本 M1∶2-2，背穿左为满文"宣"字，右为楷书"宣"字，纪直隶宣府局名。郭径 2.7 厘米、钱径 1.95 厘米、郭厚 0.15 厘米，重 4.47 克（图一五，2）。标本 M1∶5-1，背穿左为满文"临"字，右为楷书"临"字，纪山东省临清局名。郭径 2.65 厘米、钱径 1.95 厘米、郭厚 0.1 厘米，重 2.82 克（图一五，3）。标本 M7∶6-1，背穿左右为满文"宝泉"二字，纪局名。郭径 2.8 厘米、钱径 2.05 厘米、郭厚 0.15 厘米，重 4.16 克（图一五，4）。

康熙通宝 25 枚。

圆形方穿，正面背面有圆郭，正面铸钱文"康熙通宝"四字，楷书，上下右左对读，背面穿左右为满文。标本 M1∶2-3，背穿左为满文"东"字，右为楷书"东"字，纪山东省局名。郭径 2.7 厘米、钱径 2 厘米、郭厚 0.15 厘米，重 4.11 克（图一五，5）。标本 M1∶2-6，郭径 2.7 厘米、钱径 1.95 厘米、郭厚 0.1 厘米，重 4.34 克（图一五，6）。标本 M1∶5-2，郭径 2.7 厘米、钱径 1.95 厘米、郭厚 0.1 厘米，重 3.39 克（图一五，7）。标本 M7∶6-2，郭径 2.85 厘米、钱径 2.05 厘米、郭厚 0.1 厘米，重 4.98 克（图一五，8）。标本 M7∶6-3，郭径 2.8 厘米、钱径 1.95 厘米、郭厚 0.1 厘米，重

4.65 克（图一五，9）。标本 M4：1-2，郭径 2.75 厘米、钱径 2 厘米、郭厚 0.1 厘米，重 3.05 克（图一五，10）。标本 M19：2-1，郭径 2.55 厘米、钱径 1.65 厘米、郭厚 0.15 厘米，重 3.05 克（图一五，11）。标本 M3：2-1，郭径 2.2 厘米、钱径 1.65 厘米、郭厚 0.15 厘米，重 2.96 克（图一五，12）。标本 M7：4-3，郭径 2.25 厘米、钱径 1.7 厘米、郭厚 0.1 厘米，重 2.54 克（图一五，13）。

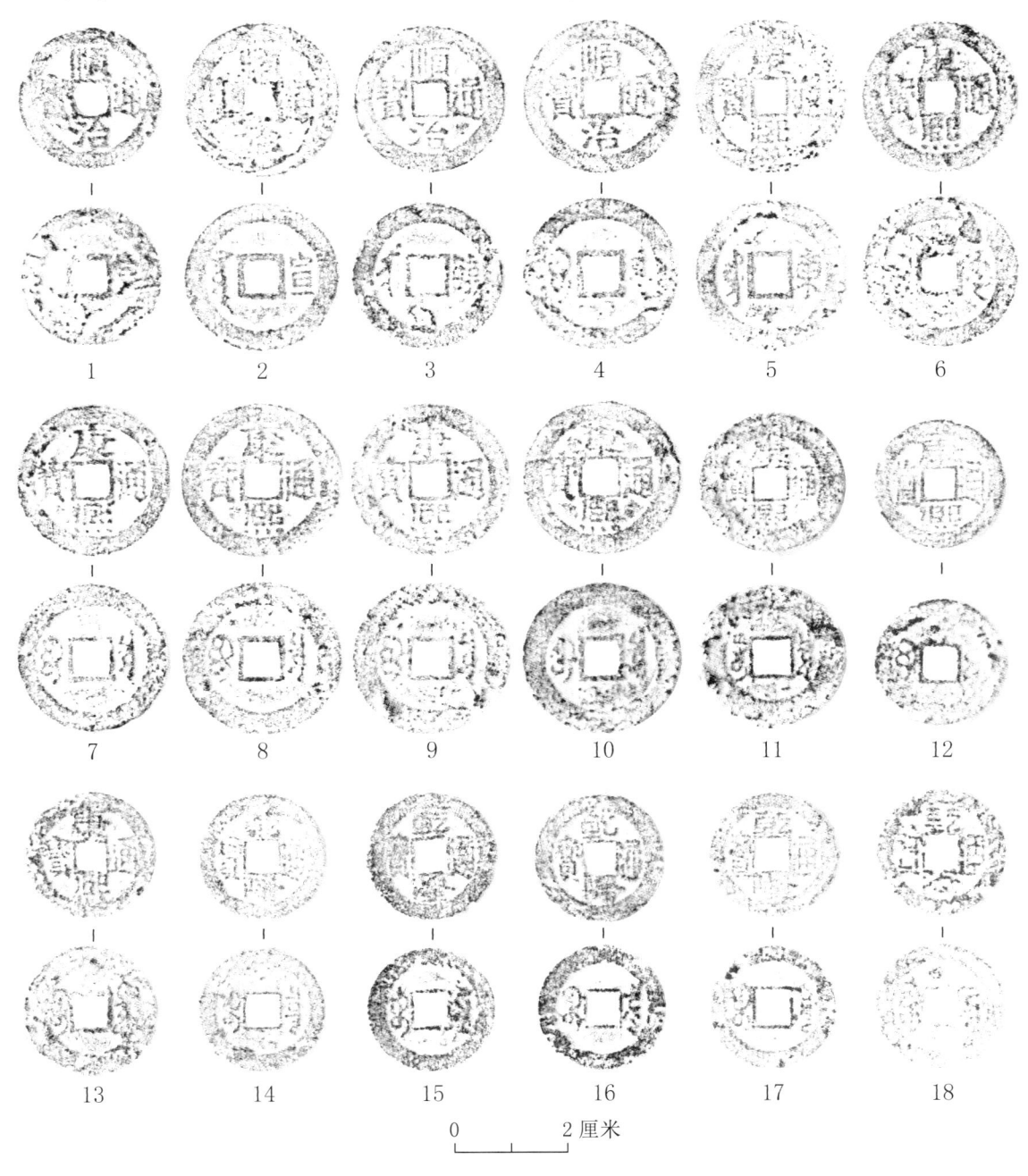

图一五　出土铜钱拓片

1～4. 顺治通宝（M1：2-1、M1：2-2、M1：5-1、M7：6-1）　5～13. 康熙通宝（M1：2-3、M1：2-6、M1：5-2、M7：6-2、M7：6-3、M4：1-2、M19：2-1、M3：2-1、M7：4-3）

14～18. 乾隆通宝（M7：5-1、M8：1-2、M8：1-3、M13：2-2、M13：2-3）

乾隆通宝 8 枚。

圆形方穿，正面背面有圆郭，正面铸钱文"乾隆通宝"四字，楷书，上下右左对读，背面穿左右为满文。标本 M7：5-1，背面穿左右为满文"宝泉"二字，纪局名。郭径 2.15 厘米、钱径 1.6 厘米、郭厚 0.15 厘米，重 2.98 克（图一五，14）。标本 M8：1-2，背穿左为满文"宝"，穿右锈蚀不清。郭径 2.2 厘米、钱径 1.65 厘米、郭厚 0.15 厘米，重 3.91 克（图一五，15）。标本 M8：1-3，背面穿左右为满文"宝泉"二字，纪局名。郭径 2.25 厘米、钱径 1.55 厘米、郭厚 0.15 厘米，重 3.5 克（图一五，16）。标本 M13：2-2，背面穿左右为满文"宝源"二字，纪局名。郭径 2.2 厘米、钱径 1.65 厘米、郭厚 0.1 厘米，重 2.56 克（图一五，17）。标本 M13：2-3，背穿上星，穿左右满文"宝源"二字，纪局名。郭径 2.2 厘米、钱径 1.65 厘米、郭厚 0.15 厘米，重 3.17 克（图一五，18）。

四、结语

本次共发掘清代墓葬 19 座，形制全部为竖穴土圹墓，平面形状以长方形或梯形为主，少数形状不规则。葬具均为木棺，为北京地区清代墓葬常见形制，仅 M5、M6 西棺外带有椁。除 M15 西棺、M19 东棺为二次葬外，其余均为仰身直肢葬。墓葬均为南北向，墓主人头向北。大部分墓葬都有随葬品，双人或三人墓应为夫妻合葬墓，男性和女性随葬品明显不同，男性多随葬铁质农具、铁器、铜烟锅、扳指等，铜钱数量也比女性较多，女性一般随葬铜或银质头饰、陶壶等，随葬品数量较男性少。根据墓葬形制、随葬品特点推断，19 座墓葬全部为清代平民墓葬。又根据墓葬的排列特点，初步判断其应为清代家族墓葬。理由主要有四点：一是墓葬排列组合具有一定规律，如 M1～M6 居东呈南北向一字形排列；M7、M11、M12 在上列墓葬南侧，呈南北向排列，且墓向一致，间距基本相等；M16～M19 居西呈品字形分布；其余 6 座墓葬居南部呈横排状分布。二是这批墓葬之间鲜有打破关系，彼此都相隔一定距离，尤其 M7、M11、M12 三座墓，南北间距基本相等。三是各墓在墓向、墓主人头向上基本一致。四是各墓随葬品在年代上靠近，并相互衔接。

此次发掘的 19 座墓葬出土器物风格相似，初步认为其年代相当，均为清代。半釉陶罐 M3：5、M6：7、M7：11 与大兴采育西组团 M19：1、M22：1、M22：2[①] 和大兴小营村 M6：2[②] 半釉陶罐形制相同，为北京地区清代墓葬常见器物。

此次发掘的清代墓葬位于昌平区马连店村，是该区发现的一处较为重要的清代家族墓，为研究该地区的清代家族墓的分布格局、形制特点、丧葬习俗，以及昌平地区清代社会经济发展情况积累了新的资料。

发掘：曹孟昕

摄影：赵莉莉

绘图：李心如

执笔：曹孟昕　褚旭（通讯作者）

注释

① 北京市文物研究所：《大兴古墓葬考古发掘报告集》，科学出版社，2020年。
② 北京市文物研究所：《小营与西红门——北京大兴考古发掘报告》，上海古籍出版社，2018年。

昌平区七里渠清代墓葬发掘报告

一、概况

为了配合昌平区沙河镇七里渠（南、北）村C地块项目中QLQ-017地块土地一级开发项目的顺利进行，北京市考古研究院（原北京市文物研究所）于2020年6月30日至7月8日对该地块进行了考古发掘。发掘区东邻回昌东路，南距北清路约190米，西距朱辛庄东路约420米。中心GPS坐标为N40°6′5.87″、E116°18′48.13″（图一）。

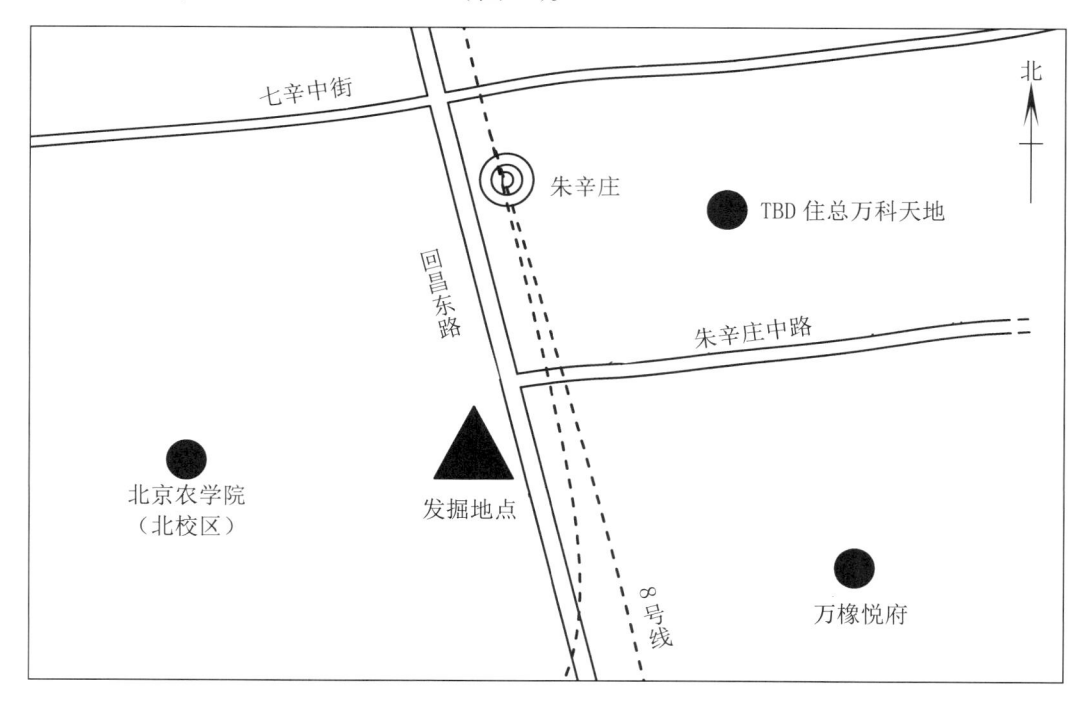

图一 发掘地点位置示意图

此次共发掘墓葬8座（附表一），出土各类器物共37件（不含铜钱），根据遗迹的形制结构和随葬器物推测8座墓葬年代均为清代。实际发掘面积共计122平方米（图二）。

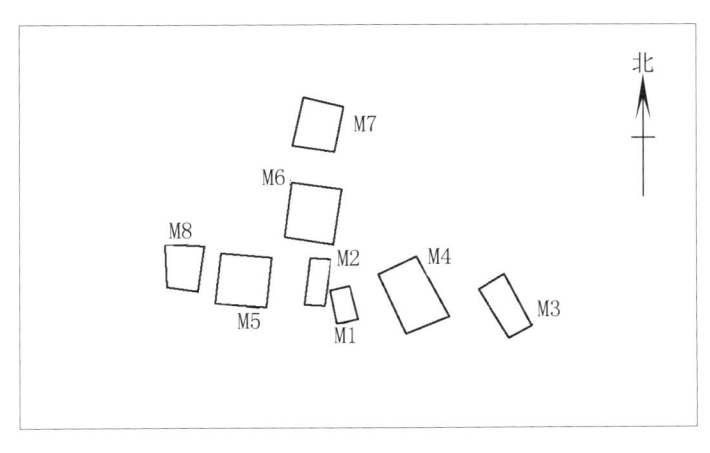

图二　总平面图

二、地层堆积

该发掘区的地层堆积自上而下可分为三层（图三）。

第①层：回填土层，厚 0.3~0.8 米，土色为灰黄色，土质较疏松，含混凝土块、砖块、石块、炭渣等建筑垃圾。

第②层：扰土层，厚 0.3~0.9 米，土色为灰褐色，土质较疏松，含少量砖渣、炭渣、小石子等。

第③层：淤土层，厚 0.2~0.4 米，土色为深褐色，土质较致密，含少量水锈、料礓石。

以下为生土层。

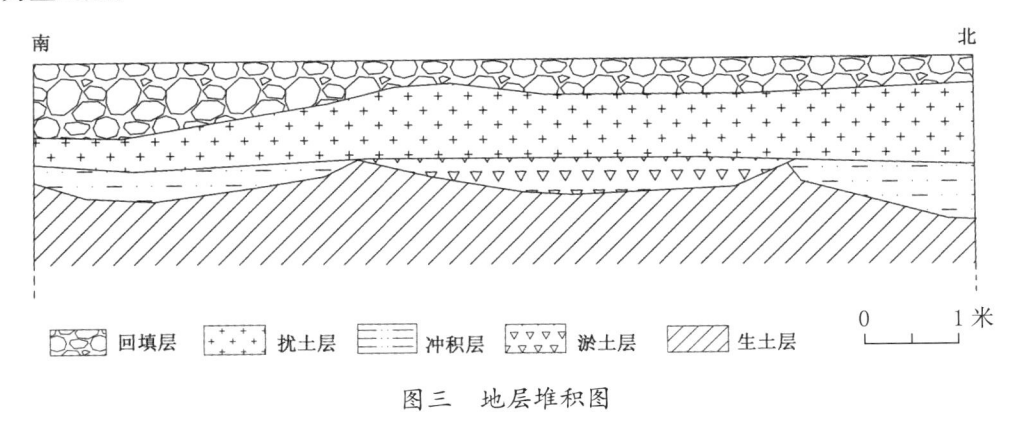

图三　地层堆积图

三、墓葬及遗物

均为竖穴土坑墓，皆开口于②层下，可分为单人葬墓、双人合葬墓两种类型（表一）。

表一　墓葬分类表

分类	单人葬墓		双人合葬墓	
	A 型	B 型	A 型	B 型
数量（座）	1	2	2	3

（一）单人葬墓

共 3 座：M3、M5、M6。根据平面形制可分为两型。A 型平面呈长方形，为 M3。B 型平面呈梯形，有 M5、M6。

1. M3

位于 M1 东部约 6 米处。南北向，方向为 15°。墓口距地表深 1.1 米，墓底距地表深 1.54 米。墓圹长 2.34 米、宽 1.24 米、深 0.44 米（图四；彩版三二，1）。

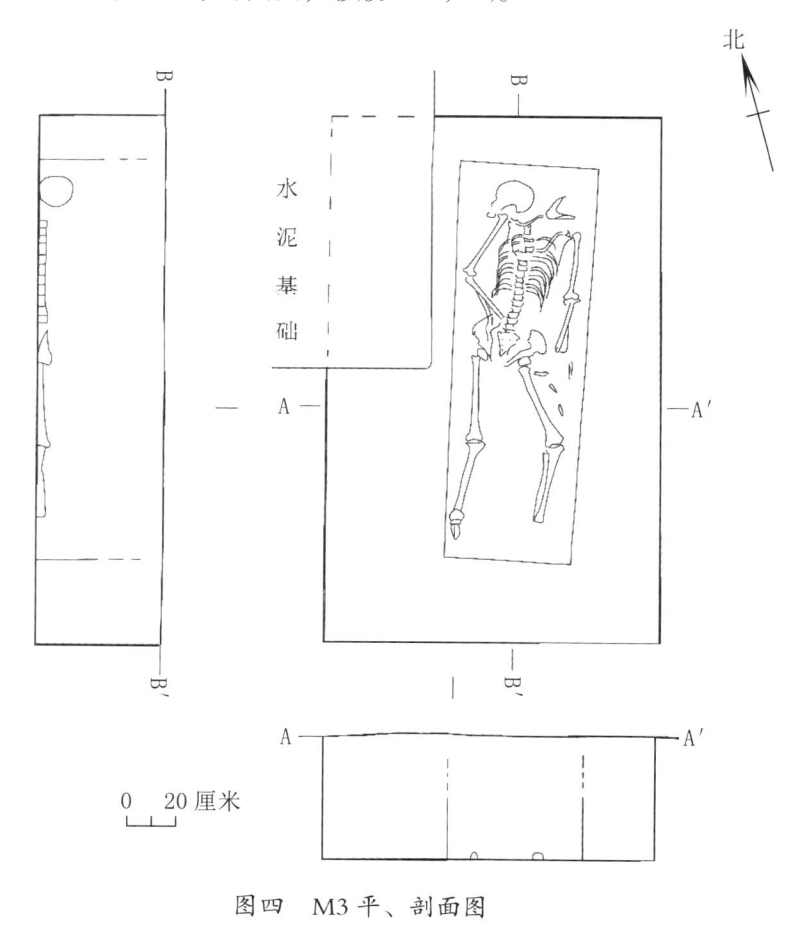

图四　M3 平、剖面图

棺木已朽。棺长 1.78 米、宽 0.53～0.6 米、残高 0.25 米。骨架保存较差，部分肢骨缺失移位。头向北，面向西。性别为男。葬式为仰身屈肢葬。人骨残长 1.6 米。内填花土，较疏松。

未发现随葬器物。

2. M5

位于 M2 西部约 1.7 米处。南北向，方向为 17°。墓口距地表深 1.1 米，墓底距地表深 1.5 米。墓圹长 2.45 米、宽 0.84～0.9 米、深 0.4 米（图五；彩版三二，2）。

棺木已朽。棺长 1.7 米、宽 0.5～0.58 米、残高 0.26 米。骨架保存较差，残有部分肢骨。头向北，面向南。性别为女。葬式不详。人骨残长 1.26 米。内填花土，较疏松。

随葬器物有铜押发 1 件，位于头骨的西北部；另有铜钱 4 枚。

铜押发，1 件。M5：1，两端圆尖。中部束腰。侧视如弓形。正面饰有两组花纹。通长 7.9 厘米、宽 0.7～1.3 厘米（图一四，8；彩版三九，3）。

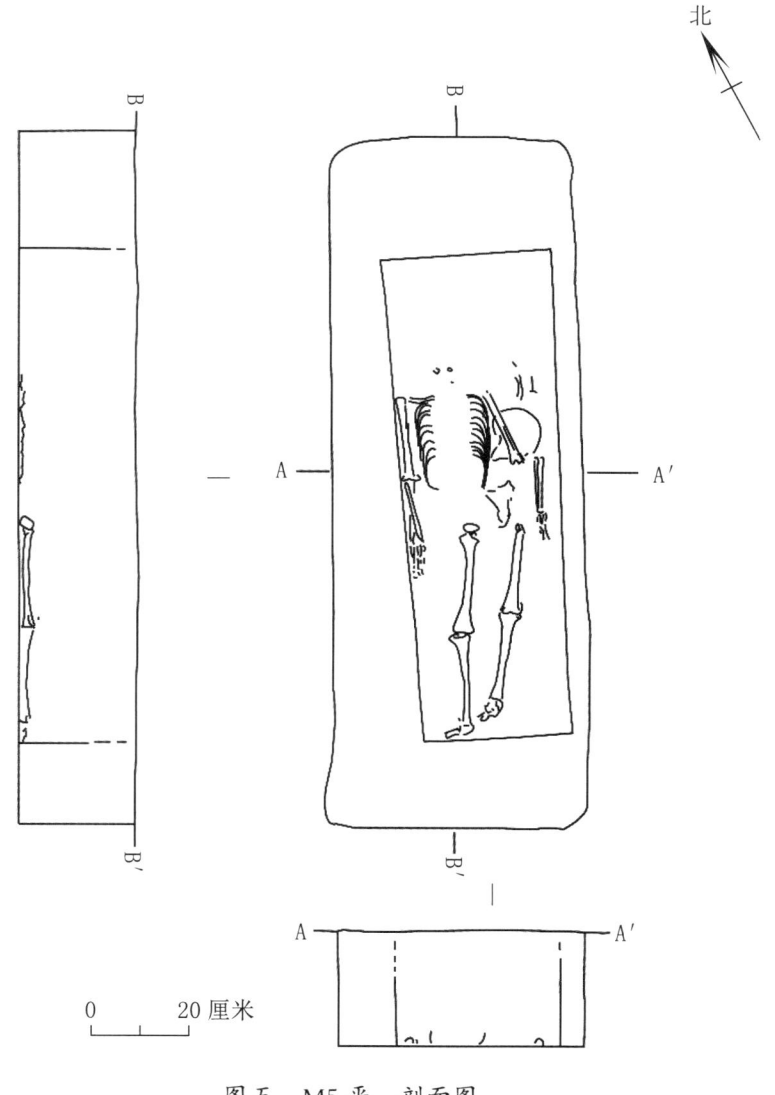

图五 M5 平、剖面图

光绪通宝，2枚。均模制、完整，圆形，方穿。正面有郭，铸"光绪通宝"四字，楷书，对读。背面有郭，穿左右为满文"宝泉"，纪局名。标本M5∶2-1，钱径1.9厘米、穿径0.5厘米、郭厚0.1厘米（图一六，16）。

余2枚，锈蚀严重，字迹模糊不可辨。

3. M6

位于M2北部约0.7米处。南北向，方向为0°。墓口距地表深1.1米，墓底距地表深1.44米。墓圹长2.3米、宽0.84～0.92米、深0.34米（图六；彩版三三，1）。

棺木已朽。棺长1.76米、宽0.47～0.62米、残高0.26米。骨架保存较差，部分肢骨缺失移位。头向北，头骨已破，面向不详。性别为男。葬式为侧身直肢葬。内填花土，较疏松。

随葬器物有瓷碗1件。

青花瓷碗，1件。M6∶1，敞口，圆唇，腹壁斜直，内收，圈足，平底。白釉泛青。外壁饰花叶纹。口径14厘米、底径5.6厘米、通高5.7厘米（图一二，3；彩版三六，2）。

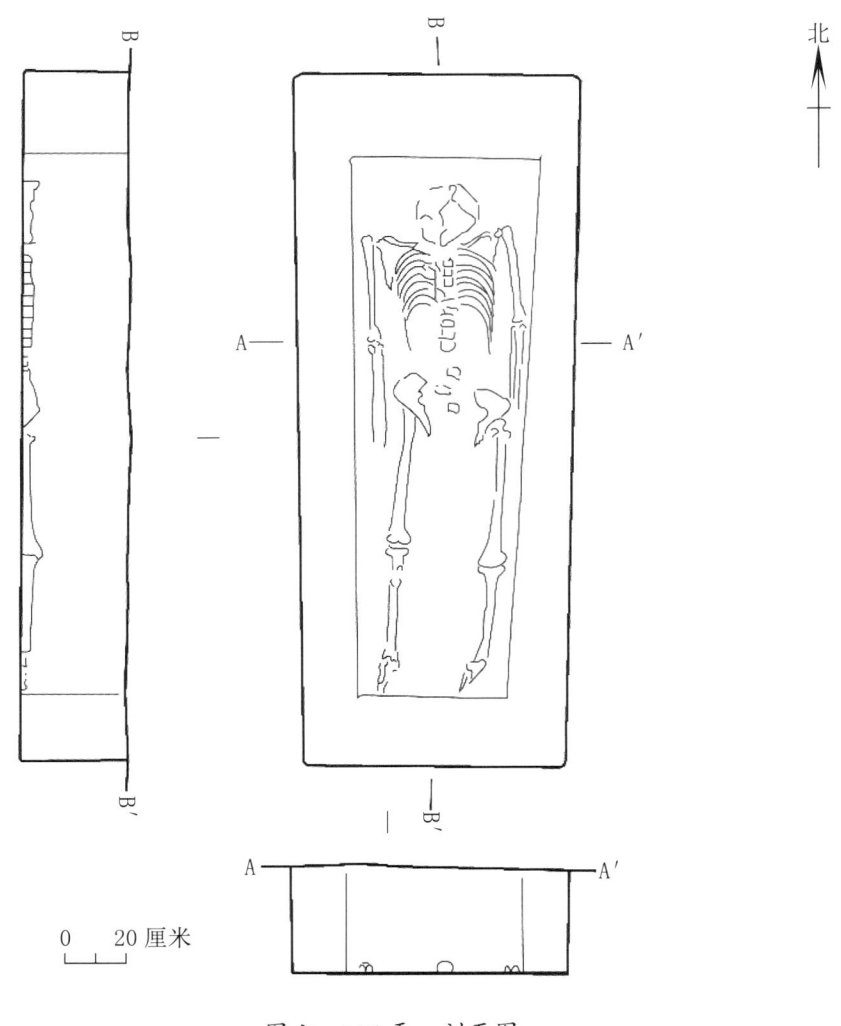

图六　M6平、剖面图

（二）双人合葬墓

共 5 座：M1、M2、M4、M7、M8。根据平面形制可分为两型。A 型平面呈长方形，为 M1、M4。B 型平面呈梯形，为 M2、M7、M8。

1.M1

位于发掘区南部，距发掘区东部边界约 21.5 米处。南北向，方向为 17°。墓口距地表深 1.1 米，墓底距地表深 1.76 米。墓圹长 2.24 ~ 2.36 米、宽 1.81 米、深 0.66 米（图七；彩版三四，1）。

棺木均已朽。东棺长 1.7 米、宽 0.41 ~ 0.48 米、残高 0.4 米。棺内骨架保存较差，部分肢骨缺失移位。头向北，面向下。性别为男。葬式为仰身屈肢葬。人骨残长 1.2 米。西棺长 1.84 米、宽 0.49 ~ 0.54 米、残高 0.4 米。棺内骨架保存较差，部分肢骨缺失移位。头向北，面向东。性别为女。葬式不详。人骨残长 1.52 米。西棺打破东棺。内填花土，较疏松。

随葬器物共 8 件，均发现于西棺。在该棺的北部发现瓷碗 1 件，头骨处发现银耳环 2 件、银扁方 1 件、银簪 4 件；另有铜钱 5 枚。

黑釉瓷碗，1 件。M1∶1，敞口，尖圆唇，腹壁斜直，内收，平底微凸，圈足。碗内施白釉未到底，碗底中心施釉一点。碗外施黑釉未到底。口径 16.2 厘米、底径 6 厘米、通高 6.6 厘米（图一二，1；彩版三六，1）。

银耳环，2 件。M1∶2、M1∶3，形制大小相同。皆呈"S"形，一端弯曲为钩，坠为圆饼形。圆饼直径 1.5 厘米、通长 3.5 厘米（图一五，1、2；彩版三六，3、4）。

银扁方，1 件。M1∶4，首卷曲，体呈长方形，尾呈圆弧形。扁方首下錾刻"十"字纹。残长 11.5 厘米、宽 1.1 ~ 1.2 厘米（图一二，4；彩版三七，1）。

银簪，4 件。M1∶5，体呈圆锥状，首为莲瓣形，分两层，底层 5 个花瓣形成圆托，上围以铜丝花蕊，内嵌物已失。首宽 3.1 厘米、长 13.5 厘米（图一二，5；彩版三七，3）。M1∶6，体呈圆锥状，首为圆饼形，其上錾刻"寿"字，周饰花纹。首宽 2.3 厘米、通长 12.3 厘米（图一二，6；彩版三七，2）。M1∶7，体呈圆锥状，首为六面形禅杖，下套银环，杖顶为葫芦形。首与下部之间有细颈。长 15.7 厘米（图一二，7；彩版三七，4）。M1∶8，体呈圆锥状，首缺失。残长 12.2 厘米（图一二，8；彩版三七，5）。

光绪通宝，2 枚。均模制、完整，圆形，方穿。正面有郭，铸"光绪通宝"四字，楷书，对读。背面有郭，穿左右为满文"宝泉"，纪局名。标本 M1∶9-1，钱径 2.4 厘米、穿径 0.6 厘米、郭厚 0.2 厘米（图一六，12）。

余 3 枚，锈蚀严重，字迹模糊不可辨。

图七 M1平、剖面图
1.黑釉瓷碗

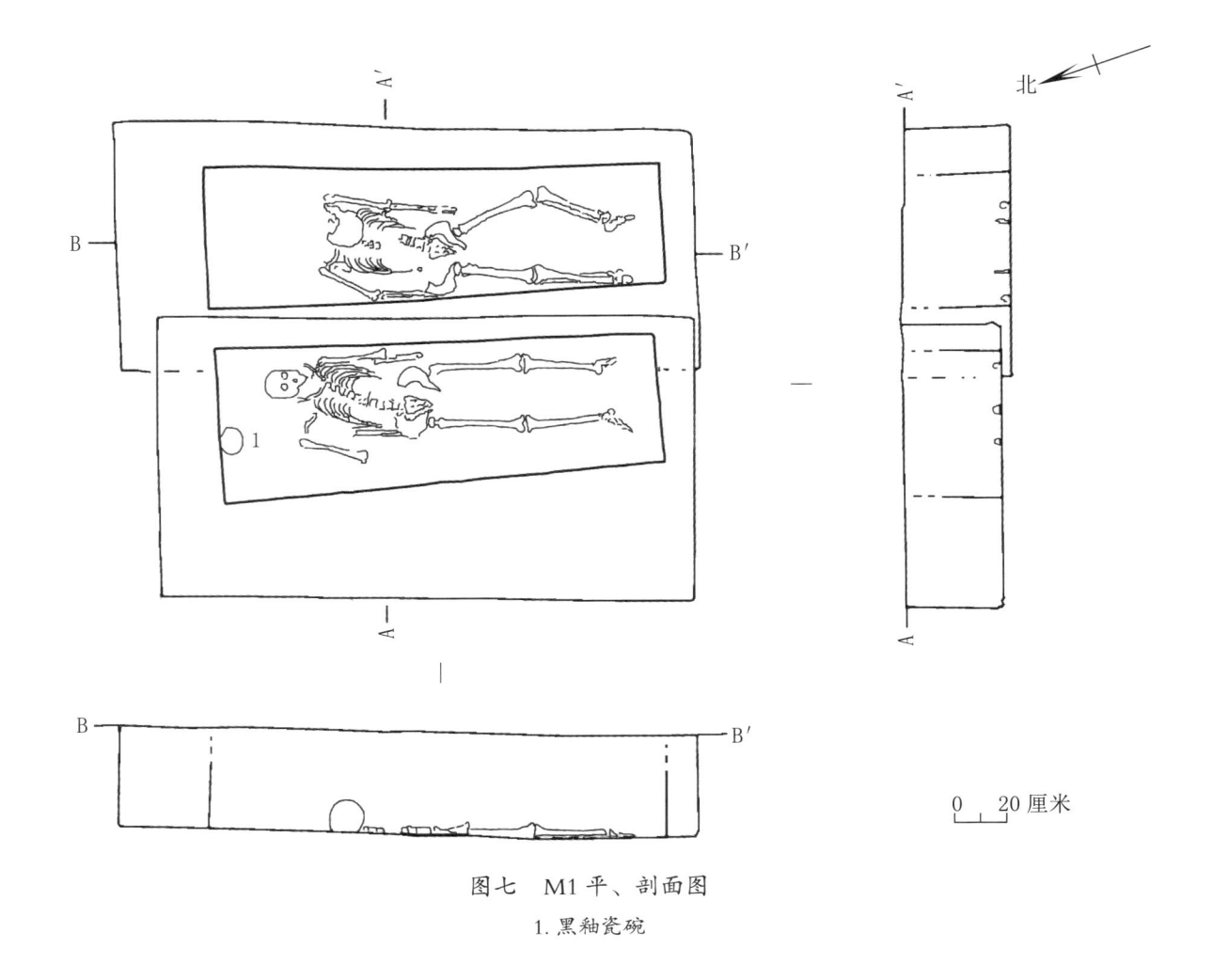

2.M4

位于M3西部约1.8米处。南北向，方向为3°。墓口距地表深1.1米，墓底距地表深1.5～1.54米。墓圹长2.28～2.46米、宽2.24米、深0.4～0.44米（图八；彩版三三，2）。

棺木均已朽。东棺长1.92米、宽0.52～0.62米、残高0.3米。棺内骨架保存较差，部分肢骨缺失移位。头向北，面向南。性别为女。葬式为仰身屈肢葬。人骨残长1.56米。西棺长1.85米、宽0.58～0.68米、残高0.26米。棺内骨架保存较差，残存部分肢骨，其余已缺失移位。头向北，面向上。性别为男。葬式为仰身直肢葬。人骨残长1.56米。西棺打破东棺。内填花土，较疏松。

随葬器物共8件。东棺共有4件，在头骨处发现银簪3件及银耳环1件。西棺共有4件，在棺底部北端发现瓷碗1件，头骨处发现银簪1件和银押发1件，胸部发现银簪1件；另有铜钱共14枚，其中西棺8枚、东棺6枚。

瓷碗，1件。M4：1，敞口，圆唇，弧腹，平底，圈足。通体施白釉，圈足底无釉。外口部饰两圈蓝色弦纹。口径13.1厘米、底径5.3厘米、通高5.7厘米（图一二，2；彩版三六，7）。

银押发，1件。M4：2，两端圆尖。中部束腰。素面。通长6.2厘米、宽0.4～0.6厘米（图一四，

6；彩版三八，3）。

银簪，5件。M4：3，首缺失，在近首处，铸有一牛立于体之上，其下坠有一羊。体细长。残长10.5厘米（图一三，4；彩版三八，7）。M4：4，首缺失，仅剩体。残长9厘米（图一三，5；彩版三八，5）。M4：5，体呈圆锥形，首为葵花形，截面呈"凸"形，中部为圆形凸起，内铸"福"字。体细长。首直径2.5厘米、残长10.5厘米（图一三，6；彩版三八，6）。M4：6，体呈圆锥形，首近如意状，花瓣样式，底部中间坠有一圆珠。体细长。首宽4.1厘米、残长11.2厘米（图一三，7；彩版三九，1）。M4：7，首缺失，仅剩体。残长6厘米（图一三，10；彩版三七，8）。

银耳环，1件。M4：8，呈"S"形，一端弯曲为钩，坠为圆饼形。圆饼直径1.4厘米、通长4.3厘米（图一五，3；彩版三六，8）。

熙宁重宝，1枚。M4：9，模制、残，圆形，方穿。铸"熙宁重宝"四字，楷书，旋读。背面有郭，不甚清晰。钱径2.9厘米、穿径0.8厘米、郭厚0.2厘米（图一六，1）。

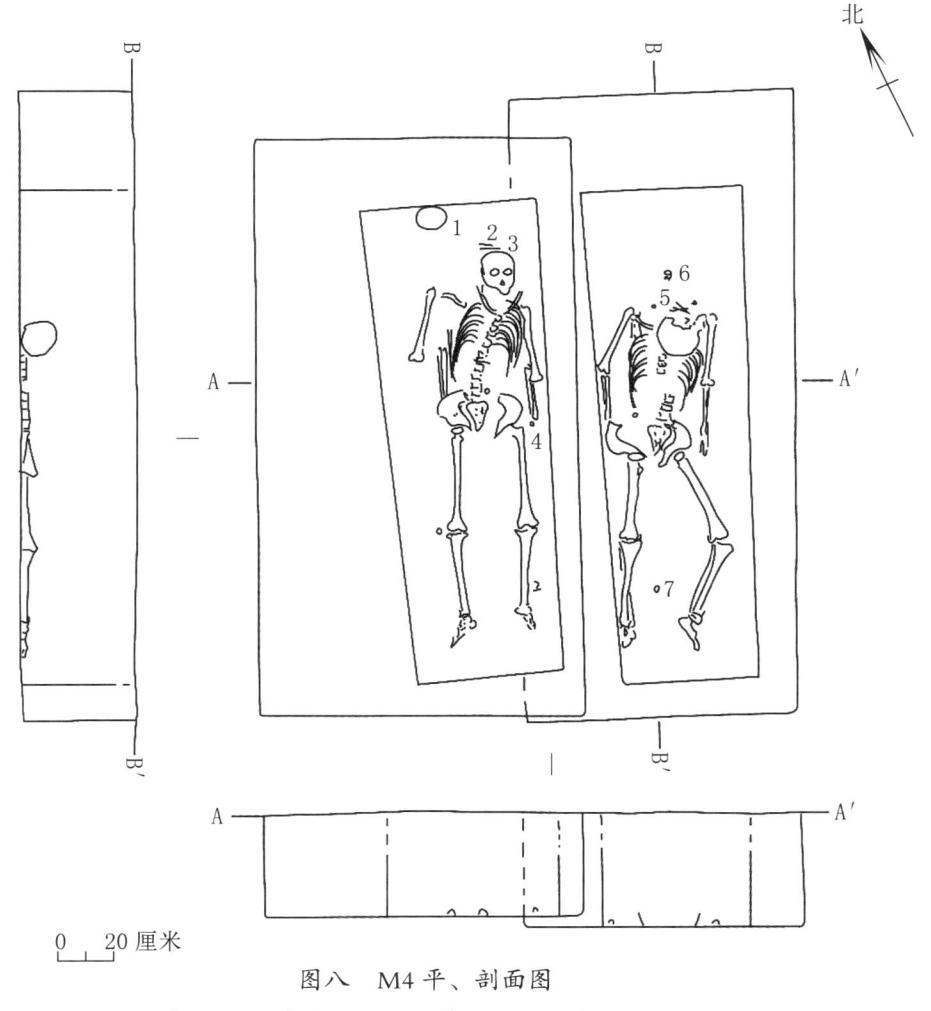

图八　M4平、剖面图
1.瓷碗　2.银押发　3、5.银簪　4、7.铜钱　6.银耳环

乾隆通宝，1枚。M4：10，模制、完整，圆形，方穿。正面有郭，铸"乾隆通宝"四字，楷书，对读。背面有郭，穿左右为满文"宝泉"，纪局名。钱径2.5厘米、穿径0.6厘米、郭厚0.1厘米（图一六，2）。

嘉庆通宝，1枚。M4：11，模制、完整，圆形，方穿。正面有郭，铸"嘉庆通宝"四字，楷书，对读。背面有郭，穿左右为满文"宝源"，纪局名。钱径2.4厘米、穿径0.6厘米、郭厚0.1厘米（图一六，3）。

道光通宝，1枚。M4：12，模制、完整，圆形，方穿。正面有郭，铸"道光通宝"四字，楷书，对读。背面有郭，穿左右为满文"宝泉"，纪局名。钱径2.3厘米、穿径0.6厘米、郭厚0.2厘米（图一六，4）。

同治重宝，1枚。M4：13，模制、完整，圆形，方穿。正面有郭，铸"同治重宝"四字，楷书，对读。背面有郭，穿上下为汉字"当十"，左右为满文，锈蚀不可辨。钱径2厘米、穿径0.6厘米、郭厚0.1厘米（图一六，7）。

光绪通宝，1枚。M4：14，模制、完整，圆形，方穿。正面有郭，铸"光绪通宝"四字，楷书，对读。背面有郭，穿左右为满文，锈蚀不可辨。钱径2厘米、穿径0.6厘米、郭厚0.1厘米（图一六，15）。

余8枚，锈蚀严重，字迹模糊不可辨。

3.M2

位于M1西部且二者紧邻。南北向，方向为15°。墓口距地表深1.1米，墓底距地表深1.74~1.8米。墓圹长2.44~2.5米、宽2~2.1米、深0.64~0.7米（图九；彩版三四，2）。

棺木均已朽。东棺长1.8米、宽0.54~0.68米、残高0.34米。棺内骨架保存较差，部分肢骨缺失移位。头向北，头骨已破，面向不详。性别为男。葬式为仰身直肢葬。人骨残长1.46米。西棺长1.94米、宽0.65~0.76米、残高0.4米。棺内骨架保存较差，部分肢骨缺失移位。头向北，头骨已破，面向不详。性别为女。葬式为仰身直肢葬。人骨残长1.26米。东棺打破西棺。内填花土，较疏松。

随葬器物共7件，均发现于西棺。在头骨处发现银押发1件，银耳环2件，银簪4件；铜钱16枚。

银耳环，2件。形制、大小相同。呈"S"形，一端弯曲为钩，坠为圆饼形。M2：1、M2：2，圆饼直径1厘米、通高2.15厘米（图一五，4、5；彩版三六，5、6）。

银押发，1件。M2：3，两端圆尖，錾刻珍珠地花叶纹。中部束腰。侧视如弓形。通长12.5厘米、宽0.8~1.5厘米（图一四，5；彩版三九，2）。

银簪，4件。M2：4，体呈圆锥形，首为葵花形，截面呈"凸"形，中部为圆形凸起，内铸"福"字。体细长。首直径2.5厘米、残长12.1厘米（图一二，9；彩版三七，6）。M2：5，体呈圆锥形，首为葵花形，截面呈"凸"形，中部为圆形凸起，内铸"寿"字。体细长。首直径2.5厘米、残长12.1厘米（图一三，1；彩版三七，7）。M2：6，体呈圆锥状，首为六面形禅杖，下套银环，杖顶为葫芦形。残长14.2厘米（图一三，2；彩版三八，1）。M2：7，体呈圆锥形，首近如意头状，花瓣样式。体细长。首宽3.4厘米、残长11.2厘米（图一三，3；彩版三八，2）。

同治重宝，2枚。皆模制、完整，圆形，方穿。正面有郭，铸"同治重宝"四字，楷书，对读。背面有郭，穿上下为汉字"当十"，左右为满文"宝泉"，纪局名。M2∶8-1，钱径2.9厘米、穿径0.6厘米、郭厚0.2厘米（图一六，5）。M2∶8-2，钱径3.2厘米、穿径0.7厘米、郭厚0.2厘米（图一六，6）。

光绪重宝，4枚。皆模制、完整，圆形，方穿。正面有郭，铸"光绪重宝"四字，楷书，对读。M2∶9-1，背面有郭，穿上下为汉字"当十"，左右为满文"宝泉"，纪局名。钱径3.1厘米、穿径0.7厘米、郭厚0.2厘米（图一六，8）。M2∶9-2，背面有郭，穿上下为汉字"当拾"，左右为满文"宝源"，纪局名。钱径2.7厘米、穿径0.6厘米、郭厚0.2厘米（图一六，9）。M2∶9-3，背面有郭，穿上下为汉字"当十"，左右为满文"宝泉"，纪局名。钱径3.2厘米、穿径0.7厘米、郭厚0.2厘米（图一六，10）。M2∶9-4，背面有郭，穿上下为汉字"当十"，左右为满文"宝源"，纪局名。钱径3.1厘米、穿径0.6厘米、郭厚0.2厘米（图一六，11）。

光绪通宝，1枚。M2∶10，模制、完整，圆形，方穿。正面有郭，铸"光绪通宝"四字，楷书，对读。背面有郭，穿左右为满文"宝泉"，纪局名。钱径2.5厘米、穿径0.5厘米、郭厚0.1厘米（图一六，14）。

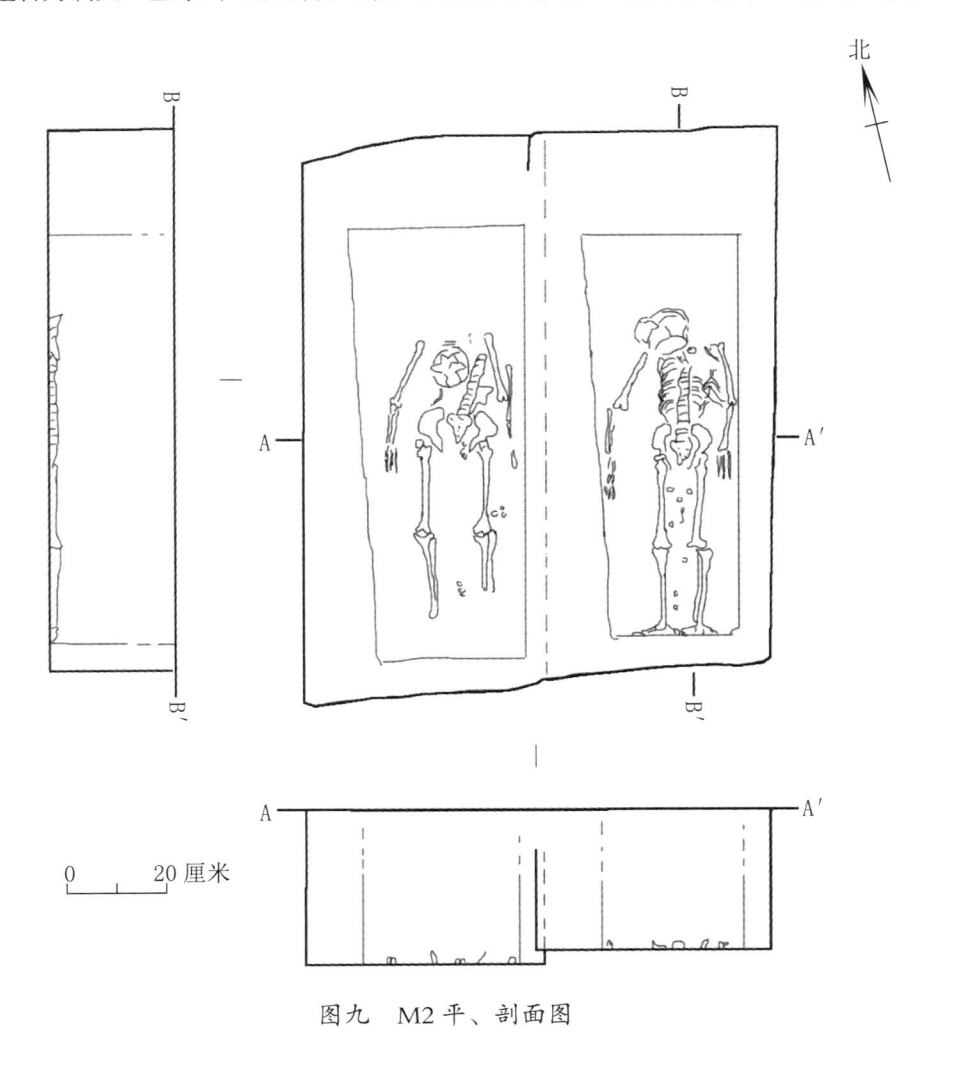

图九　M2平、剖面图

宣统通宝，2枚。皆模制、完整，圆形，方穿。正面有郭，铸"宣统通宝"四字，楷书，对读。背面有郭，穿左右为满文"宝泉"，纪局名。M2∶11-1、M2∶11-2，钱径1.9厘米、穿径0.4厘米、郭厚0.1厘米（图一六，18、19）。

余7枚，锈蚀严重，字迹模糊不可辨。

4.M7

位于M6北部约1.7米处。南北向，方向为27°。墓口距地表深1.1米，墓底距地表深1.5～1.54米，墓圹长2.34～2.54米、宽2.2～2.36米、深0.4～0.44米（图一〇；彩版三五，1）。

棺木皆已朽。东棺长1.83米、宽0.47～0.62米、残高0.28米。棺内骨架保存较差，部分肢骨缺失移位。头向北，面向东。性别为男。葬式不详。人骨残长1.68米。西棺长1.8米、宽0.51～0.56米、残深0.24米。棺内骨架保存较差，部分肢骨缺失移位。头向北，面向下。性别为女。葬式为仰身直肢葬。人骨残长1.46米。内填花土，较疏松。西棺打破东棺。

随葬器物共2件，均发现于西棺。在头骨处发现银押发1件及银簪1件。

银押发，1件。M7∶1，两端圆尖。中部束腰。素面。通长7.6厘米、宽0.4～0.7厘米（图一四，7；彩版三八，4）。

银簪，1件。M7∶2，体呈圆锥状，首缺失。残长11.8厘米（图一三，8；彩版三九，5）。

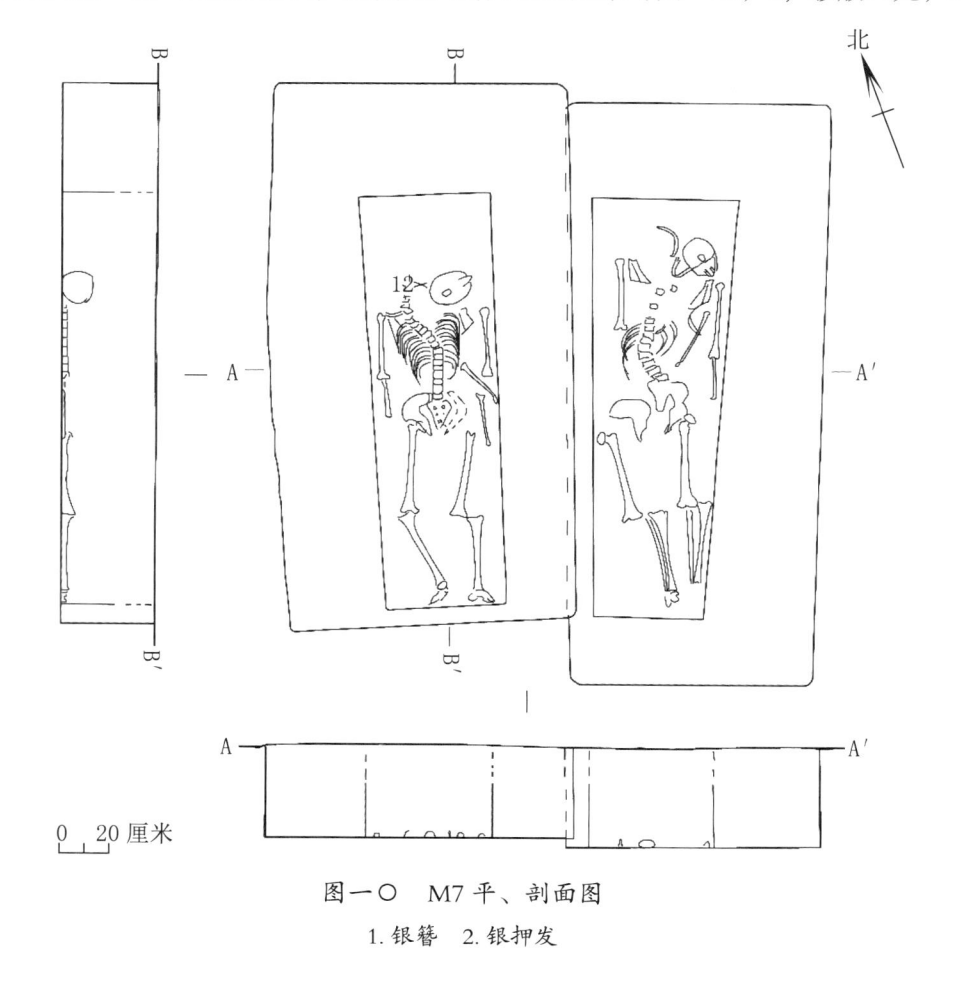

图一〇 M7平、剖面图
1.银簪 2.银押发

5.M8

位于 M5 西部约 0.9 米处。南北向，方向为 3°。墓口距地表深 1.1 米，墓底距地表深 2~2.06 米，墓圹长 2.7~3 米、宽 1.68~2.06 米、深 0.9~0.96 米（图一一；彩版三五，2）。

棺木皆已朽。东棺长 1.7 米、宽 0.53~0.72 米、残高 0.3 米。棺内骨架保存较差，残存部分肢骨，其余已缺失移位。头向北，面向下。性别为男。葬式为仰身直肢葬。人骨残长 1.52 米。西棺长 1.84 米、宽 0.49~0.6 米、残高 0.36 米。棺内骨架保存较差，部分肢骨缺失移位。头向北，面向南。性别为女。葬式不详。人骨残长 1.34 米。东棺打破西棺。内填花土，较疏松。

随葬器物共 10 件，均发现于西棺。在棺底头骨处发现银押发 1 件、银耳环 2 件、银簪 5 件，在左手指骨处发现银戒指 2 件。

银押发，1 件。M8∶1，两端圆尖，錾刻珍珠地花叶纹。中部束腰。侧视如弓形。通长 9.8 厘米、宽 0.8~1.7 厘米（图一四，9；彩版三九，4）。

银耳环，2 件。形制大小相同。呈圆环形，展开后中部铸镂空花瓣，一侧平面呈长方形饰珍珠地纹，锤揲花叶纹，中部饰一圆环，一侧呈圆锥状。M8∶2、M8∶3，环径 3 厘米、宽 0.1~0.7 厘米、周长 9.4 厘米（图一五，6、7；彩版四〇，2、3）。

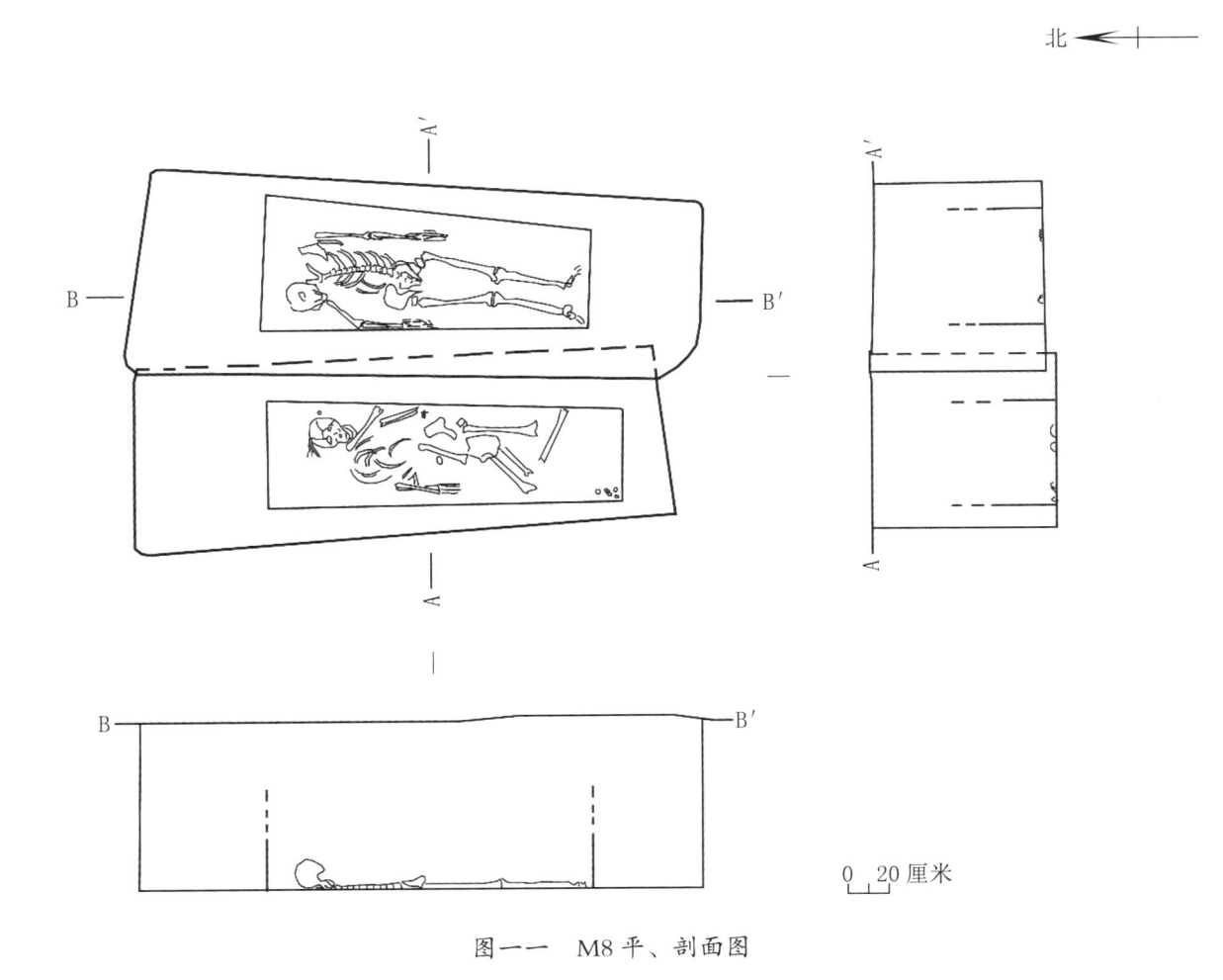

图一一 M8 平、剖面图

银簪，5件。M8：4，体呈圆锥形，首为葵花形，截面呈"凸"形，中部为圆形凸起，内铸"寿"字。体细长。残长11厘米、首直径2.5厘米（图一三，9；彩版三九，6）。M8：5，整体近剑形。首为圆形花瓣，其上有圆柱状装饰。体扁平，上宽下细，上部錾刻花叶纹。长19.2厘米、首宽1.8厘米（图一四，1；彩版三八，8）。M8：6，体呈圆锥状，首为六面形禅杖，下套银环。首与下部之间有细颈。残长13.8厘米（图一四，2；彩版三九，7）。M8：7，体呈圆锥形，首为葵花形，截面呈"凸"形，中部为圆形凸起，内铸"福"字。体细长。残长11厘米、首直径2.5厘米（图一四，3；彩版三九，8）。M8：8，体呈圆锥形，首近如意头状，花瓣样式。体细长。残长11厘米、首宽5厘米（图一四，4；彩版四○，1）。

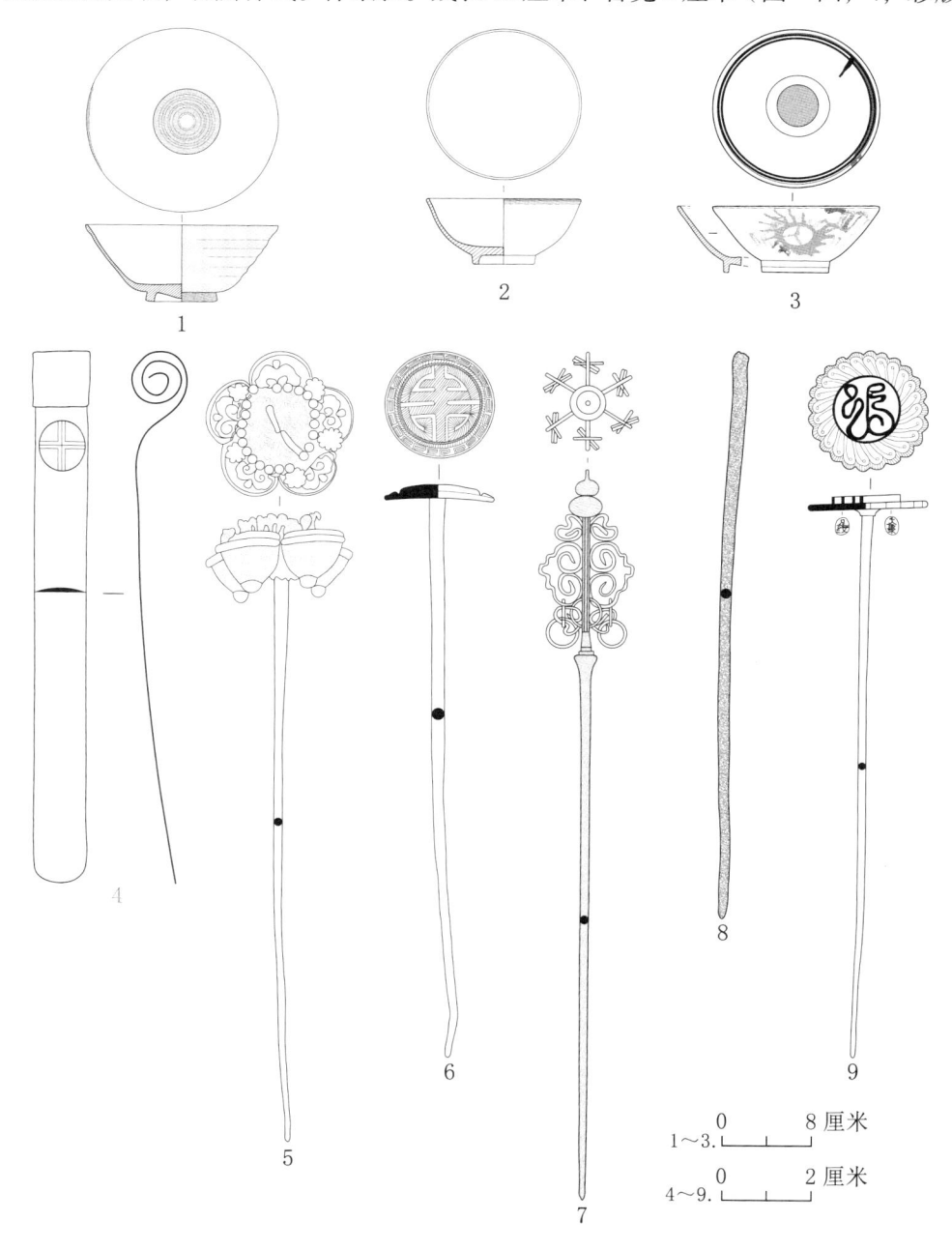

图一二　出土器物

1～3.瓷碗（M1：1、M4：1、M6：1）4.银扁方（M1：4）5～9.银簪（M1：5、M1：6、M1：7、M1：8、M2：4）

银戒指，2 枚。形制、大小相同。圆环形，两端对接。展开平面呈长方形。通体素面。M8：9、M8：10，环径 1.9 厘米、宽 0.4 厘米（图一五，8、9；彩版四〇，4、5）。

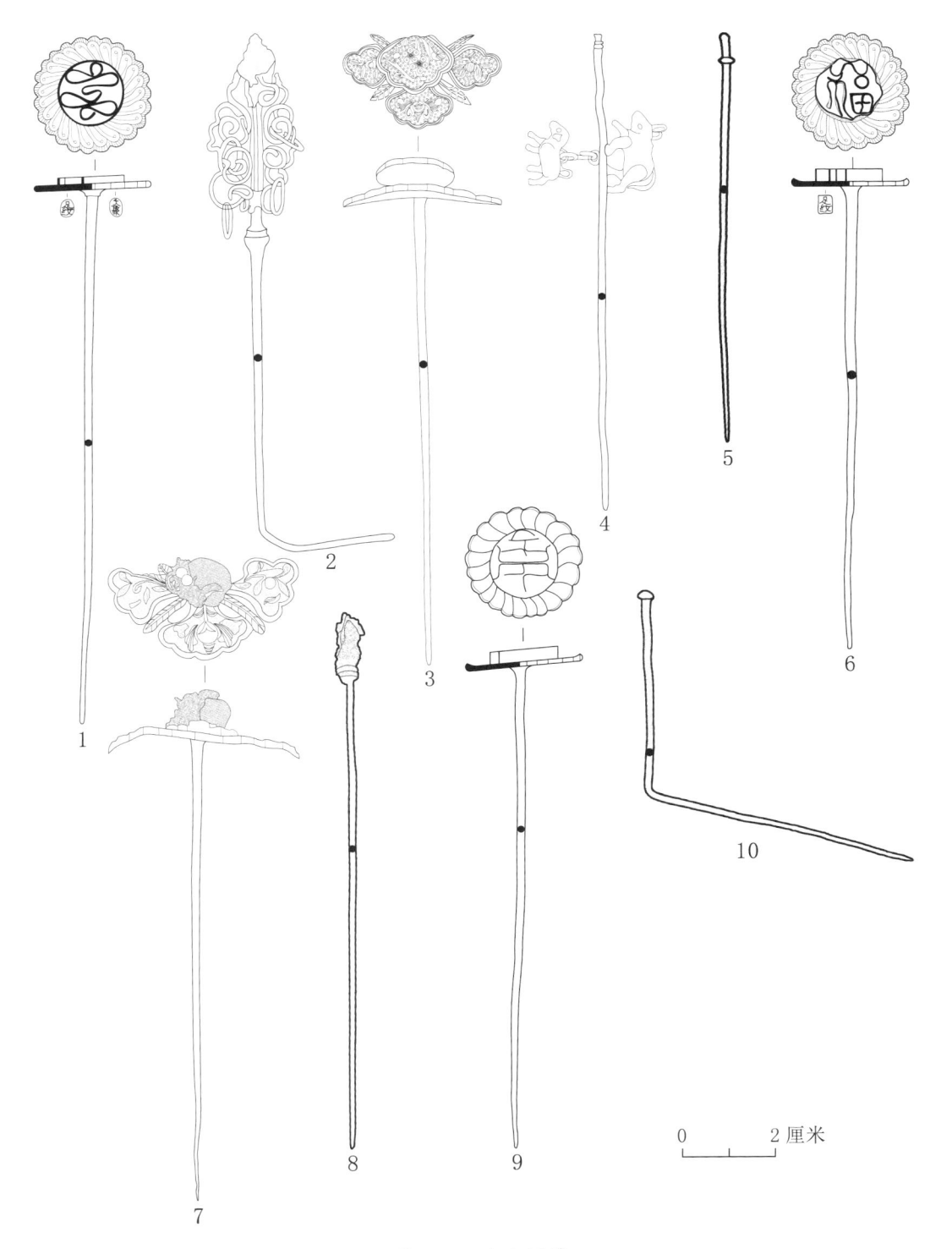

图一三　出土银簪

1.M2：5　2.M2：6　3.M2：7　4.M4：3　5.M4：4　6.M4：5　7.M4：6　8.M7：2　9.M8：4　10.M4：7

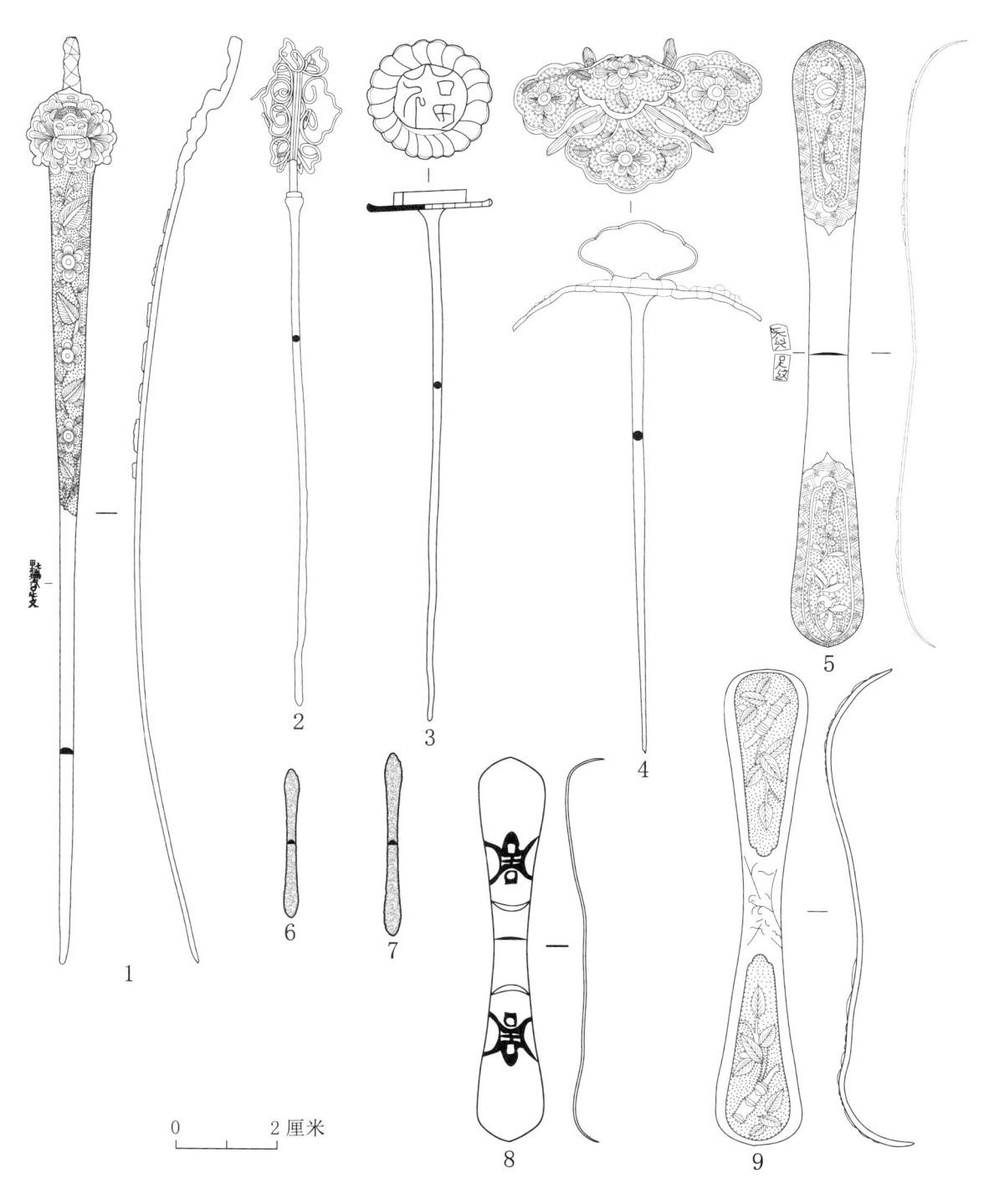

图一四 出土银器（一）

1～4.银簪（M8：5、M8：6、M8：7、M8：8）　5～9.银押发（M2：3、M4：2、M7：1、M5：1、M8：1）

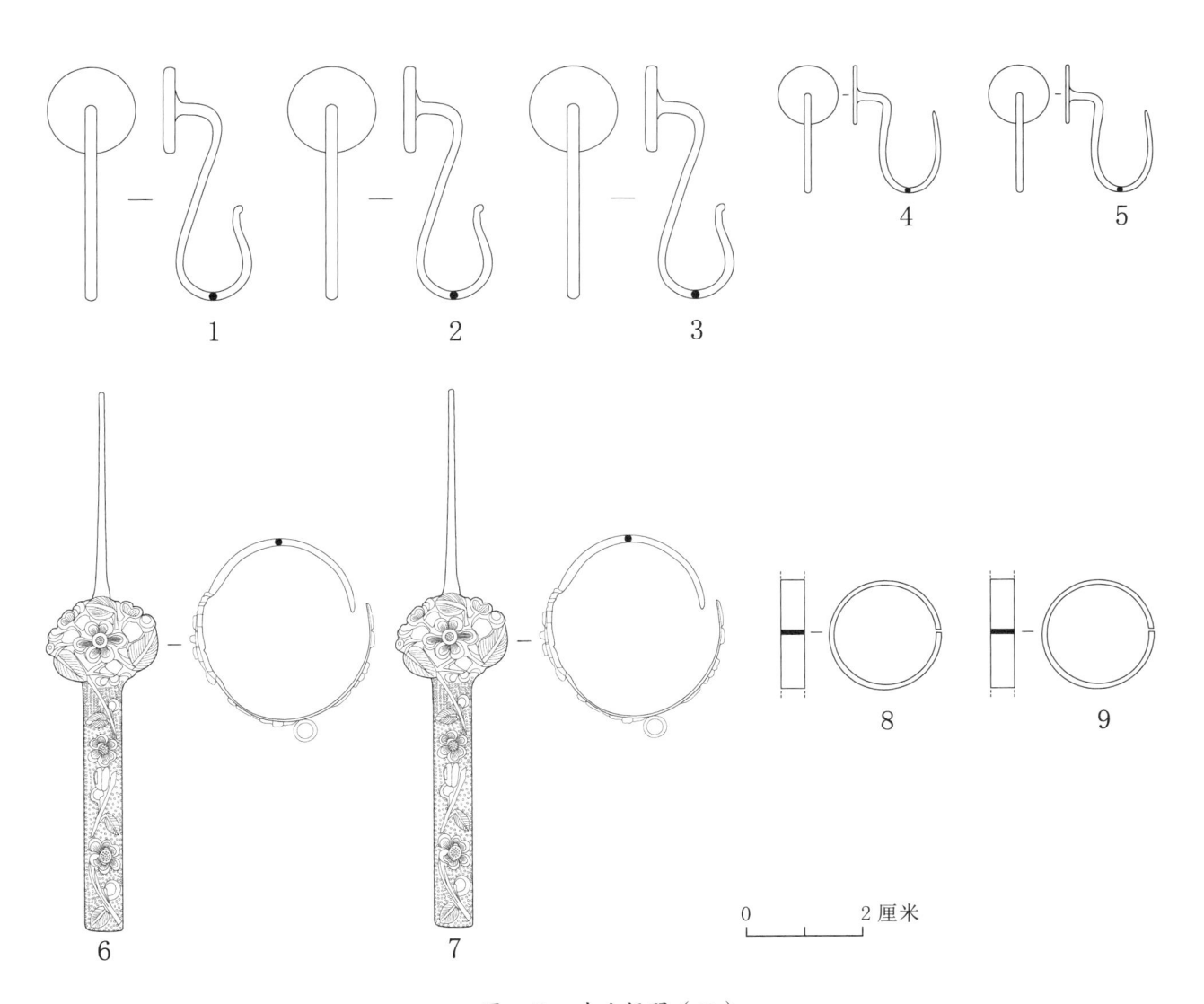

图一五　出土银器（二）

1～7.银耳环（M1:2、M1:3、M4:8、M2:1、M2:2、M8:2、M8:3）　8、9.银戒指（M8:9、M8:10）

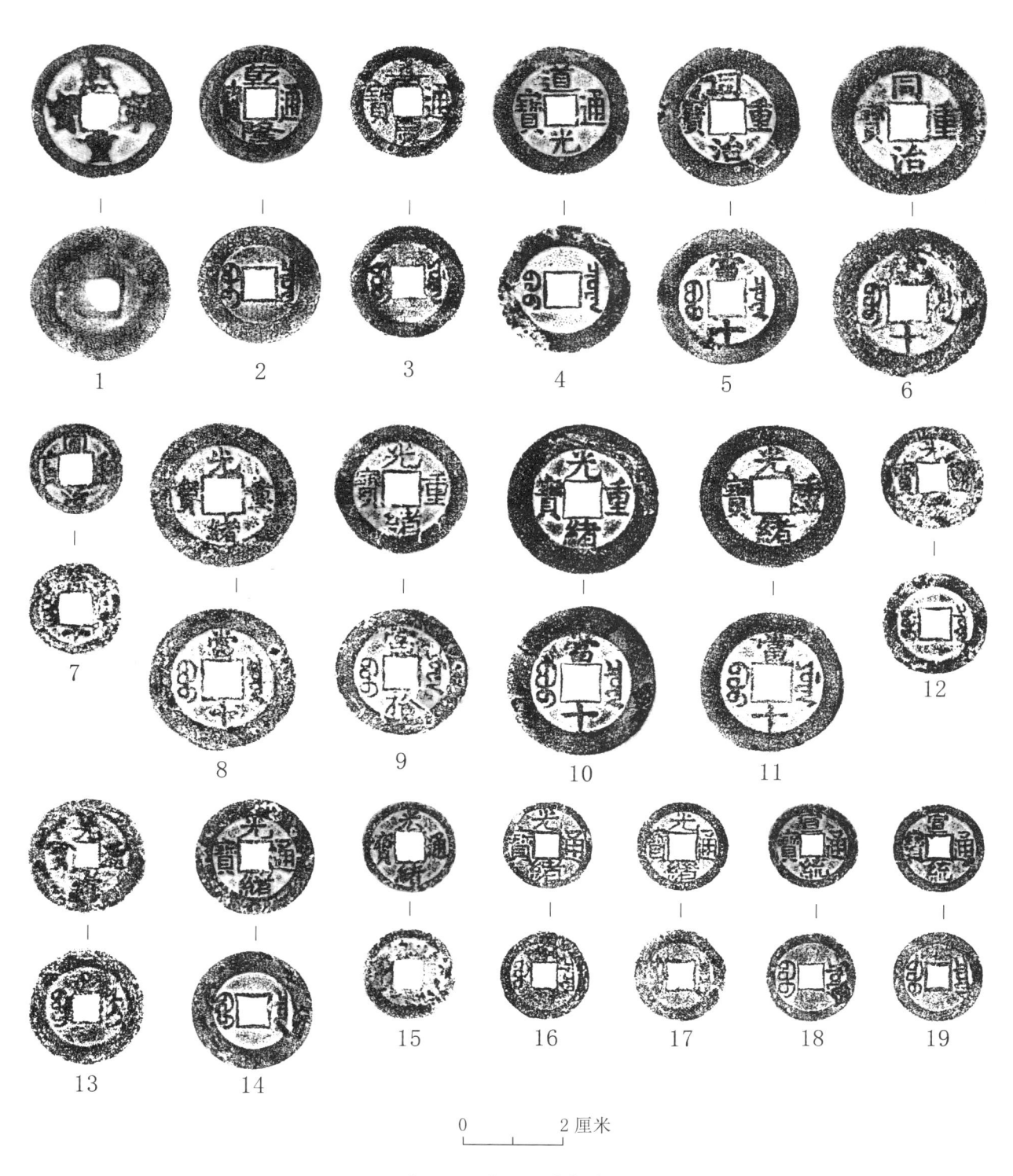

图一六　出土铜钱拓片

1. 熙宁通宝（M4:9）　2. 乾隆通宝（M4:10）　3. 嘉庆通宝（M4:11）　4. 道光通宝（M4:12）
5～7. 同治重宝（M2:8-1、M2:8-2、M4:13）　8～11. 光绪重宝（M2:9-1、M2:9-2、M2:9-3、M2:9-4）
12～17. 光绪通宝（M1:9-1、M1:9-2、M2:10、M4:14、M5:2-1、M5:2-2）
18、19. 宣统通宝（M2:11-1、M2:11-2）

四、结语

这批墓葬均为小型墓葬，墓向一致，规格等级较低，应为普通平民墓葬。墓葬排列规划整齐，推测应为一处清代家族墓葬。对上述清代墓葬的发掘，有助于了解该地区清代时期墓葬的形制、结构及特点。出土的文物为进一步了解该地区当时社会发展状况、丧葬习俗提供了珍贵的实物资料。

发掘：曹孟昕

修复、拓片：席忠民　崔兆艺

照相：黄星　古艳兵

绘图：黄星

执笔：李鹏

附表一　墓葬登记表　　　　　　　　　　　　　　　　　　　　　　　　　　单位：米

墓号	方向	墓圹（长×宽×深）	墓口距地表深	墓底距地表深	棺数	葬式	人骨保存情况	头向及面向	性别	随葬品（件）	备注
M1	17°	(2.24~2.36)×1.81×0.66	1.1	1.76	双棺	东棺仰身屈肢葬；西棺不详	皆保存较差	东棺头向北，面向下；西棺头向北，面向东	东棺男性；西棺女性	瓷碗1、银耳环2、银扁方1、银簪4、铜钱5	西棺打破东棺
M2	15°	(2.44~2.5)×(2~2.1)×(0.64~0.7)	1.1	1.74~1.8	双棺	皆为仰身直肢葬	皆保存较差	皆头向北，面向不详	东棺男性；西棺女性	银押发1、银耳环2、银簪4、铜钱16	东棺打破西棺
M3	15°	2.34×1.24×0.44	1.1	1.54	单棺	仰身屈肢葬	保存较差	头向北，面向西	男性	无	
M4	3°	(2.28~2.46)×2.24×(0.4~0.44)	1.1	1.5~1.54	双棺	东棺仰身屈肢葬；西棺仰身直肢葬	皆保存较差	东棺头向北，面向南；西棺头向北，面向上	东棺女性；西棺男性	瓷碗1、银簪5、银耳环1、银押发1、铜钱4	西棺打破东棺
M5	17°	2.45×(0.84~0.9)×0.4	1.1	1.5	单棺	不详	保存较差	头向北，面向南	女性	铜押发1、铜钱4	
M6	0°	23×(0.84~0.92)×0.34	1.1	1.44	单棺	侧身直肢葬	保存较差	头向北，面向不详	男性	瓷碗1	
M7	27°	(2.34~2.54)×(2.2~2.36)×(0.4~0.44)	1.1	1.5~1.54	双棺	东棺不详；西棺仰身直肢葬	皆保存较差	东棺头向北，面向东；西棺头向北，面向下	东棺男性；西棺女性	银簪1、银押发1	西棺打破东棺
M8	3°	(2.7~3)×(1.68~2.06)×(0.9~0.96)	1.1	2~2.06	双棺	东棺仰身直肢葬；西棺不详	皆保存较差	东棺头向北，面向下；西棺头向北，面向南	东棺男性；西棺女性	银押发1、银耳环2、银簪5、银戒指2	东棺打破西棺

附表二　铜钱统计表　　　　　　　　　　单位：厘米

墓号	编号	种类	钱径	穿径	郭厚	备注
M1	M1：9-1	光绪通宝	2.4	0.6	0.2	穿左右为满文"宝泉"
	M1：9-2	光绪通宝	2.4	0.6	0.2	穿左右为满文"宝源"
M2	M2：8-1	同治重宝	2.9	0.6	0.2	穿上下为汉字"当十"，左右为满文"宝泉"
	M2：8-2	同治重宝	3.2	0.7	0.2	穿上下为汉字"当十"，左右为满文"宝泉"
	M2：9-1	光绪重宝	3.1	0.7	0.2	穿上下为汉字"当十"，左右为满文"宝泉"
	M2：9-2	光绪重宝	2.7	0.6	0.2	穿上下为汉字"当拾"，左右为满文"宝源"
	M2：9-3	光绪重宝	3.2	0.7	0.2	穿上下为汉字"当十"，左右为满文"宝泉"
	M2：9-4	光绪重宝	3.1	0.6	0.2	穿上下为汉字"当十"，左右为满文"宝源"
	M2：10	光绪通宝	2.5	0.5	0.1	穿左右为满文"宝泉"
	M2：11-1	宣统通宝	1.9	0.4	0.1	穿左右为满文"宝泉"
	M2：11-2	宣统通宝	1.9	0.4	0.1	穿左右为满文"宝泉"
M4	M4：9	熙宁重宝	2.9	0.8	0.2	光背
	M4：10	乾隆通宝	2.5	0.6	0.1	穿左右为满文"宝泉"
	M4：11	嘉庆通宝	2.4	0.6	0.1	穿左右为满文"宝源"
	M4：12	道光通宝	2.3	0.6	0.2	穿左右为满文"宝泉"
	M4：13	同治重宝	2	0.6	0.1	穿上下为汉字"当十"，左右满文漫漶不清
	M4：14	光绪通宝	2	0.6	0.1	穿左右满文漫漶不清
M5	M5：2-1	光绪通宝	1.9	0.5	0.1	穿左右为满文"宝泉"
	M5：2-2	光绪通宝	1.9	0.5	0.1	穿左右为满文"宝泉"

朝阳区豆各庄清代墓葬发掘报告

朝阳区豆各庄乡剩余土地储备项目DE（1306-638）地块位于朝阳区豆各庄乡（图一、图二），南面为大鲁店北路、西面为东五环、北面为地铁7号线。

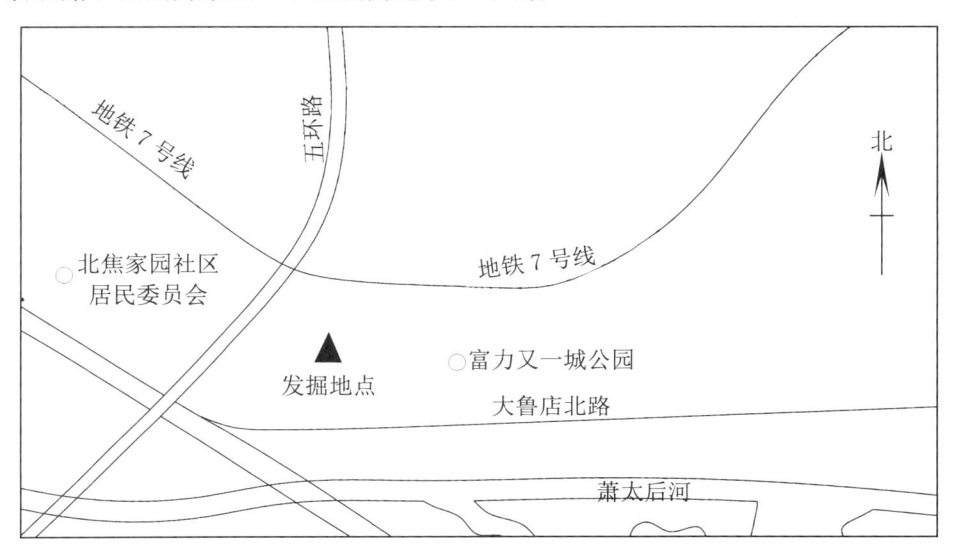

图一 发掘地点位置示意图

在前期考古勘探的基础上，根据墓葬的实际分布情况，对古代墓葬采取整体布方发掘的工作方法，考古发掘面积共计90平方米，共发掘墓葬11座，出土陶、瓷、银、铜器共计26件（组）。

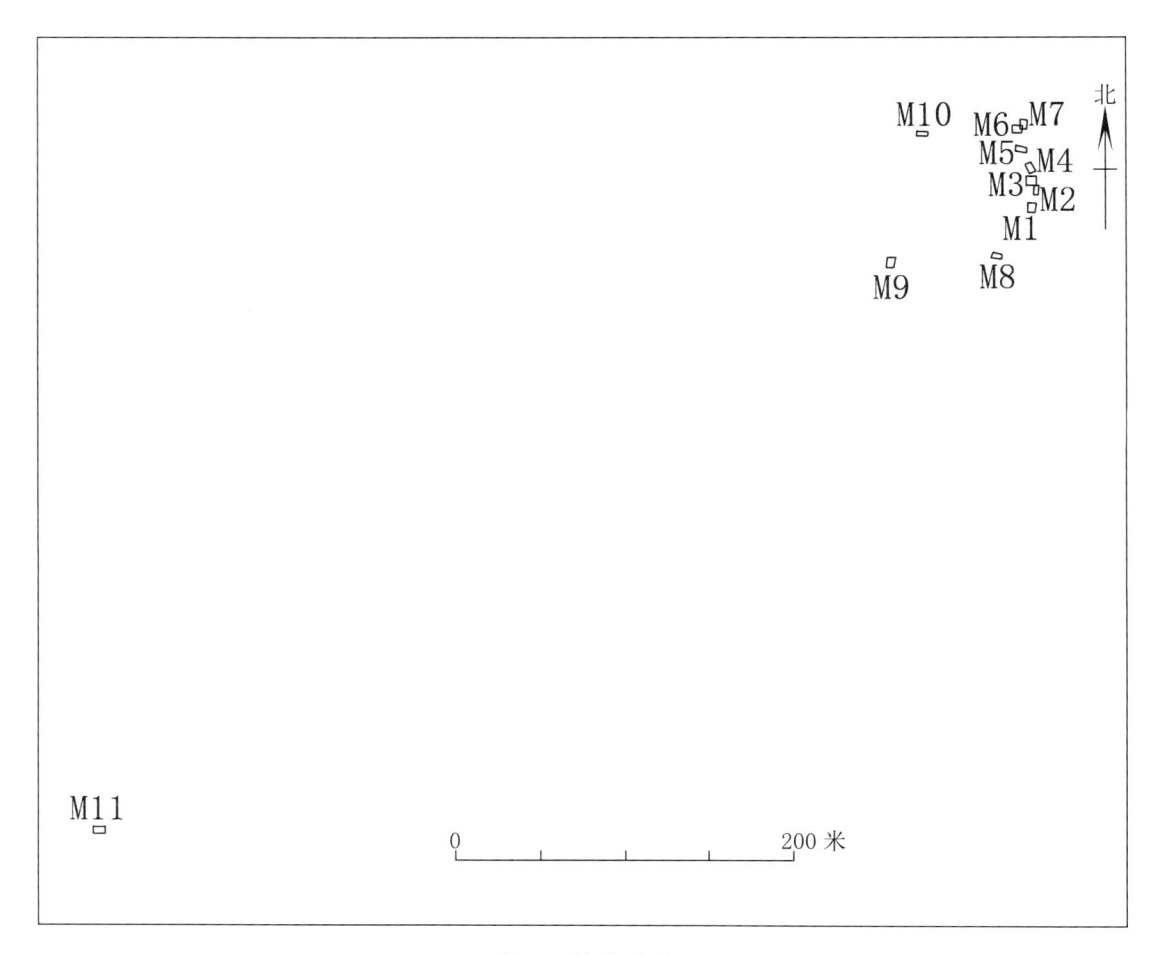

图二　总平面图

一、地层堆积

发掘区域地层堆积情况归纳介绍如下。

第①层，渣土层，厚 0.8～1.4 米，土质疏松，内含现代建筑垃圾。

第②层，浅褐色土层，厚 1.2～1.6 米，土质较疏松，含少量细面沙。

第③层，浅灰色沙土层，厚 1.1～1.2 米，土质较疏松，含沙量大。

第④层，深灰褐色淤土层，厚 1～1.1 米，土质较致密。

第⑤层，浅黄色淤土层，厚 0.5～0.9 米，土质较致密。

以下为生土层。

二、清代墓葬

本次共发掘 11 座墓葬，为 M1~M11。依据开口层位、墓葬形制及随葬器物，初步推断这批墓葬的年代应均属清代。

（一）M1

该墓为竖穴土圹单人葬墓，平面呈长方形，方向为 350°（图三；彩版四一，1）。开口于①层下，墓口距地表深 0.1 米，墓壁竖直，底较平，南北长 2.7 米、东西宽 1.06 米、深 0.2 米，墓底距地表 1.2 米。单人葬，葬具为木棺，平面呈梯形，长 1.96 米、宽 0.74 米、残高 0.3 米。棺内有人骨一具，葬式不详，头向北，面向东北，性别不详。

该墓出土随葬铜钱 2 枚。M1：1，圆形，方穿，锈蚀严重，文字无法识别，直径 2.6 厘米、厚 0.1 厘米。M1：2，圆形，方穿，锈蚀严重，文字无法识别，直径 2.9 厘米、厚 0.2 厘米。

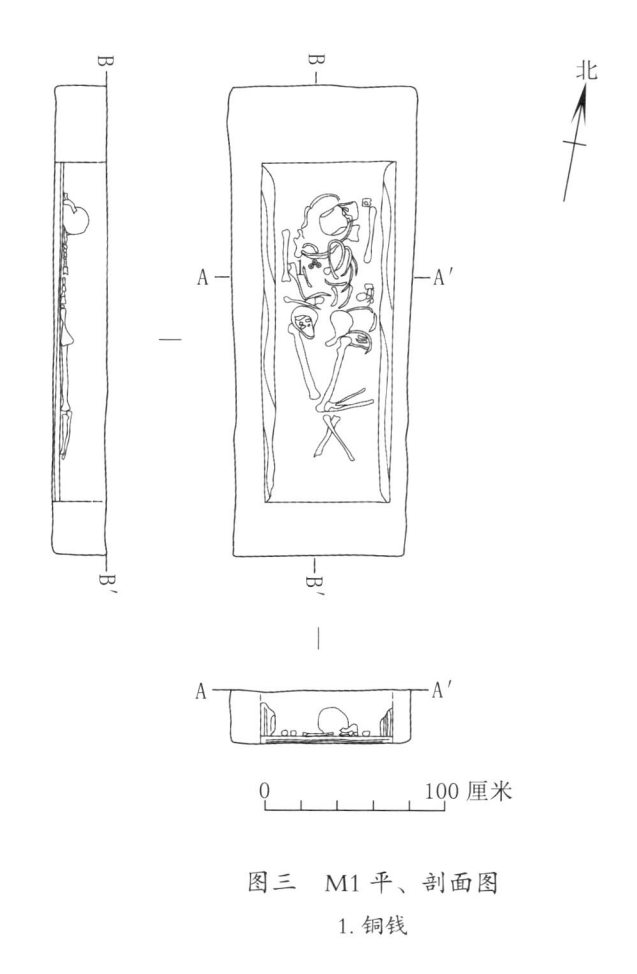

图三 M1 平、剖面图
1. 铜钱

（二）M2

该墓为竖穴土圹双人合葬墓，平面呈长方形，方向为356°（图四；彩版四一，3）。开口于①层下，墓口距地表深1.2米。墓壁竖直，底较平，南北长2.06~2.72米、东西宽1.66~1.72米、深0.9米，墓底距地表深2.1米。双人葬，其中西侧墓穴打破东侧墓穴，西侧墓穴平面呈长方形，长2.35米、宽0.93米、深0.5米。葬具为木棺，平面呈梯形，长1.57米、宽0.48~0.6米、残高0.25米，棺板残存厚度0.03米。棺内有人骨一具，葬式为仰身直肢葬，头向北，面向南，性别不详；东侧墓穴平面呈长方形，长2.74米、宽1米、深0.9米。葬具为木棺，平面呈梯形，长2.14米、宽0.5~0.7米、残高0.4米，棺板残存厚度0.08米。棺内有人骨一具，葬式为仰身直肢葬，头向北，面向不明，性别不详。

该墓出土随葬品3件（组），其中铜钱1组共计2枚为M2：1，铜钱1组共计2枚为M2：2，釉陶罐1件为M2：3。

M2：1，铜钱2枚，圆形，方穿，锈蚀严重，文字无法识别，直径2.6厘米、厚0.1厘米。M2：2，铜钱2枚，圆形，方穿，锈蚀严重，文字无法识别，直径2.5厘米、厚0.1厘米。

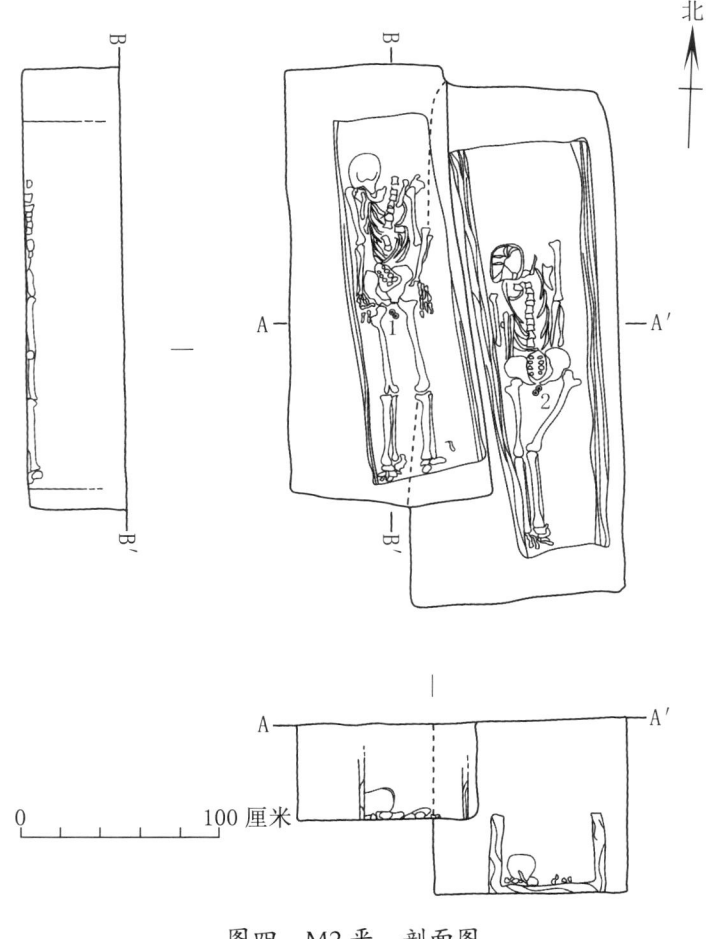

图四 M2平、剖面图
1、2. 铜钱

M2：3，釉陶罐，侈口，圆唇，直沿，斜直颈，折肩，斜弧腹，下腹弧收，平底，口径 10.15 厘米、腹径 10.6 厘米、底径 6.65 厘米、通高 11.6 厘米。器物口沿至肩部施一层酱色釉，釉色较稀薄，腹部、底部露胎，胎质相对细腻，胎色呈牙黄色，内外一周见明显修坯痕迹（图一四，1；彩版四六，1）。

（三）M3

该墓为竖穴土圹火葬墓，平面呈长方形，方向为275°（图五；彩版四二，1）。开口于①层下，墓口距地表深 1.3 米。东西长 2.26 米、南北宽 1.3 米、深 1.7 米，墓底距地表深 1.7 米。葬具为两件瓷罐，西侧瓷罐为黑釉双耳瓷罐，为 M3：2，口径 0.2 米、腹径 0.22 米、高 0.22 米；东侧瓷罐为黄釉瓷罐，为 M3：1，口径 0.26 米、腹径 0.4 米、高 0.5 米。

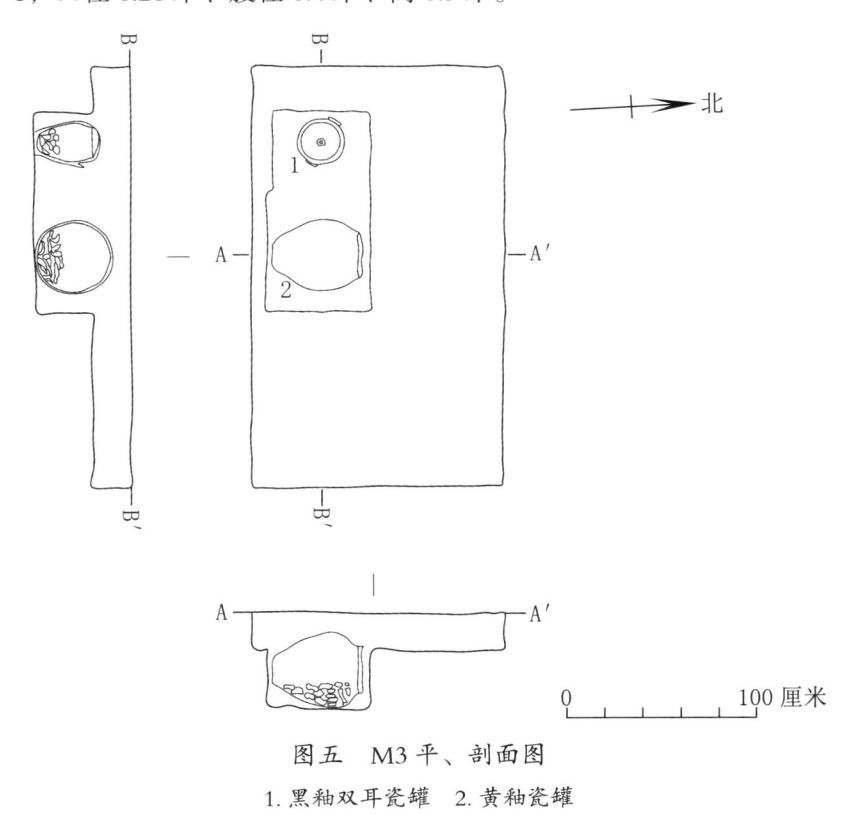

图五 M3平、剖面图
1. 黑釉双耳瓷罐　2. 黄釉瓷罐

M3：2，黑釉双耳瓷罐，侈口，方圆唇，折沿，短直颈，颈部两侧对应位置各饰一斜向上环形耳，肩颈交界处饰有数道平行水平弦纹，折肩，斜弧腹，下腹弧收，平底，器身口径 19.7 厘米、腹径 22 厘米、底径 11.2 厘米、通高 22 厘米，器盖和器身组合后通高 28.8 厘米。器物口沿至肩部施一层黑色釉，腹部、底部露胎，胎质较细腻，胎色呈灰白色，外部见明显修坯痕迹。器盖整体呈盔形，花形钮，平肩，斜弧腹，宽折沿，子母口，器盖顶径 7.3 厘米、底径 19.7 厘米、子母口直颈 14.5 厘米，通高 7 厘米。器盖上表面施一层黑色釉，内表面露胎，胎质较细腻，内部见明显修坯痕迹（图一四，2；彩版四六，3、4）。

除两件作为葬具的瓷质骨灰罐外，该墓填土中还另外出土随葬釉陶罐1件，为M3∶3。

M3∶3，釉陶罐，侈口，尖唇，折颈，斜直腹，平底，口径10.3厘米、腹径9.8厘米、底径7.2厘米、通高10.8厘米。器物口沿至颈部施一层黄色釉，釉色较稀薄，有滴釉现象，腹部、底部露胎，胎质相对细腻，胎色呈牙黄色，内外一周见明显修坯痕迹（图一四，3；彩版四六，2）。

（四）M4

该墓为竖穴土圹三人合葬墓，平面呈长方形，方向为355°（图六；彩版四二，2）。开口于①层下，墓口距地表深1米。墓壁竖直，底较平，南北长2.3～2.5米、东西宽2.3～2.35米、深0.6米，墓底距地表深1.6米。两侧墓穴打破中间墓穴。中间墓穴平面呈长方形，长2.6米、宽0.87米、深0.6米。葬具为木棺，平面呈梯形，长2.1米、宽0.46～0.56米、残高0.4米。棺内有人骨一具，葬式为侧身曲肢葬，头向北，面向不明，性别不详。西侧墓穴平面呈长方形，长2.4米、宽0.88米、深0.6米。葬具为木棺，平面呈梯形，长2.1米、宽0.48～0.54米、残高0.4米。棺内有人骨一具，葬式为侧身曲肢葬，头向北，面向不明，性别不详。东侧墓穴平面呈长方形，长2.5米、宽0.92米、深0.4米。葬具为木棺，平面呈梯形，长2.1米、宽0.45～0.5米、残高0.2米。棺内有人骨一具，葬式为侧身曲肢葬，头向北，面向不明，性别不详。

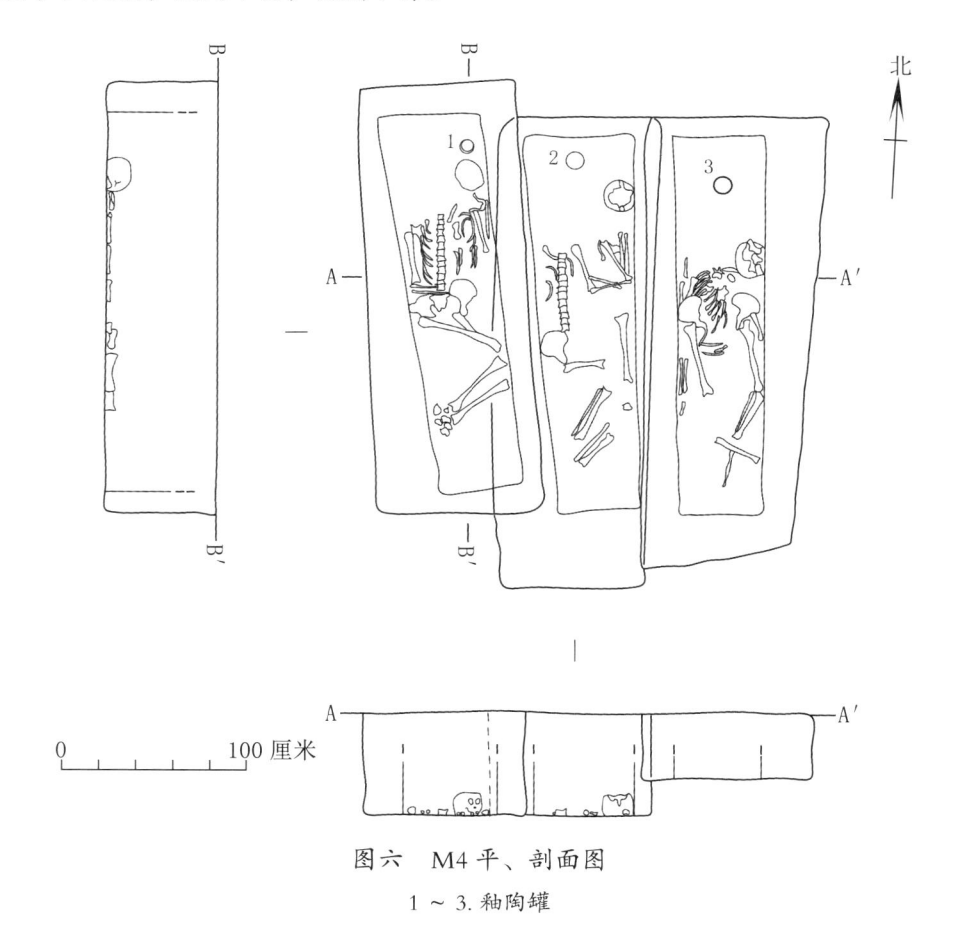

图六 M4平、剖面图
1～3.釉陶罐

该墓共出土随葬品 3 件，西棺、中棺、东棺各出土釉陶罐 1 件，分别为 M4∶1、M4∶2、M4∶3。

M4∶1，敛口，方唇，溜肩，肩部上层一周饰有四系，位置两两相对，斜弧腹，平底，口径 7.5 厘米、腹径 9.3 厘米、底径 5.8 厘米、通高 9.8 厘米。口部至肩部上层施一层黑色釉，肩腹交界处施一层白色釉，腹部有滴釉现象，下腹部、底部露胎，胎质较粗糙，胎色呈灰白色（图一四，4；彩版四六，5）。

M4∶2，直口，方唇，折颈，溜肩，斜弧腹，平底，口径 9.7 厘米、腹径 11.1 厘米、底径 7.7 厘米、通高 11.7 厘米。口沿至肩部施一层黄色釉，釉色较稀薄，腹部、底部露胎，胎质相对细腻，胎色呈牙黄色，外侧见明显修坯痕迹（图一四，5；彩版四六，6）。

M4∶3，直口，圆唇，折颈，折肩，斜直腹，平底，口径 9.7 厘米、腹径 10.9 厘米、底径 8.5 厘米、通高 12.3 厘米。口沿至上腹部施一层黄色釉，釉色较稀薄，腹部有滴釉现象，腹部、底部露胎，胎质相对细腻，胎色呈牙黄色，外侧见明显修坯痕迹（图一四，6；彩版四七，1）。

（五）M5

该墓为竖穴土圹双人合葬墓，平面呈长方形，方向为 356°（图七；彩版四三，1）。开口于①层下，墓口距地表深 1.2 米。墓壁竖直，底较平，南北长 2.2～2.4 米、东西宽 1.62～1.7、深 0.7 米，墓底距地表深 1.9 米。双人葬，其中东侧墓穴打破西侧墓穴。东侧墓穴平面呈长方形，长 2.4 米、宽 0.74 米、深 0.68 米。葬具为木棺，平面呈梯形，长 1.8 米、南宽 0.5 米、北宽 0.6 米、残高 0.25 米。棺内有人骨一具，葬式为仰身直肢葬，头向北，面向下，性别不详。西侧墓穴平面呈长方形，长 2.6 米、宽 1.06 米、深 0.74 米。葬具为木棺，平面呈梯形，长 1.95 米、南宽 0.4 米、北宽 0.55 米、残高 0.32 米。棺内有人骨一具，葬式为仰身直肢葬，头向北，面向西，性别不详。

该墓共出土随葬品 3 件，其中西棺出土铜钱 1 件（M5∶1），酱黄釉陶罐 1 件（M5∶3），东棺出土铜钱 1 件（M5∶2），填土中出土茶色釉陶罐 1 件（M5∶4）。

M5∶1，铜钱，圆形，方穿，正面钱文楷书"万历通宝"四字，对读，光背，直径 2.8 厘米、厚 0.2 厘米（图一五，8）。

M5∶2，铜钱，圆形，方穿，锈蚀严重，文字无法识别，直径 2.8 厘米、厚 0.2 厘米。

M5∶3，酱黄釉陶罐，直口，方唇，折颈，溜肩，斜直腹，平底，口径 10.7 厘米、腹径 11.6 厘米、底径 8.4 厘米、通高 13.1 厘米。口沿至肩部施一层酱黄色釉，釉色较稀薄，腹部有滴釉现象，腹部、底部露胎，胎质较细腻，胎色呈牙黄色，外侧见明显修坯痕迹（图一四，7；彩版四七，2）。

M5∶4，茶色釉陶罐，直口，圆唇，短束颈，溜肩，鼓腹，平底，口径 9.65 厘米、腹径 15.3 厘米、底径 8.9 厘米、通高 14.2 厘米。口沿至上腹部施一层茶色釉，腹部、底部露胎，胎质较细腻，胎色呈棕褐色（图一四，8；彩版四七，3）。

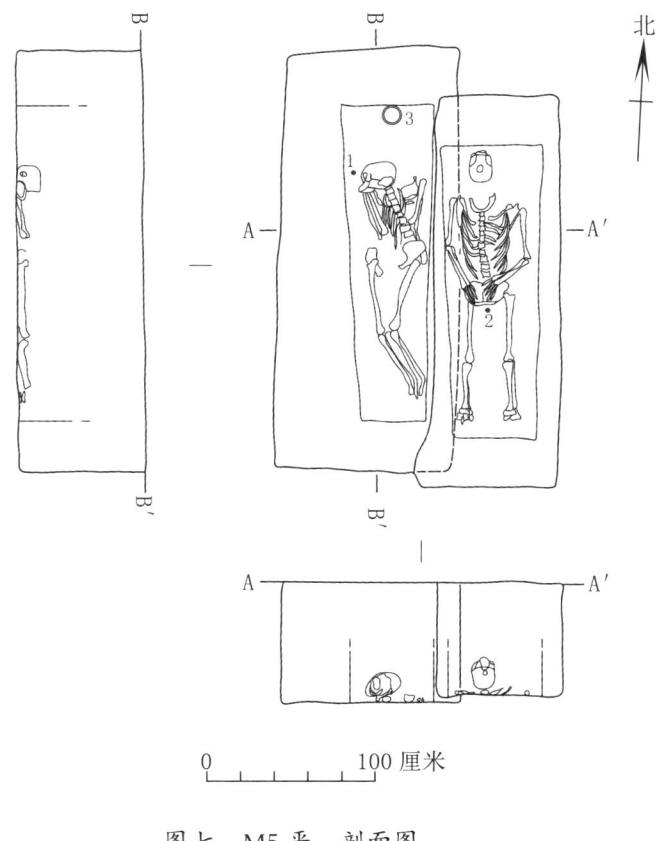

图七 M5平、剖面图
1、2.铜钱 3.酱黄釉陶罐

（六）M6

该墓为竖穴土圹单人葬墓，平面呈长方形，方向为356°（图八；彩版四一，2）。开口于①层下，墓口距地表深1.3米。墓壁竖直，底较平，南北长2.4米、东西宽1～1.04米、深0.6米，墓底距地表深1.9米。单人葬，葬具为木棺，平面呈梯形，长1.9米、南宽0.5米、北宽0.6米、残高0.3米。棺内有人骨一具，葬式为仰身直肢葬，头向北，面向东，性别不详。

该墓共出土随葬品1件，为酱黄釉陶罐，为M6∶1。

M6∶1，直口，方唇，折颈，折肩，斜直腹，平底，口径9.3厘米、腹径12.5厘米、底径8.15厘米、通高12.1厘米。口沿至肩部施一层酱黄色釉，腹部有滴釉现象，腹部、底部露胎，胎质较细腻，胎色呈牙黄色，腹部见疑似墨书痕迹，其内容不可识别（图一五，1；彩版四七，4）。

图八　M6 平、剖面图
1. 釉陶罐

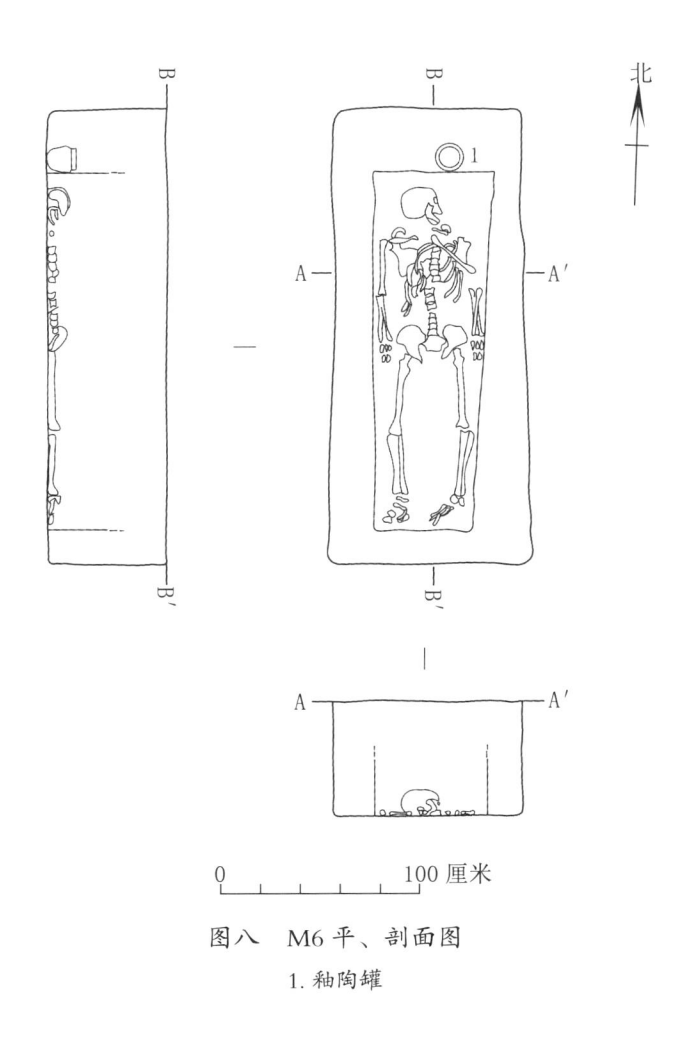

（七）M7

该墓为竖穴土圹双人合葬墓，平面呈长方形，方向为356°（图九；彩版四三，2）。开口于①层下，墓口距地表深1.2米。墓壁竖直，底较平，南北长2.3米、东西宽1.4～1.6米、深0.6米，墓底距地表深1.8米。东侧墓穴打破西侧墓穴。东侧墓穴平面呈长方形，长2.3米、宽0.72米、深0.6米。葬具为木棺，平面呈梯形，长2米、南宽0.44米、北宽0.6米、残高0.3米。棺内有人骨一具，葬式为仰身直肢葬，头向北，面向东，性别不详。西侧墓穴平面呈长方形，长2.3米、宽0.8米、深0.6米。葬具为木棺，平面呈梯形，长1.88米、南宽0.46米、北宽0.56米、残高0.3米。棺内有人骨一具，葬式为仰身直肢葬，头向北，面向南，性别不详。

该墓共出土随葬铜钱1件，为M7：1。

M7：1，圆形，方穿，正面钱文楷书"万历通宝"四字，对读，光背，直径2.6厘米、厚0.15厘米（图一五，9）。

图九　M7 平、剖面图
1. 铜钱

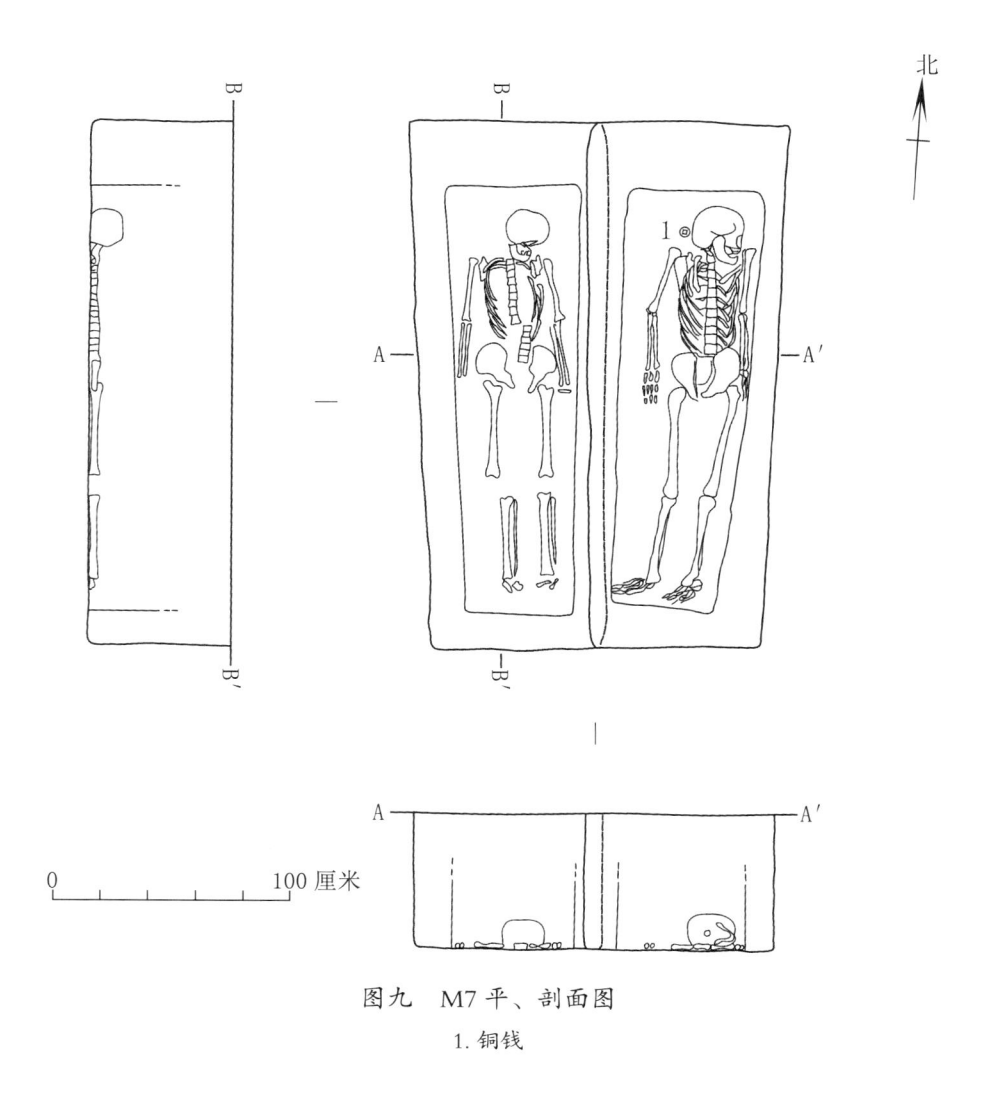

（八）M8

该墓为竖穴土圹双人合葬墓，平面呈长方形，方向为 230°（图一〇）。开口于①层以下，墓口距地表深 1.2 米。墓壁竖直，底较平，东西长 2.6 米、南北宽 1.7～1.84 米、深 0.5 米，墓底距地表深 1.7 米。北侧墓穴打破南侧墓穴。北侧墓穴平面呈长方形，长 2.6 米、宽 1.05～1.1 米、深 0.5 米。葬具为木棺，平面呈梯形，长 2.1 米、东宽 0.58 米、西宽 0.7 米、残高 0.2 米，棺板残存厚度 0.06 米。棺内有人骨一具，葬式为仰身直肢葬，头向西，面向下，性别不详。墓穴平面呈长方形，长 2.58 米、宽 0.78 米、深 0.5 米。葬具为木棺，平面呈梯形，长 2 米、东宽 0.5 米、西宽 0.6 米、残高 0.28 米，棺板残存厚度 0.06 米。棺内有人骨一具，葬式为仰身直肢葬，头向西，面向西，性别不详。

该墓未见随葬品。

图一〇　M8平、剖面图

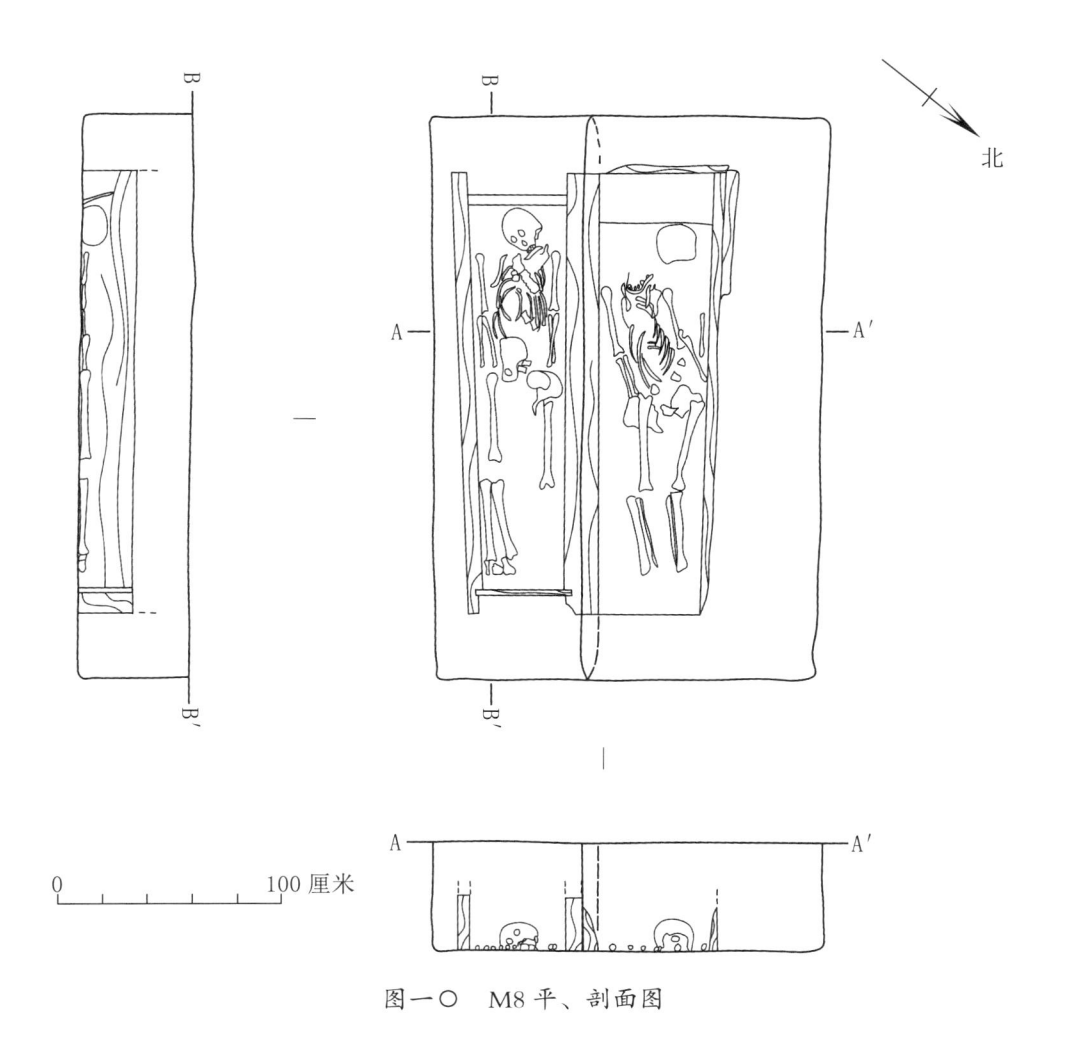

（九）M9

该墓为竖穴土圹单棺墓，平面呈长方形，方向为357°（图一一；彩版四四，2）。开口于①层下，墓口距地表深1.2米。墓壁竖直，底较平，南北长2.2米、东西宽1.1～1.24米、深0.6米，墓底距地表深1.84米。双人单棺葬，葬具为木棺，平面呈梯形，长1.73米、南宽0.46米、北宽0.66米、残高0.38米。棺内人骨为迁葬，年龄性别不详。

该墓出土随葬铜钱2枚，分别为M9:1、M9:2。

M9:1，圆形，方穿，锈蚀严重，文字无法识别，直径2.5厘米、厚0.1厘米。M9:2，圆形，方穿，锈蚀严重，文字无法识别，直径2.6厘米、厚0.1厘米。

图一一 M9 平、剖面图
1.铜钱

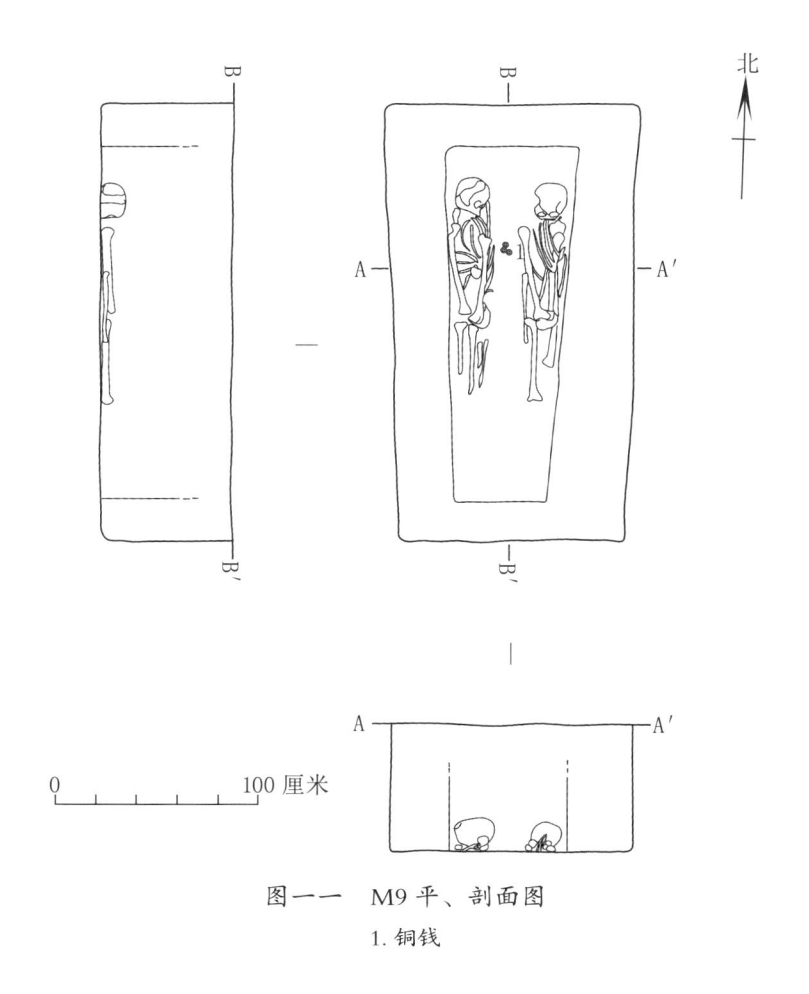

（十）M10

该墓为竖穴土圹双人合葬墓，平面呈长方形，方向为354°（图一二；彩版四五，1）。开口于①层下，墓口距地表深1.2米。墓壁竖直，底较平，南北长2.46～2.7米、东西宽1.84～1.98米、深0.4米，墓底距地表深1.6米。西侧墓穴打破东侧墓穴。西侧墓穴平面呈长方形，长2.46米、宽0.8～0.94米、深0.4米。葬具为木棺，平面呈梯形，长1.9米、南宽0.44米、北宽0.64米、残高0.26米。棺内有人骨一具，葬式为仰身直肢葬，头向北，面向南，性别不详。东侧墓穴平面呈长方形，长2.7米、宽1.38米、深0.4米。葬具为木棺，平面呈梯形，长1.76米、南宽0.58米、北宽0.68米、残高0.26米。棺内有人骨一具，葬式为仰身直肢葬，头向北，面向东，性别不详。

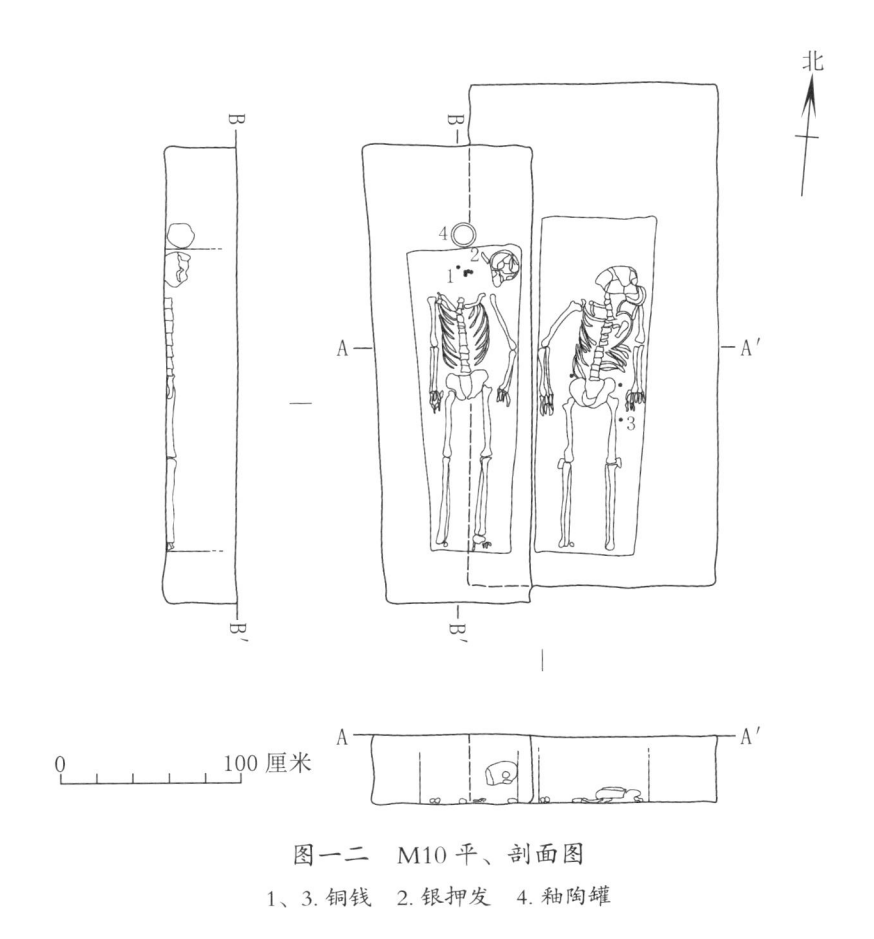

图一二　M10 平、剖面图
1、3. 铜钱　2. 银押发　4. 釉陶罐

该墓共出土随葬品4件（组），其中西棺出土铜币1组，共计3枚（M10∶1）、银簪1件（M10∶2）、釉陶罐1件（M10∶4），东棺出土铜钱1枚（M10∶3）。

M10∶1，铜币3枚，圆形，无穿，锈蚀严重，文字无法识别，直径3.2厘米、厚0.2厘米。

M10∶2，银押发，扁平状，截面呈"一"字形，两端较宽，顶部较尖利，两端饰变体圆形"寿"字纹，周围环饰乳钉纹，左右两边互相对称，全长7.7厘米、宽0.7～1.4厘米、厚0.2厘米（图一五，3）。

M10∶3，铜钱，圆形，方穿。正面钱文楷书"道光通宝"四字，对读；背面穿左右书满文"宝泉"二字，纪局名。直径2.2厘米、厚0.1厘米（图一五，4）。

M10∶4，釉陶罐，侈口，方圆唇，束颈，折肩，鼓腹，下腹束腰，平底外展，口径9.3厘米、腹径11.3厘米、底径8.9厘米、通高13.1厘米。器物通体施一层白釉，釉色极为稀薄且多处剥落、露胎，胎质较细腻，胎色呈红色（图一五，2；彩版四七，5）。

（十一）M11

该墓为竖穴土圹双人合葬墓，平面呈长方形，方向为275°（图一三；彩版四五，2）。开口于①

层下，墓口距地表深1.3米。墓壁竖直，底较平，东西长2.57米、南北宽1.8～2米、深0.6米，墓底距地表深1.9米。南侧墓穴打破北侧墓穴。南侧墓穴平面呈长方形，长2.56米、宽0.9～1.6米、深0.6米。葬具为木棺，平面呈梯形，长1.64米、宽0.48米、残高0.1米。棺内有人骨一具，葬式为仰身直肢葬，头向西，面向不明，性别不详。北侧墓穴平面呈长方形，长2.4米、宽1米、深0.6米。葬具为木棺，平面呈梯形，长1.8米、宽0.5～0.64米、残高0.1米。棺内有人骨一具，葬式为仰身直肢葬，头向西，面向不明，性别不详。

该墓共出土随葬品2组，其中南棺出土铜钱、铜币各1枚，共计2枚（M11:1），北棺出土铜币1组共计2枚（M11:2）。

M11:1，共2枚。M11:1-1，圆形，方穿。正面钱文楷书"光绪通宝"四字，对读；背面穿左右书满文"宝泉"二字，纪局名。直径1.65厘米、厚0.15厘米（图一五，5）。M11:1-2，圆形，无穿，锈蚀严重。正面钱文依稀可辨楷书"光绪元宝"四字，对读。直径3.2厘米、厚0.2厘米（图一五，6）。

M11:2，铜币2枚，圆形，无穿，锈蚀严重。正面钱文依稀可辨楷书"光绪元宝"四字，对读。直径3.4厘米、厚0.2厘米（图一五，7）。

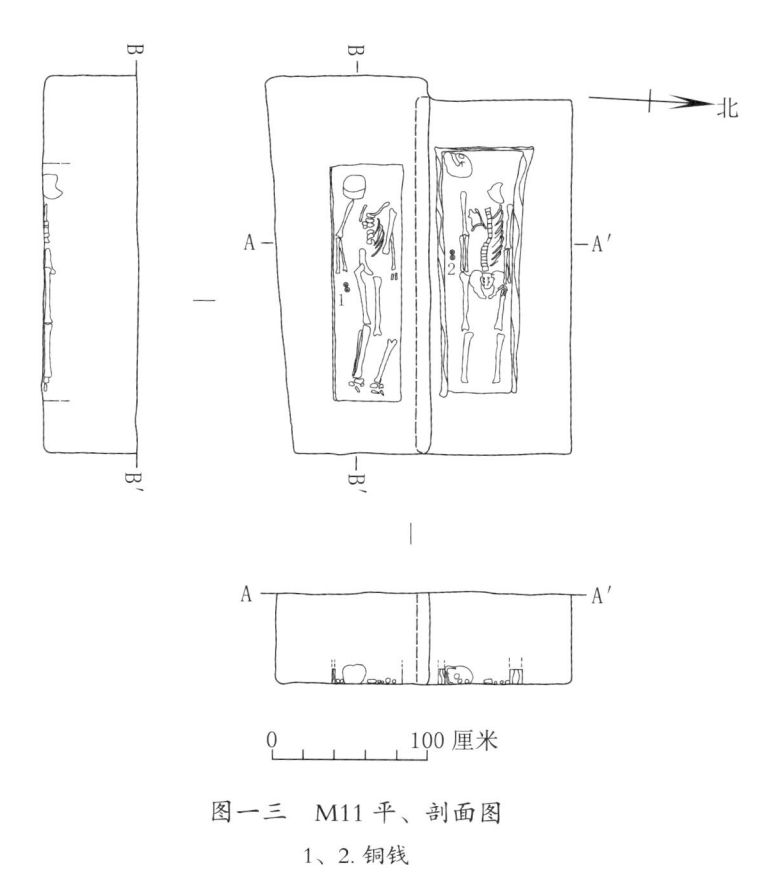

图一三　M11平、剖面图
1、2. 铜钱

图一四　出土釉陶罐

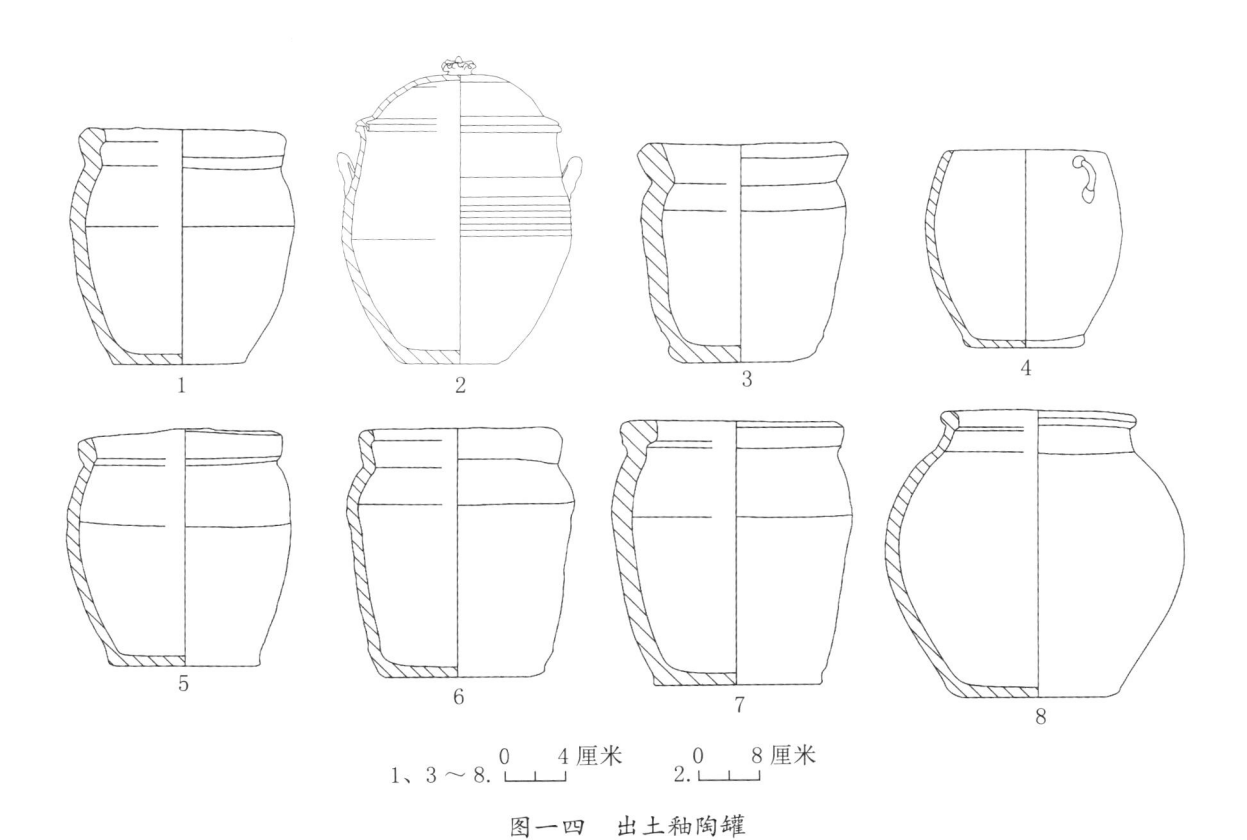

1. M2:3　2. M3:2　3. M3:3　4. M4:1　5. M4:2　6. M4:3　7. M5:3　8. M5:4

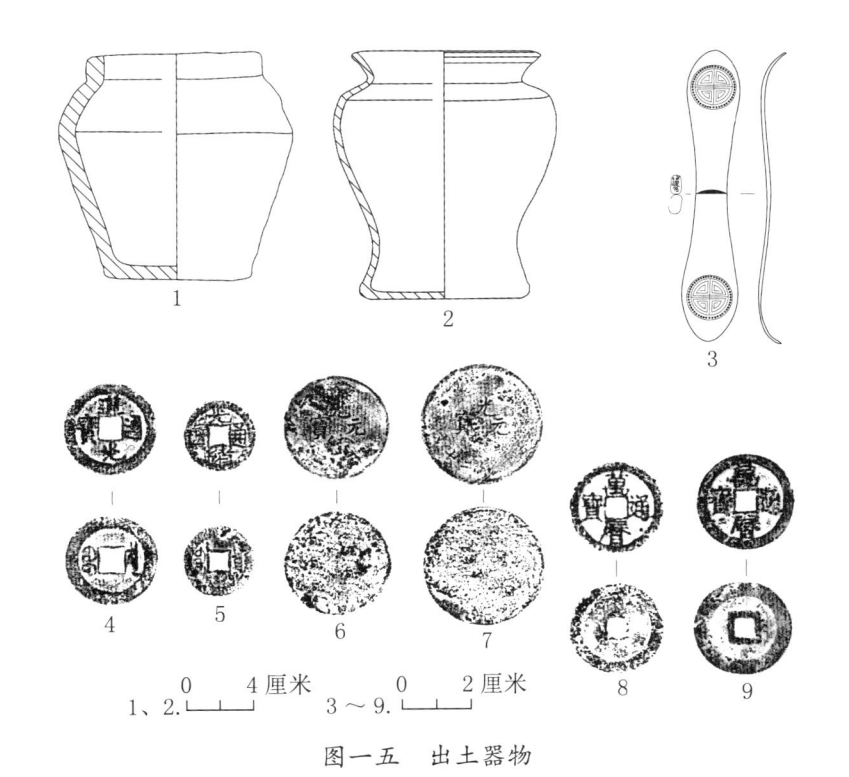

图一五　出土器物

1、2. 釉陶罐（M6:1、M10:4）　3. 银押发（M10:2-2）　4. 道光通宝（M10:3）
5. 光绪通宝（M11:1-1）　6、7. 光绪元宝（M11:1-2、M11:2）　8、9. 万历通宝（M5:1、M7:1）

三、结语

（一）墓葬形制

本次共发掘古代墓葬 11 座。墓葬均为竖穴土圹墓，可分为单人葬墓、双人合葬墓及三人合葬墓。其中 M1、M6 为单人墓。M2、M5、M7、M8、M10、M11 为双人合葬墓。M4 为三人合葬墓。另有 M3 为双瓮棺葬，M9 为双人单棺葬。

（二）葬具葬式

葬具：除 M3 为火葬墓采用瓷罐为葬具外，其余均为木棺。

葬式：M1、M9 因破坏、迁葬等原因葬式不明。M3 为火葬（其中 M3：2 的器盖子母口一周有明显的白灰残余，或为密封之用），M4 为侧身曲肢葬，其余均为仰身直肢葬。头向以南北向为主。

（三）随葬器物

共出土各类器物 26 件。按质地主要有银、铜、陶、瓷。银器为银簪。铜器为铜钱、铜币。陶器为釉陶罐。瓷器为黑釉瓷罐、黄釉瓷罐。

（四）墓葬年代

通过此次考古发掘，根据墓葬开口层位、形制、墓葬之间位置关系以及出土器物，初步确定这批墓葬年代为清代。

（五）丧葬习俗及文化性质

在考古发掘过程中，未出土墓志、墓碑等有明确文字记载的遗物，因而对这批墓葬性质、归属、族属不明。根据墓葬的形制形状及出土器物推断，这批墓葬属平民墓葬，且有部分墓葬遭到近现代破坏。这批墓葬的发掘，为研究清代平民墓的分布、形制及当时的丧葬习俗提供了新的资料。

发掘：曹孟昕

绘图、摄影：王宇新

执笔：李澔洋

附表　墓葬登记表

墓号	方向	墓葬形制 长 × 宽 × 深（米）	葬具	葬式	随葬品
M1	350°	竖穴土圹单人葬墓 2.7×1.06×0.2	木棺	不详	铜钱 2 枚
M2	356°	竖穴土圹双人合葬墓 （2.06～2.72）×（1.66～1.72）×0.9	木棺	仰身直肢葬	铜钱 2 枚 铜钱 2 枚
M3	275°	竖穴土圹火葬墓 2.26×1.3×0.4	瓷罐	瓮棺葬	黑釉瓷罐 1 件 黄釉瓷罐 1 件
M4	355°	竖穴土圹三人合葬墓 （2.3～2.5）×（2.3～2.35）×0.6	木棺	侧身曲肢葬	釉陶罐 1 件 釉陶罐 1 件 釉陶罐 1 件
M5	356°	竖穴土圹双人合葬墓 （2.2～2.4）×（1.62～1.7）×0.7	木棺	仰身直肢葬	西棺：铜钱 1 枚　酱黄釉陶罐 1 件 东棺：铜钱 1 枚
M6	356°	竖穴土圹单人葬墓 2.4×（1～1.04）×0.6	木棺	仰身直肢葬	酱黄釉陶罐 1 件
M7	356°	竖穴土圹双人合葬墓 2.3×（1.4～1.6）×0.6	木棺	仰身直肢葬	铜钱 1 枚
M8	230°	竖穴土圹双人合葬墓 2.6×（1.7～1.84）×0.5	木棺	仰身直肢葬	无
M9	357°	竖穴土圹单棺双人合葬墓 2.2×（1.1～1.24）×0.6	木棺	不详	铜钱 2 枚
M10	354°	竖穴土圹双人合葬墓 （2.46～2.7）×（1.84～1.98）×0.4	木棺	仰身直肢葬	西棺：铜币 3 枚　银簪 1 件　釉陶罐 1 件 东棺：铜钱 1 枚
M11	275°	竖穴土圹双人合葬墓 2.57×（1.8～2）×0.6	木棺	仰身直肢葬	南棺：铜钱 1 枚　铜币 1 枚 北棺：铜币 2 枚

朝阳区华侨村清代窑址发掘报告

2019年12月，北京市考古研究院（原北京市文物研究所）在朝阳区华侨村5号地发掘了1座清代窑址，考古发掘面积194平方米。

窑址位于朝阳区建国门外华侨村，北距建国门外大街255米、西距东二环路236米、南距通惠河北路辅路168米左右。结合1915年北京城测绘图，可看出该窑址与周边城墙、河道等遗迹的关系，其西依明清北京城东城墙、南临通惠河（图一）。

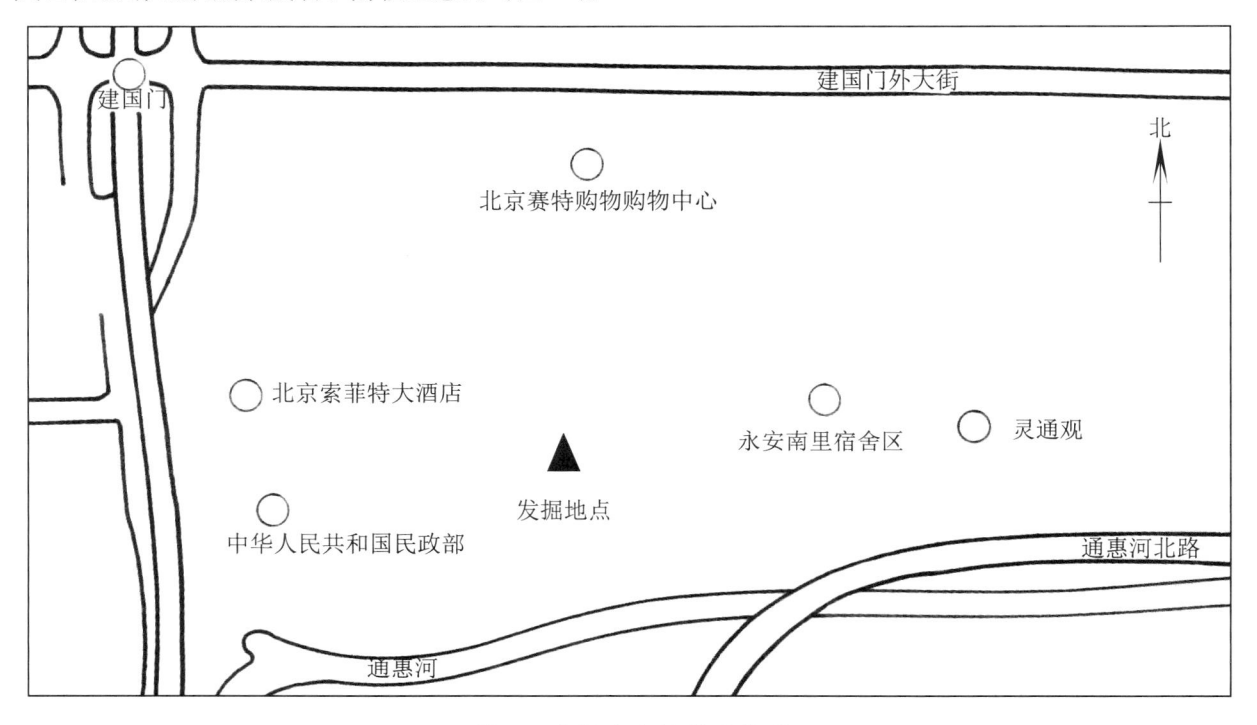

图一 发掘地点位置示意图

一、地层堆积

第①层：表土层，厚 1.2～1.4 米，土色较杂，土质较疏松，含生活垃圾、建筑垃圾和渣土。

第②层：扰土层，厚 0.3～1.5 米，土色呈褐色，土质疏松，含植物根系、黑灰、残砖块。该层下为黄褐色生土层，土质致密，含水锈斑点。

二、窑址形制

Y1，南北向。由于近现代破坏，Y1 发现于渣土层下，距地表深 1.2 米。该窑规模较大，坐南朝北，平面近似"甲"字形，南北长 18.6 米、东西宽 1.92～7.6 米、深 0.4～2.18 米。窑室东部被现代扰坑破坏，但整体保存情况较好，由坡道、操作间、窑门、挡火墙、火门、火膛、窑床、烟道等部分组成（图二；彩版四八，1）。

（一）坡道

位于窑址北部，平面呈长方形，底部呈坡状，南北长 7.66 米、北部宽 1.36 米、南部宽 2.66 米、深 0.4～1.98 米。由于后期破坏严重，东西两壁保存较差，仅南部壁面尚存，自下而上采用青砖横向砌筑而成，残高 1.12 米、宽 0.28 米。坡道底部保留一层踩踏面，厚 0.05～0.06 米。坡道北端有一级台阶，其上残存一块方砖。

（二）操作间

位于坡道南侧，平面呈长方形，南北长 5.06 米、东西宽 1.94～2.18 米。东西两壁下部采用青砖横向错缝砌筑而成，自距底面 1.34 米处开始起券，残高 1.58～1.98 米、厚 0.56 米，顶部券砖仅部分残存，采用"三伏三券"方式砌筑。铺地砖分南、北两部分，南部残长 2.24 米，采用青砖横向错缝砌筑，砖均为素面青砖，规格较小。北部为方砖铺砌，仅残存两块。

（三）窑门

位于操作间与坡道之间，东西长 2.18 米，上部结构已为后期破坏，形制不明，仅残存下部砌砖和砖券的底部，残高 1.58～1.98 米。

图二 Y1平、剖面图

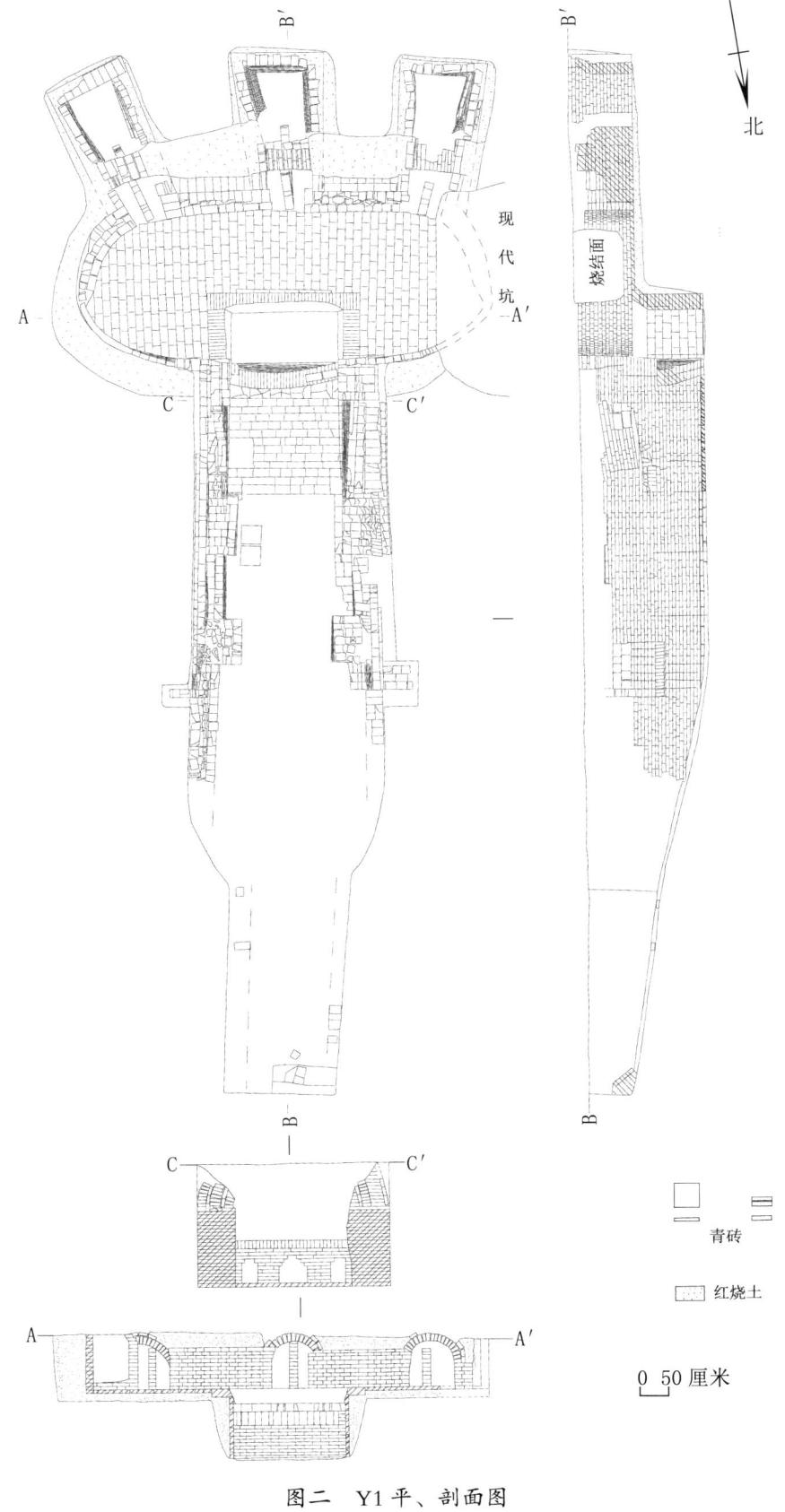

（四）挡火墙

位于窑址中部，北部和操作间相接，南部和火膛相连。挡火墙变形微向北倾斜，东西长 1.93 米、宽 0.28 米、高 1.26 米。其下部砌左、中、右三眼火门，火门上部用青砖砌成阶梯状，下壁竖直，左右两火门宽 0.24～0.26 米、高 0.42 米；中间宽 0.47 米、高 0.48 米。挡火墙自下而上先由双排青砖横向错缝砌筑 8 层，其上第 9 层用青砖侧向砌筑，第 10 层为单排青砖横向砌筑。由于后期破坏的原因，其上部分情况不详（彩版四八，2）。

（五）火膛

位于窑室南部，北接挡火墙，南与窑床相连，平面呈长方形，口大底小状。壁呈斜坡状，上口东西长 2.02 米、南北宽 1.06 米，底部东西长 1.83 米、南北宽 0.9 米，深 1.25 米。其东、南、西三壁均由青砖横向错缝砌筑而成，宽 0.28 米，表面涂抹一层泥浆，厚 1.5～2 厘米。在南壁下部分布着间距相等的九个长方形回火沟，沟口宽 0.06～0.11 米、高 0.24 米，间以立砖分隔。在壁面外侧残留一层红烧土，厚 0.3～0.6 厘米。火膛底部堆积有 0.3 米厚的灰渣。

（六）窑床

位于窑室南部，北与火膛相连，南与烟道相接，顶部和西侧已为后期破坏无存。窑床平面呈马蹄形，东西残长 5.82 米、南北宽 2.6 米、残高 0.72～0.98 米。南、东两壁呈弧形，用青砖横向错缝砌筑而成，南壁厚 0.36～0.42 米，东壁厚 0.14～0.18 米，表面抹有一层泥浆，厚 1.5～2 厘米。

（七）烟道

烟道位于窑址最南部，北接窑床。烟道由烟道口、水平烟道和竖直烟道三部分组成。

烟道口位于窑床南壁下部，左中右共 3 个，彼此间距 1.8 米。形制规模基本相同，顶部为"一伏一券"式结构砌筑，下壁竖直，采用青砖横向错缝砌筑。其中，东侧宽 0.53 米，中间宽 0.61 米，西侧宽 0.55 米，进深均为 0.36～0.42 米，高均为 0.72 米。每个烟道口中间以一道青砖墙相隔，形成左右两个分烟道，烟道口底部与窑床表面相平。

水平烟道位于烟道口南侧，南与垂直烟道相接。南北长 1.43～1.46 米、东西宽 0.53～0.61 米、高 0.78～0.82 米，其下为生土。其下部用青砖横向错缝砌筑而成，宽 0.8 米，在距烟道底部 0.47 米处开始起券，拱券采用"一伏一券"方式砌筑。在三个烟道之间上部用烧红的砖坯横向砌筑而成。

竖直烟道位于水平烟道南侧，其下为生土。烟道平面呈梯形，南北向，长 0.96～1.06 米、宽

0.6～0.92米、残高1.12～1.16米。烟道上部已为后期破坏无存，下部用青砖横向错缝砌筑而成，厚0.14～0.18米。烟道周边为红烧土范围，宽0.1～0.26米。

该窑所用青砖均为开条砖，规格长26.5～27厘米、宽13～13.3厘米、厚5～5.3厘米。所用方砖规格为34厘米×33.3厘米×4.5厘米（彩版四九，1、2）。

三、结语

根据窑址的形制、规模及所用青砖形制特点，可以推断该窑年代应为清代，性质应为清代烧砖的官窑。与2010～2011年在山东临清河隈张庄遗址发现的清代砖窑的形制基本相同，两者均有长梯形的斜坡坡道和操作间、马蹄形窑床和长方形烟道，建造方式也大体相同，皆在原地面上挖相应部位的基槽，周壁再用青砖砌筑，底部以青砖铺砌[1]。除此之外，又与江苏昆山祝甸古窑址[2]的形制结构基本相同，窑址规模也大体相当，它们都由操作间、火门、火膛、窑室、排烟孔、回火沟等组成，且窑床平面均呈马蹄形，后部的烟道基本呈矩形。

江苏祝甸古窑址始建于清代，延续至民国，而山东临清河隈张庄遗址的砖窑则从清早期一直延续至清晚期，故根据这些材料，再结合北京华侨村砖窑的形制特征及所用青砖特征，推断Y1为清代典型砖窑遗址，这对于认识清代砖窑的形制类型具有十分重要的意义。但北京地区在此之前尚未发现规模如此之大的清代砖窑实物，故该窑址是一处十分重要的考古发现，对于今后研究北京地区清代砖窑遗址及相关制度具有十分重要的考古学价值。

发掘：曹孟昕

执笔：曹孟昕

注释

[1] 高明奎、魏辉、朱超、董博：《山东临清河隈张庄发现明清"贡砖"窑厂遗址》，《中国文物报》2011年11月4日。
[2] 丁金龙、刘延华：《祝甸古窑址群调查》，《地域建筑文化论坛论文集》，2005年。

朝阳区祁家庄清代墓葬发掘报告

一、概况

为配合朝阳区东四环南路甲1号一号地仓储项目（2#仓库及配套管理用房等10项）工程建设，北京市考古研究院（原北京市文物研究所）于2017年10月25日至11月7日对该地块占地范围内的古代墓葬进行了考古发掘工作。发掘地点位于朝阳区东南部十八里店乡祁家庄，东邻祁环东路、南邻祁环南路、西邻祁家庄东路、北邻祁家庄南路（图一、图二）。

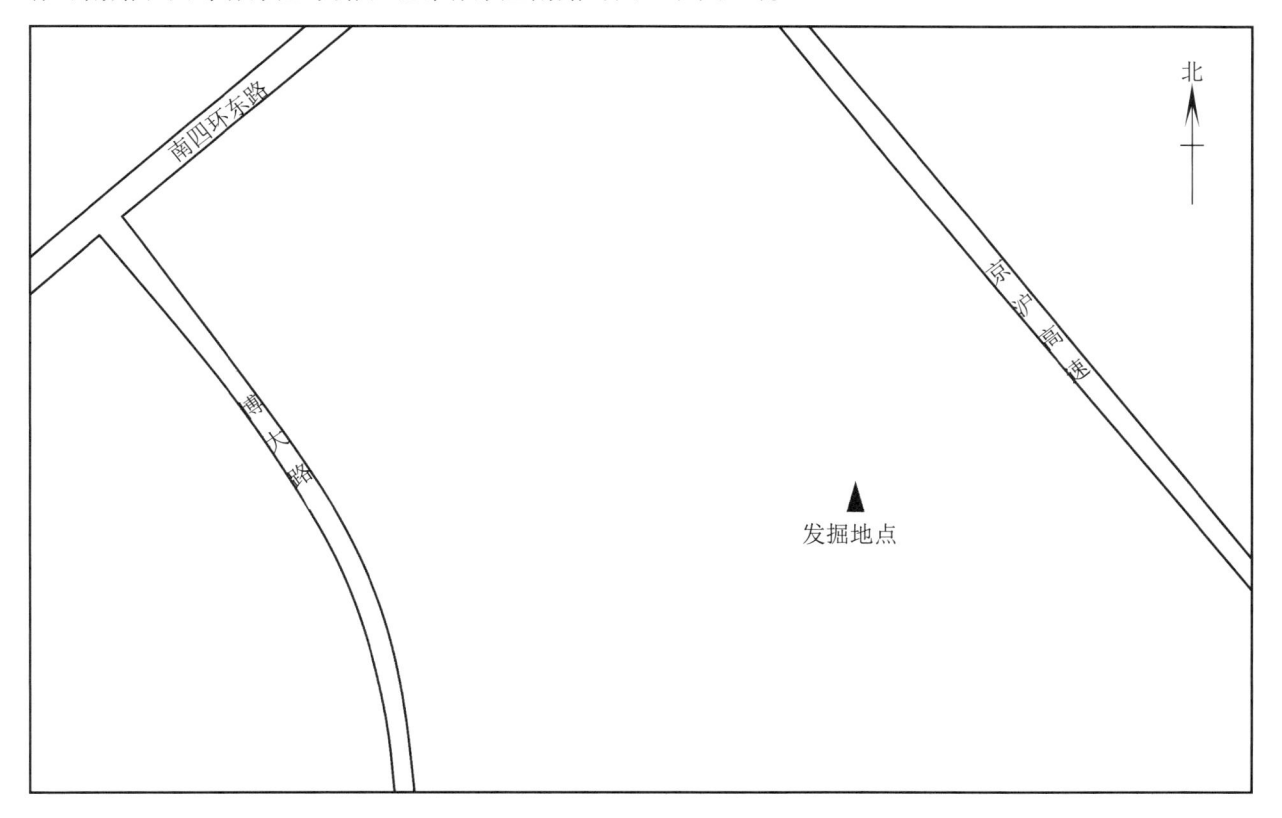

图一　发掘地点位置示意图

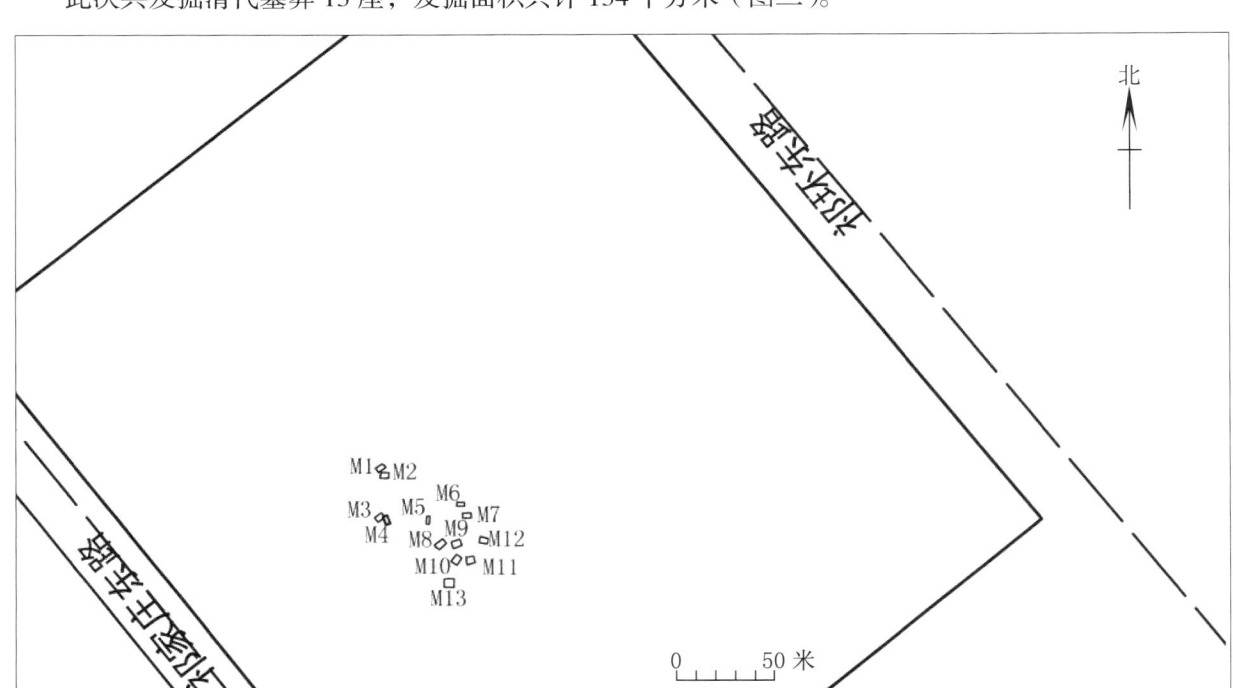

此次共发掘清代墓葬 13 座，发掘面积共计 134 平方米（图二）。

图二　总平面图

二、地层堆积

该发掘区域内的地层堆积自上而下可分为四层（图三）。

第①层：垫土层，厚 0～0.4 米，浅灰色，土质较松，内含大量的近现代垃圾等。

第②层：清代层，深灰色土层，厚 0.4 米，土质较松，内含炭灰点、青花瓷残片等。本次发掘的 13 座墓葬均开口在该层下。

第③层：黄褐色土层，深 0.4～0.8 米，厚 0.4 米，土质较硬，结构密实，内含礓石等，纯净。

第④层：浅黄色沙土层，探至 3 米深无变化，纯净。

以下为生土层。

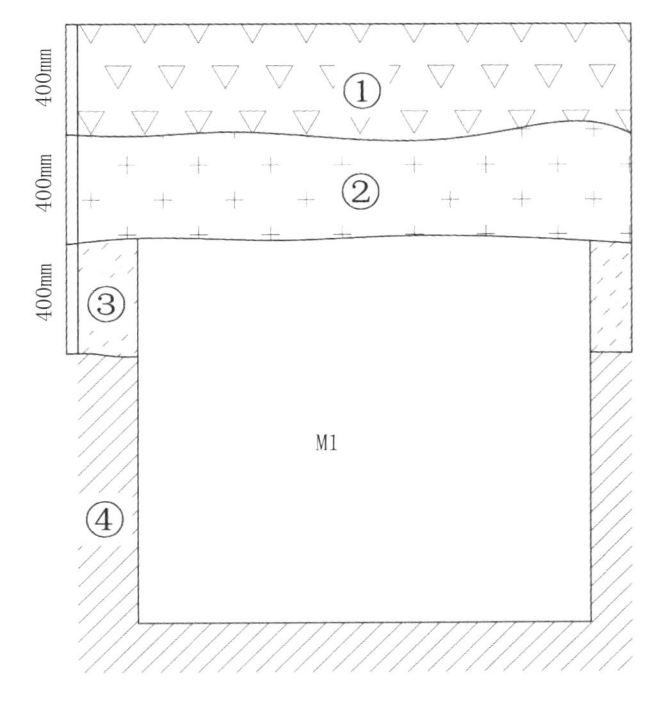

图三　地层堆积图

三、墓葬及遗物

13座墓葬均为竖穴土坑墓，均开口在②层下。可分为单人葬墓、双人合葬墓两种类型。

（一）单人葬墓

共3座，分别为M4～M6。均为南北向。

1. M4

位于发掘区西部，西邻M3，方向为160°，被M3打破。墓口距地表深0.6米，墓底距地表深2.1米。开口平面呈长方形，长2.7米、宽1.4米。墓壁竖直，底较平。内填黄褐色五花土，土质较松，内含少量礓石块（图四；彩版五一，2）。

葬具为木棺，保存极差，仅存棺痕。棺痕长1.9米、宽0.62～0.8米，残高0.3米。棺底部铺有草木灰，厚约0.01米。

未发现人骨及随葬品。

图四　M4平、剖面图

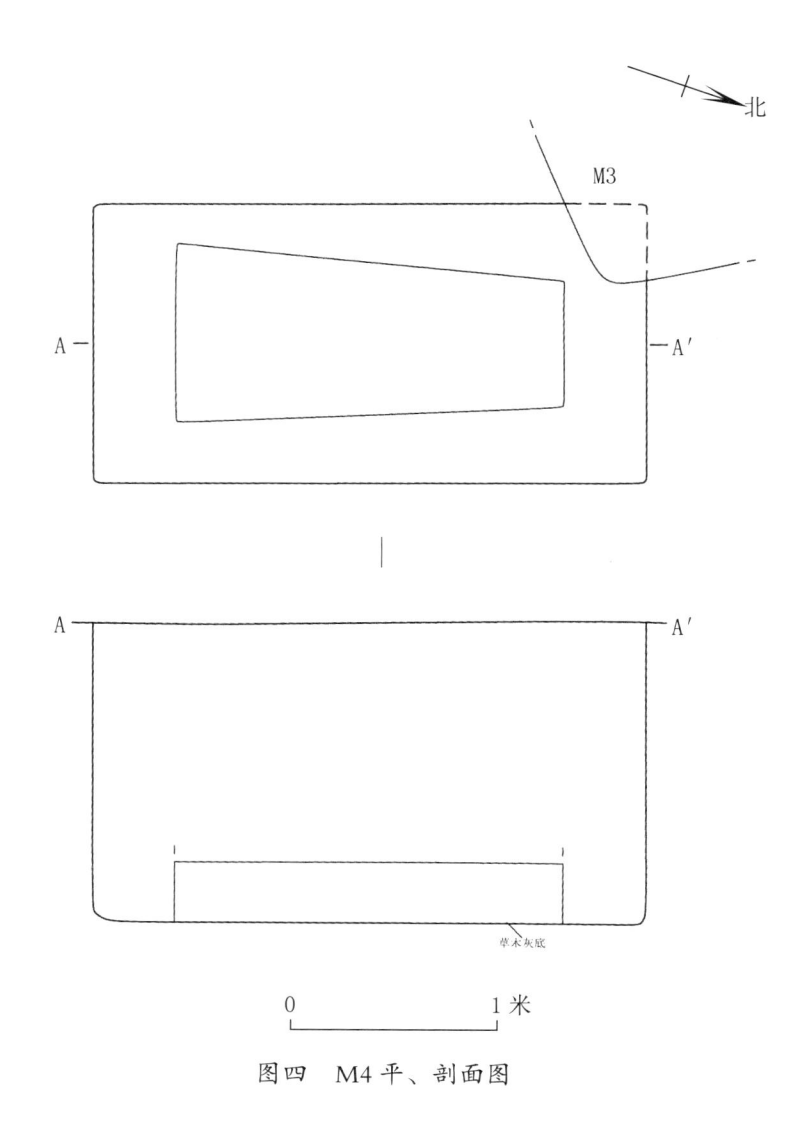

2. M5

位于发掘区中西部，东邻M6、M7，西邻M3、M4，方向为185°。开口平面略呈梯形，长2.5米、宽0.7～0.92米。墓口距地表深0.7米，墓底距地表深1.8米。墓壁竖直，底较平。内填黄褐色五花土，土质较松，内含少量礓石块（图五；彩版五二，1）。

墓内葬单棺，仅存棺痕。棺痕长1.8米、宽0.6～0.7米、残高0.2米。棺内骨架保存较差，盆骨、脚趾骨等已不存，头向南，面向东。墓主人为女性，仰身直肢葬，骨架长1.28米。棺底部铺有草木灰，厚约0.01米。

随葬品有铜钱，分别位于骨架头、腹、两腿间；头部左侧出土银耳环；上身右侧放置铜扣。

铜钱3枚。乾隆通宝，1枚。M5：1-1，模制，圆形、方穿，正面有郭，铸"乾隆通宝"四字，楷书，对读；穿左为满文"宝"，穿右锈蚀不清。直径2.5厘米、穿径0.55厘米、郭厚0.3厘米（图一八，3）。咸丰重宝，1枚。M5：1-2，模制，圆形、方穿，正面有郭，铸"咸丰重宝"四字，楷书，对读；背面穿上为"当"，穿下为"十"。穿左右为满文"宝源"，纪局名。直径3.2厘米、穿径0.8厘米、郭厚0.35厘米（图一九，1）。同治重宝，1枚。M5：1-3，模制，圆形、方穿，正面有郭，铸"同治重宝"四字，楷书，对读；背面穿上为"当"，穿下为"十"。穿左右为满文"宝泉"，纪局名。直径3.2厘米、穿径0.8厘米、郭厚0.35厘米（图一九，5）。

银耳环，1件。M5：2，通体造型呈"C"形，圆环形，中间呈如意形，两端扁平，接口不齐。素面。长2.9～1.4厘米，重3.7克（图一七，23；彩版五六，3）。

铜扣，2枚。扣体呈圆球形，上呈圆环状。M5：3-1，直径1.2厘米、高1.4厘米。M5：3-2，直径1.25厘米、高1.8厘米（图一七，25、26；彩版五六，4）。

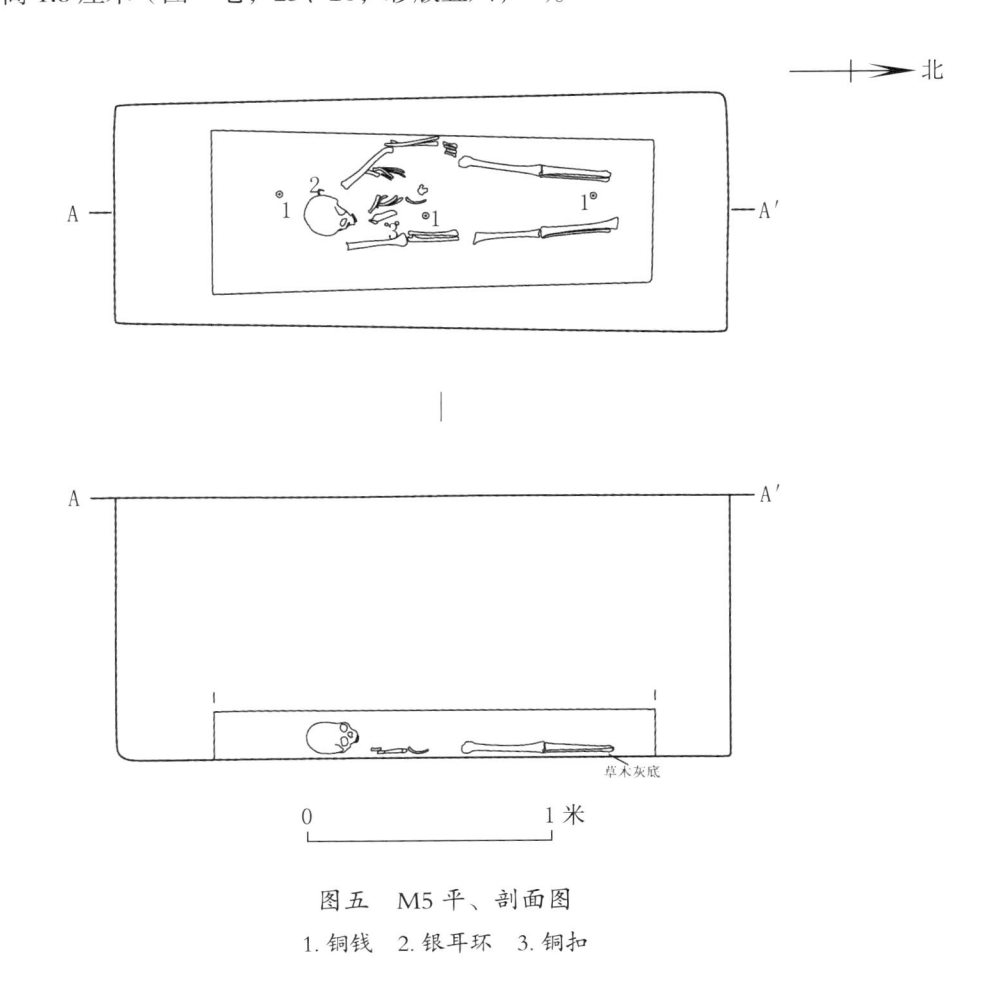

图五 M5平、剖面图
1. 铜钱 2. 银耳环 3. 铜扣

3.M6

位于发掘区中北部，东邻M7。方向为270°。开口平面呈长方形，长2.4米、宽1.2米，墓口距地表深0.8米，墓底距地表深2米。墓壁竖直，底较平。内填黄褐色五花土，土质较松，内含少量礓石块（图六；彩版五二，2）。

墓内葬单棺，保存较差。棺痕长1.9米、宽0.6～0.8米、残高0.32～0.4米、板厚0.06～0.08米。棺内骨架保存较差，多处移位严重，头向西，面向下。墓主人为男性，仰身直肢葬，骨架残长1.3米。棺底部铺有草木灰，厚约0.01米。

随葬品有铜钱，位于人骨肩部。

铜钱，1枚。M6：1，同治重宝，模制、圆形、方穿。正面有郭，铸"同治重宝"四字，楷书，对读；背面穿上为"当"，穿下为"十"。穿左右为满文"宝泉"，纪局名。直径2.7厘米、穿径0.55厘米、郭厚0.3厘米（图一九，6）。

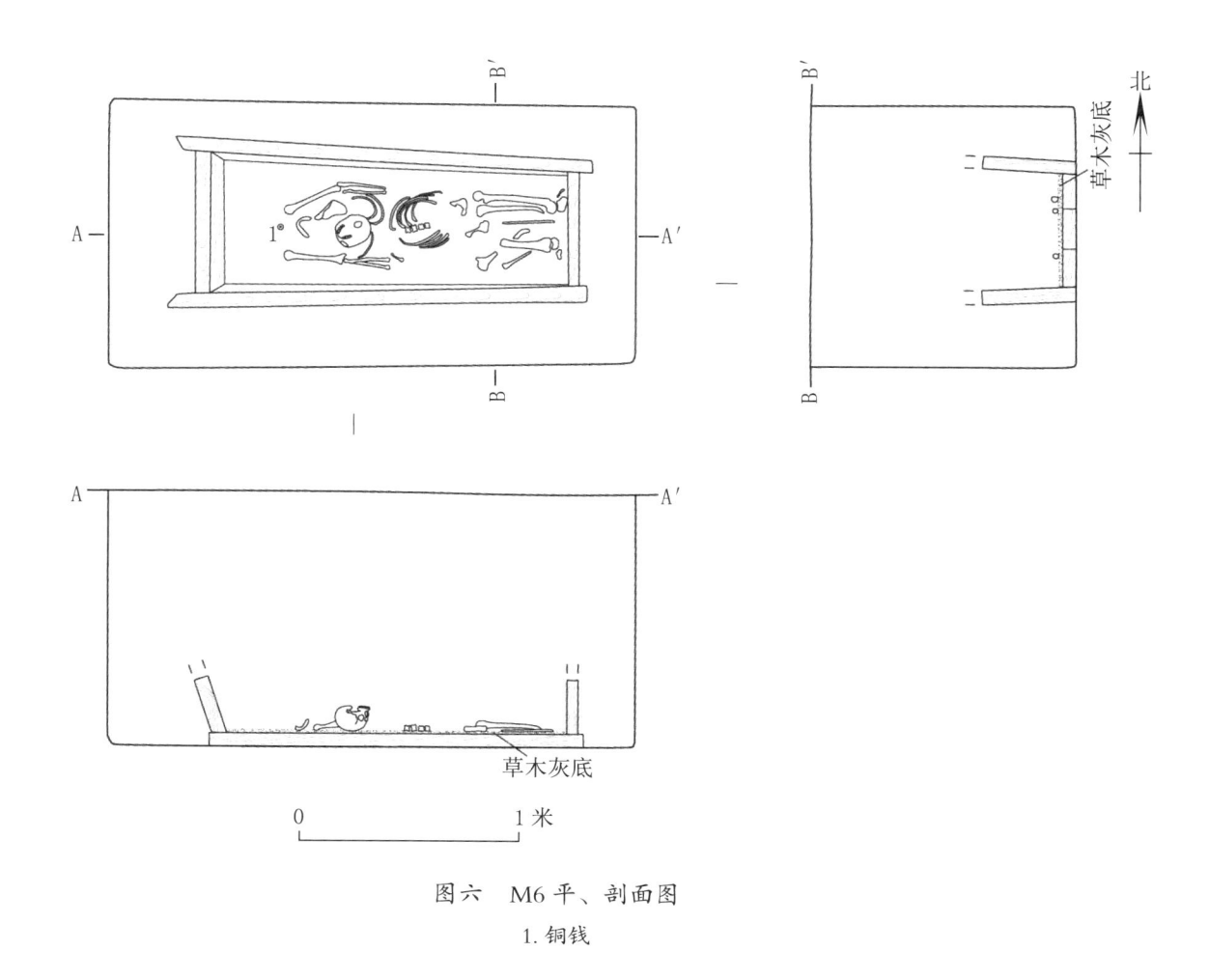

图六　M6平、剖面图
1.铜钱

（二）双人合葬墓

共10座，分别为M1～M3、M7～M13。根据形制不同，可分为两型。A型平面呈长方形，有M1～M3、M7、M8、M11，均为东西向。B型平面呈梯形，有M9、M10、M12、M13，均为东西向。

1.M1

位于发掘区西北端，东南邻M2，方向为235°。墓口距地表深0.8米，墓底距地表深2米。平面呈长方形，长2.5～2.8米、宽1.6米。墓壁竖直，底较平。内填黄褐色五花土，土质较松，内含少量礓石块（图七；彩版五〇，1）。

南侧墓穴打破北侧墓穴。南侧墓穴平面呈长方形，东西长2.8米、宽0.9米、深2米。南棺棺痕长1.8米、宽0.5～0.6米、残高0.3米。棺内骨架保存较差，头骨移位至原位南侧，下颌骨留在原处，右手臂放置在身体紧右侧，左手臂略向外弯屈，双腿平行分开，头向西，面向上，为女性，仰身直肢葬，骨架残长1.6米。棺底部铺有草木灰，厚约0.01米。北侧墓穴平面呈长方形，东西长2.5米、宽0.76～0.78米、深2米。北棺棺痕长1.9米、宽0.45～0.5米、残高0.2米。棺内骨架保存较差，头骨向北偏移，右手臂放置在下腹部，左手臂放置在身体紧左侧，双腿向北微屈，两脚并拢，头向西，面向上，为男性，仰身直肢葬，骨架长1.6米。两棺底部均铺有草木灰，厚约0.01米。

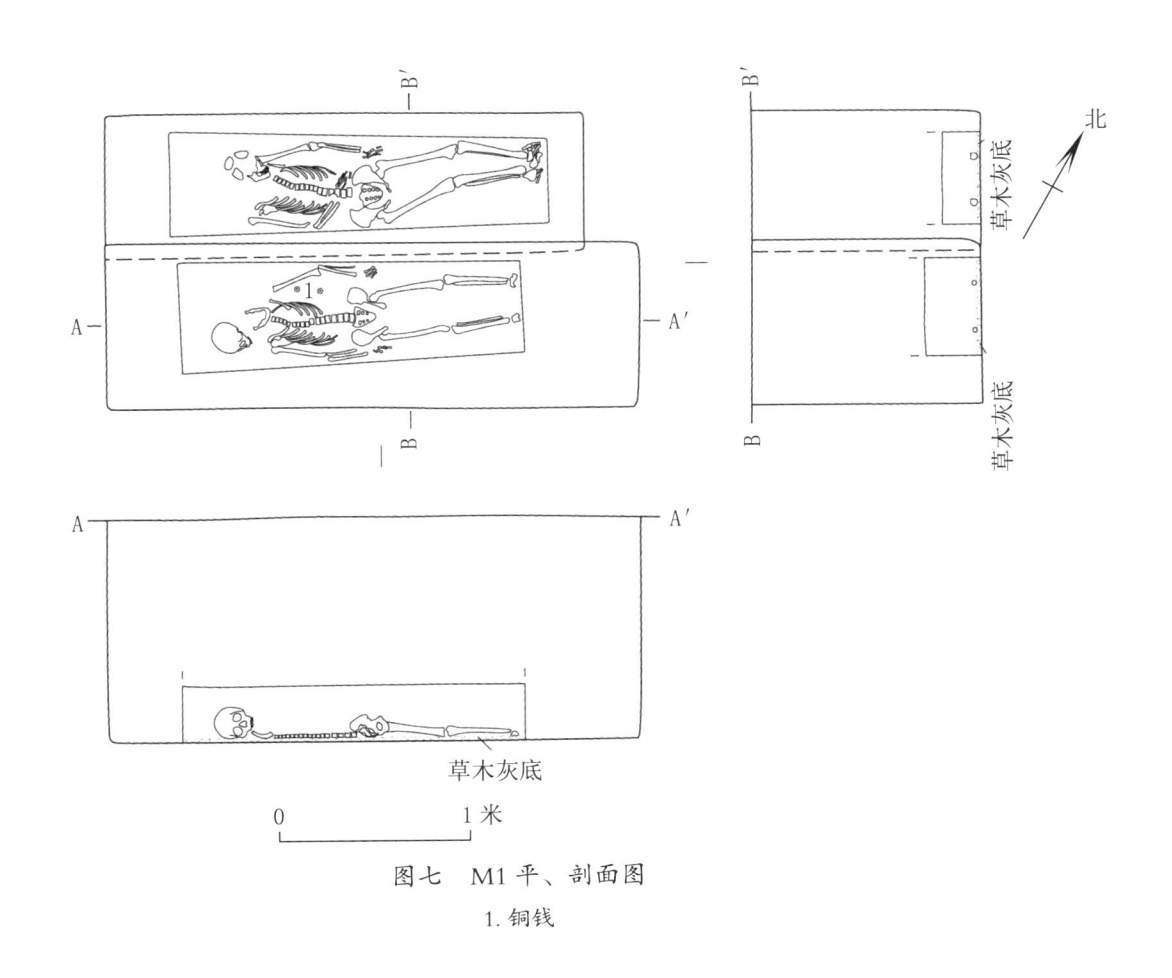

图七　M1平、剖面图
1.铜钱

随葬品为铜钱，位于南棺右手臂与身体之间。

铜钱，1枚。

乾隆通宝，1枚。模制，圆形、方穿，正面有郭，铸"乾隆通宝"四字，楷书，对读；穿左右为满文"宝源"，纪局名。直径2.5厘米、穿径0.6厘米、郭厚0.2厘米（图一八，1）。

2.M2

位于发掘区西北端，西北邻 M1，方向为 270°，西南角伸出 0.3 米，东西长 2.4～2.7 米、宽 1.5 米。墓口距地表深 0.8 米，墓底距地表深 2.1 米。墓壁竖直，底部南高北低。内填黄褐色五花土，土质较松，内含少量礓石块。其中南侧墓穴打破北侧墓穴（图八；彩版五〇，2）。

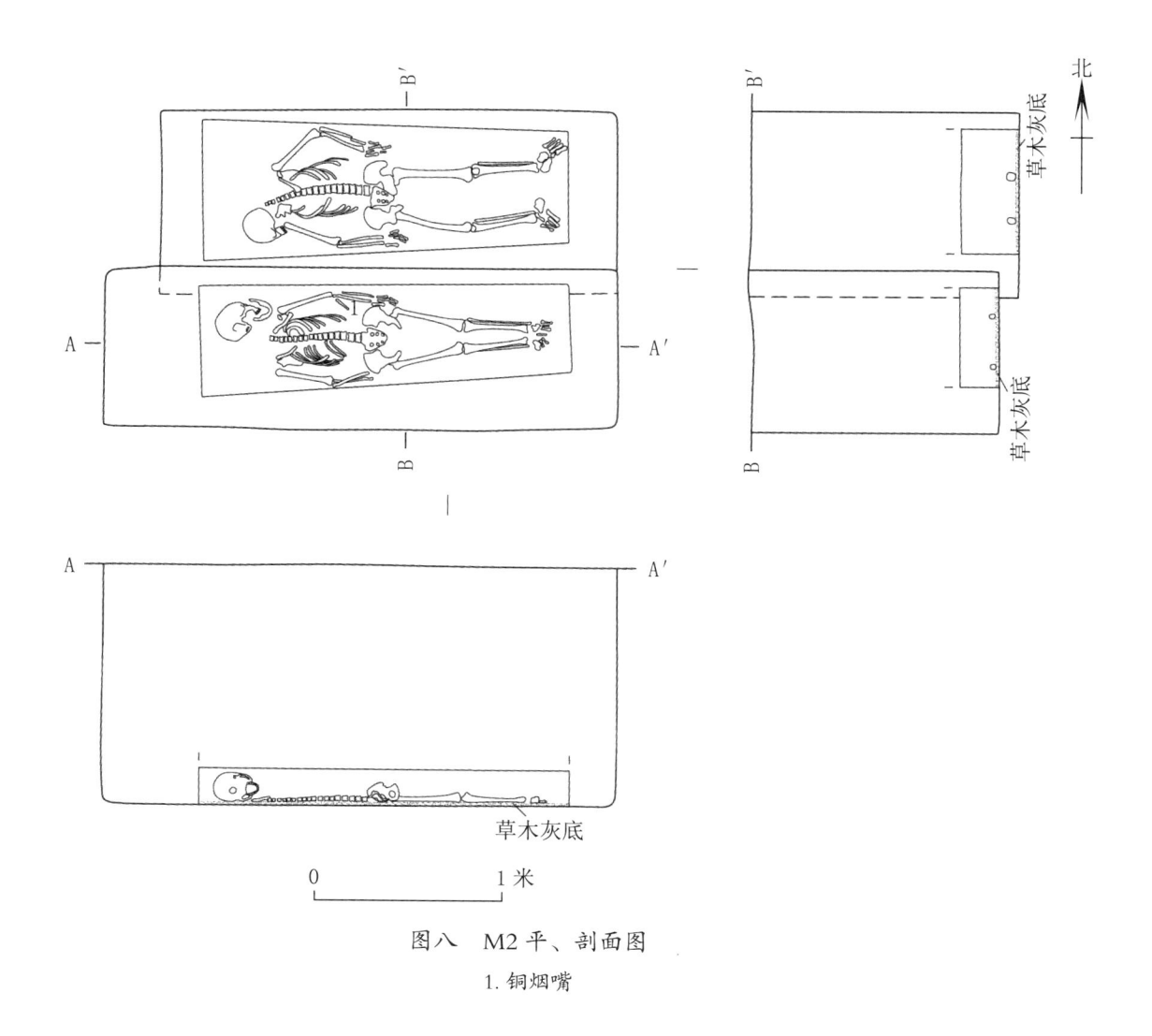

图八 M2 平、剖面图
1. 铜烟嘴

南侧墓穴平面呈长方形，东西长 2.7 米、南北宽 0.84 米、深 2.1 米。南棺棺痕长 1.95 米、宽 0.45～0.6 米、残高 0.2 米、板痕厚 0.06～0.08 米。棺内骨架保存较差，头骨移位与身脱离，头向西，面向北，双手自然放置身体两侧，两腿伸直，双脚并拢，为女性，仰身直肢葬，骨架长 1.78 米。北侧墓穴平面呈长方形，东西长 2.4 米、南北宽 0.98 米、深 2.2 米。北棺棺痕长 1.9 米、宽 0.6～0.75 米、残高 0.3 米。棺内骨架保存较差，头骨向南偏移，两手臂不自然地向外弯屈，双腿平行伸直，两脚脚尖均朝外，头向西，面向朝东南，为男性，仰身直肢葬，骨架长 1.7 米。两棺底部均铺有草木灰，厚约 0.01 米。

随葬品有铜烟嘴，位于南棺左手臂与身体之间。

铜烟嘴，1 件。M2：1，中空，顶呈圆帽形，束颈，下部呈筒形。宽 0.55 ~ 0.9 厘米、通长 8 厘米（图一七，6；彩版五六，1）。

3.M3

位于发掘区西部，东邻 M4，方向为 230°。墓坑东部略内收变窄。东西长 2.5 ~ 2.7 米、宽 1.6 ~ 1.8 米。墓口距地表深 0.6 米，墓底距地表深 1.8 米。墓壁竖直，底较平。内填黄褐色五花土，土质较松，内含少量礓石块。南侧墓穴打破北侧墓穴。墓坑东南角打破 M4 墓坑西北角（图九；彩版五一，1）。

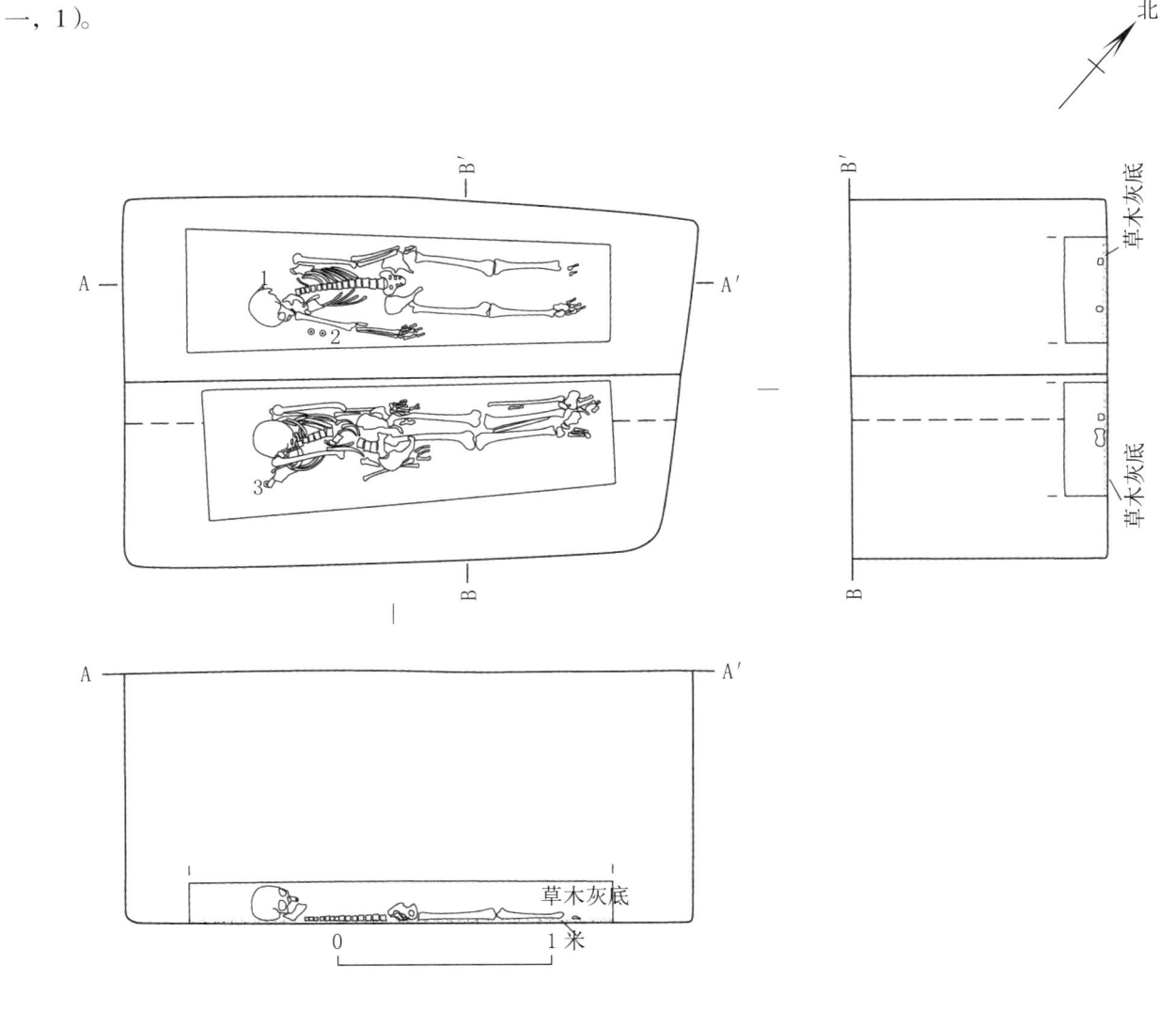

图九　M3 平、剖面图
1. 银押发　2、3. 铜钱

南侧墓穴平面呈长方形，东西长 2.5 ~ 2.6 米、南北宽 0.82 ~ 0.9 米、深 1.8 米。南棺棺痕长 1.9 米、宽 0.5 ~ 0.6 米、残高 0.2 米。棺内骨架保存差，较散乱，骨架发黑，头骨移位至胸部，头向西，面向东，为男性，仰身直肢葬，骨架残长 1.6 米。棺底部铺有草木灰，厚约 0.01 米。北侧墓穴平面呈长方形，东西长 2.6 ~ 2.7 米、南北宽 1 ~ 1.1 米、深 1.8 米。北棺棺痕长 2 米、宽 0.5 ~ 0.6 米、残高 0.2 米。棺内骨架保存较差，两手臂放置身体两侧，双腿平行伸直，两脚尖朝前，头向西，面向南，为女性，仰身直肢葬，骨架长 1.56 米。两棺底部均铺有草木灰，厚约 0.01 米。

北棺头顶部出土银押发，北棺右手臂外侧、南棺右肩部出土铜钱。

银押发，1件。M3 : 1，两端圆尖，錾刻"寿"字纹。中部束腰。侧视如弓形。通长 7.4 厘米、宽 0.4 ~ 0.8 厘米，重 4.5 克（图一七，21；彩版五六，2）。

乾隆通宝，2 枚。M3 : 2，模制、圆形、方穿。正面有郭，铸"乾隆通宝"四字，楷书，对读；背面穿左右为满文"宝源"，纪局名。直径 2.6 厘米、穿径 0.6 厘米、郭厚 0.2 厘米（图一八，2）。

宽永通宝，1 枚。M3 : 3，模制、圆形、方穿。光背。直径 2.3 厘米、穿径 0.65 厘米、郭厚 0.2 厘米。

4.M7

位于发掘区东部，北东邻 M6，方向为 270°。墓口距地表深 0.8 米，长 2.6 米、宽 1.6 米，墓底距地表深 2.1 米。墓壁竖直，底较平。内填黄褐色五花土，土质较松，内含少量礓石块。北侧墓穴打破南侧墓穴（图一〇；彩版五三，1）。

北侧墓穴平面呈长方形，东西长 2.6 米、南北宽 0.92 ~ 0.94 米、深 2.1 米。北棺棺痕长 1.8 米、宽 0.44 ~ 0.52 米、残高 0.3 米。棺内骨架保存差，头骨移位，骨架杂乱错位严重，头向西，面向下，为女性，仰身直肢葬，骨架残长 1.54 米。棺底部铺有草木灰，厚约 0.01 米。南侧墓穴平面呈长方形，东西长 2.6 米、南北宽 1 米、深 2.1 米。南棺棺痕长 1.9 米、宽 0.52 ~ 0.62 米、残高 0.3 米。棺内骨架保存较差，下颌骨与头骨分离，下颌骨移位至右肩部，头骨移位至左肩部，小腿骨从膝盖处脱开错位，头向西，面向上，为男性，仰身直肢葬，骨架残长 1.7 米。两棺底部均铺有草木灰，厚约 0.01 米。

北棺头部右侧和腿骨附近、南棺两腿骨之间出土铜钱。

铜钱 8 枚。M7 : 1、M7 : 2-3、M7 : 2-4、M7 : 2-5，均锈蚀严重，字迹年代模糊不可辨认。直径 2.9 厘米、穿径 0.6 厘米、郭厚 0.2 厘米。

道光通宝，1 枚。M7 : 2-1，模制，圆形、方穿。正面有郭，铸"道光通宝"四字，楷书，对读；背面穿左右为满文，纪局名"宝泉"。直径 2.3 厘米、穿径 0.6 厘米、郭厚 0.2 厘米（图一八，12）。

咸丰重宝，1 枚。M7 : 2-2，模制，圆形、方穿。正面有郭，铸"咸丰重宝"四字，楷书，对读；背面穿上为"当"，穿下为"十"，穿左右为满文"宝泉"，纪局名。直径 3.35 厘米、穿径 0.7 厘米、郭厚 0.25 厘米（图一九，2）。

图一〇　M7 平、剖面图
1、2. 铜钱

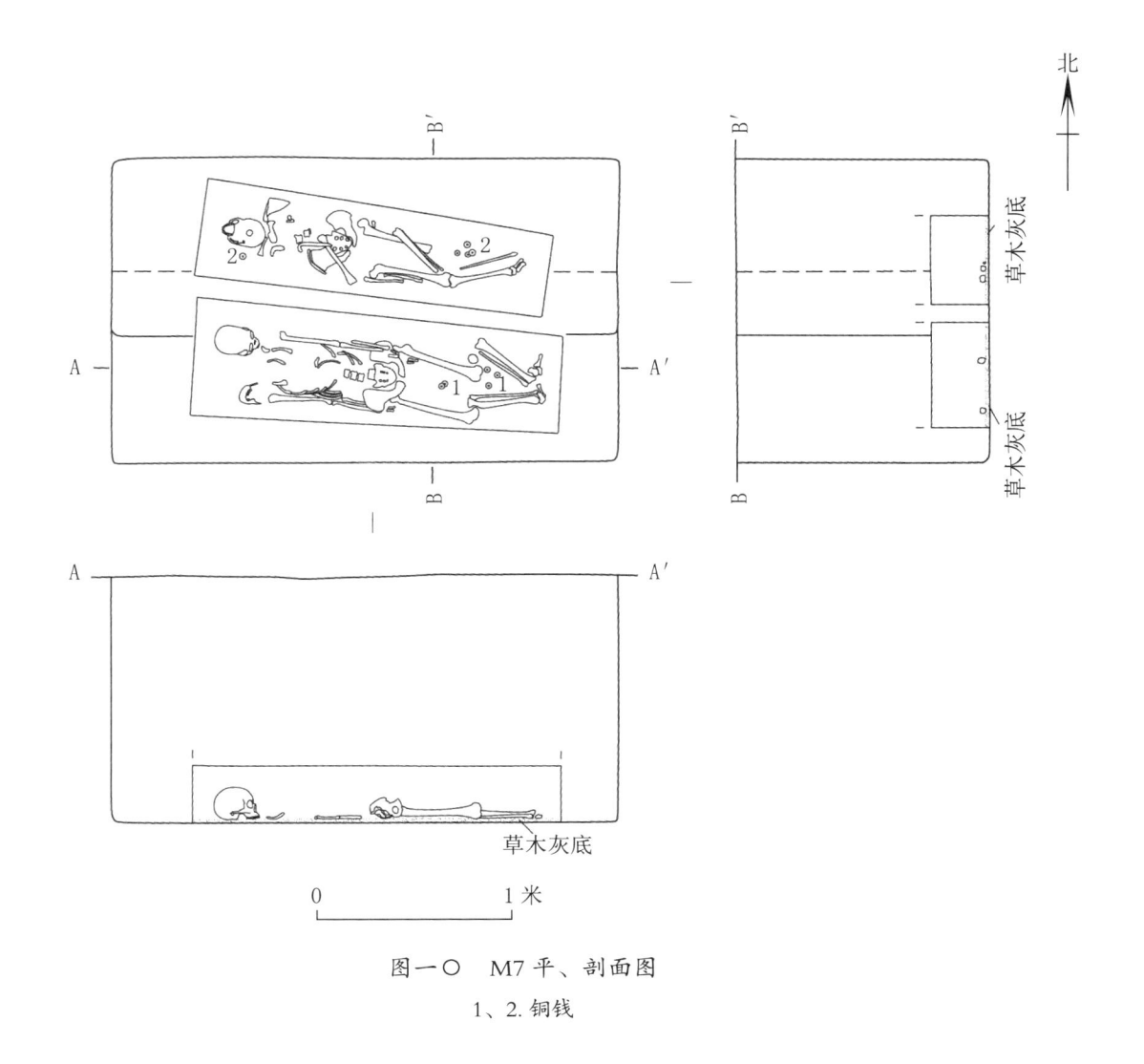

5.M8

位于发掘区中南部，东邻 M9，方向为 230°。墓坑西北角伸出 0.21 米。墓口距地表深 0.7 米，墓底距地表深 1.94 米，长 3~3.2 米、宽 1.8~2.1 米。墓壁竖直，墓坑底南部略高出北部 0.04 米。内填黄褐色五花土，土质较松，内含少量礓石块。北侧墓穴打破南侧墓穴（图一一；彩版五三，2）。

北侧墓穴平面呈长方形，东西长 3.2 米、南北宽 1.04~1.2 米、深 1.94 米。北棺棺痕长 1.9 米、宽 0.5~0.6 米、残高 0.3 米。棺内骨架保存较差，左臂向外屈，双腿平行伸直，头向西，面向南，为男性，仰身直肢葬，骨架长 1.7 米。棺底部铺有草木灰，厚约 0.01 米。南侧墓穴平面呈长方形，东西长 3 米、南北宽 1.1~1.24 米、深 1.94 米。南棺棺痕长 2 米、宽 0.55~0.7 米、残高 0.38 米。棺内骨架保存极差，散乱，头骨移位至胸部位置，头骨原位置处放置条砖 1 块，头向西，面向下，为女性，仰身直肢葬，骨架残长 1.52 米。棺底部铺有白灰，厚约 0.01 米。

随葬品有北棺两腿间、南棺身下出土铜钱，北棺头部左侧出土银簪、银扁方。

铜钱，5 枚。乾隆通宝，1 枚。M8：1-1，模制、圆形、方穿。正面有郭，铸"乾隆通宝"四字，楷书，对读；背面穿左右为满文"宝云"，纪局名。直径2.6厘米、穿径0.6厘米、郭厚0.2厘米（图一八，4）。乾隆通宝，1枚。M8：1-2，模制、圆形、方穿。正面有郭，铸"乾隆通宝"四字，楷书，对读；背面穿左右为满文"宝源"，纪局名。直径2.6厘米、穿径0.6厘米、郭厚0.2厘米（图一八，5）。道光通宝，1枚。M8：1-3，模制、圆形、方穿。正面有郭，铸"道光通宝"四字，楷书，对读；背面穿左右为满文"宝泉"，纪局名。直径2.3厘米、穿径0.6厘米、郭厚0.2厘米（图一八，13）。余2枚，锈蚀严重，字迹模糊不可辨。

银簪，2件。M8：2，首为葵花形，截面为凸字形，中部为圆形凸起。体细长，M8：2-1，内铸"福"字，底托为花瓣形。首直径2.2厘米、首高0.4厘米、长11.2厘米，重8.9克。M8：2-2，内铸"寿"字，底托为花瓣形。首直径2.4厘米、首高0.4厘米、长10.8厘米，重10克（图一七，7、8；彩版五六，5）。

银扁方，1件。M8：3，首卷曲，体呈长方形，尾呈圆弧形。首正面錾刻灵芝纹，方体正面上部刻一圆"寿"纹，下部为一展翅蝙蝠纹。长16.1厘米、宽1.2厘米，重37.1克（图一七，19；彩版五六，6）。

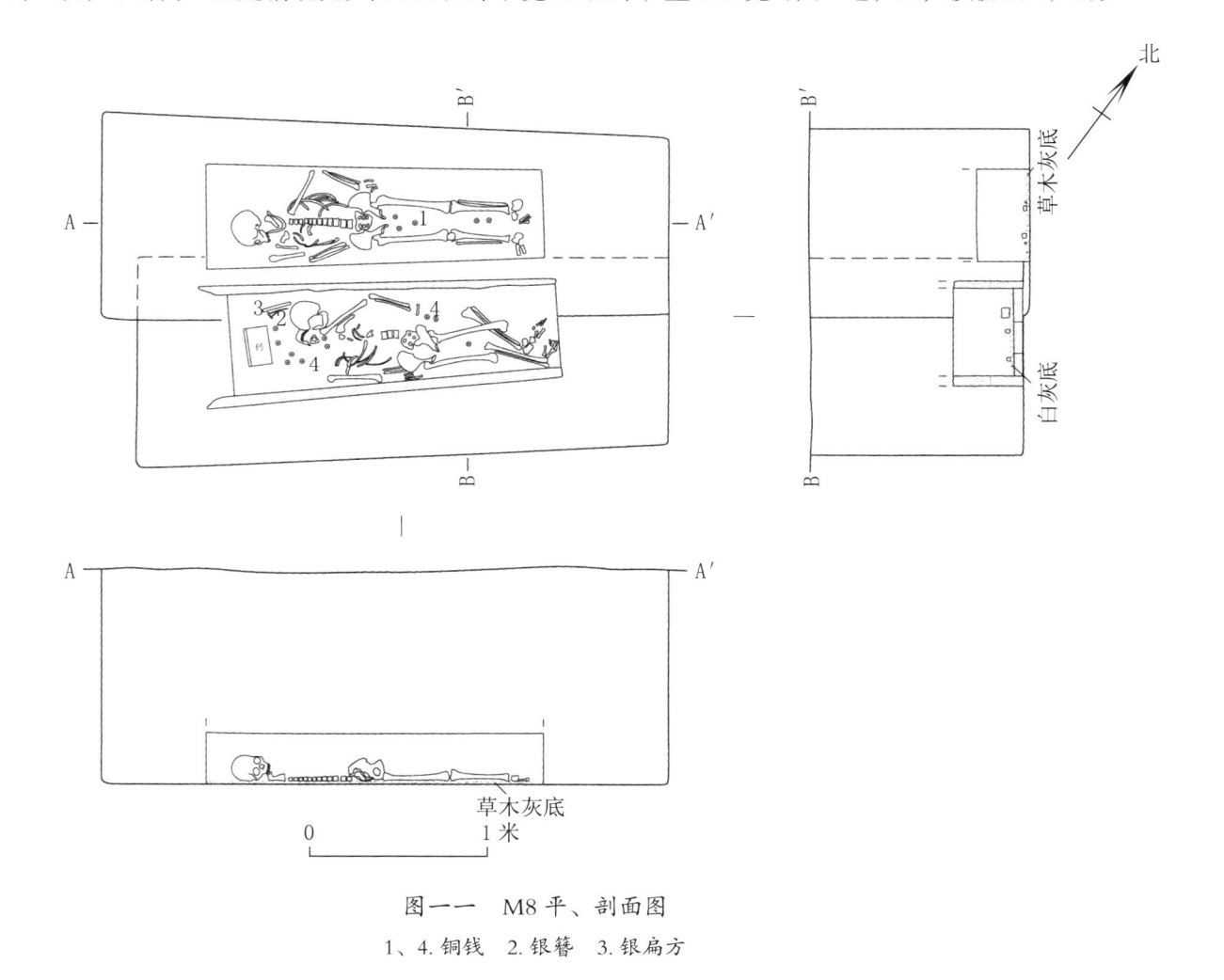

图一一　M8平、剖面图
1、4.铜钱　2.银簪　3.银扁方

铜钱，10枚。乾隆通宝，2枚。M8：4-1，模制、圆形、方穿。正面有郭，铸"乾隆通宝"四字，楷书，对读；背面穿左右为满文"宝云"，纪局名。直径2.6厘米、穿径0.6厘米、郭厚0.2厘米（图一八，6）。M8：4-2，模制、圆形、方穿。正面有郭，铸"乾隆通宝"四字，楷书，对读；背面穿左右为满文"宝源"，纪局名。直径2.6厘米、穿径0.6厘米、郭厚0.2厘米（图一八，7）。嘉庆通宝，3枚。M8：4-3，模制、圆形、方穿。正面有郭，铸"嘉庆通宝"四字，楷书，对读；背面穿左右为满文"宝源"，纪局名。直径2.4厘米、穿径0.6厘米、郭厚0.2厘米（图一八，9）。M8：4-4，模制、圆形、方穿。正面有郭，铸"嘉庆通宝"四字，楷书，对读；背面穿左右为满文"宝泉"，纪局名。直径2.4厘米、穿径0.6厘米、郭厚0.2厘米（图一八，10）。M8：4-5，模制、圆形、方穿。正面有郭，铸"嘉庆通宝"四字，楷书，对读；背面穿左右为满文"宝泉"，纪局名。直径2.4厘米、穿径0.6厘米、郭厚0.2厘米。余5枚，锈蚀严重，字迹模糊不可辨。

6.M11

位于发掘区南部，西邻M10，方向为255°，墓坑西北角内收0.2米。墓壁竖直，底部北高南低，落差0.1米。长2.3～2.5米、宽2～2.04米，墓口距地表深0.6米，墓底距地表深1.9～2米。内填黄褐色五花土，土质较松，内含少量礓石块。南侧墓穴打破北侧墓穴（图一二；彩版五五，1）。

南侧墓穴平面呈长方形，东西长2.5米、南北宽1.12～1.64米、深2米。南棺棺痕长1.8米、宽0.7～0.85米、残高0.4米。棺内骨架保存差，头骨移位，头部原位置放置青砖1块，头向西，面向东，为女性，仰身直肢葬，骨架1.68米。北侧墓穴平面呈长方形，东西长2.3米、宽1.04～1.24米、深1.9米。北棺棺痕长1.8米、宽0.6～0.7米、残高0.2米。棺内葬男性骨架一具，保存较好，双臂自然放置身体两侧，两脚并拢，头向西，面向上，为男性，仰身直肢葬，骨架长1.76米。两棺底部均铺有草木灰，厚约0.01米。

随葬品有南棺人骨头部出土骨簪，北棺人骨下方出土铜钱。

铜钱，5枚。咸丰重宝，1枚。M11：1-1，模制、圆形、方穿。正面有郭，铸"咸丰重宝"四字，楷书，对读；背面穿上为"当"，穿下为"十"，穿左右为满文"宝泉"，纪局名。直径3.35厘米、穿径0.75厘米、郭厚0.25厘米（图一九，3）。同治重宝，1枚。M11：1-2，模制、圆形、方穿。正面有郭，铸"同治重宝"四字，楷书，对读；背面穿上为"当"，穿下为"十"，穿左右为满文"宝泉"，纪局名。直径2.7厘米、穿径0.55厘米、郭厚0.3厘米（图一九，8）。光绪重宝，1枚。M11：1-3，模制、圆形、方穿。正面有郭，铸"光绪重宝"四字，楷书，对读；背面穿上为"当"，穿下为"拾"，穿左右为满文"宝泉"，纪局名。直径2.6厘米、穿径0.6厘米、郭厚0.2厘米（图一九，13）。余2枚，锈蚀严重，字迹模糊不可辨。

骨簪，1件，M11：2，体细直，为锥形，素面。长14.5厘米、厚0.5厘米（图一七，5；彩版五七，1）。

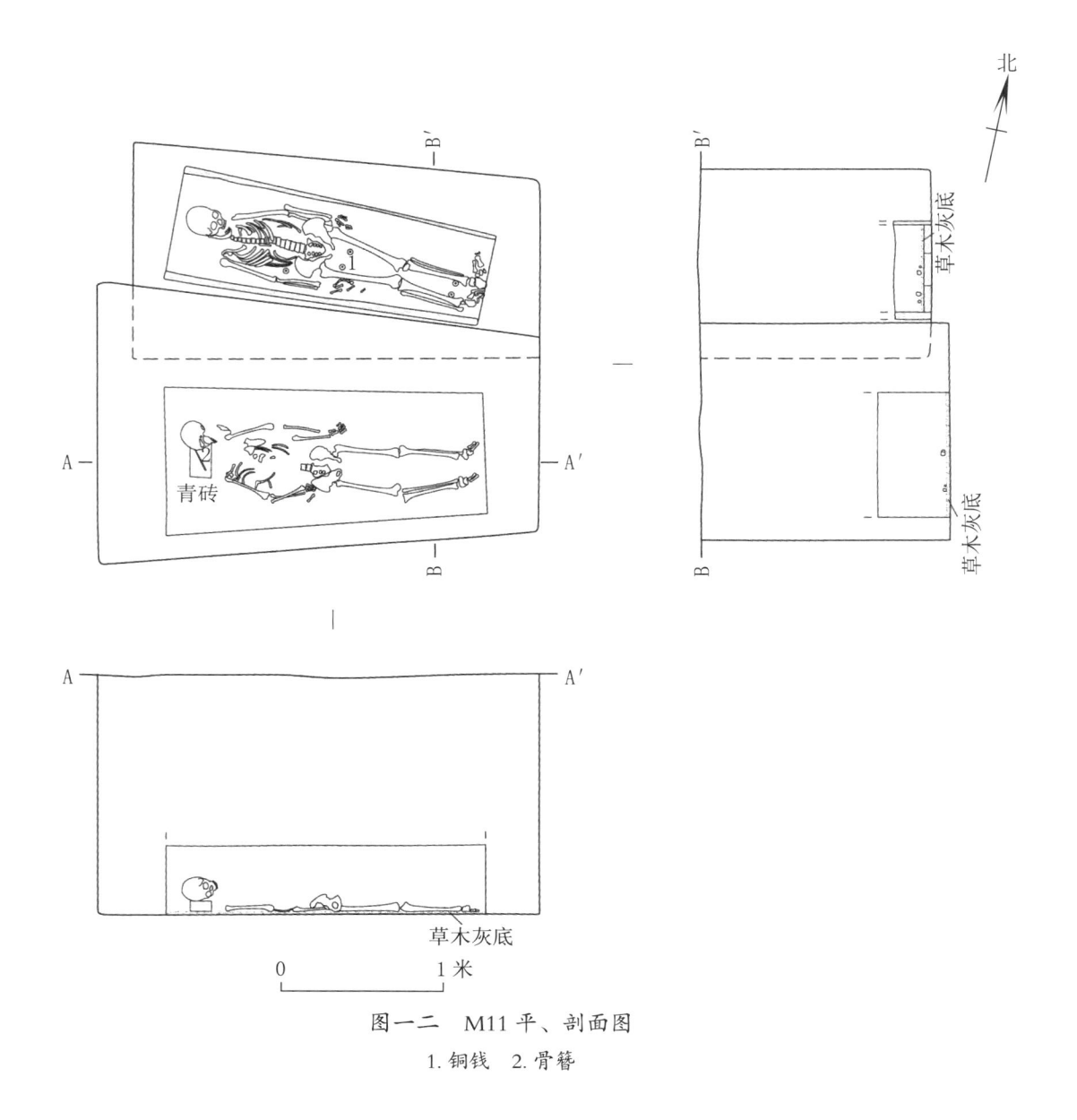

图一二　M11 平、剖面图
1. 铜钱　2. 骨簪

7.M9

位于发掘区中南部，西邻 M8，方向为 250°。东西长 2.8 米、南北宽 2~2.2 米。墓口距地表深 0.8 米，墓底距地表深 2 米。墓壁竖直，底较平。内填黄褐色五花土，土质较松，内含少量礓石块。北侧墓穴打破南侧墓穴（图一三；彩版五四，1）。

北侧墓穴平面呈长方形，东西长 2.8 米、南北宽 0.96~1.02 米、深 2 米。北棺棺痕长 2 米、宽 0.55~0.7 米、残高 0.3 米、板痕厚 0.06~0.08 米。棺内骨架保存较差，右手臂放置于腹部，双膝向北弯屈，头向西，面向北，为男性，侧身屈肢葬，骨架现长 1.66 米，直肢长 1.76 米。南侧墓穴平面呈长方形，东西长 2.8 米、南北宽 1.3~1.4 米、深 2 米。南棺棺痕长 1.9 米、宽 0.5~0.6 米、残高 0.3 米、板痕厚 0.06~0.08 米。棺内骨架保存差，头向西，面向北，为女性，仰身直肢葬，骨架残长 1.56 米。两棺底部均铺有草木灰，厚约 0.01 米。

随葬品有北棺人骨头部和腿部两侧各放置铜钱，南棺人骨头部左侧出土银簪、银耳环，胸部出土料扣，两股骨之间放置铜钱。

铜钱6枚。M9∶1，4枚。其中同治重宝1枚，模制、圆形、方穿。正面有郭，铸"同治重宝"四字，楷书，对读；背面穿上为"当"，穿下为"十"，穿左右为满文"宝泉"，纪局名。直径3厘米、穿径0.65厘米、郭厚0.2厘米（图一九，7）。余3枚，锈蚀严重，字迹模糊不可辨。M9∶4，2枚，锈蚀严重，字迹年代模糊不可辨认。直径2.15厘米、穿径0.55厘米、郭厚0.1厘米。

银簪1件。M9∶2，首为圆弧形，中间有孔。体细长，为锥形，素面。长16.1厘米、首宽0.4厘米、孔径0.2厘米，重13.5克（图一七，9）。

银耳环1件。M9∶3，通体造型呈"C"形，一端尖细，一端扁平，中间呈如意形，上刻划半圈短刻线装饰。通长3.2厘米，重4.4克（图一七，24）。

料扣1枚。M9∶5，白色，扣体呈圆形。直径1.5厘米、残高1.4厘米（图一七，27）。

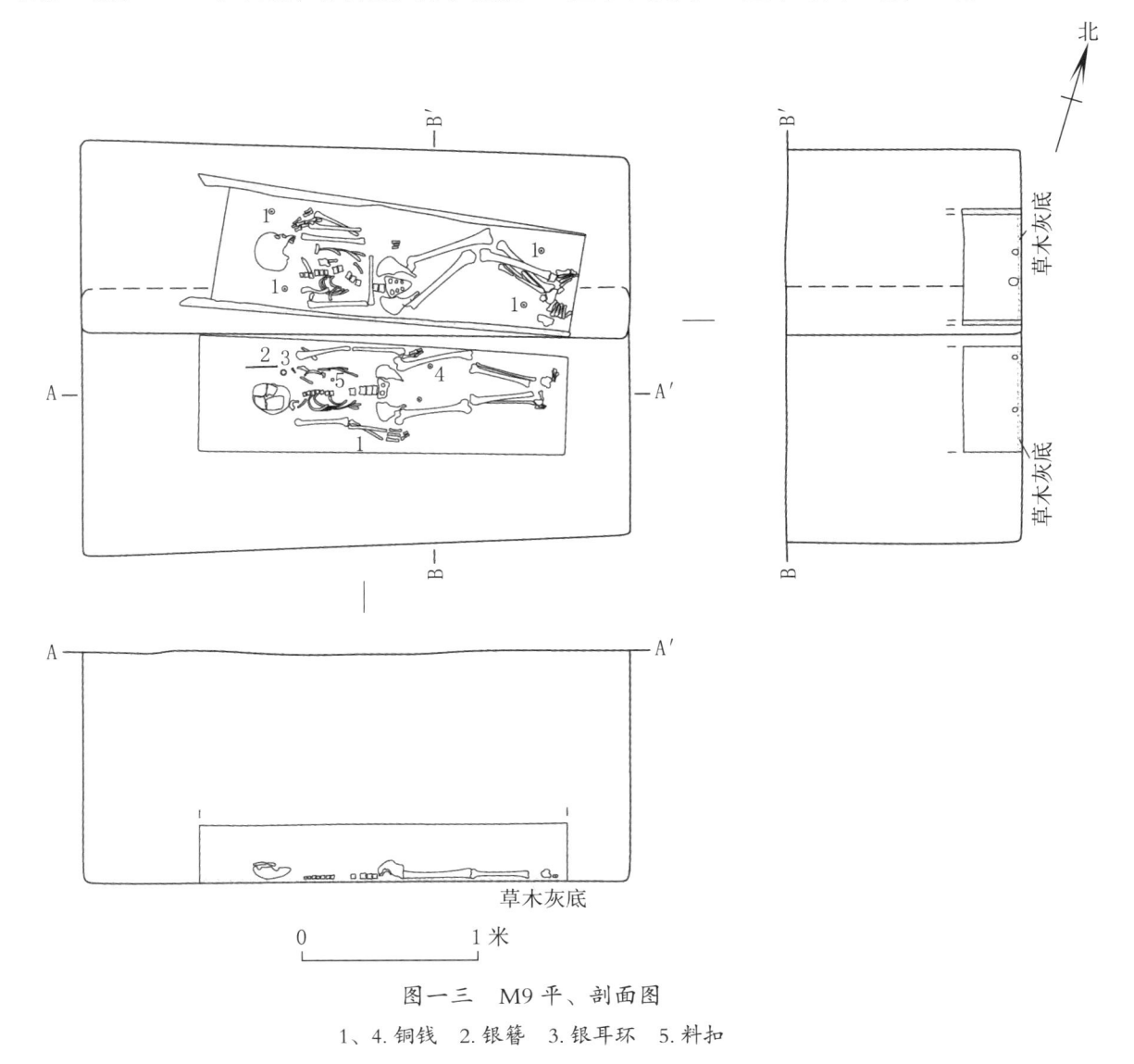

图一三　M9平、剖面图

1、4.铜钱　2.银簪　3.银耳环　5.料扣

8.M10

位于发掘区南部，东邻 M11，方向为 215°。长 2.72 米、宽 2 ~ 2.2 米，墓口距地表深 0.6 米，墓底距地表深 1.8 米。墓壁竖直，底较平。内填黄褐色五花土，土质较松，内含少量礓石块。北侧墓穴打破南侧墓穴（图一四；彩版五四，2）。

北侧墓穴平面呈长方形，东西长 2.72 米、宽 1.2 ~ 1.3 米、深 1.8 米。北棺棺痕长 1.9 米、宽 0.5 ~ 0.64 米、残高 0.2 米。棺内骨架保存差，头骨残破，有移位，头向西，面向北，为男性，仰身直肢葬，骨架现长 1.62 米。南侧墓穴平面呈长方形，东西长 2.72 米、宽 1 ~ 1.12 米、深 1.8 米。南棺棺痕长 1.8 米、宽 0.5 ~ 0.64 米、残高 0.2 米。棺内骨架保存较差，头向西，面向北，为女性，仰身直肢葬，骨架长 1.6 米。

随葬品有北棺人骨膝盖处放置铜钱，南棺人骨头部出土银簪、银扁方，胸腹部出土铜扣，两股骨之间放置铜钱。

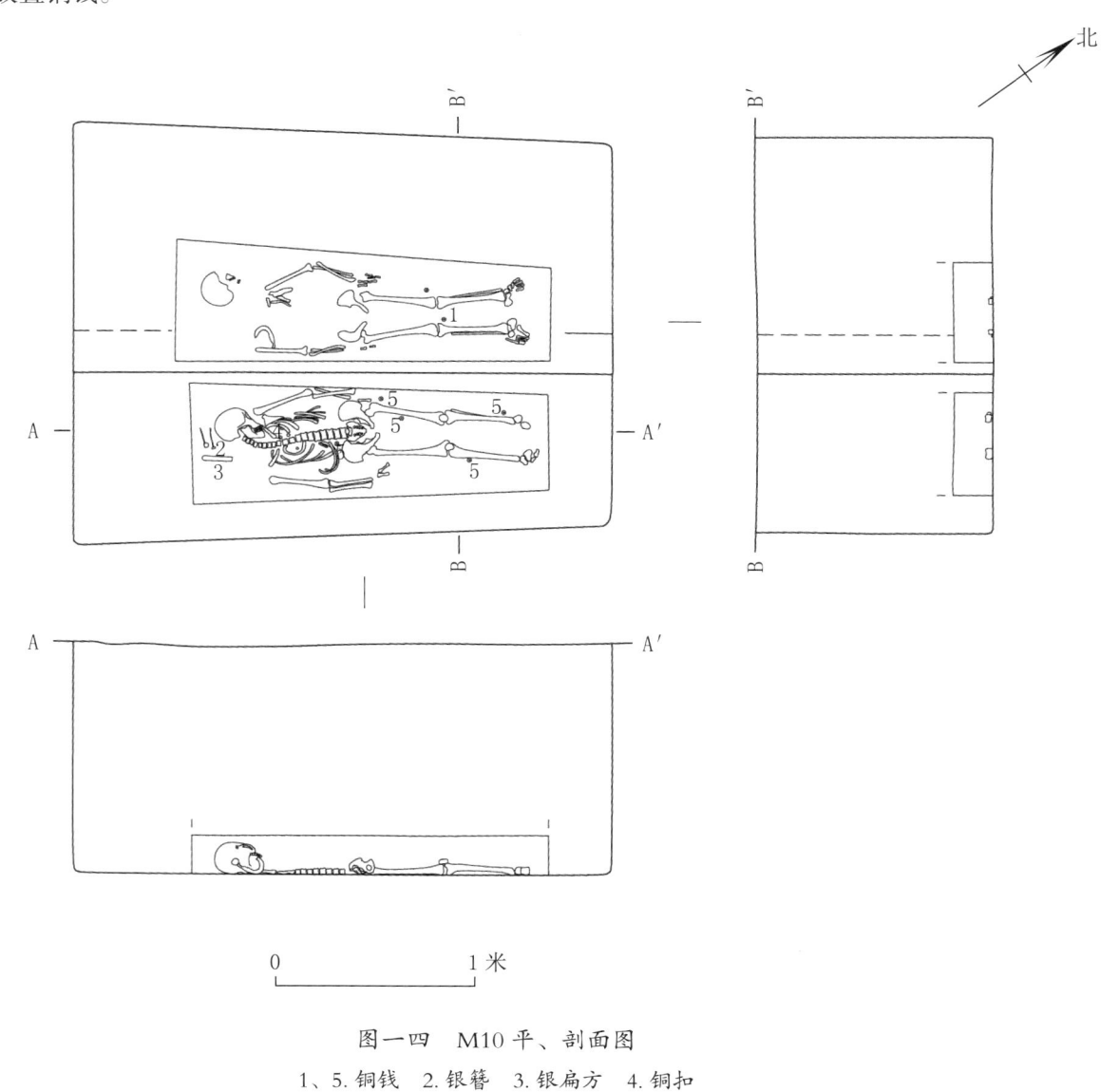

图一四　M10 平、剖面图
1、5. 铜钱　2. 银簪　3. 银扁方　4. 铜扣

铜钱，7枚。道光通宝，1枚。M10：1，模制、圆形、方穿。正面有郭，铸"道光通宝"四字，楷书，对读。背面穿左右为满文"宝泉"，纪局名。直径2.25厘米、穿径0.6厘米、郭厚0.1厘米（图一八，14）。道光通宝，3枚。M10：5-1、M10：5-2、M10：5-3，模制、圆形、方穿。正面有郭，铸"道光通宝"四字，楷书，对读。背面穿左右为满文"宝泉"，纪局名。直径2.35厘米、穿径0.55厘米、郭厚0.15厘米（图一八，15、16、17）。余3枚，锈蚀严重，字迹模糊不可辨。

银簪，2件。M10：2，首为葵花形，截面为凸字形，中部为圆形凸起。体细长，M10：2-1，内铸"福"字，底托为花瓣形。首直径2.2厘米、首高0.35厘米、长9.9厘米、重5.6克（图一七，10）。M10：2-2，内铸"寿"字，底托为花瓣形。首直径2.2厘米、首高0.3厘米、长8.8厘米、重5.8克（图一七，11）。

银扁方，1件。M10：3，首卷曲，体呈长方形，尾呈圆弧形。首正面錾刻灵芝纹，方体正面上部刻一圆"寿"纹，下部为蝙蝠纹。长13.5厘米、宽2厘米、重28.3克（图一七，20）。

铜扣，4枚。扣体呈圆球形，锈蚀严重。标本M10：4-1，直径1.2厘米、残高1.5厘米。标本M10：4-2，直径0.9厘米、残高1.2厘米。标本M10：4-3，直径1厘米、残高1.1厘米（彩版五六，7）。

9.M12

位于发掘区东南部，北邻M7、南邻M11，方向为280°。长2.6～2.62米、宽1.7～1.9米，墓口距地表深0.6米，墓底距地表深1.8米。墓坑西北角略长，墓壁竖直，底较平。内填黄褐色五花土，土质较松，内含少量礓石块。北侧墓穴打破南侧墓穴（图一五；彩版五五，2）。

北侧墓穴平面呈长方形，东西长2.62米、南北宽1～1.08米、深1.8米。北棺棺痕长2米、宽0.5～0.6米、残高0.3米。棺内骨架保存较差，双臂自然放置身体两侧，两脚并拢，头向西，面向北，为男性，仰身直肢葬，骨架长1.68米。南侧墓穴平面呈长方形，东西长2.6米、南北宽1.06～1.1米、深1.8米。南棺棺痕长1.8米、宽0.46～0.54米、残高0.3米。棺内骨架保存较差，身材矮小，双臂自然放置身体两侧，两脚并拢，头向西，面向北，为女性，仰身直肢葬，骨架长1.52米。两棺底部均铺有草木灰，厚约0.01米。

随葬品有北棺人骨头左侧和腿右侧出土铜钱，南棺人骨头部左侧出土玉簪、银簪、玉扁方。

铜钱，2枚。光绪重宝，1枚。M12：1，模制、圆形、方穿。正面有郭，铸"光绪重宝"四字，楷书，对读。背面穿上为"当"，穿下为"拾"，穿左右为满文"宝源"，纪局名。直径3.2厘米、穿径0.6厘米、郭厚0.15厘米（图一九，14）。余1枚，锈蚀严重，字迹模糊不可辨。

玉簪，1件。M12：2，体宽扁，为倒三角形，上有镂空花草纹饰，顶端弯转成椭圆形环。长9.7厘米、宽0.4～1.4厘米（图一七，3；彩版五七，2）。

玉扁方，1件。M12：3，首卷曲，体呈长方形，尾呈圆弧形，素面。长10.6厘米、宽0.3～0.7厘米（图一七，4；彩版五六，8）。

银簪，1件。M12：4，首近葫芦形，纹饰锈蚀严重。体细长弯曲，为锥形。首长0.8厘米、通长10.9厘米、厚0.2厘米、重2.7克（彩版五七，3）。

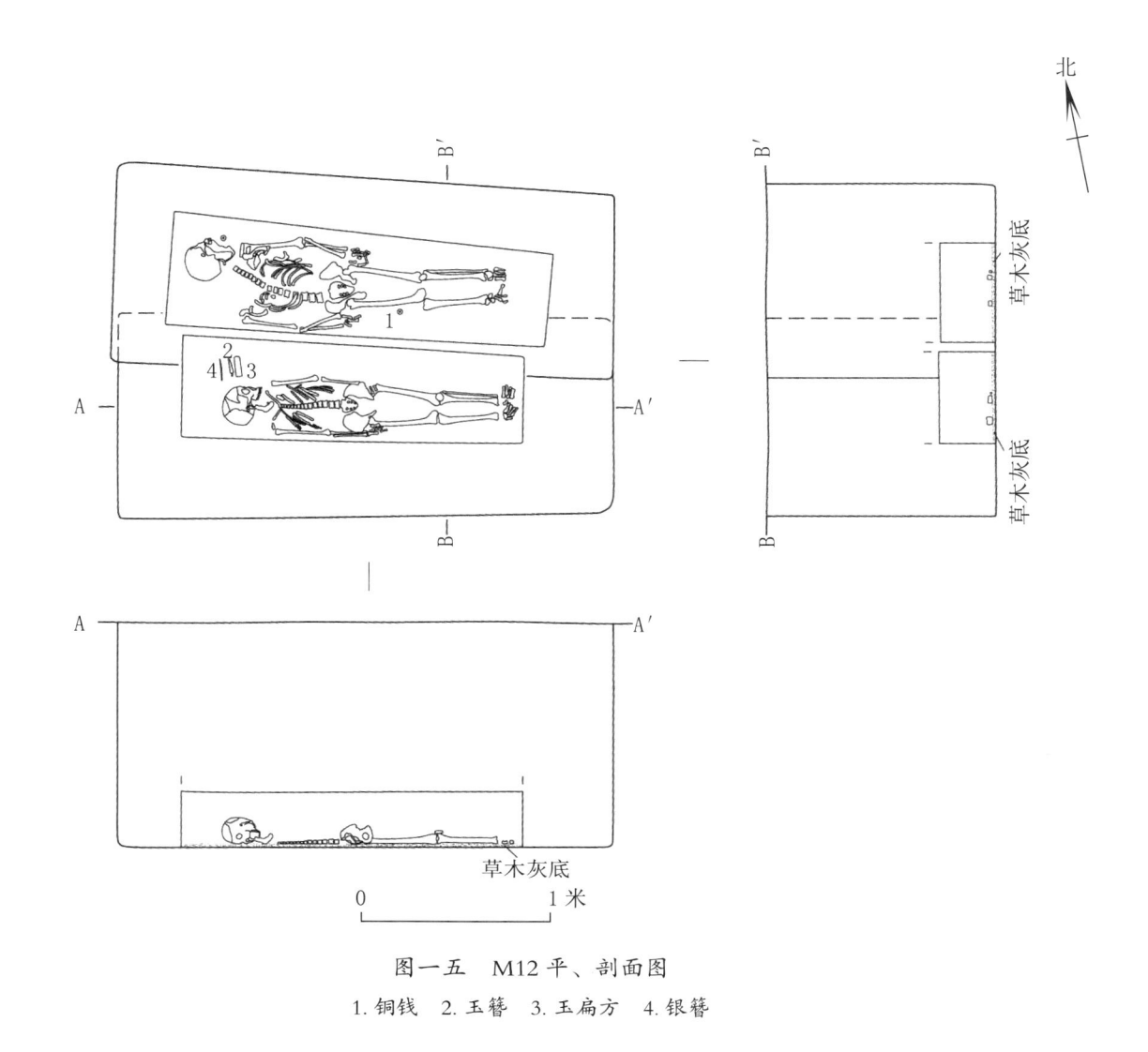

图一五 M12平、剖面图
1. 铜钱 2. 玉簪 3. 玉扁方 4. 银簪

10. M13

位于发掘区东南角，北邻M10，东西向，方向为270°。墓口距地表深0.8米，长3米、宽2.6～2.8米，墓底距地表深2.2米。墓壁竖直，底较平。内填黄褐色五花土，土质较松，内含少量礓石块。南侧墓穴打破北侧墓穴（图一六；彩版五二，3）。

南侧墓穴平面呈长方形，东西长3米、南北宽1.6～1.7米、深1.8米。南棺棺痕长1.9米、宽0.6～0.7米、残高0.3米。棺内骨架保存较差，头骨移位至棺西北角，双臂自然放置身体两侧，两腿平行伸直，头向西，面向北，为女性，仰身直肢葬，骨架1.52米。北侧墓穴平面呈长方形，东西长3米、南北宽1.3～1.4米、深2.2米。北棺棺痕长2米、宽0.68～0.8米、残高0.4米。棺内骨架保存较差，头骨移位后头顶朝下，右手放置胯部，双膝向北弯屈，头向西，面向西，为男性，侧身屈肢葬，长1.56米，骨架直肢长1.64米。

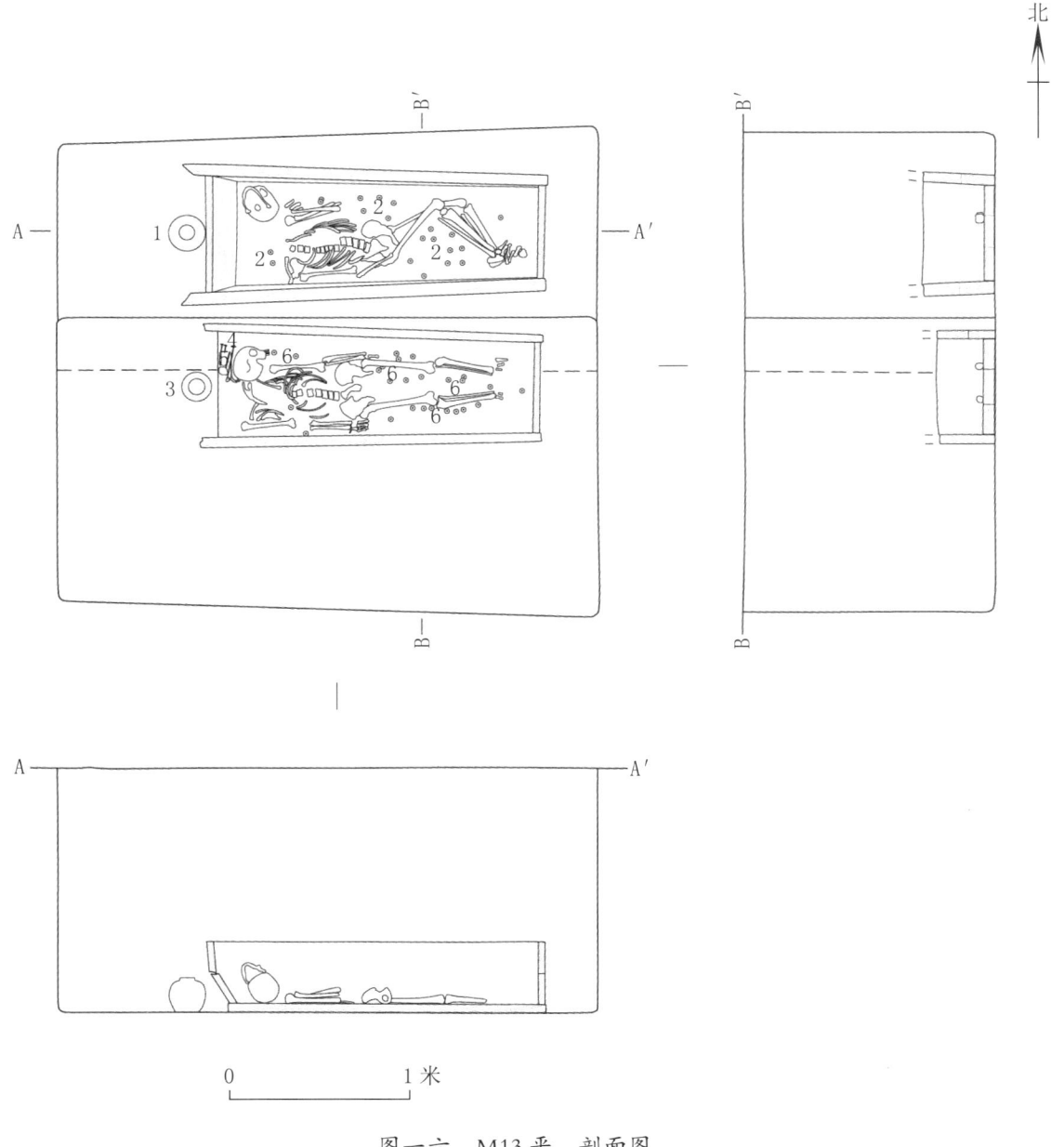

图一六　M13 平、剖面图
1、3. 青花瓷罐　2、6. 铜钱　4. 银簪　5. 银押发

随葬品有南棺头挡外正置青花瓷罐，人骨头部顶部出土银簪、银押发，人骨下方散置铜钱；北棺头挡外正置青花瓷罐，人骨下方散置铜钱。

青花瓷罐，1件。M13：1，小口微侈，圆唇，短束颈，鼓腹，平底。器身饰缠枝花卉纹。口径8厘米、腹径17厘米、底径12.8厘米、通高16.7厘米（图一七，1；彩版五八，1）。

铜钱，20枚。

乾隆通宝，1枚。M13：2-1，模制，圆形、方穿。正面有郭，铸"乾隆通宝"四字，楷书，对读；背面穿左右为满文"宝泉"，纪局名。直径2.3厘米、穿径0.6厘米、郭厚0.2厘米（图一八，8）。

道光通宝，1枚。M13：2-2，模制，圆形、方穿。正面有郭，铸"道光通宝"四字，楷书，对读；背面穿左右为满文"宝泉"，纪局名。直径3厘米、穿径0.7厘米、郭厚0.2厘米（图一八，18）。

同治重宝，2枚。M13：2-3，模制，圆形、方穿。正面有郭，铸"同治重宝"四字，楷书，对读；背面穿上为"当"，穿下为"十"，穿左右为满文"宝泉"，纪局名。直径3厘米、穿径0.7厘米、郭厚0.2厘米（图一九，9）。M13：2-4，模制，圆形、方穿。正面有郭，铸"同治重宝"四字，楷书，对读；背面穿上为"当"，穿下为"十"，穿左右为满文"宝泉"，纪局名。直径3厘米、穿径0.7厘米、郭厚0.2厘米（图一九，10）。

光绪重宝，1枚。M13：2-5，模制，圆形、方穿。正面有郭，铸"光绪重宝"四字，楷书，对读；背面穿上为"当"，穿下为"十"，穿左右为满文"宝泉"，纪局名。直径3.2厘米、穿径0.7厘米、郭厚0.2厘米（图一九，15）。

光绪通宝，2枚。M13：2-6，模制，圆形、方穿。正面有郭，铸"光绪通宝"四字，楷书，对读；背面穿左右为满文"宝源"，纪局名。直径2.7厘米、穿径0.5厘米、郭厚0.1厘米（图一九，16）。M13：2-7，模制，圆形、方穿。正面有郭，铸"光绪通宝"四字，楷书，对读；背面穿左右为满文"宝泉"，纪局名。直径2.7厘米、穿径0.5厘米、郭厚0.1厘米（图一九，17）。

余13枚，锈蚀严重，字迹模糊不可辨。

青花瓷罐，1件。M13：3，直口微侈，圆唇，短束颈，鼓腹，平底。器身饰缠枝花卉纹。口径7厘米、腹径14.2厘米、底径10.2厘米、通高15.3厘米（图一七，2；彩版五八，2）。

银簪，7件。M13：4-1，首为葵花形，截面为凸字形，中部为圆形凸起。体细长，为锥形。内铸"福"字，已残，底托为葵花形。通长10.9厘米、首直径2.4厘米、首高0.4厘米，重8.4克（图一七，12；彩版五七，4）。M13：4-2，首为葵花形，截面为凸字形，中部为圆形凸起。体细长，为锥形。内铸"寿"字。通长10.7厘米、首宽2.4厘米、首高0.4厘米，重8.6克（图一七，13；彩版五七，5）。M13：4-3，体呈圆锥形，首作花瓣形，中间为圆形花骨朵。通长7.2厘米、首宽2厘米，重2.3克（图一七，14；彩版五七，6）。M13：4-4，体呈圆锥形，首作花瓣形，中间为圆形花骨朵。通长7.1厘米、首宽2厘米，重2.3克（图一七，15；彩版五七，7）。M13：4-5，由三个相连的花瓣构成，中心刻花蕊图案。通长11.9厘米、首宽3.1～5.2厘米，重11.7克（图一七，16；彩版五七，8）。M13：4-6，首为由铜丝缠绕而成的六面形禅杖，下套铜环，顶部呈葫芦状，体细直，为锥形。通长13.6厘米、首宽2.1厘米，重6克（图一七，17；彩版五八，3）。M13：4-7，首作佛手状，残。体呈锥形。残长17.5厘米，重2.9克（图一七，18；彩版五八，4）。

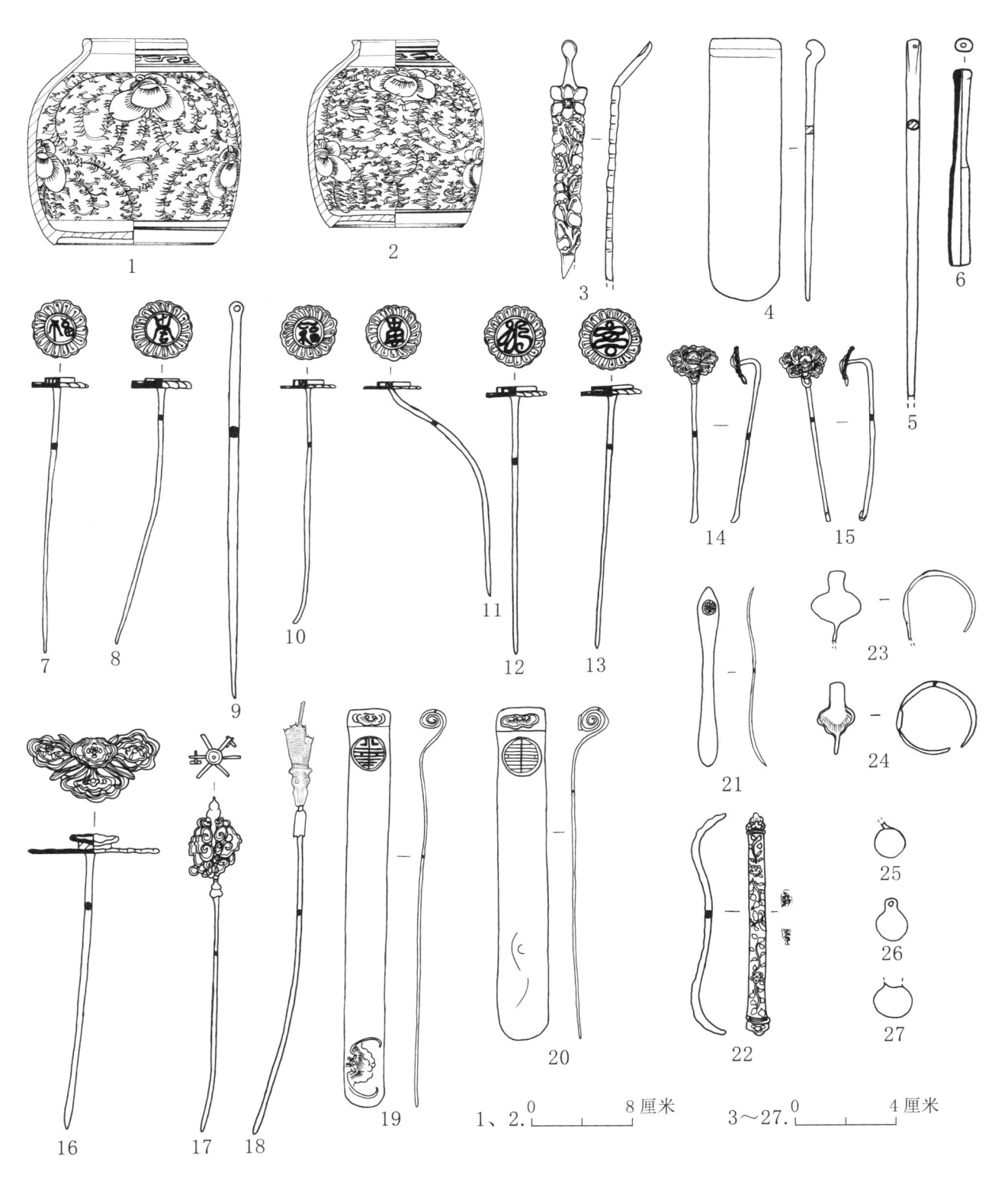

朝阳区祁家庄清代墓葬发掘报告 | 133

图一七 出土器物

1、2.瓷罐（M13：1、M13：3） 3.玉簪（M12：2） 4.玉扁方（M12：3） 5.骨簪（M11：2） 6.铜烟嘴（M2：1） 7~18.银簪（M8：2-1、M8：2-2、M9：2、M10：2-1、M10：2-2、M13：4-1、M13：4-2、M13：4-3、M13：4-4、M13：4-5、M13：4-6、M13：4-7） 19、20.银扁方（M8：3、M10：3） 21、22.银押发（M3：1、M13：5） 23、24.银耳环（M5：2、M9：3） 25、26.铜扣（M5：3-1、M5：3-2） 27.料扣（M9：5）

银押发，1件。M13：5，两端圆尖，缠枝花卉纹。中部弯曲，侧视如弓形。长9厘米、宽0.23～0.7厘米，重10.2克（图一七，22；彩版五八，5）。

铜钱，20枚。

嘉庆通宝，1枚。M13：6-1，模制，圆形、方穿。正面有郭，铸"嘉庆通宝"四字，楷书，对读；背面穿左右为满文"宝泉"，纪局名。直径2.4厘米、穿径0.6厘米、郭厚0.2厘米（图一八，11）。

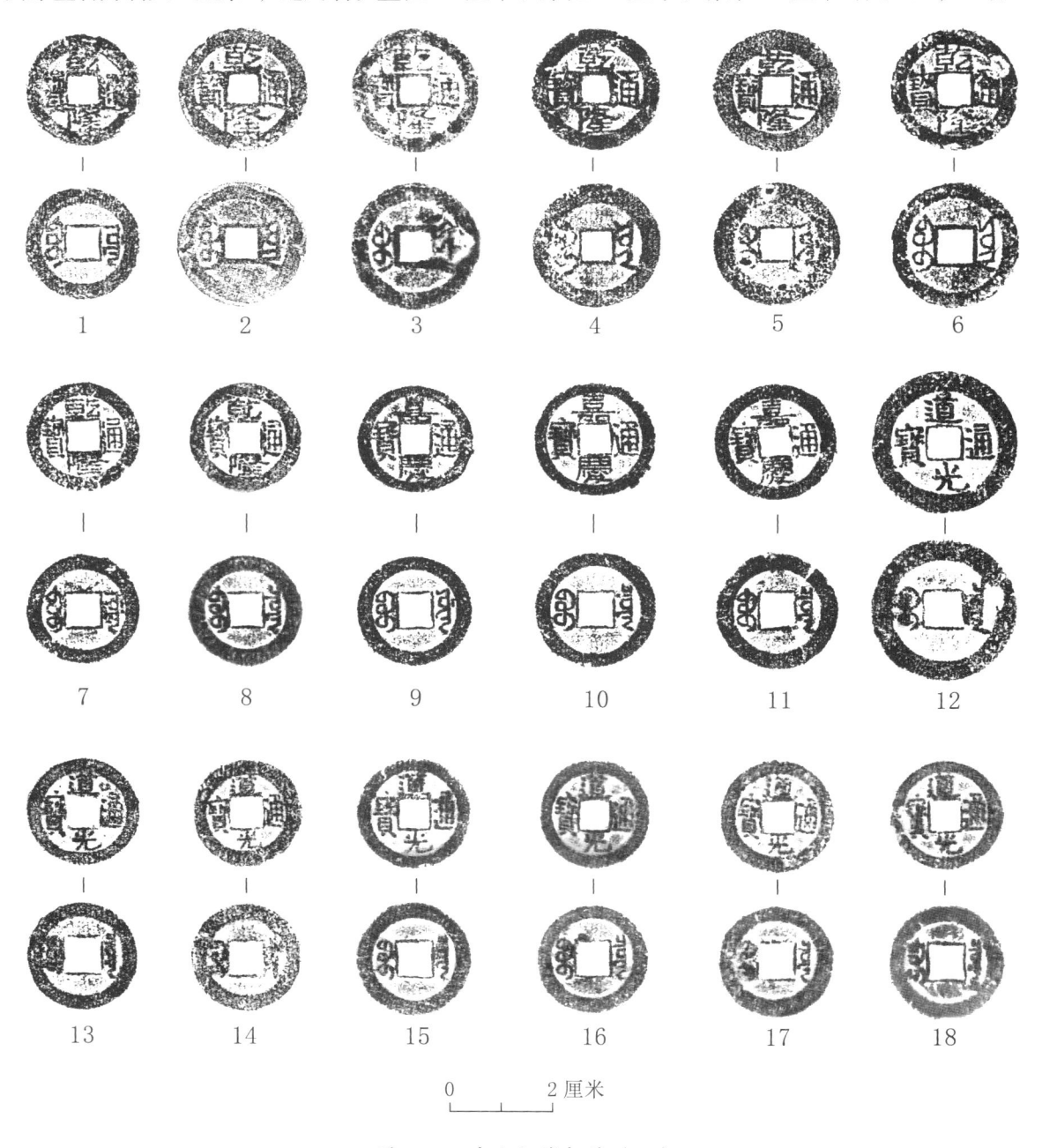

图一八 出土铜钱拓片（一）

1～8.乾隆通宝（M1：1、M3：2、M5：1-1、M8：1-1、M8：1-2、M8：4-1、M8：4-2、M13：2-1）

9～11.嘉庆通宝（M8：4-3、M8：4-4、M13：6-1）

12～18.道光通宝（M7：2-1、M8：1-3、M10：1、M10：5-1、M10：5-2、M10：5-3、M13：2-2）

咸丰重宝，1 枚。M13:6-2，模制，圆形、方穿。正面有郭，铸"咸丰重宝"四字，楷书，对读；背面穿上为"当"，穿下为"十"，穿左右为满文"宝泉"，纪局名。直径 2.5 厘米、穿径 0.7 厘米、郭厚 0.1 厘米（图一九，4）。

图一九　出土铜钱拓片（二）

1～4.咸丰重宝（M5:1-2、M7:2-2、M11:1-1、M13:6-2）　5～12.同治重宝（M5:1-3、M6:1、M9:1　M11:1-2、M13:2-3、M13:2-4、M13:6-3、M13:6-4）　13～15.光绪重宝（M11:1-3、M12:1、M13:2-5）　16、17.光绪通宝（M13:2-6、M13:2-7）

同治重宝，2枚。M13∶6-3，模制、圆形、方穿。正面有郭，铸"同治重宝"四字，楷书，对读。背面穿上为"当"，穿下为"十"，穿左右为满文"宝泉"，纪局名。直径3.1厘米、穿径0.7厘米、郭厚0.2厘米（图一九，11）。M13∶6-4，模制，圆形、方穿。正面有郭，铸"同治重宝"四字，楷书，对读；背面穿上为"当"，穿下为"十"，穿左右为满文"宝泉"，纪局名。直径2.8厘米、穿径0.6厘米、郭厚0.2厘米（图一九，12）。

余16枚，锈蚀严重，字迹模糊不可辨。

四、小结

本次发掘的13座墓葬分布规律不明显，有10座墓葬两两一组相距较近，其余3座墓葬与周邻墓葬距离相对较远。5组（10座）墓葬中存在打破关系的有1组，为M3、M4（M3打破M4）。

墓葬均为长方形竖穴土坑墓。南北向墓3座，东西向墓10座。葬具均为木棺。依埋葬人数多寡分为单人葬墓、双人合葬墓。其中单人葬墓3座，双人合葬墓10座。随葬器物主要有青花瓷罐、玉扁方、玉簪、银扁方、银簪、银耳环、铜钱、铜簪、铜戒指、铜扣、铜烟嘴、骨簪等。

上述几座墓葬中，M1、M3、M5～M13，均出土可辨别年代的铜钱，最早为乾隆时期，最晚为光绪时期，可判断这些墓葬的时代为清代。

M2、M4无出土铜钱，但M1与M2相邻，M3与M4相邻，可根据墓葬形制、位置关系以及出土器物特征综合判断属于同一时代。依据墓葬形制、随葬器物特征，初步判断这批墓葬的时代全部为清代。

本次发掘出土了一批具有一定历史、艺术价值的文物，为进一步了解北京地区清代的丧葬观念及丧葬习俗和社会生活状况提供了珍贵的实物资料。通过对上述古代墓葬的发掘，妥善地保护了这一地区的地下文物，为更好地了解该地区古代墓葬的形制、结构等特点提供了线索。

发掘：张利芳
修复、拓片：黄星　席忠民
绘图：林玥
执笔：范泽华

附表一　墓葬登记表　　　　　　　　　　　　　　单位：米

墓号	方向	墓圹（长×宽×深）	墓口距地表深	墓底距地表深	棺数	葬式	人骨保存情况	头向及面向	性别	随葬品（件）
M1	235°	（2.5~2.78）×1.6×1.2	0.8	2	双棺	皆为仰身直肢葬	皆保存较差	南棺头向西，面向上；北棺头向西，面向上	南棺女性；北棺男性	铜钱1
M2	270°	（2.4~2.7）×1.5×1.3	0.8	2.1	双棺	皆为仰身直肢葬	皆保存较差	南棺头向西，面向北；北棺头向西，面向东南	南棺女性；北棺男性	铜烟嘴1
M3	230°	（2.5~2.7）×（1.6~1.8）×1.2	0.6	1.8	双棺	皆为仰身直肢葬	皆保存较差	南棺头向西，面向东；北棺头向西，面向南	南棺男性；北棺女性	银押发1、铜钱3
M4	160°	2.7×1.4×1.5	0.6	2.1	单棺	不详	无	不详	不详	无
M5	185°	2.5×（0.7~0.92）×1.1	0.7	1.8	单棺	仰身直肢葬	保存较差	头向南，面向东	女性	铜钱3、铜耳环1、铜扣2
M6	270°	2.4×1.2×1.2	0.8	2	单棺	仰身直肢葬	保存较差	头向西，面向下	男性	铜钱1
M7	270°	2.6×1.6×1.3	0.8	2.1	双棺	皆为仰身直肢葬	皆保存较差	南棺头向西，面向上；北棺头向西，面向下	南棺男性；北棺女性	铜钱8
M8	230°	（3~3.2）×（1.8~2.1）×1.24	0.7	1.94	双棺	皆为仰身直肢葬	皆保存较差	南棺头向西，面向下；北棺头向西，面向南	南棺女性；北棺男性	铜钱15、银簪2、银扁方1、
M9	250°	2.8×（2~2.2）×1.2	0.8	2	双棺	南棺仰身直肢葬；北棺侧身屈肢葬	皆保存较差	南棺头向西，面向北；北棺头向西，面向北	南棺女性；北棺男性	铜钱6、银簪1、银耳环1、料扣1
M10	215°	2.72×（2~2.2）×1.2	0.6	1.8	双棺	皆为仰身直肢葬	皆保存较差	南棺头向西，面向北；北棺头向西，面向北	南棺女性；北棺男性	铜钱7、银簪2、银扁方1、铜扣4
M11	255°	（2.3~2.5）×（2~2.04）×（1.3~1.4）	0.6	1.9~2	双棺	皆为仰身直肢葬	南棺保存较差；北棺保存较好	南棺头向西，面向东；北棺头向西，面向上	南棺女性；北棺男性	铜钱5、骨簪1
M12	280°	（2.6~2.62）×（1.7~1.9）×1.2	0.6	1.8	双棺	皆为仰身直肢葬	皆保存较差	南棺头向西，面向北；北棺头向西，面向北	南棺女性；北棺男性	铜钱2、玉簪1、玉扁方1、银簪1、
M13	270°	3×（2.6~2.8）×1.4	0.8	2.2	双棺	南棺仰身直肢葬；北棺侧身屈肢葬	皆保存较差	南棺头向西，面向北；北棺头向西，面向西	南棺女性；北棺男性	青花瓷罐2、铜钱40、银簪7、银押发1

附表二 铜钱统计表　　　　　　　　　　　单位：厘米

单位	编号	种类	钱径	穿径	郭厚	备注
M1	M1∶1	乾隆通宝	2.5	0.6	0.2	穿左右为满文"宝源"
M3	M3∶2	乾隆通宝	2.6	0.6	0.2	穿左右为满文"宝源"
	M3∶3	宽永通宝	2.3	0.65	0.2	光背
M5	M5∶1-1	乾隆通宝	2.5	0.55	0.3	穿左为满文"宝"
	M5∶1-2	咸丰重宝	3.2	0.8	0.35	穿上下为汉字"当十"，左右为满文"宝源"
	M5∶1-3	同治重宝	3.2	0.8	0.35	穿上下为汉字"当十"，左右为满文"宝泉"
M6	M6∶1	同治重宝	2.7	0.55	0.3	穿上下为汉字"当十"，左右为满文"宝泉"
M7	M7∶2-1	道光通宝	2.3	0.6	0.2	穿左右为满文"宝泉"
	M7∶2-2	咸丰重宝	3.35	0.7	0.25	穿上下为汉字"当十"，左右为满文"宝泉"
M8	M8∶1-1	乾隆通宝	2.6	0.6	0.2	穿左右为满文"宝云"
	M8∶1-2	乾隆通宝	2.6	0.6	0.2	穿左右为满文"宝源"
	M8∶1-3	道光通宝	2.3	0.6	0.2	穿左右为满文"宝泉"
	M8∶4-1	乾隆通宝	2.6	0.6	0.2	穿左右为满文"宝云"
	M8∶4-2	乾隆通宝	2.6	0.6	0.2	穿左右为满文"宝源"
	M8∶4-3	嘉庆通宝	2.4	0.6	0.2	穿左右为满文"宝源"
	M8∶4-4	嘉庆通宝	2.4	0.6	0.2	穿左右为满文"宝泉"
	M8∶4-5	嘉庆通宝	2.4	0.6	0.2	穿左右为满文"宝泉"
M9	M9∶1	同治重宝	3	0.65	0.2	穿上下为汉字"当十"，左右为满文"宝泉"
M10	M10∶1	道光通宝	2.25	0.6	0.1	穿左右为满文"宝泉"
	M10∶5-1	道光通宝	2.35	0.55	0.15	穿左右为满文"宝泉"
	M10∶5-2	道光通宝	2.35	0.55	0.15	穿左右为满文"宝泉"
	M10∶5-3	道光通宝	2.35	0.55	0.15	穿左右为满文"宝泉"
M11	M11∶1-1	咸丰重宝	3.35	0.75	0.25	穿上下为汉字"当十"，左右为满文"宝泉"
	M11∶1-2	同治重宝	2.7	0.55	0.3	穿上下为汉字"当十"，左右为满文"宝泉"
	M11∶1-3	光绪重宝	2.6	0.6	0.2	穿上下为汉字"当拾"，左右为满文"宝泉"
M12	M12∶1	光绪重宝	3.2	0.6	0.15	穿上下为汉字"当拾"，左右为满文"宝源"
M13	M13∶2-1	乾隆通宝	2.3	0.6	0.2	穿左右为满文"宝泉"
	M13∶2-2	道光通宝	3	0.7	0.2	穿左右为满文"宝泉"
	M13∶2-3	同治重宝	3	0.7	0.2	穿上下为汉字"当十"，左右为满文"宝泉"
	M13∶2-4	同治重宝	3	0.7	0.2	穿上下为汉字"当十"，左右为满文"宝泉"

续表

单位	编号	种类	钱径	穿径	郭厚	备注
M13	M13:2-5	光绪重宝	3.2	0.7	0.2	穿上下为汉字"当十",左右为满文"宝泉"
	M13:2-6	光绪通宝	2.7	0.5	0.1	穿左右为满文"宝源"
	M13:2-7	光绪通宝	2.7	0.5	0.1	穿左右为满文"宝泉"
	M13:6-1	嘉庆通宝	2.4	0.6	0.2	穿左右为满文"宝泉"
	M13:6-2	咸丰重宝	2.5	0.7	0.1	穿上下为汉字"当十",左右为满文"宝泉"
	M13:6-3	同治重宝	3.1	0.7	0.2	穿上下为汉字"当十",左右为满文"宝泉"
	M13:6-4	同治重宝	2.8	0.6	0.2	穿上下为汉字"当十",左右为满文"宝泉"

朝阳区来广营清代墓葬发掘报告

  为了配合朝阳区来广营土地一级开发项目的建设，2013年11月21日至12月2日，北京市考古研究院（原北京市文物研究所）对其占地范围内考古勘探发现的古代墓葬进行了正式发掘。发掘区位于朝阳区西北部，东邻容瑞路、西邻京承高速、南邻五环路、北邻电子城西区二号路（图一）。此次共发掘古代墓葬12座，发掘面积共计125平方米（图二）。

图一　发掘地点位置示意图

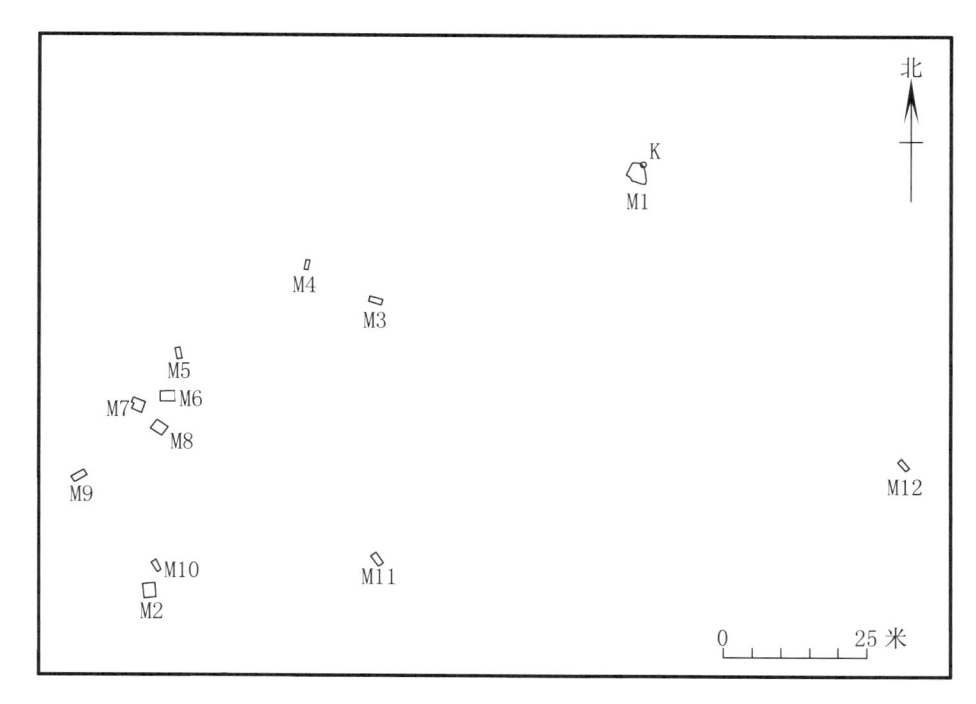

图二　总平面图

一、地层堆积

发掘区内地势平坦，地层堆积较简单，可分为2层。叙述如下：

第①层：现代回填土层，深0～1.1米，土色为灰黑色，土质较疏松，内含大量现代建筑垃圾。

第②层：近现代土层，深1.1～1.6米，土色为黄褐色，土质较黏，结构较为紧密，内含少量植物根系、青花瓷片、砖块等。

②层以下为原生土。

二、墓葬形制

M1开口于②层下，为竖穴土圹墓，东西向，平面呈不规则形，东西长4.38米、南北宽3.12米。墓口距地表深1.3米，墓底距地表深2.9～3米。墓圹内填五花土，土质较松软。墓坑内置双棺，南北向并排，棺木大部分已朽，仅存棺痕。南棺棺痕东西长2米、南北宽0.86米、残存高度0.23米。人骨架保存状况较差，头骨位于西南部，面向、葬式均不详，为女性。北棺棺痕东西长2.04米、宽0.82米、残存高度0.24米，人骨架保存状况较差，头骨位于西南部，面向下，为俯身屈肢葬，为男性。随葬器物银簪1件、银押发1件、耳环1对（图三；彩版五九，1）。

M2 开口于②层下，为竖穴土圹墓，南北向，平面呈长方形，南北长 2.45 米、东西宽 2.13 ~ 2.3 米。墓口距地表深 1.3 米，墓底距地表深 2.46 ~ 2.6 米。墓圹内填五花土，土质较松软，墓坑内置双棺，东西向并排，棺木部分已朽。东棺南北长 2.02 米、东西宽 0.7 米、残存高度 0.23 米。人骨架保存状况较差，头骨位于北部，面向下，为仰身直肢葬，为男性。西棺南北长 2.08 米、东西宽 0.92 米、残存高度 0.22 米。人骨架保存状况较差，头骨位于北部，面向南，应为仰身直肢葬，为女性。未发现随葬品（图四；彩版五九，2）。

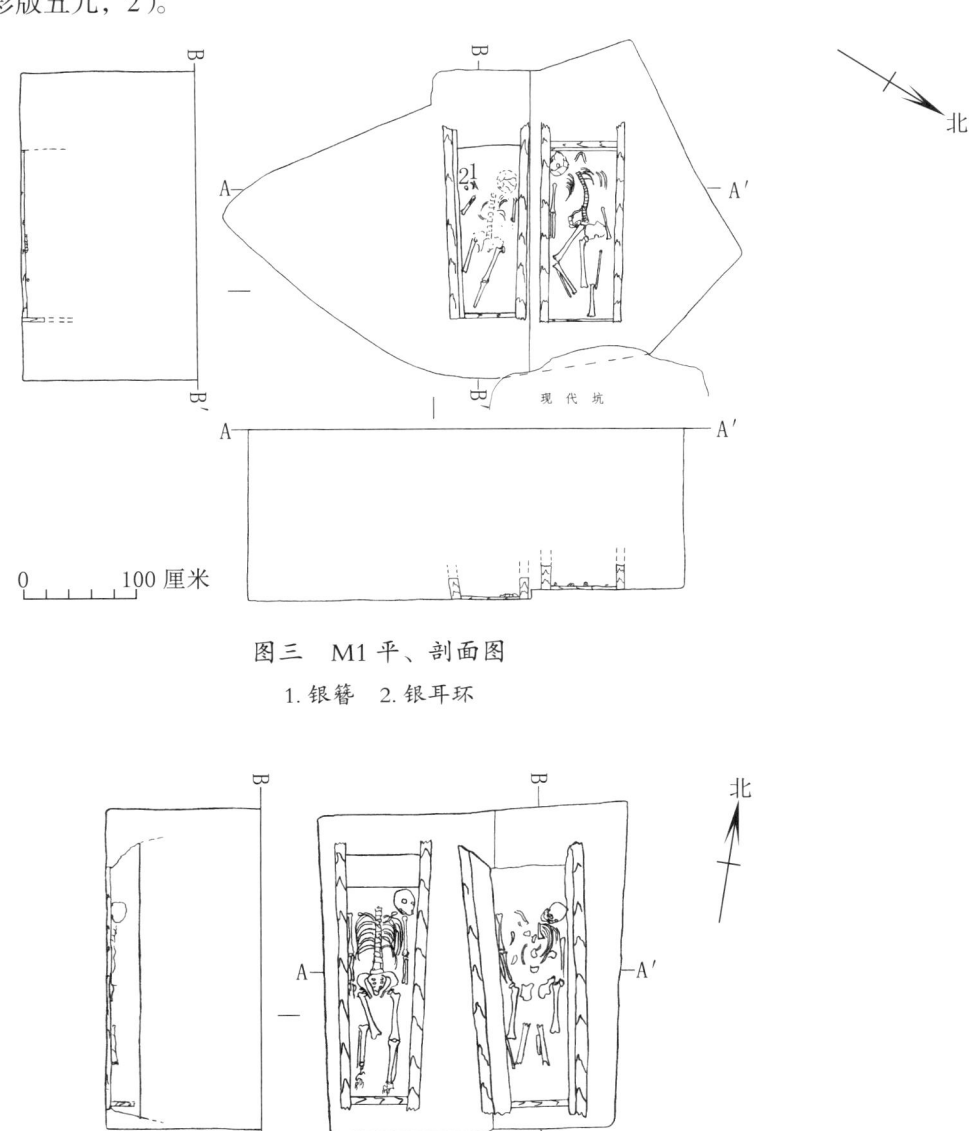

图三 M1 平、剖面图
1. 银簪 2. 银耳环

图四 M2 平、剖面图

M3 开口于②层下，为竖穴土圹墓，东西向。平面呈长方形，东西长 2.65 米、南北宽 1.4 米。墓口距地表深 1.4 米，墓底距地表深 2.45 米。墓圹内填五花土，土质较松软，墓坑内置单棺，棺木已朽，仅存棺痕。棺痕东西长 1.7 米、南北宽 0.6 米、残存高度 0.14 米。人骨架保存状况较差，头骨位于西部，面向北，葬式不详，为男性。随葬器物有釉陶罐 1 件、铜钱 1 枚（图五；彩版六〇，1）。

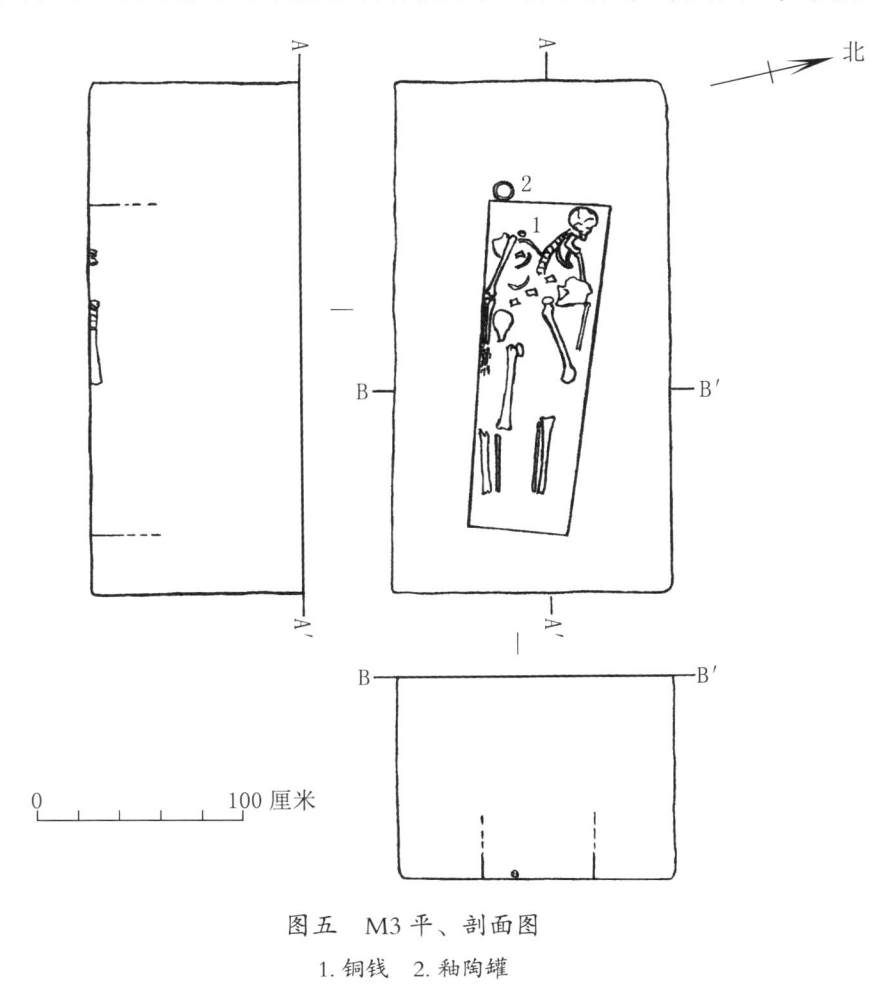

图五　M3 平、剖面图
1. 铜钱　2. 釉陶罐

M4 开口于②层下，为竖穴土圹墓，南北向。平面呈长方形，长 2.16 米、宽 0.8 米。墓口距地表深 1.5 米，墓底距地表深 1.86 米。墓圹内填五花土，土质较松软。墓坑内置人骨架 1 具，未见葬具。人骨架保存状况差，头骨位于北部，面向不详，为仰身屈肢葬，为男性。未发现随葬品（图六；彩版六〇，2）。

M5 开口于②层下，为竖穴土圹墓，南北向。平面呈长方形，长 2.4 米、宽 1.1~1.2 米。墓口距地表深 1 米，墓底距地表深 1.44 米。墓圹内填五花土，土质较松软。墓坑内置单棺，棺木已朽，仅存棺痕。棺痕南北长 1.82 米、东西宽 0.64 米、残存高度 0.14 米。人骨架保存状况较差，头骨位于北部，面向东南，为仰身直肢葬，为男性。未发现随葬品（图七；彩版六一，1）。

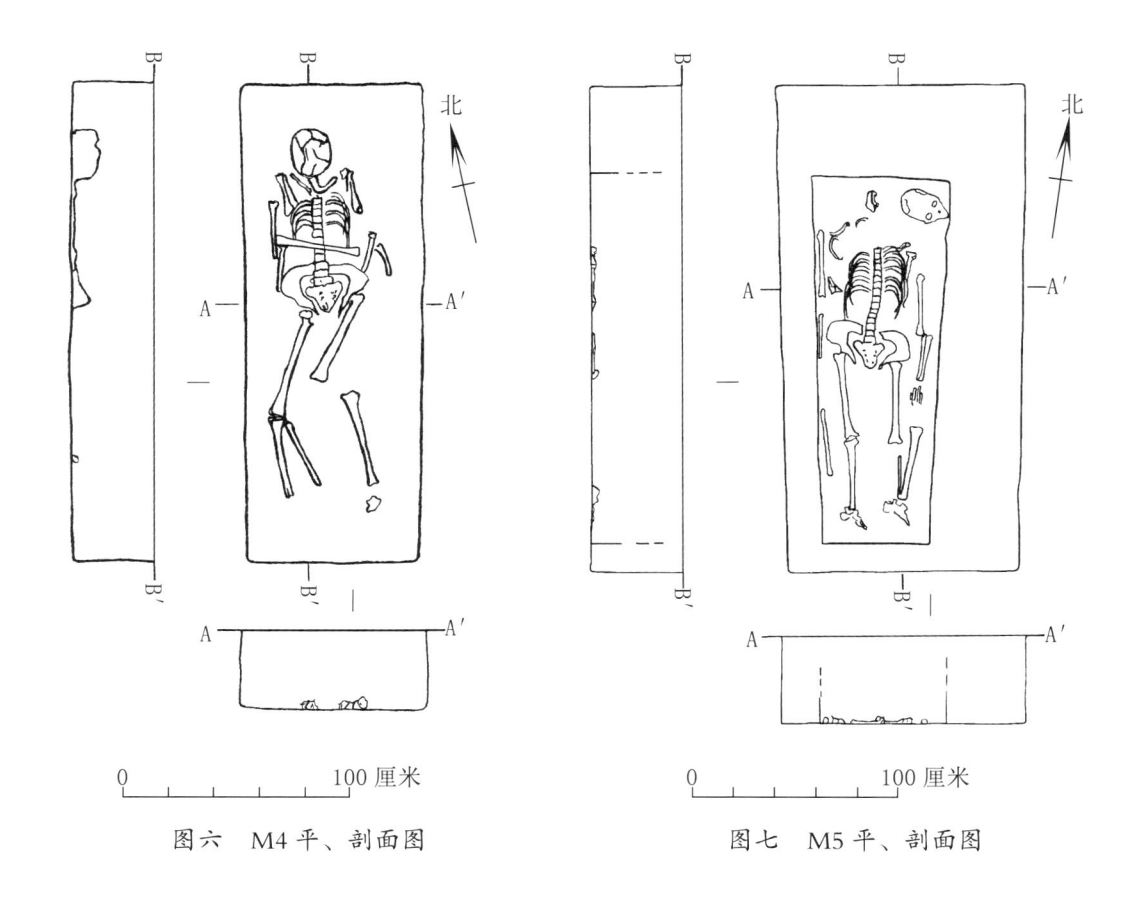

图六　M4 平、剖面图　　　　　　　　图七　M5 平、剖面图

M6 开口于②层下，为竖穴土圹墓，东西向。平面呈长方形，长 3 米、宽 1.8 ~ 1.9 米。墓口距地表深 1 米，墓底距地表深 1.66 米。墓圹内填五花土，土质较松软。墓坑内置单棺，棺木已朽，仅存棺痕。棺痕东西长 1.92 米、南北宽 0.76 米、残存高度 0.2 米。人骨架保存状况较差，头骨位于西部，面向南，为仰身屈肢葬，为男性。随葬器物有铜钱 2 枚（图八；彩版六一，2）。

M7 开口于②层下，为竖穴土圹墓，东西向。平面呈多边形，长 3.04 米、宽 2.26 ~ 2.5 米。墓口距地表深 1.1 米，墓底距地表深 1.86 ~ 2 米。墓圹内填五花土，土质较松软。墓坑内置双棺，南北向并排，棺木已朽，仅存棺痕。北棺棺痕东西长 1.82 米、宽 0.6 米、残存高度 0.2 米，人骨架保存状况较好，头骨位于西部，面向南，为仰身直肢葬，为女性。南棺棺痕长 1.82 米、宽 0.6 米、残存高度 0.16 米，人骨架保存状况较好，头骨位于西部，面向上，为仰身直肢葬，为男性。随葬器物有釉陶罐 2 件、银簪 1 件、铜钱 5 枚（图九；彩版六二，1）。

M8 开口于②层下，为竖穴土圹墓，东西向。平面呈长方形，长 2.82 米、宽 1.76 ~ 1.8 米。墓口距地表深 1.2 米，墓底距地表深 1.76 ~ 1.8 米。墓圹内填五花土，土质较松软。墓坑内置双棺，南北向并排，棺木已朽，仅存棺痕。南棺棺痕长 1.72 米、宽 0.6 米、残存高度 0.14 米。人骨架保存状况较差，头骨位于西部，面向北，为仰身直肢葬，为女性。北棺棺痕长 1.82 米、宽 0.56 米、残高 0.18 米。人骨架保存状况较差，头骨位于西部，面向南，为侧身屈肢葬，为男性。随葬器物有釉陶罐 1 件、银簪 3 件、铜钱 4 枚（图一〇；彩版六二，2）。

图八　M6 平、剖面图
1. 铜钱

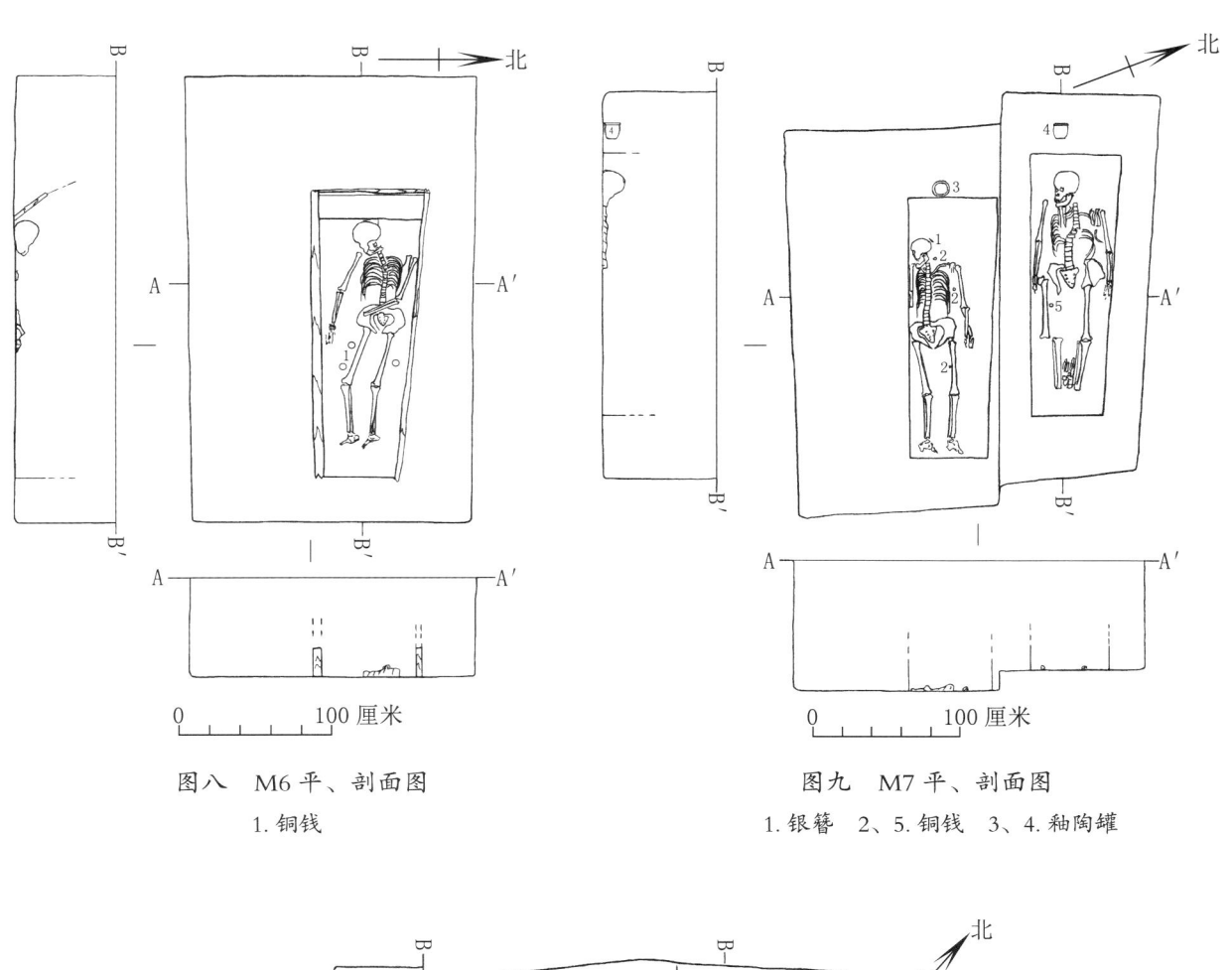

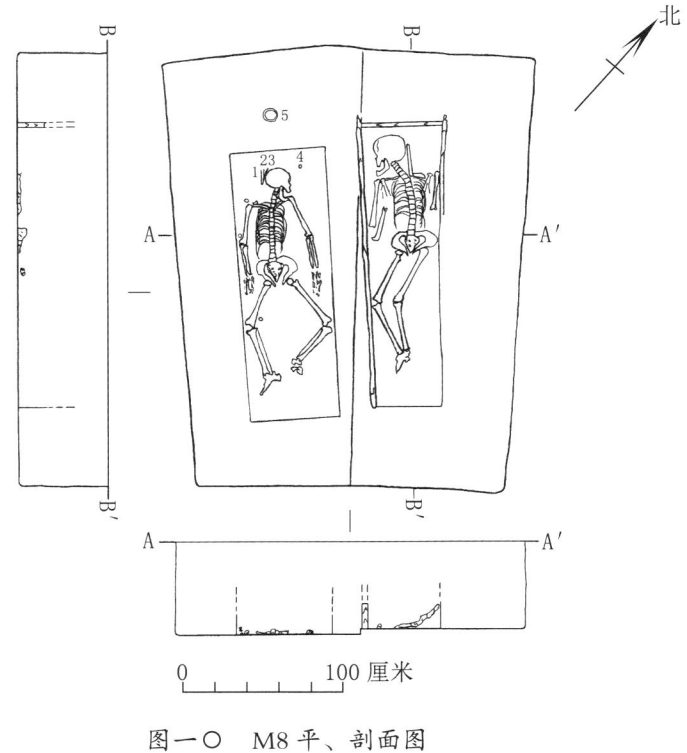

图九　M7 平、剖面图
1. 银簪　2、5. 铜钱　3、4. 釉陶罐

图一〇　M8 平、剖面图
1～3. 银簪　4. 铜钱　5. 釉陶罐

M9 开口于②层下，为竖穴土圹墓，东西向。平面呈长方形，长 2.6 米、宽 1.8 ~ 1.9 米。墓口距地表深 1.1 米，墓底距地表深 1.5 ~ 1.56 米。墓圹内填五花土，土质较松软。墓坑内置双棺，南北向并排，棺木已朽，仅存棺痕。南棺棺痕长 1.68 米、宽 0.52 米、残存高度 0.14 米。人骨架保存状况较差，头向西南，面向南，为仰身直肢葬，为女性。北棺棺痕长 1.94 米、宽 0.6 米、残存高度 0.12 米。人骨架保存状况较差，头向南，面向南，为仰身直肢葬，为男性。随葬器物有银簪 2 件、银扁方 1 件、银耳环 1 件、铜钱 4 枚（图一一；彩版六三，1）。

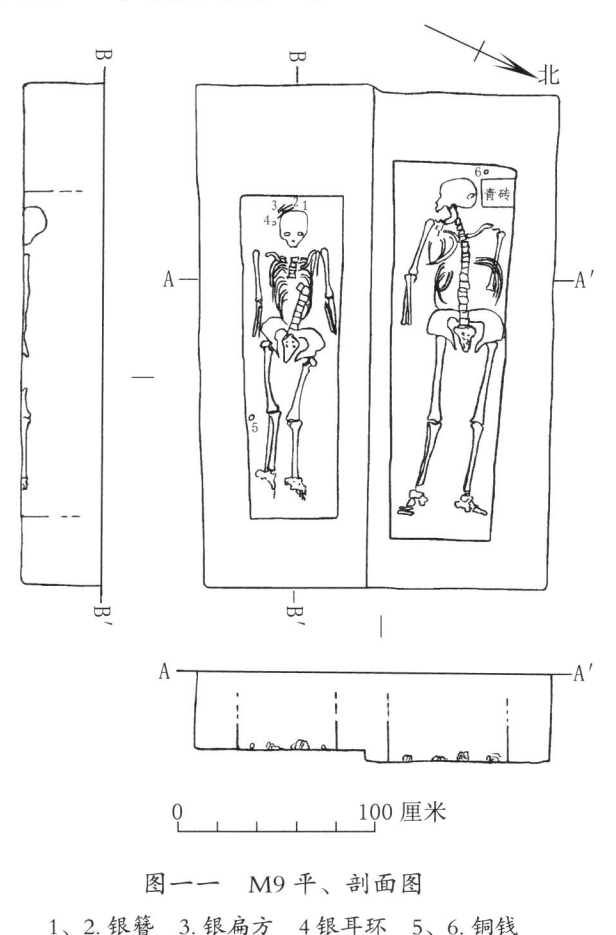

图一一　M9 平、剖面图
1、2. 银簪　3. 银扁方　4. 银耳环　5、6. 铜钱

M10 开口于②层下，为竖穴土圹墓，南北向。平面呈长方形，长 2.7 米、宽 1 ~ 1.2 米，墓口距地表深 1 米，墓底距地表深 2.4 米。墓圹内填五花土，土质较松软。墓坑内置单棺，棺木已朽，仅存棺痕。棺痕南北长 2.02 米、宽 0.75 米、残存高度 0.2 米。人骨架保存状况较差，头骨位于北部，面向南，为仰身直肢葬，为男性。无随葬品（图一二；彩版六三，2）。

M11 开口于②层下，为竖穴土圹墓，南北向。平面呈长方形，长 2.6 米、宽 1 ~ 1.1 米。墓口距地表深 1.2 米，墓底距地表深 2.8 米。墓圹内填五花土，土质较松软。墓坑内置单棺，棺木已朽，仅存棺痕。棺痕南北长 1.8 米、宽 0.75 米、残存高度 0.3 米。人骨架保存状况较差，头骨位于东部，面向南，为仰身直肢葬，为女性。随葬器物有银簪 1 件（图一三；彩版六四，1）。

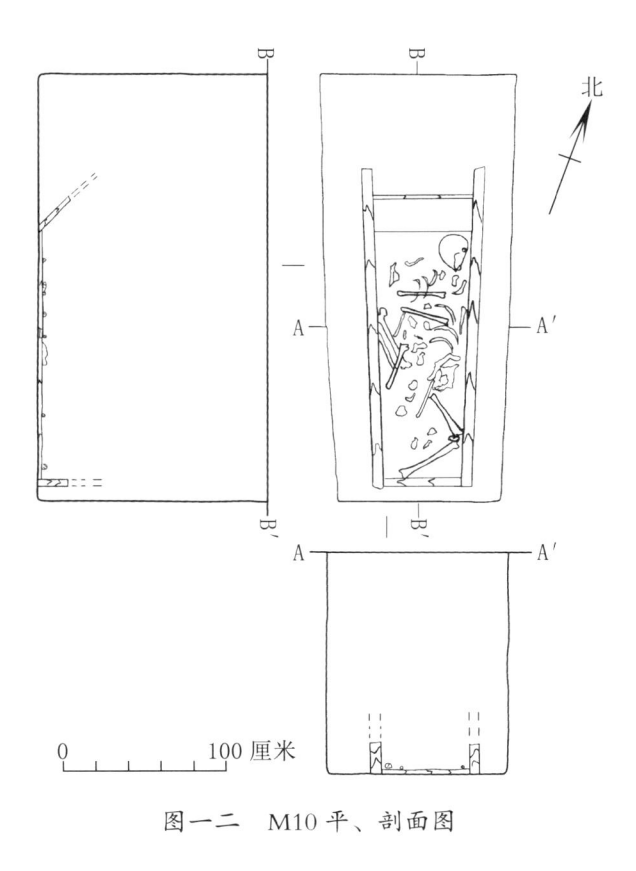

图一二　M10 平、剖面图

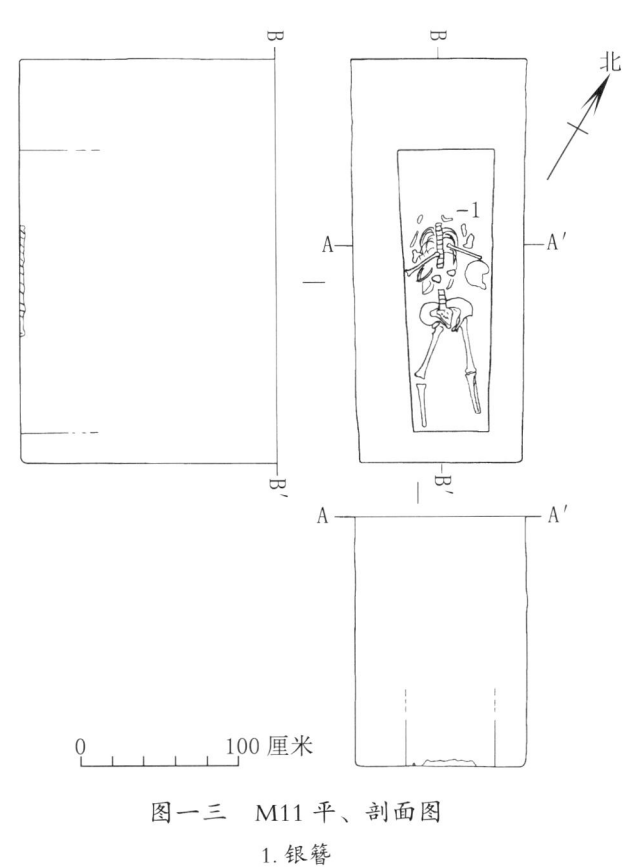

图一三　M11 平、剖面图

1. 银簪

M12 开口于②层下，竖穴土圹墓，南北向。平面呈长方形，墓圹长 2.54 米、宽 0.9～1 米。墓口距地表深 1 米，墓底距地表深 1.9 米，内填花土，土质松软，墓底内置单棺，棺木已朽，棺长 2.02 米、宽 0.75 米、残高 0.25 米，棺内骨架保存差，头向西北，面向南，葬式、性别均不详（图一四；彩版六四，2）。

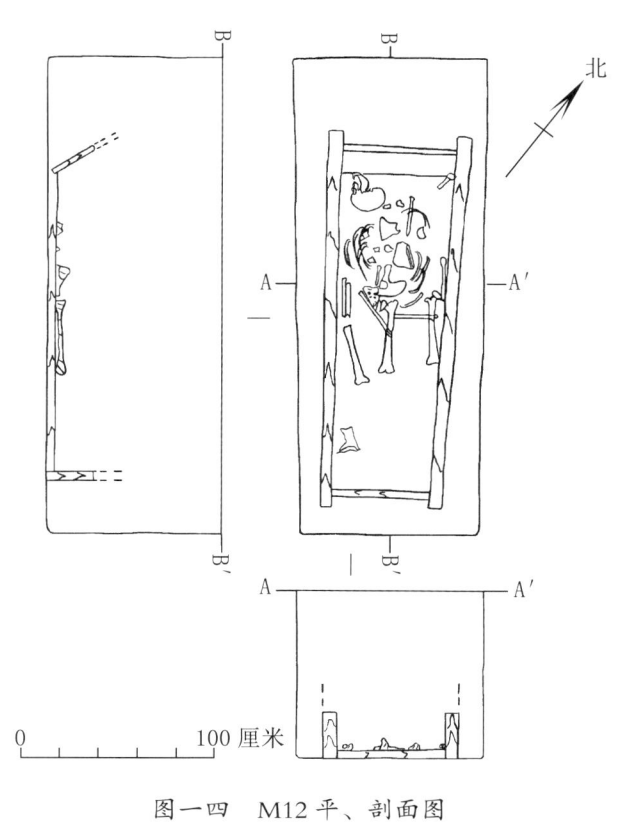

图一四　M12 平、剖面图

三、随葬器物

共出土随葬器物 16 件（组），主要为釉陶器和银器。此外，还有一定数量的铜钱。

（一）釉陶器

此次发掘出土的釉陶器均为罐。

釉陶罐 4 件。形制、釉色和胎质基本相同。直口微侈，圆唇，短束颈，腹上部略宽，向下略内收，大平底。底部不规整。素面。器身留有明显的轮制痕迹。外壁从口沿处至上腹部施酱色釉，施釉较薄。内壁仅口沿处有釉。胎为黄色，较厚，坚实细密。M3∶2，口径 10.5 厘米、腹径 9.8 厘米、底径 7.4 厘米、通高 10.2 厘米（图一五，1；彩版六五，1）。M7∶3，口径 11.2 厘米、腹径 10.8 厘米、底径 8.4 厘米、通高 10.7 厘米（图一五，2；彩版六五，2）。M7：4，口径 10.5 厘米、腹径 10 厘米、底径 8.4 厘米、通高 10.4 厘米（图一五，3；彩版六五，3）。M8：3，口径 9.8 厘米、腹径 9.8 厘米、底径 7.8 厘米、通高 10 厘米（图一五，4；彩版六五，4）。

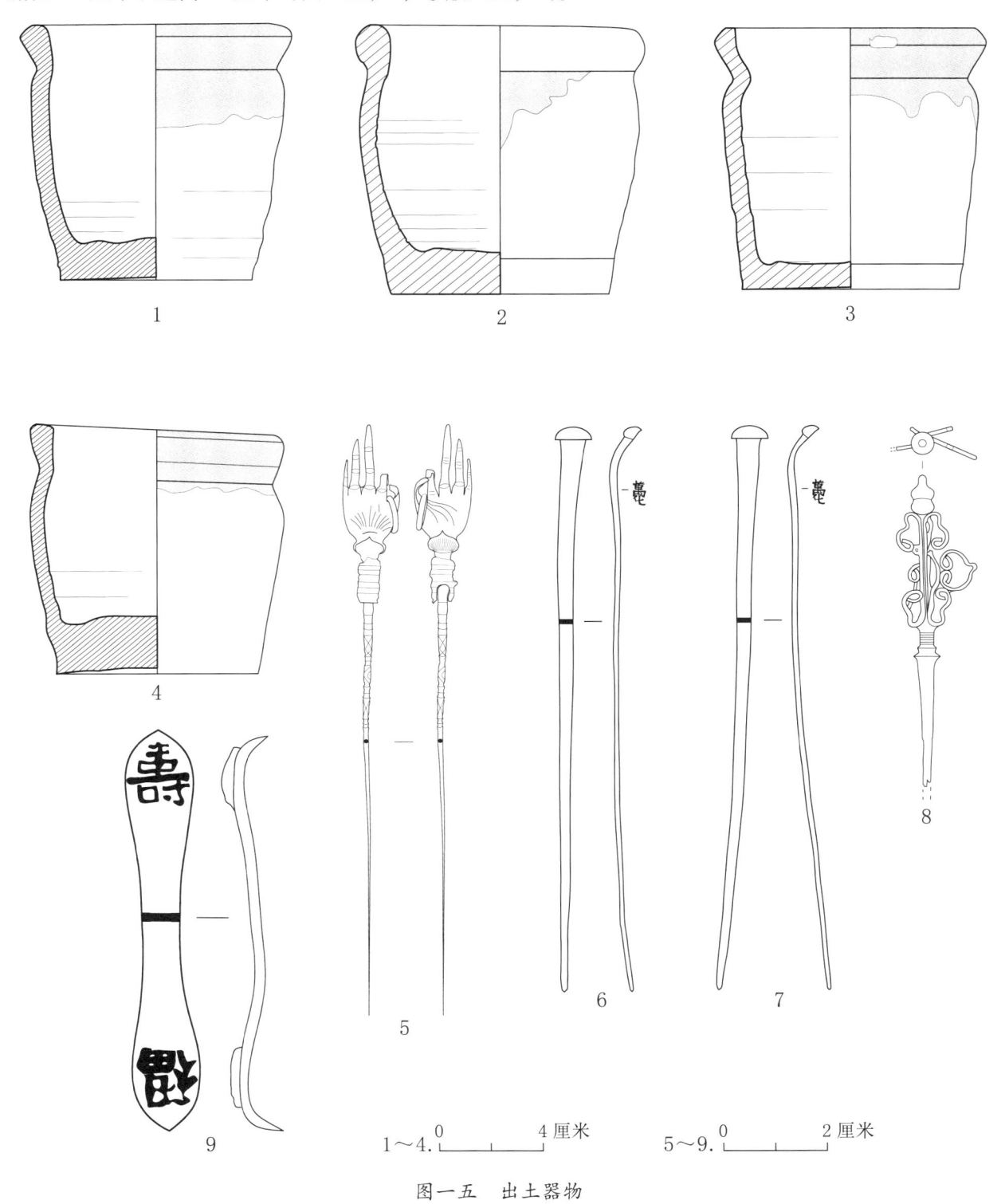

图一五　出土器物

1～4.釉陶罐（M3：2、M7：3、M7：4、M8：3）　5～8.银簪（M1：1、M8：1、M8：4、M8：5）　9.银押发（M1：2）

（二）银器

银器主要有发簪、耳环和戒指等，均为首饰。

佛手印簪 1 件。M1∶1，略残。首为佛手印状，大拇指和食指相捻，内有一个圆环，其余三指自然伸展。体细长，上半部为扁平状长方形，有纹饰，漫漶不清；下半部为圆锥状。这种佛手印应为说法印，也称转法轮印，是佛在讲经说法时所结之印。首长 2.6 厘米、首宽 1.1 厘米、通长 11.7 厘米，重 2.2 克（图一五，5；彩版六五，5）。

银簪 2 件，均残损严重。M7∶1，残损且锈蚀严重，断为数截。形制不详，横截面为圆形。残长约 6.2 厘米，重 2.9 克（彩版六六，1）。M11∶1，首已残缺。体呈锥形，上宽下窄，正面为弧形，背面较平，横截面呈半圆形。正面上部有花卉纹，已漫漶不清。背面有铭文，楷体阳文，"北京海甸"四字分上下两行，每行二字，从右向左顺读；以下为一行，从上至下为"正兴原记足银侯"七字。宽 0.2～0.5 厘米、通长 10.3 厘米，重 2.6 克（图一六，3；彩版六六，2）。

半圆首簪 2 件。M8∶1 和 M8∶4，略残，形制和纹饰均相同。由首和体两部分组成。首略向内弯曲，为半圆形。体为扁平锥形，上宽下窄，末端尖细。素面，无纹饰。体背面的上部有铭文，楷书阳文"万化"二字，上下顺读。宽 0.1～0.7 厘米、通长 11.2 厘米，分别重 3.2 克和 3.4 克（图一五，6、7；彩版六六，3、4）。

禅杖形簪 1 件，M8∶5。残。整体为禅杖形，由首和铤两个部分组成。首残损较为严重，顶部为一葫芦状物，下面为银丝编卷而成的纵向卷云，应为六组，每组卷云内衔小圆环。铤横截面为圆形，中下部残缺。通长 6.2 厘米，重 2.7 克（图一五，8；彩版六五，6）。

如意蝙蝠簪 2 件。M9∶1 和 M9∶5，略残，形制和纹饰均相同。由首和体两部分组成。首略向内弯曲，作如意状，内为蝙蝠图案，背面有四个圆形小孔。体为锥形，上宽下窄，上扁平，下圆尖，正面阴刻长条状如意云纹。首宽 1.6～1.8 厘米、残长 8.8 厘米，分别重 4 克和 4.1 克（图一六，1、2；彩版六五，7、8）。

银押发 1 件。M1∶2，整体呈弓形，中部略窄内凹，两端略宽。外侧中部为花卉纹，两端分别为楷体阳文"福"和"寿"字。宽 0.7～1.3 厘米、通长 7.9 厘米，重 8.8 克（图一五，9；彩版六六，5）。

银扁方 1 件。M9∶3，扁平，窄长。由首和体两部分组成。首略向内弯折，上有四道凹弦纹，纵截面为五瓣花状。体扁平，上宽下窄，末端尖细。宽 0.4～0.8 厘米、残长 14.7 厘米，重 10.2 克（图一六，4；彩版六六，6）。

龙形耳环 1 对。M1∶3-1 和 M1∶3-2，略残，形制和纹饰均相同。龙身卷曲呈环形，首尾相对。龙口大张，内含一圆珠。身体呈节状，尾部分为三叉。直径 3.1 厘米、周长 7.1～7.5 厘米，分别重 4 克和 4.1 克（图一六，5、6；彩版六六，7）。

耳环 1 件。M9∶2，小圆环状。素面，无纹饰。直径 1.5 厘米，重 0.9 克（图一六，7；彩版六六，8）。

图一六　出土银器

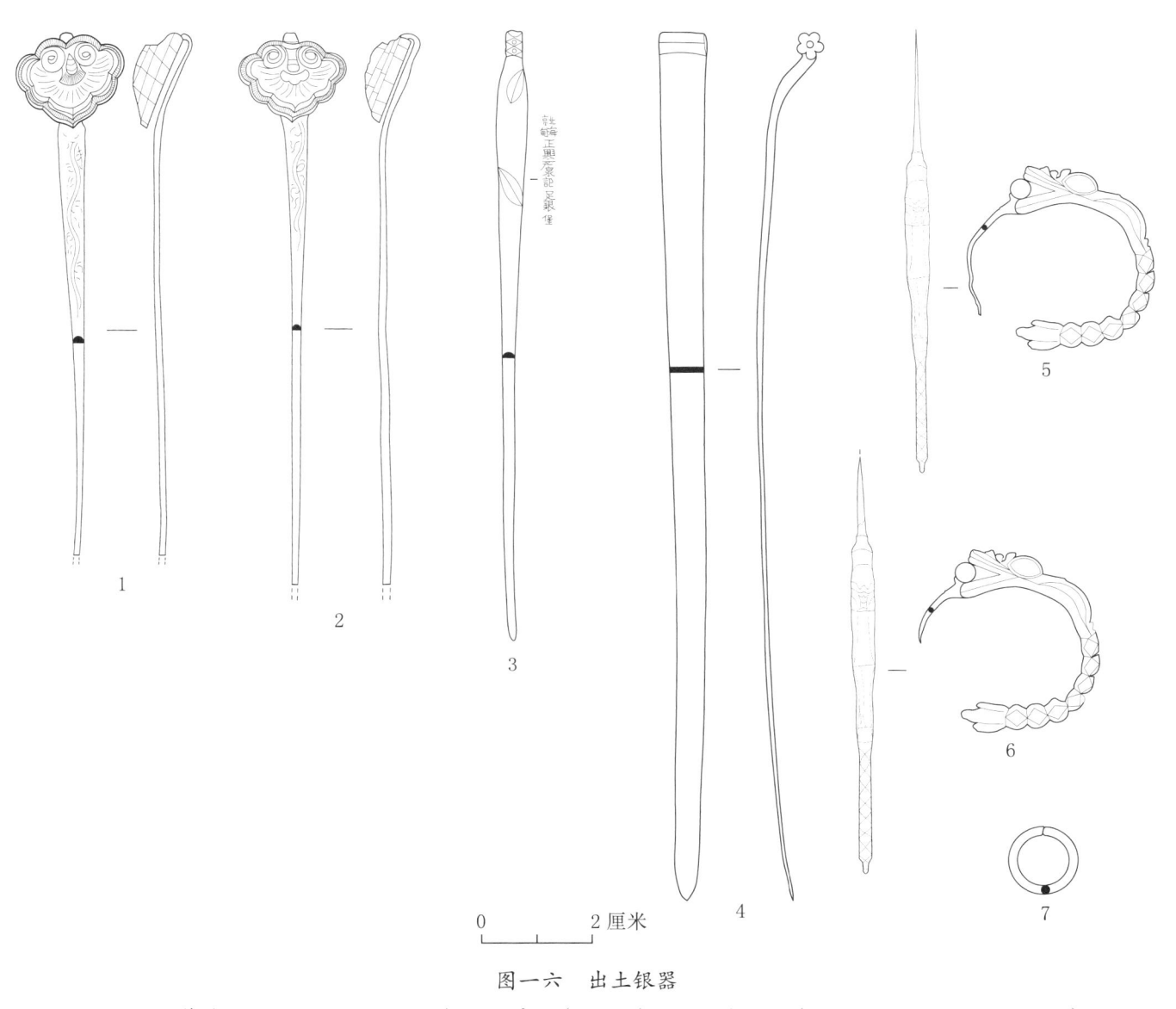

1~3. 银簪（M9∶1、M9∶5、M11∶1）　4. 银扁方（M9∶3）　5~7. 银耳环（M1∶3-1、M1∶3-2、M9∶2）

（三）铜钱

此次发掘出土铜钱共计 16 枚。

M3∶1，1 枚，乾隆通宝。圆形，方穿，宽郭，正面钱文楷体"乾隆通宝"四字，对读。背面穿左右为满文"宝泉"，纪局名。钱径 2.51 厘米、穿径 0.56 厘米、郭厚 0.15 厘米，重 3.2 克（图一七，1）。

M6∶1，2 枚，康熙通宝。圆形，方穿，宽郭，正面钱文楷体"康熙通宝"四字，对读。M6∶1-1，背面穿右为楷体汉文"临"字，穿左为满文"临"字。钱径 2.71 厘米、穿径 0.62 厘米、郭厚 0.12 厘米，重 3.2 克（图一七，2）。M6∶1-2，背面穿左右为满文"宝泉"，纪局名。钱径 2.81 厘米、穿径 0.56 厘米、郭厚 0.13 厘米，重 3.4 克（图一七，3）。

M7∶2，4枚，康熙通宝。圆形，方穿，宽郭，正面钱文楷体"康熙通宝"四字，对读。M7∶2-1，背面穿左右为满文"宝泉"，纪局名。钱径2.61厘米、穿径0.61厘米、郭厚0.13厘米，重4.1克（图一七，4）。M7∶2-2 ~ M7∶2-4，背面穿左右为满文"宝源"，纪局名。钱径2.66 ~ 2.72厘米、穿径0.59 ~ 0.63厘米、郭厚0.11 ~ 0.15厘米，重3.8 ~ 4.7克（图一七，5、6、7）。

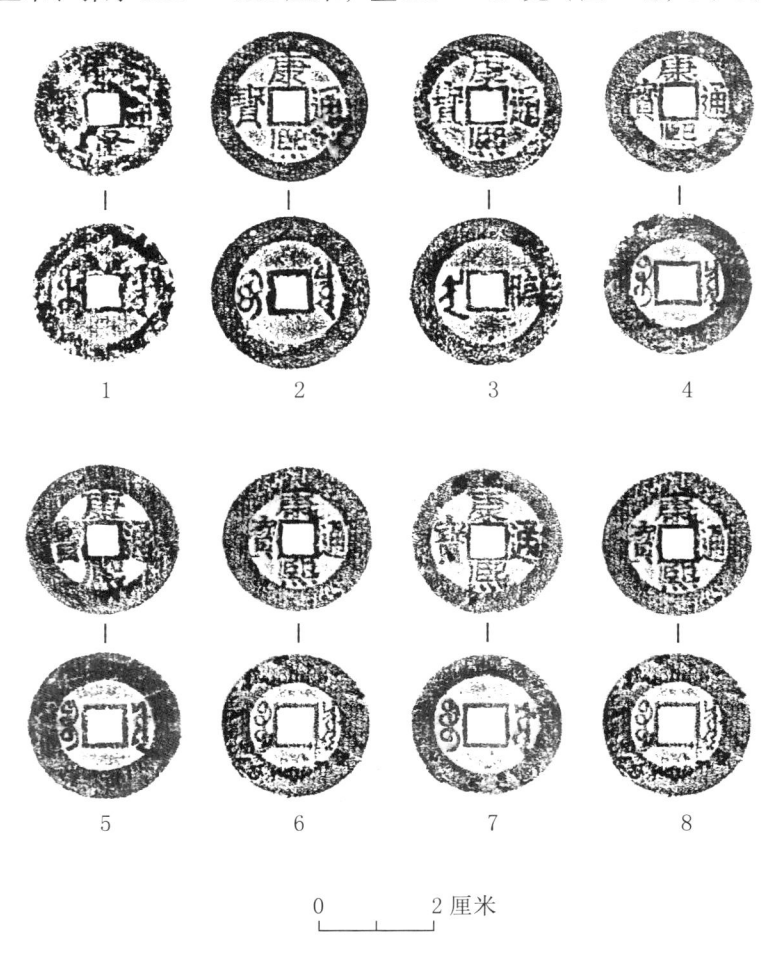

图一七　出土铜钱拓片（一）

1.乾隆通宝（M3∶1）　2 ~ 8.康熙通宝（M6∶1-1、M6∶1-2、M7∶2-1、M7∶2-2、M7∶2-3、M7∶2-4、M7∶5）

M7∶5，1枚，康熙通宝。圆形，方穿，宽郭，正面钱文楷体"康熙通宝"四字，对读。背面穿左右为满文"宝泉"，纪局名。钱径2.62厘米、穿径0.58厘米、郭厚0.12厘米，重4.1克（图一七，8）。

M8∶2，4枚。M8∶2-1，祥符通宝，小平钱，圆形，方穿，宽郭，正面钱文真书"祥符通宝"四字，旋读。光背。钱径2.56厘米、穿径0.68厘米、郭厚0.12厘米，重4.1克（图一八，1）。M8∶2-2，天启通宝，圆形，方穿，宽郭，正面钱文楷体"天启通宝"四字，对读。光背。钱径2.68厘米、穿径0.56厘米、郭厚0.11厘米，重2.7克（图一八，2）。M8∶2-3，天启通宝，圆形，方穿，宽郭，正面钱文楷体"万历通宝"四字，对读。光背。钱径2.35厘米、穿径0.48厘米、郭厚0.14厘米，重4.1克（图一八，3）。M8：2-4，顺治通宝，圆形，方穿，宽郭，正面钱文楷体"顺治通宝"四字，对读。背面穿右为楷体汉文"工"字。钱径2.6厘米、穿径0.52厘米、郭厚0.13厘米，重3.7克（图一八，4）。

M9：4，4枚。M9：4-1，康熙通宝，圆形，方穿，宽郭，正面钱文楷体"康熙通宝"四字，对读。背面穿左右为满文"宝泉"，纪局名。钱径2.85厘米、穿径0.6厘米、郭厚0.12厘米，重3.7克（图一八，5）。M9：4-2、M9：4-3，雍正通宝，圆形，方穿，宽郭，正面钱文楷体"雍正通宝"四字，对读。背面穿左右为满文"宝泉"，纪局名。钱径2.6～2.65厘米、穿径0.55～0.58厘米、郭厚0.12～0.14厘米，重3.2～3.8克（图一八，6、8）。M9：4-4，乾隆通宝1枚，圆形，方穿，宽郭，正面钱文楷体"乾隆通宝"四字，对读。背面穿左右为满文"宝泉"，纪局名。钱径2.41厘米、穿径0.58厘米、郭厚0.17厘米，重3.5克（图一八，7）。

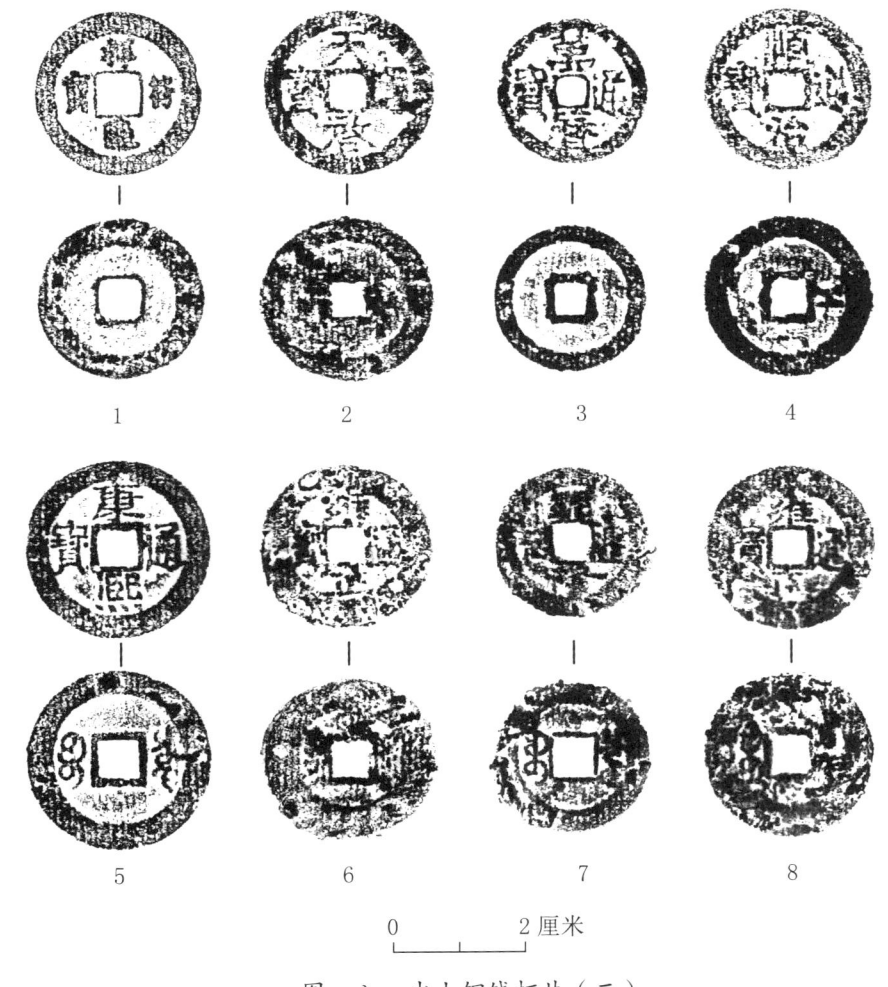

图一八　出土铜钱拓片（二）

1. 祥符通宝（M8：2-1）　2. 天启通宝（M8：2-2）　3. 万历通宝（M8：2-3）　4. 顺治通宝（M8：2-4）
5. 康熙通宝（M9：4-1）　6、8. 雍正通宝（M9：4-2、M9：4-3）　7. 乾隆通宝（M9：4-4）

四、金属器物合金成分检测

此次发掘出土的金属器物可分为银质和铜质两大类。大多数器物的保存状况较好，形制基本完整，因此对其仅作了简单的除锈处理。在确保器物的完整性，即不会对其造成再次损坏的前提下，为了了解和认识其合金成分，本文使用美国 NITON 公司的便携式 X 射线荧光能谱仪 XL3T950 以常见金属模式对其中的金属器物标本进行了检测。

（一）银质器物

常见金属检测 pXRF 检测分析数据（wt%）

名称编号	Cu（铜）	Pb（铅）	Sn（锡）	Fe（铁）	Au（金）	Ag（银）	Ti（钛）	Zn（锌）
佛手印簪 M1:1	4.54	0.352	0	0.270	0	92.93	0	0.087
龙形耳环 M1:3-1	1.03	0.045	0	0.437	12.99	85.04	0.141	0
龙形耳环 M1:3-2	1.73	0.030	0.283	0.452	0	96.33	0	0
押发 M1:2	0	0.044	0	0.575	6.30	92.30	0	0
半圆首簪 M8:1	0.107	0.023	0.105	0.199	0.269	98.51	0.508	0.022
半圆首簪 M8:4	0.860	0.094	0.332	0.890	0.563	96.08	0.026	0.035
禅杖形簪 M8:5	0	0	0.648	10.91	0	33.96	7.68	0
如意蝙蝠簪 M9:1	24.11	0.090	0.260	0.362	1.28	72.96	0.039	0
如意蝙蝠簪 M9:5	30.46	0.097	0.380	0.464	1.19	66.16	0.102	0
耳环 M9:2	0.480	0.391	0.879	0.303	33.25	61.17	2.52	0.362
银簪 M11:1	10.29	0.127	0.541	0.902	0	86.14	0	0.396

（二）铜钱

常见金属检测 pXRF 检测分析数据（wt%）

编号	Cu（铜）	Pb（铅）	Sn（锡）	Fe（铁）	Zn（锌）
M3:1 乾隆通宝	53.736	33.644	3.244	1.568	6.621
M6:1-1 康熙通宝	39.549	26.111	5.456	4.013	16.153
M6:1-2 康熙通宝	32.368	39.682	3.904	1.385	17.491

续表

编 号	Cu（铜）	Pb（铅）	Sn（锡）	Fe（铁）	Zn（锌）
M7：2-1 康熙通宝	61.817	1.548	0.024	0.331	35.893
M7：2-2 康熙通宝	79.479	2.353	0.195	0.882	14.63
M7：2-3 康熙通宝	59.227	13.788	0	1.713	19.024
M7：2-4 康熙通宝	66.73	2.603	0	0.614	27.424
M7：5 康熙通宝	64.413	3.843	0	1.818	20.572
M8：2-1 祥符通宝	37.249	39.559	17.255	1.123	0.089
M8：2-2 天启通宝	76.956	6.162	0.682	2.827	11.403
M8：2-3 万历通宝	83.752	2.84	9.262	0.729	2.892
M8：2-4 顺治通宝	55.3	24.531	3.903	1.923	12.455
M9：4-1 康熙通宝	54.176	20.039	5.633	3.471	8.489
M9：4-2 雍正通宝	56.136	2.291	0.043	0.238	32.827
M9：4-3 雍正通宝	46.113	16.896	3.571	1.267	25.437
M9：4-4 乾隆通宝	75.42	3.528	0.014	1.395	14.459

五、初步认识

1.此次考古发掘，共发掘墓葬12座。从墓葬的空间分布情况来看，大体呈东西向分布，人字形排列。这种墓群的分布，很可能属于一种家族墓葬的排列方式。

2.从随葬铜钱的种类来看，M3、M6、M7和M9中出土的均为清代铜钱，M8出土祥符通宝、万历通宝、天启通宝等北宋和明代铜钱，另外还有1枚顺治通宝。再结合各墓出土的银质发簪和耳环，初步推断此次发掘的均为清代墓葬。

3.银簪M11：1的背面有两处铭文，一处为"北京海甸"，应记大地名；另一处为"正兴原记足银侯"，应是记商铺名称、白银成色。白银作为贵金属，重量和成色直接关系到流通、使用中白银的实际价值。白银成色对价值的影响较大，因此民间交易前通常需确定白银成色。北京地区流通的白银成色不一，如清末有"足银、纹银、九八银、九六银、九四银、松江银、净松江、带黝子、松江等"多种名色。本文对银质器物所做的金属成分检测结果能够在一定程度上反映出这一状况。足银出现最晚，清末流通时间也较短。足银是成色十足的白银，理论上应该是纯银，北京地区足银实际成色为992‰。足银不仅是成色的一种，也出现了重量、形制一致的实银。足银成色较高，信用较好，广受市场欢迎。纹银是民间交易主要银色标准。清代至民国时期的纹银，通常指九三成色，经检测纹银成色为93.5374%。[①] 从明清时期白银作为货币的名称演变与成色变化来看，清代"足纹"应是指达到纹银成色标准的白银。而此时纹银成色很可能比明代所说的"纹银"或"足纹"的成色标准要低。银作为贵金属，即便其具体功能、用途和形制主要表现为个人妆饰用具，而非货币，但在明清时期仍具有普遍的货币功能，因此对于白银物品的成色与重量都是非常重视的。在首饰上戳印"足银"，是白银成色的一种标识。

发掘：孙勐

修复、绘图：黄星

照相：王宇新

执笔：孙勐　刘红艳

注释

① 王显国：《清代北京民间交易中白银的成色与平码——以馆藏房、地契约为例》，《北京文博文丛》2020年第4辑。

经济技术开发区路东区清代、民国墓葬发掘报告

一、概况

为配合北京经济技术开发区路东区 B15M1 地块项目的用地建设施工，北京市考古研究院（原北京市考古研究所）于 2016 年 9 月 7 日至 9 月 20 日对该地块进行了考古勘探工作，并于 2016 年 10 月 29 日至 2016 年 10 月 30 日对区域内勘探发现的 4 座古代墓葬进行了考古发掘。

发掘区位于大兴区东部，西邻经海三路、东邻经海四路、北邻科创八街、南邻其他地块（图一）。地理坐标：N39°48′10.91″、E116°33′22.07″。

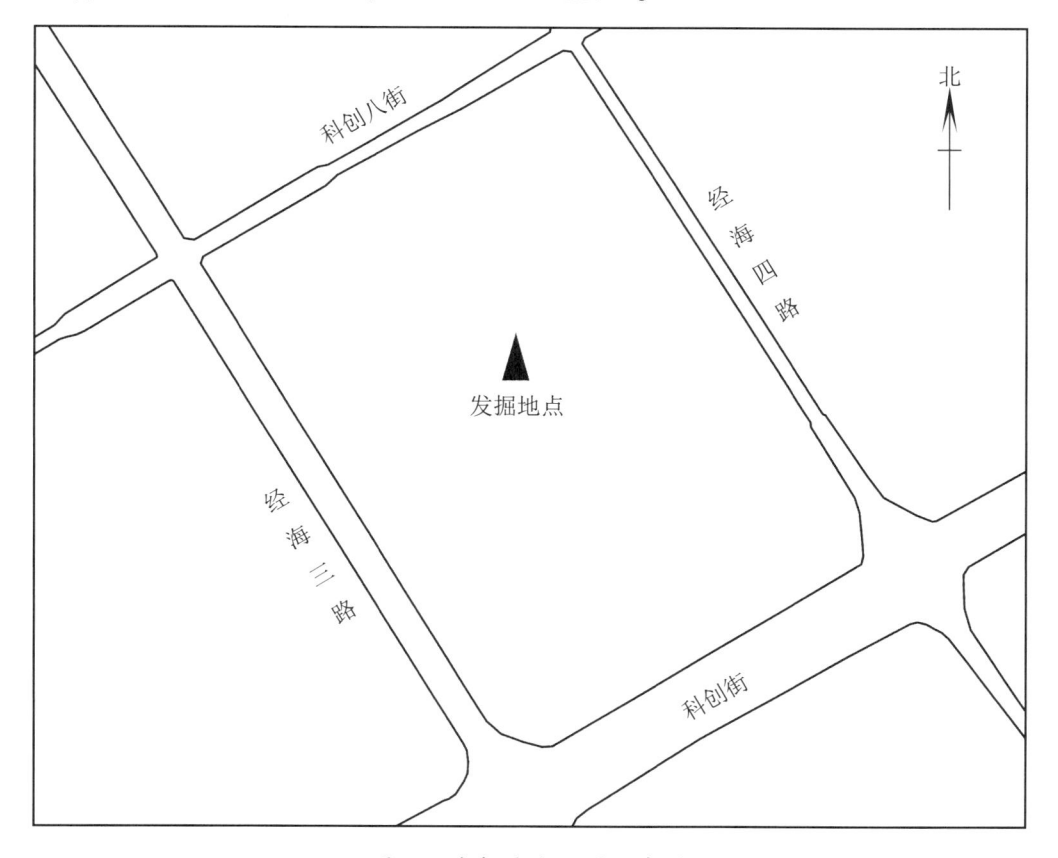

图一　发掘地点位置示意图

共发掘清代墓葬4座（附表一），出土器物3件，另出土有铜钱13枚、铜币6枚。总发掘面积40平方米（图二）。

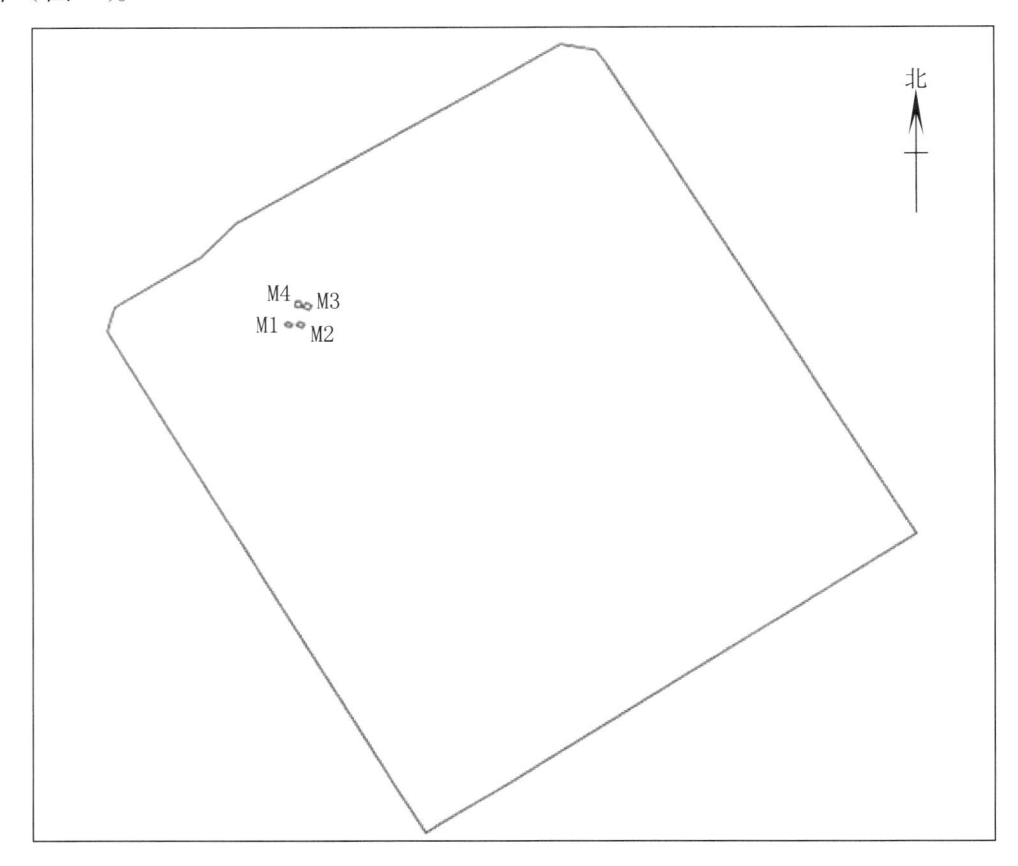

图二　总平面图

二、地层

发掘区的地表为现代建筑垃圾与回填渣土，其下地层堆积分为两层。

第①层：回填土层。厚约2米，土质杂乱，含建筑垃圾及回填土。该层已被揭取，墓葬均开口于该层下。

第②层：粉砂土层。厚约3.6米，土色黄褐色，土质一般，结构一般。该层即为自然土层。

三、墓葬及遗物

4座墓葬均位于发掘区西北部，为竖穴土圹双人合葬墓，皆开口于①层下。

（一）M1

平面呈梯形，东西向，方向为112°。墓口距地表深2米，墓底距墓口深0.45米。土圹长2.4米、宽1.5～1.7米。由南北双棺组成，两棺间相距0.26～0.4米。四壁较规整，内填黄褐色花土（图三；彩版六七，1）。

北棺时代较早，棺木已无存，仅存棺痕，残长1.72米、宽0.5～0.6米、残深0.2米。骨架保存一般，少部缺失移位，头向东，面向南，为男性，为仰身直肢葬，人骨残长1.6米。棺内无出土物。南棺时代较晚，棺木已无存，仅存棺痕，残长1.8米、宽0.44～0.58米、残深0.2米。骨架保存较差，部分已缺失移位，头向东，面向南，为女性，为仰身直肢葬，人骨残长1.24米。随葬品有陶罐。

陶罐，1件。M1:1，圆唇，侈口，短颈，溜肩，斜弧腹，腹部近低部略内收，平底略内凹。口沿残。口径8.6厘米、腹径10厘米、底径6.1厘米、通高11.6厘米（图七，1）。

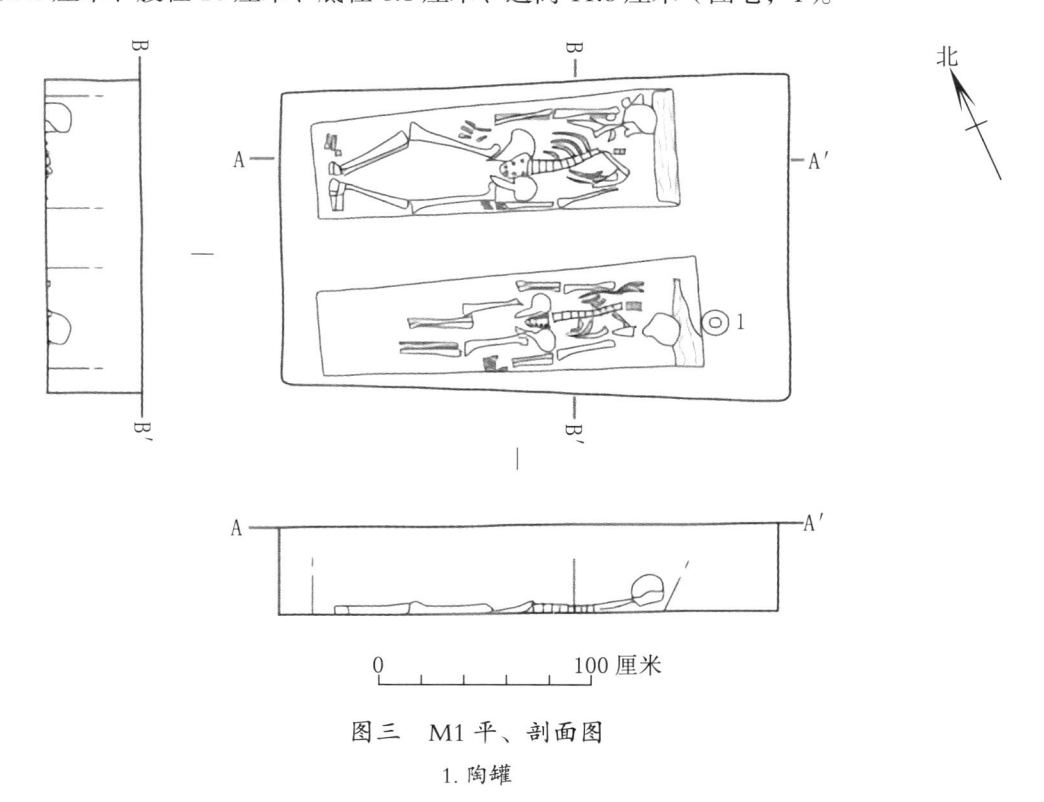

图三 M1平、剖面图
1.陶罐

（二）M2

平面呈近长方形，东西向，方向为112°。墓口距地表深2米，墓底距墓口深0.4米。土圹长2.6～2.7米、宽2.1米，由南北双棺组成，两棺间相距0.2～0.24米，四壁较规整，内填黄褐色花土（图四；彩版六七，2）。

北棺时代较早，棺木已无存，仅存棺痕，残长 1.8 米、宽 0.56～0.7 米、残深 0.2 米。骨架保存较差，部分缺失移位，头向南，面向上，为男性，为仰身直肢葬，人骨残长 1.4 米。随葬品有铜币、骨器。南棺时代较晚，棺木已无存，仅存棺痕，残长 1.8 米、宽 0.5～0.6 米、残深 0.2 米，骨架保存差，上半身基本已缺失，仅存少量碎骨，头向不详，为女性，为仰身直肢葬，人骨残长 0.9 米。

铜币，1 枚。M2:1，光绪元宝。圆形，无穿。一面中部有钱文楷体"光绪元宝"四字，对读；边缘文字锈蚀漫漶不识。另一面中部为团龙图案，边缘文字锈蚀漫漶不识。钱径 2.8 厘米、厚 0.2 厘米，重 5.8 克（图七，10）。

骨器，1 件。M2:2，残。

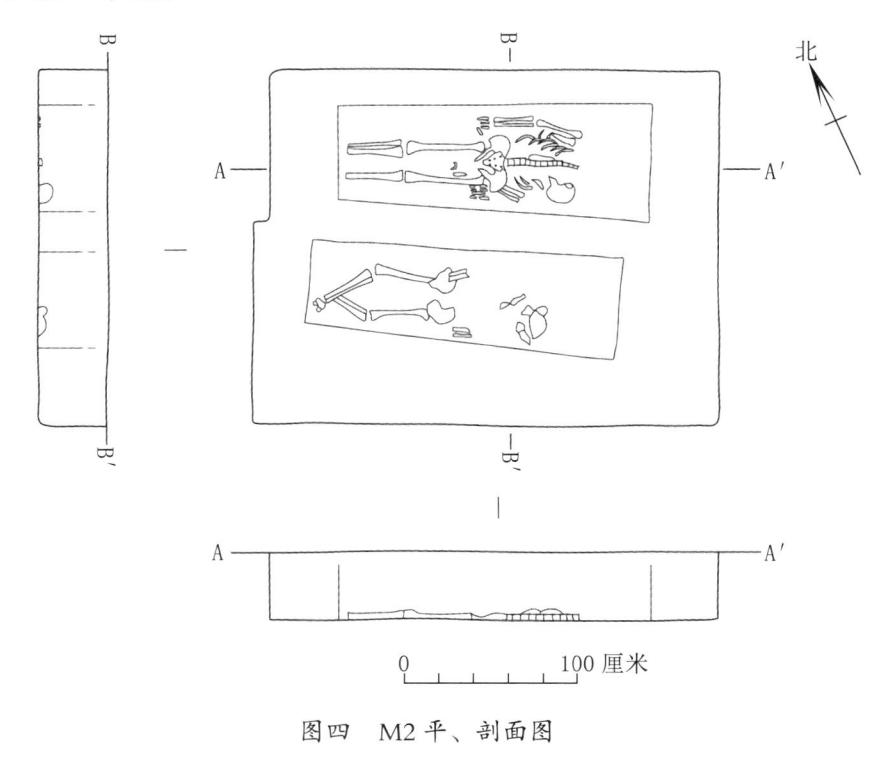

图四 M2 平、剖面图

（三）M3

平面呈近梯形，东西向，方向为 120°。墓口距地表深 2 米，墓底距墓口深 0.35 米。土圹长 2.5～2.6 米、宽 1.72～1.8 米。由南北双棺组成，两棺间相距 0.14～0.28 米，四壁较规整，内填黄褐色花土（图五；彩版六八，1）。

北棺时代较早，棺木已无存，仅存棺痕，残长 1.7 米、宽 0.46～0.6 米、残深 0.25 米。骨架保存差，上肢部分基本已缺失，仅存少量碎骨，头向不详，性别不详，为仰身直肢葬，人骨残长 1 米。随葬品有铜钱、铜币。南棺时代较晚，棺木已朽蚀，仅存部分棺板残片，残长 1.7～1.76 米、宽 0.52～0.7 米、残深 0.2 米。骨架保存差，基本已缺失，仅存少量碎骨，头向不详，性别不详，推测为仰身直肢葬。随葬品有铜钱、铜币。

铜钱，9枚。

嘉庆通宝，1枚。M3：1-1，圆形，方穿，宽郭，正面钱文楷体"嘉庆通宝"四字，对读。背面穿左右为满文"宝源"，纪局名。钱径2.2厘米、穿径0.58厘米、郭厚0.13厘米，重2.8克（图七，5）。

光绪通宝，1枚。M3：1-2，圆形，方穿，宽郭，正面钱文楷体"光绪通宝"四字，对读。背面穿左右为满文"宝源"，纪局名。钱径2.22厘米、穿径0.56厘米、郭厚0.15厘米，重3.2克（图七，7）。

宽永通宝，1枚。M3：1-3，圆形，方穿，宽郭，正面钱文楷体"宽永通宝"四字，对读。背面穿上一有楷体"元"字。钱径2.26厘米、穿径0.66厘米、郭厚0.09厘米，重1.8克。

乾隆通宝，1枚。M3：3-1，圆形，方穿，宽郭，正面钱文楷体"乾隆通宝"四字，对读。背面穿左右为满文"宝黔"，纪局名。钱径2.5厘米、穿径0.57厘米、郭厚0.11厘米，重3.4克（图七，3）。

咸丰通宝，1枚。M3：3-2，圆形，方穿，宽郭，正面钱文楷体"咸丰通宝"四字，对读。背面穿左右为满文"宝源"，纪局名。钱径2.36厘米、穿径0.59厘米、郭厚0.15厘米，重3.8克（图七，6）。

光绪通宝，2枚，分别为M3：3-3、M3：3-4。标本M3：3-3，圆形，方穿，宽郭，正面钱文楷体"光绪通宝"四字，对读。背面穿左右为满文"宝源"，纪局名。钱径2.1～2.3厘米、穿径0.48～0.55厘米、郭厚0.12～0.13厘米，重2.1～2.5克（图七，8）。

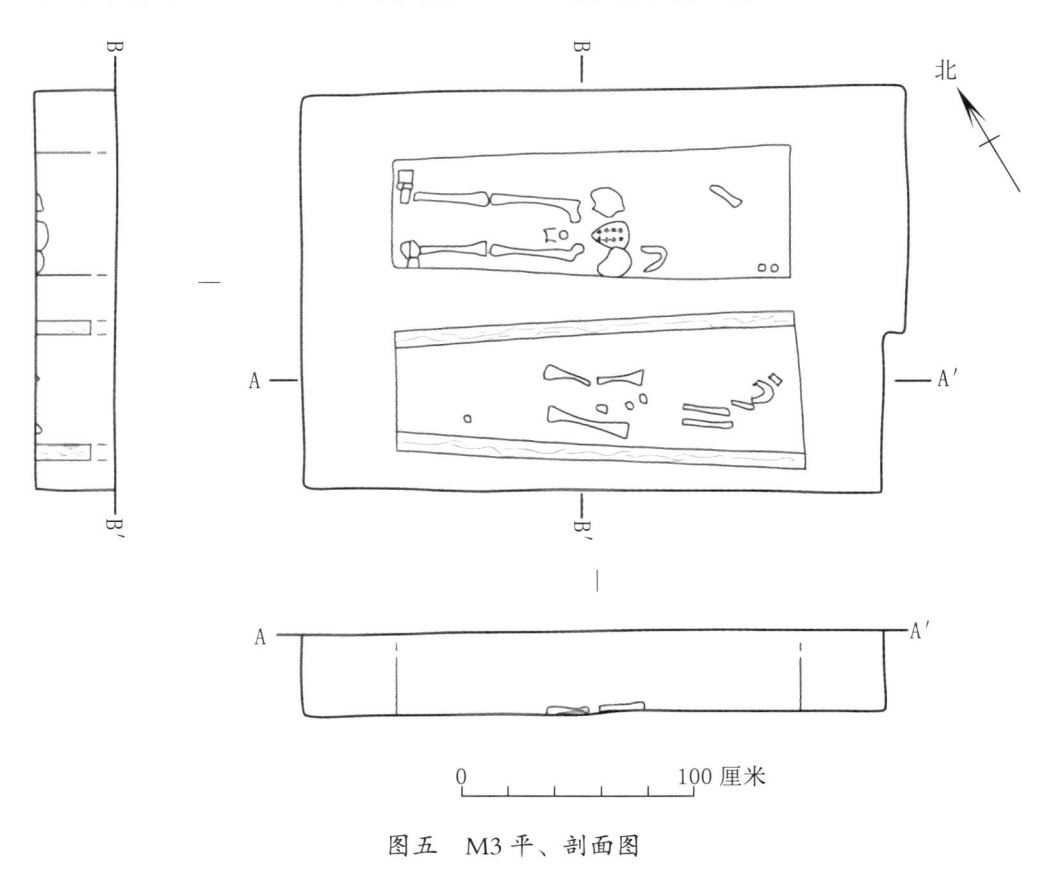

图五　M3平、剖面图

余 2 枚铜钱锈蚀严重，字迹模糊不可辨认。

铜币，M3 : 2，4 枚。大清铜币，1 枚。M3 : 2-1，圆形，无穿。正面中部有钱文楷体"大清铜币"四字，对读；上端是满文，边缘中间分别汉字"已酉"。背面中央为蟠龙纹，下端为英文"Tai-Ching Ti-Kuo Copper Coin"（图七，11）。中华铜币，3 枚。M3 : 2-2，M3 : 2-3，M3 : 2-4，圆形，无穿。正面中部有钱文楷体"中华铜币"四字，对读；边缘下方为英文"THE REPUBLIC OF CHINA"。背面中部两侧为嘉禾图案；边缘上方为汉文楷书"民国十三年造"六字。钱径 3.18 厘米、厚 0.16 厘米，重 9.8 克（图七，13、14）。

大清铜币，1 枚。M3 : 4，圆形，无穿。正面中部有钱文楷体"大清铜币"四字，对读；背面。锈蚀严重，字迹年代模糊不可辨认。直径 2.8 厘米、厚 0.1 厘米，重 5.9 克（图七，12）。

（四）M4

平面呈不规则形，墓室东北部有一椭圆形盗洞，东西向，方向为 110°。墓口距地表深 2 米，墓底距墓口深 0.25 ~ 0.45 米。土圹长 2.2 ~ 2.25 米、宽 1.8 ~ 2.1 米，由南北双棺组成，两棺间相距 0.6 米，高差为 0.2 米，四壁较规整，内填黄褐色花土（图六；彩版六八，2）。

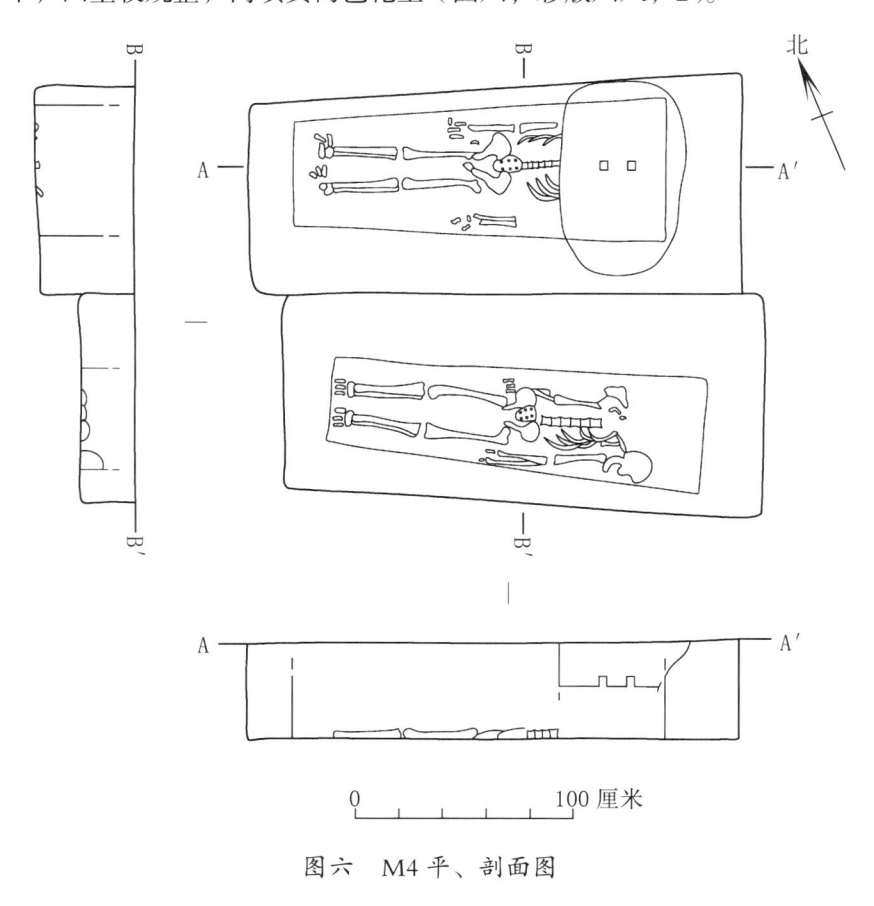

图六　M4 平、剖面图

北棺时代较早，棺木已无存，仅存棺痕，残长1.7米、宽0.5~0.7米、残深0.25米。骨架保存差，上肢骨被破坏无存，仅存下肢骨，头向不详，墓主人性别为女，为仰身直肢葬。人骨残长1.12米。随葬品有铜钱、银簪。南棺时代较晚，棺木已无存，仅存棺痕，残长1.7米、宽0.4~0.54米、残深0.45米。骨架保存较差，少部分已缺失移位，头向东，面向南。墓主人性别为男，为仰身直肢葬式，人骨残长1.46米。

铜钱，4枚。

乾隆通宝，1枚。M4：1-1。圆形，方穿，宽郭，正面钱文楷体"乾隆通宝"四字，对读。背面穿左右为满文"宝泉"，纪局名。钱径2.26厘米、穿径0.52厘米、郭厚0.12厘米，重3克（图七，4）。

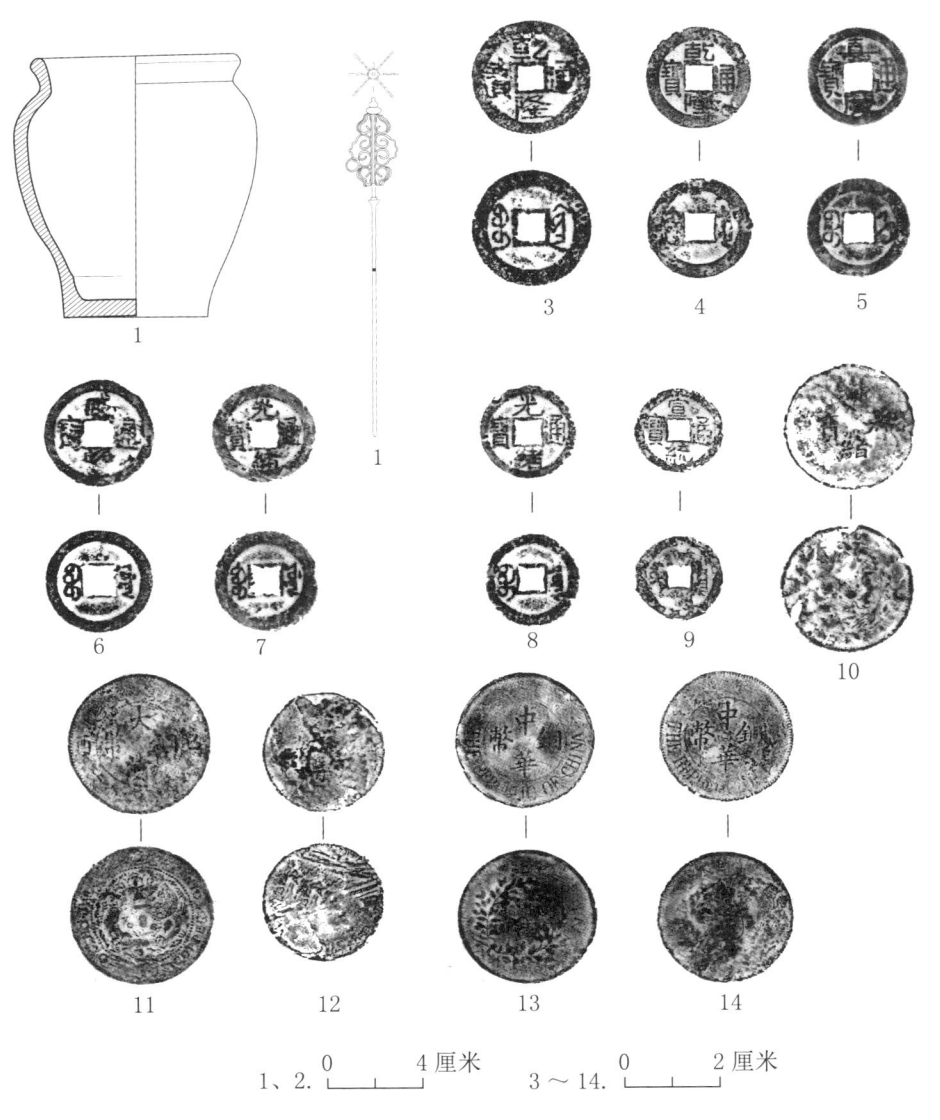

图七 出土器物

1. 陶罐（M1：1） 2. 银簪（M4：2） 3、4. 乾隆通宝（M3：3-1、M4：1-1） 5. 嘉庆通宝（M3：1-1）
6. 咸丰通宝（M3：3-2） 7、8. 光绪通宝（M3：1-2、M3：3-3） 9. 宣统通宝（M4：1-2） 10. 光绪元宝（M2：1）
11、12. 大清铜币（M3：2-1、M3：4） 13、14. 中华铜币（M3：2-2、M3：2-3）

宣统通宝，1枚。M4：1-2，圆形，方穿，宽郭，正面钱文楷体"宣统通宝"四字，对读。背面穿左右为满文"宝泉"，纪局名。钱径1.91厘米、穿径0.46厘米、郭厚0.11厘米，重1.6克（图七，9）。

光绪通宝，2枚。M4：1-3，M4：1-4，圆形，方穿，宽郭，正面钱文楷体"光绪通宝"四字，对读。背面穿左右为满文"宝泉"，纪局名。钱径1.9～2.11厘米、穿径0.58厘米、郭厚0.11厘米，重1.6～1.7克。

银簪，1件。M4：2，首为银丝缠绕的禅杖，顶部呈葫芦状。尖端圆尖，体绷直，为锥形。长14.75厘米、首长3.45厘米、首宽1.2～1.7厘米，重6.9克（图七，2）。

四、小结

这批墓葬形制均为竖穴土圹双人合葬墓。葬具均为木棺，大部分棺木已朽蚀，仅存棺痕及少量棺板残片。4座墓葬的葬式均为仰身直肢葬。

出土随葬品有铜钱、铜币、银簪、骨器。4座墓葬内均有出土铜钱及铜币，出土的铜钱大多腐蚀严重，钱文可辨识的有乾隆通宝、嘉庆通宝、咸丰通宝、光绪通宝和宣统通宝等，铜币的年代为民国时期，根据出土器物和墓葬形制，初步推断这批墓葬的时代为清代晚期至民国时期的平民墓葬。

这批墓葬的发掘，为进一步研究清代中晚期的丧葬习俗和当时北京地区的社会生活状况提供了新的资料。

发掘：李永强

执笔：范泽华

附表一　墓葬登记表　　　　　　　　　　　　　　　　　　　　　　　　单位：米

墓号	方向	墓圹（长×宽×深）	墓口距地表深	墓底距地表深	棺数	葬式	人骨保存情况	头向及面向	性别	随葬品（件）
M1	112°	2.4×（1.5～1.7）×0.45	2	2.45	双棺	皆为仰身直肢葬	皆保存较差	皆头向东，面向南	北棺男性；南棺女性	陶罐1
M2	112°	（2.6～2.7）×2.1×0.4	2	2.4	双棺	皆为仰身直肢葬	皆保存较差	北棺头向南，面向上；南棺不详	北棺男性；南棺女性	骨器1、铜币1
M3	120°	（2.5～2.6）×（1.72～1.8）×0.35	2	2.35	双棺	皆为仰身直肢葬	皆保存较差	不详	不详	铜钱9、铜币4
M4	110°	（2.2～2.25）×（1.8～2.1）×（0.25～0.45）	2	2.25～2.45	双棺	皆为仰身直肢葬	皆保存较差	北棺不详；南棺头向东，面向南	北棺女性；南棺男性	铜钱4、银簪1

附表二　铜钱统计表　　　　　　　　　　单位：厘米

单位	编号	种类	钱径	穿径	郭厚	备注
M2	M2：1	光绪元宝	2.8	无穿	0.2	背面中部为团龙图案
M3	M3：1-1	嘉庆重宝	2.2	0.58	0.13	背穿左右为满文"宝源"
	M3：1-2	光绪通宝	2.22	0.56	0.15	背穿左右为满文"宝源"
	M3：1-3	宽永通宝	2.26	0.66	0.09	背穿上一有楷体"元"字
	M3：2-1	大清铜币	3.18	无穿	0.16	背面中央为蟠龙纹，下端为英文"Tai-Ching Ti-Kuo Copper Coin"
	M3：2-2	中华铜币	3.18	无穿	0.16	背面中部两侧为嘉禾图案，上方为汉文楷书"民国十三年造"
	M3：2-3	中华铜币	3.18	无穿	0.16	背面中部两侧为嘉禾图案，中部为楷体双枚；上方为汉文楷书"民国十三年造"
	M3：2-4	中华铜币	3.18	无穿	0.16	背面中部两侧为嘉禾图案，中部为楷体双枚；上方为汉文楷书"民国十三年造"
	M3：3-1	乾隆通宝	2.50	0.57	0.11	背穿左右为满文"宝黔"
	M3：3-2	咸丰通宝	2.36	0.59	0.15	背穿左右为满文"宝源"
	M3：3-3	光绪通宝	2.1	0.48	0.12	背穿左右为满文"宝源"
	M3：3-4	光绪通宝	2.3	0.55	0.13	背穿左右为满文"宝源"
	M3：4	铜币	2.8	无穿	0.1	文字锈蚀严重、漫漶不识
M4	M4：1-1	乾隆通宝	2.26	0.52	0.12	背穿左右为满文"宝泉"
	M4：1-2	宣统通宝	1.91	0.46	0.11	背穿左右为满文"宝泉"
	M4：1-3	光绪通宝	1.9	0.58	0.11	背穿左右为满文"宝泉"
	M4：1-4	光绪通宝	2.11	0.58	0.11	背穿左右为满文"宝泉"

丰台区分钟寺清代墓葬发掘简报

2021年6月至10月，为配合丰台区分钟寺村基础设施建设工程的开展，北京市考古研究院（原北京市文化遗产研究院）对分钟寺村部分区域进行了考古发掘。发掘区地理位置为东经116°27′19.67″，北纬39°51′12.26″，平均海拔高度为41米（图一）。此次共发掘古代墓葬31座（图二）。发掘区内地层堆积基本一致，第①层为现代渣土层，遗迹均开口于此层下，并打破生土层。

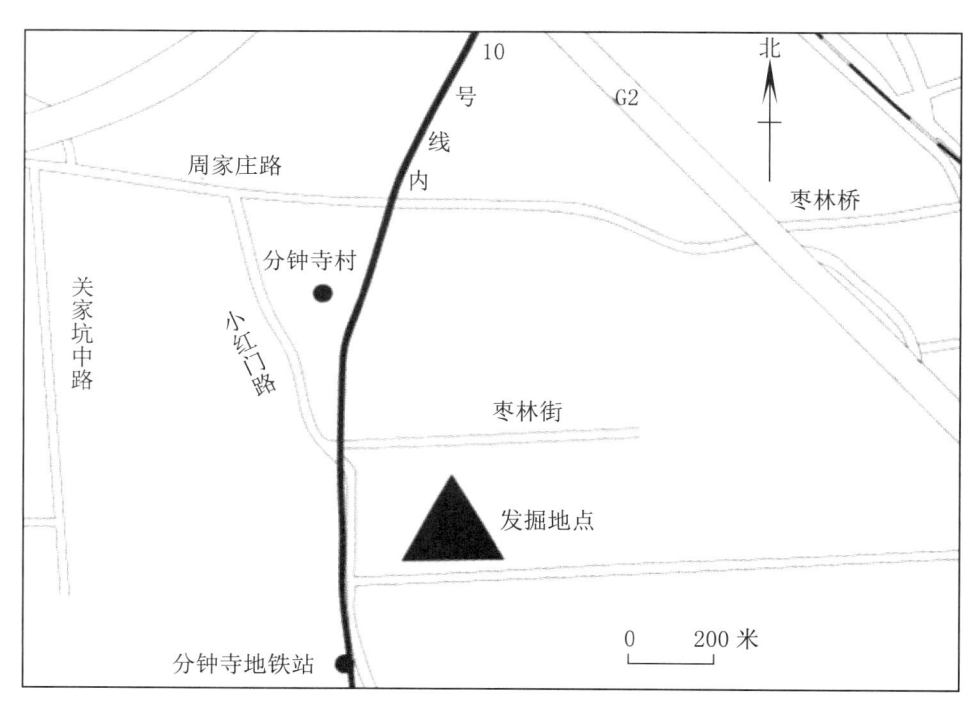

图一　发掘地点位置示意图

一、墓葬形制

此次发掘的墓葬均为清代墓葬，根据墓内葬人数量可分为单人葬墓、双人合葬墓、三人合葬墓，其中M8、M10～M12、M14～M19、M24、M25、M29为单人葬墓，M1～M6、M9、M13、M20、M22、M23、M26～M28、M30、M31为双人合葬墓，M7、M21为三人合葬墓。

（一）单人葬墓

共 13 座。为长方形竖穴土圹单人葬墓和近长方形竖穴土圹单人葬墓。分别为 M8、M10～M12、M14～M19、M24、M25、M29。以 M11、M19 为例加以介绍。

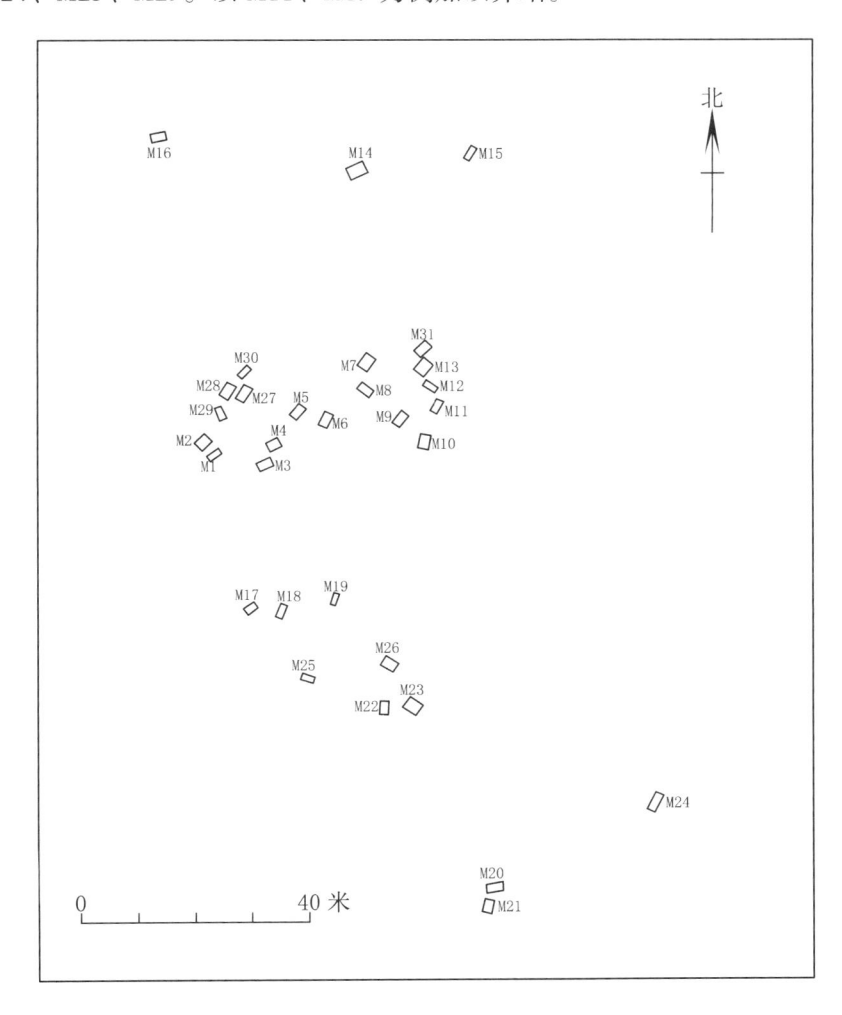

图二　总平面图

M11 位于发掘区中部，北邻 M12，方向为 35°，东北－西南向，为长方形竖穴土圹单人葬墓，开口于①层下。墓圹长 2.42 米、宽 0.94～1 米，墓口距地表深 0.9～1 米，墓底距墓口深 0.85 米。墓室四壁较整齐，内填灰褐色花土，土质较致密，包含料礓石及少量青花瓷片、灰陶残片等。

内置单木棺，腐朽严重，仅存朽痕。棺长 1.8 米、宽 0.52～0.7 米、残高 0.44 米。棺内人骨保存较差，已散乱，根据清理情况，推断头北足南，面向、葬式不详。头下枕青砖，青砖单面饰凹槽纹，用砖规格为 24.6 厘米×12 厘米×6 厘米。根据耻骨下角、坐骨大切迹的骨骼形态及下颌第一臼齿（M1）的磨耗程度为 2～3 级等综合判断，为 27～32 岁左右的男性（图三；彩版七〇，1）。出土随葬品有铜钱 2 枚。

图三　M11 平、剖面图
1. 铜钱

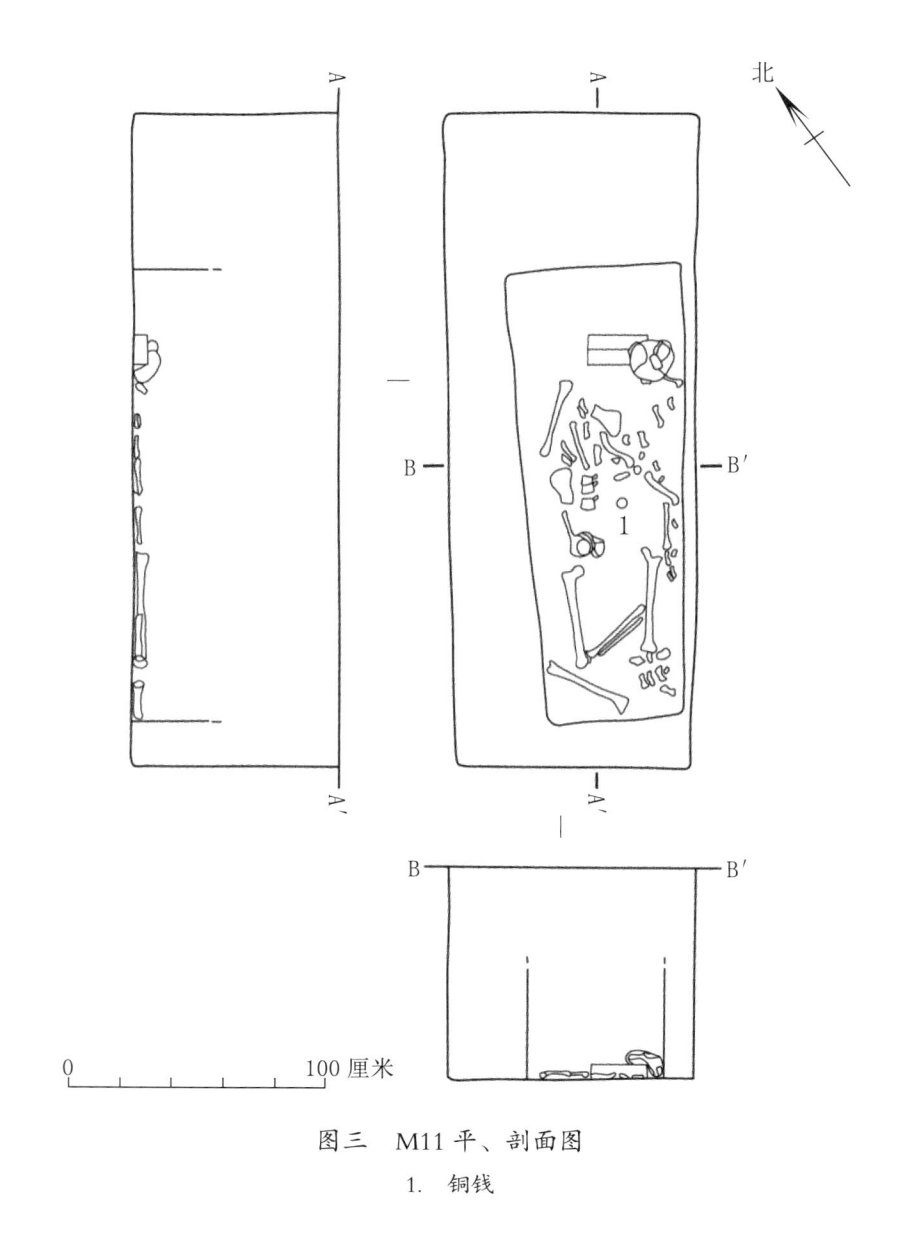

M19 位于发掘区的南部，西邻 M18，方向为 18°，南北向，为长方形竖穴土圹单人葬墓，开口于①层下。墓圹长 2.2 米、宽 0.62~0.84 米，墓口距地表深 0.9~1 米，墓底距墓口深 0.3 米。墓壁四壁较整齐，内填灰褐色花土，土质较致密，包含料礓石及少量青花瓷片、灰陶残片等。

内置单木棺，腐朽严重，仅存朽痕。棺残长 1.72 米、宽 0.4~0.5 米、残高 0.18 米，棺内人骨保存较好，头北足南，面向西，仰身直肢葬，根据盆骨形态及牙齿磨耗程度推断为 17~20 岁的女性（图四；彩版七一，1）。出土随葬品有铜押发 1 件、瓷罐 1 件。

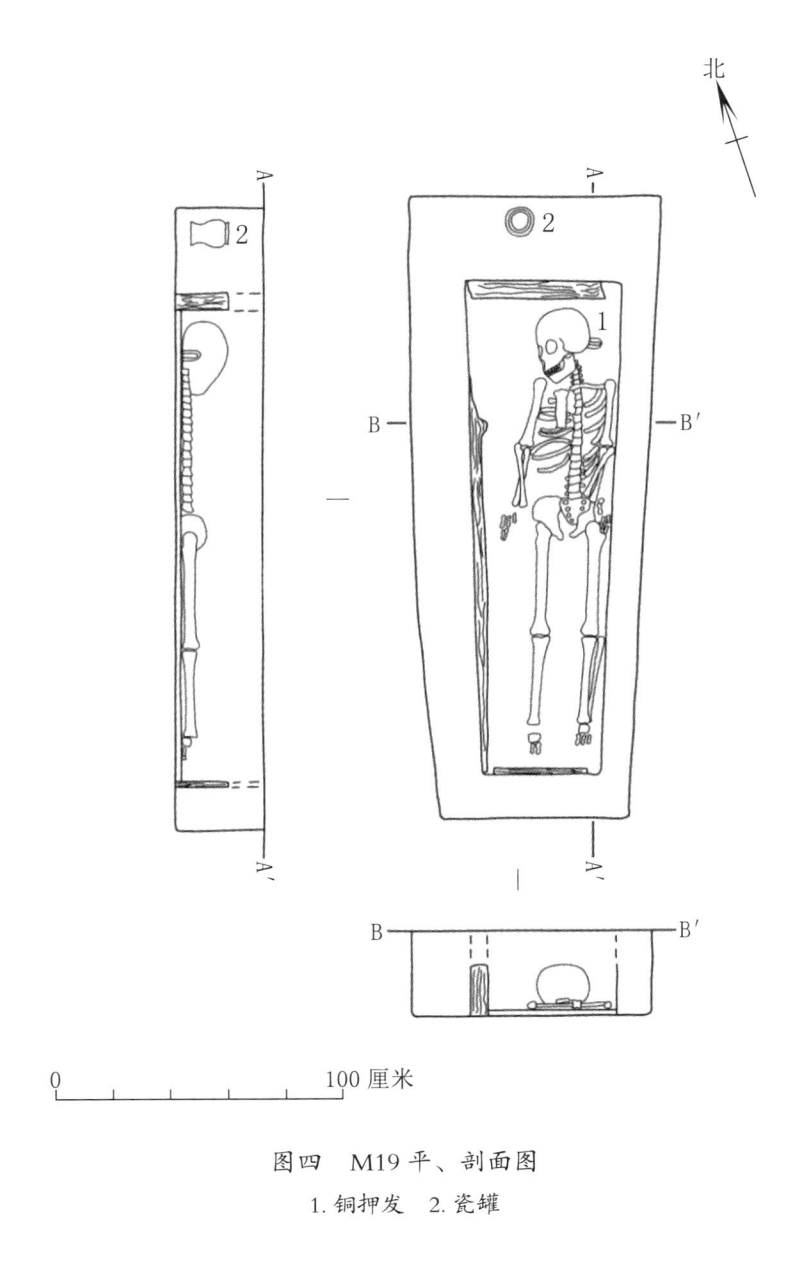

图四　M19 平、剖面图
1. 铜押发　2. 瓷罐

（二）双人合葬墓

共 16 座。分为长方形竖穴土圹墓和近长方形竖穴土圹墓。分别为 M1～M6、M9、M13、M20、M22、M23、M26～M28、M30、M31。以 M22、M26 为例加以介绍。

M22 位于发掘区的南部，北邻 M26、东邻 M23，方向为 183°，南北向，为长方形竖穴土圹双人合葬墓，开口于①层下。墓圹长 2.6 米、宽 2.02～2.1 米，墓口距地表深 0.9～1 米，墓底距墓口深 0.6 米。墓壁四壁较整齐，内填灰褐色花土，土质较致密，包含料礓石及少量青花瓷片、灰陶残片等。

内置双木棺，腐朽严重，仅存朽痕。西棺打破东棺。东棺长 1.7 米、宽 0.4~0.66 米、残高 0.16 米。棺内人骨保存较差，头南足北，现面向北，仰身直肢葬。根据骨盆和颅骨的形态以及牙齿磨耗程度推测，为 50 岁左右的女性；西棺长 1.86 米、宽 0.58~0.66 米、残高 0.16 米，棺内人骨保存一般，头南足北，现面向东，仰身直肢葬。根据耻骨下角形态以及牙齿磨耗程度推测，为 50~55 岁的男性（图五；彩版七一，2）。出土随葬品有银扁方 1 件、铜簪 1 件、铜扣 1 件、铜钱 6 枚。

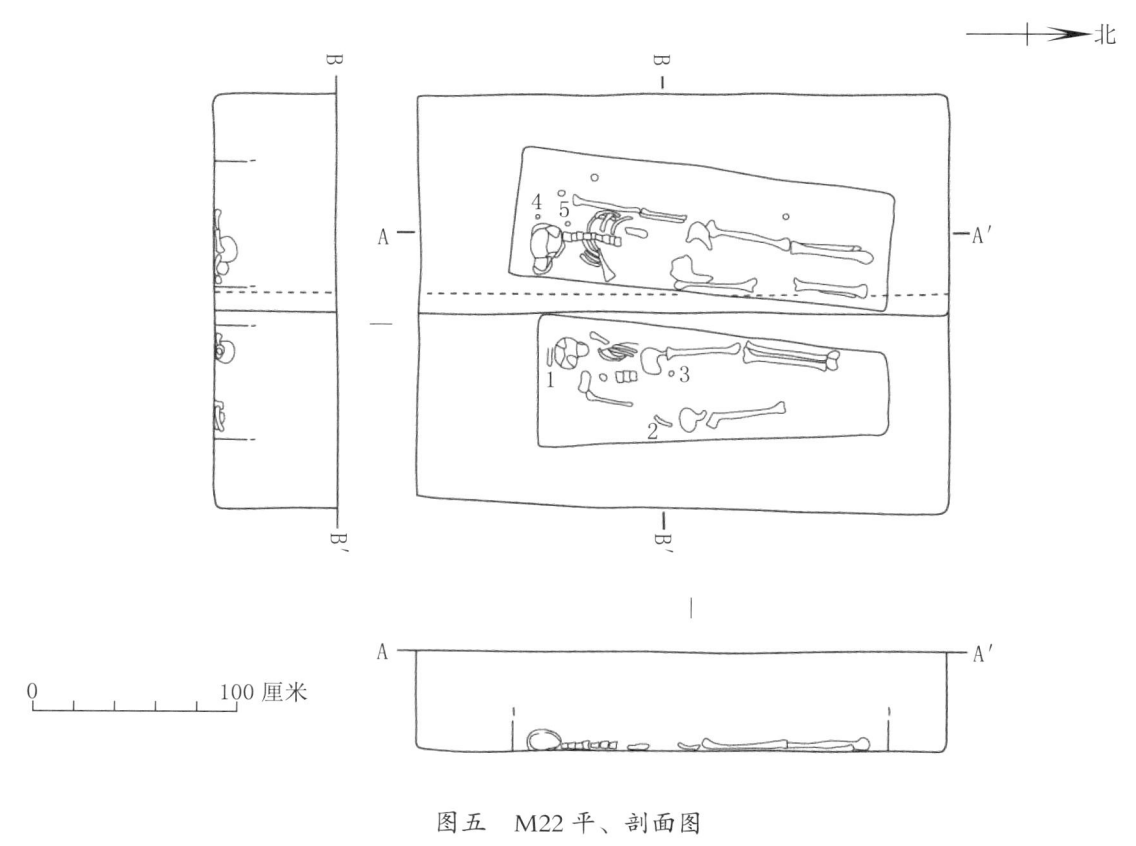

图五　M22 平、剖面图
1. 银扁方　2. 铜簪　3、5. 铜钱　4. 铜扣

M26 位于发掘区的南部，南邻 M22、M23，方向为 300°，西北－东南向，为长方形竖穴土圹双人合葬墓，开口于①层下。墓圹长 2.7 米、宽 2.02~2.1 米，墓口距地表深 0.9~1 米，墓底距墓口深 0.5 米。墓壁四壁较整齐，内填灰褐色花土，土质较致密，包含料礓石及少量青花瓷片、灰陶残片等。

内置双木棺，腐朽严重，仅存朽痕。北棺打破南棺。北棺长 2 米、宽 0.4~0.56 米、残高 0.2 米。棺内人骨保存一般，头西足东，面向北，仰身直肢葬。根据骨盆和颅骨的整体形态以及牙齿磨耗程度推测，为 55 岁左右的女性。南棺长 1.8 米、宽 0.42~0.56 米、残高 0.2 米。棺内人骨保存一般，头西足东，面向东，仰身直肢葬。根据耻骨下角和颅骨的形态以及牙齿磨耗程度推测，为 50 岁左右的男性（图六；彩版七二，1）。出土随葬品有铜簪 2 件、银押发 1 件、瓷罐 1 件、铜钱 3 枚、铜币 3 枚。

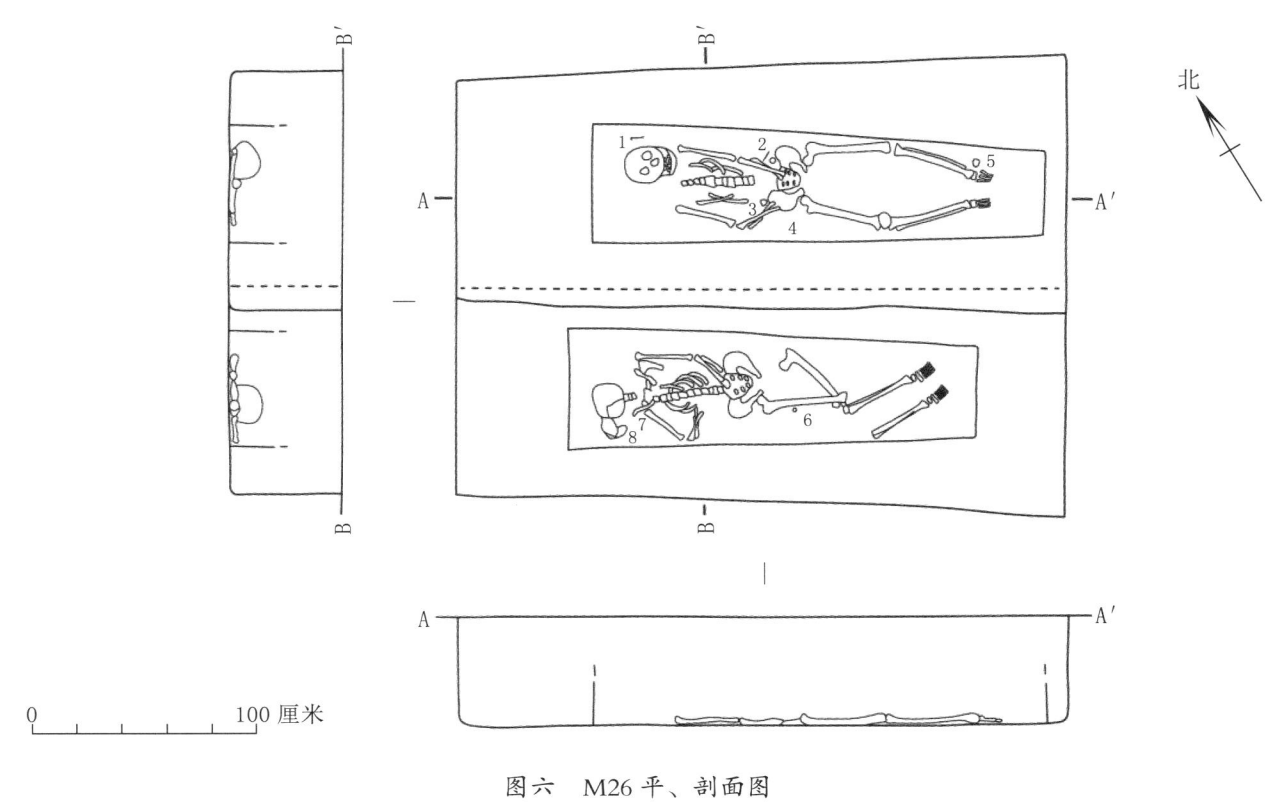

图六 M26 平、剖面图
1、2. 铜簪 3、6. 铜钱 4、5. 铜币 7. 银押发 8. 瓷罐

（三）三人合葬墓

共 2 座。皆为长方形竖穴土圹墓。分别为 M7、M21。

M7 位于发掘区中部，南邻 M8，方向为 33°，东北－西南向，为长方形竖穴土圹三人合葬墓，开口于①层下。墓圹长 2.9 米、宽 2.8～2.86 米，墓口距地表深 0.9～1 米，墓底距墓口深 1～1.2 米。墓室四壁较整齐，内填灰褐色花土，土质较致密，包含料礓石及少量青花瓷片、灰陶残片等。

内置三棺，棺木腐朽严重，东、西棺打破中棺。人骨较乱，存在捡骨葬。根据三棺棺木北宽南窄及东棺枕砖在北的情况推测为头北足南葬。东棺长 2 米、宽 0.5～0.52 米、残高 0.3 米，棺底铺厚约 3～5 厘米的炉灰。棺内北部清理出头枕砖及下颌骨，头向、面向、葬式及性别等均不详，用砖规格为 24 厘米×13.8 厘米×6 厘米，青砖，单面饰凹槽纹。中棺长 1.98 米、宽 0.54～0.68 米、残高 0.4 米，两侧残棺板厚 8 厘米左右。棺内人骨保存较差，头向、面向、葬式等均不详，根据四肢骨的形态和粗壮程度及残存的坐骨大切迹推测为成年女性。西棺长 2.04 米、宽 0.56～0.78 米、残高 0.3 米，棺底铺有 3～5 厘米的橘红色红烧土状炉灰。棺内人骨保存较差，只清理出头骨及部分肢骨。根据坐骨大切迹窄、耳状面直的骨骼形态及下颌第一臼齿（M1）的磨耗程度为2级等，推断为20岁左右的男性（图七；彩版七二，2）。未发现随葬品。

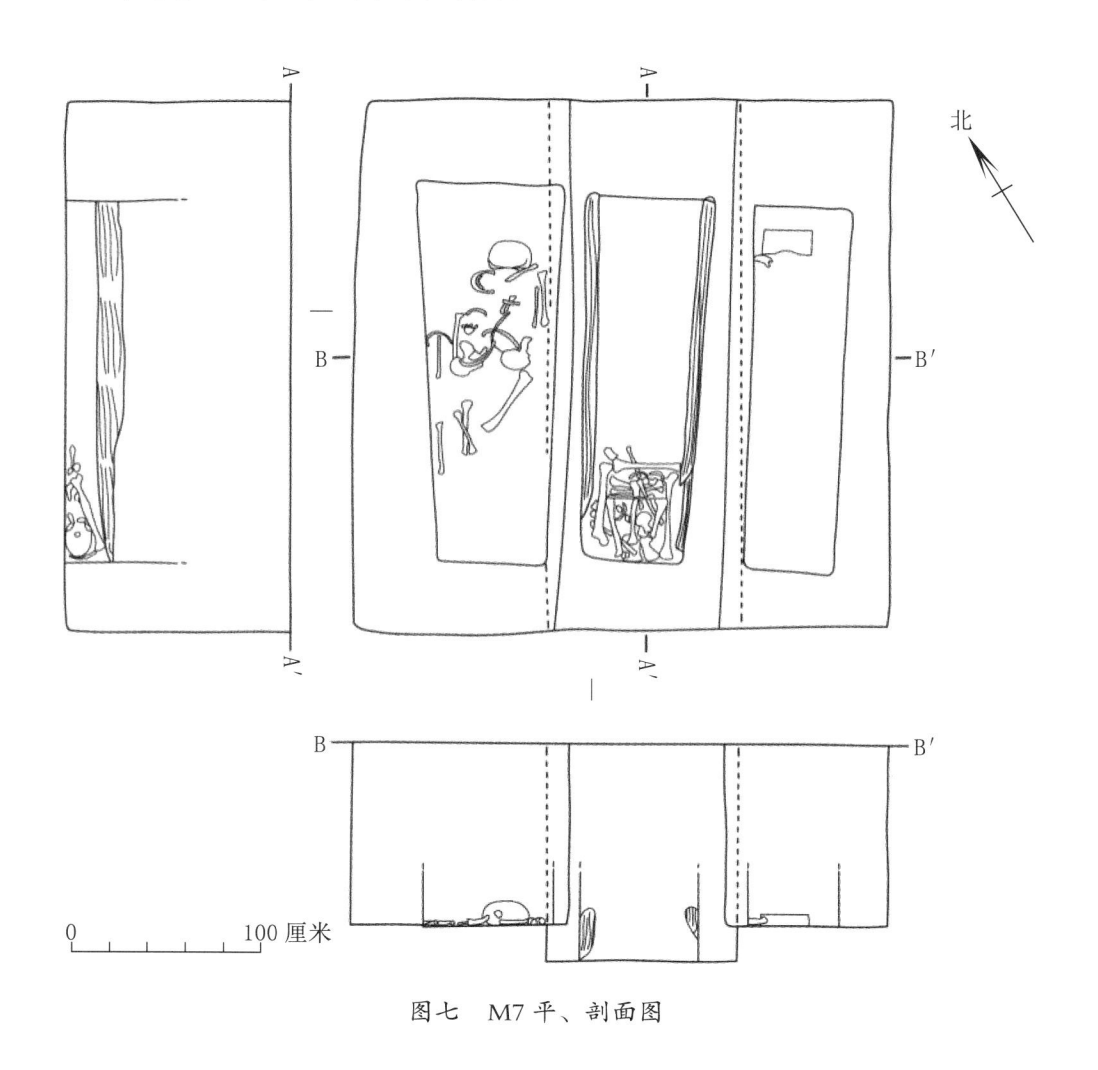

图七 M7平、剖面图

M21位于发掘区的南部，北邻M20，方向为198°，南北向，为长方形竖穴土圹三人合葬墓，开口于①层下。墓圹长1.8~1.98米、宽2.4米，墓口距地表深0.9~1米，墓底距墓口0.24米。墓室四壁较整齐，内填灰褐色花土，土质较致密，包含料礓石及少量青花瓷片、灰陶残片等。

内置三木棺，棺木腐朽严重，仅存朽痕。东棺打破中棺，中棺打破西棺。东棺残长1.86米、宽0.5米、残高0.2米，棺内人骨保存较好，头南足北，面向北，仰身直肢葬，根据骨骼形态推断为成年男性。中棺残长1.74米、宽0.42~0.54米、残高0.24米，棺内人骨保存一般，头骨已残碎，头南足北，面向及葬式皆不详。根据颅骨形态以及牙齿磨耗程度推测，为25~30岁的女性。西棺长1.64米、宽0.48~0.56米、残高0.2米，棺内人骨保存一般，头南足北，面向不详，仰身直肢葬。根据耻骨下角形态以及牙齿磨耗程度推测，为55~60岁的女性（图八；彩版七〇，2）。出土随葬品有铜扁方1件、铜簪2件、玉戒指1件、铜钱4枚。

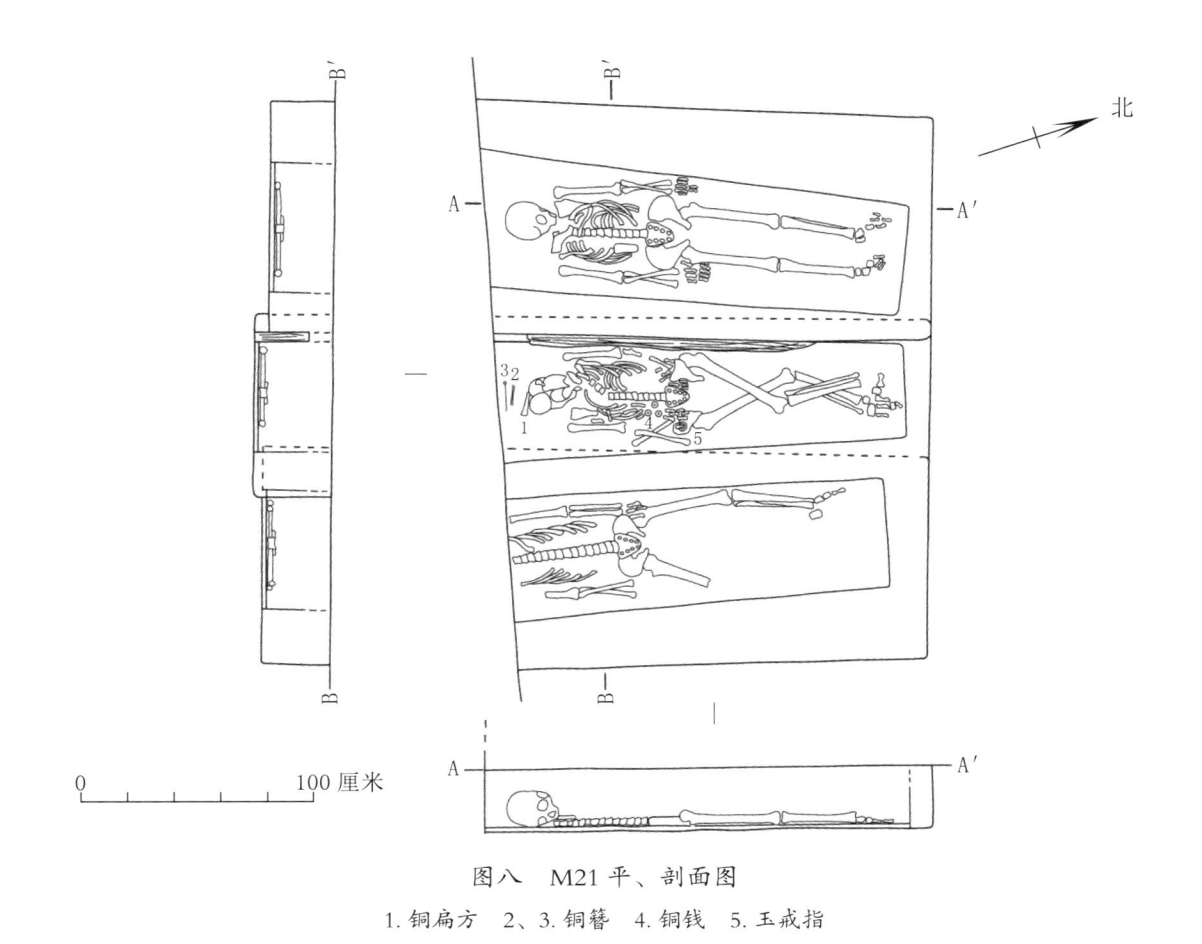

图八　M21 平、剖面图
1. 铜扁方　2、3. 铜簪　4. 铜钱　5. 玉戒指

二、随葬器物

(一) 瓷器

瓷罐 6 件。M5：5，微侈口，尖唇，短束颈，圆鼓肩，弧腹内收，平底略内凹。红胎，胎质较粗糙，外壁满施青釉，施釉不均匀，下腹部有流釉现象，底部有支钉叠烧痕迹。口径 9.1 厘米、肩径 13 厘米、底径 9.8 厘米、高 12.4 厘米、厚 0.8 厘米（图九，4；彩版七三，1）。M6：1，侈口，平沿，圆唇，短束颈，溜肩，弧腹内收，平底略内凹。灰胎，胎质较细腻，黄色釉，施釉较薄。口径 9.7 厘米、肩径 11.1 厘米、底径 9 厘米、高 13.3 厘米、厚 0.7 厘米（图九，2）。M6：2，侈口，尖唇，短束颈，圆肩，弧腹内收，平底略内凹。灰胎，胎质较细腻，青釉，内壁满釉，外壁施釉至下腹部，有流

釉现象。口径9.1厘米、肩径11.2厘米、底径8.5厘米、高13.4厘米、厚0.4厘米（图九，3；彩版七三，2）。M18：3，侈口，平沿，方尖唇，短束颈，圆鼓肩，弧腹内收，平底略内凹，红胎，胎质较细腻，米黄色釉，施釉较薄，有流釉现象。口径10.3厘米、肩径11.9厘米、底径9厘米、高11.6厘米、厚0.6厘米（图九，5）。M19：2，侈口，尖唇，束颈，圆鼓肩，弧腹内收，平底略内凹，泥质灰胎，胎质较细腻，青釉，内壁满釉，施釉较薄。口径8.2厘米、肩径10.3厘米、底径8.3厘米、高13.4厘米、厚0.4厘米（图九，6；彩版七三，3）。M26：8，侈口略内收，竖颈，鼓肩，腹部内收，平底略内凹。红胎，胎质较细腻，青釉，内壁满釉，施釉较薄。口径6.8厘米、肩径12.6厘米、底径9厘米、高14.7厘米、厚0.5厘米（图九，1；彩版七三，4）。

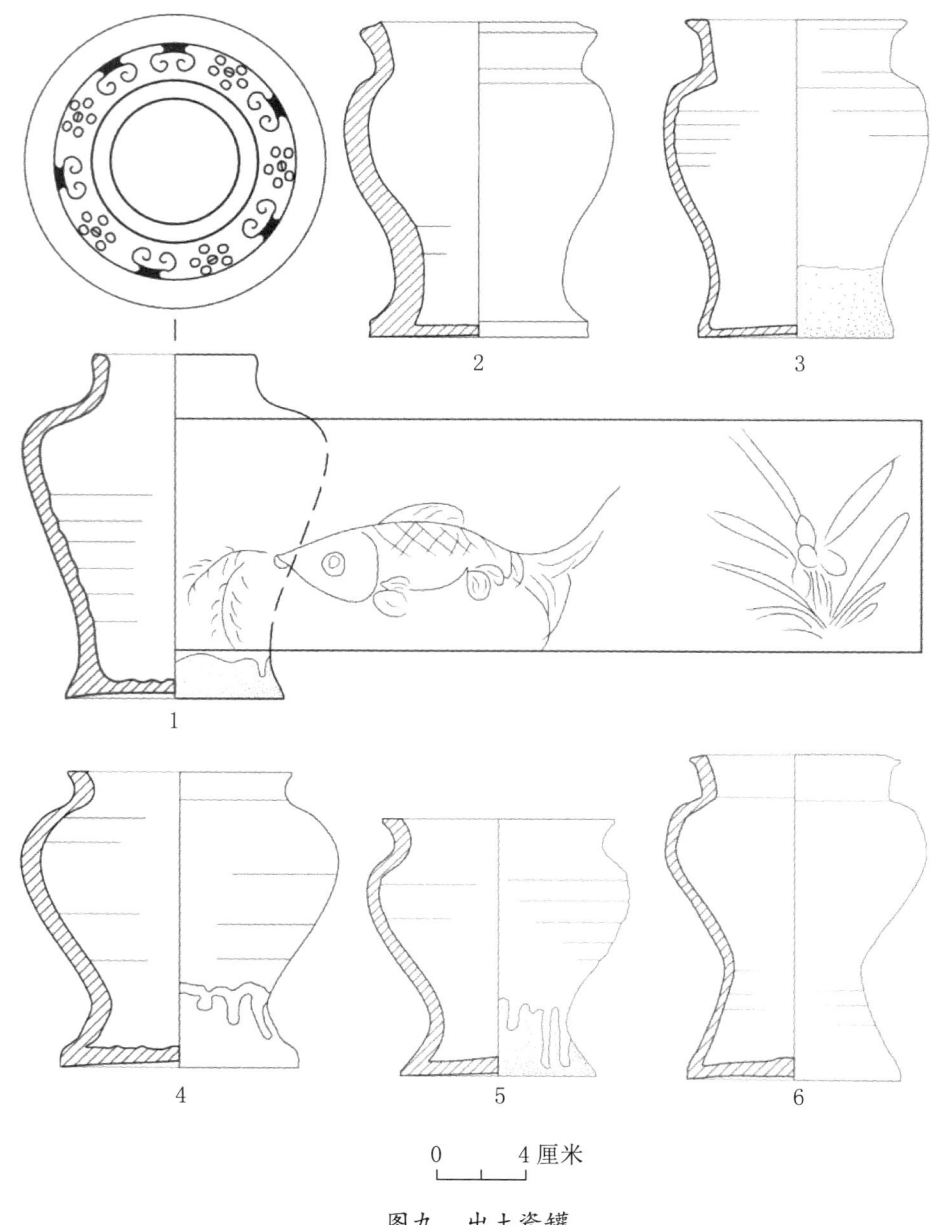

图九　出土瓷罐

1.M26：8　2.M6：1　3.M6：2　4.M5：5　5.M18：3　6.M19：2

（二）银器

银扁方 3 件。M2∶2，首弯曲，体呈长方形，尾呈圆弧形。首錾刻蝙蝠纹，体背中部戳印文字，锈蚀不清。通长 10.4 厘米、宽 1.9 厘米、厚 0.1 厘米，重 10.93 克（图一〇，1）。M22∶1，体呈长方形，下端呈圆形，首弯曲一周半，呈圆柱体，其上錾刻一蝙蝠，体扁长，光素无纹。通长 11.6 厘米、

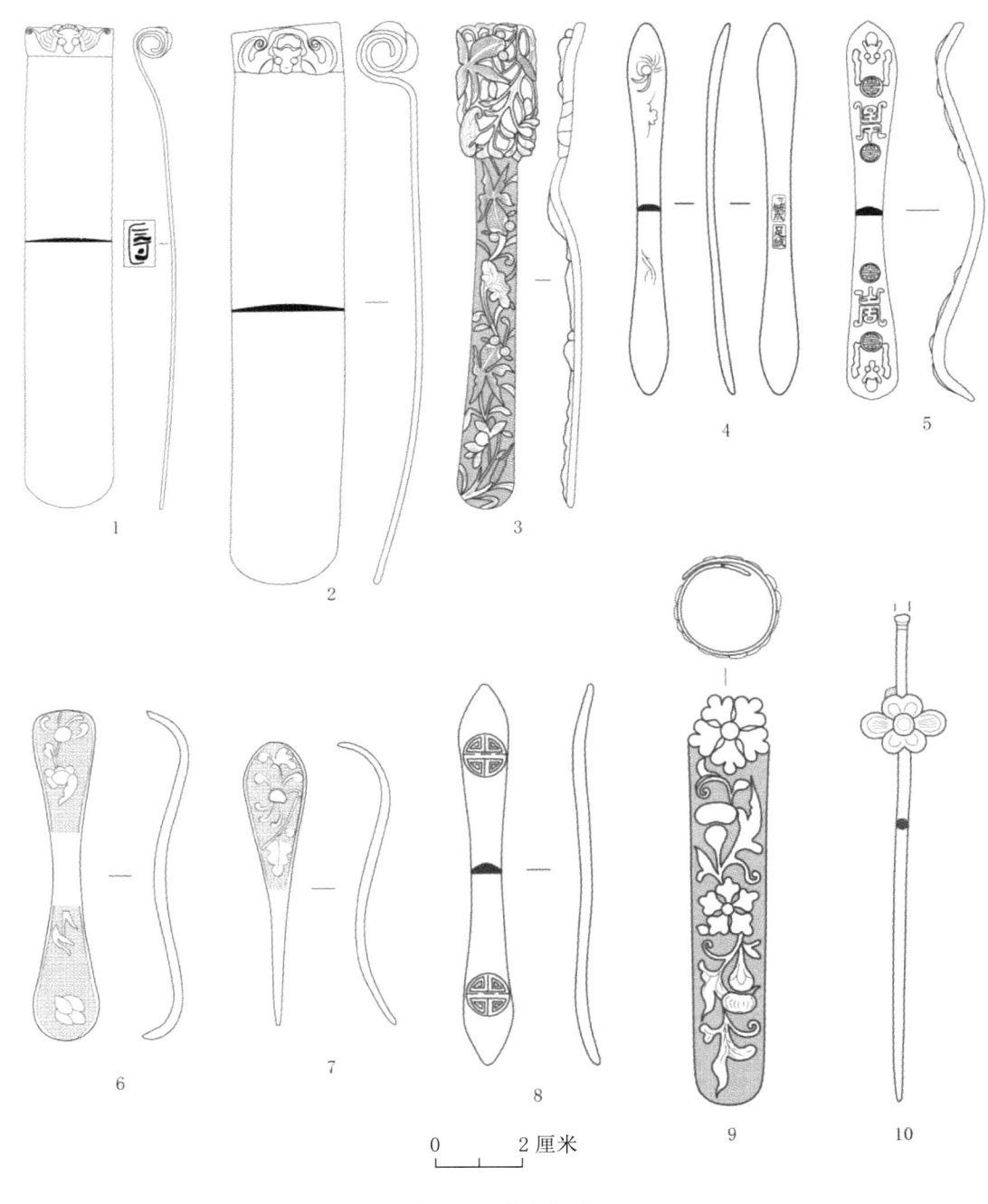

图一〇　出土银器

1～3. 银扁方（M2∶2、M22∶1、M27∶1）　4～8. 银押发（M5∶2、M23∶1、M25∶2-1、M25∶2-2、M26∶7）
9. 银戒指（M5∶4）　10. 银簪（M25∶1）

宽 2.2 厘米，重 17.53 克（图一〇，2）。M27∶1，首部为长方形，体呈长方形，尾呈圆弧形。首镂空，通体錾刻鱼纹和水草纹。通长 10.3 厘米、宽 0.9～1.7 厘米、厚 0.1～0.3 厘米，重 12.27 克（图一〇，3；彩版七三，5）。

银押发 5 件。M5∶2，体近扁平，侧视如弓形，两端圆尖，一端依稀可辨为花瓣纹，其余锈蚀不清，中部束腰，背戳印"毓成""足纹"。通长 7.4 厘米、宽 0.5～0.8 厘米、厚 0.1 厘米，重 5.47 克（图一〇，4）。M23∶1，体近扁平，中间束腰，侧视呈"M"形，两端圆尖，饰有寿字纹和花卉纹，两端纹饰对称分布。通长 7.9 厘米、宽 0.5～1 厘米、厚 0.1～0.2 厘米，重 6.45 克（图一〇，5）。M25∶2-1，体近扁平，中间束腰，侧视呈"M"形。两端较尖，一端依稀可辨为花瓣纹，其余锈蚀不清。通长 6.9 厘米、宽 0.55～1.13 厘米、厚 0.2 厘米，重 8.4 克（图一〇，6；彩版七三，6）。M25∶2-2，完整略锈蚀。体呈倒水滴形，侧视呈"S"形，首部依稀可辨为花瓣纹，其余纹饰锈蚀不清。通长 5.9 厘米、宽 1.28 厘米、厚 0.2 厘米，重 4.67 克（图一〇，7；彩版七三，7）。M26∶7，体近扁平。中间束腰，侧视微呈"M"形。正面两端刻有圆寿纹，两端纹饰对称分布。通长 7.8 厘米、宽 0.6～1 厘米、厚 0.2～0.25 厘米，重 7.26 克（图一〇，8）。

银戒指 1 件。M5∶4，圆环状，展开后一端呈花状，一端呈圆弧状，戒面錾刻花草纹、葫芦纹。直径 2.2 厘米，重 8.47 克（图一〇，9）。

银簪 1 件。M25∶1，锈残。首部残断，颈部刻一立体六瓣花。体弯曲，尾尖细。残长 10.1 厘米、厚 0.3 厘米、首残长 2.9 厘米，重 5.07 克（图一〇，10；彩版七三，8）。

银耳环 6 件。其中 M2∶1-1、M2∶1-2、M4∶3 形制相同，圆环形，展开后中部为如意纹状、錾刻如意纹，环首一端呈圆柱体，尾尖细，一端呈长方体，扁平。M2∶1-1，直径 3.3 厘米、宽 0.5 厘米、展开长 11.4 厘米，重 4.91 克（图一一，1；彩版七四，1）。M2∶1-2，直径 3.4 厘米、宽 0.5 厘米、展开长 11.5 厘米，重 4.63 克（图一一，2）。M4∶3，直径 2.8 厘米、宽 0.7 厘米、展开长 10.6 厘米，重 5.35 克（图一一，3）。M12∶1、M12∶2 形制相同，圆环形，展开后一端呈圆柱体，尾尖细，中部由四个镂空如意纹环成，正中錾刻一寿纹，一端呈长方体，扁平，表面錾刻一圈回纹，中间以圆点纹为地，上饰花草纹。M12∶1，直径 3.9 厘米、宽 2.9 厘米、厚 0.2 厘米、展开长 11.7 厘米，重 6.85 克（图一一，4；彩版七四，3）。M12∶2，直径 4 厘米、宽 2.6 厘米、厚 0.2 厘米、展开长 10.8 厘米，重 6.56 克（图一一，5）。M27∶4，圆环形，展开后中部为花瓣状、錾刻花卉纹，环首一端呈圆柱体，尾尖细，一端呈长方体，扁平，以圆点纹为地，其上循环錾刻有圆寿纹和寿字纹。直径 2.9 厘米、宽 1.4 厘米、厚 0.1 厘米、展开长 9.8 厘米，重 5.74 克（图一一，6；彩版七四，2）。

（三）玉器

玉戒指 1 件。M21∶5，整体为圆环形，素面无纹。直径 2.4 厘米、厚 0.4 厘米，重 3.68 克（图一一，7；彩版七四，4）。

图一一　出土器物

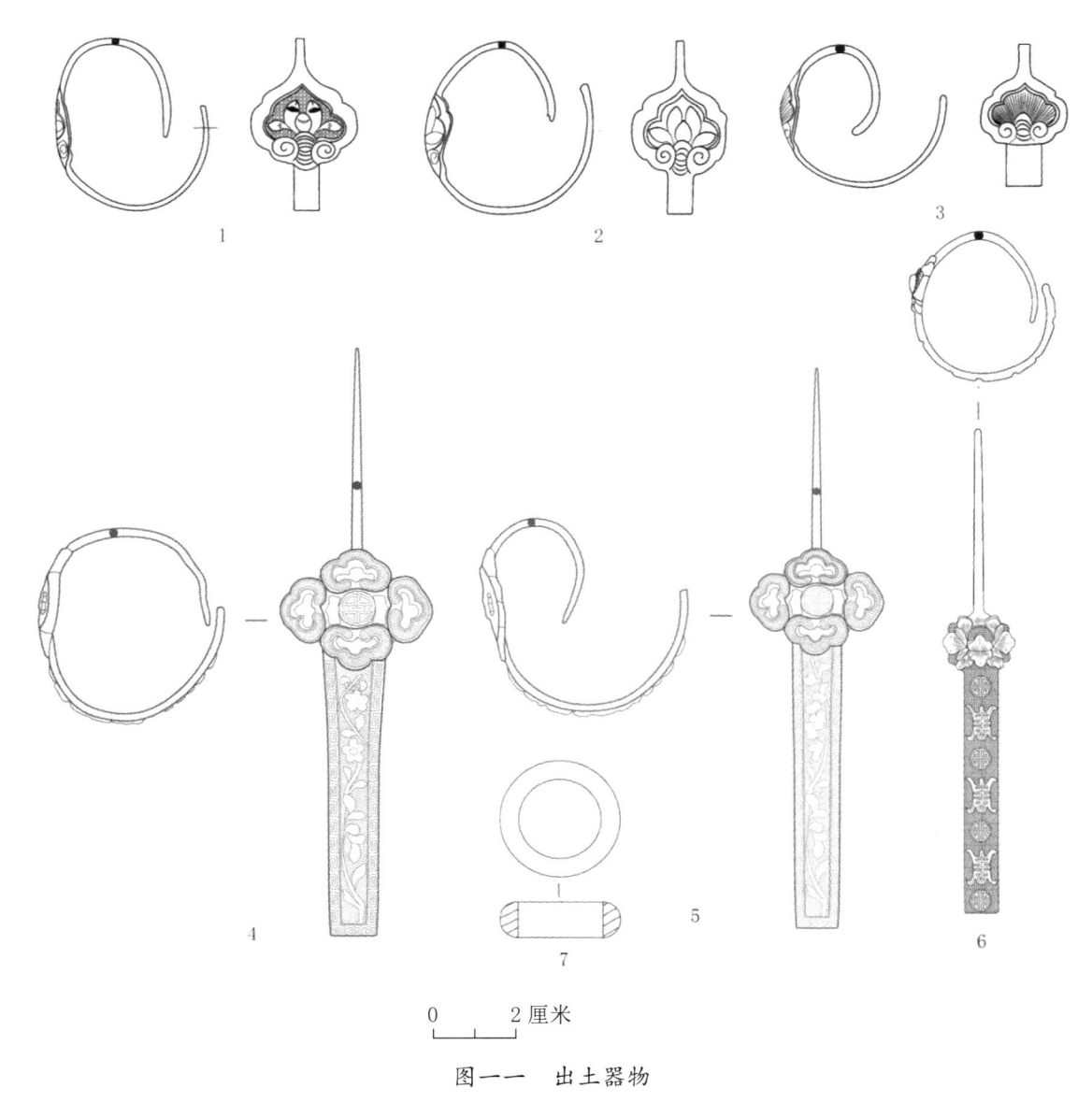

1～6. 银耳环（M2：1-1、M2：1-2、M4：3、M12：1、M12：2、M27：4）　7. 玉戒指（M21：5）

（四）铜器

铜簪 7 件。其中 M13：2、M22：2 形制相同，首为禅杖形，顶部呈葫芦状，下接铜丝缠绕而成的六面形禅杖。体呈细长圆柱状，尾尖细。M13：2，残长 14.8 厘米、厚 0.2 厘米、首残长 4.3 厘米，重 7.83 克（图一二，1；彩版七四，5）。M22：2，残长 14.6 厘米、厚 0.2 厘米、首残长 4.6 厘米，重 6.97 克（图一二，2）。M5：1，首残断，体呈细长圆柱状，尾尖细。残长 9.1 厘米、厚 0.2 厘米、重 1.69 克（图一二，3）。M21：2，体呈圆柱状，顶部有一圆帽，下半部分残断。残长 16.9 厘米、厚 0.3 厘米、重 11.16 克（图一二，4）。M21：3，体呈圆柱状，尾部尖细。通长 12.1 厘米、厚 0.3 厘米、重 6.15 克（图一二，5）。M26：1，体呈圆柱状，略弯曲，首部残断，颈部为螺旋形纹饰。残长 11 厘米、

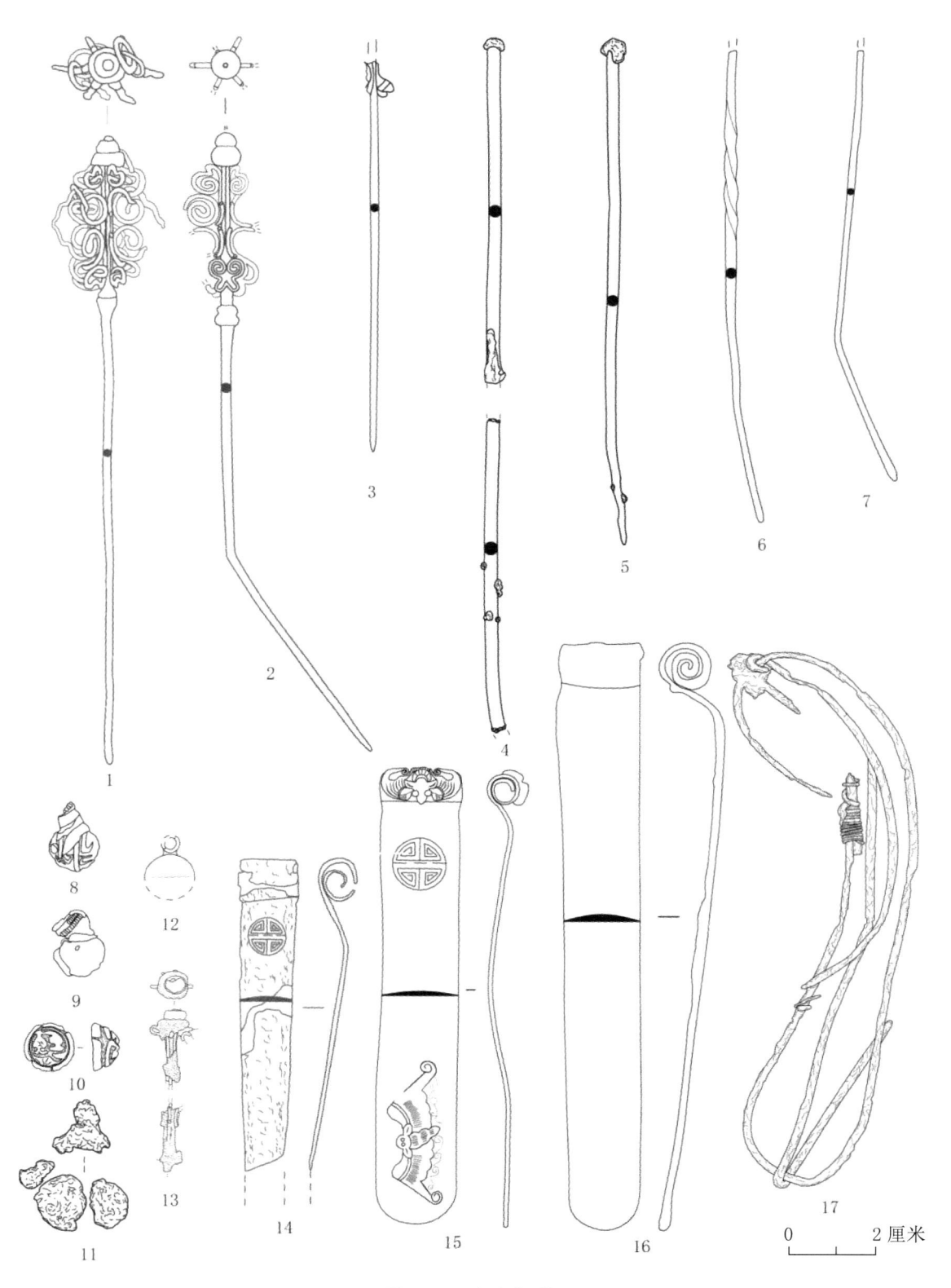

图一二　出土铜器

1～7. 铜簪（M13:2、M22:2、M5:1、M21:2、M21:3、M26:1、M26:2）
8～12. 铜扣（M20:2-1、M20:2-2、M20:5、M22:4、M29:3）　13. 铜饰（M20:6）
14～16. 铜扁方（M28:2、M4:6、M21:1）　17. 铜押发（M19:1）

厚 0.2 厘米，重 3.1 克（图一二，6）。M26：2，体呈圆柱状，首部残断，尾部外折。残长 10.1 厘米、厚 0.2 厘米，重 1.54 克（图一二，7）。

铜扣 5 件。其中 M20：2-1、M20：2-2、M22：4、M29：3 形制相同，大体呈球形，中空。M20：2-1，直径 1.2 厘米，重 1.93 克（图一二，8；彩版七四，6）。M20：2-2，大体呈球形，中空。直径 1.2 厘米，重 1.88 克（图一二，9）。M22：4，锈残，重 1.33 克（图一二，11）。M29：3，直径 1.1 厘米，重 0.61 克（图一二，12）。M20：5，锈残。呈半球形，直径 1.1 厘米，重 1.08 克（图一二，10）。

铜饰 1 件。M20：6，锈蚀严重。残长 3.5 厘米、宽 0.7 厘米，重 1.32 克（图一二，13）。

铜扁方 3 件。M28：2，首弯曲，体呈长方形，尾呈圆弧形。体正面首部刻圆寿纹。残长 7.3 厘米、宽 1.2 厘米、厚 0.1 厘米，重 5.28 克（图一二，14）。M4：6，首弯曲，体呈长方形，尾呈圆弧形。首錾刻蝙蝠纹，体正面上部刻圆寿纹，尾部刻一展翅的蝙蝠纹。通长 10.5 厘米、宽 1.8 厘米、厚 0.1 厘米，重 16.13 克（图一二，15；彩版七四，7）。M21：1，首弯曲，体呈长方形，光素无纹，尾呈圆弧形。通长 13.4 厘米、宽 1.7 厘米、厚 0.2 厘米，重 34.82 克（图一二，16）。

铜押发 1 件。M19：1，锈蚀严重，依稀可辨铜线弯曲而成。残长 13 厘米、宽 2.1 厘米、厚 0.1 厘米，重 9.38 克（图一二，17；彩版七四，8）。

（五）铜钱

乾隆通宝 1 枚。M25：3，圆形、方穿，正、背面均有内、外郭，正面书"乾隆通宝"，楷书，对读；背穿左右为满文"宝泉"纪局。钱径 2.37 厘米、穿径 0.52 厘米、郭宽 0.27 厘米、郭厚 0.11 厘米，重 2.65 克（图一三，1）。

嘉庆通宝 5 枚。圆形、方穿，正、背面均有内、外郭，正面书"嘉庆通宝"，楷书，对读。标本 M21：4-4，背穿左右为满文"宝泉"纪局。钱径 2.89 厘米、穿径 0.51 厘米、郭宽 0.33 厘米、郭厚 0.21 厘米，重 7.24 克（图一三，2）。标本 M22：5-3，背穿左右为满文"宝源"纪局。钱径 2.44 厘米、穿径 0.59 厘米、郭宽 0.26 厘米、郭厚 0.13 厘米，重 3.12 克（图一三，3）。

道光通宝 6 枚。圆形、方穿，正、背面均有内、外郭，正面书"道光通宝"，楷书，对读。标本 M22：5-1，背穿左右为满文"宝源"纪局。钱径 2.26 厘米、穿径 0.49 厘米、郭宽 0.27 厘米、郭厚 0.16 厘米，重 3.1 克（图一三，4）。标本 M28：4-2，背穿左右为满文"宝泉"纪局。钱径 2.22 厘米、穿径 0.54 厘米、郭宽 0.32 厘米、郭厚 0.15 厘米，重 3.39 克（图一三，5）。

咸丰通宝 3 枚。圆形、方穿，正、背面均有内、外郭，正面书"咸丰通宝"，楷书，对读。标本 M28：1，背穿左右为满文"宝源"纪局。钱径 2.21 厘米、穿径 0.47 厘米、郭宽 0.27 厘米、郭厚 0.13 厘米，重 2.74 克（图一三，6）。标本 M18：1-5，背穿左右为满文"宝泉"纪局。钱径 2.21 厘米、穿径 0.58 厘米、郭宽 0.29 厘米、郭厚 0.16 厘米，重 2.93 克（图一三，7）。

咸丰重宝 5 枚。圆形、方穿，正、背面均有内、外郭，正面书"咸丰重宝"，楷书，对读。标本

M3:2-3，背穿左右为满文"宝源"纪局，上下为汉字"当五"（图一三，8）。标本 M13:1-1，背穿左右为满文"宝泉"纪局，上下为汉字"当十"。直径 3.22 厘米、穿径 0.69 厘米、郭宽 0.33 厘米、郭厚 0.22 厘米，重 9.24 克（图一三，9）。标本 M13:1-2，背穿左右为满文"宝源"纪局，上下为汉字"当十"。直径 3.07 厘米、穿径 0.76 厘米、郭宽 0.37 厘米、郭厚 0.21 厘米，重 8.85 克（图一三，10）。

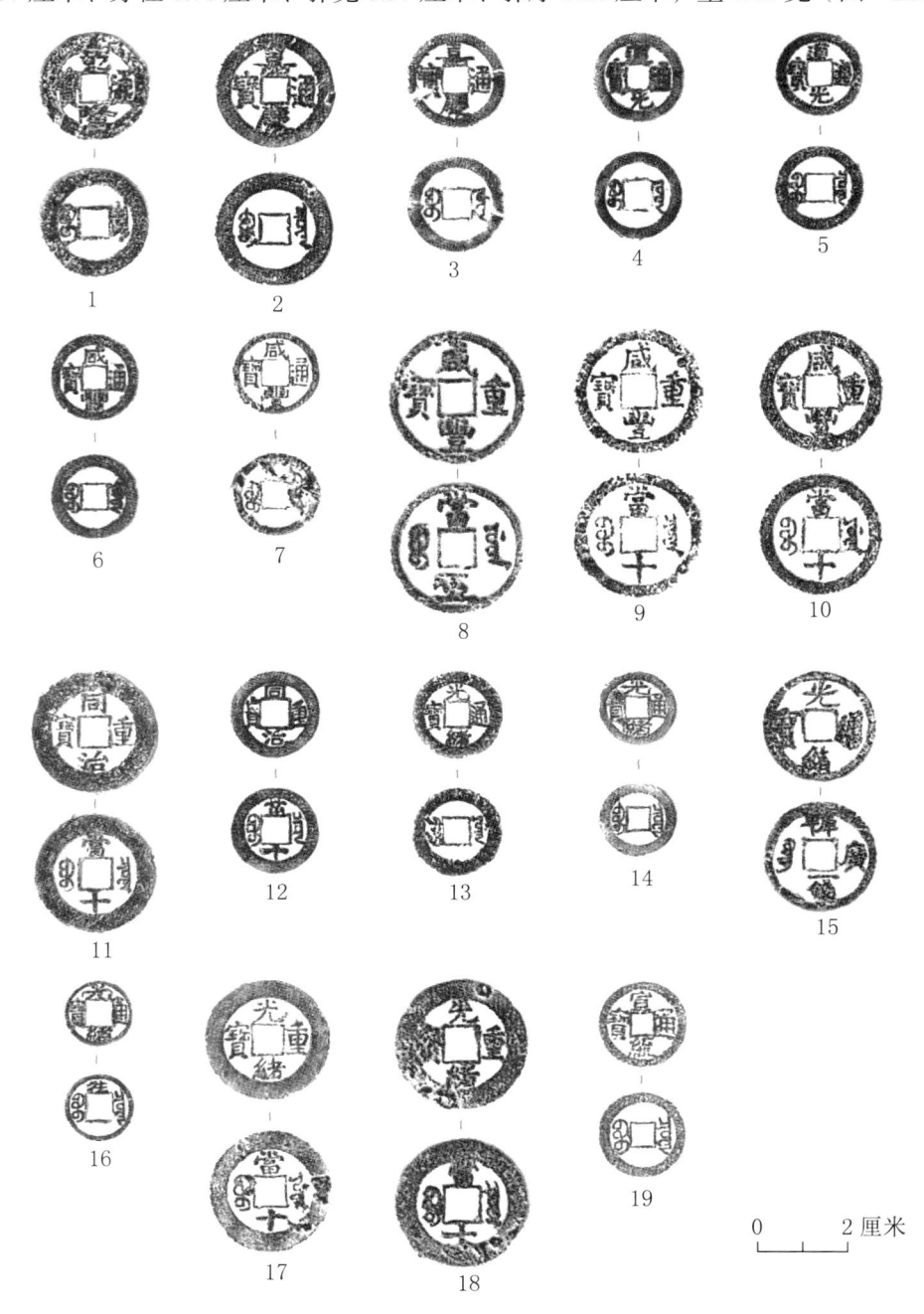

图一三　出土铜钱拓片

1. 乾隆通宝（M25:3）　2、3. 嘉庆通宝（M21:4-4、M22:5-3）　4、5. 道光通宝（M22:5-1、M28:4-2）
6、7. 咸丰通宝（M28:1、M18:1-5）　8～10. 咸丰重宝（M3:2-3、M13:1-1、M13:1-2）
11、12. 同治重宝（M30:3、M4:5）　13～16. 光绪通宝（M18:2-2、M27:2-4、M27:3-3、M27:2-2）
17、18. 光绪重宝（M4:2-2、M11:2）　19. 宣统通宝（M1:1）

同治重宝 31 枚。圆形、方穿，正、背面均有内、外郭，正面书"同治重宝"，楷书，对读；背穿左右为满文"宝泉"纪局，上下为汉字"当十"。标本 M30：3，钱径 3.1 厘米、穿径 0.62 厘米、郭宽 0.5 厘米、郭厚 0.18 厘米，重 7.79 克（图一三，11）。标本 M4：5，钱径 2.25 厘米、穿径 0.57 厘米、郭宽 0.38 厘米、郭厚 0.11 厘米，重 2.38 克（图一三，12）。

光绪通宝 14 枚。圆形、方穿，正、背面均有内、外郭，正面书"光绪通宝"，楷书，对读。标本 M18：2-2，背穿左右为满文"宝源"纪局。钱径 2.26 厘米、穿径 0.52 厘米、郭宽 0.38 厘米、郭厚 0.15 厘米，重 2.4 克（图一三，13）。标本 M27：2-4，背穿左右为满文"宝泉"纪局。钱径 1.91 厘米、穿径 0.43 厘米、郭宽 0.26 厘米、郭厚 0.11 厘米，重 1.87 克（图一三，14）。标本 M27：3-3，左为满文"广"纪局，背穿右上下为汉字"广库平一钱"。钱径 2.41 厘米、穿径 0.59 厘米、郭宽 0.15 厘米、郭厚 0.09 厘米，重 2.24 克（图一三，15）。标本 M27：2-2，背穿左右为满文"宝泉"纪局。钱径 1.75 厘米、穿径 0.54 厘米、郭宽 0.13 厘米、郭厚 0.14 厘米，重 1.57 克（图一三，16）。

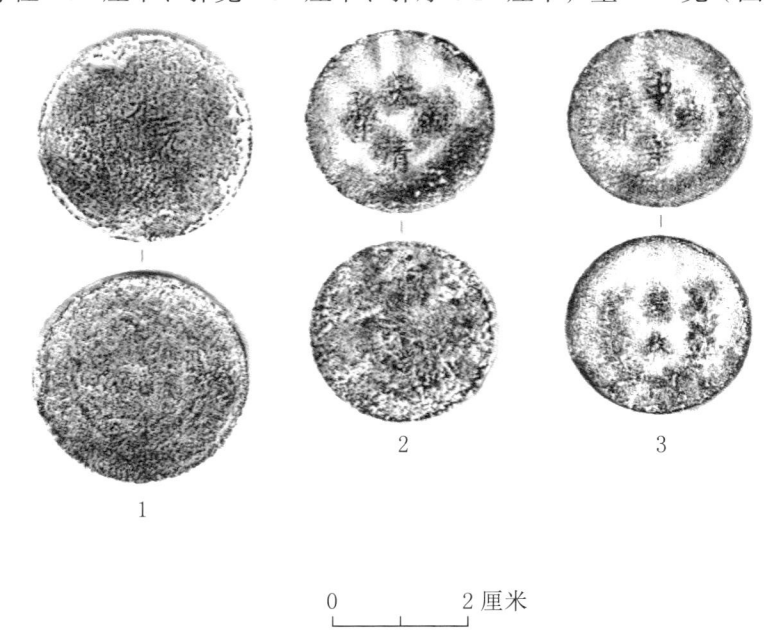

图一四　出土铜币拓片

1. 光绪元宝（M5：3-3）　2. 大清铜币（M5：3-2）　3. 中华铜币（M5：3-4）

光绪重宝 2 枚。圆形、方穿，正、背面均有内、外郭，正面书"光绪重宝"，楷书，对读。M4：2-2，背穿左右为满文"宝泉"纪局，上下为汉字"当十"。钱径 2.88 厘米、穿径 0.61 厘米、郭宽 0.48 厘米、郭厚 0.15 厘米，重 5.5 克（图一三，17）。M11：2，背穿左右为满文"宝源"纪局，上下为汉字"当十"。钱径 3.1 厘米、穿径 0.64 厘米、郭宽 0.5 厘米、郭厚 0.2 厘米，重 6.94 克（图一三，18）。

光绪元宝 1 枚。M5：3-3，圆形，正面书"光绪元宝"，楷书，对读；背面锈蚀模糊不清。直径 3.19 厘米、厚 0.17 厘米，重 9.7 克（图一四，1）。

大清铜币 1 枚。M5：3-2，圆形，正面书"大清铜币"，楷书，对读；背面锈蚀模糊不清。直径 3.3 厘米、厚 0.15 厘米，重 9.13 克（图一四，2）。

宣统通宝 5 枚。圆形、方穿，正、背面均有内、外郭，正面书"宣统通宝"，楷书，对读；背穿左右为满文"宝泉"纪局。标本 M1：1，直径 1.9 厘米、穿径 0.41 厘米、郭宽 0.3 厘米、郭厚 0.12 厘米，重 1.54 克（图一三，19）。

中华铜币 1 枚。M5：3-4，圆形，正面书"中华铜币"，楷书，对读；背面上下为汉字"双枚"。直径 3.22 厘米、厚 0.15 厘米，重 8.25 克（图一四，3）。

（六）枕砖

枕砖 5 件。青砖，单面饰凹槽纹。M7：1，用砖规格为 24 厘米 ×13.8 厘米 ×6 厘米（图一五，1）。M8：1-1，残砖规格为 19.2 厘米 ×13.6 厘米 ×6 厘米（图一五，2）。M8：1-2，残砖规格为 16 厘米 ×10 厘米 ×6 厘米（图一五，3）。M11：3，用砖规格为 24.6 厘米 ×12 厘米 ×6 厘米（图一五，4）。M18：4，用砖规格为 24.6 厘米 ×12 厘米 ×6 厘米（图一五，5）。

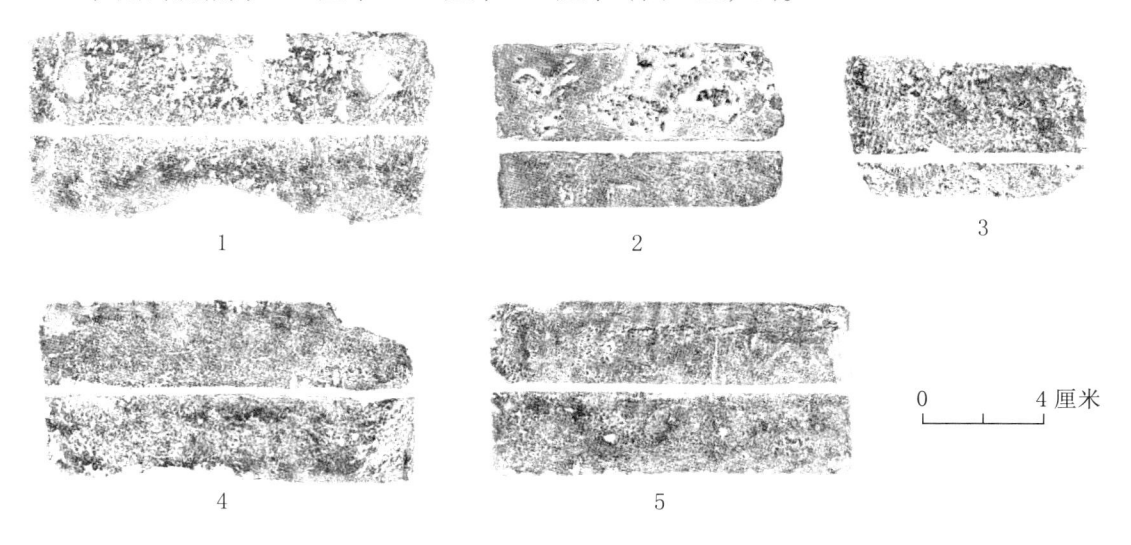

图一五　出土枕砖拓片
1. M7：1　2. M8：1-1　3. M8：1-2　4. M11：3　5. M18：4

三、结语

此次共发掘墓葬 31 座，包括单人葬墓 13 座、双人合葬墓 16 座、三人合葬墓 2 座，均为北京地区清代墓葬中常见葬式。出土器物有瓷罐、银耳环、银押发、银簪、铜押发、铜簪、铜扁方、铜扣、铜饰、铜钱等，均带有明显的清代器物风格。

M1 ~ M5、M11 ~ M13、M18、M20 ~ M22、M25 ~ M31 出土铜钱时代最早为乾隆通宝，最晚为中华铜币。其中 M13：2 铜簪与奥林匹克会议中心 M29：1[1] 出土器型基本一致。M2：1、M4：3 银耳环与奥运村 M49：1、M49：2[2] 出土器型基本一致。扁方 M2：2、M4：6、M22：1 与中关村 M5：2[3] 出土器型基本一致。M5：5 瓷罐与奥运村 M41：2[4] 出土器型基本一致。M6：2 瓷罐与单店养老产业示范基地 M4：1[5] 出土器型基本一致。M12：1、M12：2 银耳环与奥运一期工程 M138：1[6] 出土器型基本一致。M19：2 瓷罐与奥运村 M32：1[7] 出土器型基本一致。M25：1 银簪与孙河组团土地储备项目 N 地块 M13：6[8] 出土器型基本一致。M25：2-1 银押发与奥运一期工程 M27：2[9] 出土器型基本一致。M26：7 银押发与单店养老产业示范基地 M3：1[10] 出土器型基本一致。M27：4 银耳环与奥运村 M41：3[11]、五棵松篮球馆 M30：1[12] 出土器型基本一致。因此，以出土铜钱与随葬器物推断，本次发掘的墓葬年代应在清代中晚期。

综上所述，此次发掘的 31 座清代墓葬从形制及随葬器物可以看出，随葬品不丰富，规格等级较低，应为平民墓葬。

从墓葬分布情况来看，M30、M28、M27、M29、M2、M4、M1、M3 相对于其他墓葬较为集中，且墓葬之间无叠压和打破关系，应该为同一家族墓地，M30 居祖位，其后 M28、M27、M29、M2、M4、M1、M3 以"八"字形依次往后排列；另外，M10、M11、M9、M12、M13、M8、M31、M7 相对于其他墓葬较为集中，且墓葬之间无叠压和打破关系，应该为同一家族墓地，M10 居祖位，其后 M11、M9、M12、M13、M8、M31、M7 以"八"字形依次往后排列。这种墓葬分布形式是"昭穆制度"的体现。另外，广东机制钱——"广库平一钱"的发现，显示出清代北京地区与广东地区的贸易往来。[13] 该批墓葬的发掘，为研究该区域清代墓葬的丧葬习俗提供了新的实物资料。

发掘：张玉妍
绘图：屈红国
人骨鉴定：尉苗
执笔：张玉妍　尉苗

注释

[1] 北京市文物局、北京市文物研究所：《北京奥运场馆考古发掘报告》上册，科学出版社，2007 年，第 147 页。
[2] 北京市文物局、北京市文物研究所：《北京奥运场馆考古发掘报告》上册，科学出版社，2007 年，第 212 页。
[3] 北京市文物研究所：《单店与黑庄户》，上海古籍出版社，2021 年，第 59 页。
[4] 北京市文物局、北京市文物研究所：《北京奥运场馆考古发掘报告》上册，科学出版社，2007 年，第 230 页。
[5] 北京市文物研究所：《单店与黑庄户》，上海古籍出版社，2021 年，第 95 页。
[6] 北京市文物局、北京市文物研究所：《北京奥运场馆考古发掘报告》上册，科学出版社，2007 年，第 285 页。
[7] 北京市文物局、北京市文物研究所：《北京奥运场馆考古发掘报告》上册，科学出版社，2007 年，第 204 页。

⑧ 北京市文物研究所：《单店与黑庄户》，上海古籍出版社，2021年，第23页。
⑨ 北京市文物局、北京市文物研究所：《北京奥运场馆考古发掘报告》上册，科学出版社，2007年，第310页。
⑩ 北京市考文物研究所：《单店与黑庄户》，上海古籍出版社，2021年，第92页。
⑪ 北京市文物局、北京市文物研究所：《北京奥运场馆考古发掘报告》上册，科学出版社，2007年，第230页。
⑫ 北京市文物局、北京市文物研究所：《北京奥运场馆考古发掘报告》上册，科学出版社，2007年，第44页。
⑬ 李邦经：《"光绪通宝"机制币》，《湖北钱币专刊》，2017年总第16期。

附表　墓葬登记表

墓号	层位	方向	形状与结构	墓口 长×宽—深（米）	墓底 长×宽—深（米）	葬具	葬式	人骨保存情况	性别	随葬品（件/枚/套）
M1	①	53°	竖穴土圹	（2.3~2.4）×（1.3~1.44）—（0.9~1）	（2.3~2.4）×（1.3~1.44）—（1.3~1.4）	东棺	仰身直肢	较好，右侧手臂、骨盆、下肢紧贴西边棺壁，左侧上肢肘部弯曲，抵东侧棺壁，左手放置于腹部。下颌M1为3级磨耗，年龄鉴定为30岁左右	男	铜钱1
						西棺		一般，头骨顶骨、枕骨比较完整，面颅破碎，颅骨骨壁较薄，眶上缘较锐，骨盆整体较小，坐骨大切迹宽而浅，第一骶椎上关节面约占底部的1/3，四肢骨整体较小而纤细。下颌骨较完整。下颌体和下颌联合低，下颌支较窄，髁突小，牙齿较小，M3已萌出，M1、M2均为1级磨耗，年龄鉴定为23岁左右	女	
M2	①	37°	竖穴土圹	（1.65~1.86）×（1.7~1.75）—0.9	（1.65~1.86）×（1.7~1.75）—（1.36~1.4）	东棺	仰身直肢	较差，骨盆整体较高、陡直。四肢长骨较粗壮，头骨较大，额部后倾，眶上缘钝，下颌体、下颌联合较高、颏部方，颧骨较高、眉弓较显著。年龄鉴定为55岁左右	男	铜钱2、银耳环2、银扁方1
						西棺		较差，头骨破碎，肋骨散乱，部分脊椎与泥土混合。下颌骨保存较完整。下颌M1齿质全部暴露，M2磨耗接近4级接近5级，推断年龄为55岁左右	女	

续表

墓号	层位	方向	形状与结构	墓口 长×宽—深（米）	墓底 长×宽—深（米）	葬具	葬式	人骨保存情况	性别	随葬品（件/枚/套）
M3	①	55°	竖穴土圹	（2.53~2.55）×1.8—（0.9~1）	（2.53~2.55）×1.8—（1.36~1.46）	东棺	仰身直肢	较好，头骨较小、骨壁较薄，额部较陡、眼眶圆、颧骨低、颧弓纤细，下颌角较大，下颌角区光滑，下颌联合较低，颏部圆而尖，乳突较小，第一骶椎上关节面小，坐骨大切迹宽而浅，耻骨下角呈倒U形，耻骨支移行部接近方形，下颌M1磨耗为3~4级。耻骨联合面轻度下凹，背侧缘向后扩张，年龄鉴定为35~39岁	女	铜钱9
						西棺		一般，面颅额部后倾，乳突较大，眉弓较发达，下颌联合较高，颏突较大，坐骨大切迹窄，骨盆整体较大，高、髂翼厚，耻骨联合面不存，依据左右M1磨耗均为4~5级，年龄鉴定为50岁左右	男	
M4	①	63°	竖穴土圹	（2.75~2.94）×（1.79~1.92）—0.9	（2.75~2.94）×（1.79~1.92）—（1.44~1.48）	北棺	仰身直肢	较差，骨盆较耻骨下角、骨盆整体形态、第一骶椎上关节面、耻骨支移行部、坐骨大切迹。耻骨联合面形态为8~9级，推测年龄为45岁~50岁	男	铜钱8、银耳环1、铜扁方1
						南棺		较差，下颌联合较低，牙齿较小。骨盆整体较小、髂翼外翻、坐骨大切迹宽而浅，四肢骨整体较短，牙齿保存不多，前部牙齿磨耗严重，上颌左P2仅剩牙根，M1为4~5级磨耗，年龄鉴定为45岁左右	女	
M5	①	46°	竖穴土圹	（2.2~2.5）×（1.3~1.55）—0.9	（2.2~2.5）×（1.3~1.55）—（1.14~1.18）	东棺	仰身直肢	较好，骨盆整体、第一骶椎上关节面、坐骨大切迹、下颌角区，髁突形态以及四肢骨粗壮程度鉴定性别为男性。依据下颌右侧M2、左侧M1、M2均生前脱落，年龄推测为55~60岁	男	铜簪1、银押发1、铜板4、铜饰1、瓷罐1

续表

墓号	层位	方向	形状与结构	墓口 长×宽—深（米）	墓底 长×宽—深（米）	葬具	葬式	人骨保存情况	性别	随葬品（件/枚/套）
M5	①	46°	竖穴土圹	(2.2~2.5)×(1.3~1.55)—0.9	(2.2~2.5)×(1.3~1.55)—(1.14~1.18)	西棺	仰身直肢	较好，下颌P1、P2、M1、M2、M3全部生前脱落，前部牙齿由于颏部破损，无法观察亦未找到牙齿，年龄推测为60岁左右	女	铜簪1、银押发1、铜板4、铜饰1、瓷罐1
M6	①	25°	竖穴土圹	(2.5~2.62)×(1.8~2)—0.9	(2.5~2.62)×(1.8~2)—1.34	东棺	不详	无	不详	瓷罐2
						西棺				
M7	①	33°	竖穴土圹	2.9×(2.8~2.86)—(0.9~1)	2.9×(2.8~2.86)—(1.9~2.2)	东棺	不详	无	不详	无
						中棺		较差，四肢骨粗壮程度和残存的坐骨大切迹推断性别更倾向于女性。根据四肢骨的形态推断年龄为成年	女	
						西棺		较差，头骨较完整，额部后倾，颧骨较高，下颌骨较完整，下颌角较小，下颌角区粗糙略外翻，下颌支宽。下颌M1为2级磨耗，20岁左右。坐骨大切迹窄，耳状面直	男	
M8	①	314°	竖穴土圹	2.7×1.1—(0.9~1)	2.7×1.1—(1.6~1.7)	单棺	仰身直肢	一般，骨盆残，相对骨质较薄，耻骨联合部缺失，第一骶椎上关节面约占底部的1/3，四肢整体较小，较纤细。上颌M1磨耗为4~5级，年龄鉴定为45岁左右	女	无
M9	①	37°	竖穴土圹	2.8×2—(0.9~1)	2.8×2—(1.8~1.9)	东棺	仰身直肢	一般，依据颅骨骨壁厚度、骨盆整体形态、坐骨大切迹、耳状面、四肢骨粗壮程度，性别鉴定为男性。依据M1磨耗，年龄鉴定为50岁左右	男	无
						西棺		较差，依据骨盆整体形态、耻骨下角、坐骨大切迹以及头骨骨壁、颧弓、乳突、上颌骨形态，鉴定为女性。上颌残留部分牙齿，依据上M1为4级磨耗，推断为39~43岁	女	

续表

墓号	层位	方向	形状与结构	墓口 长×宽—深（米）	墓底 长×宽—深（米）	葬具	葬式	人骨保存情况	性别	随葬品（件/枚/套）
M10	①	11°	竖穴土圹	2.32×（0.82~0.84）—0.9	2.32×（0.82~0.84）—1.16	单棺	不详	无	不详	无
M11	①	35°	竖穴土圹	2.42×（0.94~1）—（0.9~1）	2.42×（0.94~1）—（1.75~1.85）	单棺	不详	较差，左侧股骨中部，根据耻骨下角、耻骨支移行部、坐骨大切迹、下颌角区、下颌联合、额部形态等，性别鉴定为男性。依据下颌骨M1磨耗为2~3级，年龄鉴定为27~32岁	男	铜钱2
M12	①	308°	竖穴土圹	2.7×1.2—（0.9~1）	2.7×1.2—（1.56~1.66）	单棺	仰身直肢	一般，性别判定为女性，依据是耻骨下角、骨盆整体形态、骶骨、坐骨大切迹、下颌角、下颌颏部的形态。该个体上颌不存，下颌M1为4级磨耗，年龄推测为40岁左右	女	铜钱2、银耳环2
M13	①	54°	竖穴土圹	（2.48~2.6）×2.56—（0.9~1）	（2.48~2.6）×2.56—（1.66~1.8）	东棺	仰身直肢	较好，性别判定为女性，依据是耻骨下角、骨盆整体形态、第一骶椎上关节面、坐骨大切迹、下颌角、颏部的形态。由于下颌后部牙齿均生前脱落，上颌M1牙齿磨耗较轻为2级，结合颅骨骨缝愈合情况，推测该个体年龄为30岁左右	女	铜钱2、铜簪1
M13	①	54°	竖穴土圹	（2.48~2.6）×2.56—（0.9~1）	（2.48~2.6）×2.56—（1.66~1.8）	西棺	不详	一般，性别鉴定为男性，依据是颅骨整体形态、颅骨骨壁厚度、额部后倾、眉弓、眶上缘、乳突、下颌角、下颌支。M3已经萌出，M1为2级磨耗，结合颅骨骨缝愈合情况，年龄推测为25~30岁	男	铜钱2、铜簪1
M14	①	245°	竖穴土圹	2.6×（1.4~1.5）—（0.9~1）	2.6×（1.4~1.5）—（1.79~1.89）	单棺	不详	无	不详	无
M15	①	37°	竖穴土圹	2.7×（1.3~1.4）—（0.9~1）	12.7×（1.3~1.4）—（1.8~1.9）	单棺	不详	无	不详	无
M16	①	283°	竖穴土圹	2.4×（0.8~1）—（0.9~1）	2.4×（0.8~1）—（1.22~1.32）	单棺	不详	无	不详	无

续表

墓号	层位	方向	形状与结构	墓口 长×宽—深（米）	墓底 长×宽—深（米）	葬具	葬式	人骨保存情况	性别	随葬品（件/枚/套）
M17	①	232°	竖穴土圹	2.7×1.5—（0.9~1）	2.7×1.5—（1.72~1.82）	单棺	不详	无	不详	无
M18	①	226°	竖穴土圹	2.4×1.12—（0.9~1）	2.4×1.12—（1.2~1.3）	单棺	仰身直肢	一般，性别鉴定为女性，依据是骨盆整体形态、耻骨下角、坐骨大切迹、第一骶椎上关节面、耳状面、四肢骨。耻骨联合面、下颌骨不存，颅骨残破，依据上颌牙齿M3已萌出，上颌M1为2级磨耗，年龄推断为27岁左右	女	铜钱9、瓷罐1
M19	①	18°	竖穴土圹	2.2×（0.62~0.84）—（0.9~1）	2.2×（0.62~0.84）—（1.2~1.3）	单棺	仰身直肢	较好，性别鉴定为女性，依据是耻骨下角、骨盆整体形态、第一骶椎上关节面、坐骨大切迹、颅骨整体形态、额部、颧骨、眉弓、下颌角、颏部的形态。M3即将萌出，M1磨耗为1级，耻骨联合面形态为1~2级，年龄推测为17~20岁	女	铜押发1、瓷罐1
M20	①	269°	竖穴土圹	（2.5~2.74）×1.6—（0.9~1）	（2.5~2.74）×1.6—（1.1~1.2）	北棺	不详	差，仅存部分残断下肢骨。从骨骼形态判断为成年个体	不详	铜钱3、铜扣2、铜饰1
						南棺	不详	差，依据残断下颌骨形态、以及四肢长骨的粗壮程度，推测更有可能为女性。M1磨耗为2级，尚未有齿质点暴露，年龄推测为25~30岁	女	
M21	①	198°	竖穴土圹	（1.8~1.98）×2.4—（0.9~1）	（1.8~1.98）×2.4—（1.14~1.24）	东棺	仰身直肢	较好，坐骨大切迹较窄、第一骶椎上关节面占底部2/5，四肢粗壮，性别鉴定更倾向于男性。由于牙齿、颅骨、下颌骨、耻骨联合皆不存，依据骨骼形态鉴定年龄为成年	男	铜钱4、铜押发1、铜簪2、玉戒指1
						中棺	不详	一般，颅骨骨壁整体较厚，但是牙齿较小，下颌角大、颏部圆而尖、坐骨大切迹宽而浅、第一骶椎上关节面形态、四肢骨较纤细。M1磨耗2级，推测年龄为25~30岁	女	

续表

墓号	层位	方向	形状与结构	墓口 长×宽—深（米）	墓底 长×宽—深（米）	葬具	葬式	人骨保存情况	性别	随葬品（件/枚/套）
M21	①	198°	竖穴土圹	(1.8~1.98)×2.4—(0.9~1)	(1.8~1.98)×2.4—(1.14~1.24)	西棺	仰身直肢	一般，性别鉴定为女性，依据颅骨骨壁整体较厚，但是牙齿较小，下颌角大，颏部圆而尖、坐骨大切迹宽而浅、第一骶椎上关节面形态、四肢骨较纤细。M1磨耗2级，推测年龄为25~30岁	女	铜钱4、铜押发1、铜簪2、玉戒指1
M22	①	183°	竖穴土圹	2.6×(2.02~2.1)—(0.9~1)	2.6×(2.02~2.1)—(1.5~1.6)	东棺	仰身直肢	较差，头骨破碎，四肢骨较纤细，坐骨大切迹宽而浅、骨盆整体形态、第一骶椎上关节面、坐骨大切迹、颅骨整体形态、额部、颧骨、眉弓、下颌角区、颏部的形态，性别鉴定为女性。M1磨耗为4~5级，年龄鉴定为50岁左右	女	铜钱6、银扁方1、铜簪1、铜扣1
M22	①	183°	竖穴土圹	2.6×(2.02~2.1)—(0.9~1)	2.6×(2.02~2.1)—(1.5~1.6)	西棺	仰身直肢	一般，性别鉴定为男性，依据是耻骨下角、骨盆整体形态、第一骶椎上关节面、坐骨大切迹、颅骨整体形态、额部、颧骨、眉弓、下颌角、颏部的形态、四肢骨粗壮程度。上颌牙齿不存，前部牙齿磨耗严重。M1磨耗接近5级，年龄鉴定为50~55岁	男	铜钱6、银扁方1、铜簪1、铜扣1
M23	①	304°	竖穴土圹	2.6×2—(0.9~1)	2.6×2—(1.6~1.7)	东棺	仰身直肢	一般，性别鉴定为女性，依据是耻骨下角、骨盆整体形态、第一骶椎上关节面、坐骨大切迹、颅骨整体形态、额部、颧骨、眉弓、下颌角、颏部的形态。上颌M2仅剩齿根，M1为5级磨耗，耻骨联合面形态为第11期，年龄推断为51~60岁	女	铜簪1
M23	①	304°	竖穴土圹	2.6×2—(0.9~1)	2.6×2—(1.6~1.7)	西棺	仰身直肢	较差，性别鉴定为男性，依据是耻骨下角、骨盆整体形态、骶椎曲度、第一骶椎上关节面、耳状面、坐骨大切迹、颅骨整体形态、额部、眶上缘、颧骨、髁突、眉弓、下颌角的形态。仅存一颗下颌M1，磨耗接近5级，耻骨联合面下凹，唇侧已经形成，形态为第11期，年龄推断为51~60岁	男	铜簪1

续表

墓号	层位	方向	形状与结构	墓口 长×宽—深（米）	墓底 长×宽—深（米）	葬具	葬式	人骨保存情况	性别	随葬品（件/枚/套）
M24	①	31°	竖穴土圹	2.4×0.8—（0.9~1）	2.4×0.8—（1.5~1.6）	单棺	不详	较差，仅有颅骨，缺下颌骨，从头骨形态推测更倾向于男性个体	男	无
M25	①	287°	竖穴土圹	2.9×1.3—（0.9~1）	2.9×1.3—（1.4~1.5）	单棺	仰身直肢	一般，额部更为陡直、颧骨较低、颧弓较细，上颌M1磨耗2级，下颌M1齿质点暴露，年龄鉴定为30岁左右	男	铜钱1、铜簪1、银押发2
M26	①	300°	竖穴土圹	2.7×(2.02~2.1)—（0.9~1）	2.7×(2.02~2.1)—（1.4~1.5）	北棺	仰身直肢	一般，头骨位置正常。仅存残破颅骨、骨盆、三肋骨残段，一侧股骨。据M1磨耗接近5级以及颅骨骨缝全部愈合推测年龄为55岁左右	女	铜钱3、铜板3、铜簪2、铜压发1、瓷罐1
M26						南棺		一般，性别鉴定为男性，依据是耻骨下角、骨盆整体形态、坐骨大切迹、颅骨整体形态、额部、颧骨、眉弓、下颌角、颏部、乳突、颏突、四肢骨粗壮程度。下颌M1磨耗4~5级，推测年龄为50岁左右	男	
M27	①	40°	竖穴土圹	(2.6~2.74)×1.76—（0.9~1）	(2.6~2.74)×1.76—（1.58~1.68）	东棺	仰身直肢	一般，性别判定为倾向于男性，依据下颌骨角较大、下颌联高度合、下颌角区轻微外翻，下颌支、颏突较大，骨盆整体较厚。颅骨骨比较厚四肢骨整体较粗壮、较高。依据左侧M1、M2磨耗，推测年龄为40岁~45岁	男	铜钱9、银扁方1、银耳环1
M27						西棺		较好，依据骨盆整体较小较宽、第一骶椎上关节面约占底部的1/3、耻骨支较细、牙齿较小推断性别为女性。个体所保留的牙齿全部磨耗严重，上颌M1齿质几乎全部暴露，年龄鉴定为50岁左右	女	

续表

墓号	层位	方向	形状与结构	墓口 长×宽—深（米）	墓底 长×宽—深（米）	葬具	葬式	人骨保存情况	性别	随葬品（件/枚/套）
M28	①	50°	竖穴土圹	2.68×（1.8~1.9）—（0.9~1）	2.68×（1.8~1.9）—（1.6~1.86）	东棺	仰身直肢	一般，性别鉴定为男性，依据较为倾斜的额部、较高颧骨、颏突、骨盆形态、骨盆及坐骨大切迹、第一骶椎上关节面形态及四肢骨粗壮程度等。根据上颌M1及M2的磨耗推测，年龄为30~35岁	男	铜钱4、扁方1
						西棺		较好，依据下颌骨和骨盆整体形态、第一骶椎上关节面、耳状面、坐骨大切迹和下颌角、下颌联合、下颌支形态，性别鉴定为女性。M3已萌出，M1磨耗为1~2级，年龄鉴定为25岁左右	女	
M29	①	37°	竖穴土圹	2.3×1—（0.9~1）	2.3×1—（1.6~1.7）	单棺	仰身直肢	一般，性别鉴定为女，依据是骨盆整体形态、坐骨大切迹、第一骶椎上关节面、上项线、前额、乳突、颧骨、下颌联合、下颌角的形态及全身骨骼粗壮程度。上M1齿质全部暴露，年龄推测为50~55岁	女	铜钱4、铜扣1
M30	①	67°	竖穴土圹	（2.5~2.56）×1.8—（0.9~1）	（2.5~2.56）×1.8—（1.86~1.96）	北棺	仰身直肢	较好，性别鉴定为男性，依据骨盆整体形态、髂骨、坐骨大切迹、耳状面、下颌骨、眼眶、眉弓、乳突、枕外隆凸等形态。上下颌M1为4级磨耗，判断年龄为40岁左右	男	铜钱4
						南棺		一般，头骨较完整，骨盆残，依据骨盆整体形态、坐骨大切迹、髂翼、额部、颧弓、颧骨、眼眶、下颌骨、下颌角、下颌体、乳突、髁突等形态与四肢骨粗壮程度，判断为女性个体。下颌M1为3级磨耗，年龄推断为30~35岁	女	

续表

墓号	层位	方向	形状与结构	墓口 长×宽—深（米）	墓底 长×宽—深（米）	葬具	葬式	人骨保存情况	性别	随葬品（件/枚/套）
M31	①	75°	竖穴土圹	（2.5~2.54）×1.82—（0.9~1）	（2.5~2.54）×1.82—（1.66~1.8）	北棺	仰身直肢	较好，性别鉴定为女性，依据是耻骨下角、骨盆整体形态、第一骶椎上关节面、坐骨大切迹、头骨整体形态、额部、颧弓、梨状孔、眶上缘、乳突、梨状孔、下颌体与下颌联合、颏部、下颌支、髁突。由于左侧上颌自犬齿后全部生前脱落，导致一直使用右侧牙齿，因此左侧下颌 M1 和 M2 磨耗仅为 2~3 级，右侧上颌 M1 磨耗严重，为 5 级	女	铜钱 2
						南棺	侧身曲肢	较好，性别鉴定为男性，依据是耻骨下角、骨盆整体形态、第一骶椎上关节面、坐骨大切迹、头骨整体形态、额部、颧骨、乳突、梨状孔、下颌体与下颌联合、颏部、下颌支、髁突。依据下颌 M1 一侧磨耗为 4~5 级，另一侧齿质点暴露，综合颅骨骨缝愈合情况，推测年龄为 40 岁左右	男	

海淀区清河清代、民国墓葬发掘报告

　　清河站北 – 安宁庄地块综合开发项目位于海淀区，西、北不远即是逶迤连绵的燕山，西百余米有京新高速、京张高铁及地铁 13 号线南北向经过。所在区域较为平坦，西邻京新高速、东临安宁庄东路。2021 年北京市考古研究院（原北京市文物研究所）在发现 6 座古墓，随后对这 6 座墓葬进行了发掘（图一、图二）。

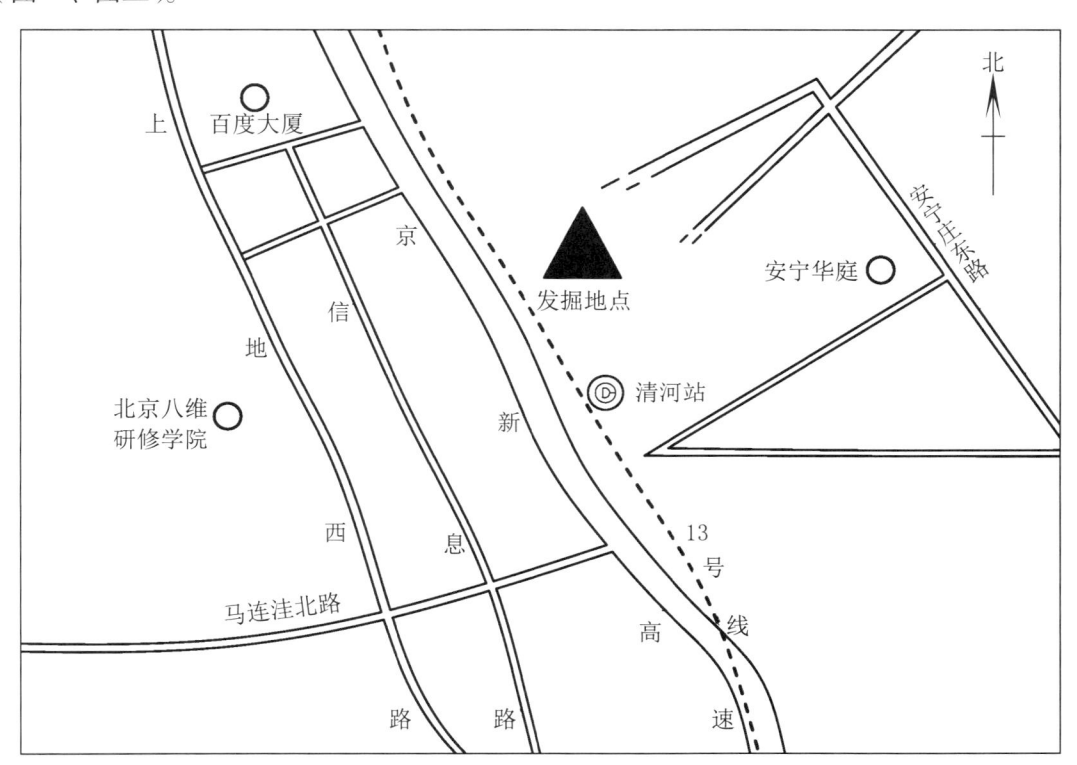

图一　发掘地点位置示意图

图二　总平面图

一、地层堆积

该区域地势较平坦，地层堆积较为单一，原地表有回填建筑垃圾，已被揭取，现地层共分为三层。

第①层：表土层。深 0～1.5 米，厚约 1.5 米，深褐色，土质疏松，含大量杂质。该层分布范围遍及全区域。

第②层：古代文化层。深 1.5～2.5 米，厚约 1 米，浅褐色，土质疏松，含少量杂质。该层分布范围遍及全区域。

第③层：冲积土。深 2.5～3.2 米，厚约 0.7 米，浅黄色黏土，土质致密。该层分布范围遍及全区域。

二、墓葬形制

墓葬分为两组，北边第一组有4座，排列较为密集。西偏南第二组有2座，间距稍大。6座墓的开口均开口于②层下。

6座墓均为竖穴土坑墓，根据墓葬的细部结构将墓葬分为A、B两型。

（一）A型

合葬墓，3座。双棺或三棺，根据木棺入葬顺序，又可分为三亚型。

1. Aa型

1座，即M1。双棺，先后入葬。

M1位于第一组最北部，南邻M6，方向为345°。长方形，由两个墓圹组成，东圹打破西圹。东圹南北长2.6米、东西宽1米、深1.12米。内置一棺，仅能看出棺痕。棺长1.7米、宽0.5～0.6米、高0.26米。棺内尸骨保存极差，仅余肢骨，头朝北，直肢葬，面向不明。西圹南北长2.8米、东西宽0.92米、墓深1.2米。内置一棺，已朽。棺长1.76米、宽0.46～0.56米、高0.32米。棺内尸骨保存一般，头骨不全，股骨缺失。头朝北，仰身直肢葬，性别不详。棺周有序摆放12枚铜钱（图三；彩版七五，2）。

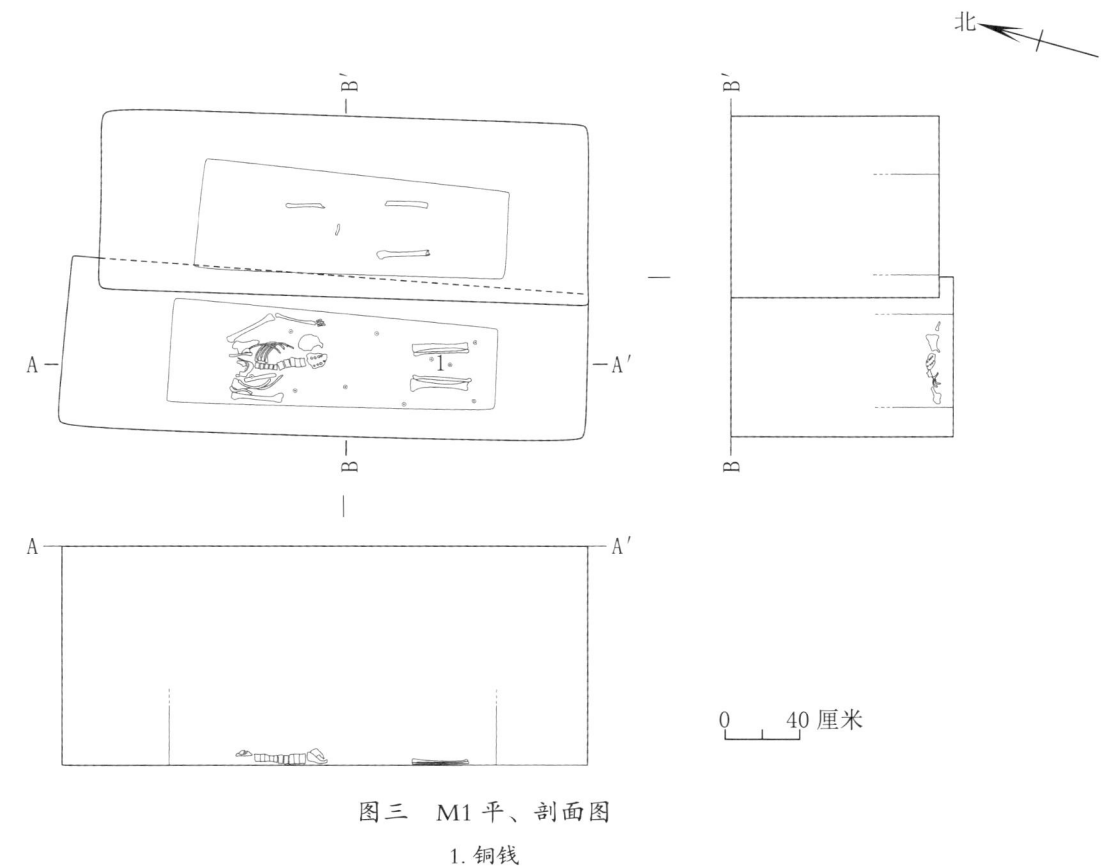

图三　M1平、剖面图
1. 铜钱

2. Ab 型

1 座，即 M3。三棺，先后入葬。

M3 位于第一组最南部，北邻 M2，方向为 16°。大致呈方形，由三个墓圹组成，东、西圹打破且叠压中圹。东圹南北长 2.52 米、北宽 1.2 米、南宽 1.1 米、深 1.1 米。圹内木棺残存底板及部分侧板（柏木）。棺长 2.1 米、宽 0.6～0.76 米、残高 0.3 米、底板厚 0.03 米。棺内见零星人骨。头部位置出土银簪 1 件、银夹 1 件，右手腕处出土银耳环 1 件，人骨为女性。西圹大致呈长方形，南北长 2.8 米、北宽 1.32 米、南宽 1.06 米、深 1.18 米。木棺已朽，棺长 1.78 米、宽 0.46～0.54 米、残高 0.26 米。尸骨保存一般，头向北，面向上，仰身直肢葬，为男性。肩、腹部各出土一枚铜钱。中圹大致呈长方形，南北长 2.4 米、北宽 1.04 米、南宽 0.94 米、深 1.5 米。木棺已朽，棺长 1.76 米、宽 0.45～0.54 米、残高 0.56 米。棺内仅存北部的头骨，应为仰身直肢葬。头部出土银夹 1 件、银簪 5 件，人骨应为女性。根据墓内尸骨情况，推测东棺早于西棺，中棺最早（图四；彩版七六，3）。

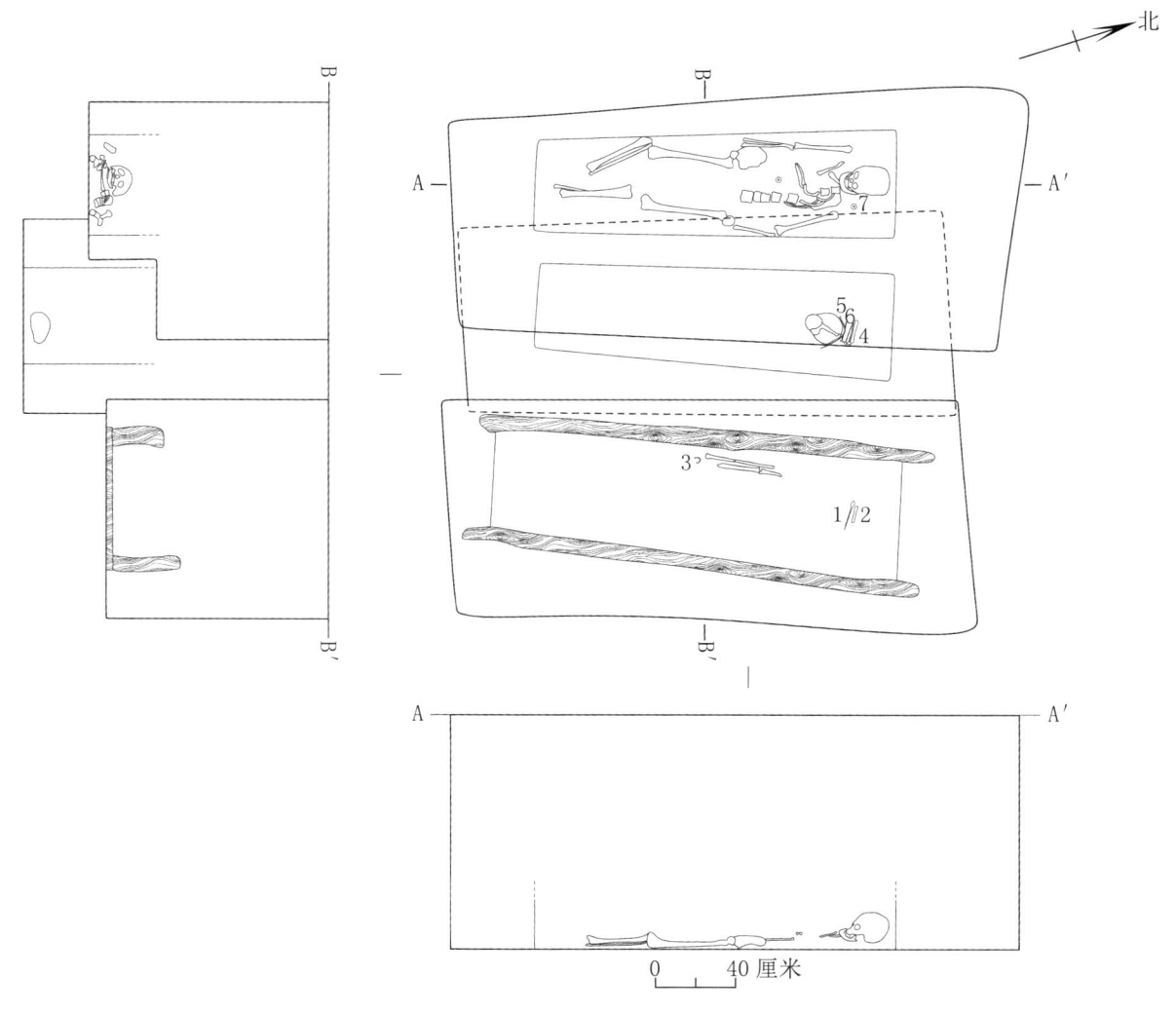

图四　M3 平、剖面图

1、5、6. 银簪　2、4. 银夹　3. 银耳环　7. 铜钱

3. Ac 型

1 座，即双棺同时入葬，共用一个墓圹。

M4 位于第二组南部，方向为 251°。长方形，西北部被现代扰坑打破。东西长 2.5 米、西宽 1.43 米、东宽 1.14 米、深 0.6 米。内置两棺，皆不完整。北棺残存底板（柏木）。残长 1.9 米、宽 0.6 米、板厚 0.06 米。南棺仅存西部挡板（柏木）。棺长 2 米、宽 0.56～0.7 米、残高 0.1 米。棺内均无尸骨，推测为异地迁葬所遗棺木。填土中见铜钱 1 枚（图五；彩版七七，1）。

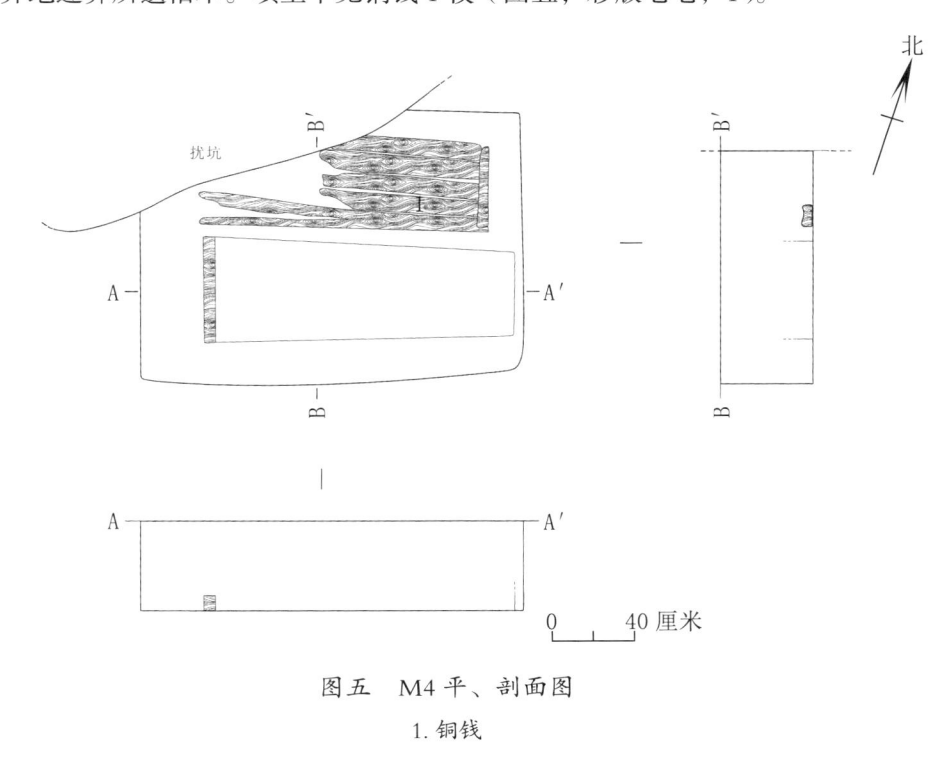

图五　M4 平、剖面图
1. 铜钱

（二）B 型

单人葬，3 座。墓向不作为分型依据。

M6 位于第一组北部，西北邻 M1、东南邻 M2，方向为 359°。平面大致呈长方形，东、西两边略有弧曲，中西部被扰坑打破。南北长 2.5 米、东西宽 1.5 米、深 1.38 米。墓内未见木棺及尸骨、遗物，推测为异地迁葬（图六；彩版七七，2）。

M2 位于第一组南部，西北邻 M6、南邻 M3，方向为 327°。平面大致呈长方形。南北长 3 米、北宽 1.5 米、南宽 1.2 米、深 1.4 米。墓内未见木棺、人骨及遗物，推测为异地迁葬（图七；彩版七六，1）。

M5 位于第二组北部，方向为 246°。平面呈长方形。东西长 2.9 米、南北宽 1.5 米、深 1.12 米。墓内木棺已朽，仅见棺痕。棺长 1.92 米、宽 0.64～0.76 米、残高 0.3 米。棺内见一段肋骨，胸部位置出土一枚铜元。推测为异地迁葬（图八；彩版七六，2）。

图六　M6 平、剖面图

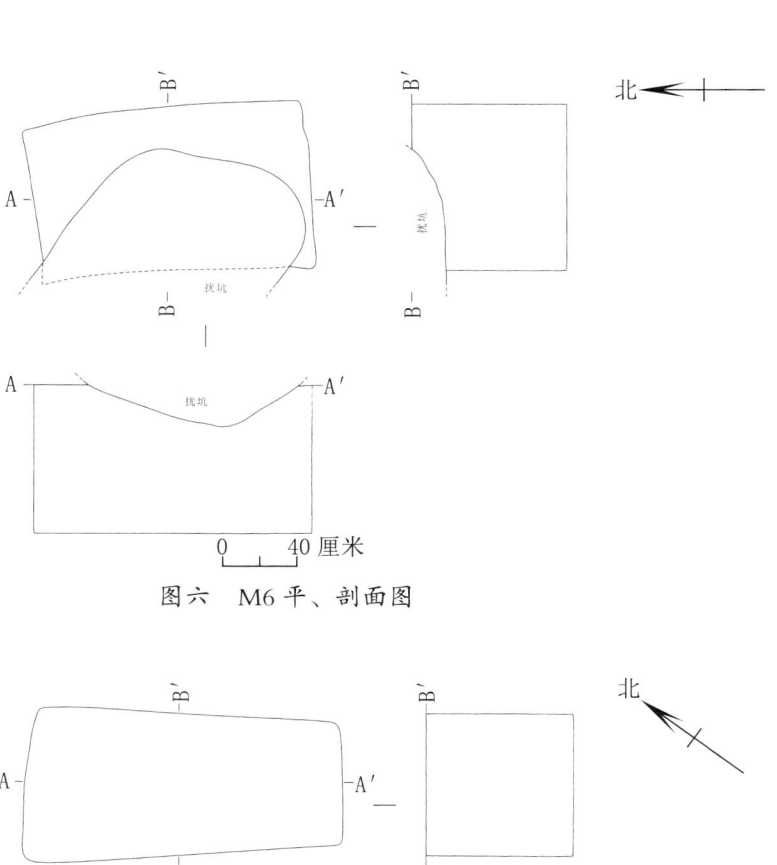

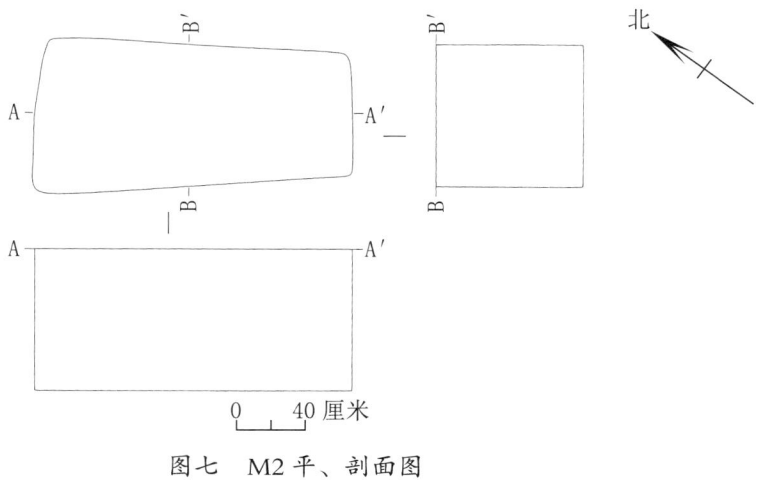

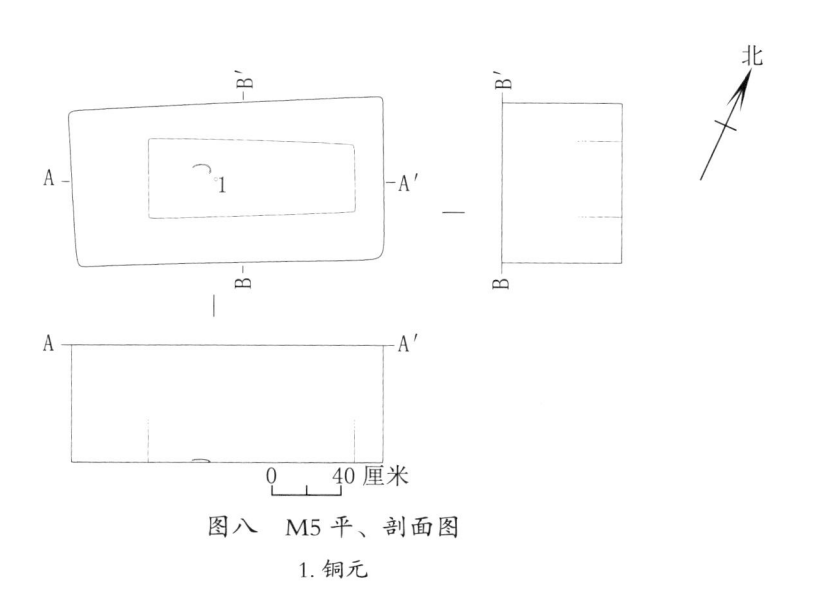

图七　M2 平、剖面图

图八　M5 平、剖面图
1. 铜元

三、出土遗物

第一组墓葬有两座墓没有出土遗物，可能与迁葬有关。第二组两座墓亦为迁葬墓，各遗留一件器物。四座墓出土器物从质地上可分为银质头饰品与铜币两种。

（一）银质头饰品

主要有银簪、银夹、银耳环等，其中银簪均鎏金，脱落程度不同。

银簪 6 件。M3∶1，由首和细长体组成。首上部、下部均呈两层宝珠状，中部用掐丝工艺制出如意云头纹，或如六瓣花形。体直径 0.3 厘米、首最大径 2.1 厘米、总长 16.1 厘米（图九，1；彩版七八，1）。M3∶6，组簪，4 件，形制大体相同。由花形首和细长体组成；M3∶6-1，首两面凸鼓，呈五瓣梅花形对合成（上层失落），花瓣间錾出花瓣式五角星；M3∶6-2、M3∶6-3、M3∶6-4，首均呈旋转菊花瓣式样，中部凸起一圆圈，圈内焊接银片制成的"福""寿"二字。两件首背面压印"兴元合"花押。体直径 0.1 ~ 0.2 厘米、首直径 2.3 ~ 2.9 厘米（图九，2；彩版七八，3）。M3∶7，整体近剑形，由扁平体、首和手柄组成。体一面平、一面弧凸，头端呈尖锋状，背面錾刻"永远足纹"字样。首亦扁平，正面錾刻纹饰，分成三部分。前端为一昆虫，圆头，凸眼，肥身，两翅平展，翅尾与身体间镂空，足前伸后曲。中部錾刻五段纹样，每段分左右部分，各不相同，纹样大致有花叶、草叶、绳纹、三角、水波等。后端凸出呈剑格状，镂空方胜纹，菱形四角上均錾一朵小花蕊。柄部圆体，拧成索状，柄末端呈小扇形。簪稍曲，总长 23.2 厘米（图九，3；彩版七八，6、7）。

银夹 2 件。M3∶2，长方形。头端半圆形，末端卷成轴孔状，故另一片可能遗失。正面錾刻"永远足纹"。长 8.9 厘米、宽 0.8 厘米、厚 0.04 厘米（图九，4；彩版七八，2）；M3∶5，由夹体与夹头组成。夹体略弯曲，长条形，头端半圆形，中部从背面向正面锤揲出缠枝花卉（牡丹花与梅花）。夹头从背面向正面锤揲出滚绣球的雄狮，狮足、尾、饰带间镂空。总长 12.2 厘米、宽 1.8 ~ 2.3 厘米、厚 0.07 厘米（图九，5；彩版七八，4）。

银耳环 1 件。M3∶3，由耳钉、本体及尾饰组成。耳钉，圆柱状，弯曲，头端细。本体，四曲花瓣形，两侧向后弯曲，正面錾刻珍珠地，中心一朵四瓣花。尾饰呈弯曲长条形。宽 1.3 厘米、长 3 厘米（弯曲长度）（图九，6；彩版七八，5）。

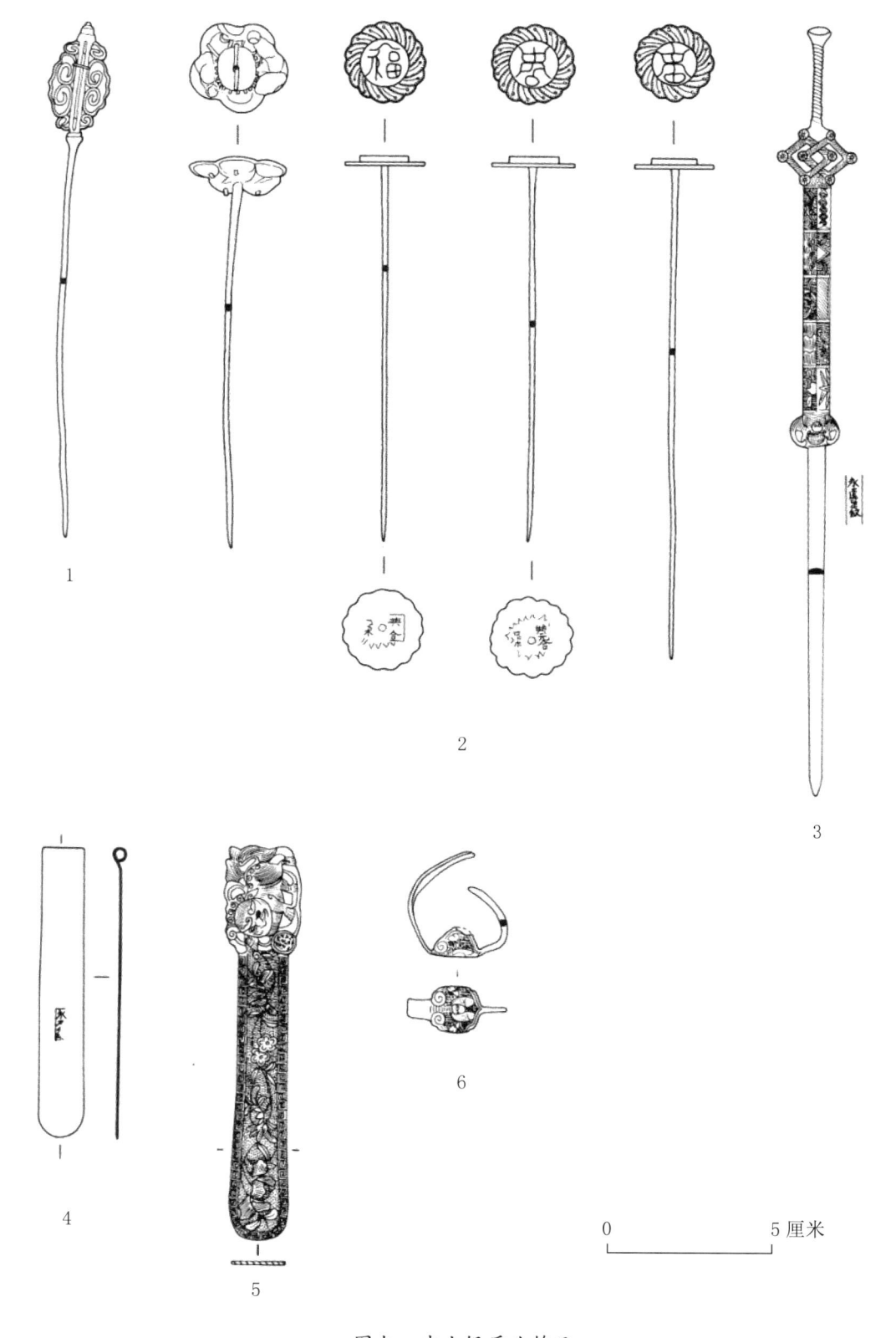

图九 出土银质头饰品

1~3.银簪（M3:1、M3:6、M3:7） 4、5.银夹（M3:2、M3:5） 6.银耳环（M3:3）

（二）铜币

分铜钱和铜元两种。

道光通宝 11 枚，M1 出土 10 枚，M4 出土 1 枚。M1：1-1 ~ M1：1-10，圆形，方穿，正、背面皆有内、外郭，正面楷书"道光通宝"四字，直读。背穿左右铸满文纪局名。直径 2.2 ~ 2.4 厘米、穿径 0.5 ~ 0.6 厘米（图一〇，1 ~ 10）。M4：1，圆形，方穿，正、背面皆有内、外郭，正面楷书"道光通宝"四字，直读。背穿左右铸满文纪局名。直径 2.1 厘米、穿径 0.6 厘米（图一〇，14）。

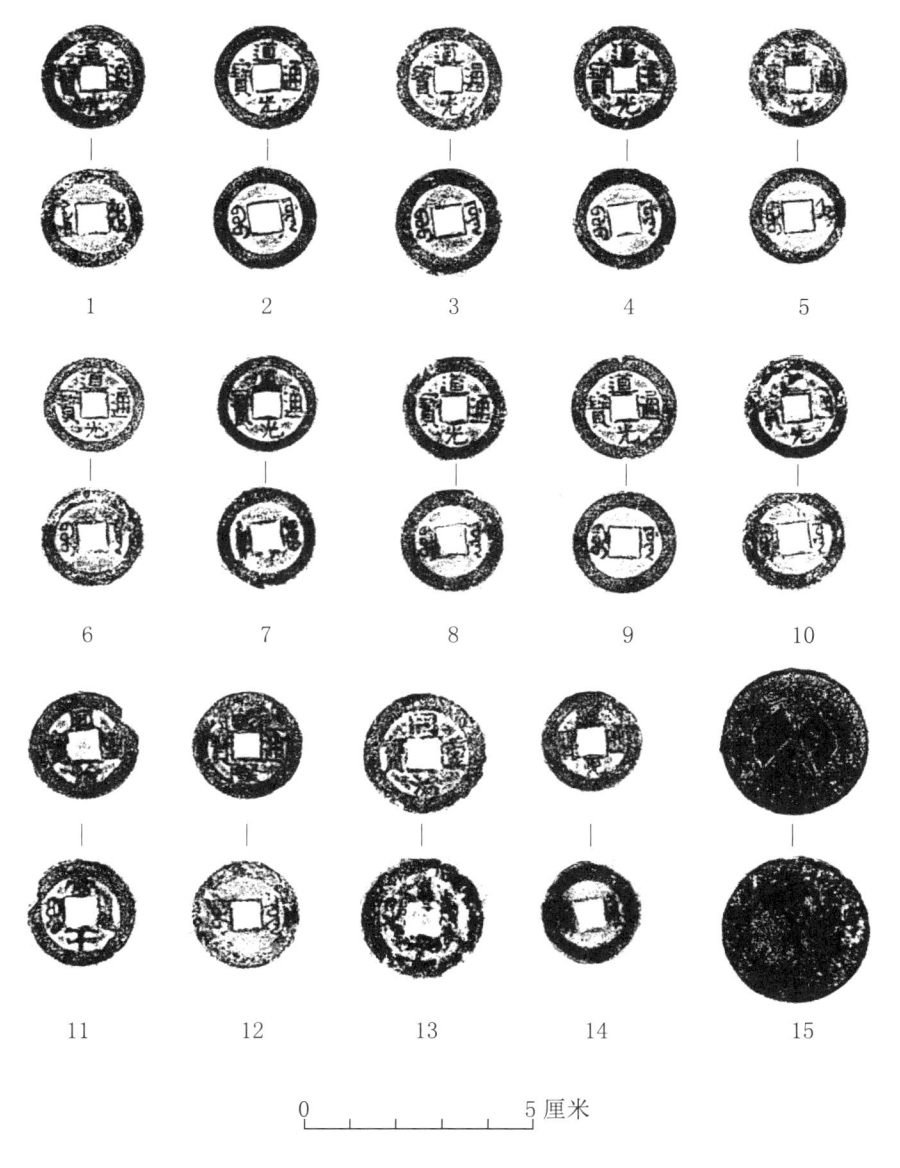

图一〇 出土铜钱、铜元拓片

1 ~ 10、14. 道光通宝（M1：1-1 ~ M1：1-10、M4：1） 11、13. 同治通宝（M1：1-11 M3：4-2）
12. 乾隆通宝（M1：1-12） 15. 铜元（M5：1）

同治通宝 3 枚，M1 出土一枚，M3 出土两枚。标本 M1：1-11，圆形，方穿，正、背面皆有内、外郭，正面楷书"同治通宝"四字，直读。背穿左右铸满文纪局名，穿上下楷书"当十"。直径 2.3 厘米、穿径 0.7 厘米（图一〇，11）。标本 M3：4-2，圆形，方穿，正、背面皆有内、外郭，正面楷书"同治通宝"四字，直读。背面锈蚀不清。直径 2.7 厘米、穿径 0.7 厘米（图一〇，13）。

乾隆通宝 1 枚。M1：1-12，圆形，方穿，正、背面皆有内、外郭，正面楷书"乾隆通宝"四字，直读。背穿左右铸满文纪局名。直径 2.4 厘米、穿径 0.6 厘米（图一〇，12）。

铜元 1 枚。M5：1，抬头为"湖南省造"，正面为双旗交叉图案，底为"当制钱二十文"，背面为嘉禾图案。直径 3.2 厘米、厚 0.1 厘米（图一〇，15）。

四、结语

根据墓葬分布区域与墓向将六座墓分为两组。第一组墓葬最北的 M1 出有乾隆通宝、道光通宝、同治通宝，显然墓葬年代可能在同治年间。最南的 M3 出土铜钱只有同治通宝。M6、M2 未见遗物。这样看来，这四座墓极有可能都是同治年间入葬的。第二组墓北边的 M5 出土有双旗铜元，年代已至民国。南边的 M4 遗留一枚道光通宝，不排除此墓也是民国墓的可能。总之，这两组墓葬由于分布区域不同，墓向也不同，应该是两个家族的墓地，年代上可能有先后次序。

由于迁葬的原因，六座墓只有两座遗留有较丰富的器物。M1 主要是 12 枚铜钱，M3 遗物最丰，尤其是 M3 的东棺、中棺出土头饰品更多，显然这是两位女性。头饰品主要有银簪、银夹、银耳环，制作商号是"兴元合"。产品皆鎏金，样式精美，纹饰漂亮，尤其是一件银簪上昆虫、银夹上狮子身上的细线纹精细繁复，表现出高超的银加工水平，为探讨清末民初的金银品制作工艺提供了难得的资料。同时，这个墓地虽为平民墓葬，也为研究这一时期北京郊区的居民分布状况及墓葬风俗提供了资料。

此次墓葬的发掘，为进一步研究清代时期的丧葬习俗和当时北京地区的社会生活状况提供了新的资料。

发掘：周宇

执笔：王祯哲

海淀区树村清代墓葬发掘报告

一、概况

为配合树村8号地置换集体产业项目的顺利进行，北京市考古研究院（原北京市文物研究所）于2020年9月17日至10月29日对该地块进行了考古勘探，并于2020年11月29日至12月1日，对已探明的7座清代墓葬进行了考古发掘，发掘面积为30平方米，出土各类文物10件（附表一）。

发掘区位于海淀区树村，西邻正白旗路，其余三面均与其他地块相邻。地理坐标：西北角X=317284.733、Y=495931.700，东北角X=317264.027、Y=496099.453，西南角X=316941.774、Y=495953.465，东南角X=316946.590、Y=496126.755（图一）。

图一　发掘地点位置示意图

二、地层

该发掘区的地层堆积自上而下可分为三层。

第①层：回填土层，厚约 3 米，土质杂乱，内含大量现代垃圾。

第②层：黏土层，厚约 0.8 米，土色黄褐色，土质稍黏，结构不紧密。墓葬均开口于该层下。

第③层：胶泥土层，厚约 1.5 米，土色深褐色，土质稍黏，结构紧密。

以下为生土层。

三、墓葬及遗物

7 座墓葬均位于发掘区南部，为竖穴土圹墓，皆开口于②层下。分为单人葬墓、双人合葬墓两种。

（一）单人葬墓

共 4 座：M4 ~ M7。平面均呈长方形。

1.M4

墓口距地表深约 0.3 米，墓口东西长 2.4 米、南北宽 1.1 米。墓底距墓口深 1.1 米，墓壁竖直，底较平（图二；彩版八〇，2）。

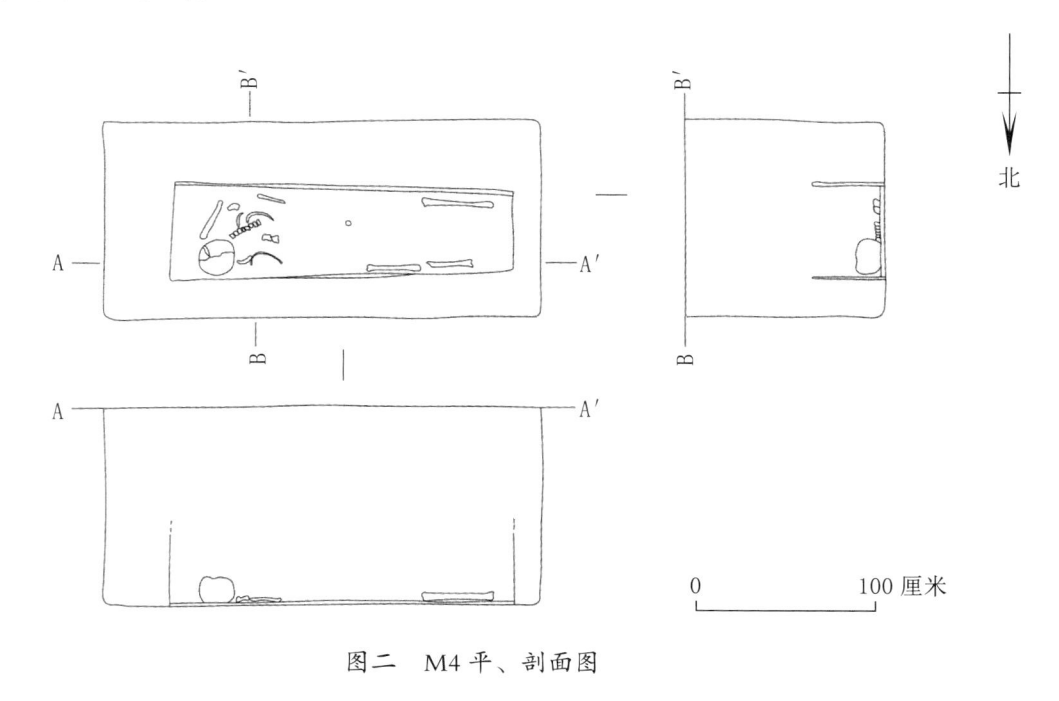

图二 M4 平、剖面图

墓内葬单棺，棺长1.88米、宽0.45～0.55米、残高0.4米，残存棺板厚0.02米。棺内骨架保存较差，骨架散乱，头向东，面向不详。人骨年龄、性别不详，葬式为仰身直肢葬。内填黄褐色花土，土质较松软。随葬器物有铜钱。

铜钱，2枚。M4：1，同治重宝。圆形，方穿，宽郭，正面钱文楷体"同治重宝"四字，对读。背面穿上为"当"，穿下为"十"，穿左右为满文，纪局名"宝泉"。钱径2.6厘米、穿径0.75厘米、厚0.1厘米（图九，9、10）。

2.M5

墓口距地表深约0.4米，墓口东西长2.6米、南北宽0.95米。墓底距墓口深0.8米，墓壁竖直，底较平（图三；彩版八一，1）。

墓内葬单棺，棺长2.06米、宽0.4～0.6米、残高0.4米，残存棺板厚0.04～0.12米。棺内骨架保存较差，头向北，面向下。人骨年龄、性别不详，葬式为仰身直肢葬。内填黄褐色花土，土质较松软。未发现随葬器物。

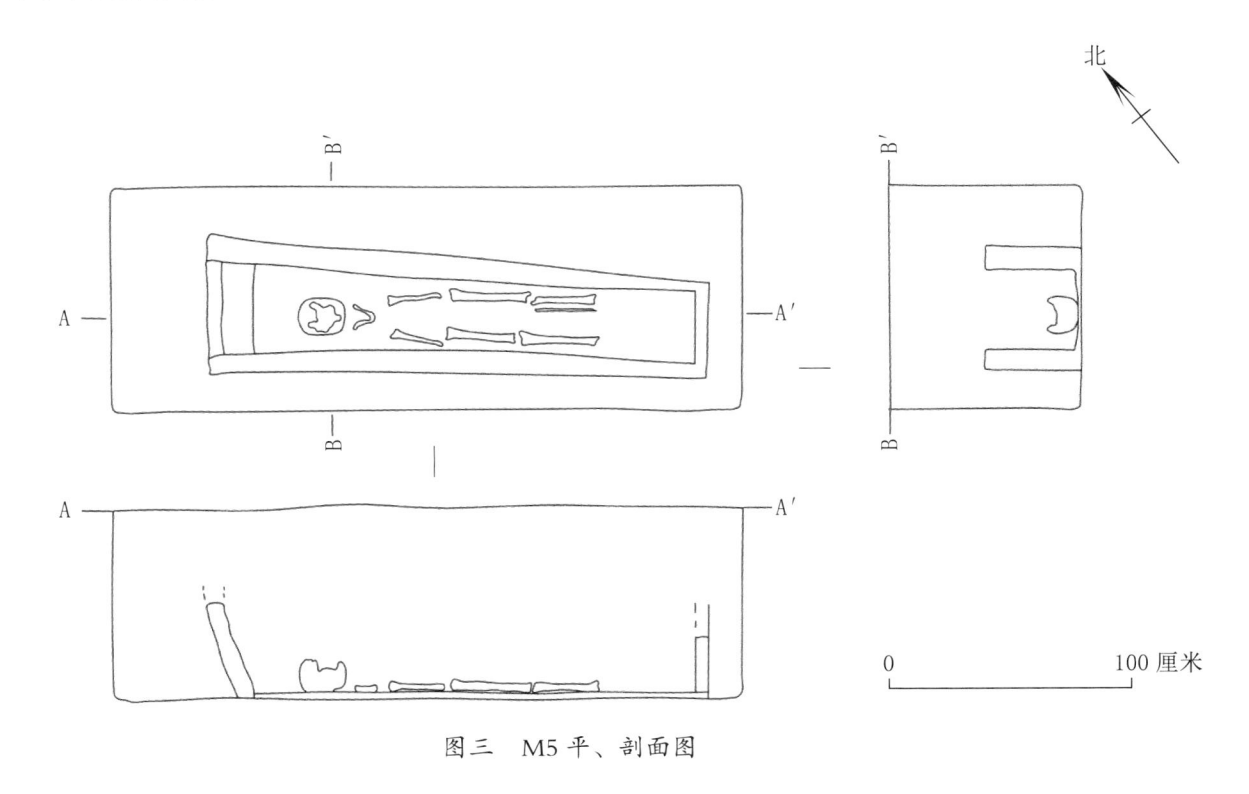

图三　M5平、剖面图

3.M6

墓口距地表深约0.5米，墓口南北长2.65米、东西宽1～1.1米。墓底距墓口深0.9米，墓壁竖直，底较平（图四；彩版八一，2）。

墓内葬单棺，棺长2.06米、宽0.5～0.6米、残高0.4米，残存棺板厚0.04～0.06米，棺内骨架保存较差，骨架散乱，头向北，面向下。人骨年龄、性别不详，葬式为仰身直肢葬。内填黄褐色花土，土质较松软。未发现随葬器物。

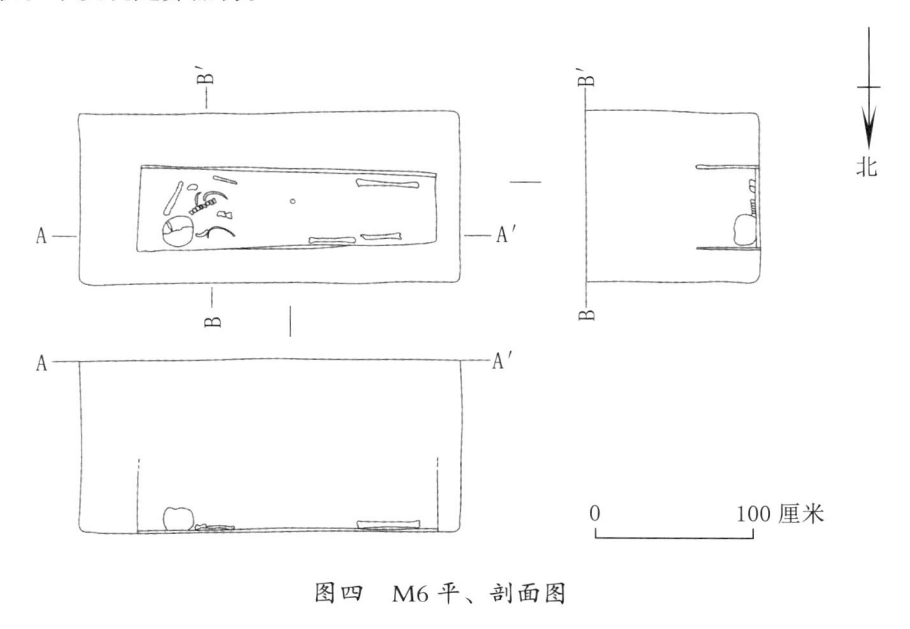

图四　M6平、剖面图

4.M7

墓口距地表深约0.3米，墓口南北长2.1米、东西宽0.85米。墓底距墓口深0.4米，墓壁竖直，底较平（图五）。

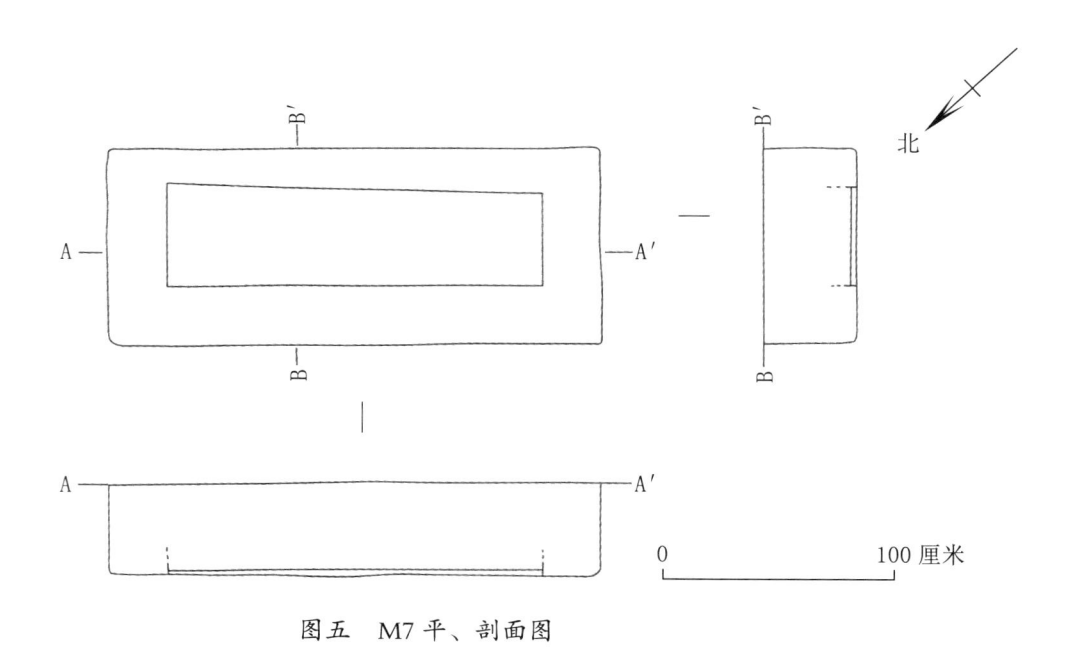

图五　M7平、剖面图

墓内葬单棺，棺长 1.6 米、宽 0.4 ~ 0.45 米、残高 0.05 米。内填黄褐色花土，土质较松软。未发现人骨和随葬器物。

（二）双人合葬墓

共 3 座：M1 ~ M3。

1.M1

平面呈不规则形。墓口距地表深约 0.3 米，墓口东西长 2.2 ~ 2.6 米、南北宽 1.35 ~ 1.6 米。墓底距墓口深 0.55 米，墓壁竖直，底较平（图六；彩版七九，1）。

北棺长 1.68 米、宽 0.46 ~ 0.56 米、残高 0.2 米，残存棺板厚 0.02 ~ 0.04 米。棺内骨架保存较差，头向东，足向西，面向不详。人骨年龄、性别不详，葬式为仰身直肢葬。南棺长 1.85 米、宽 0.4 ~ 0.46 米、残高 0.2 米。棺内骨架保存较差，头向东，足向西，面向不详。人骨年龄、性别不详，葬式为仰身曲肢葬。南棺打破北棺。内填黄褐色花土，土质较松软。未发现随葬器物。

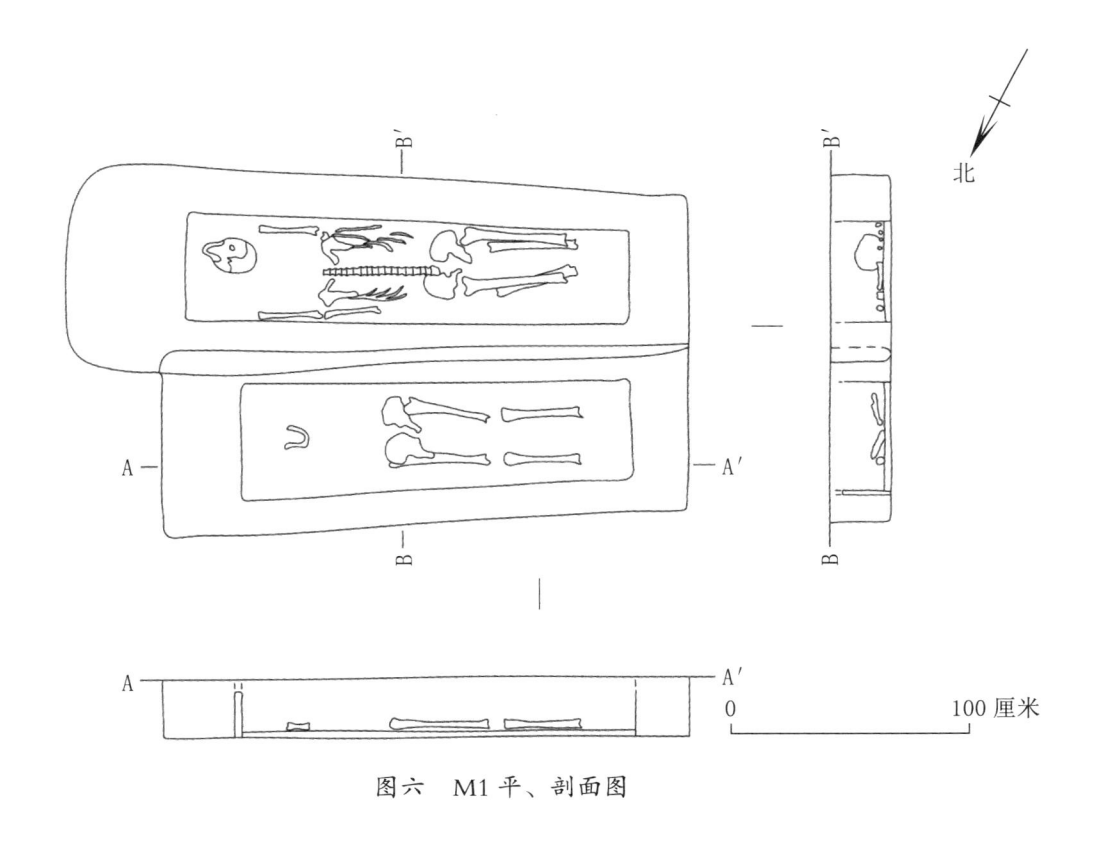

图六　M1 平、剖面图

2.M2

平面呈近梯形。墓口距地表深约 0.3 米，墓口东西长 2.6 米、南北宽 1.9 ~ 2.05 米。墓底距墓口深 0.3 米，墓壁竖直，底较平（图七；彩版七九，2）。

南棺长 1.8 米、宽 0.45 ~ 0.5 米、残高 0.25 米，棺内骨架保存较差，头向西，足向东，面向不详。人骨年龄、性别不详，葬式为仰身直肢葬。随葬品有铜簪、铜押发、铜耳环、铜钱。北棺长 1.8 米、宽 0.5 米、残高 0.25 米，棺内骨架保存较差，头向西，足向东，面向不详。人骨年龄、性别不详，葬式为仰身直肢葬。北棺打破南棺。内填黄褐色花土，土质较松软。随葬器物有陶罐、铜钱。

铜簪，3 件。M2∶1，已残，由三个相连的花瓣形构成如意云纹形。长 5.8 厘米、首宽 2.4 ~ 3.5 厘米（图九，2；彩版八二，3）。M2∶2，首为葵花形，截面为"凸"字形，中部为圆形凸起，体细长。内铸"福"字，底托为花瓣形。首宽 2.5 ~ 2.6 厘米、长 8 厘米（图九，3；彩版八二，5）。M2∶3，首为葵花形，截面为"凸"字形，中部为圆形凸起，体细长。内铸"寿"字，底托为花瓣形。首宽 2.5 ~ 2.6 厘米、长 8.3 厘米（图九，4；彩版八二，6）。

铜押发，1 件。M2∶4，两端圆尖，刻花纹。中部束腰，侧视如弓形。通长 6.86 厘米、宽 0.55 ~ 0.75 厘米（图九，5；彩版八二，4）。

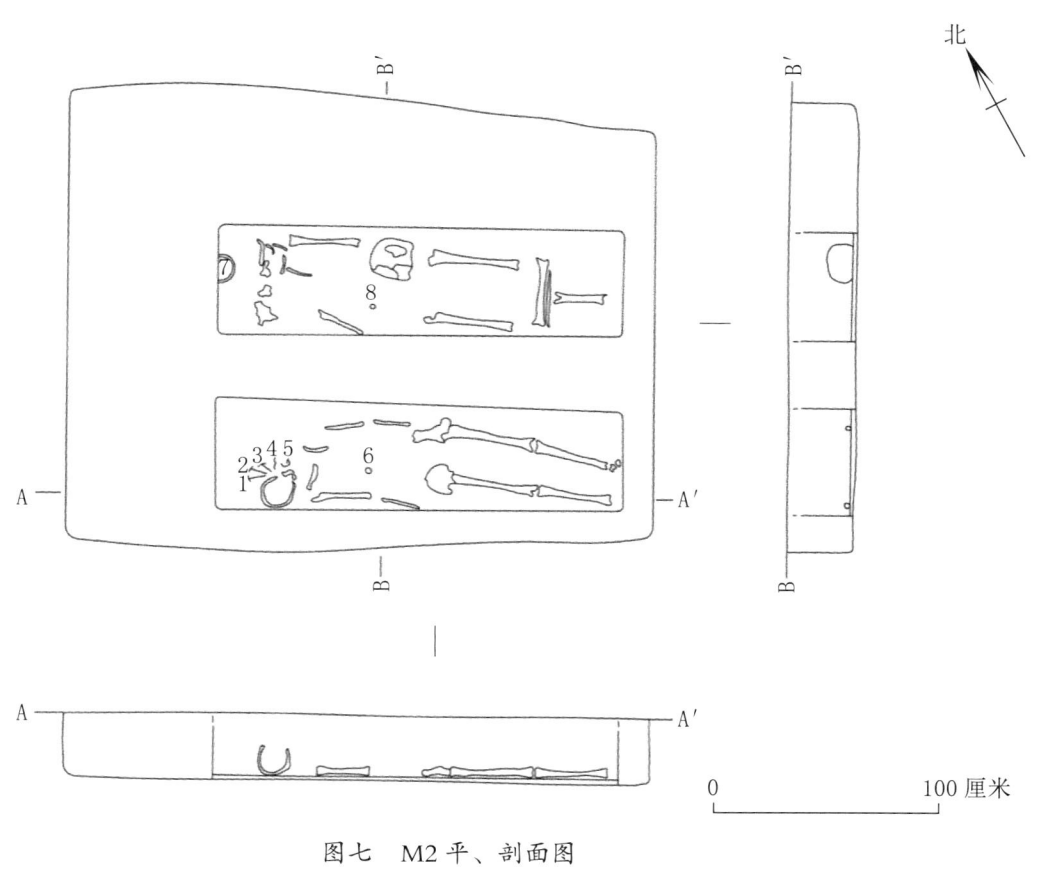

图七　M2 平、剖面图
1 ~ 3. 银簪　4. 铜押发　5. 银耳环　6、8. 铜钱　7. 陶罐

铜耳环，1件。M2：5，环体呈圆环形，中部铸如意形纹。一侧截面为长方形，一侧呈圆锥状，接口不齐。直径3～3.2厘米、纹饰宽1.6～1.7厘米、厚0.1～0.6厘米（图九，6；彩版八二，2）。

铜钱，2枚。M2：6，同治重宝。圆形，方穿，宽郭，正面钱文楷体"同治重宝"四字，对读。背面穿上为"当"，穿下为"十"，穿左右为满文，纪局名"宝泉"。钱径2.81厘米、穿径0.68厘米、厚0.2厘米（图九，7）。M2：8，同治重宝。圆形，方穿，宽郭，正面钱文楷体"同治重宝"四字，对读。背面穿上为"当"，穿下为"十"，穿左右为满文，纪局名"宝泉"。钱径2.76厘米、穿径0.62厘米、厚0.15厘米（图九，8）。

陶罐，1件。M2：7，泥质灰陶。素面。圆唇，敞口，短束颈，溜肩，斜弧腹内收，平底略内凹。口径10.5厘米、腹径11.3厘米、底径7.1厘米、通高9.5厘米（图九，1；彩版八二，1）。

3.M3

平面呈近梯形。M3东北部被M7打破。墓口距地表深约0.3米，墓口南北长2.6米、东西宽1.45～1.7米。墓底距墓口深0.8米，墓壁竖直，底较平（图八；彩版八〇，1）。

东棺长2米、宽0.47～0.5米、残高0.4米。骨架保存较差，仅存少量，头向南，足向北。面向、葬式、年龄、性别均不详。西棺长1.9米、宽0.5～0.55米、残高0.2米，骨架保存较差，头向南，足向北，面向不详。人骨年龄、性别不详，葬式为仰身直肢葬。西棺打破东棺。墓内填黄褐色花土，土质较松软。未发现随葬器物。

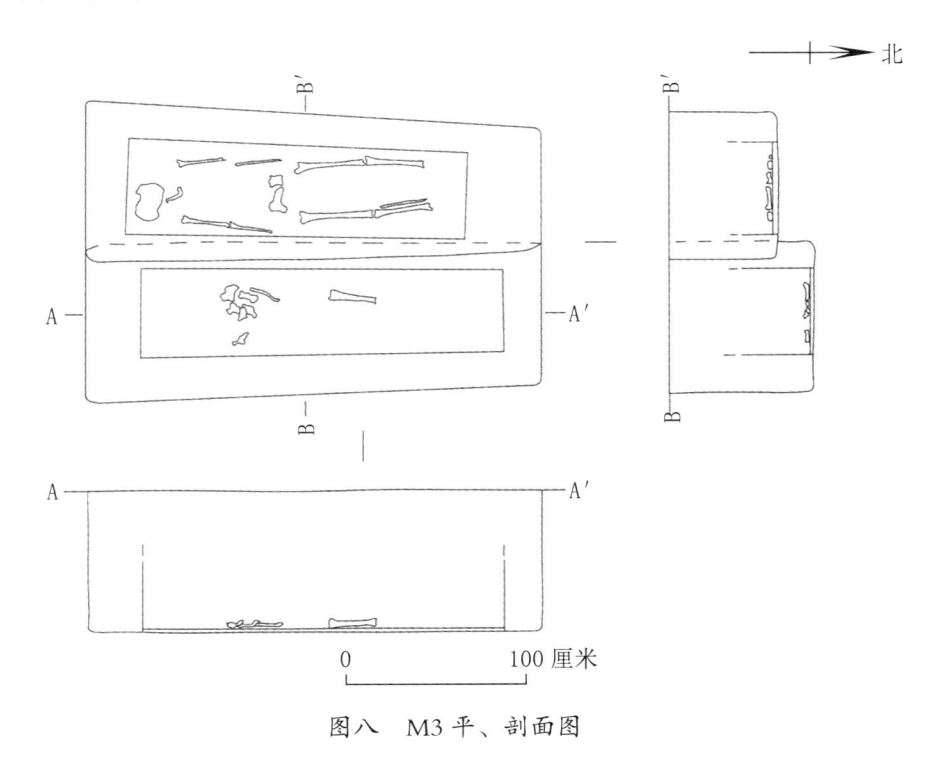

图八　M3平、剖面图

210 | 北京考古 第4辑

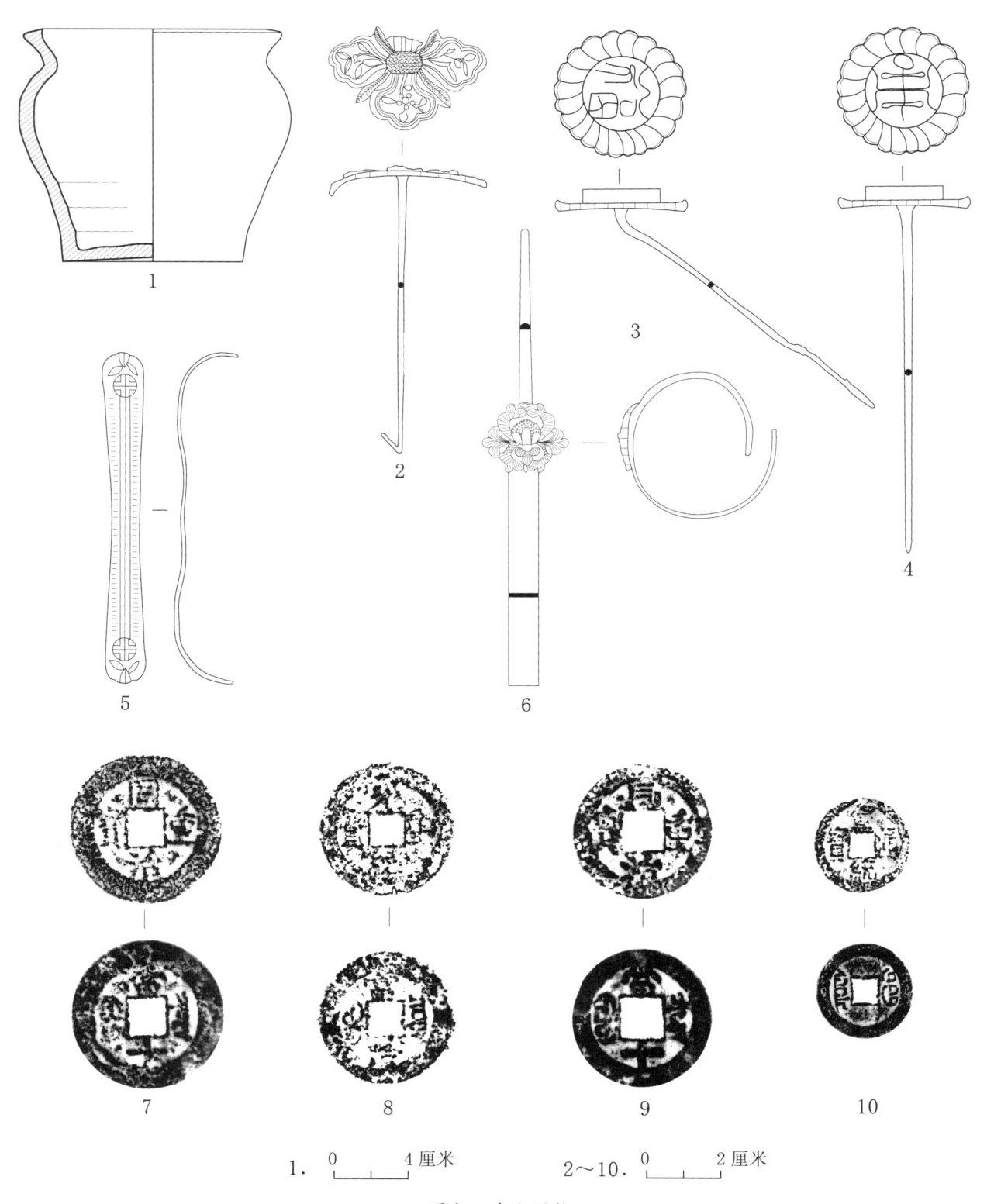

1. ⎯⎯⎯ 4厘米   2~10. ⎯⎯⎯ 2厘米

图九 出土器物

1.陶罐（M2∶7） 2~4.铜簪（M2∶1、M2∶2、M2∶3） 5.铜押发（M2∶4） 6.铜耳环（M2∶5）
7~10.同治重宝（M2∶6、M2∶8、M4∶1-1、M4∶1-2）

四、小结

7 座墓中制较为单一，其墓葬形制皆为竖穴土圹墓。其中单人葬墓 4 座，为 M4～M7；双人合葬墓 3 座，为 M1～M3。

葬具基本都为木棺。墓葬中人骨虽有扰乱，但从残留人骨的墓葬中可以看出，葬式均为仰身葬。

盗扰情况较多，出土器物较少，出土器物有铜簪 3 枚、铜押发 1 件、铜耳环 1 枚、陶罐 1 件、铜钱 4 枚，以上共计 10 件（套），出土的铜钱均为同治重宝。

这 7 座墓葬中仅 M2、M4 出土有铜钱，年代为同治时期。其他 5 座墓葬虽均无随葬品出土，但根据墓葬形制及其相对位置分析，可以推断与 M2、M4 属于同一时代，为清代末期。初步推断这批墓葬为清末时期的平民墓葬。

这批墓葬的发掘，为进一步研究清末时期的丧葬习俗和当时北京地区的社会生活状况提供了新的资料。

发掘：李永强
照相：王宇新
执笔：范泽华

附表一　墓葬登记表　　　　　　　　　单位：米

墓号	墓圹（长×宽×深）	墓口距地表深	墓底距地表深	棺数	葬式	人骨保存情况	头向及面向	随葬品（件）	备注
M1	（2.2～2.6）×（1.35～1.6）×0.55	0.3	0.85	双棺	北棺仰身直肢葬；南棺仰身屈肢葬	皆保存较差	皆头向东，面向不详	无	南棺打破北棺
M2	2.6×（1.9～2.05）×0.3	0.3	0.6	双棺	皆为仰身直肢葬	皆保存较差	皆头向西，面向不详	铜簪 3、铜押发 1、铜耳环 1、铜钱 2、陶罐 1	北棺打破南棺
M3	2.6×（1.45～1.7）×0.8	0.3	1.1	双棺	西棺仰身直肢葬 东棺不详	皆保存较差	皆头向南，面向不详	无	被 M7 打破
M4	2.4×1.1×1.1	0.3	1.4	单棺	仰身直肢葬	保存较差	头向东，面向不详	铜钱 2	
M5	2.6×0.95×0.8	0.4	1.2	单棺	仰身直肢葬	保存较差	头向北，面向下	无	
M6	2.64×（1～1.1）×0.9	0.5	1.4	单棺	仰身直肢葬	保存较差	头向北，面向下	无	
M7	2.1×0.85×0.4	0.3	0.7	单棺	不详	保存较差	不详	无	

附表二　铜钱统计表　　　　　　　　单位：厘米

单位	编号	种类	钱径	穿径	郭厚	备注
M2	M2：6	同治重宝	2.81	0.68	0.2	穿上下为汉字"当十"，左右为满文"宝泉"
	M2：8	同治重宝	2.76	0.62	0.15	穿上下为汉字"当十"，左右为满文"宝泉"
M4	M4：1-1	同治重宝	2.6	0.75	0.1	穿上下为汉字"当十"，左右为满文"宝泉"
	M4：1-2	同治重宝	2.6	0.75	0.1	穿上下为汉字"当十"，左右为满文"宝泉"

海淀区中关村清代窑址、墓葬发掘报告

中关村软件园一期D-G2地块及配套体育和文化设施项目位于北五环外的海淀区，东面为软件广场、西南邻近南瑞科技大厦、北邻云盘中街、西邻环湖东路。地理坐标为东经116°17′41″，北纬40°2′49″（图一）。2017年6月7日至6月13日，为配合项目的工程建设，北京市考古研究院（原北京市文物研究所）对该项目用地范围内的古代地下遗存进行了考古发掘。本次共发掘古代墓葬5座、窑址1座，发掘面积共计85平方米（附表一）。

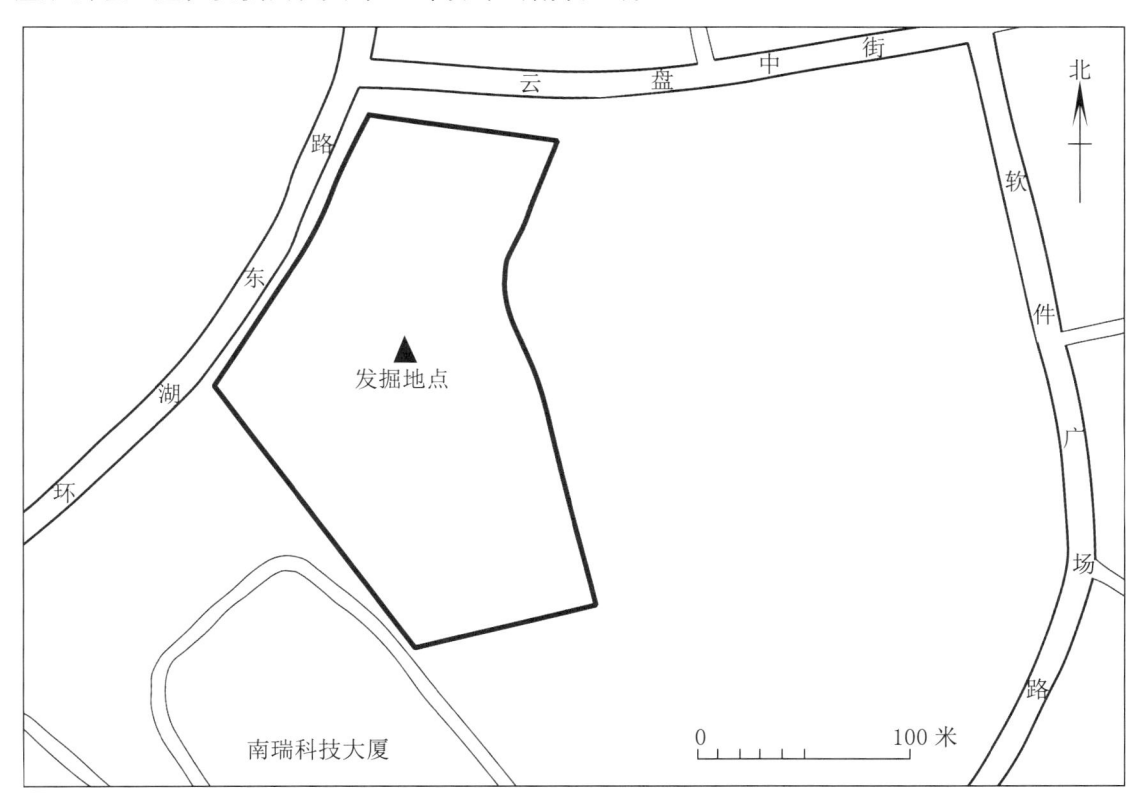

图一　发掘地点位置示意图

一、墓葬形制

墓葬均为竖穴土圹墓。根据木棺数量可分为单人葬墓、双人合葬墓、三人合葬墓，其中单人葬墓1座、双人合葬墓2座、三人合葬墓2座，共出土各类器物40余件、另出土铜钱50余枚。按质地主要有银、铜器。银器为银戒指、银耳环、银簪，铜器为铜钱、铜烟锅、铜纽扣。

（一）单人葬墓

1座。M5，位于发掘区的中部，M4的西侧。东西向，方向为50°，开口于①层下。墓口距地表深约1.1米，墓底至墓口残深0.8米。平面呈长方形，为竖穴土圹墓。墓室东西开口长2.6米、宽1.1米、深0.8米。墓室四壁较整齐，内填红褐色花土，土质较硬，含大量的褐色土块、炭粒、白灰粒等（图二；彩版八三，1）。

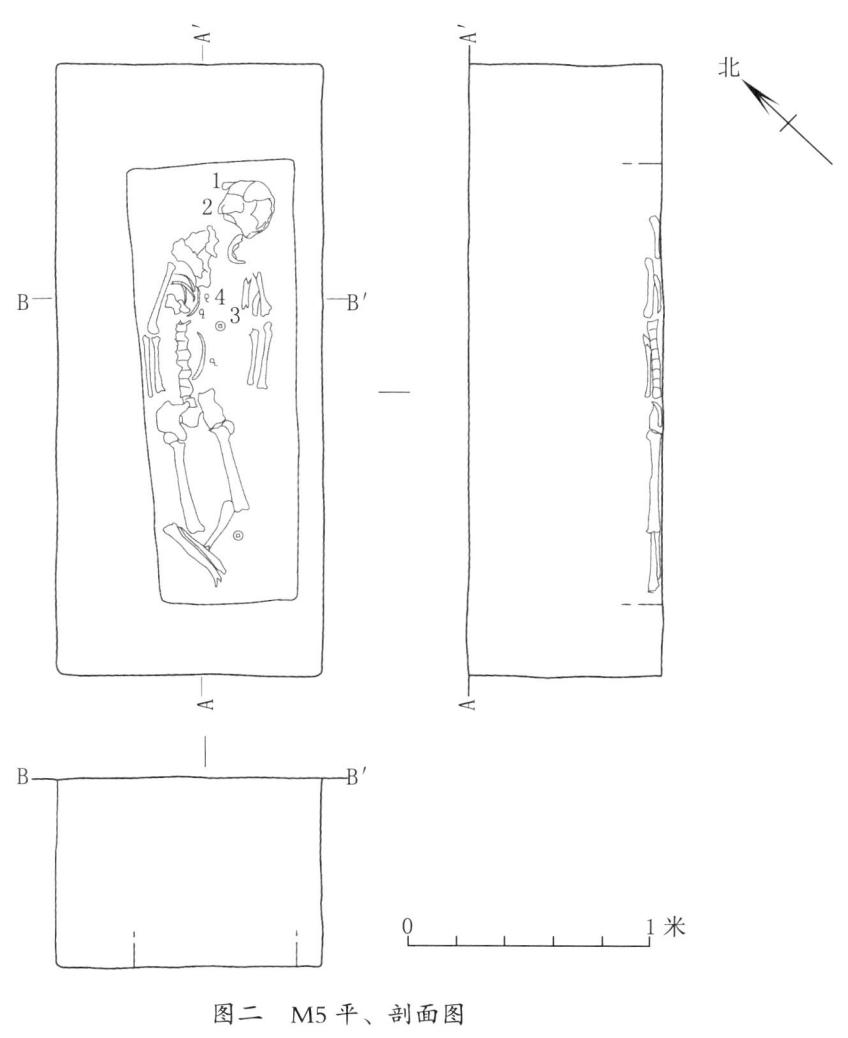

图二 M5平、剖面图
1. 银扁方 2. 铁环 3. 铜钱 4. 铜纽扣

墓室内棺木已朽，残留棺痕及少许木屑；骨架保存较差，为仰身直肢葬，下肢交叉。

随葬品为银扁方1件、铜钱2枚、铜纽扣3件、铁环3件。

银扁方1件。M5∶1，出土于人骨头部。首卷曲，短颈较宽，外折，首花形，侧面如梅花状。体呈长方形，扁平，残。末端残。正面錾刻有纹饰，背面刻有文字"文鸟"。残长5.3厘米、宽0.6～0.8厘米、厚0.16厘米，重5.6克（图七，21；彩版八六，1）。

铜纽扣3件。扣体均呈圆形，素面，顶部作环状。M5∶4-1、M5∶4-2、M5∶4-3，直径0.9厘米、残高0.8厘米、厚0.1厘米，重0.4克（图八，11～13；彩版八六，2）。

铁环3件，人骨头部处出土。通体造型均呈圆形，无钩，素面。直径1.5厘米、厚0.2厘米。标本M5∶2-1，直径1.5厘米、厚0.2厘米，重1克。标本M5∶2-2，直径1.4厘米、厚0.2厘米，重0.9克（图七，24、25；彩版八六，3）。

铜钱2枚。均为平钱，方穿，锈蚀较甚，字迹模糊不清。

（二）双人合葬墓

2座。皆为长方形。

1.M1

位于发掘区的东南部。开口于①层下，打破生土层。东北–西南向，方向为50°。墓室北壁东部稍向北0.08米，东西长2.4～2.48米、南北宽1.9～2.1米、深1米；墓口距现地表深1.3米。内填黄色沙土，土质松散，内夹杂着较多的褐色土块和少量的炭粒。

墓室内有两具棺木，棺木均已腐烂；东侧骨架保存较差，较凌乱；西侧骨架为仰身直肢葬（图三；彩版八三，2）。

该墓保存一般，仅在墓室底部清理出银簪1件、铜钱10枚。

银簪1件，M1∶1，出土于西棺。锈蚀严重，出土时已断为三截。体为圆锥形，首为莲瓣形，分两层，花瓣中间内嵌物体已丢失。首颈饰两周凸弦纹。通长7.8厘米、杆径0.08～0.2厘米，首宽0.9厘米、高1.1厘米，重2克（图七，1；彩版八六，4）。

铜钱10枚。其中1枚为清钱康熙通宝，1枚为清钱乾隆通宝，其余8枚均锈蚀严重，字迹模糊不清。康熙通宝，M1∶3。圆形，方穿，正、背面有圆郭。正面铸"康熙通宝"，隶书，对读。背面铸满文"宝泉"二字，对读，纪局名。钱径2.4厘米、穿径0.8厘米、郭厚0.5厘米。乾隆通宝，M1∶2。圆形，方穿，正、背面有圆郭。正面铸"乾隆通宝"，楷书，对读。背面铸满文"宝源"二字，对读，纪局名。钱径2.6厘米、穿径0.6厘米、郭厚0.3厘米（图九，3）。

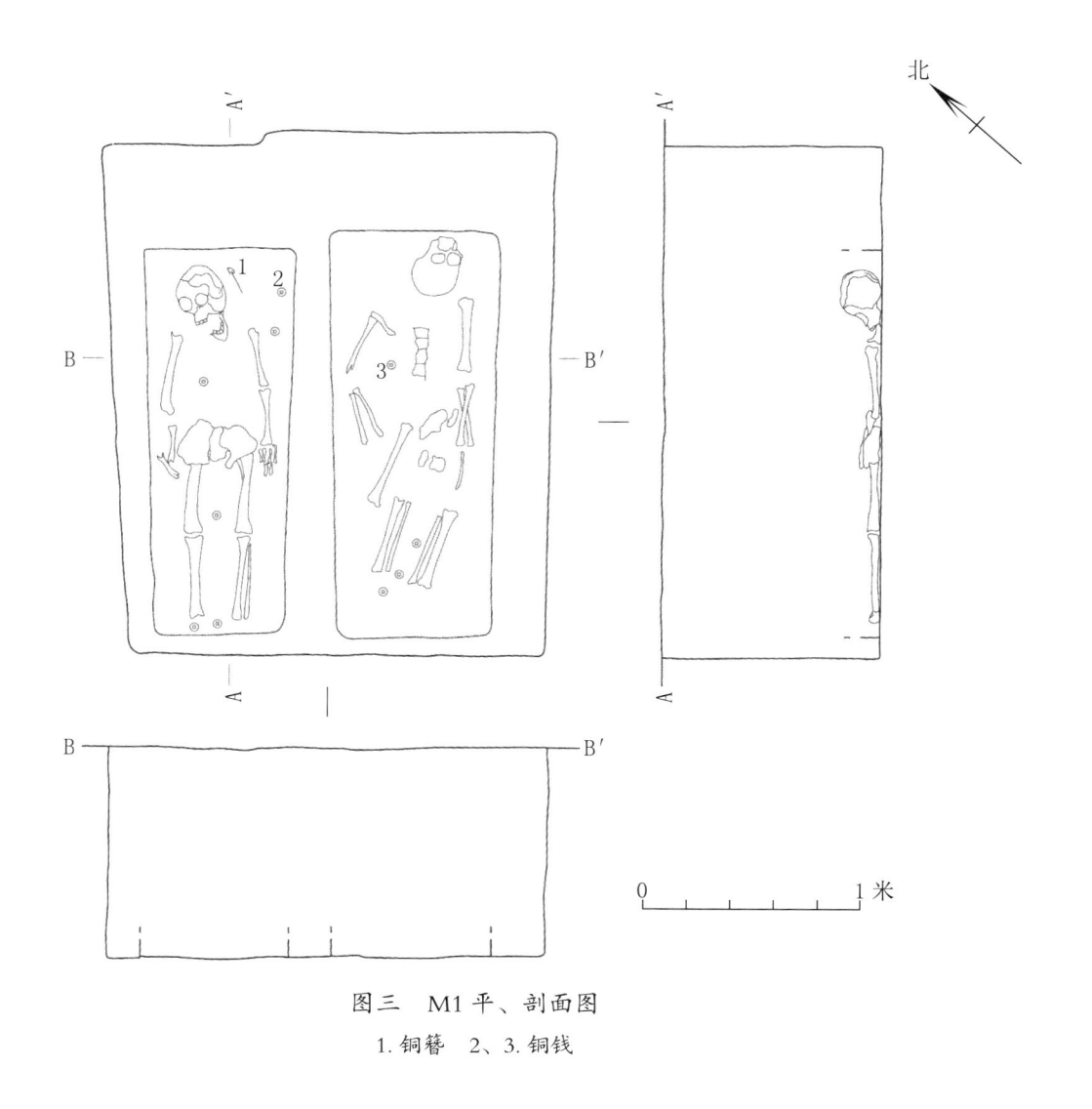

图三　M1 平、剖面图
1. 铜簪　2、3. 铜钱

2.M4

位于发掘区的中部，M3 的南侧。东西向，方向为 70°，开口于①层下。墓口距地表深约 1.3 米，墓底至墓口深 0.5～0.9 米。墓室东西开口长 2.8 米、宽 2.1 米、残深 0.5～0.9 米。墓室四壁较整齐，内填白色细沙略泛黄，土质松软，含少量的褐色土块（图四；彩版八四，1）。

墓室内葬双棺，棺木已朽，残留棺痕及少许木屑；骨架保存较好，均为仰身直肢葬。

随葬品为银簪 3 件、铜钱 28 件、铜纽扣 5 件。

银簪 3 件，均出土于东棺。M4∶1-1，首卷曲，短颈较宽，外折。体细直，上部略宽，为圆锥状。正面錾刻纹饰。通长 10.3 厘米、宽 0.2～0.8 厘米，重 10 克。M4∶1-2，残为 2 段，首为半圆形，内弯。体细直，上部略宽，末端残。通体素面。残长 7 厘米、宽 0.2～2.4 厘米、厚 0.06～0.1 厘米，重 2.3 克。M4∶1-3，出土时只余体，体细直，末端残。正面錾刻纹饰。残长 7 厘米、宽 0.2～0.4 厘米、厚 0.06～0.1 厘米，重 1.2 克（图七，16～18；彩版八六，5～7）。

铜纽扣 5 件。均出土于东棺。M4∶3，扣体均呈圆形，素面，顶部作环状。直径 1.5 厘米、高 1.8

厘米、厚0.15厘米，重1.8克（图八，7~10；彩版八六，8）。

铜钱，28枚。其中5枚为清钱乾隆通宝，其余23枚均锈蚀严重，字迹模糊不清。乾隆通宝，圆形，方穿，正、背面有圆郭。标本M4∶2-1，正面铸"乾隆通宝"，楷书，对读。背面铸满文"宝泉"二字，对读，纪局名。钱径2.1厘米、穿径0.6厘米、郭厚0.3厘米。标本M4∶2-2，正面铸"乾隆通宝"，楷书，对读。背面铸满文"宝源"，对读，纪局名。钱径2.2厘米、穿径0.6厘米、郭厚0.3厘米。标本M4∶2-3，正面铸"乾隆通宝"，楷书，对读。背面铸满文"宝泉"，对读，纪局名。钱径2.1厘米、穿径0.6厘米、郭厚0.3厘米。标本M4∶4-1，正面铸"乾隆通宝"，楷书，对读。背面铸满文"宝源"二字，对读，纪局名。钱径2.1厘米、穿径0.6厘米、郭厚0.2厘米。标本M4∶4-2，正面铸"乾隆通宝"，楷书，对读。背面铸满文"宝源"，对读，纪局名。钱径2.1厘米、穿径0.6厘米、郭厚0.2厘米（图九，4~6、8、9）。

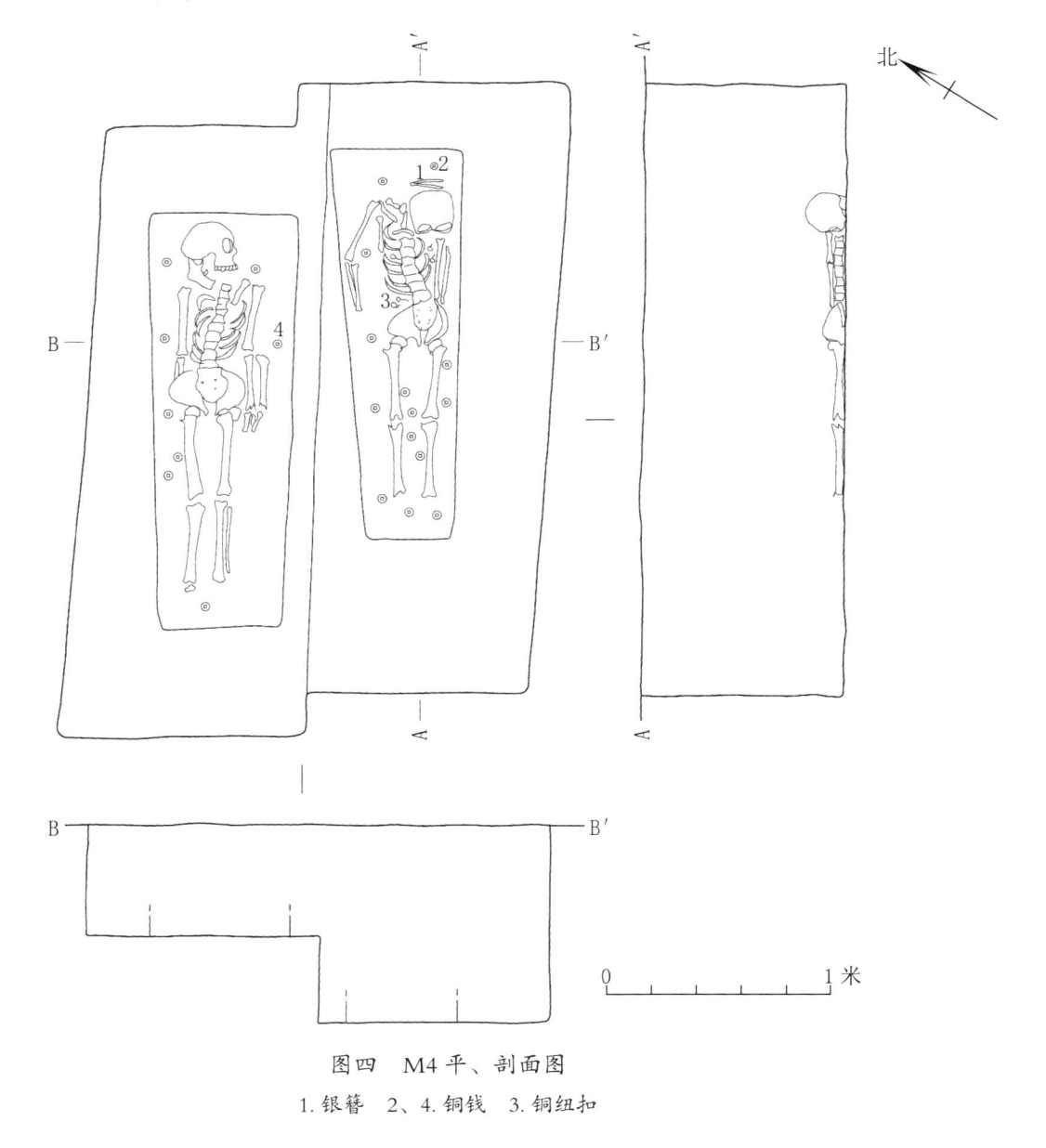

图四　M4平、剖面图
1.银簪　2、4.铜钱　3.铜纽扣

（三）三人合葬墓

2座。皆为长方形。

1.M2

位于发掘区的中东部。东北－西南向，方向为50°，开口于①层下。墓口距地表深约1.5米，墓底至墓口深0.6米。墓室东西开口长2.9～3.2米、宽2.7～2.9米、残深0.6米。墓室四壁较整齐，内填灰白色沙，泛黄，土质松软，含少量的褐色土块和炭粒。

东棺为仰身直肢葬，为男性；西棺为女性，仰身直肢葬；中棺仰身直肢葬，下肢重叠在一起（图五；彩版八四，2）。

图五　M2平、剖面图

1、4.银簪　2、8、12.铜钱　3、10.铜烟锅　5.银扁方　6.银耳环　7.琉璃耳坠　9.银戒指　11.铜纽扣

出土随葬品为银簪10件、铜烟锅2件、琉璃耳坠两组（4个）、铜钱31枚、银戒指1件、铜钮扣2件、银扁方1件、银耳环1副（2个），分布于墓室各个位置。

银簪10件。M2：1-1，出土于西棺。首作如意云形，用锤揲、錾刻、焊接等工艺制作成如意云状，其上锤揲三层，体上部饰花卉纹，背面有"足银"戳记，体细长扁平，近锥形。通长14.3厘米、宽0.3～0.5厘米、厚0.08厘米、首长3厘米、首宽2.2厘米，重9.8克。M2：1-2，出土于西棺。器型与M2：1-1相似。通长14.3厘米、宽0.3～0.5厘米、厚0.08厘米、首长3.1厘米、首宽2.2厘米，重10克。M2：4-1，出土于中棺人骨处。首卷曲，短颈较宽，外折，首花形，侧面如梅花状。体呈长方形，残为两段，末端呈圆弧状。通体素面。通长13.6厘米、宽0.4～0.8厘米、厚0.01～0.15厘米、首长3.1厘米、首宽2.2厘米，重8.2克。M2：4-2，出土于中棺人骨处。首为圆形莲花瓣状，分为两层，下方有花萼状装饰。莲花瓣向上盛开，花萼向下，体与首连接，体呈圆锥状，下尖。通长11厘米，首直径1.1厘米、首高1.2厘米、杆径0.15厘米，重3.5克。M2：4-3，出土于中棺人骨处。器型与M2：4-2相似，通长10.5厘米、首直径1厘米、首高0.8厘米、杆径0.1～0.2厘米，重2.5克。M2：4-4，出土于中棺人骨处。器型与M2：4-2相似，通长11厘米、首直径1.1厘米、首高0.9厘米、杆径0.6～1.5厘米，重4克。M2：4-5，出土于中棺人骨处。首为龙形，体镂空似鳞状，体细直，呈锥形。通长14.1厘米、杆径0.1～0.3厘米、厚0.05厘米，重7.2克。M2：4-6，出土于中棺人骨处。形制与M2：4-5相似。通长14.1厘米、杆径0.1～0.3厘米、厚0.05厘米，重7.7克。M2：4-7，出土于中棺人骨处。首为圆形莲花瓣状，下饰花萼，莲花瓣向上盛开，花萼向下，体与首连接，体呈圆锥状，下尖。通长10.5厘米、杆径0.06～0.15厘米、首径1.1厘米、首残高0.9厘米，重1.6克。M2：4-8，出土于中棺人骨处。首残，体细直呈锥状。通长10.5厘米、杆径0.06～0.16厘米，重1.9克（图七，2～11；彩版八七，1～3、5～8；彩版八八，1～3）。

铜烟锅2件。M2：3，出土于西棺。整体为铜质，由烟锅、烟杆、烟嘴三部分组成。烟锅圆形，烟杆剖面呈环形，烟嘴稍细，端头呈圆帽形；烟锅与烟杆之间有凸棱；中间部分烟杆略粗，与近烟锅端烟杆、烟嘴之间部分有凸棱。通长20厘米、烟锅直径2.2厘米、烟杆直径0.5～1厘米、厚0.1厘米，重30克。M2：10，出土于东棺。整体为铜质，由烟锅、烟杆、烟嘴三部分组成。烟锅圆形，烟杆剖面呈环形，中间有孔，烟嘴稍细，端头呈圆帽形。中间部分烟杆略粗，烟杆内部有黑色条状物质，应该是过滤材料。烟锅直径2.2厘米、烟杆直径2.2厘米、烟杆厚0.03厘米、烟杆孔径0.2厘米，重22.5克（图七，22、23；彩版八八，7、8）。

银扁方1件，出土于中棺。M2：5，首部卷曲，体扁平，呈长方形，末端呈圆弧状。正、背部纹饰均锈蚀，无法辨认。长18厘米、宽1～1.36厘米、厚0.05厘米，重12.3克（图七，19；彩版八八，4）。

银耳环1副（2个），出土于中棺。M2：6，均呈圆形，无钩，素面。M2：6-1，直径1.4厘米、厚0.15厘米，重0.8克。M2：6-2，直径1.5厘米、厚0.15厘米，重0.8克（图七，26、27；彩版八八，5）。

琉璃耳坠2组（4个），均出土于中棺。平面圆形，剖面呈饼状，素面，白色，顶部有穿孔。

M2：7-1、M2：7-2，通高1.8厘米、高1.4厘米、直径1.6厘米、孔径0.4厘米，分别重6.1克、5.6克。M2：13-1、M2：13-2，通高2.3厘米、直径1.9厘米、高1.6厘米、孔径0.6厘米，重5.8克（图八，1~4；彩版八八，6；彩版八九，1）。

银戒指1个，出土于中棺。M2：9。圆环形，戒面上装饰有花瓣、枝叶等纹样。直径1.8厘米、宽0.2~1厘米、厚0.06~0.1厘米，重2.3克（图八，17；彩版八九，2）。

铜纽扣2件。扣体均呈圆形，表面有纹饰，顶部作环状，有孔，残。M2：11-1、M2：11-2，直径1.5厘米、高1.5厘米、厚0.1厘米，分别重2.5克、3.3克（图八，5、6；彩版八九，3）。

铜钱31枚。其中9枚为清钱乾隆通宝，10枚为清钱嘉庆通宝，1枚为清钱康熙通宝，1枚为清钱雍正通宝。其余10枚均锈蚀较甚，字迹模糊不清。

雍正通宝，M2：14-2，圆形，方穿，正、背面有圆郭。正面铸"雍正通宝"，楷书，对读。背面穿左右铸满文"宝泉"，对读，纪局名。钱径2.2厘米、穿径0.6厘米、郭厚0.3厘米（图九，2）。

康熙通宝，M2：14-1，圆形，方穿，正、背面有圆郭。正面铸"康熙通宝"，楷书，对读。背面穿左右铸满文"宝源"二字，对读，纪局名。钱径2.5厘米、穿径0.7厘米、郭厚0.3厘米（图九，1）。

乾隆通宝，M2：2-1，圆形，方穿，正、背面有圆郭。正面铸"乾隆通宝"，楷书，对读。背面穿左右铸满文"宝泉"，草泉，对读，纪局名。钱径2.1厘米、穿径0.6厘米、郭厚0.3厘米（图九，7）。

嘉庆通宝，圆形，方穿，正、背面有圆郭。正面铸"嘉庆通宝"，楷书，对读。标本M2：2-2，背面穿左右铸满文"宝源"，对读，纪局名。钱径2.2厘米、穿径0.6厘米、郭厚0.2厘米。标本M2：8，背面铸满文"宝泉"二字，对读，纪局名。钱径2.1厘米、穿径0.6厘米、郭厚0.2厘米。标本M2：12，背面铸满文"宝源"，对读，纪局名。钱径2.1厘米、穿径0.6厘米、郭厚0.2厘米（图九，10~12）。

2.M3

位于发掘区的中东部，东邻M2，南侧为M4。东西向，方向为60°，开口于①层下。墓口距地表深1.3米，墓底至墓口深0.4米。墓口东西长2.8~2.9米、南北宽2~2.6米、残深0.4米。墓室四壁较整齐，内填黄色细沙，土质松软，含少量褐色土块。

墓室内并排放置3具棺木，西棺为仰身，下肢微弯曲；中棺、东棺保存较差，肢骨凌乱，葬式不明（图六；彩版八五，1）。

随葬品为银扁方1件、银簪4件、骨珠3粒、铜钱1枚。

银扁方1件，出土于东棺。M3：1，首卷曲，短颈较宽，外折，首花形，侧面如梅花状。体呈长方形，细直，末端为圆弧状。背部戳印"敦华"。通长15.8厘米、宽0.5~0.8厘米、厚0.1~0.16厘米（图七，20；彩版八七，4）。

银簪4件，M3：2，均出土于东棺。M3：2-1，首作如意云形，有镂孔。中间有凸起。体为锥形，末端残。体正面刻有卷草纹，背面刻有文字"元珍"。长7.8厘米、体宽0.2~0.3厘米、体厚0.08厘米、首长1.9厘米、首宽1.3厘米、首厚0.5厘米，重2.4克。M3：2-2，器型与

M3 ：2-1 相似。体为锥形，残为两段，末端尖。长 7.2 厘米、体宽 0.18 ~ 0.3 厘米、体厚 0.07 厘米、首长 1.9 厘米、首宽 1.3 厘米、首厚 0.5 厘米，重 2.3 克。M3 ：2-3，首作箍状，带小钮。体弯曲，呈圆锥形。长 10.2 厘米、厚 0.1 厘米，重 6.9 克。M3 ：2-4，首残，体呈圆锥形，通体素面。长 10 厘米、厚 0.1 厘米，重 1.1 克（图七，12 ~ 15；彩版八九，5 ~ 8）。

骨珠 3 粒，M3 ：3，均出土于东棺。平面圆形，剖面呈饼状，素面，白色，顶部有穿孔。M3 ：3-1，直径 1.7 厘米、高 1.8 厘米、孔径 0.2 厘米，重 4.7 克。M3 ：3-2，直径 1.8 厘米、高 1.6 厘米、孔径 0.2 厘米，重 5.5 克。M3 ：3-3，直径 1.8 厘米、高 1.5 厘米、孔径 0.2 厘米，重 5 克（图八，14 ~ 16；彩版八九，4）。

铜钱 1 枚。M3 ：4，锈蚀严重，字迹无法辨认。

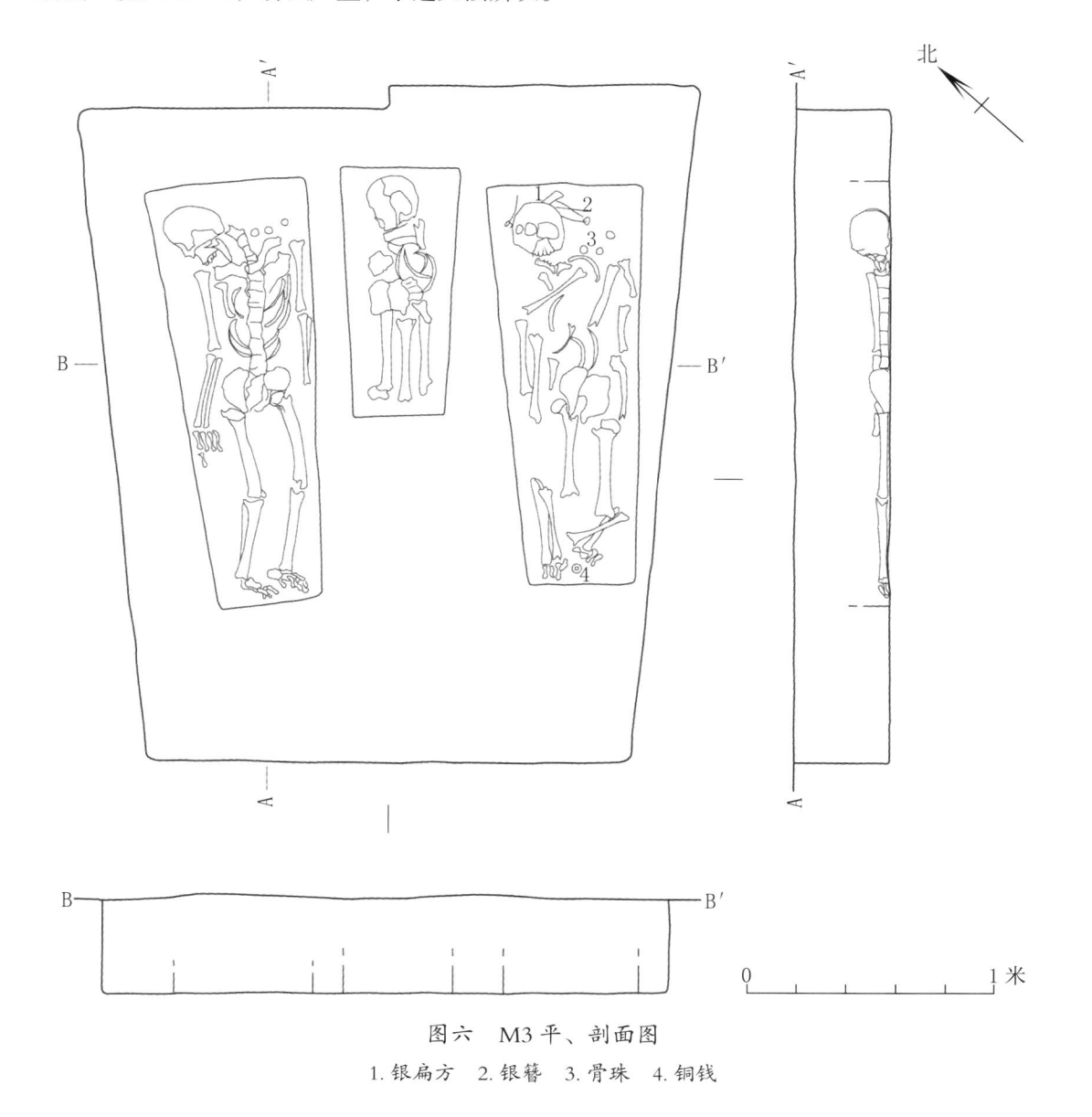

图六　M3 平、剖面图
1. 银扁方　2. 银簪　3. 骨珠　4. 铜钱

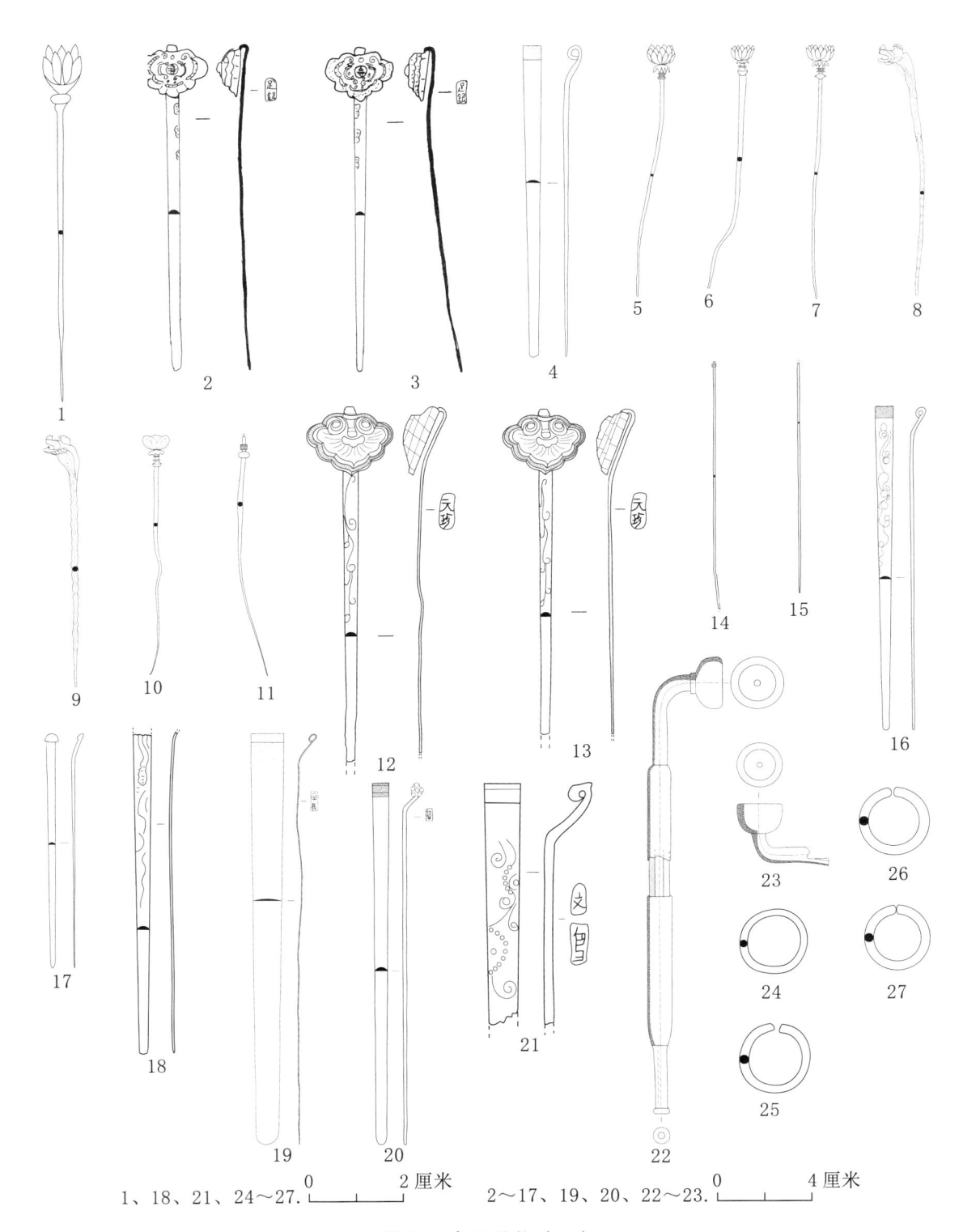

0 2厘米   0 4厘米
1、18、21、24～27. ⊢──┤   2～17、19、20、22～23. ⊢──┤

图七　出土器物（一）

1～18. 银簪（M1：1、M2：1-1、M2：1-2、M2：4-1、M2：4-2、M2：4-3、M2：4-4、M2：4-5、M2：4-6、M2：4-7、M2：4-8、M3：2-1、M3：2-2、M3：2-3、M3：2-4、M4：1-1、M4：1-2、M4：1-3）
19～21. 银扁方（M2：5、M3：1、M5：1）　22、23. 铜烟锅（M2：3、M2：10）　24、25. 铁环（M5：2-1、M5：2-2）
26、27. 银耳环（M2：6-1、M2：6-2）

图八 出土器物（二）

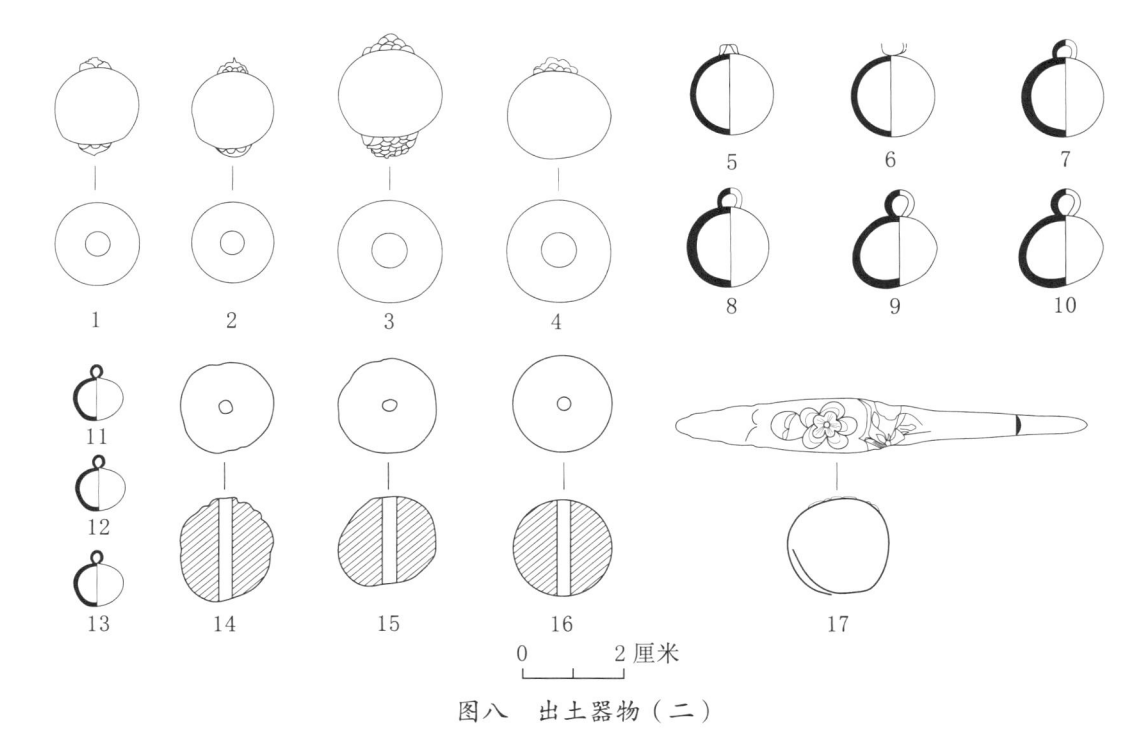

1～4. 琉璃耳坠（M2：7-1、M2：7-2、M2：13-1、M2：13-2） 5～13. 铜纽扣（M2：11-1、M2：11-2、M4：3-1、M4：3-2、M4：3-3、M4：3-4、M5：4-1、M5：4-2、M5：4-3） 14～16. 骨珠（M3：3-1、M3：3-2、M3：3-3） 17. 银戒指（M2：9）

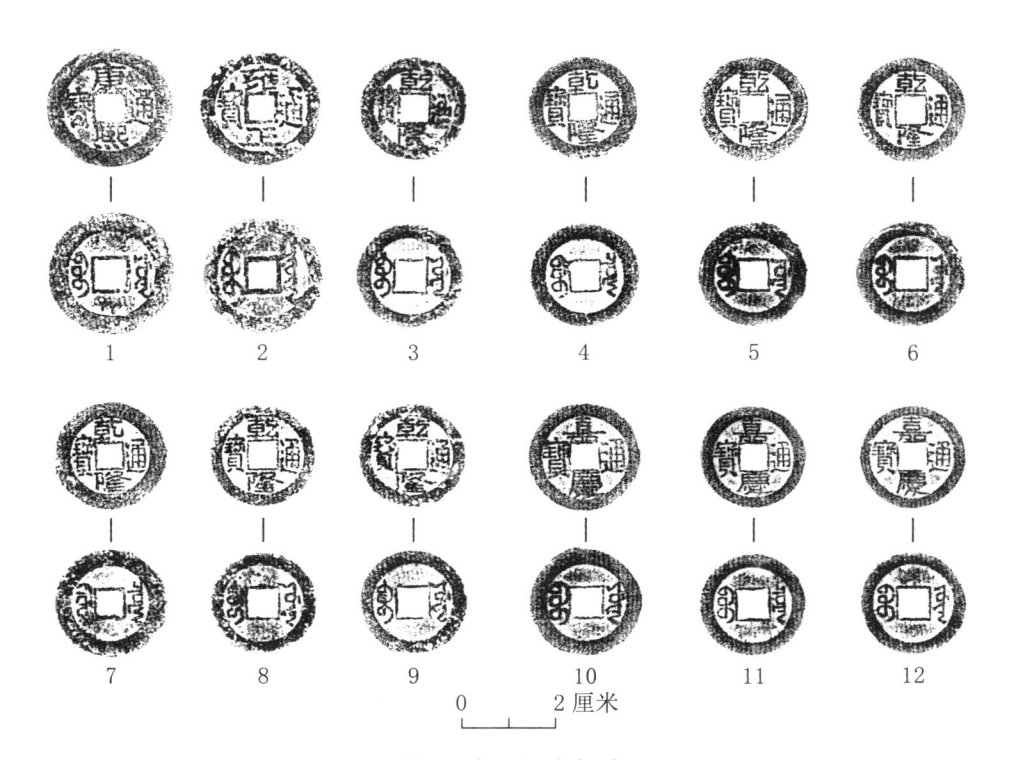

图九 出土铜钱拓片

1. 康熙通宝（M2：14-1） 2. 雍正通宝（M2：14-2） 3～9. 乾隆通宝（M1：2、M4：2-1、M4：2-2、M4：2-3、M2：2-1、M4：4-1、M4：4-2） 10～12. 嘉庆通宝（M2：2-2、M2：8、M2：12）

二、窑址形制

发掘窑址 1 座，平面呈马蹄形。

Y1 位于发掘区北部，M2 北侧，半地穴式，通长 6.5 米，方向为 30°；由窑顶、窑室、火膛、烟道、操作坑等组成（图一〇；彩版八五，2）。

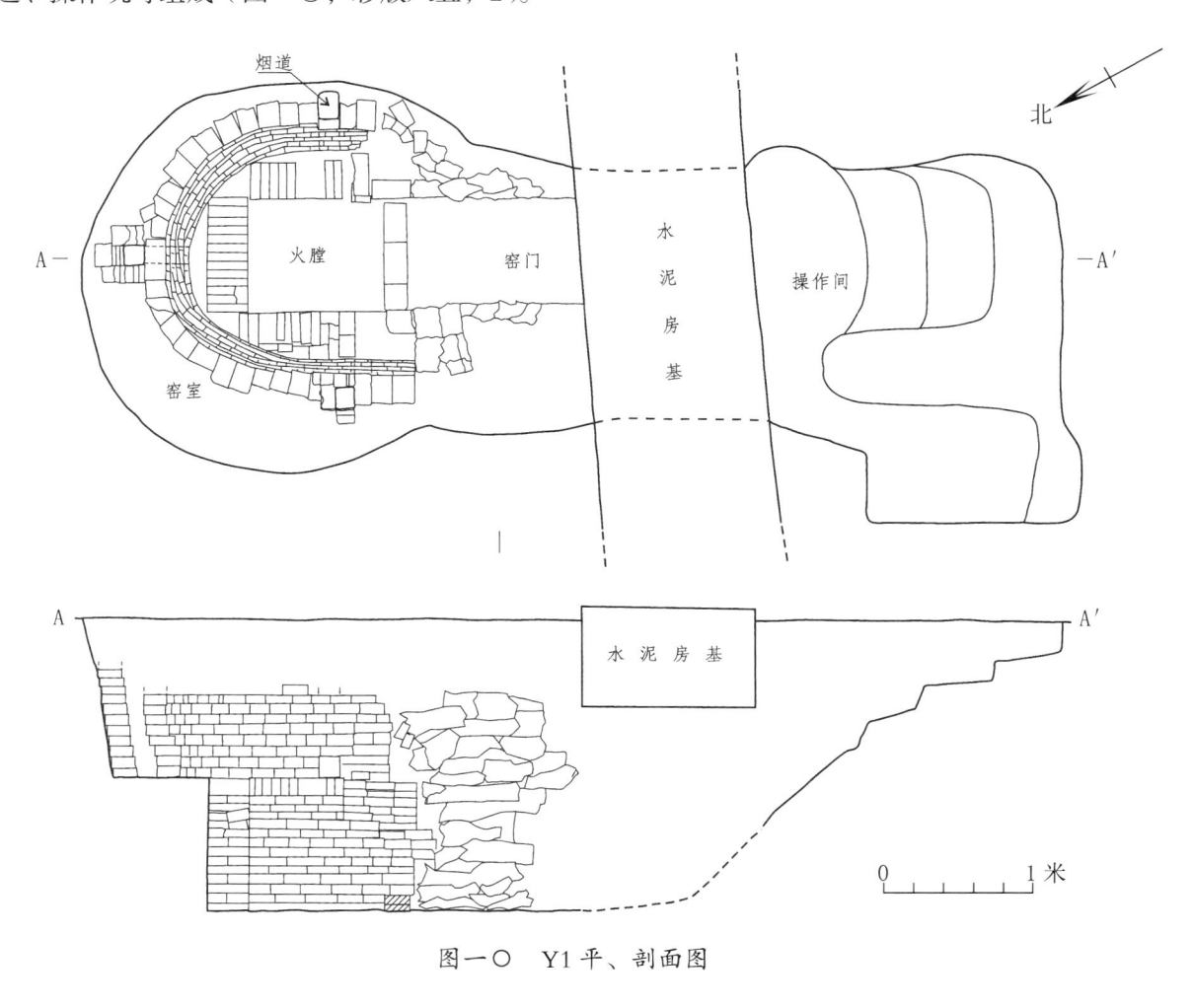

图一〇　Y1 平、剖面图

窑顶已损毁，从火膛后端上弧趋势看应为弧形顶，入窑后封顶，已不存，仅存窑底部。

窑室位于操作间的北侧，平面呈圆形，口大底小，最大径为 2.7 米、残存深 1.1 米。窑室下半部用残砖或整砖砌筑，砌法为错缝平铺，高约 0.6 米；窑室南部砌砖已经被破坏，窑壁残存大量的红烧土。窑室内填大量的红烧土以及窑室坍塌的残砖，另有黑色的炭粒等杂物。

火膛位于窑室南部，平面呈长方形，顶已塌；与南部通道平底，南北长 0.9 米、东西宽 0.75 米、深 0.9 米；用青砖砌筑，其砌法为自上而下错缝平铺，表面为一层"丁"砖，从残存情况看，火膛与通道之间原用单层砖隔开，现残存二层；火膛底部为大量的炭渣。

烟道位于窑室的东、南、北三面，共有三道，其筑法不尽相同，东壁烟道筑于生土之上，南北两侧用残砖砌筑，平面形状呈长方形，长 0.2 米、宽 0.15 米；南北两个烟道筑法相同，均用残砖自上而下砌成方形，边长为 0.15 米，现残高约 0.6 米。烟道内填土为红色土，含大量的炭灰，质地松散。

操作坑位于火膛的南侧，被东西向的水泥房基横梁打破，现发掘的平面形状为近似的长方形，东西最长 2.5 米、南北宽 2 米；操作间内有东西并列的 2 组台阶，台阶之间用生土隔开。南壁自上而下共有 3 级台阶，台阶不太规整；第一级台阶宽 0.7～1 米、高 0.15 米；第二级台阶宽 0.8～1.1 米、高 0.16 米；第三级台阶平面呈弧形，宽 1.1 米、高 0.2 米；第三级台阶下至火膛底部呈缓坡状。操作间与火膛之间的通道相互贯通，通道宽 0.7 米、高约 1.5 米、长约 1.9 米；两侧用不规整的石片或石块垒砌，其中通道南部两侧石块被现代房基破坏，底部基本平整，唯南部略有缓坡。操作间填土较杂，土色总体呈灰褐色，土质松软，含有大量的残砖、红色烧土等。

三、结语

本项目共发掘古代墓葬 5 座、窑址 1 座。根据遗迹的形制结构和随葬器物推测，年代为清代。

出土器物方面，银扁方 M5：1、M3：1 与海淀区东升乡小营村 M5：1[①] 器型相似。铜纽扣 M5：4、M4：3 与新奥 M2：1[②]、轨道交通大兴枣园路 M44：1[③] 器型相似。银簪 M1：1 与篮球馆 M24：6[④]，M4：1-2 与奥运村 M1：1[⑤]、通州东石营村 B2 地块 M36：3[⑥]，M4：1-3 与张营 M100：7[⑦]，M2：4-1 与西红门商业区 M37：4[⑧]，M2：4-2、M2：4-3、M2：4-4 与海淀区东升乡小营村 M3：5[⑨] 器型相似。铜烟锅 M2：3、M2：10 与通州东石营村 B2 地块 M33：2[⑩]、篮球馆 M31：3[⑪]、奥运村 M53：3[⑫] 器型相似。银扁方 M2：5 与奥运村 M20：3[⑬]、篮球馆 M24：4[⑭] 器型相似。琉璃耳坠 M2：13、M2：7 与西红门商业综合区 M8：3[⑮] 器型相似。银戒指 M2：9 与奥运村 M36：7、M36：8、M36：9[⑯] 器型相似。骨珠 M3：3 与轨道交通大兴枣园路 M44：7[⑰] 器型相似。

Y1 窑室平面近似圆形，与昌平区朱辛庄[⑱]的清代窑址 CZY1 形制相似，从窑室形状及窑室内残存的砖块等判断该窑年代为清代。因 Y1 未出土任何器物，无法判断窑址的用途。

根据墓葬形制及出土器物，推测这批墓葬的年代为清代中期，墓葬规格等级较低，推测为平民墓葬。通过对上述墓葬和窑址的发掘，为研究北京地区清代时期墓葬的形制、丧葬习俗及物质文化提供了新的资料。

发掘：张智勇
拓片：黄星
摄影：黄星
绘图：齐相福

执笔：徐蕙若

注释

① 于璞、周宇、周新、刘晓贺：《海淀区东升乡小营村汉代、清代墓葬发掘简报》，《北京文博文丛》2014年第3期。
② 北京市文物研究所：《新奥公司体育场配套工程考古发掘报告》，载北京市文物局、北京市文物研究所编著《北京奥运场馆考古发掘报告》，科学出版社，2007年。
③ 北京市文物研究所：《轨道交通大兴线枣园路站考古发掘报告》，载北京市文物研究所编《小营与西红门：北京大兴考古发掘报告》，上海古籍出版社，2018年。
④ 北京市文物研究所：《五棵松篮球馆工程考古发掘报告》，载北京市文物局、北京市文物研究所编著《北京奥运场馆考古发掘报告》，科学出版社，2007年。
⑤ 北京市文物研究所：《奥运村工程考古发掘报告》，载北京市文物局、北京市文物研究所编著《北京奥运场馆考古发掘报告》，科学出版社，2007年。
⑥ 北京市考古研究院：《B2地块考古发掘报告》，载北京市考古研究院编《通州东石村与北小营村北京轻轨L2线通州段次渠站等土地开发项目考古发掘报告》，上海古籍出版社，2022年。
⑦ 北京市文物研究所：《昌平张营遗址北区墓葬发掘报告》，载北京市文物研究所编《北京考古》（第二辑），北京燕山出版社，2008年。
⑧ 北京市文物研究所：《西红门商业综合区一、二、三号地块考古发掘报告》，载北京市文物研究所编《小营与西红门：北京大兴考古发掘报告》，上海古籍出版社，2018年。
⑨ 于璞、周宇、周新、刘晓贺：《海淀区东升乡小营村汉代、清代墓葬发掘简报》，《北京文博文丛》2014年第3期。
⑩ 北京市考古研究院：《B2地块考古发掘报告》，载北京市考古研究院编《通州东石村与北小营村北京轻轨L2线通州段次渠站等土地开发项目考古发掘报告》，上海古籍出版社，2022年。
⑪ 北京市文物研究所：《五棵松篮球馆工程考古发掘报告》，载北京市文物局、北京市文物研究所编著《北京奥运场馆考古发掘报告》，科学出版社，2007年。
⑫ 北京市文物研究所：《奥运村工程考古发掘报告》，载北京市文物局、北京市文物研究所编著《北京奥运场馆考古发掘报告》，科学出版社，2007年。
⑬ 北京市文物研究所：《奥运村工程考古发掘报告》，载北京市文物局、北京市文物研究所编著《北京奥运场馆考古发掘报告》，科学出版社，2007年。
⑭ 北京市文物研究所：《五棵松篮球馆工程考古发掘报告》，载北京市文物局、北京市文物研究所编著《北京奥运场馆考古发掘报告》，科学出版社，2007年。
⑮ 北京市文物研究所：《西红门商业综合区一、二、三号地块考古发掘报告》，载北京市文物研究所编《小营与西红门：北京大兴考古发掘报告》，上海古籍出版社，2018年。
⑯ 北京市文物研究所：《奥运村工程考古发掘报告》，载北京市文物局、北京市文物研究所编著《北京奥运场馆考古发掘报告》，科学出版社，2007年。
⑰ 北京市文物研究所：《轨道交通大兴线枣园路站考古发掘报告》，载北京市文物研究所编《小营与西红门：北京大兴考古发掘报告》，上海古籍出版社，2018年。
⑱ 于璞、周宇、周新、刘晓贺：《北京市昌平区朱辛庄与朝阳区豆各庄窑址发掘简报》，《北京文博文丛》2016年第4期。

附表一　墓葬登记表　　　　　　　　　　　　　　　　　　　　　　　　单位：米

墓号	方向	墓圹（长×宽×深）	墓口距地表深	墓底距地表深	棺数	葬式	人骨保存情况	头向及面向	性别	随葬品（件）	备注
M1	50°	（2.4~2.48）×（1.9~2.1）×1	1.3	2.3	双棺	西棺仰身直肢葬；东棺不详	皆保存较差	头向皆北偏东，面向皆不详	不详	银簪1、铜钱10	打破生土层
M2	50°	（2.9~3.2）×（2.7~2.9）×0.6	1.5	2.1	三棺	东棺仰身直肢葬；西棺仰身直肢葬；中棺仰身直肢葬，下肢重叠在一起	皆保存较差	头向皆北偏东，面向皆不详	东棺男性，西棺女性，中棺不详	银簪10、铜烟锅2、银扁方1、银耳环2、琉璃耳坠4、银戒指1、铜纽扣2、铜钱31	
M3	60°	（2.8~2.9）×（2~2.6）×0.4	1.3	1.7	三棺	西棺仰身，下肢微弯曲；中棺、东棺不详	保存较差，肢骨凌乱	东棺、西棺头向北偏东，中棺头向不详；面向皆不详	不详	银扁方1、银簪4、骨珠3、铜钱1	
M4	70°	2.8×2.1×（0.5~0.9）	1.3	1.8~2.2	双棺	均为仰身直肢葬	均保存较好	西棺头向北偏东，面向朝东；东棺头向北偏东，面向朝上	不详	银簪3、铜纽扣5、铜钱28	
M5	50°	2.6×1.1×0.8	1.1	1.9	单棺	仰身直肢体葬，下肢交叉	保存较差	头向北偏东，面向不详	不详	银扁方1、铜纽扣3、铁环3、铜钱2	

附表二 铜钱统计表　　　　　　　　　　　　　　　　　　　　　　　单位：厘米

单位	编号	种类	钱径	穿径	郭厚	备注
M1	M1：3	康熙通宝	2.4	0.8	0.5	穿左右为满文"宝泉"
	M1：2	乾隆通宝	2.6	0.6	0.3	穿左右为满文"宝源"
M2	M2：14-1	康熙通宝	2.5	0.7	0.3	穿左右为满文"宝源"
	M2：14-2	雍正通宝	2.2	0.6	0.3	穿左右为满文"宝泉"
	M2：2-1	乾隆通宝	2.1	0.6	0.3	穿左右为满文"宝泉"
	M2：2-2	嘉庆通宝	2.2	0.6	0.2	穿左右为满文"宝源"
	M2：8	嘉庆通宝	2.1	0.6	0.2	穿左右为满文"宝泉"
	M2：12	嘉庆通宝	2.1	0.6	0.2	穿左右为满文"宝源"
M3	M3：4					锈蚀严重，无法辨认
M4	M4：2-1	乾隆通宝	2.1	0.6	0.3	穿左右为满文"宝泉"
	M4：2-2	乾隆通宝	2.2	0.6	0.3	穿左右为满文"宝源"
	M4：2-3	乾隆通宝	2.1	0.6	0.3	穿左右为满文"宝泉"
	M4：4-1	乾隆通宝	2.1	0.6	0.2	穿左右为满文"宝源"
	M4：4-2	乾隆通宝	2.1	0.6	0.2	穿左右为满文"宝源"
M5	M5：3					锈蚀严重，无法辨认

顺义区赵全营清代、民国家族墓葬发掘简报

2020年11月10日至30日，北京市考古研究院（原北京市文物研究所）在顺义区赵全营镇工业用地一级开发项目B1地块发掘了38处遗迹，包括墓葬36座，为M1～M36；灰坑2座，为H1～H2。

发掘地点位于兆丰产业基地西北部，平面近似方形，东邻同心路、西邻天北路、南为兆丰二街、北距Y856乡道233米。发掘区西北部紧邻温榆河支流牤牛河（图一、图二）。

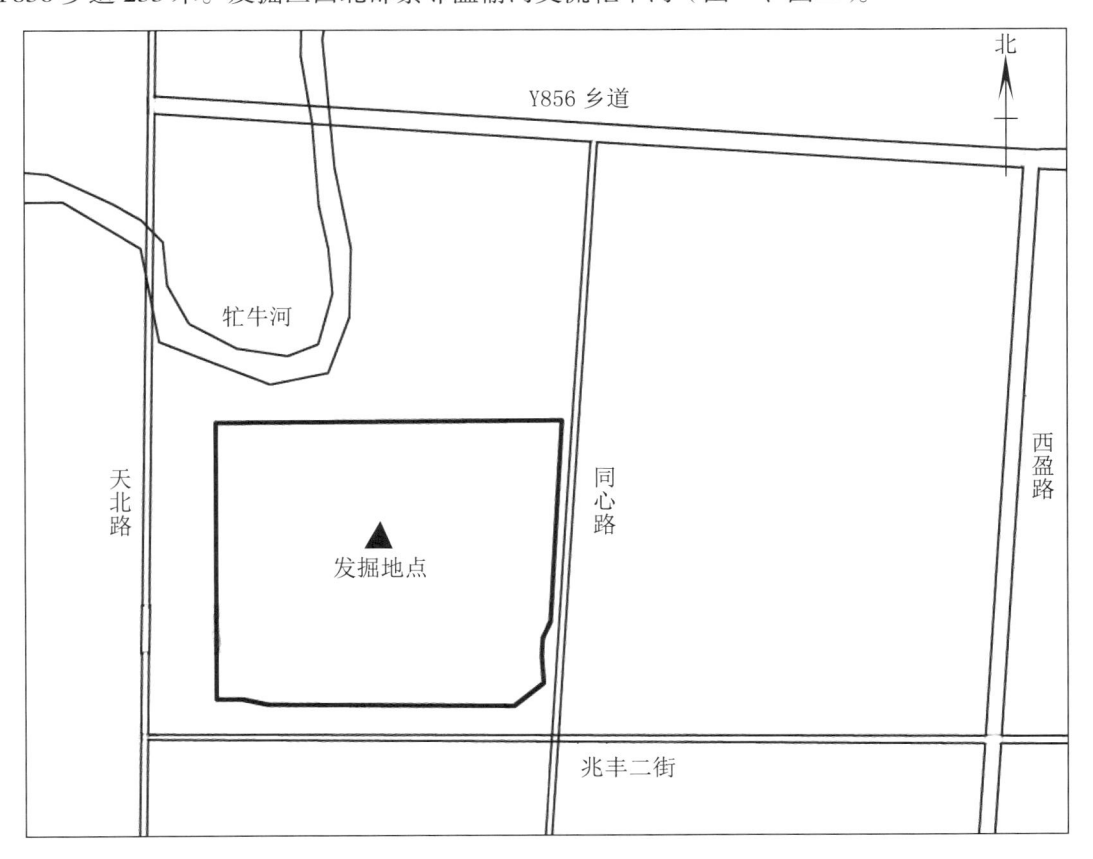

图一 发掘地点位置示意图

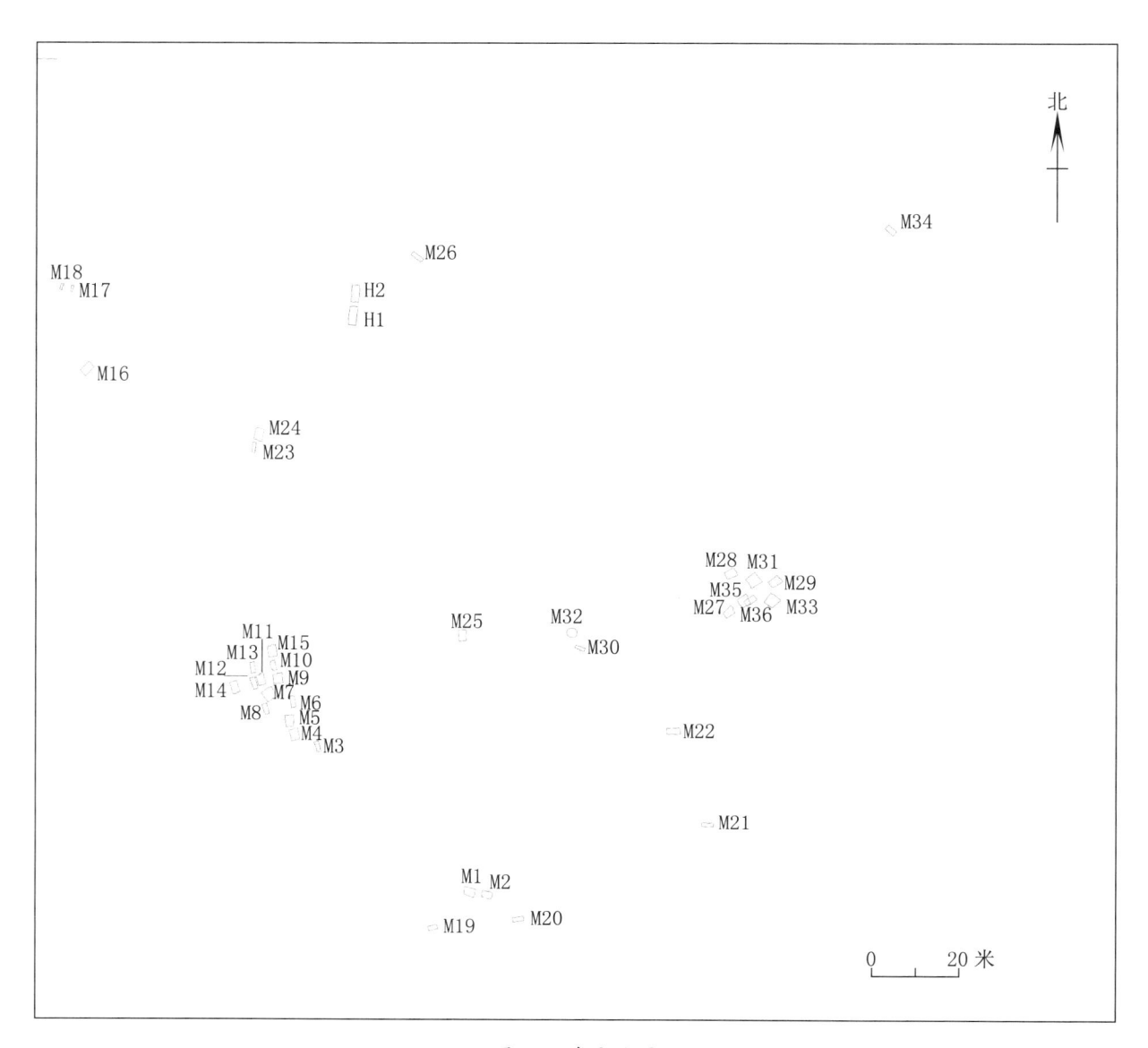

图二　总平面图

一、地层堆积

发掘区域地表较为平坦，地层自上而下可分为3层：

第①层：耕土层，厚0.3～0.4米，距地表深0.4米，内含大量植物根茎。墓葬及灰坑均开口于该层下。

第②层：黄褐色土层，厚0.5～0.8米，距地表深0.3～0.4米。土质疏松，包含有零星黑点。

第③层：浅黄色土层，厚0.6～1米，深0.8～1.2米。土质较致密，含大量料礓石。

③层下为浅黄色沙土层。

二、清代墓葬

共36座,均为小型长方形竖穴土圹墓。其中,少数为迁葬墓,分别为M12、M14、M21、M36、M35南棺。还有少数墓葬为废弃墓葬,分别为M19、M20、M22、M32。由于未完工墓葬不具备墓葬特征,故无法定其墓葬形制。其余墓葬依据葬人数量,可分为单人葬墓、双人合葬墓和三人合葬墓三种形制。单人葬墓共14座,分别为M3、M6、M8、M10、M12、M13、M17、M18、M21、M23、M26、M30、M34、M36,双人合葬墓共14座,分别为M1、M2、M4、M5、M9、M11、M14~M16、M24、M25、M27~M29,三人合葬墓共4座,分别为M7、M31、M33、M35。

(一)单人葬墓

以M30为例,简要介绍。

M30位于发掘区中部,周边除北面M32外,没有墓葬与其相邻。方向为西北–东南向,墓口距地表深0.3米。墓葬平面呈长方形,东西长2.46米、南北宽0.76~0.92米、深0.96米。墓壁竖直,口底相等,底部平坦。墓室内均填黄褐色花土,土质较疏松,内含较多料礓石块(图三;彩版九〇,1)。

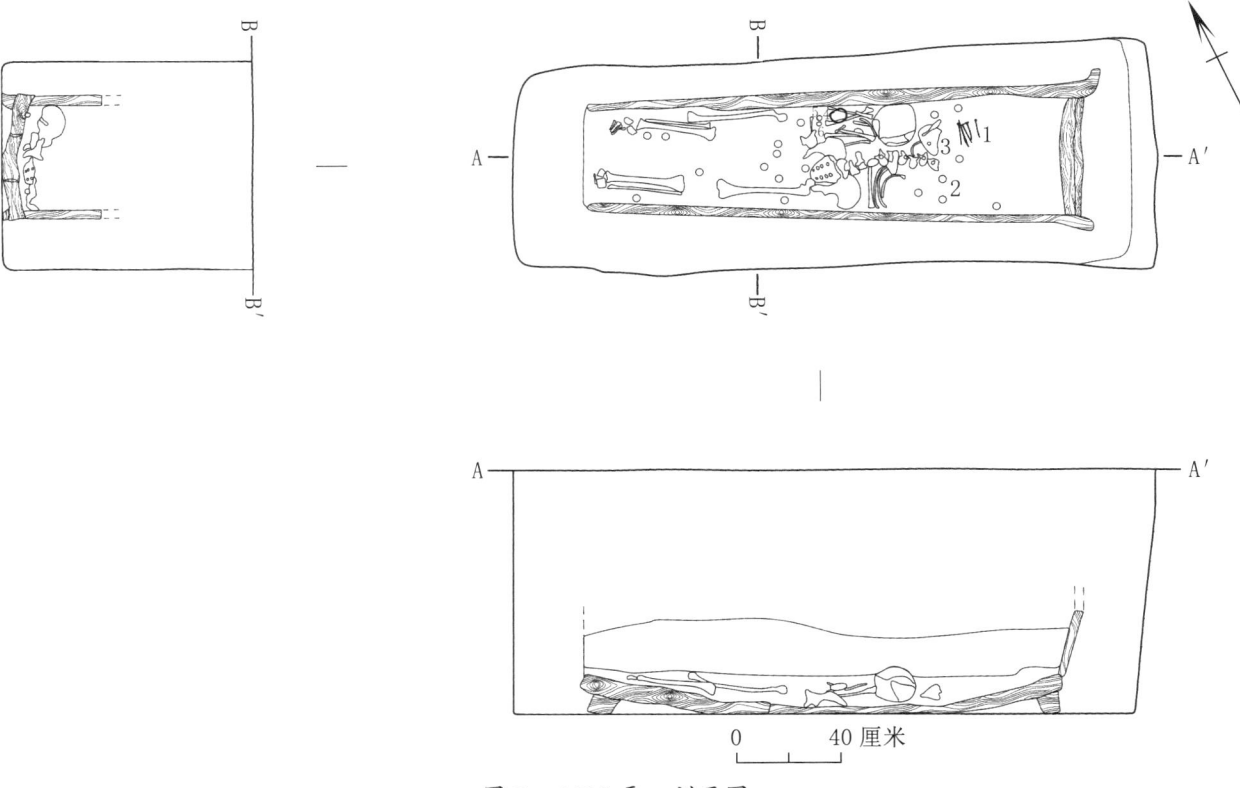

图三 M30平、剖面图
1.银簪 2.铜币 3.银戒指 4.银手镯 5、6.银耳环

内置单棺，平面呈梯形，棺木已朽，仅残前、左、右及底部棺板，另外底板下尚存前后支撑木板。棺长 1.96 米、宽 0.42 ~ 0.6 米、残高 0.38 米、板厚 0.03 ~ 0.06 米。棺内葬人骨一具，头向东南，面向不详，葬式为仰身直肢葬。骨架保存较差，头骨已移位至胸部，性别和年龄不详。

墓内随葬品共计 10 件（套），包括银簪、铜币、银耳环、银手镯、银戒指（图四、图五）。

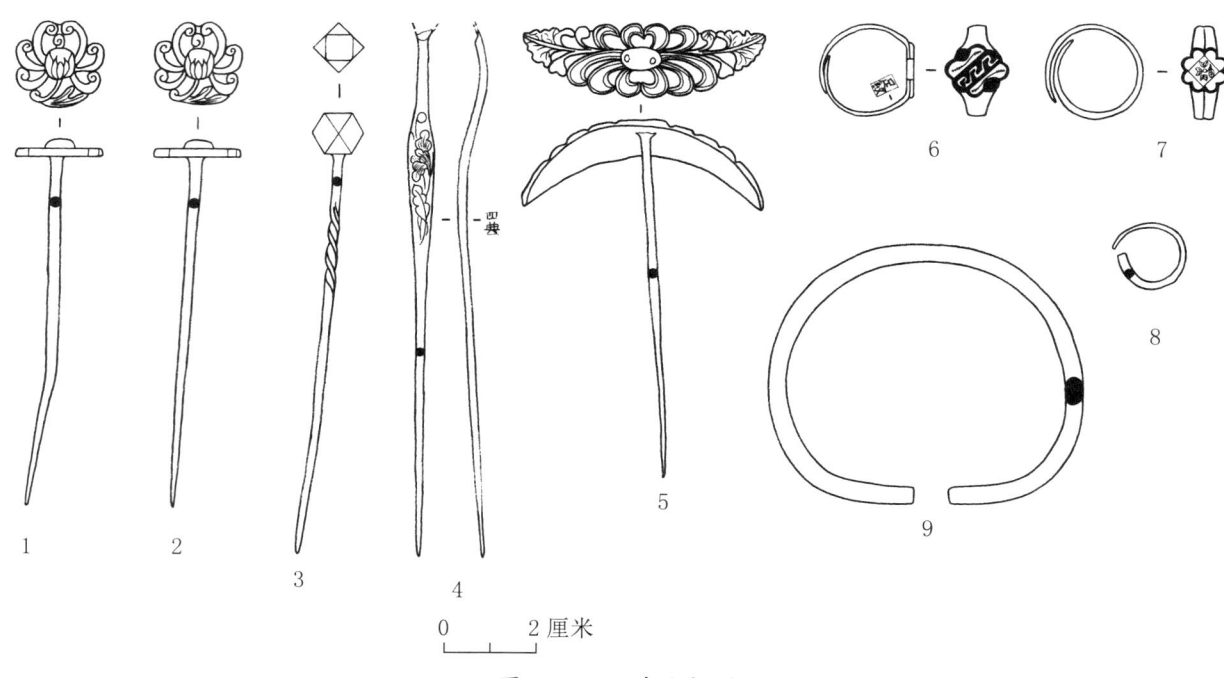

图四　M30 出土银器
1 ~ 5. 银簪（M30：1-1、M30：1-2、M30：3、M30：4、M30：2）
6、7. 银戒指（M30：8、M30：9）　8. 银耳环（M30：6）　9. 银手镯（M30：7）

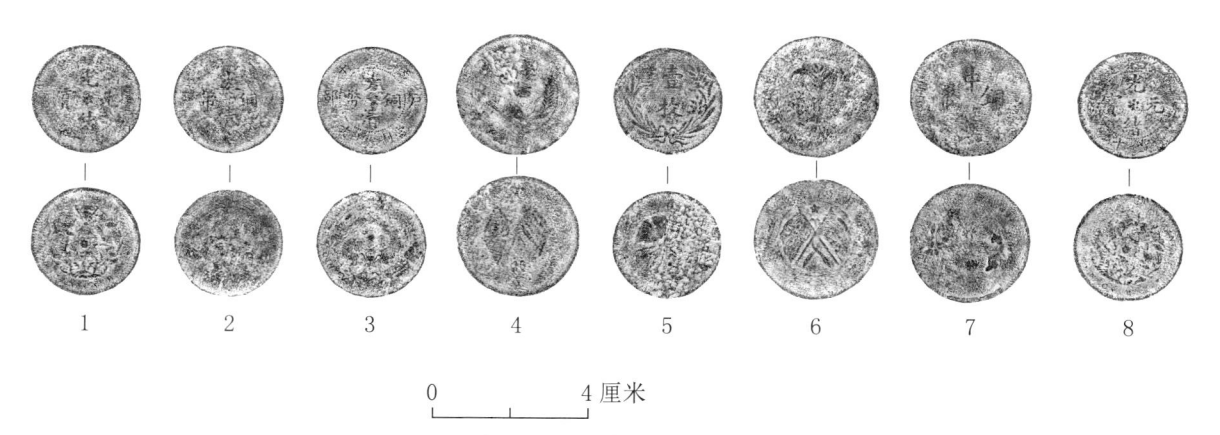

图五　M30 出土铜币拓片
1. 光绪元宝（M30：5-1）　2、3. 大清铜币（M30：5-2）　4. 双旗币（M30：5-3）　5. 铜币（M30：5-4）
6. 双旗币（M30：5-5）　7. 中华铜币（M30：5-6）　8. 光绪元宝（M30：10-1）

1. 银簪

共 5 件。根据簪子的形状、纹饰，可分为四种类型。

第一类 2 件。M30：1-1、M30：1-2，形制规模基本相同。首呈菊花形，中心为圆形花蕊，四周錾刻七片花瓣，其上雕刻斜竖花纹。尾部细长，末端尖锐。M30：1-1 尾部略弯曲变形，M30：1-2 尾部竖直。首均宽 1.9 厘米、首高 0.4 厘米、通长 8.1 厘米（图四，1、2；彩版九三，1）。

第二类 1 件。M30：2，首为花卉蕉叶装饰，中间绘牡丹纹饰，两端绘蕉叶纹。整体中间较宽，两端渐细，并向后弯曲。尾部细长、竖直，末端尖锐。首宽 1.6 厘米、首长 5.2 厘米、通长 7.9 厘米（图四，5；彩版九三，1）。

第三类 1 件。M30：3，首呈流星锤状，表面呈凸棱状，剖面呈正方形。尾部较直，上半身呈麻花螺旋状，下半部竖直，末端尖锐。首宽 1.2 厘米、首高 0.9 厘米、通长 9.7 厘米（图四，3；彩版九三，1）。

第四类 1 件。M30：4，首残缺，颈部较细长、弯曲，腹部宽平，其上錾刻花纹。整体呈"S"形。尾部较直，末端尖锐。体最宽 0.6 厘米、厚 0.2 厘米、残长 11.6 厘米（图四，4；彩版九三，1）。

2. 铜币

共 31 枚，M30：5 和 M30：10。M30：5，27 枚，M30：10，4 枚。可辨认铭文的铜币共 8 枚，依据铜币上铭文，可分为五种类型。

第一类为光绪元宝，5 枚。M30：5-1 和 M30：10-1。M30：5-1，1 枚，平钱，圆形，正面中心楷书铸"光绪元宝"四字，对读。背面铸有蟠龙纹。M30：10-1，4 枚，平钱，圆形，正面中心楷书铸"光绪元宝"四字，对读，下方铸"当十"二字，背面中心饰蟠龙纹，其余部位锈蚀不清。钱币规模一致，均为钱径 2.7 厘米、厚 0.12 厘米（图五，1、8）。

第二类为大清铜币，2 枚。M30：5-2，平钱，圆形，正面中心楷书铸"大清铜币"四字，外侧铸"户部"字样，对读。背面铸有蟠龙纹。钱径 2.7 厘米、厚 0.12 厘米（图六，2、3）。

第三类为双旗币，2 枚。M30：5-3 和 M30：5-5，平钱，圆形，正面中心铸双旗交叉图案，背面雕刻麦穗纹，字体锈蚀，模糊不清，钱径 3.1 厘米、厚 0.13 厘米（图五，4、6）。

第四类铜币 1 枚。M30：5-4，平钱，圆形，正面楷书铸"壹枚"两字，对读，下方饰花叶纹。背面锈蚀不清。钱径 2.7 厘米、厚 0.12 厘米（图五，5）。

第五类为中华铜币，1 枚。标本 M30：5-6，平钱，圆形，正面楷书铸"中华铜币"四字，对读。背面锈蚀不清。钱径 3 厘米、厚 0.13 厘米（图五，7）。

其余铜币，纹饰锈蚀不清，难以辨认。

3. 银耳环

1 件，M30：6，平面呈圆环状，首较钝厚，尾部细长，末端尖锐，首尾不相接触。直径 1.5 厘米（图四，8；彩版九二，5）。

4. 银手镯

1 件，M30：7，呈马蹄形，素面，实心，长 6.8 厘米、宽 5.8 厘米、面宽 0.6 厘米、厚 0.4 厘米（图四，9；彩版九二，3）。

5. 银戒指

共 2 件。

M30：8，1件，整体呈圆环状，戒面呈弧角方形，正面錾刻一条连云纹，两端分别以椭圆形图案装饰，背面刻有"足纹"二字。尾部呈圆环形，银丝较细。面宽1.4厘米、厚0.1厘米（图四，6；彩版九二，6）。

M30：9，1件，整体呈圆环状，首为花瓣状，中心花蕊处錾刻一方框，框内有花卉图案四周为八只花瓣。尾部呈圆环状，银丝较细。面宽1.厘米、厚0.1厘米（图四，7；彩版九二，7）。

（二）双人合葬墓

以 M15 为例，简要介绍。

M15 位于发掘区西南部，南邻 M10。方向为南北向，墓口距地表深 0.3 米。墓葬平面呈长方形，南北长 2.6~2.7 米、东西宽 1.84~2.04 米、深 0.8~0.87 米，东侧墓室底部低于西侧 0.07 米。墓壁竖直，口底相等，底部平坦。根据墓室间的打破关系，推断西侧墓室晚于东侧墓室（图六）。

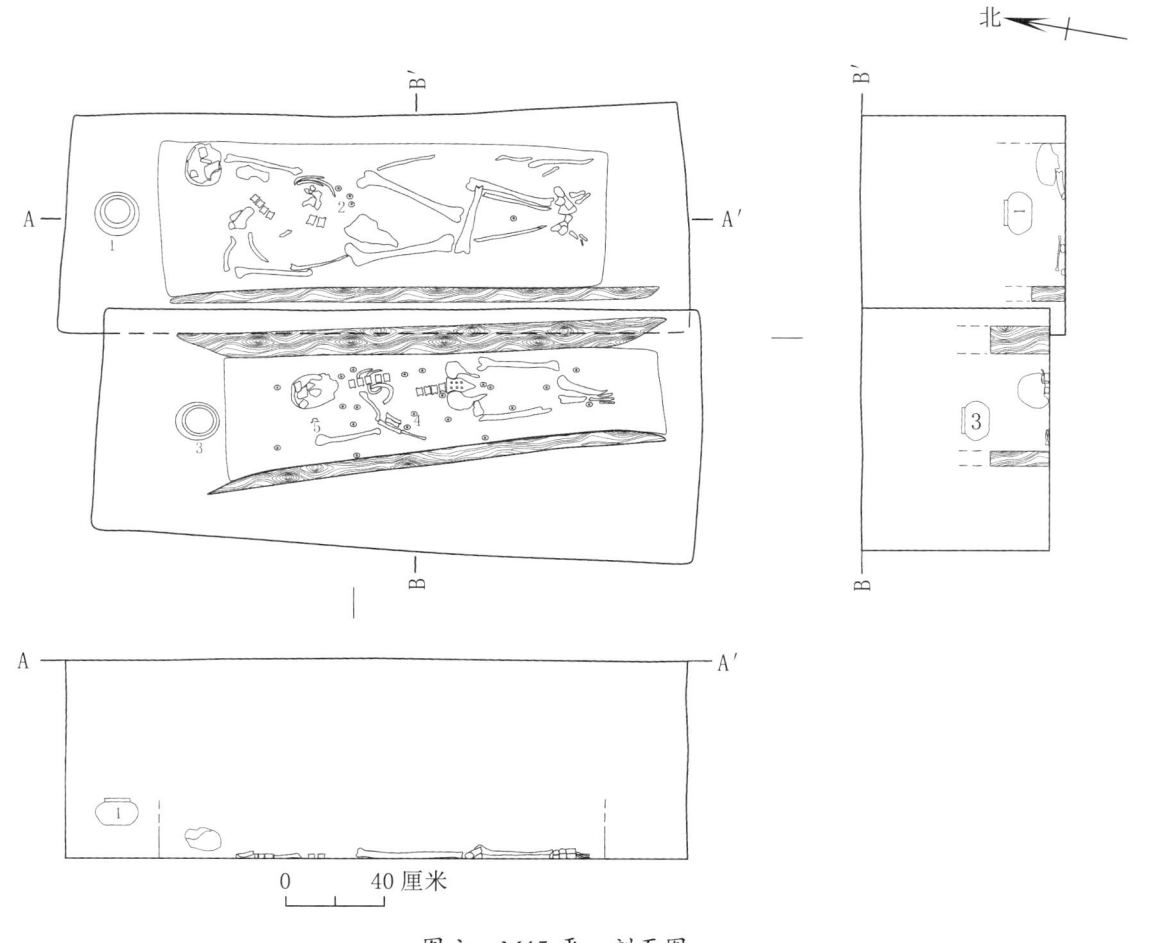

图六　M15 平、剖面图
1、3. 陶罐　2、4. 铜钱　5. 银耳环

内置双棺，东棺平面呈梯形，棺木已朽，仅残存西侧棺板，其余棺板仅存棺痕。棺长 2.1 米、宽 0.65～0.72 米、残高 0.14 米、板厚 0.02～0.06 米。棺内葬一成年男性骨架，头向北，面向东，葬式为仰身直肢葬，骨架保存较差。西棺平面呈梯形，棺木已朽，残存左右两侧棺板，其余棺板仅存棺痕。棺长 2.1 米、宽 0.54～0.7 米、残高 0.25 米、板厚 0.06～0.12 米。棺内葬一成年女性骨架，头向北，面向下，葬式为仰身直肢葬，骨架保存较差，头骨已移位。

墓内随葬品共 5 件（套），包括陶罐、银耳环和铜钱（图七；彩版九〇，3）。

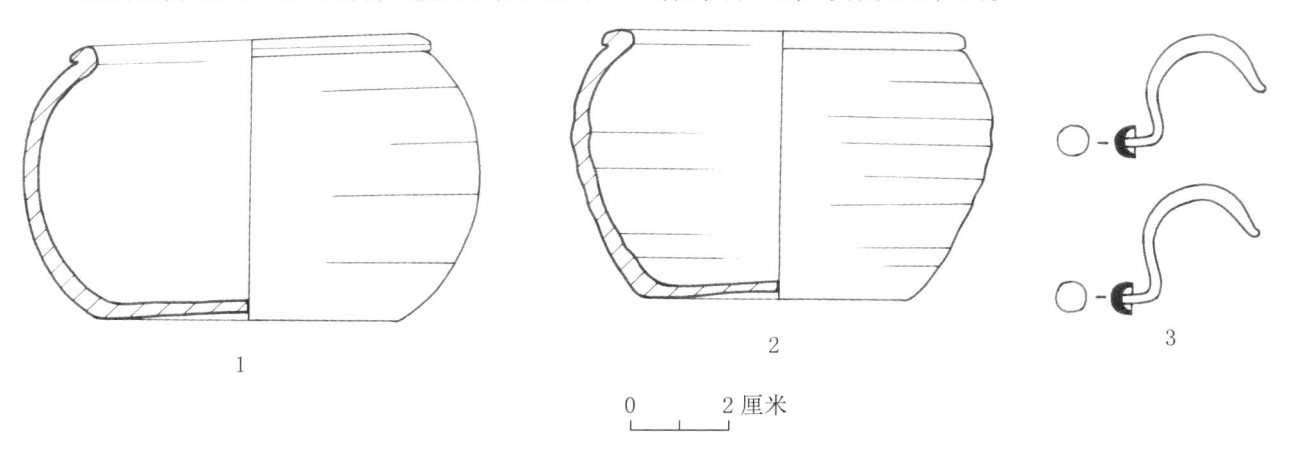

图七　M15 出土器物
1、2. 陶罐（M15：1、M15：3）　3. 银耳环（M15：5-1、M15：5-2）

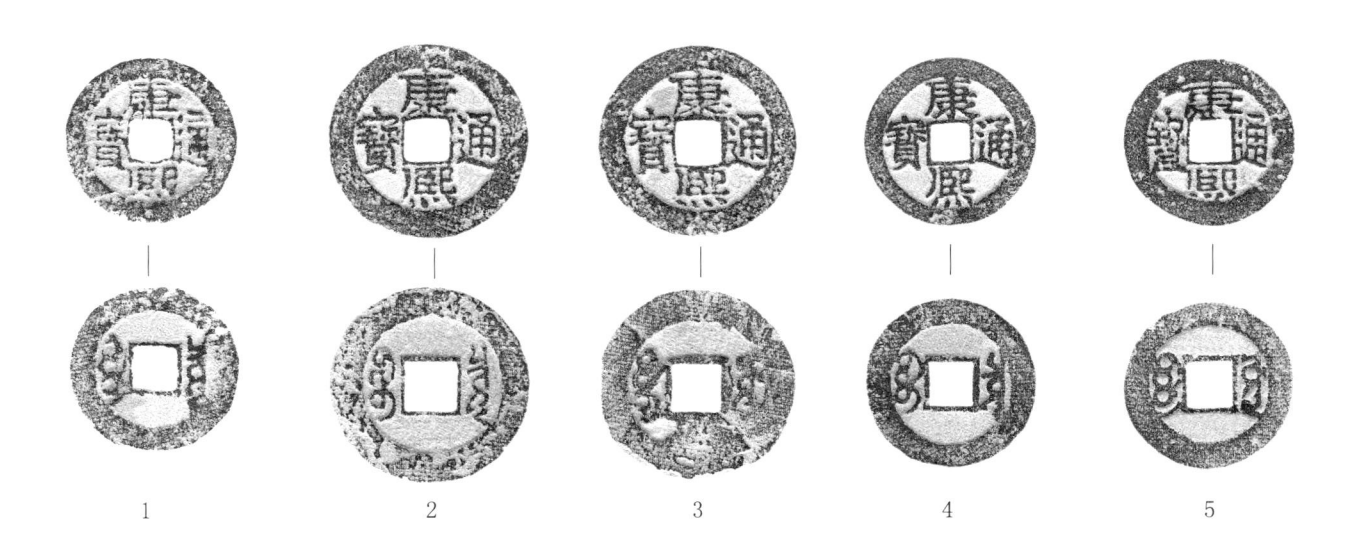

图八　M15 出土康熙通宝拓片
1. M15：2-1　2～5. M15：4-1

1. 陶罐

共 2 件，M15：1 和 M15：3。两件陶罐形制基本相同，均为泥质灰陶。直口，圆唇，圆肩，鼓腹，平底内凹。M15：1，口径 6.4 厘米、腹径 9.1 厘米、底径 6 厘米、通高 5.7 厘米（图七，1）。M15：3，口径 6.4 厘米、腹径 8.9 厘米、底径 5.4 厘米、通高 5.5 厘米（图七，2；彩版九二，4）。

2. 银耳环

共 2 件，为 M15：5-1 和 M15：5-2，形制和规格基本相同。平面均呈"C"形，环首呈蘑菇状，尾端尖细，卷曲。首径 0.6 厘米，厚 0.4 厘米、通长 3.3 厘米（图七，3；彩版九三，2）。

3. 铜钱

共 37 枚。

M15：2，7 枚。其中可辨认铭文的仅 1 枚，为康熙通宝。标本 M15：2-1，平钱，圆形，方穿，正背面郭缘较宽，正面楷书铸"康熙通宝"四字，对读，背面穿左右铸满文"宝泉"二字，纪局名。钱径 2.3 厘米、穿径 0.6 厘米、厚 0.1 厘米（图八，1）。其余铜钱，铭文均锈蚀不清，无法辨认。

M15：4，30 枚。其中可辨认铭文的仅 4 枚，均为康熙通宝，为 M15：4-1。根据铭文和规格，可分为两种形制，第一类 2 件，平钱，圆形，方穿，正背面郭缘较宽，正面楷书铸"康熙通宝"四字，对读，背面穿左右铸满文"宝泉"二字，纪局名。钱径 2.7 厘米、穿径 0.6 厘米、厚 0.1 厘米（图八，2、3）。第二类 2 件，平钱，圆形，方穿，正背面郭缘较宽，正面楷书铸"康熙通宝"四字，对读，背面穿左右铸满文"宝泉"二字，纪局名。钱径 2.3 厘米、穿径 0.6 厘米、厚 0.1 厘米（图八，4、5）。其余铜钱，铭文均锈蚀不清，无法辨认。

（三）三人合葬墓

以 M31 为例，简要介绍。

M31 位于发掘区东部，东南邻 M29、西北邻 M28。方向为东北-西南向，墓口距地表深 0.3 米。墓葬平面呈长方形，南北长 2.67~2.92 米、东西宽 2.64~2.84 米、深 1.38~1.53 米。北侧墓室底部比中间墓室低 0.13 米，南侧墓室底部与中间墓室相平。墓壁竖直，底部平坦，口底相等。墓内填土均为黄褐色花土，土质较松，包含少量植物根茎。根据墓室间的打破关系，中侧墓室早于东、西侧墓室（图九；彩版九一，1）。

内置三棺，北棺平面呈梯形，棺木保存较好。棺长 2.2 米、宽 0.52~0.72 米、残高 0.36 米、板厚 0.02~0.12 米。棺内葬一成年女性骨架，头向东北，面向下，葬式为仰身直肢葬，人骨保存较差，头骨稍有移位。中棺平面呈梯形，棺木已朽，残存左、右及底部棺板。棺长 2.13 米、宽 0.56~0.78 米、残高 0.34 米、板厚 0.06~0.12 米。棺内葬一成年女性骨架，头向东北，面向下，葬式为仰身直肢葬，骨架保存较差，头骨稍有移位。南棺平面呈梯形，棺木已腐朽，残存部分棺板，棺长 2.08 米、宽 0.5~0.7 米、残高 0.4 米、板厚 0.02~0.08 米。棺内葬一成年男性骨架，头向东北，面向西，葬

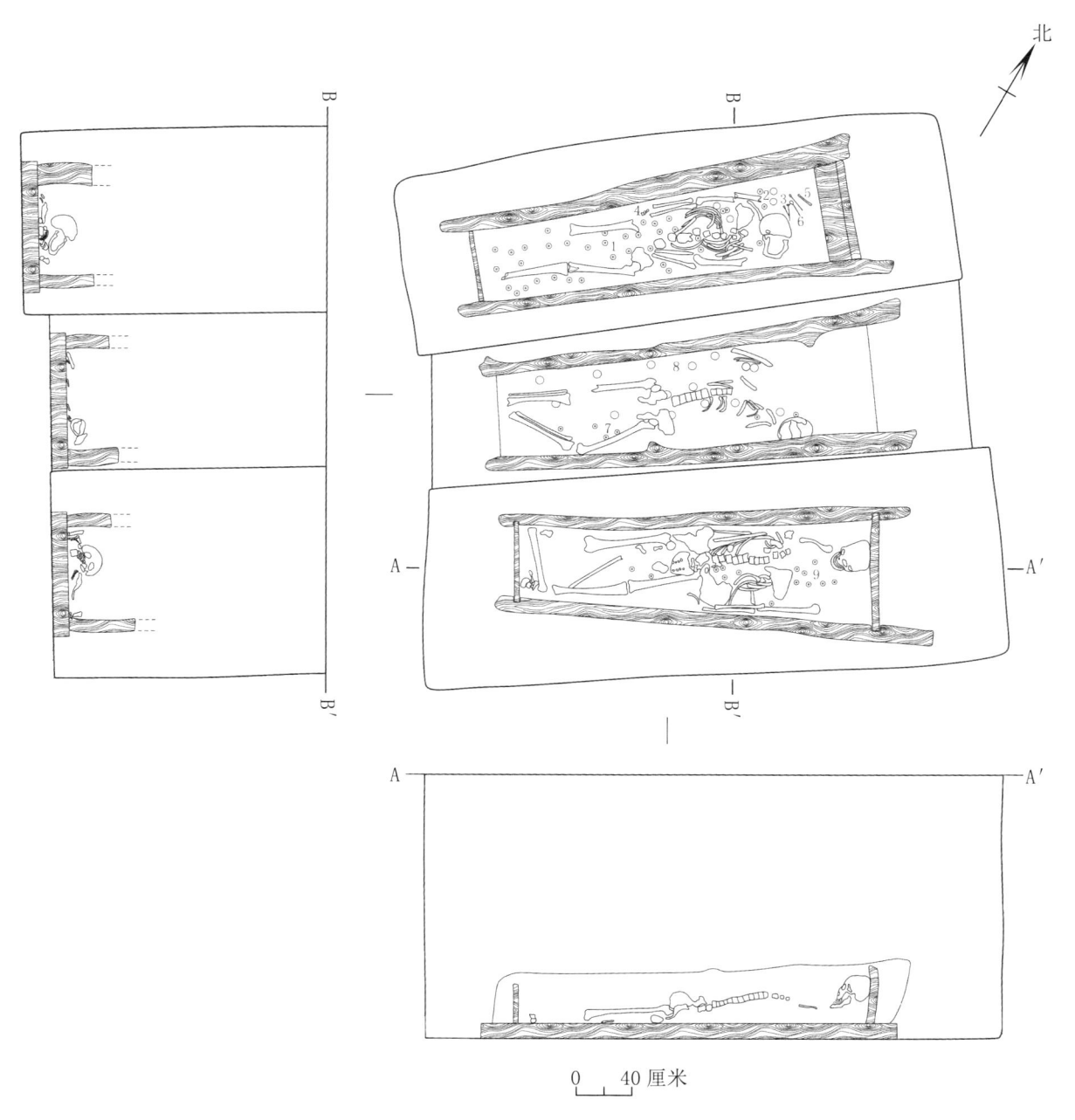

图九　M31 平、剖面图

1、7、9. 铜钱　2. 铜币　3、6. 银簪　4. 银戒指　5. 银扁方　8. 铁钱

式为仰身直肢葬，骨架保存较差。

墓内随葬品共计11件，包括铜钱、铜币、银簪、银戒指、银扁方、铁钱（图一〇、图一一）。

1. 银簪

共4件，根据形状、纹饰可分为三类。

第一类2件，M31：3-1，首呈菊花状，中心圆形花蕊上铸一"福"字，四周錾刻花瓣纹饰。背面有方框形款识，其上刻"聚顺"二字。尾部较直。首直径2.5厘米、首高0.3厘米、通长8.6厘米（图一〇，1；彩版九二，2）。M31：3-2，首呈菊花状，中心圆形花蕊上铸一"寿"字，四周錾刻花瓣纹饰。背面有方框形款识，其上刻"聚顺"二字。尾部较直。首直径2.5厘米、首高0.3厘米、通长8.7厘米（图一〇，2；彩版九二，1）。

第二类1件，M31：4，首呈佛手形，拇指和食指弯曲扣合，颈部较粗。尾部细长、竖直。首宽1.3厘米、首高3.7厘米、通长14.8厘米（图一〇，3；彩版九三，4）。

第三类1件，M31：7，首为镂空圆球状，其表面用银丝加工成若干组圆形花卉纹，花卉纹中心点缀一颗银珠。镂空球状的顶端为一莲花装饰。镂空球状底部有一覆莲承托。尾部竖直，末端呈锥状。首宽1.8厘米、首高2.2厘米、通长9.2厘米（图一〇，4；彩版九三，5）。

2. 银戒指

1件，M31：5，呈圆环状，展开后呈中间宽、两端尖的梭形。戒面呈弧角四边形，上刻草叶纹。戒面两端又分别雕刻两组草叶图案。面宽0.9厘米、厚0.1厘米、周长7.4厘米（图一〇，6 彩版九三，3）。

3. 银扁方

1件，M31：6，首呈半圆形，短颈较宽，外折。尾部扁平，较宽。全身素面。通长8.6厘米、宽1.5厘米、厚0.1厘米（图一〇，5；彩版九三，6）。

4. 铜钱

（1）M31：1

共104枚。其中可辨识铭文的共计16枚，根据铭文和规格可分为十类。

第一类皇宋通宝，1枚。M31：1-1，平钱，圆形，方穿，正背面郭缘较宽，正面楷书铸"皇宋通宝"四字，对读。背面素面无纹。钱径2.4厘米、穿径0.8厘米、厚0.1厘米（图一一，1）。

第二类开元通宝，1枚。M31：1-2，平钱，圆形，方穿，正背面郭缘较宽，正面楷书铸"开元通宝"四字，对读。背面素面无纹。钱径2.4厘米、穿径0.7厘米、厚0.1厘米（图一一，2）。

第三类元祐通宝，1枚。M31：1-3，平钱，圆形，方穿，正背面郭缘较宽，正面楷书铸"元祐通宝"四字，对读。背面素面无纹。钱径2.4厘米、穿径0.7厘米、厚0.1厘米（图一一，3）。

第四类光绪通宝，1枚。M31：1-4，平钱，圆形，方穿，正背面郭缘宽平，正面楷书铸"光绪通宝"四字，对读，背面穿左右铸满文"宝泉"二字，纪局名。钱径2.2厘米、穿径0.6厘米、厚0.1厘米（图一一，4）。

第五类宽永通宝，1枚。M31：1-5，平钱，圆形，方穿，正背面郭缘较宽，正面楷书铸"宽永

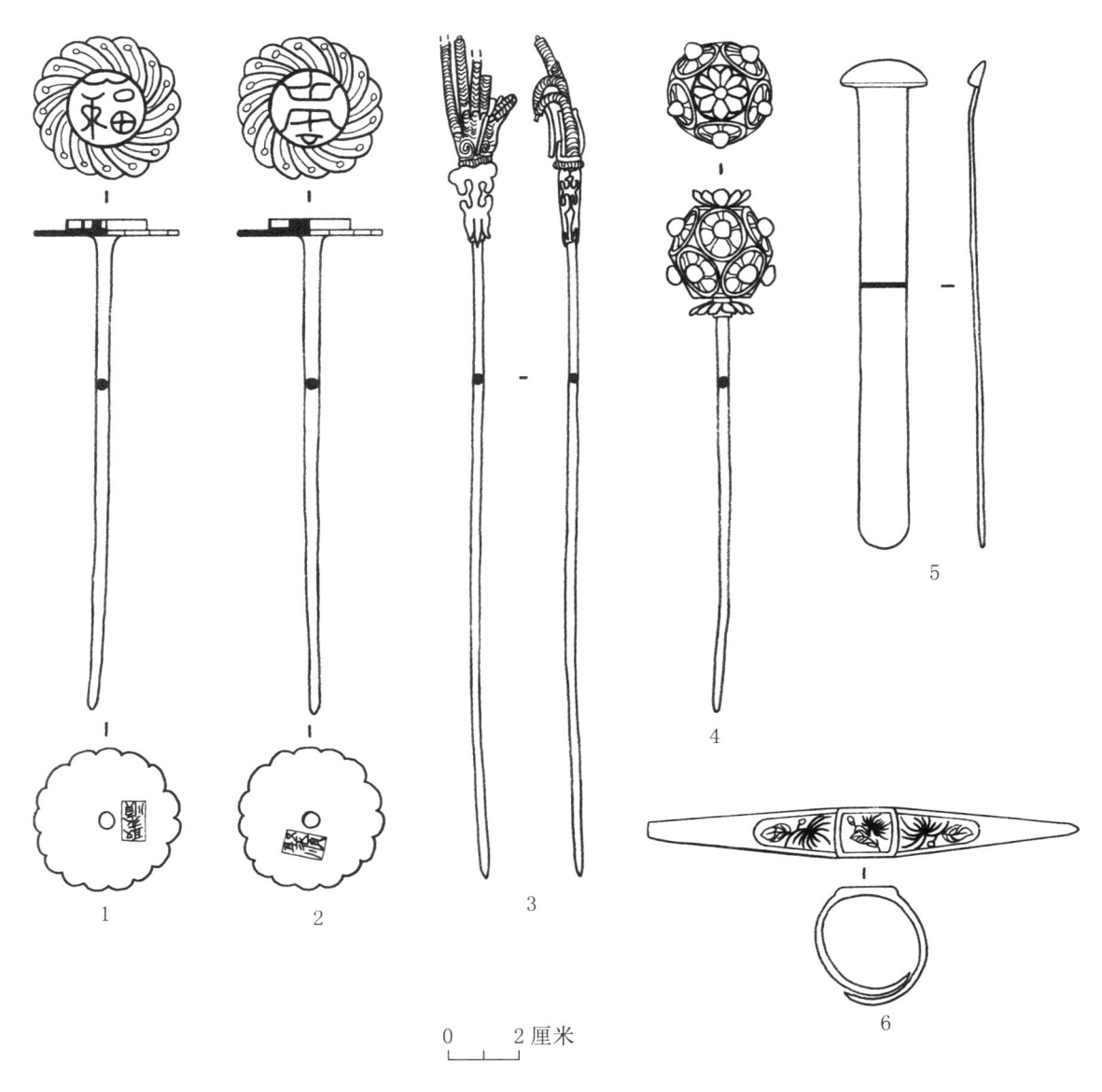

图一〇　M31 出土银器

1～4. 银簪（M31：3-1、M31：3-2、M31：4、M31：7）　5. 银扁方（M31：6）　6. 银戒指（M31：5）

图一一 M31出土铜钱、铜币拓片

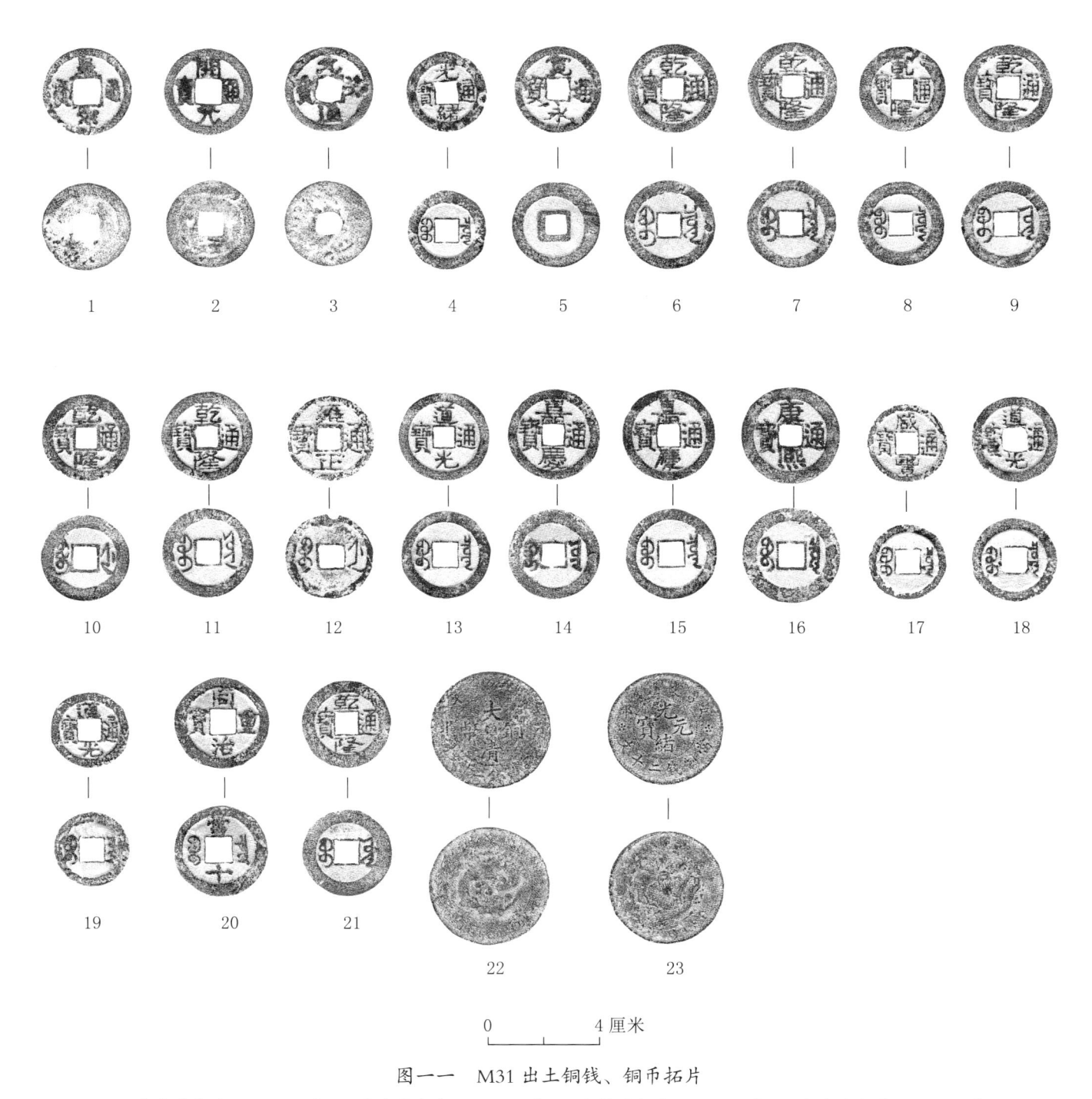

1. 皇宋通宝（M31:1-1） 2. 开元通宝（M31:1-2） 3. 元祐通宝（M31:1-3） 4. 光绪通宝（M31:1-4）
5. 宽永通宝（M31:1-5） 6~11、21. 乾隆通宝（M31:1-6、M31:11-1） 12. 雍正通宝（M31:1-7） 13、18、
19. 道光通宝（M31:1-8、M31:8-2、M31:10-1） 14、15. 嘉庆通宝（M31:1-9） 16. 康熙通宝（M31:1-10）
17. 咸丰通宝（M31:8-1） 20. 同治通宝（M31:10-2） 22. 大清铜币（M31:2-1） 23. 光绪元宝（M31:2-2）

通宝"四字，对读。背面素面无纹。钱径 2.4 厘米、穿径 0.6 厘米、厚 0.1 厘米（图一一，5）。

第六类乾隆通宝，6 枚。M31：1-6，形制略有不同，根据规格尺寸又可分为两型。第一型 2 枚，平钱，圆形，方穿，正背面郭缘较宽，正面楷书铸"乾隆通宝"四字，对读，背面穿左右铸满文"宝泉"二字，纪局名。钱径 2.5 厘米、穿径 0.6 厘米、厚 0.1 厘米（图一一，6、7）。第二型 4 枚，平钱，圆形，方穿，正背面郭缘宽平，正面楷书铸"乾隆通宝"四字，对读，背面穿左右铸满文"宝泉"二字，纪局名。钱径 2.4 厘米、穿径 0.6 厘米、厚 0.1 厘米（图一一，8～11）。

第七类雍正通宝，1 枚。M31：1-7，平钱，圆形，方穿，正背面郭缘较窄，正面楷书铸"雍正通宝"四字，对读，背面穿左右铸满文"宝浙"二字，纪局名。钱径 2.4 厘米、穿径 0.6 厘米、厚 0.1 厘米（图一一，12）。

第八类道光通宝，1 枚。M31：1-8，平钱，圆形，方穿，正背面郭缘较宽，正面楷书铸"道光通宝"四字，对读，背面穿左右铸满文"宝泉"二字，纪局名。钱径 2.5 厘米、穿径 0.6 厘米、厚 0.1 厘米（图一一，13）。

第九类嘉庆通宝，2 枚，M31：1-9，规格尺寸略有不同，可分两型。第一型 1 枚，平钱，圆形，方穿，正背面郭缘较宽，正面楷书铸"嘉庆通宝"四字，对读，背面穿左右铸满文"宝云"二字，纪局名。钱径 2.5 厘米、穿径 0.6 厘米、厚 0.1 厘米（图一一，14）。第二型 1 枚，平钱，圆形，方穿，正背面郭缘较宽，正面楷书铸"嘉庆通宝"四字，对读，背面穿左右铸满文"宝泉"二字，纪局名。钱径 2.6 厘米、穿径 0.6 厘米、厚 0.1 厘米（图一一，15）。

第十类康熙通宝，1 枚。M31：1-10，平钱，圆形，方穿，正背面郭缘较宽，正面楷书铸"康熙通宝"四字，对读，背面穿左右铸满文"宝泉"二字，纪局名。钱径 2.7 厘米、穿径 0.6 厘米、厚 0.1 厘米（图一一，16）。

其余铜钱，铭文锈蚀不清，无法辨识。

（2）M31：8

共 13 枚。其中可辨识铭文的共计 2 枚，根据铭文和规格尺寸，可分为两类。

第一类咸丰通宝，1 枚。M31：8-1，平钱，圆形，方穿，正背面郭缘较窄，正面楷书铸"咸丰通宝"四字，对读，背面穿左右铸满文"宝泉"二字，纪局名。钱径 2.2 厘米、穿径 0.6 厘米、厚 0.1 厘米（图一一，17）。

第二类道光通宝，1 枚。M31：8-2，平钱，圆形，方穿，正背面郭缘较宽，正面楷书铸"道光通宝"四字，对读，背面穿左右铸满文"宝泉"二字，纪局名。钱径 2.4 厘米、穿径 0.7 厘米、厚 0.1 厘米（图一一，18）。

其余铜钱铭文均锈蚀不清。

（3）M31：10

共 11 枚。其中可辨识铭文的共计 2 枚，根据铭文及规格尺寸，可分为两类。

第一类道光通宝，1枚。M31：10-1，平钱，圆形，方穿，正背面郭缘较宽，正面楷书铸"道光通宝"四字，对读，背面穿左右铸满文"宝源"二字，纪局名。钱径2.2厘米、穿径0.6厘米、厚0.1厘米（图一一，19）。

第二类同治重宝，1枚。M31：10-2，平钱，圆形，方穿，正背面郭缘较宽，正面楷书铸"同治重宝"四字，对读，背面穿左右铸满文"宝源"二字，纪局名，上下楷书"当十"。钱径2.6厘米、穿径0.7厘米、厚0.1厘米（图一一，20）。

其余铜钱铭文均锈蚀不清。

（4）M31：11

共5枚。可辨识铭文的共计1枚，为乾隆通宝。M31：11-1，平钱，圆形，方穿，正背面郭缘较宽，正面楷书铸"乾隆通宝"四字，对读，背面穿左右铸满文"宝源"二字，纪局名。钱径2.4厘米、穿径0.6厘米、厚0.1厘米（图一一，21）。

其余铜钱铭文均锈蚀不清。

5. 铜币

共5枚，M31：2，其中可辨识铭文的共计3枚，根据铭文及规格可分为两类。

第一类大清铜币，2枚，M31：2-1，平钱，圆形，正面楷书铸"大清铜币"四字，对读，外侧文字锈蚀不清。背面中心铸蟠龙纹。钱径3.3厘米、厚0.12厘米（图一一，22）。

第二类光绪通宝，1枚，M31：2-2，平钱，圆形，正面中心楷书铸"光绪通宝"四字，对读，其外侧有"户部当制钱二十文"字，背面中心铸蟠龙纹，钱径2.7厘米、厚0.12厘米（图一一，23）。

其余铜币，铭文锈蚀不清。

6. 铁钱

共21枚，M31：9，因其腐朽严重，铭文均锈蚀不清。

（四）废弃墓葬

此处墓地中还有几座废弃墓葬。这类墓葬较少，其共同特征有：1.墓葬均有不同程度坍塌，墓葬开口形状不规则。2.墓底基本不平。3.墓内不见葬具和人骨。以M19为例，简要介绍。

M19位于发掘区南部，东北临M2。方向为东西向，略偏向东北，墓口距地表深0.3米。墓葬平面略呈椭圆形，墓室上部坍塌，东西长2.2米、南北宽1.16～1.56米，墓室下部为直壁，较规整，底部不平，东西长2.04米、南北宽1.1～1.17米、深2.82米，在其西侧留一宽约0.56米的生土台未挖。墓室内填黄褐色花土，土质较松，包含有较多料礓石块。墓内未见葬具、人骨及随葬品（图一二；彩版九〇，2）。

图一二　M19 平、剖面图

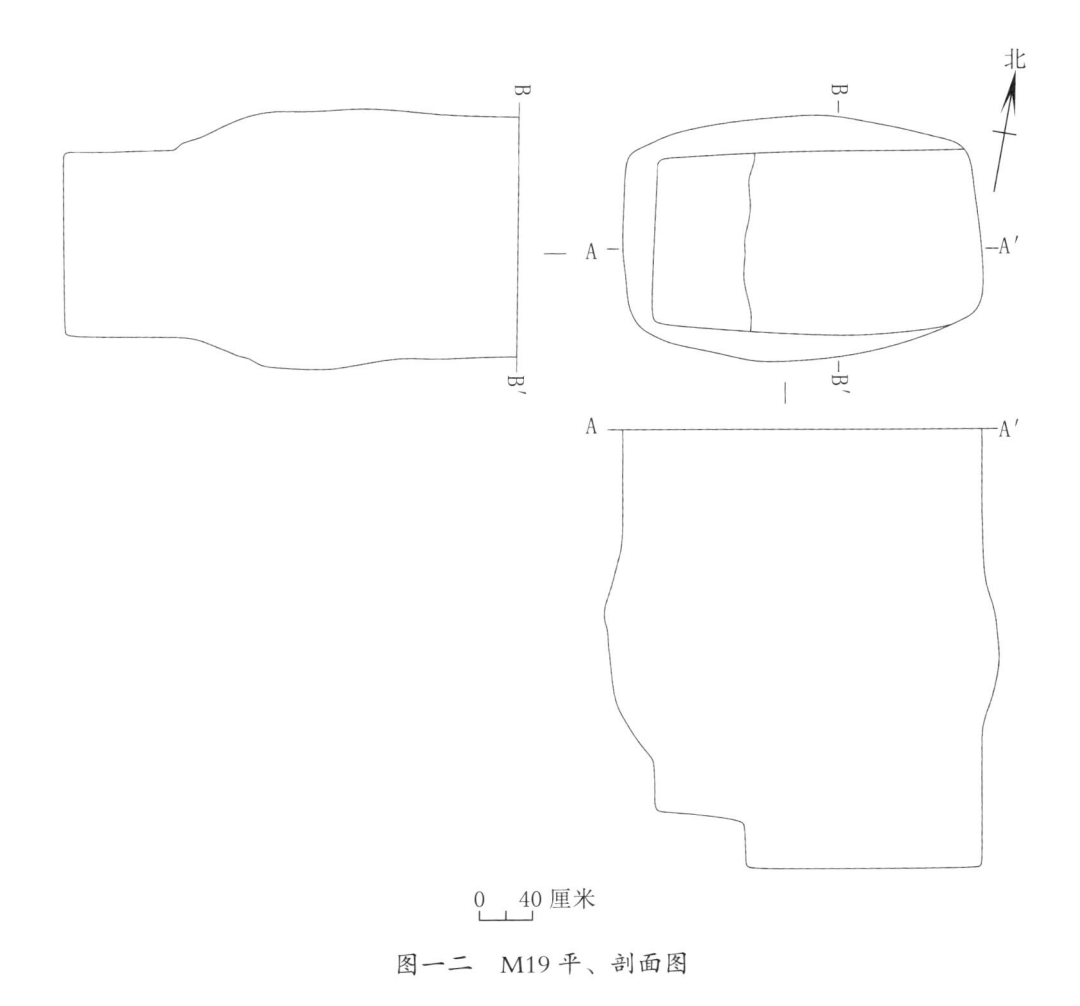

三、清代灰坑

2 座，分别为 H1、H2。均位于发掘区西北部，H1 居 H2 南侧。两灰坑方向均为南北向，形制规模大致相同。以 H1 为例，简要介绍。

H1 平面呈长方形，南北长 4.5 米、东西宽 1.64 ~ 1.96 米、深 1.26 米。四壁竖直，较规整，底部平坦，口底相等。灰坑内填灰褐色土，土质疏松，内包含有较多料礓石块。坑内填土为一次性堆积，无明显分层。从灰坑开口层位及与周边墓葬关系分析，其年代应为清代，与墓葬年代相当。但因其结构简单，又无任何器物出土，故其使用性质难以确定（图一三；彩版九一，2）。

图一三　H1 平、剖面图

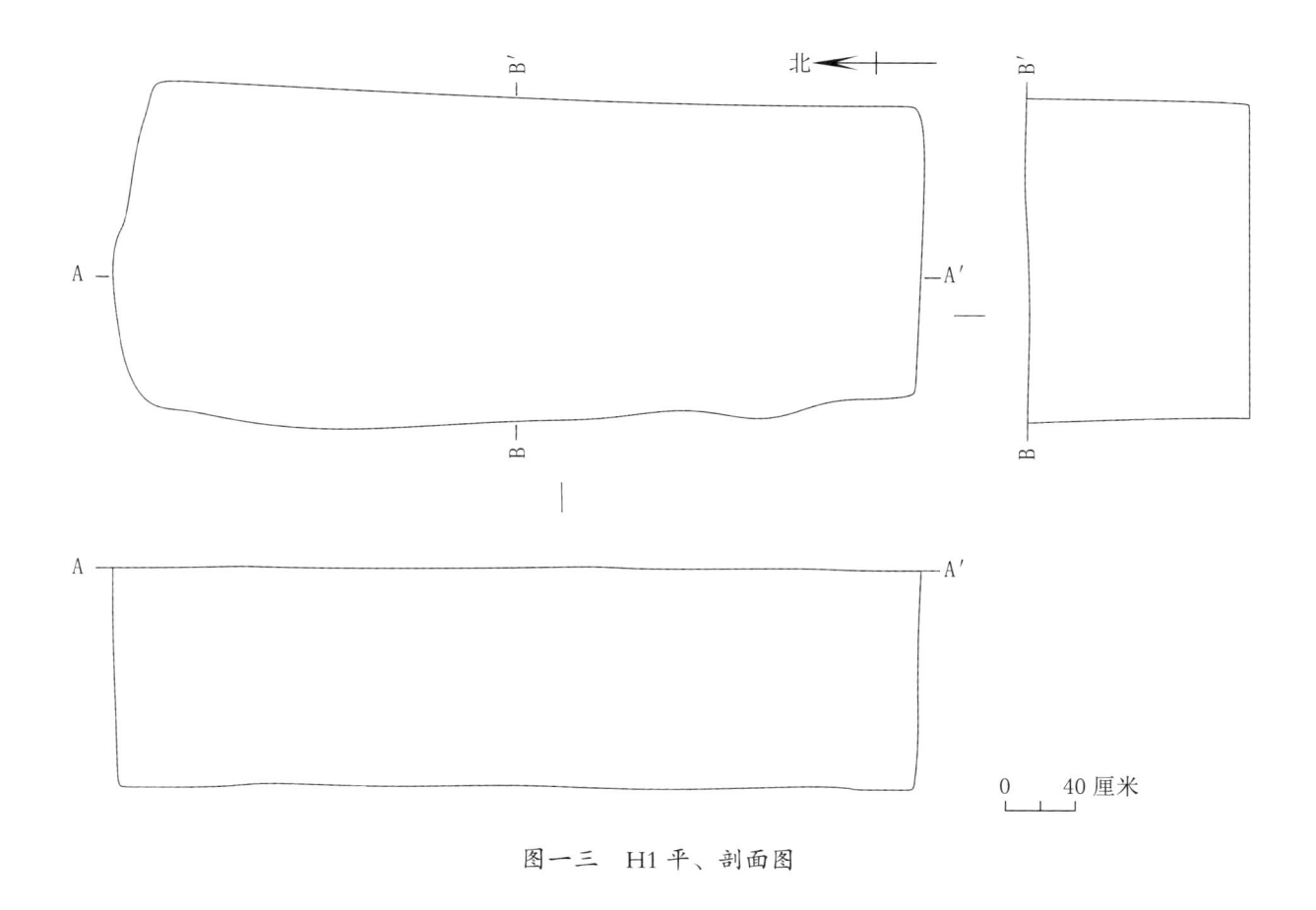

四、结语

此次发掘的 36 座墓葬，形制上均为长方形竖穴土圹墓，依其葬人数量可分为单人葬墓、双人合葬墓和三人合葬墓，年代上最早的可到清康熙时期，大部分均为乾隆到道光时期，最晚的延续至清末民国初。从墓葬分布上看，这批墓葬可分为三组家族墓，第一组家族墓以发掘区西部的 M15 为首，整体布局呈人字形，坐北朝南，包括 M13、M10、M14、M12、M11、M9，年代上最早到康熙时期，大部分为乾隆到道光时期。第二组居第一组南侧，以 M7 为首，整体布局呈人字形，坐北朝南，包括 M8、M6、M5、M4、M3，年代上上讫乾隆时期，下至咸丰时期。第三组位于发掘区东部，整体布局呈人字形，坐东朝西，以 M29 为首，包括 M31、M33、M36、M35、M28、M27，年代上讫道光时期，下至光绪时期。其余墓葬分布零散，出土器物的年代以清晚期为主。

器物上，这批墓葬以银器随葬居多，如银簪、银耳环、银手镯等，陶罐仅见于 M15，器型为直口、圆肩、鼓腹状，根据该墓所出其他器物，推断陶罐的年代应不晚于康熙时期。银簪、银耳环等与北京昌平区朱辛庄清代墓葬[①]、石景山京西商务中心清代墓葬[②]等出土的银器类型基本相同,因而可以确定这批墓葬年代为清中晚期。另外,第一组和第二组家族墓多在墓主人胸骨上方压一块宽板瓦,而在同一墓地其他墓葬中不见这一现象,推测可能为这两个家族墓独有的一种葬俗。

综上所述,这批清代墓葬对于研究北京北部地区清代墓葬随葬品特征、家族墓布局、葬俗特点等提供了重要的实证资料,具有较大的研究价值。

发掘:曹孟昕

执笔:曹孟昕 孙浩然

注释

① 于璞:《北京市昌平区朱辛庄明清墓葬发掘简报》,《北京文博文丛》2018年第3辑。

② 张智勇:《石景山京西商务中心汉代窑址、清代墓葬发掘简报》,《北京文博文丛》2015年第3辑。

附表 墓葬登记表

遗迹编号	遗迹开口层位及距地表深度（米）	遗迹形制	遗迹规模（米）	墓葬葬具	葬具保存状况	葬具尺寸（米）	墓内人骨情况	墓主人性别	年龄	随葬品
M1	开口于①层下,深0.3	长方形竖穴土圹双人合葬墓,东西向,南棺晚于北棺	长2~2.32、宽1.5~1.58、深1.08~1.1	木棺	棺木已朽,仅存棺痕	北棺长1.78、宽0.45~0.68、残高0.42;南棺长1.6、宽0.38~0.52、残高0.3	北棺人骨头向东,面向北,为仰身屈下肢葬;南棺人骨头向东,面向北,为二次葬	北棺女性;南棺男性	不详	银簪、银手镯、银戒指、铜钱、铜币
M2	开口于①层下,深0.3	长方形竖穴土圹双人合葬墓,东西向,南棺晚于北棺	长2.6、宽1.66~2.18、深0.94~1.13	木棺	棺木已朽,仅存棺痕	北棺长1.9、宽0.48~0.72、残高0.38、板厚0.02~0.05;南棺长2.08、宽0.48~0.64、残高0.4、板厚0.04~0.08	北棺人骨头向东,面向西,为二次迁葬;南棺人骨头向东,面向南,为仰身直肢葬	北棺女性;南棺男性	不详	银簪、银手镯、铜币
M3	开口于①层下,深0.3	长方形竖穴土圹单人葬墓,南北向	长2.48、宽0.90~0.96、深1.04	木棺	棺木已朽,仅存棺痕	长1.62、宽0.43~0.62、残高0.2	墓内人骨头向北,面向不详,为仰身曲肢葬	女性	不详	银耳环、银扁方、银簪、铜钱

续表

遗迹编号	遗迹开口层位及距地表深度（米）	遗迹形制	遗迹规模（米）	墓葬葬具	葬具保存状况	葬具尺寸（米）	墓内人骨情况	墓主人性别及年龄 性别	墓主人性别及年龄 年龄	随葬品
M4	开口于①层下，深0.3	长方形竖穴土圹双人合葬墓，南北向，东棺晚于西棺	长2.85、宽1.9～2.06、深1.1～1.12	木棺	棺木已朽，仅存棺痕	东棺长2.02、宽0.44～0.64、残高0.26；西棺长1.95、宽0.43～0.6、残高0.32	东棺人骨头向北，面向不详，为仰身直肢葬；西棺头向北，面向东，为仰身直肢葬	东棺男性；西棺女性	不详	银扁方、银簪、铜钱
M5	开口于①层下，深0.3	长方形竖穴土圹双人合葬墓，南北向，西棺晚于东棺	长2.68～2.78、宽1.86～2.1、深1.4～1.66	木棺	棺木已朽，仅存棺痕	东棺长1.83、宽0.38～0.68、残高0.36；西棺长1.85、宽0.38～0.6、残高0.62	东棺人骨头向北，面向东，为仰身直肢葬；西棺人骨头向北，面向不详，为仰身直肢葬	东棺男性；西棺女性	不详	银耳坠、银簪、铜钱
M6	开口于①层下，深0.3	长方形竖穴土圹单人葬墓，南北向	长2.6、宽1.06～1.16、深1.23米	木棺	棺木已朽，仅存棺痕	长1.8、宽0.46～0.6、残高0.32	棺内人骨头朝北，面向不详，为仰身直肢葬	不详	不详	铜钱
M7	开口于①层下，深0.3	长方形竖穴土圹三人合葬墓，南北向，东、西棺打破中棺	长2.24～2.34、宽1.98～2.24、深1.12～1.2	木棺	棺木已朽，仅存棺痕	东棺长1.63、宽0.38～0.48、残高0.2；中棺长1.54、宽0.4～0.5、残高0.26；西棺长1.56、宽0.34～0.5、残高0.2	东棺人骨头朝北，面向不详，为仰身直肢葬；中棺人骨头朝北，面向西，为二次迁葬；西棺人骨头朝北，面向下，为仰身直肢葬	东棺男性；中棺、西棺为女性	不详	玻璃扣、银戒指、铜耳勺、银簪、骨骰子、铜钱
M8	开口于①层下，深0.3	长方形竖穴土圹单人葬墓，南北向	长2.5、宽1～1.16、深1.3	木棺	棺木已朽，仅存棺痕	棺长1.8、宽0.48～0.56、残高0.4	棺内人骨头朝北，面向不详，为二次迁葬	不详	不详	银戒指、银顶针、银扁方、银簪、铜钱
M9	开口于①层下，深0.3	长方形竖穴土圹双人合葬墓，南北向，东棺晚于西棺	长2.08～2.4、宽2.11、深1.38～1.42	木棺	棺木已朽，仅存棺痕	东棺长1.78、宽0.44～0.48、残高0.3；西棺长1.74、宽0.46～0.56、残高0.2	东棺人骨头向北，面向不详，为仰身直肢葬；西棺人骨头向北，面向上，为仰身直肢葬	东棺男性；西棺女性	不详	铜钱
M10	开口于①层下，深0.3	长方形竖穴土圹单人葬墓，南北向	长2.34、宽0.95～1.18、深1.34	木棺	棺木已朽，仅存棺痕	长1.82、宽0.4～0.46、残高0.44	人骨头向北，面向上，为仰身直肢葬	不详	不详	

续表

遗迹编号	遗迹开口层位及距地表深度（米）	遗迹形制	遗迹规模（米）	墓葬葬具	葬具保存状况	葬具尺寸（米）	墓内人骨情况	墓主人性别	墓主人年龄	随葬品
M11	开口于①层下，深0.3	长方形竖穴土圹双人合葬墓，南北向，西棺晚于东棺	长2.43~2.66、总宽1.68~1.8、深1.33~1.37	木棺	棺木已朽，仅存棺痕	东棺长1.82、宽0.36~0.62、残高0.36；西棺长1.84、宽0.42~0.57、残高0.28	东棺人骨头向北，面向西，为二次迁葬；西棺人骨头向北，面向不详，为仰身屈肢葬	东棺男性；西棺女性		银簪、银饰件、银耳坠、铜钱
M12	开口于①层下，深0.3	长方形竖穴土圹单人葬墓，南北向	长2.66~2.74、宽1.1~1.23、深1.92	木棺	棺木已朽，仅存棺痕	长1.87、宽0.4~0.58、残高0.38	迁葬墓	无	无	无
M13	开口于①层下，深0.3	长方形竖穴土圹单人葬墓，南北向	长2.6、宽0.98~1.04、深1.62	木棺	棺木已朽，仅存棺痕	长1.74、宽0.58~0.66、厚0.03~0.1、残高0.3	人骨头向北，面向西，葬式为仰身直肢葬	不详	不详	银簪、铜钱
M14	开口于①层下，深0.3	长方形竖穴土圹双人合葬墓，南北向，西棺晚于东棺	长2.9、宽1.66~1.8、深1.5~1.58	木棺	棺木已朽，仅存棺痕	东棺长1.88、宽0.5~0.56、残高0.32；西棺长1.85、宽0.48~0.62、残高0.4	迁葬墓	无	无	银戒指、铜钱
M15	开口于①层下，深0.3	长方形竖穴土圹双人合葬墓，南北向，西棺晚于东棺	长2.6~2.7、宽1.84~2.04、深0.8~0.87	木棺	棺木已朽，仅少量残存	东棺长2.1、宽0.65~0.72、残高0.14、板厚0.02~0.06；西棺长2.1、宽0.54~0.7、残高0.25、板厚0.06~0.12	东棺人骨面向东，为仰身直肢葬；西棺人骨头向北，面向下，为仰身直肢葬	东棺男性；西棺女性	不详	陶罐、银耳环、铜钱
M16	开口于①层下，深0.3	长方形竖穴土圹双人合葬墓，东西向，南棺晚于北棺	长3、宽1.9~2.02、深0.5~0.78	木棺	棺木已朽，仅少量残存	南棺长1.82~1.87、宽0.38~0.65、残高0.18；北棺长1.98、宽0.44~0.56、残高0.42	南棺人骨头向东，面向北，为仰身直肢葬；北棺人骨头向东，面向南，为仰身直肢葬	南棺男性；北棺女性	不详	铜钱
M17	开口于①层下，深0.3	长方形竖穴土圹单人葬墓，南北向	长1.58、宽0.46~0.5、深0.68	无	无	无	人骨头向南，面向上，为仰身直肢葬	男性	15岁以下，未成年	

续表

遗迹编号	遗迹开口层位及距地表深度（米）	遗迹形制	遗迹规模（米）	墓葬葬具	葬具保存状况	葬具尺寸（米）	墓内人骨情况	墓主人性别及年龄		随葬品
								性别	年龄	
M18	开口于①层下，深0.3	长方形竖穴土圹单人葬墓，南北向	长1.44、宽0.44~0.5、深0.78	无	无	无	人骨头向北，面向上，为仰身直肢葬	女性	15岁以下，未成年	
M19	开口于①层下，深0.3	开口平面略呈椭圆形	上部长2.2、宽1.16~1.56，下部长2.04、宽1.1~1.17，深2.82	无	无	废弃墓，无棺	无	无	无	无
M20	开口于①层下，深0.3	长方形竖穴土圹单人葬墓，东西向	长2.52、宽1.1~1.26、深2.3	无	无	废弃墓，无棺	无	无	无	无
M21	开口于①层下，深0.3	长方形竖穴土圹单人葬墓，东西向	长2.64、宽0.8~0.84、深2.88	木棺	棺木已朽，仅少量残存	长1.64、宽0.4~0.6、残高0.46	迁葬墓	无	无	无
M22	开口于①层下，深0.3	长方形竖穴土圹单人葬墓，东西向	长3~3.22、宽1.58、深2.7	无	无	无	无	无	无	无
M23	开口于①层下，深0.3	长方形竖穴土圹单人葬墓，南北向	长2.34、宽0.72~0.8、深0.7	木棺	棺木已朽，仅少量残存	长1.7、宽0.45~0.58、残高0.24	人骨仅剩几节指骨，其葬式不详	不详	不详	无
M24	开口于①层下，深0.3	长方形竖穴土圹双人合葬墓，南北向，西棺打破东棺	长2.7~2.9、宽1.88、深0.98~1.12	木棺	棺木已朽，仅少量残存	东棺长1.85、宽0.42~0.57、残高0.34；西棺长1.95、宽0.5~0.6、残高0.34	东棺人骨头向不详，面向不详，葬式不详，仅存部分上肢骨和下颚骨；西棺无发现人骨，为迁葬墓	东棺不详；西馆无	东棺不详；西馆无	铜钱
M25	开口于①层下，深0.3	长方形竖穴土圹双人合葬墓，南北向，西棺打破东棺	长2.7~2.75、宽1.74~1.87、深1.16~1.18	木棺	棺木已朽，仅少量残存	东棺长2、宽0.4~0.65、残高0.4；西棺长2、宽0.42~0.56、残高0.48	东棺人骨头向北，面向不详，为仰身直肢葬；西棺人骨头向北，面向南，为仰身直肢葬	东棺男性；西馆女性		银簪、银扁方、铜钱
M26	开口于①层下，深0.3	长方形竖穴土圹单人葬墓，东西向	长2.8~2.88、宽0.98~1.08、深0.78	木棺	棺木已朽，仅少量残存	长1.9、宽0.5~0.68、残高0.22、板厚0.04~0.06	棺内人骨头朝东，面向北，为仰身直肢葬	男性	不详	铜钱

续表

遗迹编号	遗迹开口层位及距地表深度（米）	遗迹形制	遗迹规模（米）	墓葬葬具	葬具保存状况	葬具尺寸（米）	墓内人骨情况	墓主人性别及年龄 性别	墓主人性别及年龄 年龄	随葬品
M27	开口于①层下，深0.3	长方形竖穴土圹双人合葬墓，南北向，东棺打破西棺	长2.24～2.56、宽1.32～1.94、深0.8～0.94	木棺	棺木已朽，仅少量残存	东棺长1.75、宽0.4～0.58、残高0.32；西棺长1.83、宽0.36～0.56、残高0.32	东棺人骨头向北，面向南，为仰身直肢葬；西棺人骨一具，头向北，面向北，为仰身直肢葬	东棺男性；西馆女性	不详	银簪、铜钱
M28	开口于①层下，深0.3	长方形竖穴土圹双人合葬墓，东西向，北棺打破西棺	长2.76、宽1.68～2.12、深1.0～1.2	木棺	棺木已朽，仅少量残存	南棺长1.94、宽0.4～0.62、残高0.28；北棺长1.94、宽0.64～0.78、厚0.06～0.1、残高0.62	南棺人骨头向东，面向南，为仰身直肢葬；北棺人骨头向东，面向南，为仰身直肢葬	南棺男性；北棺女性	不详	银簪、银手镯、银戒指、铜币、铜钱
M29	开口于①层下，深0.3	长方形竖穴土圹双人合葬墓，东西向，北棺打破西棺	长2.8、宽1.68～2.02、深0.96～1	木棺	棺木已朽，仅少量残存	南棺长1.92、宽0.44～0.72、厚0.04～0.08、残高0.4；北棺长1.95、宽0.48～0.6、厚0.02～0.09、残高0.36	南棺人骨头向东，面向西，为仰身直肢葬；北棺人骨头向东，面向西，为仰身直肢葬	南棺男性；北棺女性	不详	银簪、银扁方、银手镯、银戒指、铜钱
M30	开口于①层下，深0.3	长方形竖穴土圹单人葬墓，东西向	长2.46、宽0.76～0.92、深0.96	木棺	棺木已朽，仅局部残存	长1.96、宽0.42～0.6、残高0.38、厚0.03～0.06	头向东南，面向不详，为仰身直肢葬，头骨已位移至胸部	不详	不详	银簪、银耳环、银手镯、银戒指、铜币。
M31	开口于①层下，深0.3	长方形竖穴土圹三人合葬墓，东北-西南向，北棺、南棺均打破中棺	长2.67～2.92、宽2.64～2.84、深1.38～1.53	木棺	棺木已朽，仅局部残存	北棺长2.2、宽0.52～0.72、残高0.36、板厚0.02～0.12；中棺长2.13、宽0.56～0.78、残高0.34、板厚0.06～0.12；南棺长2.08、宽0.5～0.7、残高0.4、板厚0.02～0.08	北棺人骨头向东北，面向下，为仰身直肢葬；中棺人骨头向东北，面向下，为仰身直肢葬；南棺人骨头向东北，面向西，为仰身直肢葬	北棺、中棺女性；南棺男性	不详	银簪、银戒指、银扁方、铜钱、铜币、铁钱

续表

遗迹编号	遗迹开口层位及距地表深度（米）	遗迹形制	遗迹规模（米）	墓葬葬具	葬具保存状况	葬具尺寸（米）	墓内人骨情况	墓主人性别及年龄 性别	墓主人性别及年龄 年龄	随葬品
M32	开口于①层下，深0.3	墓口已坍塌破坏，平面呈圆形，下部呈长方形，为竖穴土圹结构，东西向	上部长2.5、宽2.2，下部长1.87、宽1~1.05，深2.3~2.5	无	无	无	无	无	无	无
M33	开口于①层下，深0.3	长方形竖穴土圹三人合葬墓，东西向，北棺、南棺均打破中棺	长2.66~2.82、宽2.3~2.82、深1.33~1.43	木棺	棺木已朽，仅局部残存	北棺长1.9、宽0.5~0.68、残高0.26、板厚0.08；中棺长2、宽0.58~0.87、残高0.28、板厚0.94~0.08；南棺长2.04、宽0.42~0.58、残高0.4、板厚0.06	北棺人骨头朝东，面向不详，为仰身直肢葬；中棺人骨头朝北，面向西，为仰身直肢葬；南棺人骨头朝北，面向下，为仰身直肢葬	北棺、中棺女性；南棺男性	不详	银耳环、银簪、银扁方、银手镯、铜钱
M34	开口于①层下，深0.3	长方形竖穴土圹单人葬墓，东西向	长2.5、宽1.3~1.4、深0.84	木棺	棺木已朽，仅局部残存	长1.74、宽0.44~0.72、残高0.34	人骨凌乱，为二次迁葬，葬式不详	不详	不详	铜钱
M35	开口于①层下，深0.3	长方形竖穴土圹三人合葬墓，东西向，北棺、南棺均打破中棺	长2.05~2.58、宽2.28~2.64、深1.15~1.29	木棺	棺木已朽，仅局部残存	北棺长1.76、宽0.44~0.52、残高0.2；中棺长1.76、宽0.38~0.52、残高0.26；南部墓室内未发现棺木朽痕	北棺人骨头朝东，面向北，为仰身直肢葬；中棺人骨头朝东，面向不详，为仰身直肢葬；南棺内未发现人骨，应为迁葬墓	北棺女性；中棺男性；南棺无	北棺、中棺不详；南棺无	银簪、玉镯、银戒指、铜钱
M36	开口于①层下，深0.3	长方形竖穴土圹单人葬墓，东西向	长2.86、宽1.3~1.48、深0.52~1.64米	木棺	棺木已朽，仅局部残存	长2.03、宽0.5~0.66、残高0.22	未发现人骨，应为迁葬墓	无	无	无
H1	开口于①层下，深0.3	平面呈长方形，四壁较直，底部平坦	长4.5米、宽1.64~1.96、深1.26	无	无	无	无	无	无	填土为灰土，土质较疏松，土内包含较多料礓石块

续表

遗迹编号	遗迹开口层位及距地表深度（米）	遗迹形制	遗迹规模（米）	墓葬葬具	葬具保存状况	葬具尺寸（米）	墓内人骨情况	墓主人性别及年龄 性别	墓主人性别及年龄 年龄	随葬品
H2	开口于①层下，深0.3	平面呈长方形，四壁自上而下向内倾斜，底部平坦	开口长4.15、宽3.5，底长3.5、宽1.4～1.48，深1.28	无	无	无	无	无	无	填土为灰土，土质较疏松，土内包含较多料礓石块

通州区次渠清代墓葬发掘报告

一、概况

为了配合北京经济技术开发区路东区 C8M3 地块土地项目的施工建设，北京市考古研究院（原北京市文物研究所）于 2016 年 9 月 22 日至 10 月 2 日对该地块进行了考古勘探，并于 2016 年 10 月 31 日至 2016 年 11 月 8 日对该地块进行了考古发掘，发掘区位于通州区次渠镇。中心 GPS 坐标为 N 39°47′22.34″、E 116°32′59.67″（图一）。

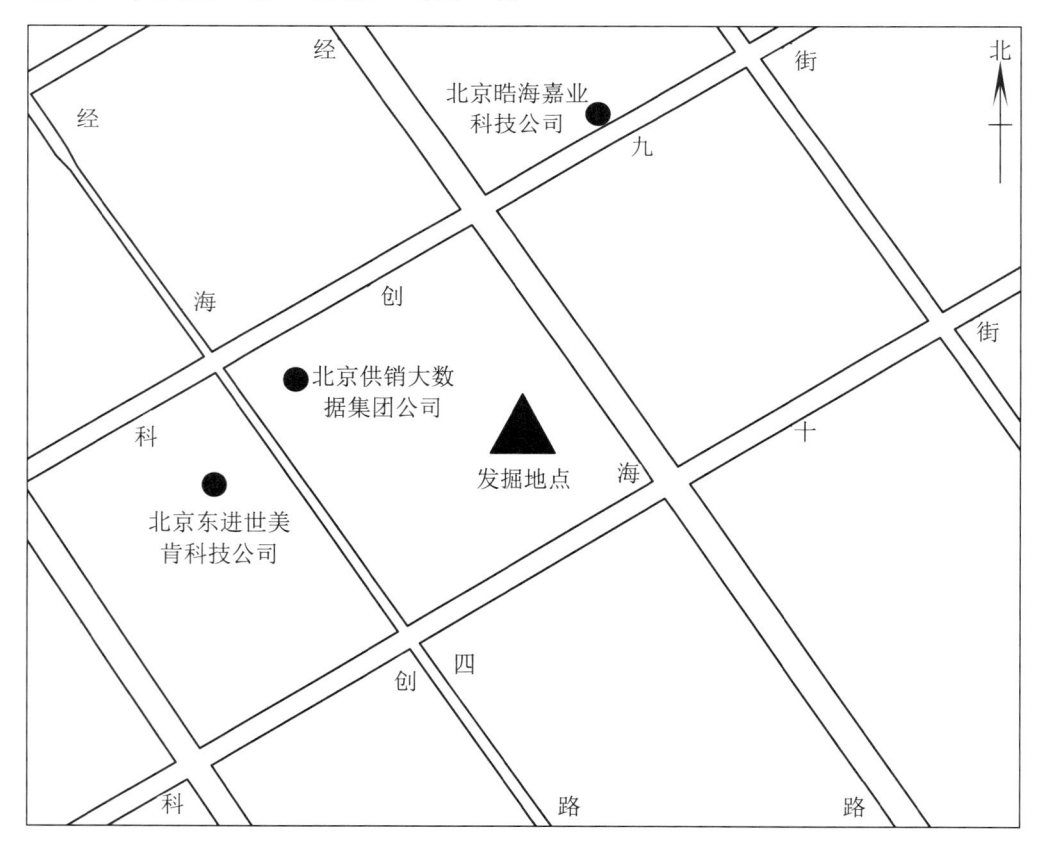

图一　发掘地点位置示意图

共发掘墓葬16座，出土器物17件（不含铜钱）。根据遗迹的形制结构和随葬器物推测墓葬年代为清代。实际发掘面积共计170平方米（图二）。

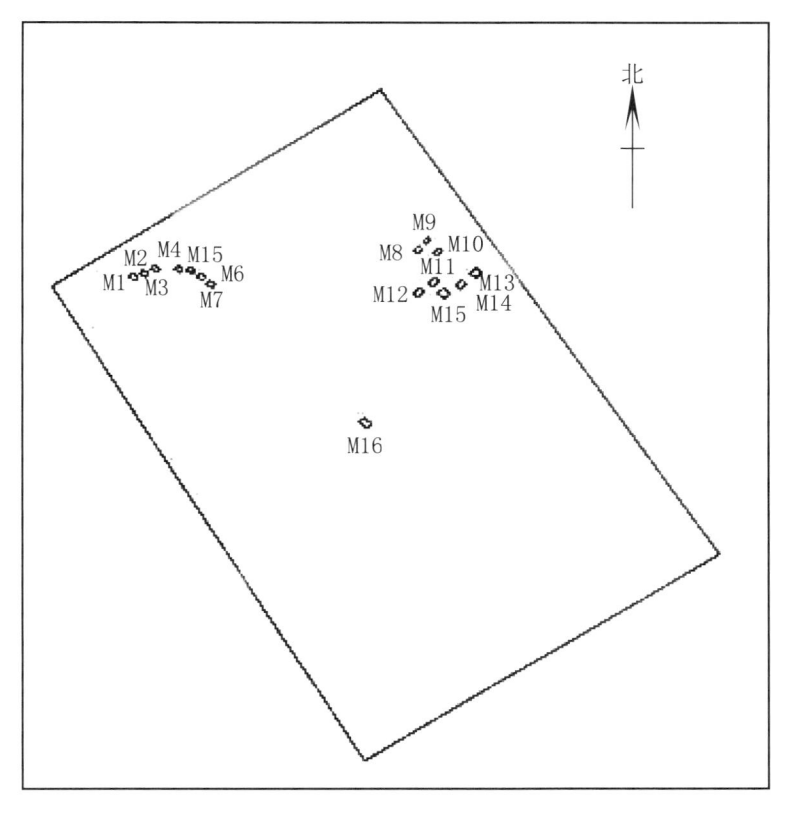

图二　总平面图

二、地层

该发掘区的地层堆积自上而下可分为两层。

第①层：回填土层。厚1.5～2米，土质杂乱，含建筑垃圾及回填土。

第②层：粉砂土层。厚约1米，土色黄褐色，土质一般，结构较松散。

以下为生土层。

三、墓葬及遗物

均为竖穴土坑墓，皆开口于①层下，可分为单人葬墓、双人合葬墓、三人合葬墓、搬迁墓四种类型（表一）。

表一　墓葬分类表

分类	单人葬墓		双人合葬墓		三人合葬墓	搬迁墓
	A 型	B 型	A 型	B 型		
数量（座）	4	1	4	4	2	1

（一）单人葬墓

共 5 座：M1 ~ M3、M9、M10。根据平面形制可分为两型。A 型平面呈长方形，有 M1 ~ M3、M10。B 型平面呈梯形，有 M9。

1.M1

位于发掘区西北部。东西向，方向为 280°。墓口距地表深 1.8 米，墓底距地表深 2.4 米。墓圹长 2.1 米、宽 0.6 米、深 0.6 米（图三；彩版九四，1）。

棺木已朽。残长 1.88 米、宽 0.38 ~ 0.42 米、残高 0.15 米。骨架保存较差，部分缺失移位。头向西，面向北。性别为男。葬式为仰身直肢葬。人骨残长 1.8 米。内填黄褐色花土。

未发现随葬器物。

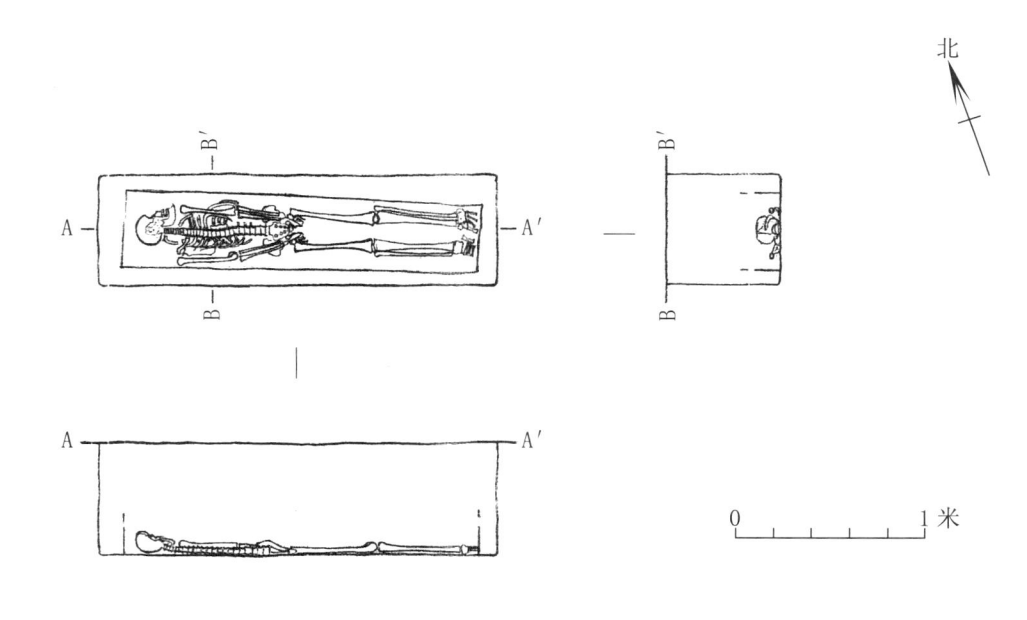

图三　M1 平、剖面图

2.M2

位于发掘区西北部。东西向，方向为 280°。墓口距地表深 1.8 米，墓底距地表深 2.7 米。墓圹长 2.8 米、宽 1.1 米、深 0.9 米（图四；彩版九四，2）。

棺木已朽。残长 1.9 米、宽 0.6 ~ 0.7 米、残高 0.2 米。骨架保存较差，部分缺失移位。头向西南，面向东南。性别为男。葬式为仰身直肢葬。人骨残长 1.7 米。内填黄褐色花土。

铜钱 23 枚。

乾隆通宝，2 枚。模制、完整，圆形，方穿。正面有郭，铸"乾隆通宝"四字，楷书，对读。M2：1-1，背面有郭，穿左右满文漫漶不清。钱径 2.5 厘米、穿径 0.5 厘米、郭厚 0.1 厘米。M2：1-2，背面有郭，穿左右为满文"宝泉"，纪局名。钱径 2.1 厘米、穿径 0.6 厘米、郭厚 0.1 厘米。

嘉庆通宝，1 枚。M2：2，模制、完整，圆形，方穿。正面有郭，铸"嘉庆通宝"四字，楷书，对读。背面有郭，穿左右为满文"宝泉"，纪局名。钱径 2.4 厘米、穿径 0.6 厘米、郭厚 0.1 厘米。

道光通宝，1 枚。M2：3，模制、完整，圆形，方穿。正面有郭，铸"道光通宝"四字，楷书，对读。背面有郭，穿左右为满文"宝泉"，纪局名。钱径 2.4 厘米、穿径 0.6 厘米、郭厚 0.1 厘米。

咸丰通宝，1 枚。M2：4，模制、完整，圆形，方穿。正面有郭，铸"咸丰通宝"四字，楷书，对读。背面有郭，穿左右为满文"宝源"，纪局名。钱径 2.2 厘米、穿径 0.5 厘米、郭厚 0.1 厘米。

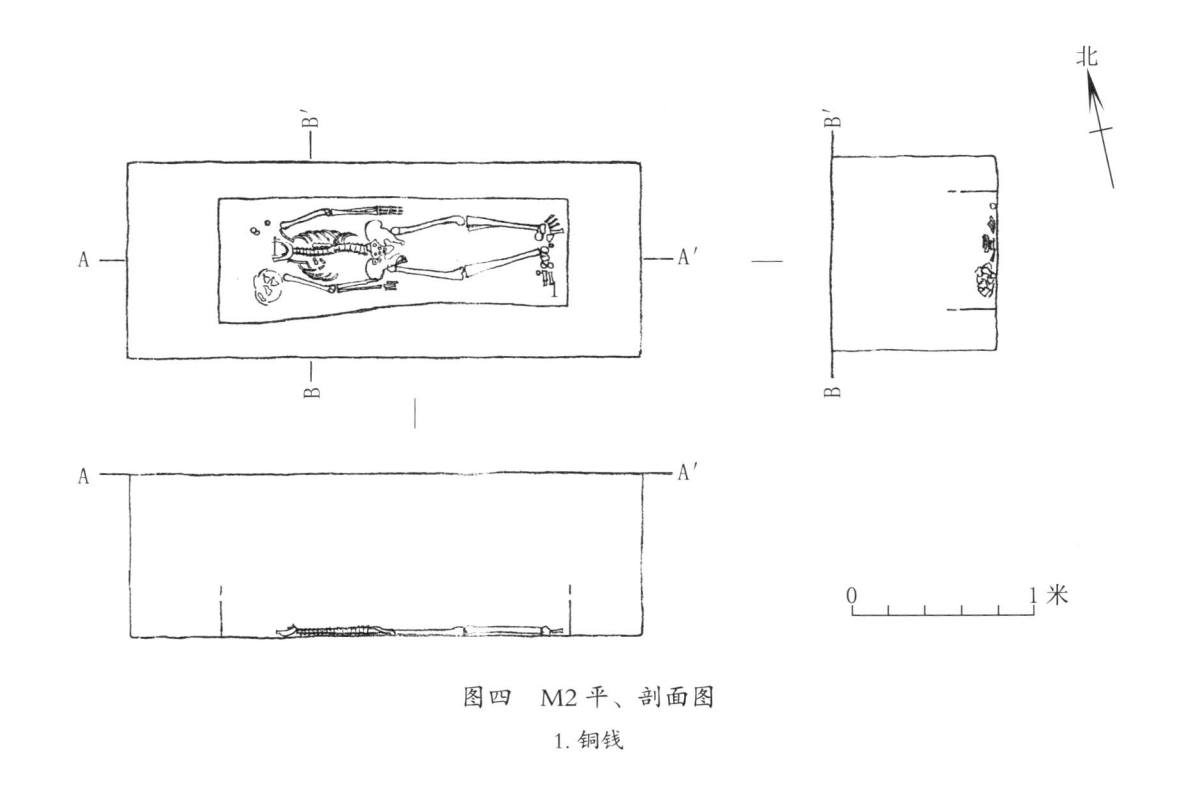

图四　M2 平、剖面图
1. 铜钱

光绪重宝，1 枚。M2：5-1，模制、完整，圆形，方穿。正面有郭，铸"光绪重宝"四字，楷书，对读。背面有郭，穿上下为汉字"当十"，左右为满文"宝泉"，纪局名。钱径 3.1 厘米、穿径 0.6 厘米、郭厚 0.2 厘米（图二〇，7）。

光绪通宝，5 枚。皆模制、完整，圆形，方穿。正面有郭，铸"光绪通宝"四字，楷书，对读。M2：6-1，背面有郭，左右为满文"宝源"，纪局名。钱径 2.3 厘米、穿径 0.5 厘米、郭厚 0.1 厘米。M2：6-2，背面有郭，左右为满文"宝泉"，纪局名。钱径 2.3 厘米、穿径 0.5 厘米、郭厚 0.1 厘米。M2：6-3，背面有郭，左右为满文"宝源"，纪局名。钱径 2.2 厘米、穿径 0.5 厘米、郭厚 0.1 厘米。

M2∶6-4，背面有郭，左右为满文"宝泉"，纪局名。钱径 2.2 厘米、穿径 0.5 厘米、郭厚 0.1 厘米。

M2∶6-5，背面有郭，左右为满文"宝泉"，纪局名。钱径 2.1 厘米、穿径 0.5 厘米、郭厚 0.1 厘米。

余 12 枚，铜钱表面锈蚀严重，字迹模糊，年代不辨。

3.M3

位于发掘区西北部。东西向，方向为 95°。墓口距地表深 1.8 米，墓底距地表深 2.8 米。墓圹长 2.3 米、宽 0.92～1 米、深 1 米（图五；彩版九四，3）。

棺木已朽。残长 1.85 米、宽 0.4～0.56 米、残高 0.2 米。骨架保存较差，部分缺失移位。头向东，面向上。性别为女。葬式为仰身直肢葬。人骨残长 1.66 米。内填黄褐色花土。

未发现随葬器物。

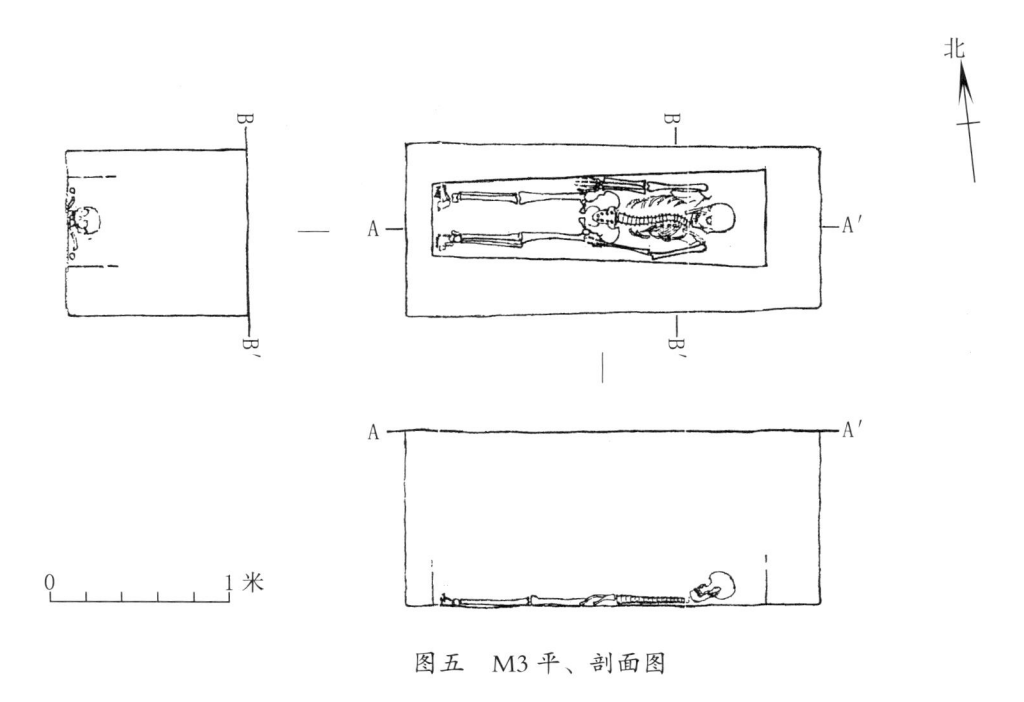

图五　M3 平、剖面图

4.M10

位于发掘区东北部。东北－西南向，方向为 50°。墓口距地表深 1.8 米，墓底距地表深 2.8 米。墓圹长 2.35 米、宽 1.1 米、深 1 米（图六；彩版九四，4）。

棺木已朽。残长 1.9 米、宽 0.56 米、残高 0.2 米。骨架保存差，大部分缺失移位。头向北，面向上。性别不详。葬式为仰身直肢葬。内填黄褐色花土。

铜钱 6 枚，铜钱表面锈蚀严重，字迹模糊，年代不辨。

图六 M10平、剖面图
1. 铜钱

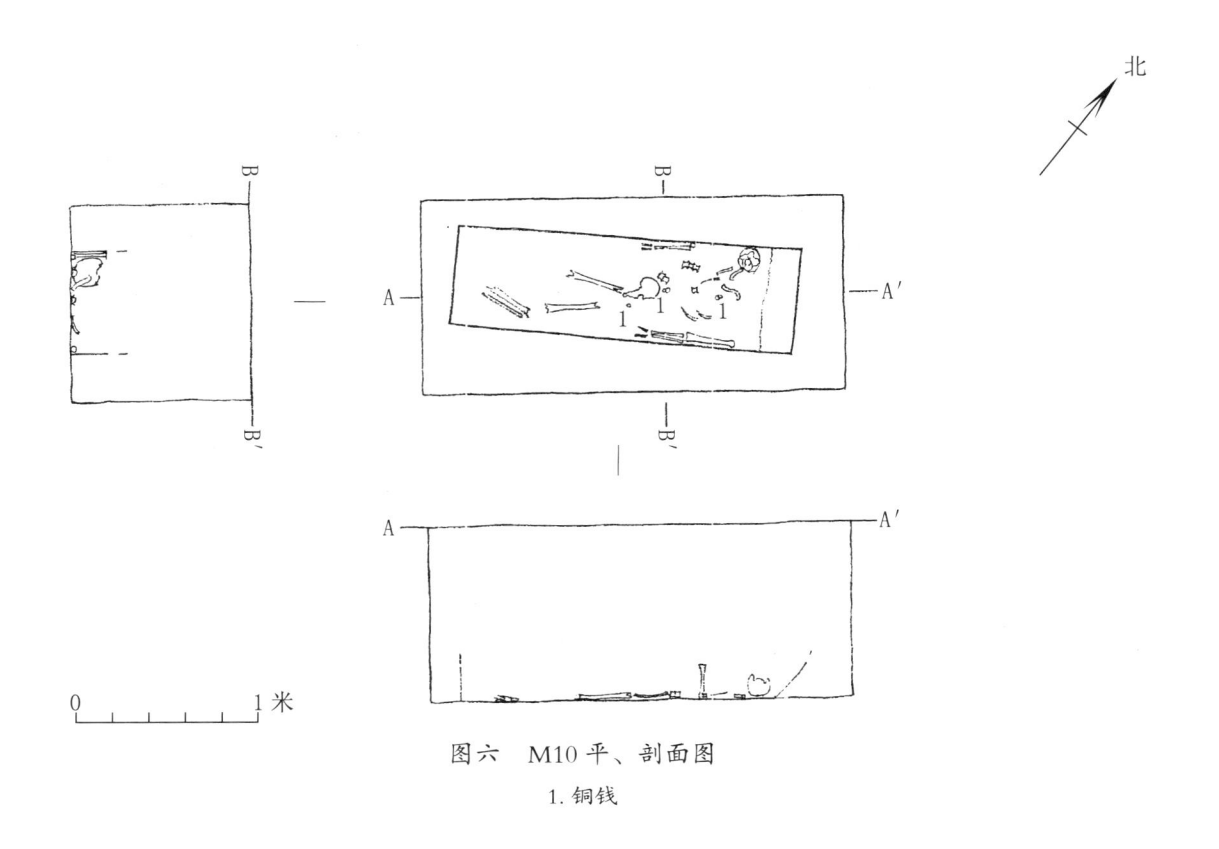

5. M9

位于发掘区东北部。东北-西南向，方向为56°。墓口距地表深1.8米，墓底距地表深2.5米。墓圹长2.6米、宽1.12~1.2米、深0.7米（图七；彩版九六，1）。

棺木已朽。残长1.86米、宽0.5~0.6米、残高0.1米。骨架保存较差，部分缺失移位。头向东北，面向上。性别为男。葬式为仰身直肢葬。人骨残长1.66米。内填黄褐色花土。

未发现随葬器物。

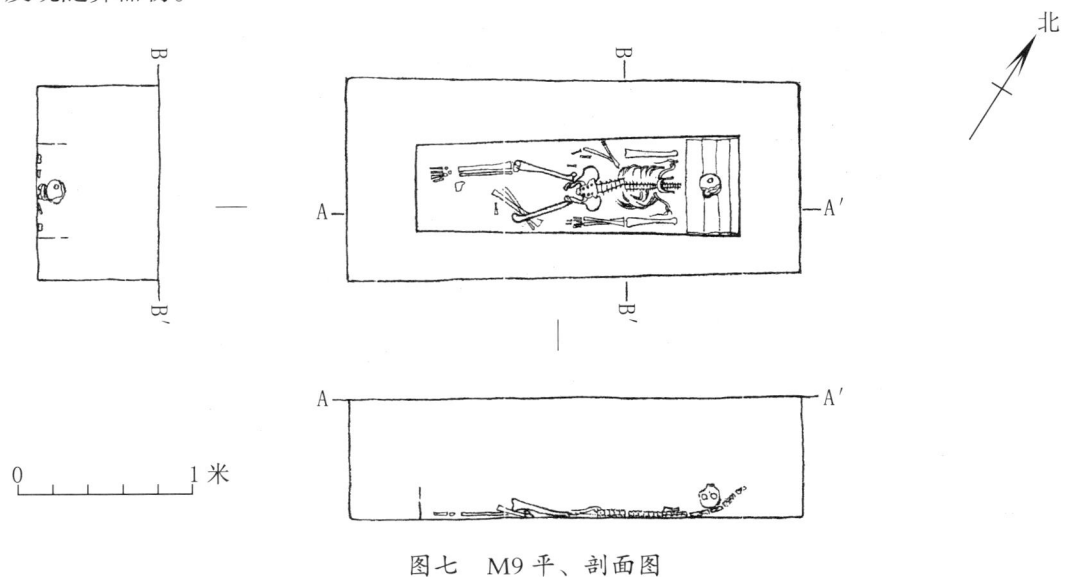

图七 M9平、剖面图

（二）双人合葬墓

共 8 座：M4 ~ M8、M11、M14、M16。根据平面形制可分为两型。A 型平面呈梯形，有 M4、M7、M11、M14。B 型平面呈不规则形，有 M5、M6、M8、M16。

1.M4

位于发掘区西北部。东西向，方向为 280°。墓口距地表深 1.8 米，墓底距地表深 2.9 米。墓圹长 2.25 ~ 2.3 米、宽 1.6 ~ 1.8 米、深 1.1 米（图八；彩版九五，3）。

棺木均已朽。北棺残长 1.7 米、宽 0.42 ~ 0.5 米、残高 0.2 米。骨架保存差，仅存部分下肢骨散置于棺内。头向、面向、性别皆不详。葬式为仰身直肢葬。南棺残长 1.6 米、宽 0.44 ~ 0.54 米、残高 0.2 米。骨架保存差，仅存部分下肢骨散置于棺内。头向、面向、性别皆不详。葬式为仰身直肢葬。南棺墓圹打破北棺墓圹。内填黄褐色花土。

铜钱 8 枚。

咸丰重宝，3 枚。模制、完整、圆形、方穿。正面有郭，铸"咸丰重宝"四字，楷书，对读。标本 M4：1-1，背面有郭，穿上下为汉字"当十"，左右为满文"宝源"，纪局名。钱径 3.1 厘米、穿径 0.7 厘米、郭厚 0.2 厘米。

余 5 枚，铜钱表面锈蚀严重，字迹模糊，年代不辨。

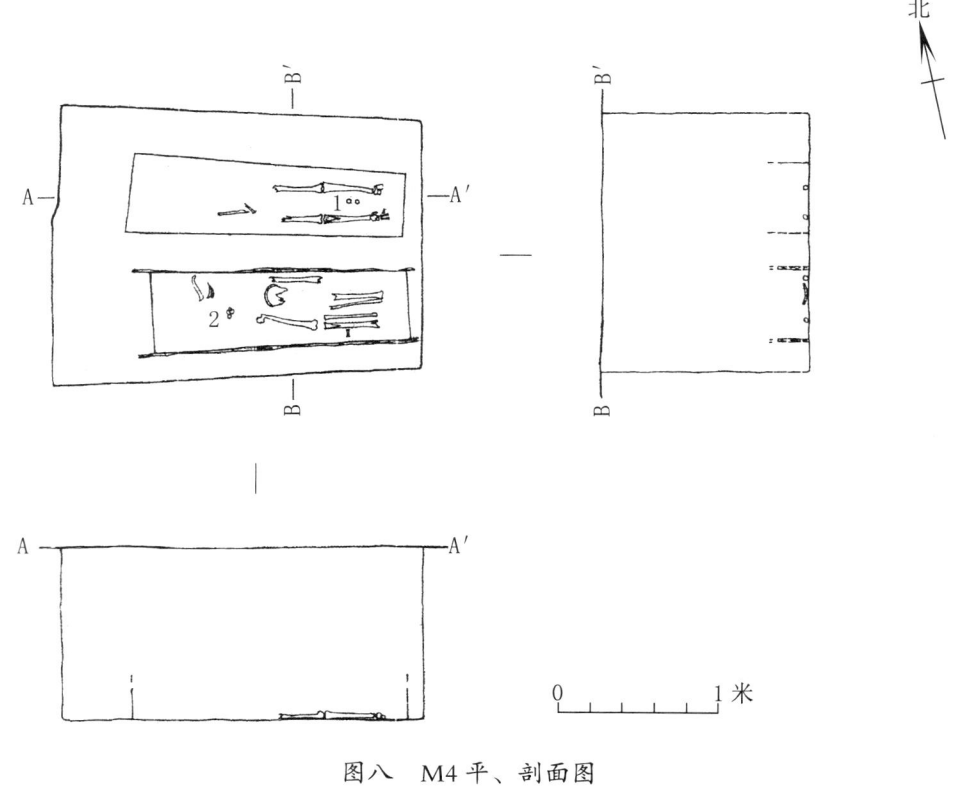

图八 M4 平、剖面图
1、2. 铜钱

2.M7

位于发掘区西北部。墓口距地表深1.8米，墓底距墓口深2.8米。东西向，方向为275°。墓圹长2.4～2.5米、宽1.5～1.7米、深1米（图九；彩版九五，2）。

棺木均已朽。北棺残长1.84米、宽0.44～0.52米、残高0.3米。骨架保存差，仅存部分下肢骨散置于棺内。头向、面向、性别皆不详。葬式为仰身直肢葬。南棺残长2米、宽0.4～0.5米、残高0.3米。骨架保存差，仅存部分下肢骨散置于棺内。头向西，面向南。性别不详。葬式为仰身直肢葬。墓葬西部有盗洞一个，盗扰至底，南北双棺均被盗扰严重。北棺墓圹打破南棺墓圹。内填黄褐色花土。

铜钱3枚。

嘉庆通宝，1枚。M7：1，模制、完整、圆形、方穿。正面有郭，铸"嘉庆通宝"四字，楷书，对读。背面有郭，穿左右为满文"宝泉"，纪局名。钱径2.4厘米、穿径0.5厘米、郭厚0.2厘米。

同治重宝，1枚。M7：2，模制、完整、圆形、方穿。正面有郭，铸"同治重宝"四字，楷书，对读。背面有郭，穿上下为汉字"当十"，穿左右为满文"宝源"，纪局名。钱径3.1厘米、穿径0.7厘米、郭厚0.2厘米。

光绪通宝，1枚。M7：3，模制、完整、圆形、方穿。正面有郭，铸"光绪通宝"四字，楷书，对读。背面有郭，穿左右为满文"宝泉"，纪局名。钱径2.7厘米、穿径0.5厘米、郭厚0.1厘米。

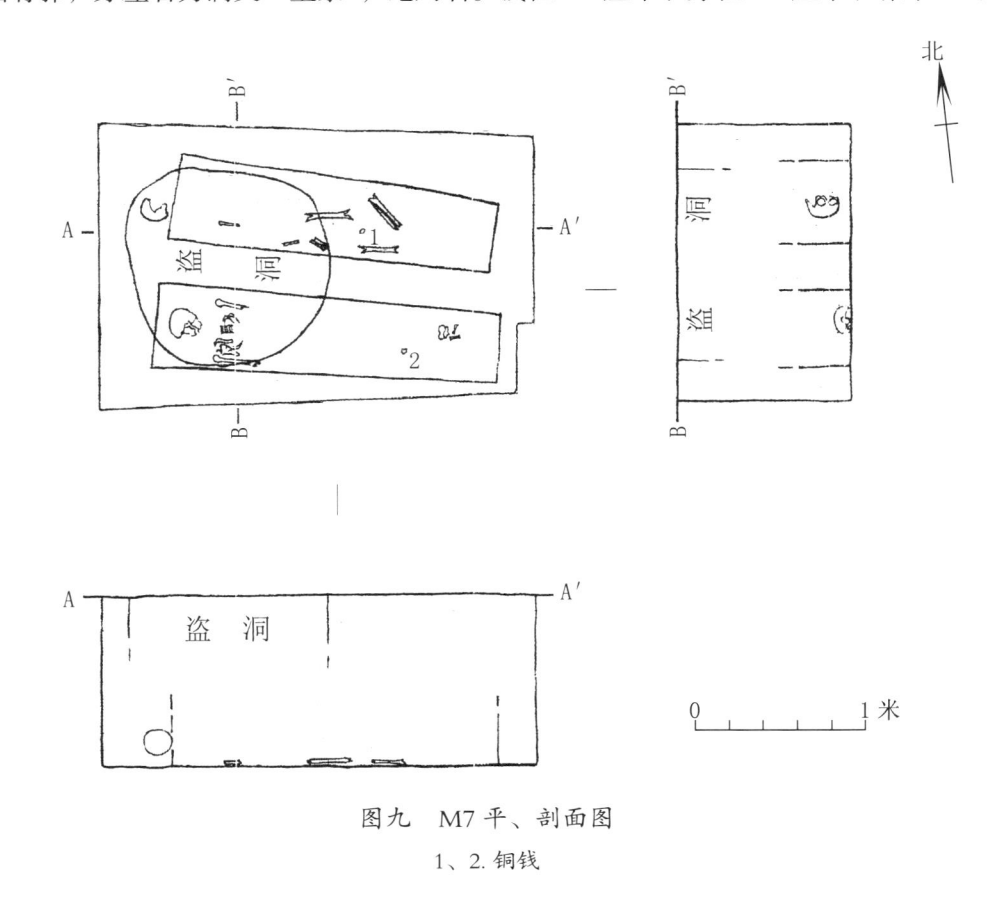

图九　M7平、剖面图
1、2.铜钱

3.M11

位于发掘区东北部。东北－西南向，方向为58°。墓口距地表深1.8米，墓底距地表深2.5～2.6米。墓圹长2.55～2.6米、宽1.8～2米、深0.7～0.8米（图一〇；彩版九七，2）。

棺木均已朽。北棺残长2米、宽0.5～0.74米、残高0.25米。骨架保存差，少部分已缺失移位。头向东北，面向上。性别为男。葬式为仰身直肢葬。南棺残长1.8米、宽0.4～0.6米、残深0.15米。骨架保存差，部分已缺失移位。头向东北，面向上。性别为女。葬式为仰身直肢葬。南棺墓圹打破北棺墓圹。内填黄褐色花土。

出土器物2件，均发现于南棺。南棺头骨旁发现银簪2件，另有铜钱23枚。

银簪，2件。形制大小相同。体呈圆锥状，首为圆饼状。通体素面。M11：1、M11：2，首直径1.9厘米、首厚0.05厘米、通长9厘米（图一九，2、3；彩版九八，2）。

乾隆通宝，1枚。M11：3，模制、完整、圆形、方穿。正面有郭，铸"乾隆通宝"四字，楷书，对读。背面有郭，穿左右为满文"宝源"，纪局名。钱径2.3厘米、穿径0.6厘米、郭厚0.1厘米。

嘉庆通宝，1枚。M11：4，模制、完整、圆形、方穿。正面有郭，铸"嘉庆通宝"四字，楷书，对读。背面有郭，穿左右为满文"宝泉"，纪局名。钱径2.4厘米、穿径0.6厘米、郭厚0.1厘米。

道光通宝，1枚。M11：5，模制、完整、圆形、方穿。正面有郭，铸"道光通宝"四字，楷书，对读。背面有郭，穿左右为满文"宝泉"，纪局名。钱径2.3厘米、穿径0.6厘米、郭厚0.2厘米。

咸丰重宝，1枚。M11：6，模制、完整、圆形、方穿。正面有郭，铸"咸丰重宝"四字，楷书，对读。背面有郭，穿上下为汉字"当十"，左右为满文"宝源"，纪局名。钱径2.9厘米、穿径0.6厘米、郭厚0.2厘米。

同治重宝，3枚。皆模制、完整、圆形、方穿。正面有郭，铸"同治重宝"四字，楷书，对读。背面有郭，穿上下为汉字"当十"，穿左右为满文"宝泉"，纪局名。标本M11：7-1，钱径3厘米、穿径0.6厘米、郭厚0.2厘米。

光绪重宝，2枚。皆模制、完整、圆形、方穿。正面有郭，铸"光绪重宝"四字，楷书，对读。M11：8-1，背面有郭，穿上下为汉字"当拾"，穿左右为满文"宝泉"，纪局名。钱径2.9厘米、穿径0.6厘米、郭厚0.1厘米（图二〇，10）。M11：8-2，背面有郭，穿上下为汉字"当拾"，穿左右为满文"宝源"，纪局名。钱径2.6厘米、穿径0.6厘米、郭厚0.2厘米（图二〇，9）。

宣统通宝，1枚。M11：9，模制、完整、圆形、方穿。正面有郭，铸"宣统通宝"四字，楷书，对读。背面有郭，穿左右为满文"宝泉"，纪局名。钱径1.9厘米、穿径0.4厘米、郭厚0.1厘米。

余13枚，铜钱表面锈蚀严重，字迹模糊，年代不辨。

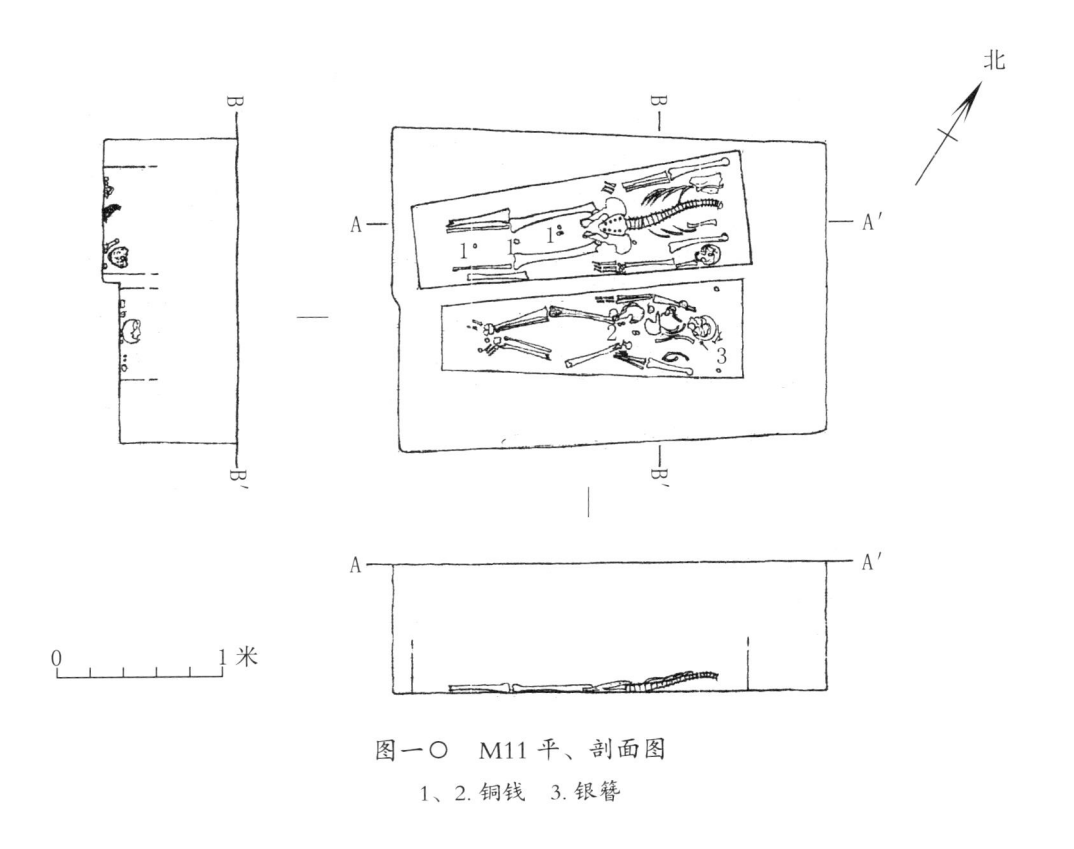

图一〇　M11 平、剖面图
1、2. 铜钱　3. 银簪

4.M14

位于发掘区东北部。东西向，方向为57°。墓口距地表深1.8米，墓底距地表深2.6~2.7米。墓圹长2.4米、宽1.92~2.1米、深0.8~0.9米（图一一；彩版九六，2）。

棺木均已朽。北棺残长1.65米、宽0.52~0.65米、残高0.15米。骨架保存差，大部分已缺失移位。头向东，面向上。性别不详。葬式为仰身直肢葬。南棺残长1.9米、宽0.55~0.65米、残高0.15米。骨架保存差，大部分已缺失移位。头向东，面向上。性别不详。葬式为仰身直肢葬。南棺墓圹打破北棺墓圹。内填黄褐色花土。

出土银簪4件，皆发现于南棺。另有铜钱29枚。

银簪，4件。M14：1，体呈圆锥形，首为葵花形，截面呈"凸"形，中部为圆形凸起，内铸"福"字。体细长。首直径2.5厘米、残长12.4厘米（图一九，4；彩版九八，3）。M14：2，体呈圆锥形，首为葵花形，截面呈"凸"形，中部为圆形凸起，内铸"寿"字。体细长。首直径2.5厘米、残长12.2厘米（图一九，5；彩版九八，4）。M14：3，体呈圆锥形，首为镂空圆球形，上有花瓣纹和小圆珠。体细长。首直径2厘米、残长13厘米（图一九，6；彩版九八，5）。M14：4，体呈圆锥状，首为六面形禅杖，下套银环，杖顶为葫芦形。首与下部之间有细颈。首长3.7厘米、通长16厘米（图一九，12；彩版九八，6）。

康熙通宝，1枚。M14：5，模制、完整，圆形，方穿。正面有郭，铸"康熙通宝"四字，楷书，对读。背面有郭，穿左右字迹漫漶不清。钱径 2.3 厘米、穿径 0.5 厘米、郭厚 0.1 厘米。

乾隆通宝，2 枚。皆模制、完整，圆形，方穿。正面有郭，铸"乾隆通宝"四字，楷书，对读。M14：6-1，背面有郭，穿左右满文漫漶不清。钱径 2.6 厘米、穿径 0.6 厘米、郭厚 0.1 厘米。M14：6-2，背面有郭，穿左右为满文"宝泉"，纪局名。钱径 2.4 厘米、穿径 0.5 厘米、郭厚 0.1 厘米（图二〇，3）。

嘉庆通宝，1 枚。M14：7，模制、完整，圆形，方穿。正面有郭，铸"嘉庆通宝"四字，楷书，对读。背面有郭，穿左右为满文"宝泉"，纪局名。钱径 2.4 厘米、穿径 0.6 厘米、郭厚 0.1 厘米。

道光通宝，2 枚。皆模制、完整，圆形，方穿。正面有郭，铸"道光通宝"四字，楷书，对读。M14：8-1，背面有郭，穿左右为满文"宝泉"，纪局名。钱径 2.6 厘米、穿径 0.6 厘米、郭厚 0.1 厘米。M14：8-2，背面有郭，穿左右为满文"宝浙"，纪局名。钱径 2.3 厘米、穿径 0.6 厘米、郭厚 0.2 厘米。

余 23 枚，铜钱表面锈蚀严重，字迹模糊，年代不辨。

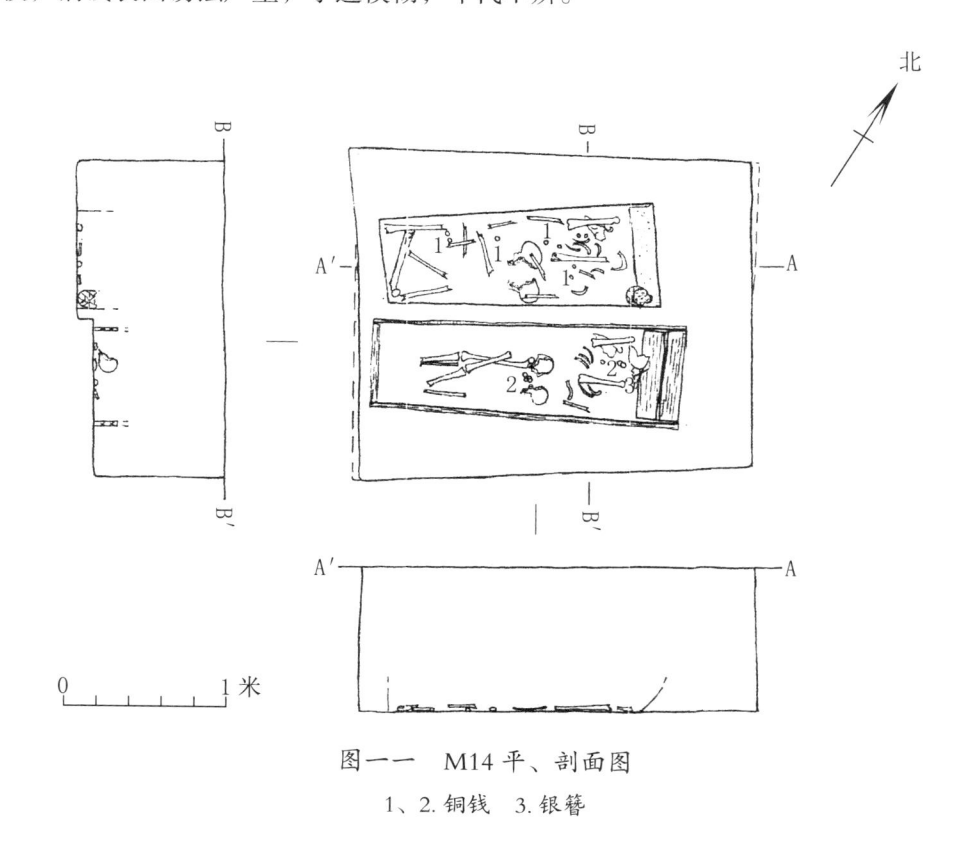

图一一 M14 平、剖面图
1、2. 铜钱 3. 银簪

5.M5

位于发掘区西北部。东西向，方向为 280°。墓口距地表深 1.8 米，墓底距地表深 2.7 米。墓圹长 2.3~2.45 米、宽 1.8~2 米、深 0.9 米（图一二；彩版九五，1）。

棺木均已朽。北棺残长 1.87 米、宽 0.48~0.6 米、残高 0.2 米。骨架保存差，仅存部分下肢骨散置于棺内。头向西，面向上。性别为女。葬式为仰身直肢葬。南棺残长 2 米、宽 0.46～0.6 米、残高 0.2 米。骨架保存差，仅存部分下肢骨散置于棺内。头向西，面向上。性别为男。葬式为仰身直肢葬。北棺墓圹打破南棺墓圹。内填黄褐色花土。

铜钱 16 枚。

道光通宝，1 枚。M5∶1，模制、完整，圆形，方穿。正面有郭，铸"道光通宝"四字，楷书，对读。背面有郭，穿左右为满文"宝泉"，纪局名。钱径 2.2 厘米、穿径 0.5 厘米、郭厚 0.2 厘米。

咸丰重宝，3 枚。皆模制、完整，圆形，方穿。正面有郭，铸"咸丰重宝"四字，楷书，对读。M5∶2-1，背面有郭，穿上下为汉字"当十"，左右为满文"宝泉"，纪局名。钱径 3.5 厘米、穿径 0.8 厘米、郭厚 0.3 厘米。M5∶2-2，背面有郭，穿上下为汉字"当五"，左右为满文"宝源"，纪局名。钱径 3.1 厘米、穿径 0.6 厘米、郭厚 0.2 厘米（图二〇，5）。M5∶2-3，背面有郭，穿上下为汉字"当十"，左右为满文"宝泉"，纪局名。钱径 2.5 厘米、穿径 0.7 厘米、郭厚 0.1 厘米。

同治重宝，4 枚。皆模制、完整，圆形，方穿。正面有郭，铸"同治重宝"四字，楷书，对读。M5∶3-1，背面有郭，穿上下为汉字"当十"，穿左右为满文"宝泉"，纪局名。钱径 3.2 厘米、穿径 0.6 厘米、郭厚 0.2 厘米（图二〇，6）。M5∶3-2，背面有郭，穿上下为汉字"当十"，穿左右为满文"宝泉"，纪局名。钱径 3.1 厘米、穿径 0.7 厘米、郭厚 0.2 厘米。M5∶3-3，背面有郭，穿上下为汉字"当十"，穿左右为满文"宝泉"，纪局名。钱径 2.9 厘米、穿径 0.7 厘米、郭厚 0.2 厘米。M5∶3-4，背面有郭，穿上下为汉字"当十"，穿左右为满文"宝泉"，纪局名。钱径 2.8 厘米、穿径 0.6 厘米、郭厚 0.2 厘米。

光绪重宝，1 枚。M5∶4，模制、完整，圆形，方穿。正面有郭，铸"光绪重宝"四字，楷书，对读。背面有郭，穿上下为汉字"当拾"，穿左右为满文"宝泉"，纪局名。钱径 2.8 厘米、穿径 0.6 厘米、郭厚 0.2 厘米（图二〇，8）。

其余 7 枚铜钱表面锈蚀严重，字迹模糊，年代不辨。

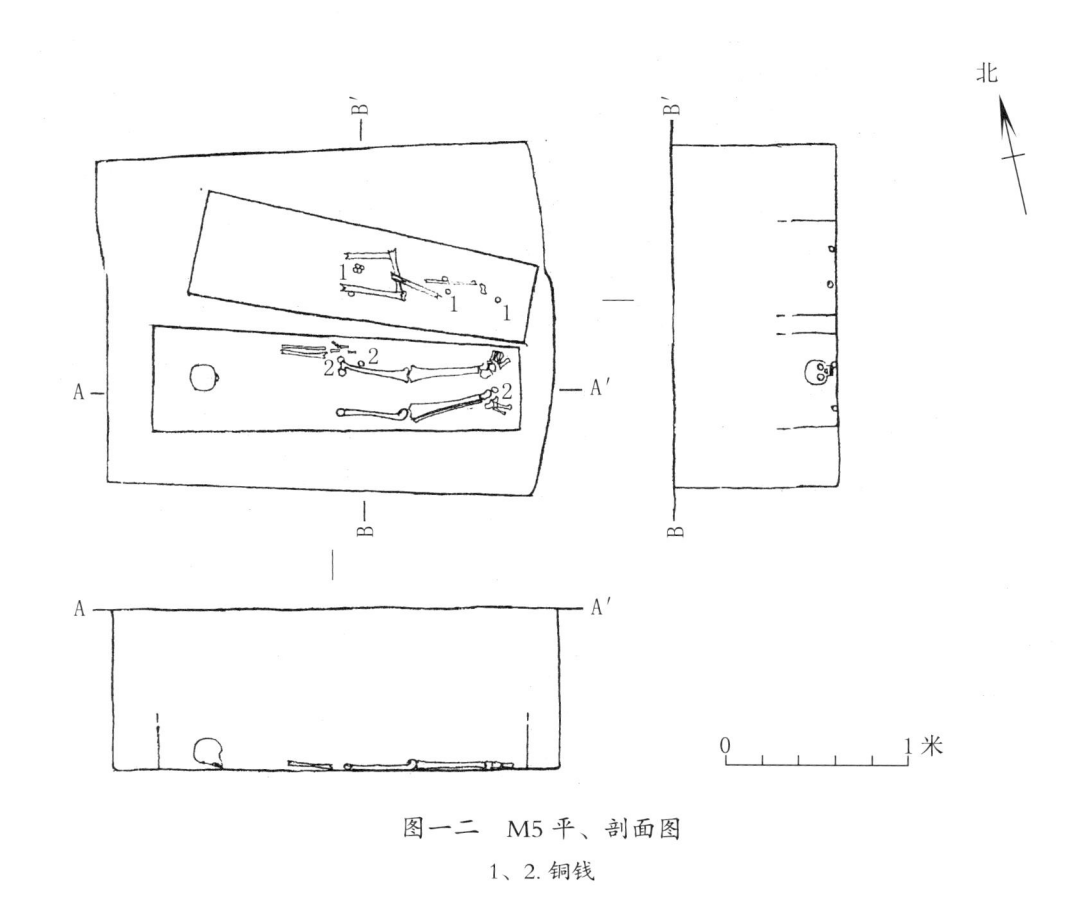

图一二　M5 平、剖面图
1、2. 铜钱

6.M6

位于发掘区西北部。东西向，方向为 275°。墓口距地表深 1.8 米，墓底距地表深 2.9～3.1 米。墓圹长 2.2～2.65 米、宽 1.4～1.9 米、深 1.1～1.3 米（图一三）。

棺木均已朽。北棺残长 1.95 米、宽 0.38～0.5 米、残高 0.2 米。骨架保存一般。头向西，面向上。性别为女。葬式为仰身直肢葬。人骨残长 1.64 米。南棺残长 1.8 米、宽 0.45～0.7 米、残高 0.4 米。骨架保存较差，少量部位缺失移位。头向西，面向北。性别为男。葬式为仰身直肢葬。人骨残长 1.5 米。北棺墓圹打破南棺墓圹。内填黄褐色花土。

铜钱 2 枚。

光绪通宝，1 枚。M6∶1，模制、完整，圆形，方穿。正面有郭，铸"光绪通宝"四字，楷书，对读。背面有郭，穿左右为满文"宝泉"，纪局名。钱径 2.3 厘米、穿径 0.5 厘米、郭厚 0.1 厘米。

其余 1 枚铜钱表面锈蚀严重，字迹模糊，年代不辨。

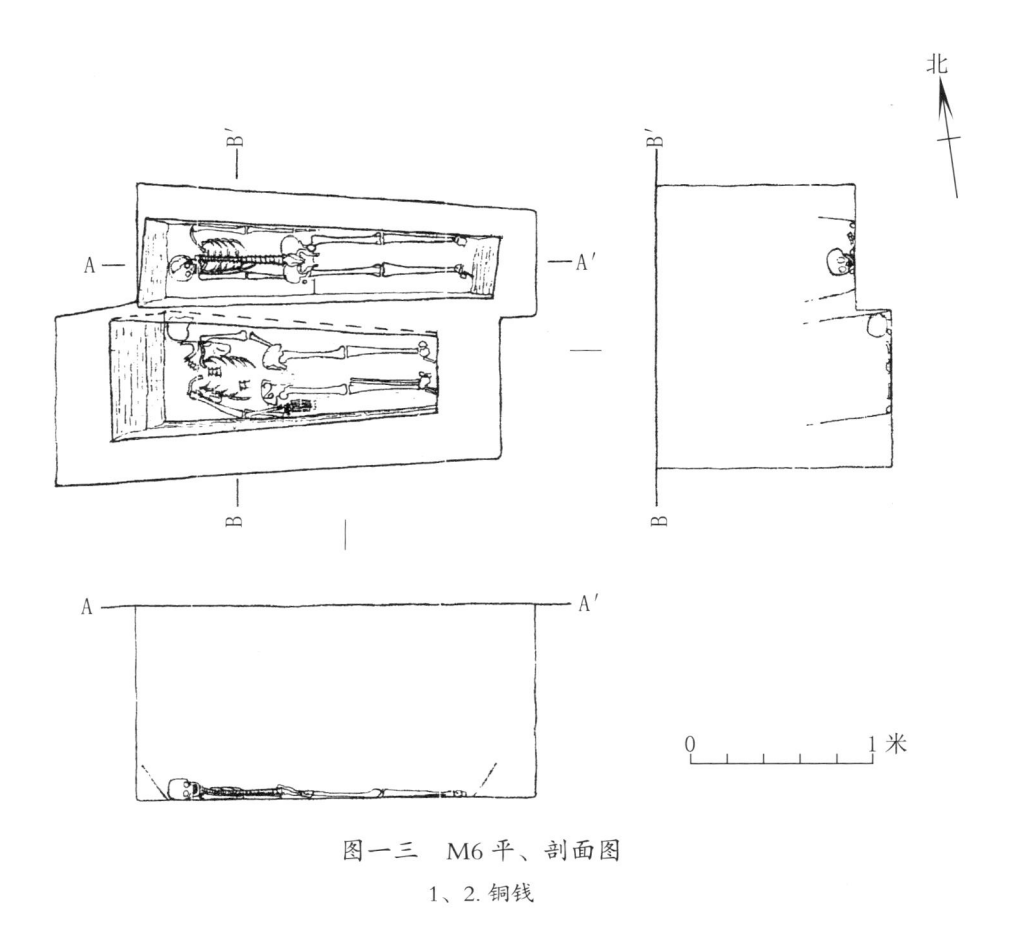

图一三　M6 平、剖面图
1、2. 铜钱

7.M8

位于发掘区东北部。东西向，方向为 74°。墓口距地表深 1.8 米，墓底距地表深 2.7～2.8 米。墓圹长 2.2～2.5 米、宽 1.7～2.1 米、深 0.9～1 米（图一四；彩版九七，1）。

棺木均已朽。北棺残长 1.65 米、宽 0.52～0.65 米、残高 0.4 米。骨架保存较差，部分已缺失移位。头向东，面向上。性别为女。葬式为仰身直肢葬。人骨残长 1.4 米。南棺残长 1.8 米、宽 0.4～0.6 米、残高 0.3 米。骨架保存较差，部分已缺失移位。头向东，面向上。性别为男。葬式为仰身直肢葬。人骨残长 1.54 米。南棺墓圹打破北棺墓圹。内填黄褐色花土。

出土器物 1 件。北棺头骨下发现银簪 1 枚；另有铜钱 1 枚、铜币 2 枚。

银簪，1 件。M8：1，体呈圆锥状，首近针头状，穿有小孔。通体素面。通长 14.1 厘米（图一九，1；彩版九八，1）。

光绪元宝，1 枚。M8：2，模制，完整，圆形。正面铸"光绪元宝"四字，楷书，对读；背面漫漶不清。直径 2.8 厘米、厚 0.2 厘米（图二〇，11）。

大清铜币，1 枚。M8：3，模制，完整，圆形。正面铸"大清铜币"四字，楷书，对读；背面饰有蟠龙。直径 2.8 厘米、厚 0.2 厘米（图二〇，12）。

其余 1 枚铜钱表面锈蚀严重，字迹模糊，年代不辨。

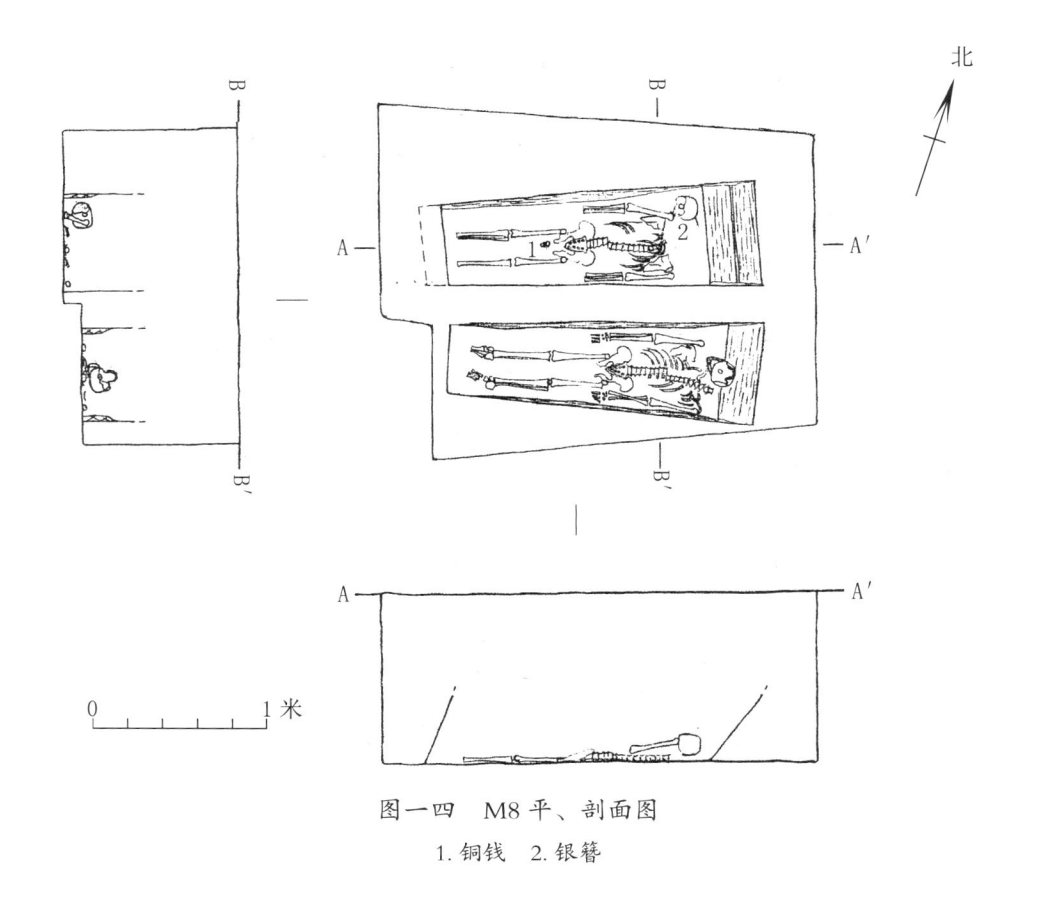

图一四　M8平、剖面图
1. 铜钱　2. 银簪

8.M16

位于发掘区中部。东北－西南向，方向为30°。墓口距地表深1.8米，墓底距地表深2.3米。墓圹长2.5～2.7米、宽1.5～1.6米、深0.5米（图一五）。

棺木均已朽。北棺残长1.94米、宽0.52～0.66米、残高0.2米。骨架保存差，部分已缺失移位。头向东北，面向上。性别为男。葬式为仰身直肢葬。人骨残长1.48米。南棺残长2米、宽0.46～0.6米、残高0.2米。骨架保存差，大部分已缺失移位。头向东北，面向上。性别为女。葬式为仰身直肢葬。南棺墓圹打破北棺墓圹。内填黄褐色花土。

铜钱8枚。

乾隆通宝，1枚。M16：1，模制、完整，圆形，方穿。正面有郭，铸"乾隆通宝"四字，楷书，对读。背面有郭，穿左右满文漫漶不清。钱径2.5厘米、穿径0.5厘米、郭厚0.1厘米。

嘉庆通宝，6枚。皆模制、完整，圆形，方穿。正面有郭，铸"嘉庆通宝"四字，楷书，对读。其中2枚，背面有郭，穿左右为满文"宝源"，纪局名。标本M16：2-1，钱径2.4厘米、穿径0.6厘米、郭厚0.2厘米（图二〇，4）。另外4枚，背面有郭，穿左右为满文"宝泉"，纪局名。标本M16：2-2，钱径2.3厘米、穿径0.5厘米、郭厚0.1厘米。

余1枚，铜钱表面锈蚀严重，字迹模糊，年代不辨。

图一五　M16 平、剖面图
1、2. 铜钱

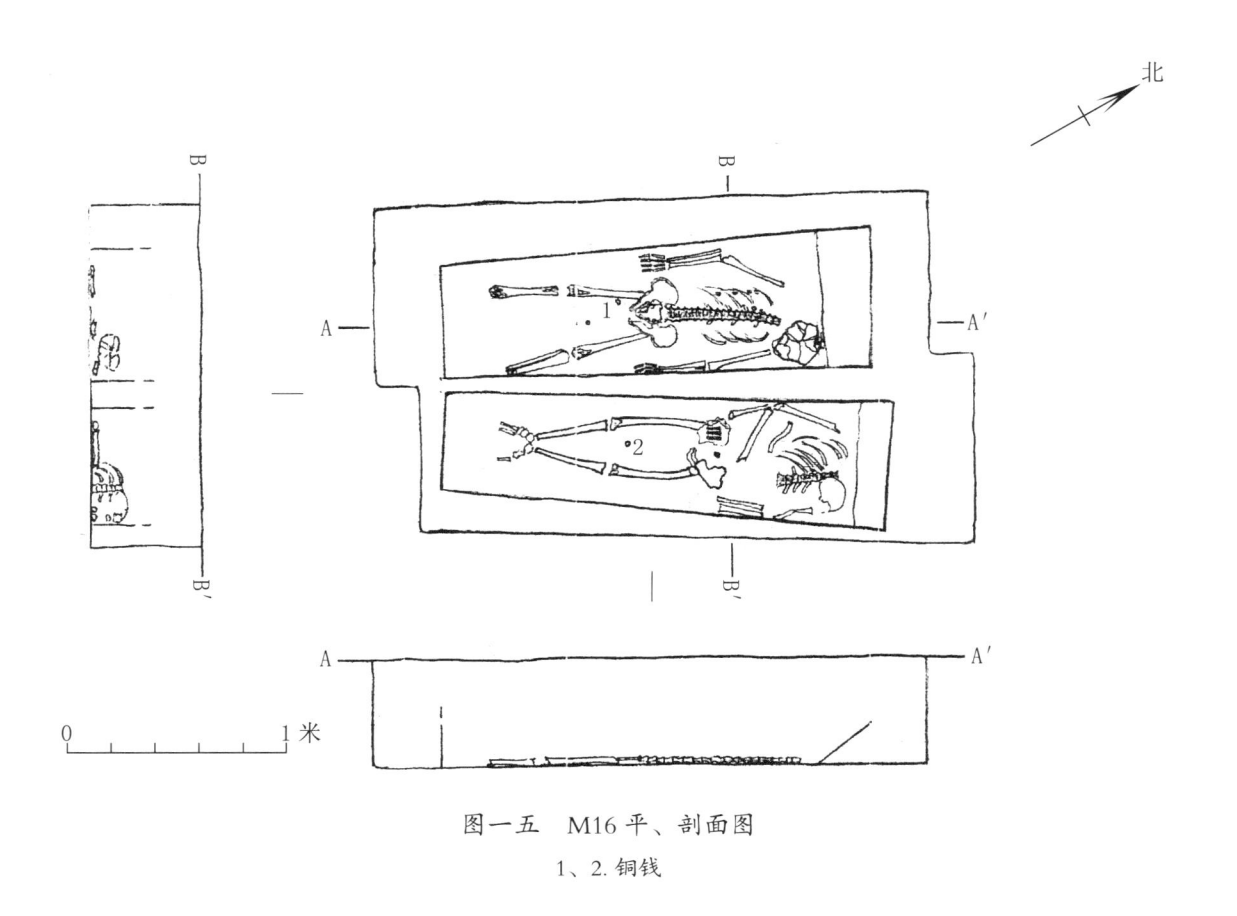

（三）三人合葬墓

共 2 座：M13、M15。

1.M13

位于发掘区东北部。平面呈不规则形。东北-西南向，方向为45°。墓口距地表深1.8米，墓底距地表深2.8米。墓圹长2.6～3米、宽2.3～2.9米、深1米（图一六；彩版九六，3）。

棺木均已朽。北棺残长2.1米、宽0.62～0.7米、残高0.15米。骨架保存差，部分已缺失移位。头向东北，面向上。性别为男。葬式为仰身直肢葬。中棺残长2米、宽0.66～0.75米、残高0.15米。骨架保存差，基本已缺失移位。头向东北，面向上。性别为女。葬式为仰身直肢葬。南棺残长2米、宽0.6～0.56米、残高0.16米。骨架保存较差，少量已缺失移位。头向东北，面向上。性别为女。葬式为仰身直肢葬。人骨残长1.55米。南棺墓圹打破北棺墓圹，北棺墓圹打破中棺墓圹。内填黄褐色花土。

未发现随葬器物。

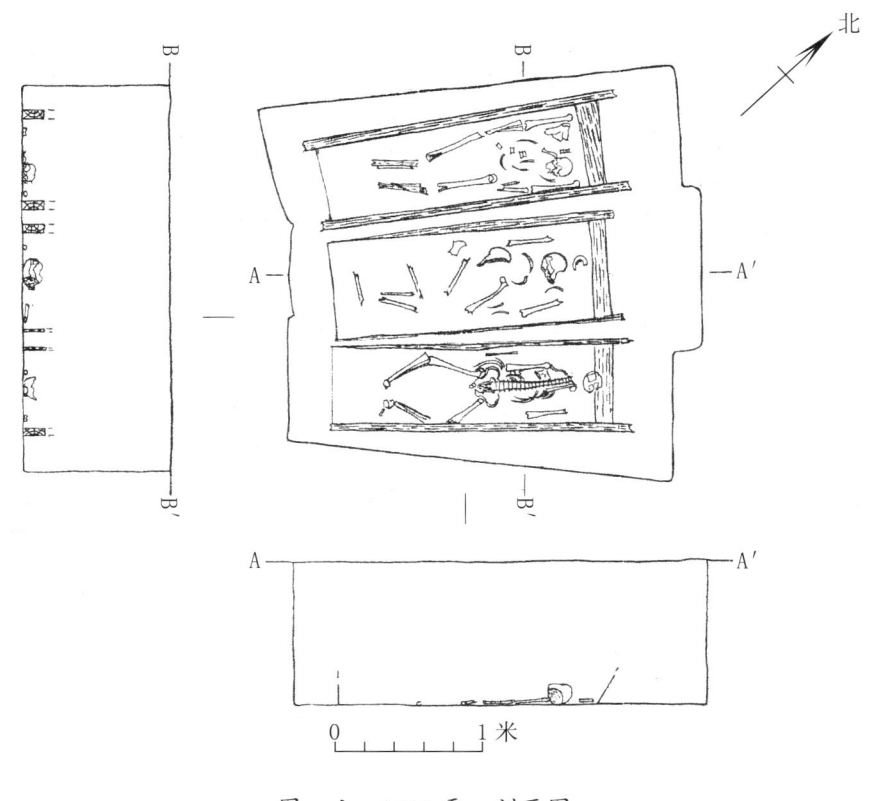

图一六　M13 平、剖面图

2.M15

位于发掘区域东北部。平面呈不规则形。东北 – 西南向，方向为56°。墓口距地表深1.8米，墓底距地表深2.2～2.45米。墓圹长2.6～2.8米、宽2.4～3.1米、深0.4～0.65米（图一七；彩版九七，3）。

棺木均已朽。北棺残长1.9米、宽0.45～0.66米、残高0.3米。骨架保存一般，少量已缺失移位。头向北，面向上。性别为男。葬式为仰身直肢葬。人骨残长1.74米。中棺残长1.85米、宽0.6～0.66米、残高0.25米。骨架保存较差，部分已缺失移位。头向北，面向东。性别为女。葬式为仰身直肢葬。人骨残长1.56米。南棺残长1.9米、宽0.56～0.7米、残高0.2米。骨架保存差，大部分已缺失移位。头向东北，面向上。性别为女。葬式为仰身直肢葬。人骨残长1.36米。中棺打破北棺，北棺打破南棺。内填黄褐色花土。

出土器物10件。中棺内头骨下发现银簪2件、银扁方1件。南棺头骨旁发现银簪4件、银扁方1件、银耳环2件；铜钱48枚，铜币11枚。

银簪，6件。中棺，2件。M15：1，体呈圆锥形，首为葵花形，截面呈"凸"形，中部为圆形凸起，内铸"福"字。体细长。首直径2.6厘米、残长10厘米（图一九，7；彩版九八，7）。M15：2，体呈圆锥形，首为葵花形，截面呈"凸"形，中部为圆形凸起，内铸"寿"字。体细长。首直径2.6厘米、残长11.4厘米（图一九，8；彩版九八，8）。南棺，4件。M15：3，体呈圆锥形，首为葵花形，截面呈"凸"形，中部为圆形凸起，内铸"福"字。首直径2.8厘米、残长11.5厘米（图一九，9；彩版九九，1）。M15：4，体呈圆锥形，首为葵花形，截面呈"凸"形，中部为圆形凸起，内铸"寿"字。首直径2.8厘米、残长12.2厘米（图一九，10；彩版九九，2）。M15：5，体呈圆锥形，首为镂空圆球形，上有花瓣纹和小圆珠。首直径2厘米、残长14厘米（图一九，11；彩版九九，3）。M15：6，体呈圆锥形，首呈佛手状，大拇指和食指相交，手拈一银环禅杖，腕部饰一周卷云纹，其下饰如意云纹。首长3.8厘米、通长17.5厘米（图一九，13；彩版九九，4）。

银扁方，2件。M15：7，首卷曲，体呈长方形，尾呈圆弧形。扁方首饰有灵芝纹，其下外饰葵花纹、内刻圆形"福"字纹，中部落有"顺兴""足纹"款，尾部饰有蝙蝠纹。通长13.3厘米、宽2.2厘米（图一九，14；彩版九九，5）。M15：8，首呈半圆形。略弯。体扁平，为长方形。下端为圆弧状。通长8.2厘米、宽0.7厘米（图一九，15；彩板九九，6）。

银耳环，2件。形制大小相同。呈"S"形，一端弯曲为钩，坠为圆饼形。M15：9、M15：10，圆饼直径1.5厘米、通长3.5厘米（图一九，16；彩版九九，7、8）。

顺治通宝，3枚。皆模制、完整，圆形，方穿。正面有郭，铸"顺治通宝"四字，楷书，对读。M15：11-1，背面有郭，穿左右分别为满汉"东"字。钱径2.7厘米、穿径0.6厘米、郭厚0.1厘米。M15：11-2，背面有郭，穿左右分别为满汉"蓟"字。钱径2.7厘米、穿径0.6厘米、郭厚0.1厘米。M15：11-3，背面有郭，穿左右分别为满汉"浙"字。钱径2.5厘米、穿径0.5厘米、郭厚0.1厘米。

康熙通宝，12枚。皆模制、微残，圆形，方穿。正面有郭，铸"康熙通宝"四字，楷书，对读。其中4枚，背面有郭，穿左右为满文"宝泉"，纪局名。标本M15：12-1，钱径2.8厘米、穿径0.6厘米、郭厚0.1厘米（图二〇，2）。另有5枚，背面有郭，穿左右分别为满汉"浙"字，纪局名。标本M15：12-2，钱径2.6厘米、穿径0.6厘米、郭厚0.1厘米（图二〇，1）。M15：12-3，1枚，背面有郭，穿左右分别为满汉"东"字，纪局名。钱径2.6厘米、穿径0.6厘米、郭厚0.1厘米。M15：12-4，1枚，背面有郭，穿左右分别为满汉"昌"字，纪局名。钱径2.6厘米、穿径0.6厘米、郭厚0.1厘米。M15：12-5，1枚，背面有郭，穿左右分别为满汉"云"字，纪局名。钱径2.5厘米、穿径0.5厘米、郭厚0.1厘米。

雍正通宝，1枚。M15：13，模制、完整，圆形，方穿。正面有郭，铸"雍正通宝"四字，楷书，对读。背面有郭，穿左右为满文"宝源"，纪局名。钱径2.6厘米、穿径0.6厘米、郭厚0.1厘米。

嘉庆通宝，2枚。皆模制、完整，圆形，方穿。正面有郭，铸"嘉庆通宝"四字，楷书，对读。背面有郭，穿左右为满文"宝泉"，纪局名。M15：14-1，钱径2.7厘米、穿径0.6厘米、郭厚0.1厘米。M15：14-2，钱径2.4厘米、穿径0.6厘米、郭厚0.1厘米。

道光通宝，1枚。M15：15，模制、完整，圆形，方穿。正面有郭，铸"道光通宝"四字，楷书，对读。背面有郭，穿左右为满文"宝泉"，纪局名。钱径2.9厘米、穿径0.5厘米、郭厚0.2厘米。

咸丰重宝，1枚。M15：16，模制、完整，圆形，方穿。正面有郭，铸"咸丰重宝"四字，楷书，对读。背面有郭，穿上下为汉字"当十"，左右为满文"宝泉"，纪局名。钱径3.1厘米、穿径0.7厘米、郭厚0.2厘米。

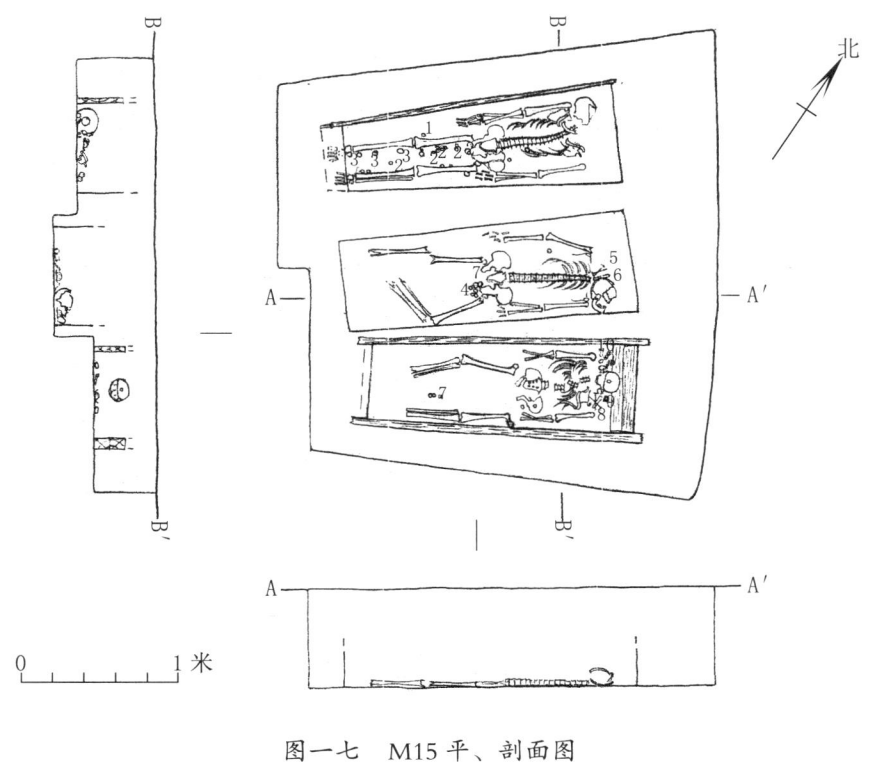

图一七 M15 平、剖面图
1～4、7. 铜钱 5、8. 银簪 6、9. 银扁方 10. 银耳环

同治重宝，1 枚。M15：17，模制、完整，圆形，方穿。正面有郭，铸"同治重宝"四字，楷书，对读。背面有郭，穿上下为汉字"当十"，穿左右为满文"宝泉"，纪局名。钱径 2.8 厘米、穿径 0.6 厘米、郭厚 0.2 厘米。

光绪重宝，2 枚。皆模制、完整，圆形，方穿。正面有郭，铸"光绪重宝"四字，楷书，对读。M15：18-1，背面有郭，穿上下为汉字"当拾"，穿左右为满文"宝泉"，纪局名。钱径 2.8 厘米、穿径 0.6 厘米、郭厚 0.2 厘米。M15：18-2，背面有郭，穿上下为汉字"当拾"，穿左右为满文"宝源"，纪局名。钱径 2.8 厘米、穿径 0.6 厘米、郭厚 0.2 厘米。

宣统通宝，6 枚。皆模制、完整，圆形，方穿。正面有郭，铸"宣统通宝"四字，楷书，对读。背面有郭，穿左右为满文"宝泉"，纪局名。标本 M15：19-1，钱径 2 厘米、穿径 0.4 厘米、郭厚 0.1 厘米。

大清铜币，3 枚。皆模制，完整，圆形。正面铸"大清铜币"四字，楷书，对读；背面饰有蟠龙。直径 3.3 厘米、厚 0.1 厘米。

余 19 枚铜钱，表面锈蚀严重，字迹模糊，年代不辨；余 8 枚铜币，表面锈蚀严重，字迹模糊，年代不辨。

（四）搬迁墓

共 1 座，为 M12。

M12 位于发掘区域东北部。为竖穴土圹单人葬墓，平面呈梯形。东北 - 西南向，方向为 70°。墓口距地表深 1.8 米，墓底距地表深 2.3 米。墓圹长 2.4 米、宽 0.8～1 米、深 0.5 米（图一八）。

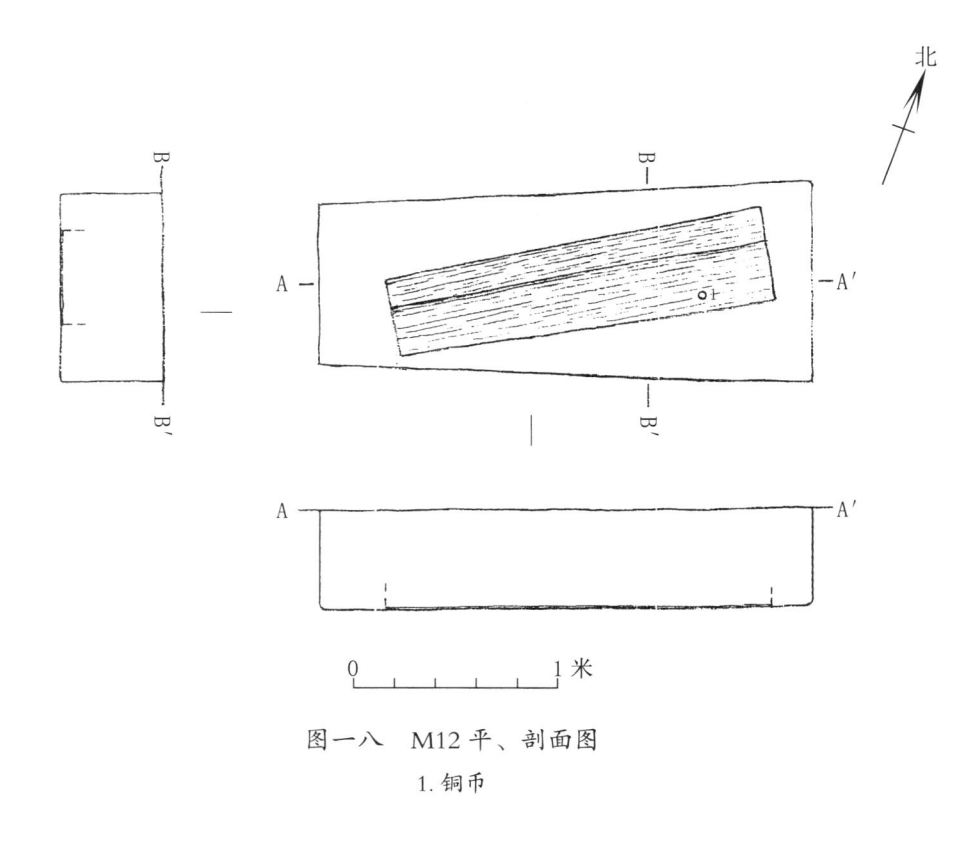

图一八　M12 平、剖面图
1. 铜币

棺木已朽，仅存少量棺板残片。残长 1.84 米、宽 0.4～0.5 米、残高 0.02 米。棺内无人骨发现，推测已迁葬。内填黄褐色花土。

铜币 1 枚，表面锈蚀严重，字迹模糊，年代不辨。

272 | 北京考古 第4辑

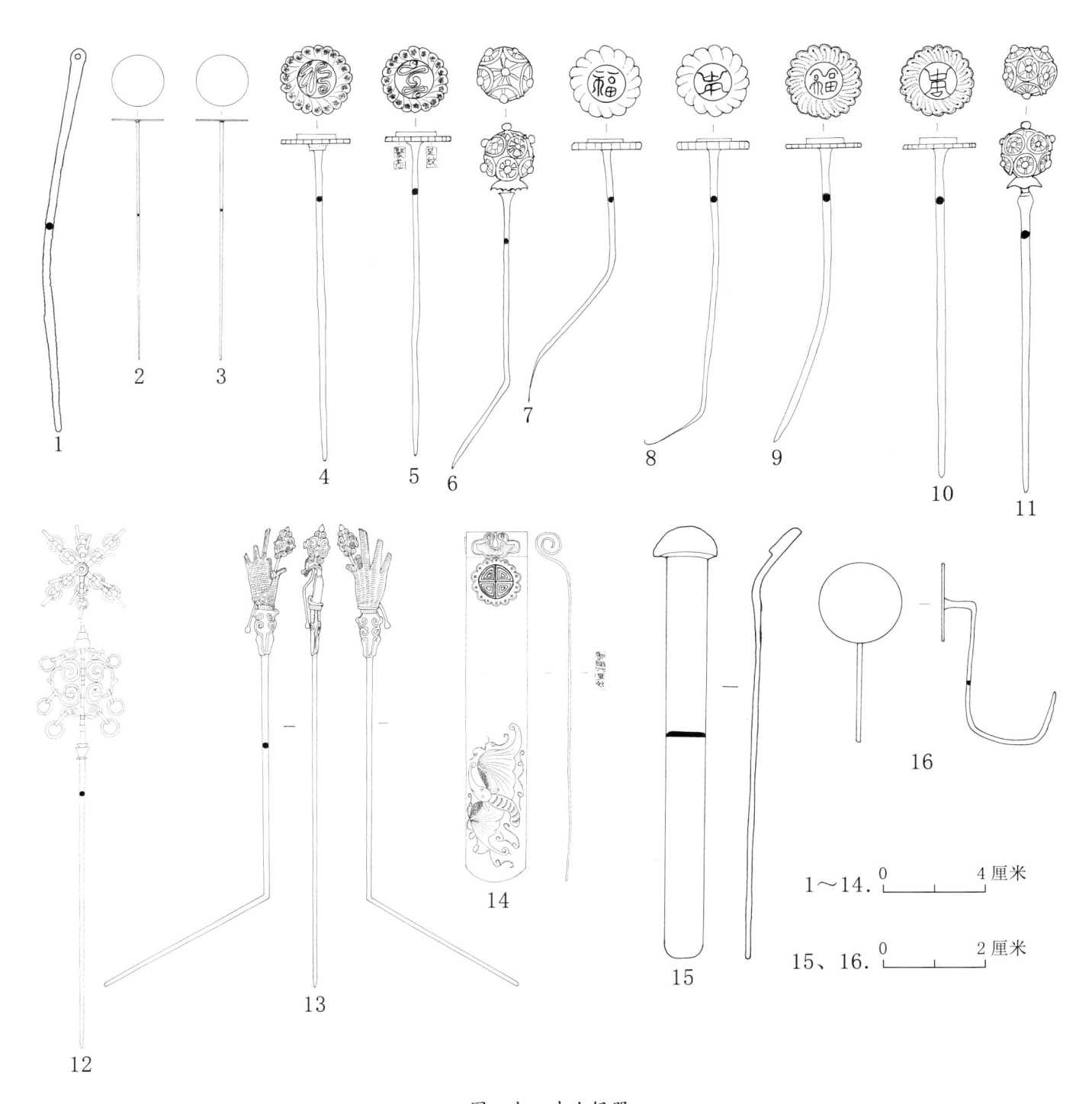

图一九　出土银器

1~13. 银簪（M8:1、M11:1、M11:2、M14:1、M14:2、M14:3、M15:1、M15:2、M15:3、M15:4、M15:5、M14:4、M15:6）　14、15. 银扁方（M15:7、M15:8）　16. 银耳环（M15:9）

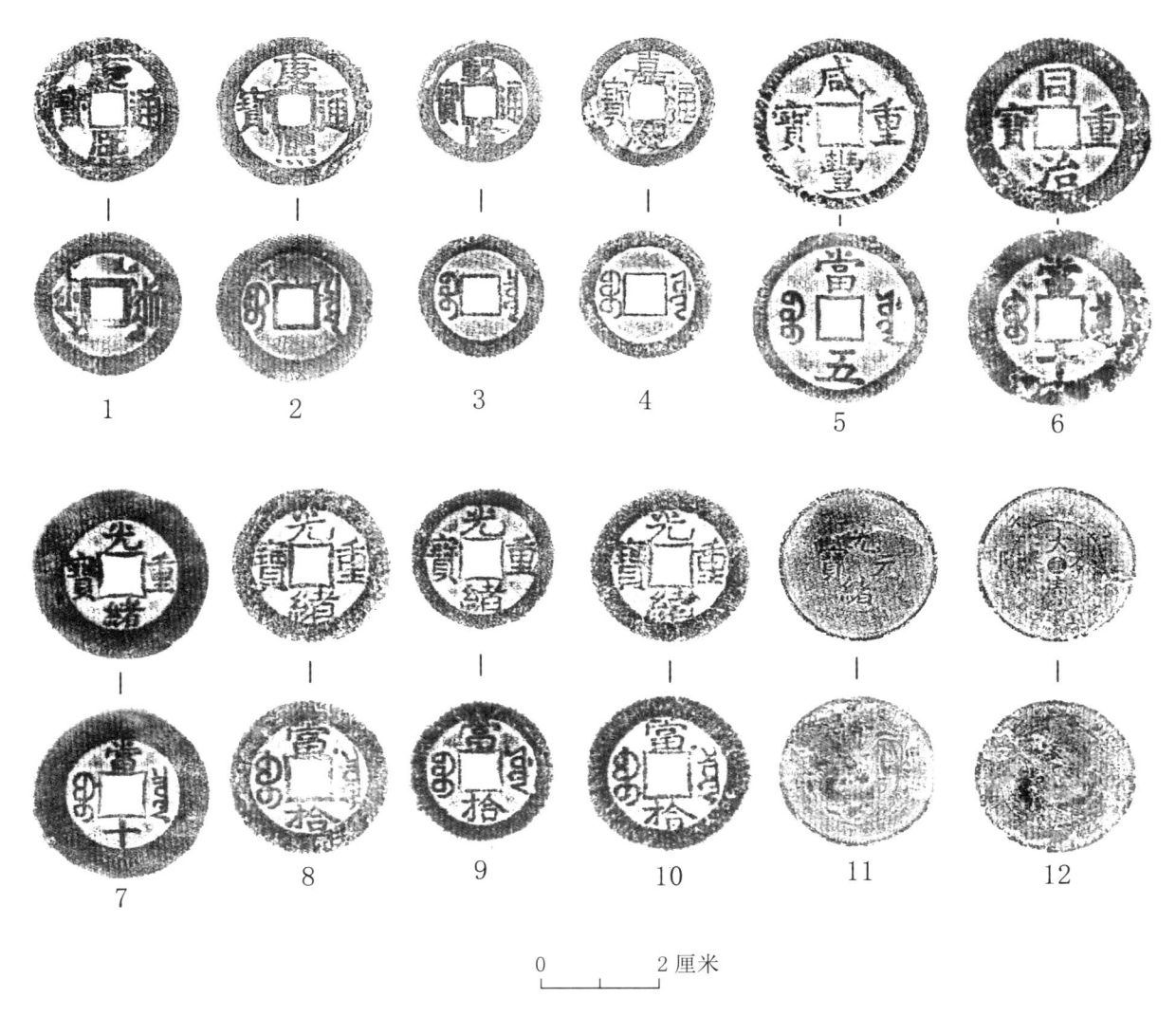

图二〇 出土铜钱拓片

1、2. 康熙通宝（M15：12-2、M15：12-1） 3. 乾隆通宝（M14：6-2） 4. 嘉庆通宝（M16：2-1）
5. 咸丰重宝（M5：2-2） 6. 同治重宝（M5：3-1） 7～10. 光绪重宝（M2：5-1、M5：4、M11：8-2、M11：8-1）
11. 光绪元宝（M8：2） 12. 大清铜币（M8：3）

四、结语

16座墓的墓葬形制均为竖穴土圹墓，其中M1～M3、M9、M10、M12为单人葬墓，M4～M8、M11、M14、M16为双人合葬墓，M13、M15为三人合葬墓。

葬具均为木棺，大部分棺木已朽蚀，仅存少量棺板残片。葬式均为仰身直肢葬。

出土器物较少，共17件，主要为银簪、扁方、耳钉等，另有铜钱170枚、铜币14枚。出土的铜钱大多锈蚀严重，字迹不清，可辨铜钱有顺治通宝、康熙通宝、雍正通宝、乾隆通宝、嘉庆通宝、道光通宝、咸丰重宝、咸丰通宝、同治重宝、光绪重宝、光绪通宝及宣统通宝等。部分墓葬出土有清代晚期大量流通的铜币。

　　该批墓葬分布较密集，根据出土器物和墓葬形制，初步推断这批墓葬为清代中晚期的平民家族墓葬。这批墓葬的发掘，为进一步研究清代中晚期的丧葬习俗和当时北京地区的社会生活状况提供了新的资料。

发掘：李永强
摄影：黄星
绘图：赵芬明　黄星
执笔：李鹏

附表一　墓葬登记表　　　　　　　　　单位：米

墓号	方向	墓圹（长×宽×深）	墓口距地表深	棺数	葬式	人骨保存情况	头向及面向	性别	随葬品（件）	备注
M1	280°	2.1×0.6×0.6	1.8	单棺	仰身直肢葬	保存较差	头向西，面向北	男性	无	
M2	280°	2.8×1.1×0.9	1.8	单棺	仰身直肢葬	保存较差	头向西南，面向东南	男性	铜钱23	
M3	95°	2.3×（0.92～1）×1	1.8	单棺	仰身直肢葬	保存较差	头向东，面向上	女性	无	
M4	280°	（2.25～2.3）×（1.6～1.8）×1.1	1.8	双棺	皆为仰身直肢葬	皆保存较差	皆不详	皆不详	铜钱8	南棺打破北棺
M5	280°	（2.3～2.45）×（1.8～2）×0.9	1.8	双棺	皆为仰身直肢葬	皆保存较差	皆头向西，面向上	北棺女性；南棺男性	铜钱16	
M6	275°	（2.2～2.65）×（1.4～1.9）×（1.1～1.3）	1.8	双棺	皆为仰身直肢葬	皆保存较差	北棺头向西，面向上；南棺头向西，面向北	北棺女性；南棺男性	铜钱2	北棺打破南棺
M7	275°	（2.4～2.5）×（1.5～1.7）×1	1.8	双棺	皆为仰身直肢葬	皆保存较差	北棺不详；南棺头向西，面向南	皆不详	铜钱3	北棺打破南棺
M8	74°	（2.2～2.5）×（1.7～2.1）×（0.9～1）	1.8	双棺	皆为仰身直肢葬	皆保存较差	皆头向东，面向上	北棺女性；南棺男性	银簪1、铜钱1、铜币2	南棺打破北棺
M9	56°	2.6×（1.12～1.2）×0.7	1.8	单棺	仰身直肢葬	保存较差	头向东北，面向上	男性	无	
M10	50°	2.35×1.1×1	1.8	单棺	仰身直肢葬	保存较差	头向北，面向上	不详	铜钱6	
M11	58°	（2.55～2.6）×（1.8～2）×（0.7～0.8）	1.8	双棺	皆为仰身直肢葬	保存较差	皆头向东北，面向上	北棺男性；南棺女性	银簪2、铜钱23	南棺打破北棺

续表

墓号	方向	墓圹（长×宽×深）	墓口距地表深	棺数	葬式	人骨保存情况	头向及面向	性别	随葬品（件）	备注
M12	70°	2.4×（0.8~1）×0.5	1.8	单棺	不详	无	不详	不详	铜币	迁葬墓
M13	45°	（2.6~3）×（2.3~2.9）×1	1.8	三棺	皆为仰身直肢葬	皆保存较差	皆头向东北，面向上	北棺男性；中棺、南棺皆女性	无	南棺打破北棺；北棺打破中棺
M14	57°	2.4×（1.92~2.1）×（0.8~0.9）	1.8	双棺	皆为仰身直肢葬	皆保存较差	皆头向东，面向上；	皆不详	银簪4、铜钱29	南棺打破北棺
M15	56°	（2.6~2.8）×（2.4~3.1）×（0.4~0.65）	1.8	三棺	皆为仰身直肢葬	皆保存较差	北棺头向北，面向上；中棺头向北，面向东；南棺头向东北，面向上	北棺男性；中棺、南棺皆女性	银簪6、银扁方2、银耳环2、铜钱48、铜币11	中棺打破北棺；北棺打破南棺
M16	30°	（2.5~2.7）×（1.5~1.6）×0.5	1.8	双棺	皆为仰身直肢葬	皆保存较差	皆头向东北，面向上	北棺男性；南棺女性	铜钱8	南棺打破北棺

附表二　可辨铜钱统计表　　　　　　　　　　　　　　　　　单位：厘米

单位	编号	种类	钱径	穿径	郭厚	备注
M2	M2：1-1	乾隆通宝	2.5	0.5	0.1	穿左右满文漫漶不清
	M2：1-2	乾隆通宝	2.1	0.6	0.1	穿左右为满文"宝泉"
	M2：2	嘉庆通宝	2.4	0.6	0.1	穿左右为满文"宝泉"
	M2：3	道光通宝	2.4	0.6	0.1	穿左右为满文"宝泉"
	M2：4	咸丰通宝	2.2	0.5	0.1	穿左右为满文"宝源"
	M2：5-1	光绪重宝	3.1	0.6	0.2	穿上下为汉字"当十"，左右为满文"宝泉"
	M2：6-1	光绪通宝	2.3	0.5	0.1	穿左右为满文"宝源"
	M2：6-2	光绪通宝	2.3	0.5	0.1	穿左右为满文"宝泉"
	M2：6-3	光绪通宝	2.2	0.5	0.1	穿左右为满文"宝源"
	M2：6-4	光绪通宝	2.2	0.5	0.1	穿左右为满文"宝泉"
	M2：6-5	光绪通宝	2.1	0.5	0.1	穿左右为满文"宝泉"
M4	M4：1-1	咸丰重宝	3.1	0.7	0.2	穿上下为汉字"当十"，左右为满文"宝源"
	M4：1-2	咸丰重宝	3.1	0.7	0.2	穿上下为汉字"当十"，左右为满文"宝泉"
	M4：1-3	咸丰重宝	3.1	0.7	0.2	穿上下为汉字"当十"，左右为满文"宝泉"

续表

单位	编号	种类	钱径	穿径	郭厚	备注
M5	M5:1	道光通宝	2.2	0.5	0.2	穿左右为满文"宝泉"
	M5:2-1	咸丰重宝	3.5	0.8	0.3	穿上下为汉字"当十",左右为满文"宝泉"
	M5:2-2	咸丰重宝	3.1	0.6	0.2	穿上下为汉字"当五",左右为满文"宝源"
	M5:2-3	咸丰重宝	2.5	0.7	0.1	穿上下为汉字"当十",左右为满文"宝泉"
	M5:3-1	同治重宝	3.2	0.6	0.2	穿上下为汉字"当十",左右为满文"宝泉"
	M5:3-2	同治重宝	3.1	0.7	0.2	穿上下为汉字"当十",左右为满文"宝泉"
	M5:3-3	同治重宝	2.9	0.7	0.2	穿上下为汉字"当十",左右为满文"宝泉"
	M5:3-4	同治重宝	2.8	0.6	0.2	穿上下为汉字"当十",左右为满文"宝泉"
	M5:4	光绪重宝	2.8	0.6	0.2	穿上下为汉字"当拾",左右为满文"宝泉"
M6	M6:1	光绪通宝	2.3	0.5	0.1	穿左右为满文"宝泉"
M7	M7:1	嘉庆通宝	2.4	0.5	0.2	穿左右为满文"宝泉"
	M7:2	同治重宝	3.1	0.7	0.2	穿上下为汉字"当十",左右为满文"宝源"
	M7:3	光绪通宝	2.7	0.5	0.1	穿左右为满文"宝泉"
M8	M8:2	光绪元宝	2.8	/	0.2	背面漫漶不清
	M8:3	大清铜币	2.8	/	0.2	背面漫漶不清
M11	M11:3	乾隆通宝	2.3	0.6	0.1	穿左右为满文"宝源"
	M11:4	嘉庆通宝	2.4	0.6	0.1	穿左右为满文"宝泉"
	M11:5	道光通宝	2.3	0.6	0.2	穿左右为满文"宝泉"
	M11:6	咸丰重宝	2.9	0.6	0.2	穿上下为汉字"当十",左右为满文"宝源"
	M11:7-1	同治重宝	3.0	0.6	0.2	穿上下为汉字"当十",左右为满文"宝泉"
	M11:7-2	同治重宝	2.9	0.6	0.2	穿上下为汉字"当十",左右为满文"宝泉"
	M11:7-3	同治重宝	2.8	0.6	0.2	穿上下为汉字"当十",左右为满文"宝泉"
	M11:8-1	光绪重宝	2.9	0.6	0.1	穿上下为汉字"当拾",左右为满文"宝泉"
	M11:8-2	光绪重宝	2.6	0.6	0.2	穿上下为汉字"当拾",左右为满文"宝源"
	M11:9	宣统通宝	1.9	0.4	0.1	穿左右为满文"宝泉"
M14	M14:5	康熙通宝	2.3	0.5	0.1	穿左右满文漫漶不清
	M14:6-1	乾隆通宝	2.6	0.6	0.1	穿左右满文漫漶不清
	M14:6-2	乾隆通宝	2.4	0.5	0.1	穿左右为满文"宝泉"
	M14:7	嘉庆通宝	2.4	0.6	0.1	穿左右为满文"宝泉"
	M14:8-1	道光通宝	2.6	0.6	0.1	穿左右为满文"宝泉"

续表

单位	编号	种类	钱径	穿径	郭厚	备注
M14	M14：8-2	道光通宝	2.3	0.6	0.2	穿左右为满文"宝浙"
M15	M15：11-1	顺治通宝	2.7	0.6	0.1	穿左右分别为满文汉字"东"
	M15：11-2	顺治通宝	2.7	0.6	0.1	穿左右分别为满文汉字"蓟"
	M15：11-3	顺治通宝	2.5	0.5	0.1	穿左右分别为满文汉字"浙"
	M15：12-1	康熙通宝	2.8	0.6	0.1	共4枚，穿左右为满文"宝泉"
	M15：12-2	康熙通宝	2.6	0.6	0.1	共5枚，穿左右分别为满文汉字"浙"
	M15：12-3	康熙通宝	2.6	0.6	0.1	穿左右分别为满文汉字"东"
	M15：12-4	康熙通宝	2.6	0.6	0.1	穿左右分别为满文汉字"昌"
	M15：12-5	康熙通宝	2.5	0.5	0.1	穿左右分别为满文汉字"云"
	M15：13	雍正通宝	2.6	0.6	0.1	穿左右为满文"宝源"
	M15：14-1	嘉庆通宝	2.7	0.6	0.1	穿左右为满文"宝泉"
	M15：14-2	嘉庆通宝	2.4	0.6	0.1	穿左右为满文"宝泉"
	M15：15	道光通宝	2.9	0.5	0.2	穿左右为满文"宝泉"
	M15：16	咸丰重宝	3.1	0.7	0.2	穿上下为汉字"当十"，左右为满文"宝泉"
	M15：17	同治重宝	2.8	0.6	0.2	穿上下为汉字"当十"，左右为满文"宝泉"
	M15：18-1	光绪重宝	2.8	0.6	0.2	穿上下为汉字"当拾"，左右为满文"宝泉"
	M15：18-2	光绪重宝	2.8	0.6	0.2	穿上下为汉字"当拾"，左右为满文"宝源"
	M15：19	宣统通宝	2.0	0.4	0.1	共6枚，穿左右为满文"宝泉"

八达岭经济开发区清代墓葬发掘报告

为配合八达岭经济开发区天佑路东侧工业用地的工程建设，北京市考古研究院（原北京市文物研究所）于2018年5月30日至6月5日对八达岭经济开发区天佑路东侧工业用地土地开发项目范围内的古代墓葬进行了考古发掘。该项目地块位于延庆区八达岭经济开发区，北邻光谷一街、西邻康张路、南邻其他地块、东邻风谷四路。发掘区位于地块东北部（图一）。

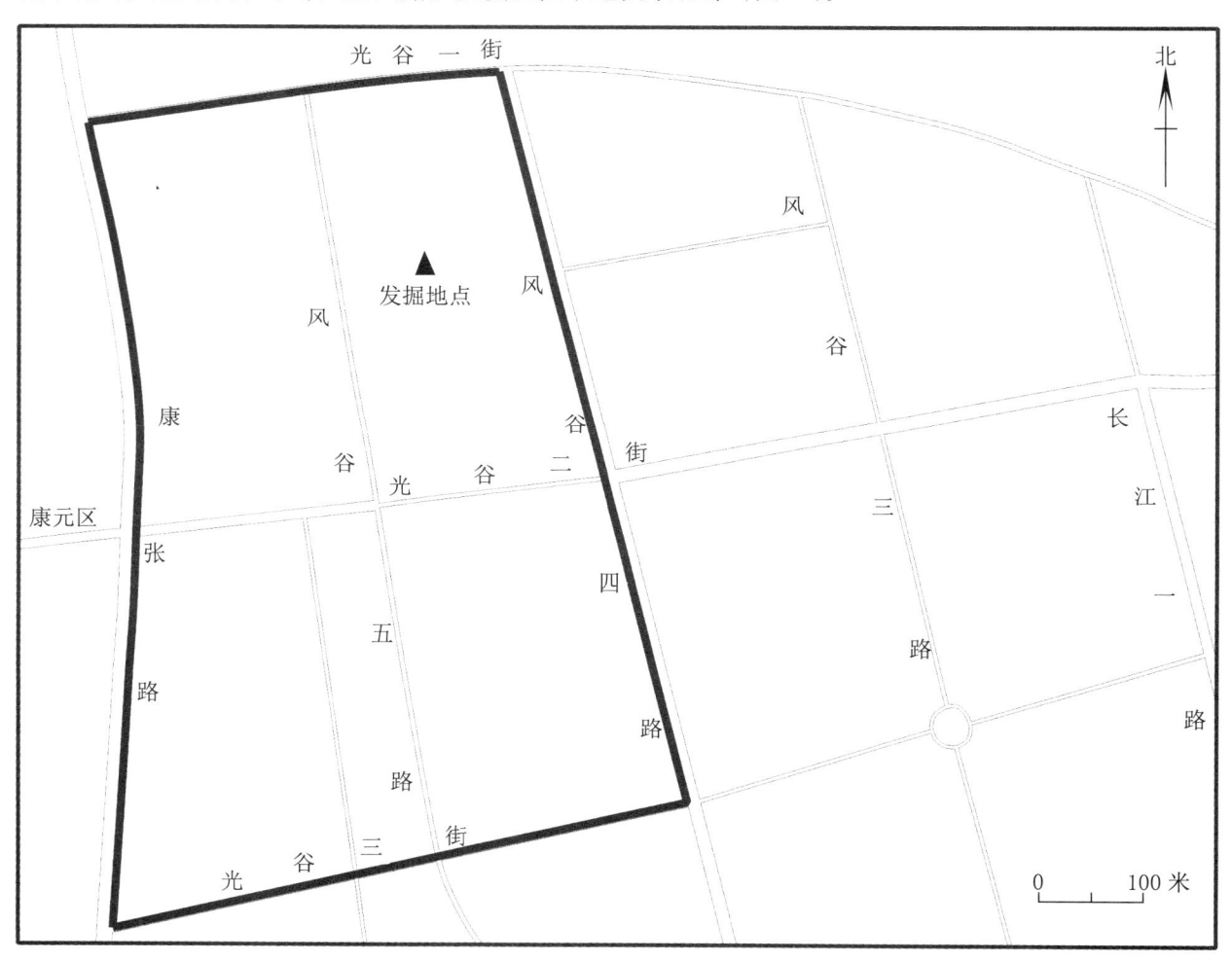

图一　发掘地点位置示意图

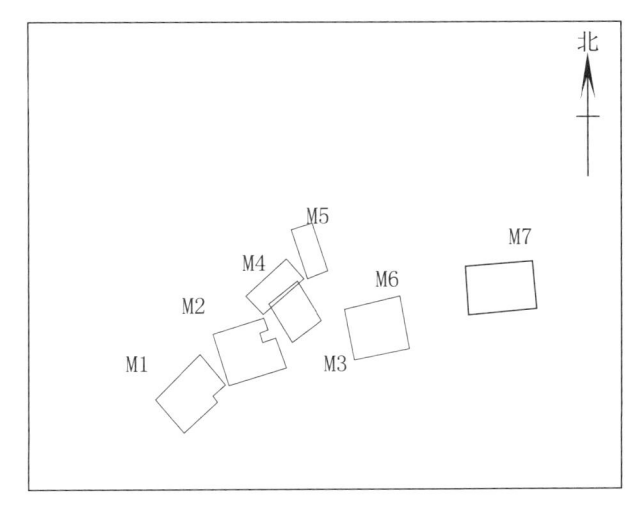

图二　墓葬分布示意图

一、地层堆积

本次发掘面积共计 76 平方米，发掘区内地层堆积情况大体一致，自上而下可分为 3 层（图三）。

第①层：黄色耕土层，厚 0.2～0.3 米。土质较疏松，内含植物根茎、碎石颗粒。

第②层：褐色冲积土层，厚 0.2～2.2 米。土质较致密，内含碎石颗粒。

第③层：黄色冲积沙层，厚 0.7～2.4 米。沙质较致密，内含碎石颗粒。

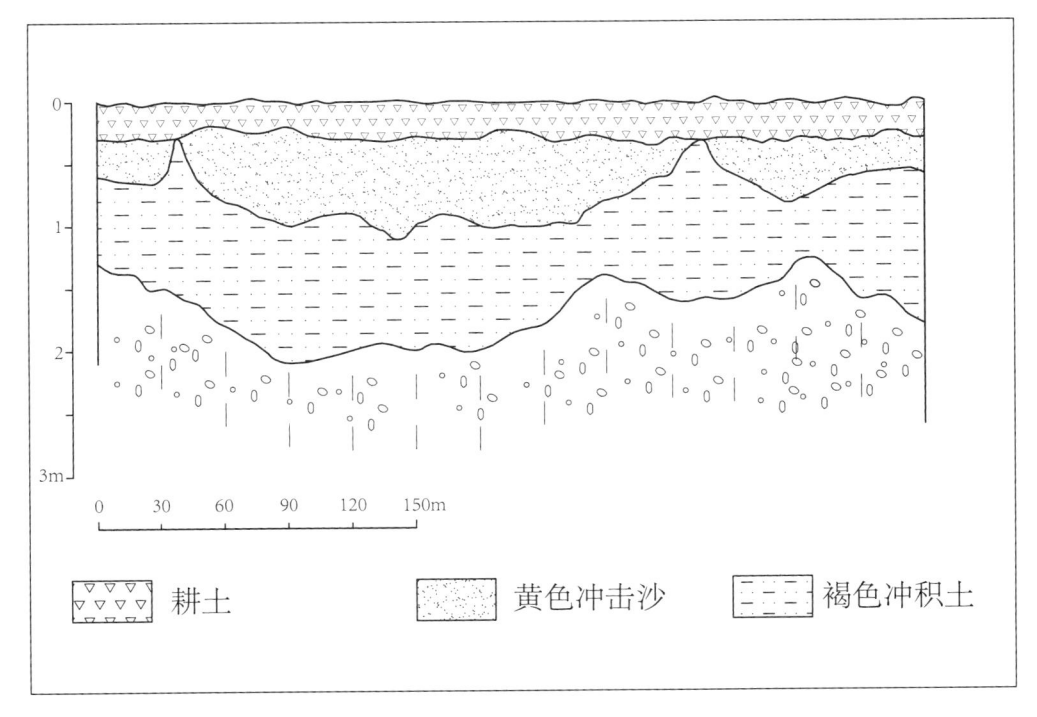

图三　地层堆积示意图

二、墓葬形制

7座清代墓葬均开口于②层下，墓口距地表深0.5米。现将7座墓葬的形制、结构及出土的随葬器物等相关情况报告如下（附表一）。

（一）单人葬墓

M3方向为185°。平面呈长方形，南北向，长2.8米、宽0.85米，竖穴土圹墓。墓室内填花土，土质较松散，土层内含小石块，大小不均匀，四壁较规整。墓底置单棺，棺内为一男性。棺木已朽，棺痕残长2.2米、宽0.4~0.6米、残高0.3米。骨架保存较为完整，头南足北，面向上，仰身直肢葬，骨架长1.97米，骨架下约1厘米厚木灰垫层，无随葬品（图四；彩版一○○，1）。

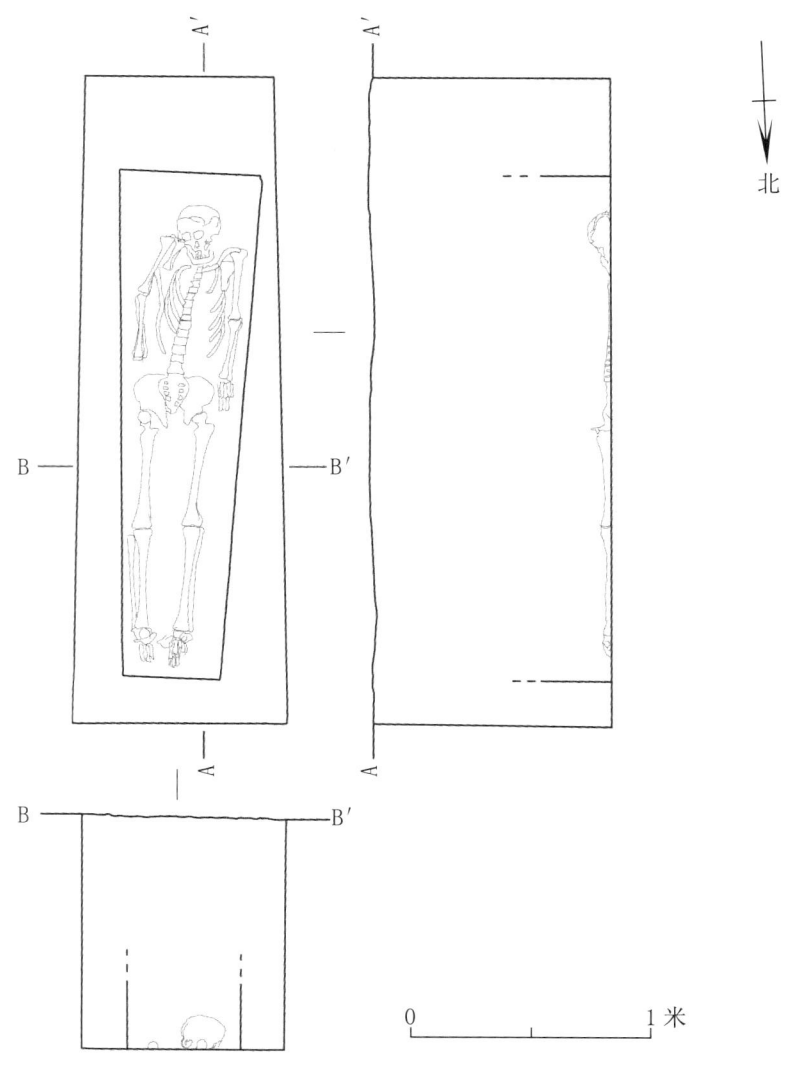

图四 M3平、剖面图

M4 方向为 175°。平面呈长方形，南北向，长 2.1~3.1 米、宽 1~2.3 米，竖穴土圹墓。该墓西北部墓圹被 M5 打破。墓室内填花土，土质较松散，土层内含小石块，大小不均匀，四壁较规整。墓底置单棺，棺内为一男性。棺木已朽，棺痕残长 1.26 米、宽 0.5~0.58 米、残高 0.2 米、骨架保存较为完整，头南足北，面向上，仰身直肢葬，骨架长 1.1 米，骨架下约 1 厘米厚木灰垫层，无随葬品（图五；彩版一〇〇，2）。

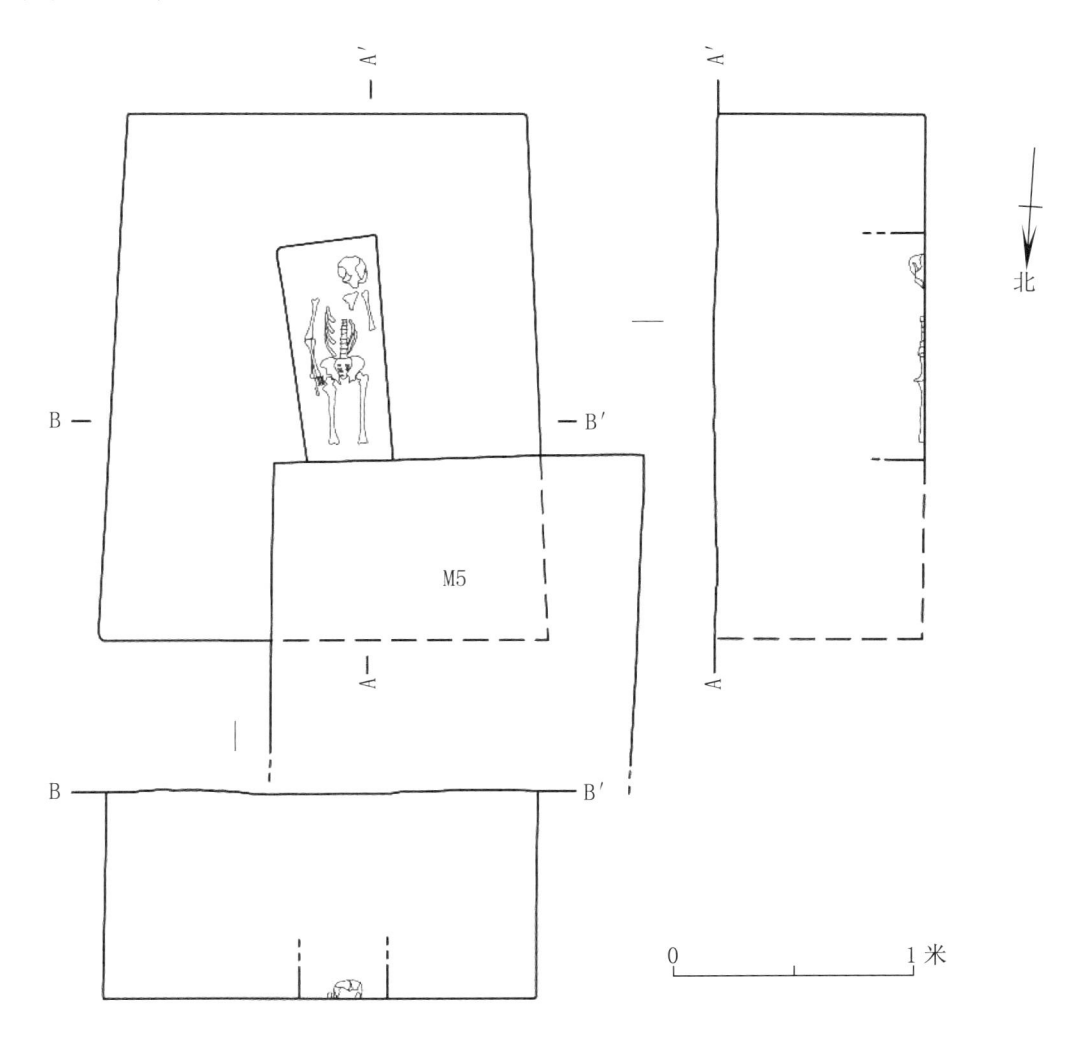

图五　M4 平、剖面图

M5 方向为 190°。平面近似长方形，南北向，长 2.35 米、宽 2~2.14 米，竖穴土圹墓。该墓葬南部墓圹打破 M4 西北墓圹及棺圹。墓室内填花土，土质较松散，土层内含小石块，大小不均匀，四壁较规整。墓底置单棺，棺内为一男性。棺木已朽，棺痕残长 1.7 米、宽 0.4~0.5 米、残高 0.3 米，骨架保存较为完整，头向西南，面向北，仰身直肢葬，骨架长 1.76 米，骨架下约 1 厘米厚木灰垫层（图六；彩版一〇〇，3）。头左侧随葬铜钱 1 枚。

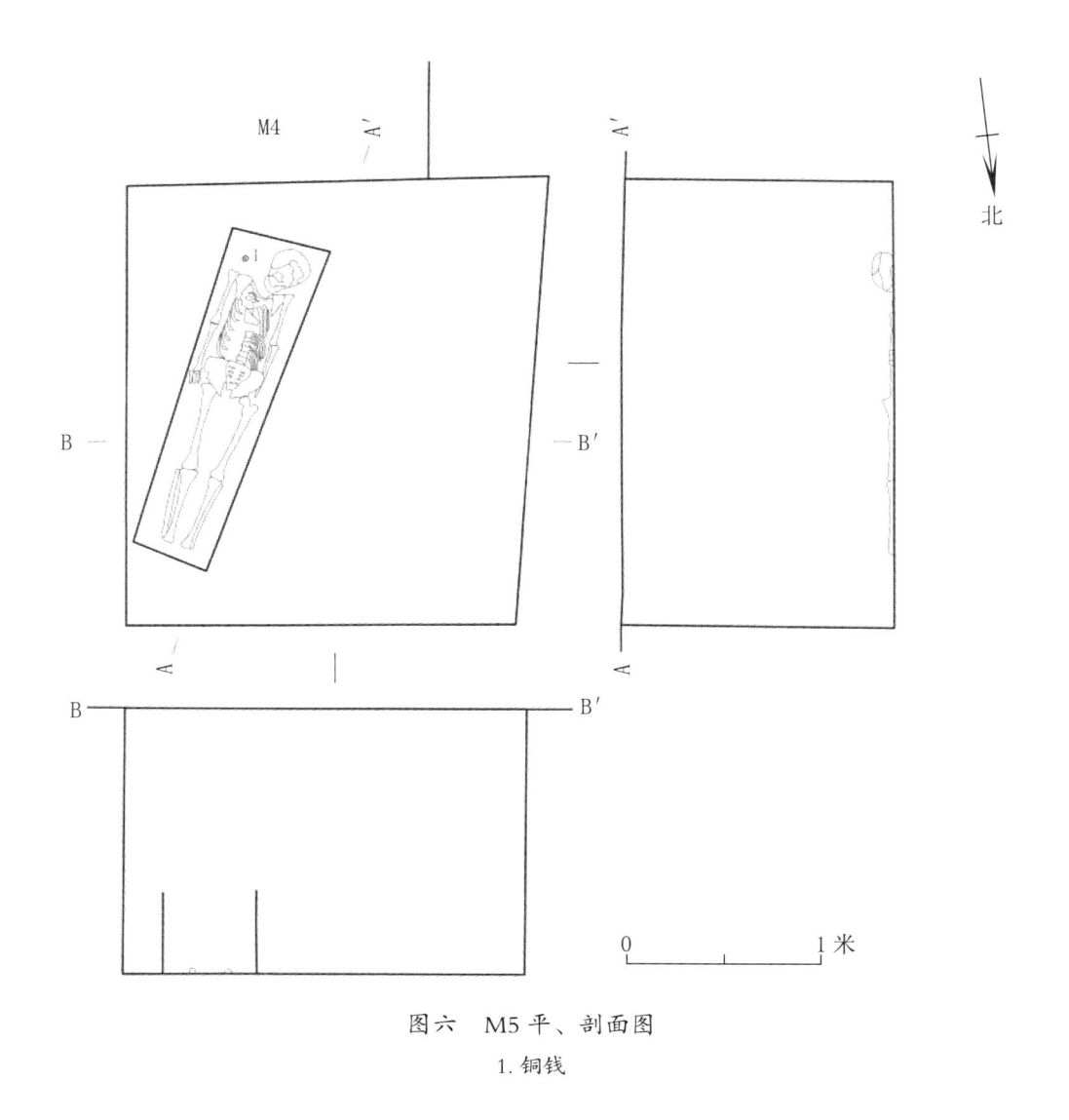

图六 M5 平、剖面图
1. 铜钱

（二）双人合葬墓

M1 方向为 185°。平面呈长方形，南北向，长 2.4 米、宽 2.35 米，竖穴土圹墓，其中西墓穴打破东墓穴。墓室内填花土，土质较松散，土层内含小石块，大小不均匀，四壁较规整。墓底置双棺，一男一女，为夫妻合葬墓（图七；彩版一〇一，1）。

东棺棺木已朽，棺痕残长 1.85 米、宽 0.35～0.6 米、残高 0.5 米。棺内为一男性，骨架保存较为完整，头南足北，面向东侧，仰身直肢葬，骨架长 1.7 米，骨架下约 1 厘米厚木灰垫层。头前端随葬黑釉瓷罐 1 件。

西棺棺木已朽，棺痕残长 1.87 米、宽 0.52～0.56 米、残高 0.4 米。棺内为一女性，骨架保存较为完整，头南足北，面朝上，仰身直肢葬，骨架长 1.55 米，骨架下约 1 厘米厚木灰垫层。头前端右侧随葬黑釉瓷罐 1 件，头右侧随葬铜钱 1 枚。

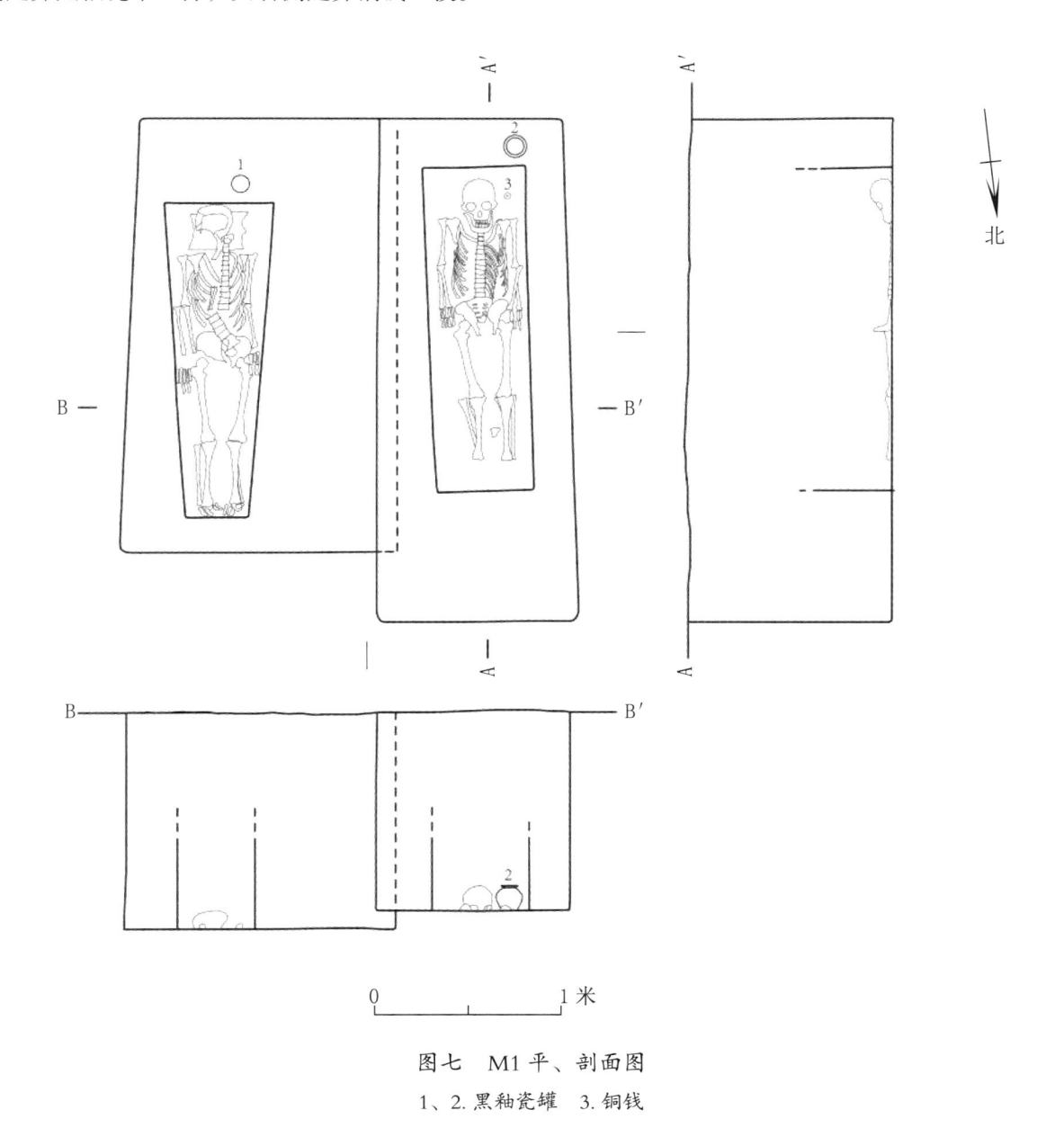

图七　M1 平、剖面图
1、2. 黑釉瓷罐　3. 铜钱

M2 方向为 180°。平面呈长方形，南北向，长 2.4 米、宽 2.3 米，竖穴土圹墓，其中西墓穴打破东墓穴。墓室内填花土，土质较松散，土层内含小石块，大小不均匀，四壁较规整。墓底置双棺，一男一女，为夫妻合葬墓（图八；彩版一○一，2）。

东棺棺木已朽，棺痕残长 1.9 米、宽 0.5～0.64 米、残高 0.5 米。棺内为一男性，骨架保存较为完整，头南足北，面向下，仰身直肢葬，骨架长 1.64 米，骨架下约 1 厘米厚木灰垫层。头前端随葬黑釉瓷罐 1 件，胸骨处随葬铜钱 1 枚。

西棺棺木已朽，棺痕残长1.7米、宽0.4～0.64米、残高0.3米。棺内为一女性，骨架保存较为完整，头南足北，面朝上，仰身直肢葬，骨架长1.55米，骨架下约1厘米厚木灰垫层。头前端右侧随葬黑釉瓷罐1件。

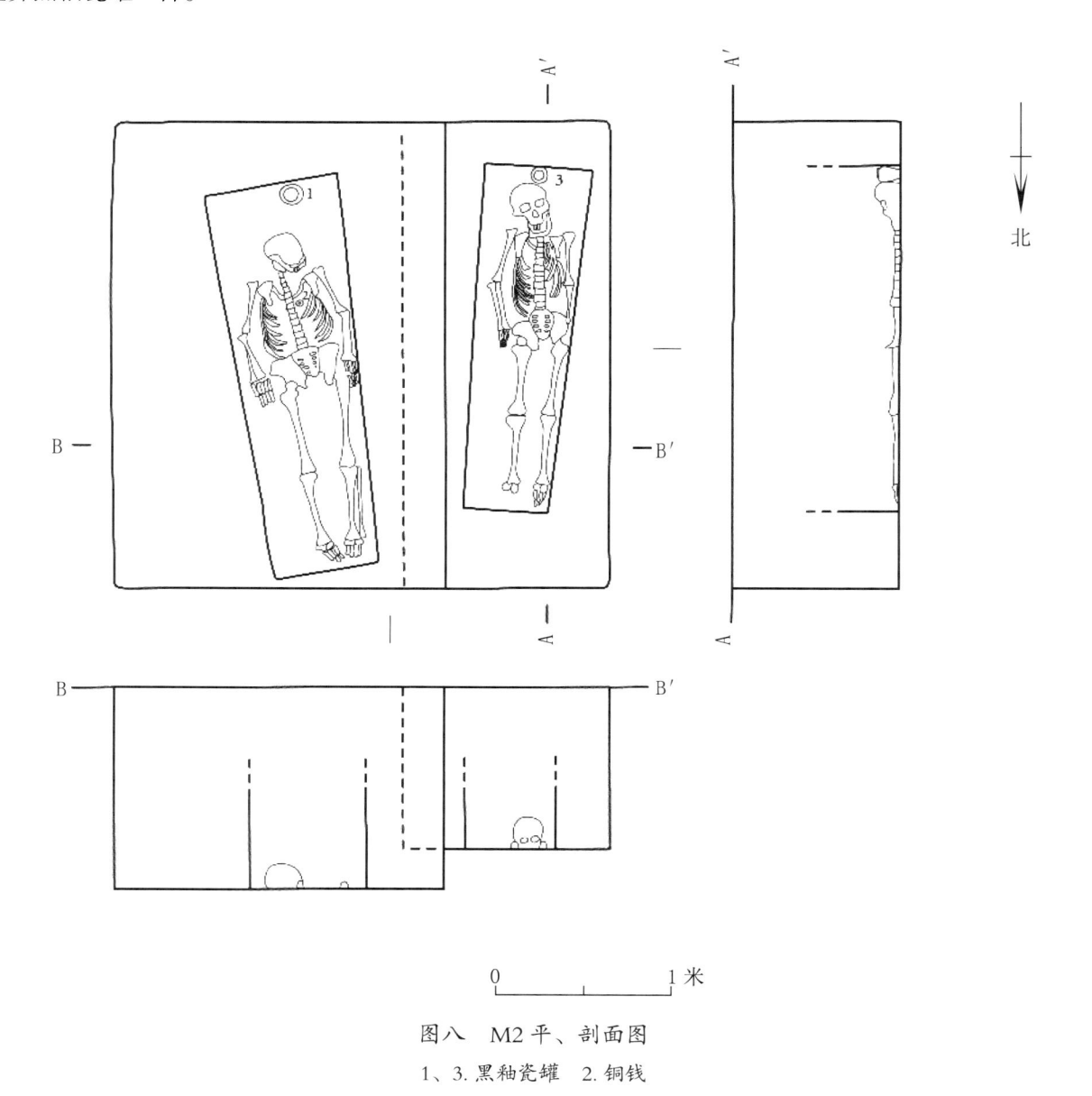

图八 M2平、剖面图
1、3.黑釉瓷罐 2.铜钱

M6方向为160°。平面呈长方形，南北向，长2.24米、宽1.4米，竖穴土圹墓，其中东棺打破西棺。墓室内填花土，土质较松散，土层内含小石块，大小不均匀，四壁较规整。墓底置双棺，一男一女，为夫妻合葬墓（图九；彩版一〇二，1）。

西棺棺木已朽，棺痕残长1.76米、宽0.46～0.48米、残高0.3米。棺内为一男性，骨架保存较为完整，头南足北，面向上，仰身直肢葬，骨架长1.67米，骨架下约1厘米厚木灰垫层。腰上端随葬铜钱1枚。

东棺棺木已朽，棺痕残长1.67米、宽0.48～0.56米、残高0.3米。棺内为一女性，骨架保存较为完整，头南足北，面朝上，仰身直肢葬，骨架长1.6米，骨架下约1厘米厚木灰垫层，无随葬品。

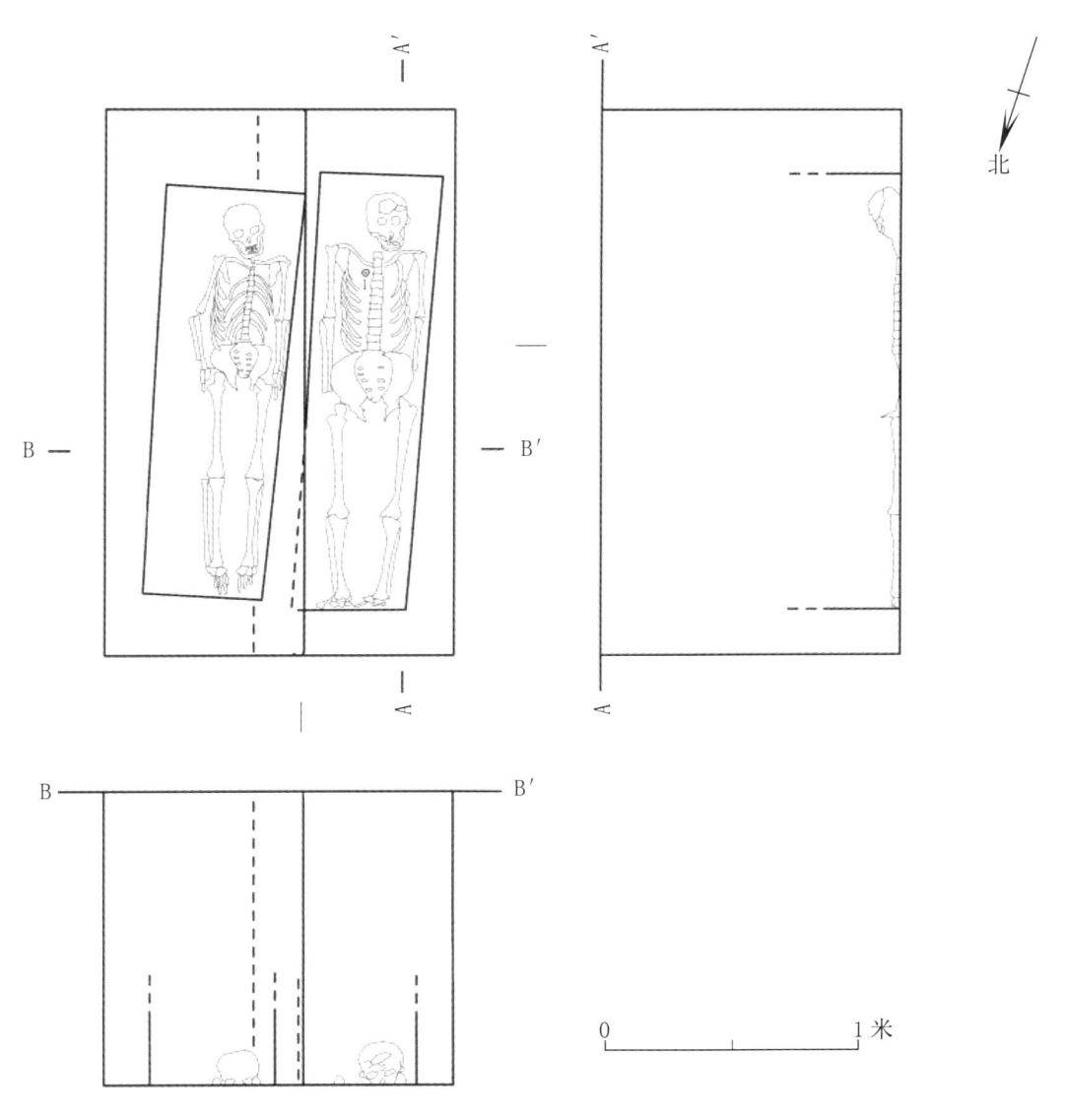

图九　M6平、剖面图
1. 铜钱

M7方向为170°。平面呈长方形，西南-东北向，长2.7米、宽3～3.2米，竖穴土圹墓。墓室内填花土，土质较硬，土层内含小石块，大小不均匀，四壁较规整。墓底置双棺，一男一女，为夫妻合葬墓（图一〇；彩版一〇二，2）。

东棺棺木已朽，棺痕残长1.85米、宽0.34～0.5米、残高0.3米。棺内为一女性，骨架保存较为完整，头向西南，面向北，仰身直肢葬。骨架长1.72米，骨架下约1厘米厚木灰垫层，无随葬品。

西棺棺木已朽，棺痕残长2米、宽0.48～0.56米、残高0.3米。棺内为一男性，骨架保存较为完整（无头），仰身直肢葬。骨架长1.74米，骨架下约1厘米厚木灰垫层。棺内上端随葬黑釉瓷罐1件、铜钱1枚。

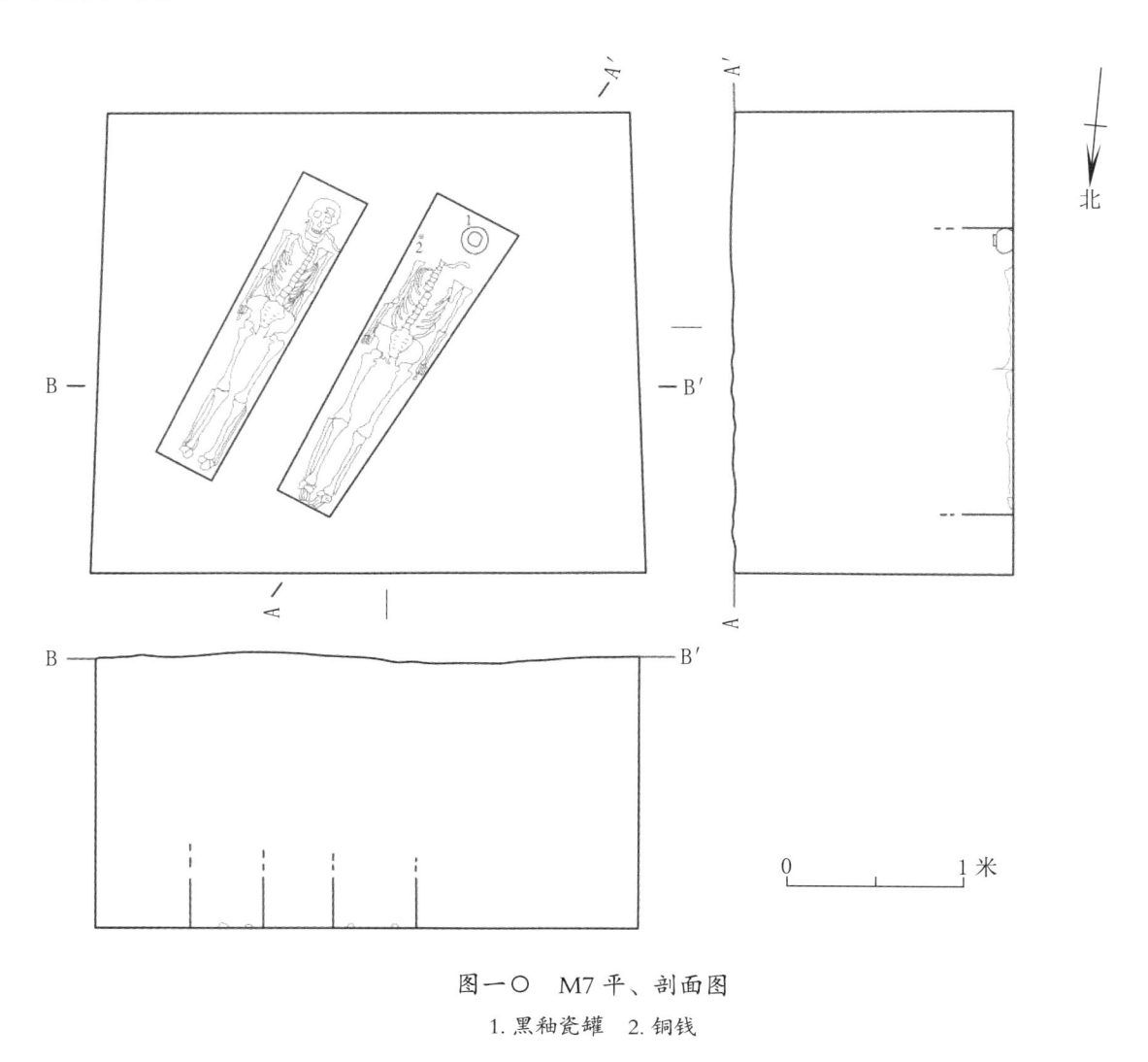

图一〇　M7平、剖面图
1. 黑釉瓷罐　2. 铜钱

三、随葬器物

该批墓葬随葬品较少，仅出土有黑釉瓷罐和铜钱。

黑釉瓷罐5件。

M1:1，直口，方圆唇，短颈，圆肩，上腹圆弧，下腹斜曲，平底，矮圈足，外圈足斜削。灰白胎、致密。口为涩胎，内壁施满釉，外壁施釉至下腹部。黑釉、光亮微泛褐。素面。口径10.5厘米、底径6厘米、高11.3厘米、厚0.7厘米（图一一，1；彩版一〇三，1）。

M1:2，敞口，圆唇，短颈，斜直腹微鼓，矮圈足，平底。胎质较粗，口沿及圈足未施釉。素面。口径9.7厘米、底径6.5厘米、高12.3厘米、厚0.7厘米（图一一，2；彩版一〇三，2）。

M2:1，口微敛，圆唇，短颈，折肩，鼓腹，平底，矮圈足。腹部及内壁施酱黑色釉，外壁施釉不及底，圈足无釉。素面。口径8厘米、底径6.8厘米、高8厘米、厚0.3厘米（图一一，3；彩版一〇三，3）。

M2:3，直口，圆唇，短颈，溜肩，斜直腹微鼓，平底。上腹部及内壁施青黑色釉，外壁施釉不及底；釉层较薄，釉色莹润光亮。素面。口径5.1厘米、底径5.2厘米、高9.6厘米、厚0.3厘米（图一一，4；彩版一〇三，4）。

M7:1，口微敛，圆唇，短颈，溜肩，鼓腹，矮圈足，平底。腹部及内壁施酱黑色釉，外部施釉不及底，圈足无釉。素面。口径6.8厘米、底径5.8厘米、高9.6厘米、厚0.3厘米（图一一，5；彩版一〇三，5）。

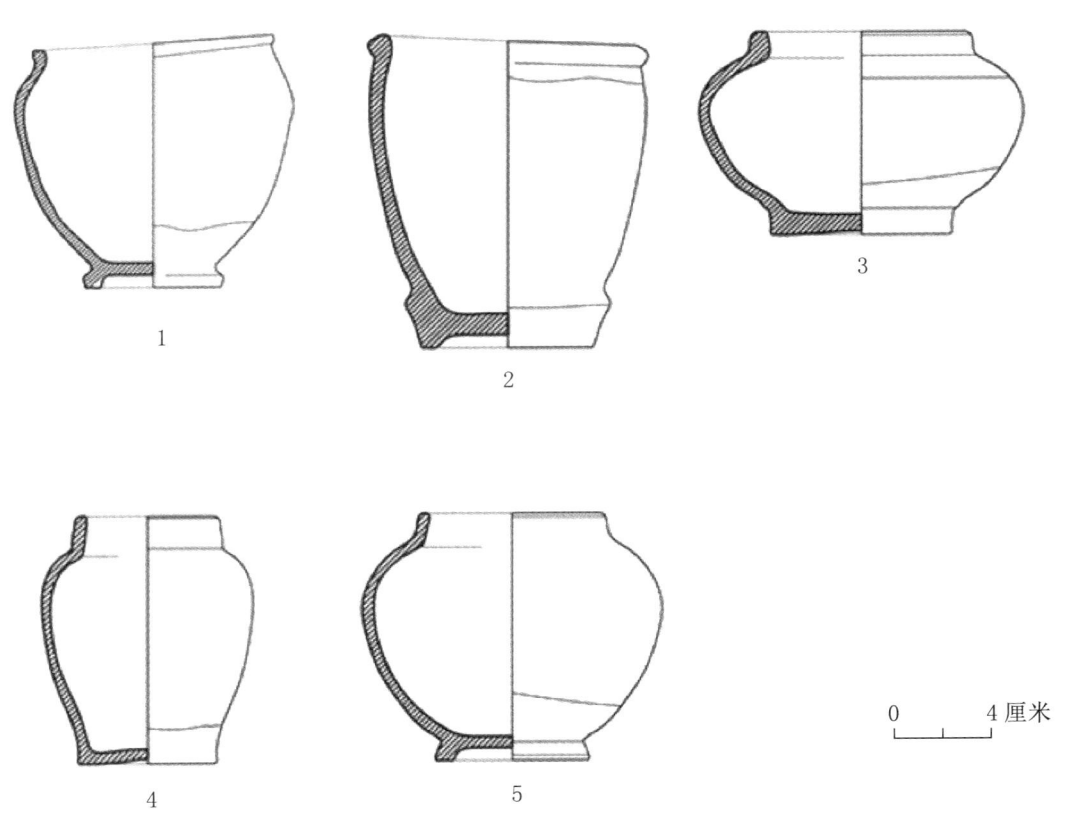

图一一 出土黑釉瓷罐
1.M1:1 2.M1:2 3.M2:1 4.M2:3 5.M7:1

铜钱5枚（附表二）。

熙宁元宝1枚。M7:2，圆形，方穿，正、背面有圆郭，正面铸"熙宁元宝"，篆书，旋读，背面无纹。钱径 2.3 厘米、穿径 0.75 厘米、郭厚 0.25 厘米（图一二，1）。

顺治通宝 1 枚。M5：1，圆形，方穿，正、背面有圆郭。正面铸"顺治通宝"，楷书，对读。背面穿左铸汉字"一厘"二字，穿右铸"东"字，纪局名。钱径 2.4 厘米、穿径 0.6 厘米、郭厚 0.2 厘米（图一二，2）。

康熙通宝 2 枚。标本 M1：3，圆形，方穿，正、背面有圆郭。正面铸"康熙通宝"，楷书，对读。背面铸满文"宝源"二字，对读，纪局名。钱径 2.8 厘米、穿径 0.75 厘米、郭厚 0.4 厘米。标本 M2：1，正面铸"康熙通宝"，楷书，对读。背面铸满文"宝泉"，纪局名。钱径 2.8 厘米、穿径 0.6 厘米、郭厚 0.3 厘米（图一二，3、4）。

万历通宝 1 枚。M6：1，圆形，方穿，光背，正、背面有圆郭，正面铸"万历通宝"，楷书，对读。钱径 2.8 厘米、穿径 0.5 厘米、郭厚 0.2 厘米（图一二，5）。

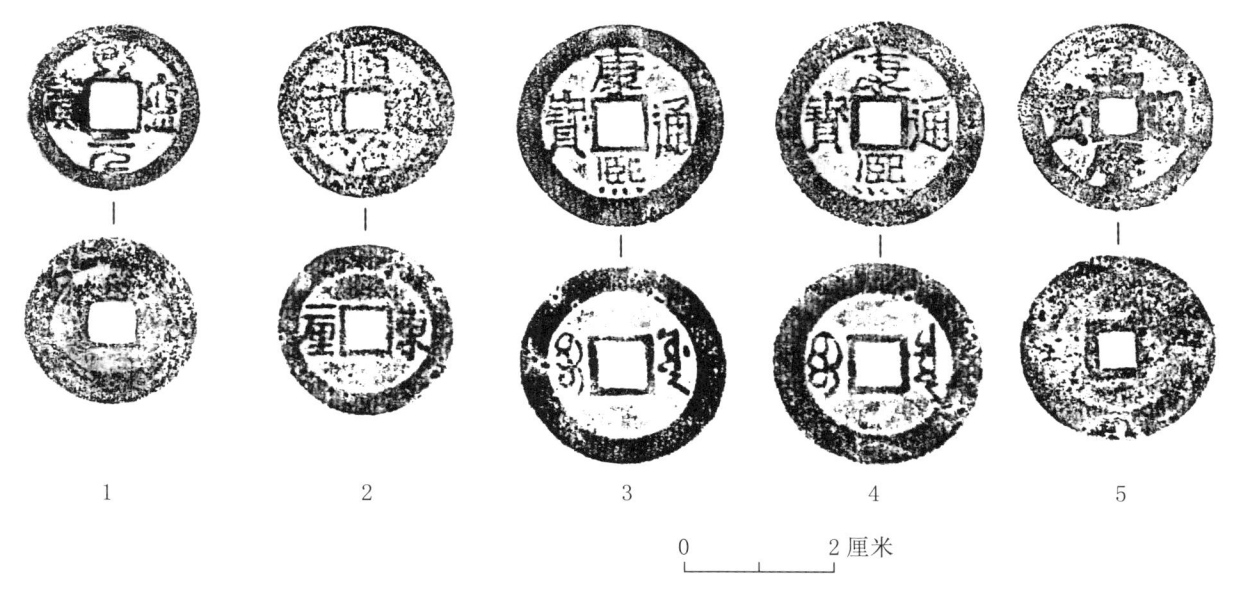

图一二　出土铜钱拓片
1. 熙宁通宝（M7：2） 2. 顺治通宝（M5：1） 3、4. 康熙通宝（M1：3、M2：1） 5. 万历通宝（M6：1）

四、结语

7 座墓葬皆为长方形竖穴土圹墓，其中单人葬墓 3 座，双人合葬墓 4 座。其形制与北京地区以往发现的同时期墓葬形制结构基本相同。出土器物中，黑釉瓷罐 M1：1 与昌平张营 M3：1 相似[①]、黑釉瓷罐 M2：1 与通州新城基业 M8：1 相似[②]、黑釉瓷罐 M2：3 与大唐庄 M39：2 相似[③]、黑釉瓷罐 M7：1 与华能热电厂 M4：3 等相似[④]。

从墓葬分布情况来看，7 座墓葬相距较近，应为同一家族墓葬；从墓葬形制及随葬器物可以看出，随葬品种类不丰富，墓葬规格等级较低，应属平民墓葬。昌平张营、通州新城基业、密云大唐庄、华能热电厂项目发现的以上墓葬皆为清代时期，故推断该7座墓葬为清代平民家族墓。

发掘：孙峥
拓片：黄星
摄影：王宇新
绘图：刘晓贺
执笔：徐蕙若

注释

① 北京市文物研究所：《昌平张营遗址北区墓葬发掘报告》，载北京市文物研究所编《北京考古》第二辑，北京燕山出版社，2008年。
② 北京市文物研究所：《通州新城基业项目墓葬发掘简报》，《北京文博文丛》2010年第1期。
③ 北京市文物研究所：《密云大唐庄——白河流域古代墓葬发掘报告》，上海古籍出版社，2010年。
④ 北京市文物研究所：《北京华能热电厂墓葬考古发掘简报》，《北京文博文丛》2017年第4期。

附表一　墓葬登记表　　　　　　　　　　　　　　　　　　　　　单位：米

墓号	方向	墓圹 长×宽（米）	墓口距地表深	棺数	葬式	人骨保存情况	头向及面向	性别	随葬品（件）	备注
M1	185°	2.4×2.35	0.5	双棺	皆为仰身直肢葬	皆保存较完整	东棺头向朝南，面向朝东；西棺头向朝南，面向朝上	东棺男性，西棺女性	黑釉瓷罐2、铜钱1	
M2	180°	2.4×2.3	0.5	双棺	皆为仰身直肢葬	皆保存较完整	东棺头向朝南，面向朝下；西棺头向朝南，面向朝上	东棺男性，西棺女性	黑釉瓷罐2、铜钱1	
M3	185°	2.8×0.85	0.5	单棺	仰身直肢葬	保存较完整	头向朝南，面向朝上	男性		
M4	175°	（2.1~3.1）×（1~2.3）	0.5	单棺	仰身直肢葬	保存较完整	头向朝南，面向朝上	男性		西北部墓圹被M5打破
M5	190°	2.35×（2~2.14）	0.5	单棺	仰身直肢葬	保存较完整	头向朝西南，面向朝北	男性	铜钱1	
M6	160°	2.24×1.4	0.5	双棺	仰身直肢葬	保存较完整	皆头向朝南，面向朝上	东棺女性，西棺男性	铜钱1	东棺打破西棺

续表

墓号	方向	墓圹 长×宽×深（米）	墓口距地表深	棺数	葬式	人骨保存情况	头向及面向	性别	随葬品（件）	备注
M7	170°	2.7×（3~3.2）	0.5	双棺	仰身直肢葬	保存较完整	东棺头向西南，面向朝北；西棺不详	东棺女性，西棺男性	黑釉瓷罐1、铜钱1	

附表二　铜钱统计表　　　　　　　　　　　单位：厘米

单位	编号	种类	钱径	穿径	郭厚	备注
M1	M1：3	康熙通宝	2.8	0.75	0.4	穿左右为满文"宝源"
M2	M2：1	康熙通宝	2.8	0.6	0.3	穿左右为满文"宝泉"
M5	M5：1	顺治通宝	2.4	0.6	0.2	穿左为汉字"一厘"，穿右为"东"
M6	M6：1	万历通宝	2.8	0.5	0.2	光背
M7	M7：2	熙宁元宝	2.3	0.75	0.25	光背

密云区鼓楼西区考古勘探报告

为配合密云区鼓楼西区定向安置房项目的建设，2019年4月13日至4月25日、9月10日至9月15日，北京市考古研究院（原北京市文物研究所）在该项目用地范围内进行了全面考古勘探。考古勘探区域位于密云区密云镇鼓楼西区南部，西邻密关路（S205）、东为鼓楼北大街、北邻鼓楼西区小区、南为密云区政府，南北长116米、东西宽106米，总面积为10197.968平方米（图一）。地理坐标：西北角N40°22′49.4″，E116°50′38.7″，东北角N40°22′49.2″，E116°50′40.6″，西南角N40°22′46.5″，E116°50′36.1″，东南角N40°22′46.4″，E116°50′40.2″。

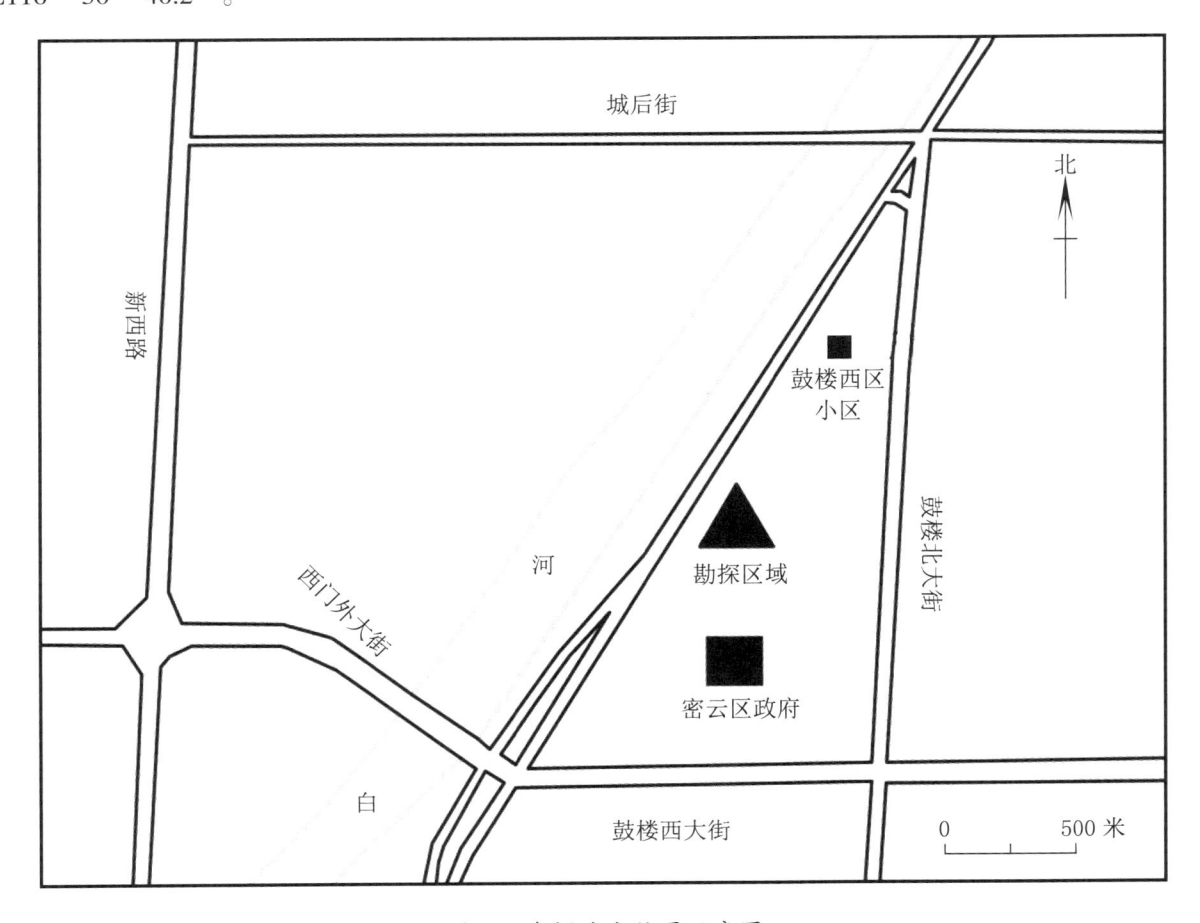

图一　勘探地点位置示意图

一、地层堆积

勘探区域内地势较为平坦。为了掌握该区域内的地层堆积情况，首先，在区域内的不同位置打深孔5个；其次，在区域内东西、南北向各打一排深孔，通过"十"字形探孔群以掌握整体的地层堆积情况（图二、图三）；最后，对深孔土质、土样进行分析、判断，结果表明区域内地层堆积较为连续。现对区域内的地层堆积情况介绍如下：

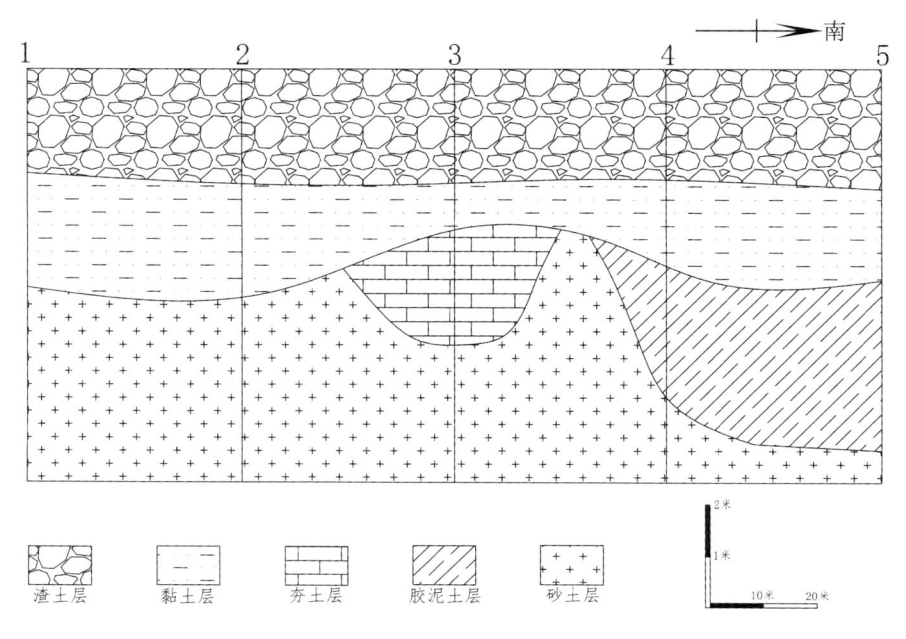

图二　自北向南地层剖面示意图

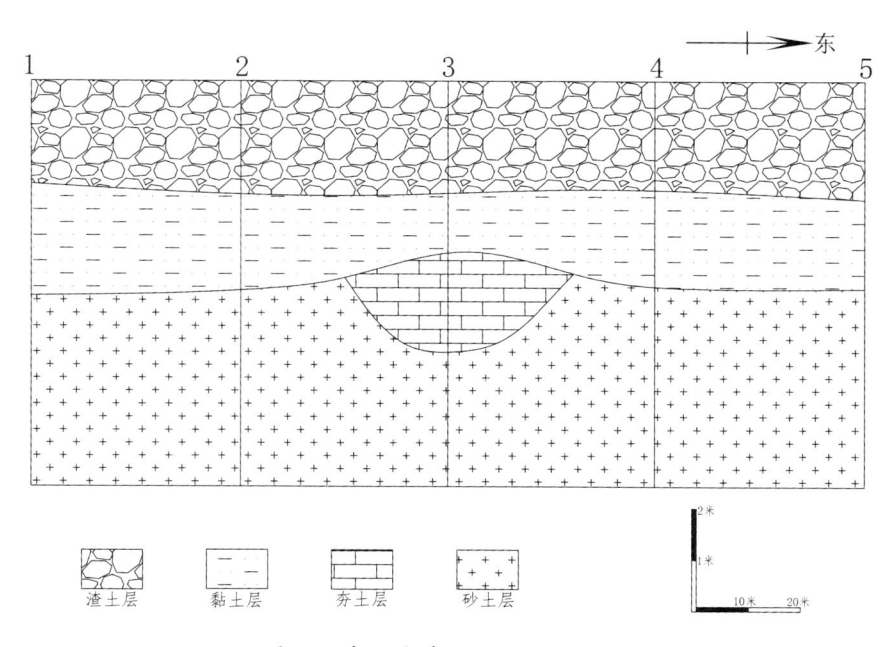

图三　自西向东地层剖面示意图

（一）勘探区西北部

第①层：渣土层，深 0 ~ 2 米，土质杂乱，内含大量现代建筑垃圾。

第②层：黏土层，深 2 ~ 4 米，土色为浅褐色，土质较黏，结构较为紧密，内含少量植物根系、陶片、瓷片、瓦片等。

第③层：砂土层，深 4 ~ 4.7 米，土色为浅黄色，土质软，结构疏松，无包含物。为原生土层（彩版一〇四，1）。

（二）勘探区东北部

第①层：渣土层，深 0 ~ 2 米，土质杂乱，内含大量现代建筑垃圾。

第②层：黏土层，深 2 ~ 4.7 米，土色为浅褐色，土质较黏，结构较为紧密，内含少量植物根系、陶片、瓷片、瓦片等。

第③层：砂土层，深 4.7 ~ 4.8 米，土色为浅黄色，土质软，结构疏松，无包含物。为原生土层（彩版一〇四，2）。

（三）勘探区中部

第①层：渣土层，深 0 ~ 1.8 米，土质杂乱，内含大量现代建筑垃圾。

第②层：黏土层，深 1.8 ~ 4.3 米，土色为浅褐色，土质较黏，结构较为紧密，内含少量植物根系、陶片、瓷片、瓦片等。

第③层：胶泥土层，深 4.3 ~ 7.3 米，土色为黄褐色，5.1 米深处转变为黑褐色，土质坚硬，结构紧密，含水量高。为原生土层。

第④层：砂土层，深 7.3 ~ 7.7 米，土色为浅黄色，土质软，结构疏松，无包含物。为原生土层（彩版一〇四，3）。

（四）勘探区东南部

第①层：渣土层，深 0 ~ 2 米，土质杂乱，内含大量现代建筑垃圾。

第②层：黏土层，深 2 ~ 4.7 米，土色为浅褐色，土质较黏，结构较为紧密，内含少量植物根系、陶片、瓷片、瓦片等。

第③层：胶泥土层，深 4.7 ~ 9.2 米，土色为黑褐色，土质坚硬，结构紧密，含水量高。为原生土层。

第④层：砂土层，深 9.2 ~ 9.4 米，土色黄色，土质软，结构疏松，无包含物。为原生土层（彩版一○四，4）。

（五）勘探区西南部

第①层：渣土层，深 0 ~ 2.5 米，土质杂乱，内含大量现代建筑垃圾。

第②层：黏土层，深 2.5 ~ 4.3 米，土色为浅褐色，土质较黏，结构较为紧密，内含少量植物根系、陶片、瓷片、瓦片等。

第③层：砂土层，深 4.3 ~ 5.3 米，土色为浅黄色，土质软，结构疏松，无包含物。为原生土层（彩版一○四，5）。

二、遗迹概况

经过全面考古勘探后，在该区域内发现城墙夯土遗迹 1 处、淤泥坑 1 处、砖石结构遗迹 3 处、踩踏面 1 处等（图四）。

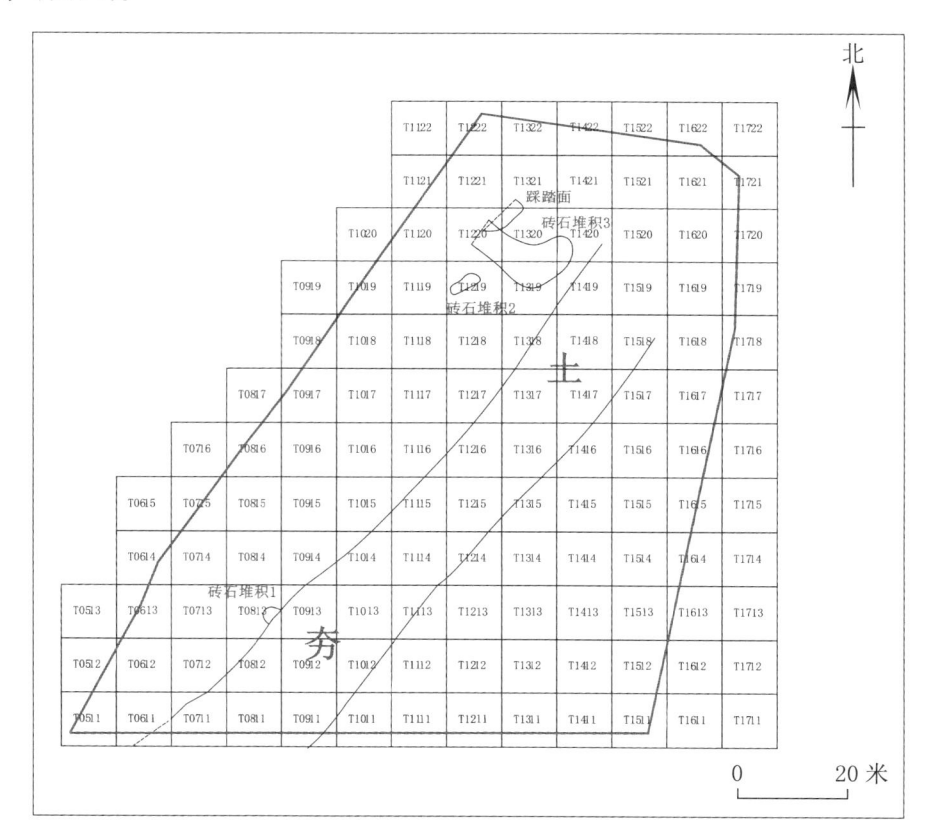

图四　遗迹平面分布图

1. 城墙夯土遗迹：位于区域内的中部，贯穿该区域内南北部，南北端均延伸至区域外。该遗迹整体为东北－西南向，平面呈近似梯形，南北残长 98～120 米、东西宽 15～18 米，南侧稍窄，北部较宽。距地表深 0.3～1.5 米可见城墙夯土，残存夯土厚度 1～3.2 米，南部城墙夯土较厚，北部城墙夯土较薄。城墙夯土有较为明显的夯层，每层约 0.1～0.15 米，夯土呈黄色，质地较为坚硬，较为致密，较为纯净，内含植物根系等。其中城墙夯土北部西侧有少量包砖残存。

2. 淤泥坑：位于区域内的东南部，平面呈不规则形，东西长 30 米、南北宽 28 米。坑中部距地表深 8.1 米见石头，坑内边沿区域距地表深 3～4.5 米见沙土。淤泥坑内主要为青黑色淤泥。内含少量植物根系、陶片、瓦片等。

3. 砖石结构 1：位于区域内的西南部，城墙夯土遗迹的东侧，与城墙夯土连接，平面呈不规则形，南北长 3 米、东西宽 2 米，深 0.6 米见砖块、石块等。

4. 砖石结构 2：位于区域内的西北部，平面呈不规则形，西部延伸至勘探区域之外，东西残长 15 米、南北宽 5.5～12.3 米，深 0.4 米见砖块、石块等。

5. 砖石结构 3：位于区域内的西北部，平面呈不规则形，南北长 5.8 米、东西宽 2.5 米，深 0.4 米见砖块、石块等。

6. 踩踏面：位于区域内的西北部，平面呈不规则形，西部延伸至勘探区域之外，南北残长 8 米、东西残宽 3 米，深 1.8～2 米见踩踏面，较为致密。

三、初步认识

1. 此次考古勘探的区域北部紧邻密云区中医医院新建项目建设用地。通过全面的考古发掘，已经清理出了明清时期密云县城的城墙遗迹以及唐代城墙基址等。因此，此次勘探发现的城墙夯土遗迹 1 处、淤泥坑 1 处、砖石结构遗迹 3 处、踩踏面 1 处等应与密云区中医医院新建项目建设用地范围内清理出的遗迹密切相关，属于古代城址及其相关附属设施的遗存（图五）。

2. 根据此次钻探出的城墙夯土遗迹的结构、宽度与走向等情况，并对比、联系密云区中医医院新建项目建设用地范围内清理出的城墙遗迹 2019BMZCQ1 等，初步推断此次钻探出的城墙夯土遗迹属于明清时期，且为明清时期密云县城城墙的组成部分之一。此次勘探为了解和复原明清时期密云县城城墙提供了重要的实物资料。

3. 根据《昌平山水记》记载："洪武初改密云县。城周九里二百三十八部，三门……万历四年，于城东复筑一城，周六里一百九十八步，是曰新城，两端连之，总督府居其中，三门。"[①]《日下旧闻考》记载："旧城创于洪武年，设三门，周围九里十三步，新城筑于万历四年，在旧城之东，设三门，周围一千一百七十九丈。新旧城两端相连，总督府居其中。"[②] 民国《密云县志》记载："背倚冶山，面临蓟谷，白河抱其西北，潮河夹其东南。旧城明洪武十一年建，周九里十三步，高三丈五尺，阔二丈八尺。城形西北微狭，置东、西、南凡三门。池深二丈，阔一丈五尺。新城距旧城东五十步，夹道界之，明万历四年建。周六里一百九十八步，高三丈五尺，阔二丈。城形正方，置东、西、南凡三门。池深、阔如旧制……前清康熙中，旧城西北隅为白河泛滥所圮。五十二年，奉仁庙特旨重修。五十六年，工竣，并于城西筑石子堤一道，长八百零三丈。六十一年，大雨大水，至坏护堤坝百丈有奇坍塌，土牛城墙沉陷三百十六丈八尺……光绪年间，旧城垣北面又圮。"综上史料记载可知，密云县城始建于明代，清代有过重修。明代建城，先建的为旧城，位于西部，后建的为新城，位于东部。根据此次钻探出的城墙夯土遗迹的走向、形态和位置等，初步判断属于旧城的西北段。

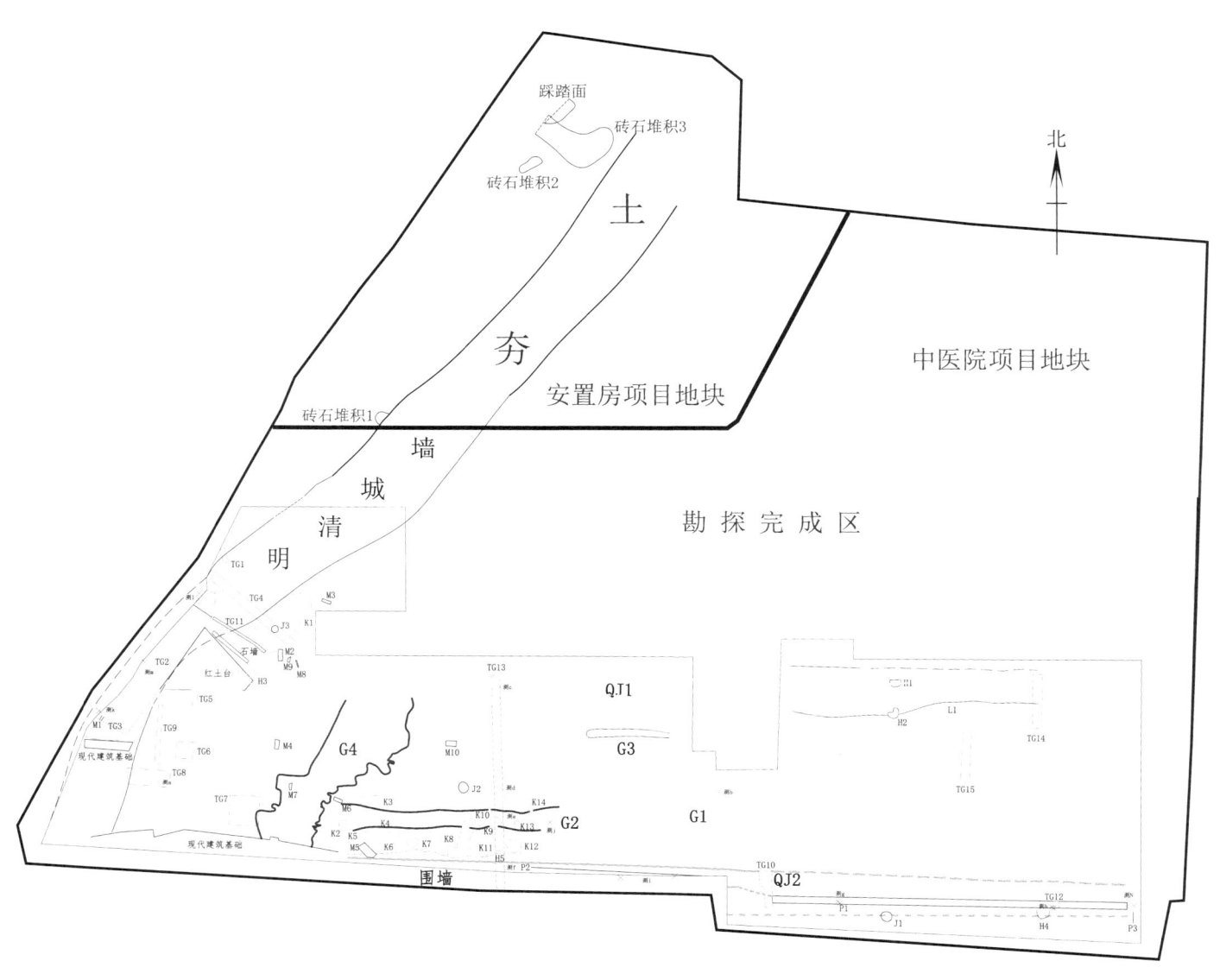

图五　遗迹空间关系图

绘图：黄星

执笔：孙勐　刘浩洋　杨光（密云区文物管理所）

注释

① 顾炎武著：《昌平山水记》，北京出版社，1962年，第25页。
② ［清］于敏中等编纂：《日下旧闻考》卷一百四十《密云县一》，北京古籍出版社，第2252页。

彩版一

延庆区南菜园唐代墓葬发掘报告

唐代墓葬 M1

彩版二

延庆区南菜园唐代墓葬发掘报告

1. 陶釜（M1∶2）

2. 铜饰（M1∶3）

彩版三

朝阳区孛罗营辽代墓葬发掘报告

1. M1（由东向西）

2. M1（由西向东）

辽代墓葬 M1

彩版四

丰台区看丹村辽金窑址发掘报告

1. Y1 俯视图（由南向北）

2. Y1 火门（由北向南）

辽金窑址 Y1

彩版五

丰台区看丹村辽金窑址发掘报告

1. Y2 俯视图（由南向北）

2. Y2 火门（由南向北）

辽金窑址 Y2

彩版六

丰台区看丹村辽金窑址发掘报告

1. Y2 烟道（由北向南）

2. 青砖

辽金窑址 Y2 烟道及采集青砖

彩版七

昌平区平坊村辽金窑址及清代墓葬发掘报告

1. M1

2. M2

PF03、04、05 地块清代墓葬 M1、M2

昌平区平坊村辽金窑址及清代墓葬发掘报告

1. M3

2. Y1

PF03、04、05 地块清代墓葬 M3 及辽金窑址 Y1

昌平区平坊村辽金窑址及清代墓葬发掘报告

1. PH07 地块 M1（由北向南）

2. PH07 地块 M1（由南向北）

PH07 地块清代墓葬 M1

昌平区平坊村辽金窑址及清代墓葬发掘报告

1. 青花瓷罐（M1∶1）
2. 玉佩（M1∶4） 
3. 玉烟嘴（M1∶6） 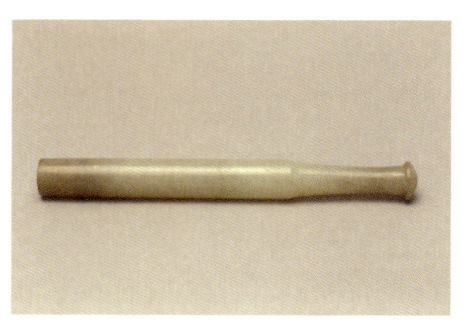
4. 金耳环（M1∶8） 
5. 鼻烟壶（M1∶10） 
6. 玉佩（M1∶11） 
7. 玉饰件（M1∶12） 
8. 饰件（M1∶13） 

PH07 地块清代墓葬 M1 出土器物（一）

昌平区平坊村辽金窑址及清代墓葬发掘报告

1. 银簪（M1：2）

2. 银簪（M1：3）

3. 金扁方（M1：5）

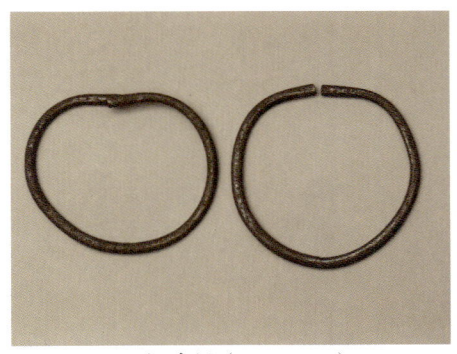

4. 银手镯（M1：14）

5. 银手镯（M1：15）

6. 铜鎏金饰件（M1：16）

7. 料器（M1：17）

PH07地块清代墓葬M1出土器物（二）

彩版一二

海淀区小营村明代墓葬发掘报告

明代墓葬 M1

彩版一三

海淀区小营村明代墓葬发掘报告

1. 铜镜（M1∶2）正面

2. 铜镜（M1∶2）背面

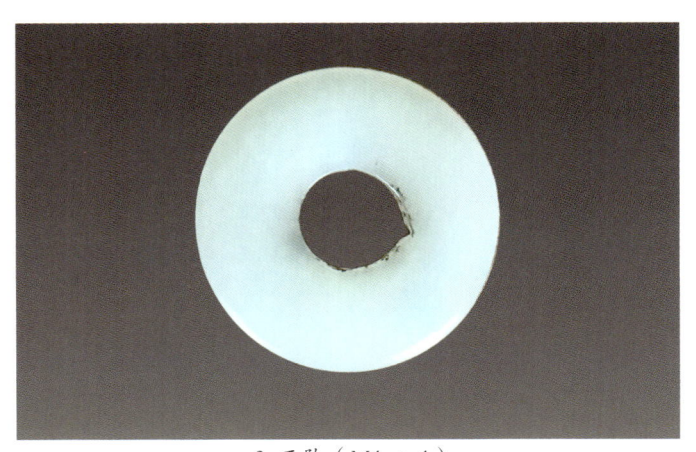

3. 玉坠（M1∶1）

明代墓葬出土器物

彩版一四

昌平区东小口明清墓葬发掘报告

1. M1

2. M2

明清墓葬 M1、M2

昌平区东小口明清墓葬发掘报告

1. M3

2. M4

明清墓葬 M3、M4

昌平区东小口明清墓葬发掘报告

1. M5

2. M6

明清墓葬 M5、M6

昌平区东小口明清墓葬发掘报告

1. M7

2. M8

明清墓葬 M7、M8

昌平区东小口明清墓葬发掘报告

1. M9

2. M10

明清墓葬 M9、M10

昌平区东小口明清墓葬发掘报告

1. M11

2. M12

明清墓葬 M11、M12

彩版二〇

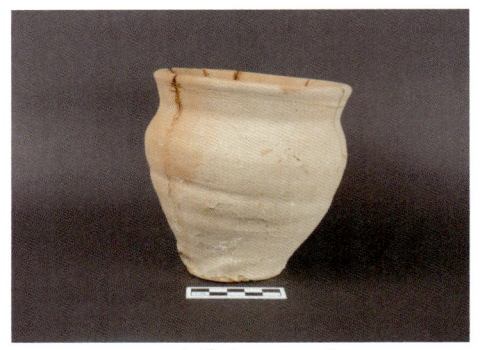

昌平区东小口明清墓葬发掘报告

1. 陶罐（M6∶1）

2. 釉陶罐（M9∶1）

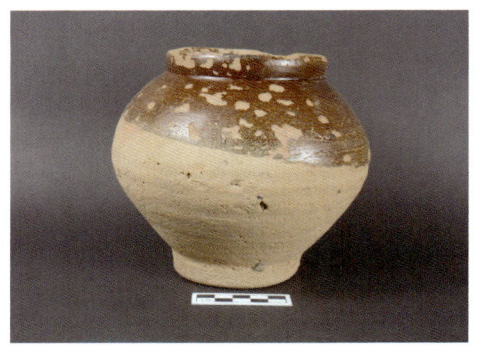

3. 釉陶罐（M10∶1）

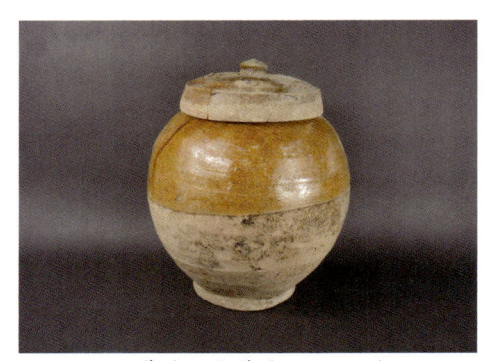

4. 带盖釉陶罐（M12∶1）

5. 禅杖形簪（M1∶1）

6. "福"字纹簪（M3∶2）

明清墓葬出土陶罐、银簪

昌平区东小口明清墓葬发掘报告

1. "福"字纹簪（M3：3）

2. 耳环（M1：4）

3. 耳环（M3：5）

4. 耳环（M4：3）

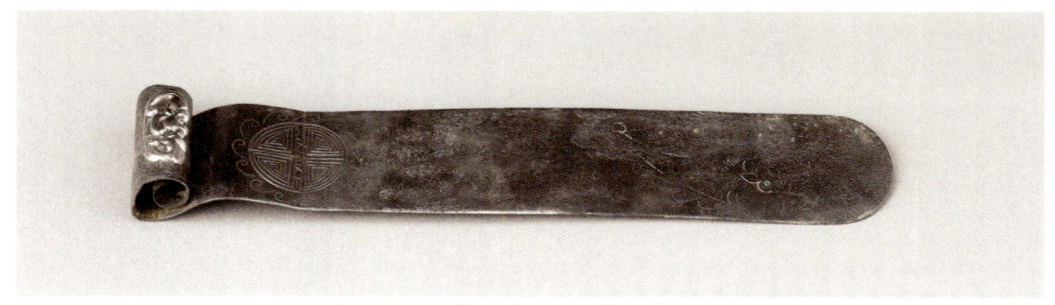

5. 扁方（M1：2）

6. 扁方（M4：4）

明清墓葬出土银器

昌平区马连店清代墓葬发掘简报

1. M14（由南向北）

2. M1（由南向北）

清代墓葬 M14、M1

昌平区马连店清代墓葬发掘简报

1. M2（由南向北）

2. M9（由南向北）

清代墓葬 M2、M9

昌平区马连店清代墓葬发掘简报

1. M5（由南向北）

2. M6（由南向北）

清代墓葬 M5、M6

昌平区马连店清代墓葬发掘简报

1. 半釉陶罐（M3：5）

2. 半釉陶罐（M3：6）

3. 半釉陶罐（M7：11）

4. 半釉陶罐（M6：7）

5. 夹砂陶壶（M13：3）

6. 夹砂陶壶（M15：9）

清代墓葬出土陶器

昌平区马连店清代墓葬发掘简报

1. 陶盆（M3：3）

2. 夹砂陶壶（M9：5）

3. 镇墓瓦（M5：1）

4. 镇墓瓦（M6：1）

5. 镇墓瓦（M1：1）

6. 镇墓瓦（M1：3）

清代墓葬出土陶器、镇墓瓦

昌平区马连店清代墓葬发掘简报

1. 镇墓瓦（M4：3）

2. 镇墓瓦（M7：1）

3. 瓷罐（M4：4）

4. 瓷罐（M7：10）

5. 瓷罐（M2：5）

6. 瓷罐（M11：1）

清代墓葬出土镇墓瓦、瓷罐

彩版二八

昌平区马连店清代墓葬发掘简报

1. 瓷壶（M7:9）

2. 瓷罐（M9:4）

3. 银簪（M15:8）

4. 银簪（M18:4-2）

5. 银簪（M18:4-4）

6. 银簪（M18:4-1）

7. 银簪（M18:4-3）

8. 铜簪（M7:8）

清代墓葬出土瓷器、银簪

彩版二九

昌平区马连店清代墓葬发掘简报

1. 银簪（M18∶3）

2. 银簪（M19∶4）

3. 铜簪（M15∶7-1）

4. 铜簪（M15∶7-2）

5. 铜簪（M15∶7-3）

6. 铜簪（M15∶7-4）

7. 铜簪（M9∶6-1）

8. 铜簪（M15∶7-5）

清代墓葬出土铜簪、银簪

昌平区马连店清代墓葬发掘简报

1. 铜簪（M15：7-6）
2. 铜簪（M9：6-2） 
3. 银耳环（M15：1） 
4. 银耳环（M1：4） 
5. 铜戒指（M3：4） 
6. 铜烟锅（M2：3） 
7. 铜烟锅（M4：2） 
8. 铜烟锅（M18：1） 
9. 铜烟锅（M19：5） 

清代墓葬出土铜器、银器

昌平区马连店清代墓葬发掘简报

1. 银耳环（M19：3）
2. 铜带扣（M2：2）
3. 铁腰饰（M3：1）
4. 铁器（M7：2）
5. 铁器（M9：2）
6. 铁器（M6：2）
7. 骨扳指（M2：1）
8. 铁锄头（M7：3）
9. 犁铧（M9：1）
10. 蚌壳（M17：1）
11. 铁器（M6：6）

清代墓葬出土器物

彩版三二

昌平区七里渠清代墓葬发掘报告

1. M3

2. M5

清代墓葬 M3、M5

昌平区七里渠清代墓葬发掘报告

1. M6

2. M4

清代墓葬 M6、M4

昌平区七里渠清代墓葬发掘报告

1. M1

2. M2

清代墓葬 M1、M2

昌平区七里渠清代墓葬发掘报告

1. M7

2. M8

清代墓葬 M7、M8

彩版三六

昌平区七里渠清代墓葬发掘报告

1. 瓷碗（M1:1）

2. 瓷碗（M6:1）

3. 银耳环（M1:2）

4. 银耳环（M1:3）

5. 银耳环（M2:1）

6. 银耳环（M2:2）

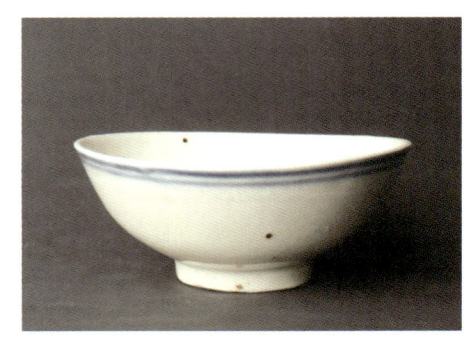

7. 瓷碗（M4:1）

8. 银耳环（M4:8）

清代墓葬出土瓷碗、银耳环

昌平区七里渠清代墓葬发掘报告

1. 银扁方（M1:4）

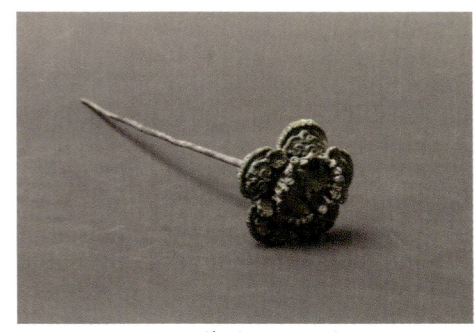

2. 银簪（M1:6）

3. 银簪（M1:5）

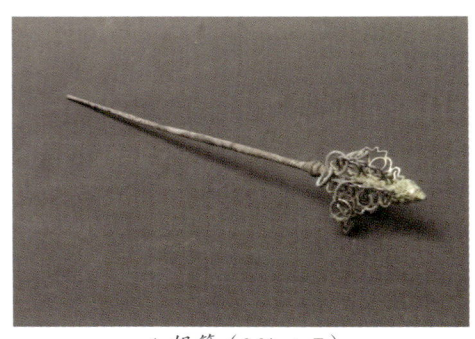

4. 银簪（M1:7）

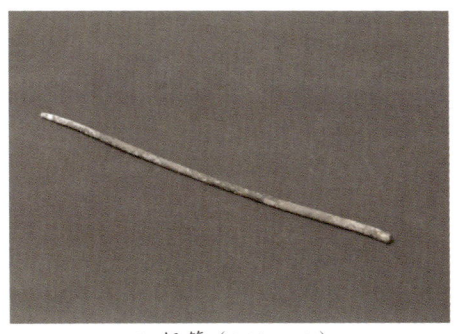

5. 银簪（M1:8）

6. 银簪（M2:4）

7. 银簪（M2:5）

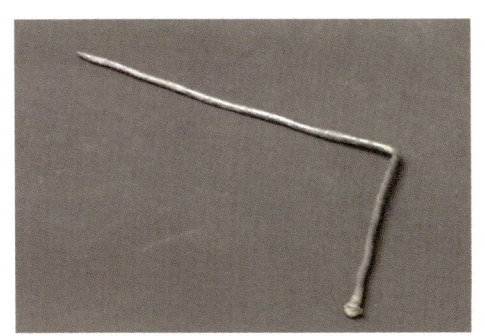

8. 银簪（M4:7）

清代墓葬出土银簪、银扁方

彩版三八

昌平区七里渠清代墓葬发掘报告

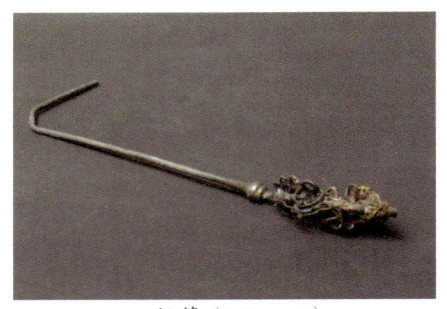

1. 银簪（M2∶6）

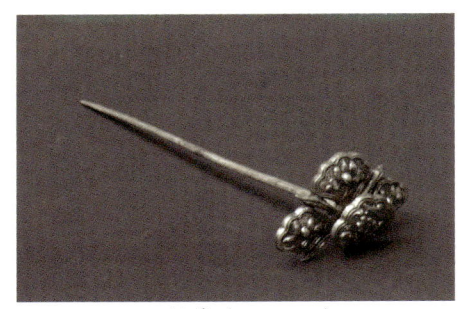

2. 银簪（M2∶7）

3. 银押发（M4∶2）

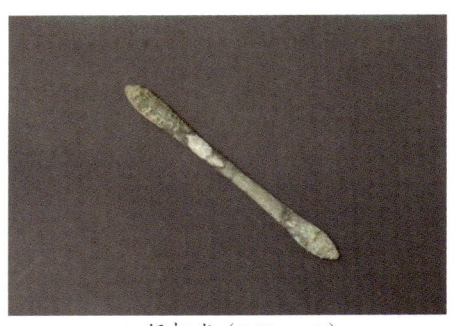

4. 银押发（M7∶1）

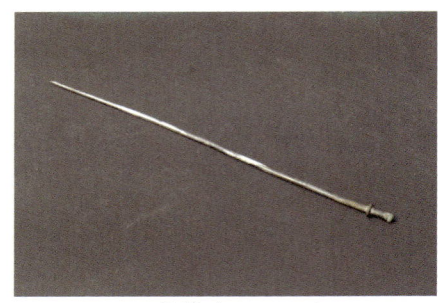

5. 银簪（M4∶4）

6. 银簪（M4∶5）

7. 银簪（M4∶3）

8. 银簪（M8∶5）

清代墓葬出土银簪、银押发

彩版三九

昌平区七里渠清代墓葬发掘报告

1. 银簪（M4:6）	2. 银押发（M2:3）
3. 铜押发（M5:1）	4. 银押发（M8:1）
5. 银簪（M7:2）	6. 银簪（M8:4）
7. 银簪（M8:6）	8. 银簪（M8:7）

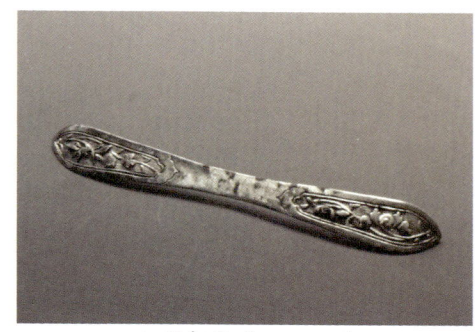

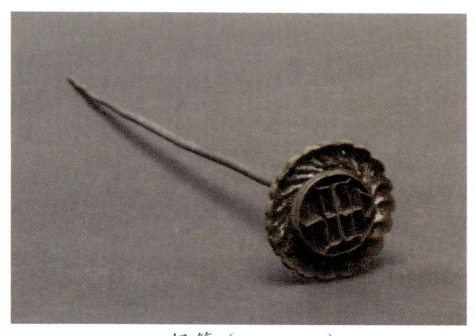

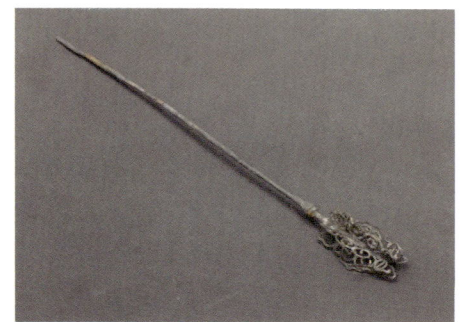

清代墓葬出土银器、铜器

昌平区七里渠清代墓葬发掘报告

1. 银簪（M8∶8）

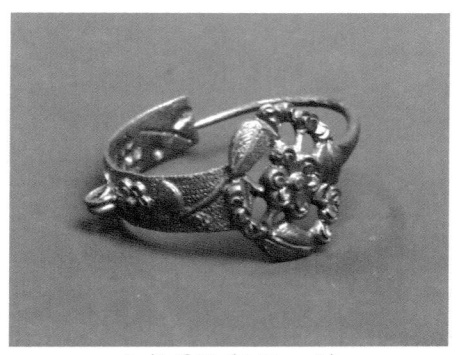

2. 银耳环（M8∶2）

3. 银耳环（M8∶3）

4. 银戒指（M8∶9）

5. 银戒指（M8∶10）

清代墓葬出土银器

朝阳区豆各庄清代墓葬发掘报告

1. M1

2. M6

3. M2

清代墓葬 M1、M6、M2

朝阳区豆各庄清代墓葬发掘报告

1. M3

2. M4

清代墓葬 M3、M4

朝阳区豆各庄清代墓葬发掘报告

1. M5

2. M7

清代墓葬 M5、M7

彩版四四

朝阳区豆各庄清代墓葬发掘报告

1. M8

2. M9

清代墓葬 M8、M9

朝阳区豆各庄清代墓葬发掘报告

1. M10

2. M11

清代墓葬 M10、M11

彩版四六

朝阳区豆各庄清代墓葬发掘报告

1. 釉陶罐（M2：3）

2. 釉陶罐（M3：3）

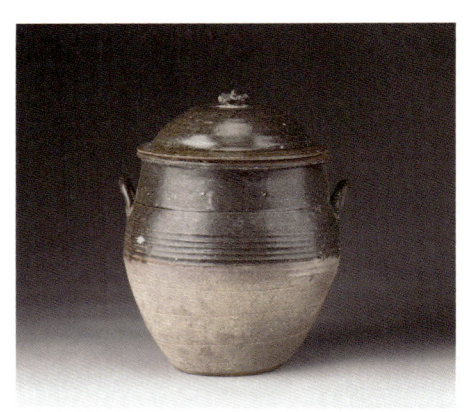

3. 黑釉双耳瓷罐（M3：2）

4. 黑釉双耳瓷罐（M3：2）器盖

5. 釉陶罐（M4：1）

6. 釉陶罐（M4：2）

清代墓葬出土陶器、瓷器

朝阳区豆各庄清代墓葬发掘报告

1. 釉陶罐（M4：3）

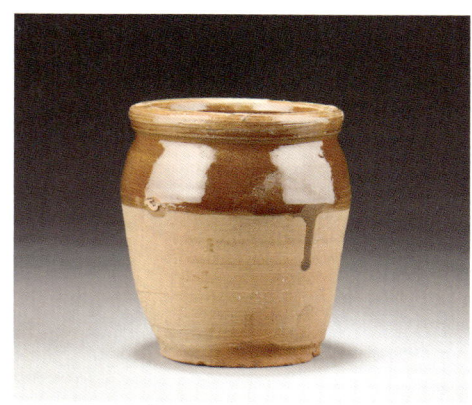

2. 酱黄釉陶罐（M5：3）

3. 茶色釉陶罐（M5：4）

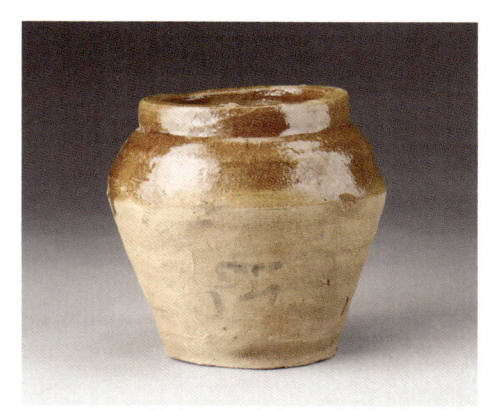

4. 酱黄釉陶罐（M6：1）

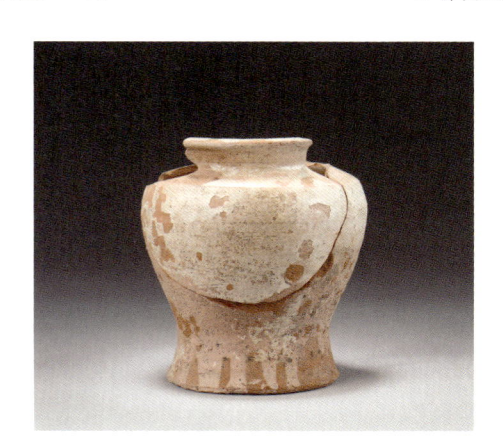

5. 釉陶罐（M10：4）

清代墓葬出土陶罐

彩版四八

朝阳区华侨村清代窑址发掘报告

1. Y1 全景

2. Y1 挡火墙

清代窑址 Y1

朝阳区华侨村清代窑址发掘报告

1. 开条砖

2. 方砖

清代窑址 Y1 用砖

朝阳区祁家庄清代墓葬发掘报告

1. M1

2. M2

清代墓葬 M1、M2

朝阳区祁家庄清代墓葬发掘报告

1. M3

2. M4

清代墓葬 M3、M4

彩版五二

朝阳区祁家庄清代墓葬发掘报告

1. M5

2. M6

3. M13

清代墓葬 M5、M6、M13

朝阳区祁家庄清代墓葬发掘报告

1. M7

2. M8

清代墓葬 M7、M8

朝阳区祁家庄清代墓葬发掘报告

1. M9

2. M10

清代墓葬 M9、M10

朝阳区祁家庄清代墓葬发掘报告

1. M11

2. M12

清代墓葬 M11、M12

彩版五六

朝阳区祁家庄清代墓葬发掘报告

1. 铜烟嘴（M2∶1）

2. 银押发（M3∶1）

3. 银耳环（M5∶2）

4. 铜扣（M5∶3）

5. 银簪（M8∶2）

6. 银扁方（M8∶3）

7. 铜扣（M10∶4）

8. 玉扁方（M12∶3）

清代墓葬出土铜器、银器、玉器

朝阳区祁家庄清代墓葬发掘报告

1. 骨簪（M11：2）

2. 玉簪（M12：2）

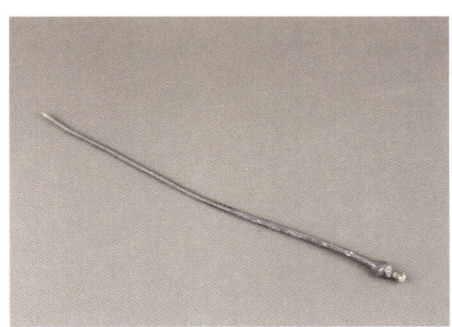

3. 银簪（M12：4）

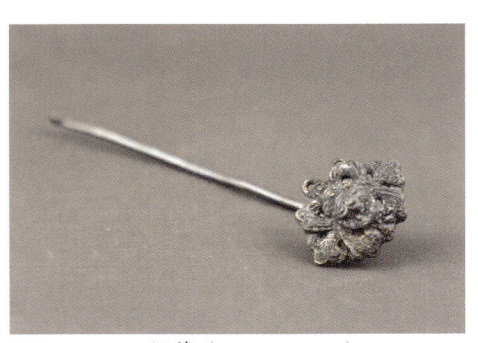

4. 银簪（M13：4-1）

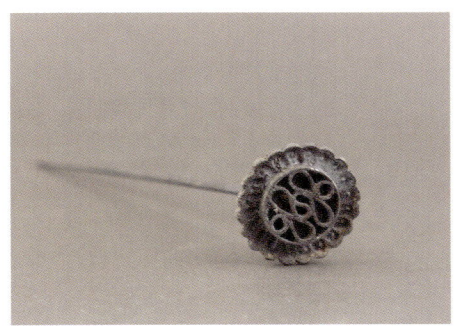

5. 银簪（M13：4-2）

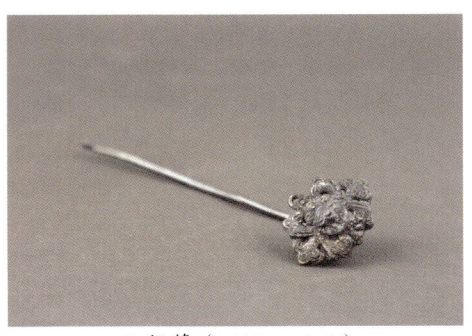

6. 银簪（M13：4-3）

7. 银簪（M13：4-4）

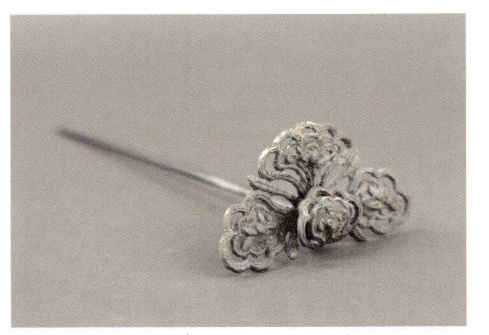

8. 银簪（M13：4-5）

清代墓葬出土骨簪、玉簪、银簪

彩版五八

朝阳区祁家庄清代墓葬发掘报告

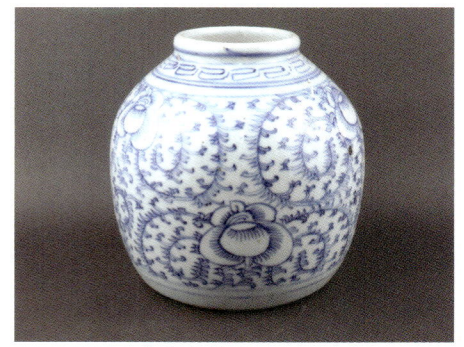

1. 青花瓷罐（M13：1）

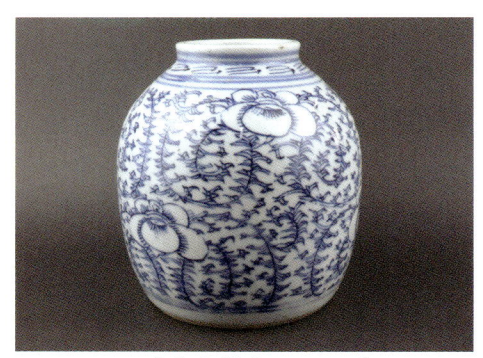

2. 青花瓷罐（M13：3）

3. 银簪（M13：4-6）

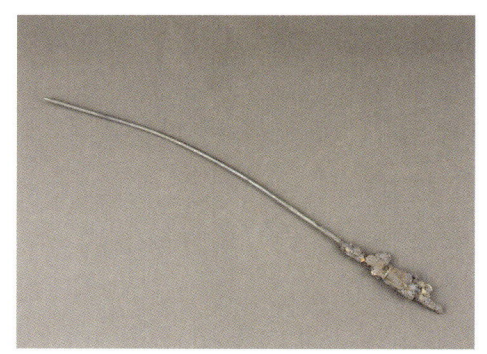

4. 银簪（M13：4-7）

5. 银押发（M13：5）

清代墓葬出土瓷器、银器

朝阳区来广营清代墓葬发掘报告

1. M1

2. M2

清代墓葬 M1、M2

彩版六〇

朝阳区来广营清代墓葬发掘报告

1. M3

2. M4

清代墓葬 M3、M4

朝阳区来广营清代墓葬发掘报告

1. M5

2. M6

清代墓葬 M5、M6

朝阳区来广营清代墓葬发掘报告

1. M7

2. M8

清代墓葬 M7、M8

朝阳区来广营清代墓葬发掘报告

1. M9

2. M10

清代墓葬 M9、M10

朝阳区来广营清代墓葬发掘报告

1. M11

2. M12

清代墓葬 M11、M12

朝阳区来广营清代墓葬发掘报告

1. 釉陶罐（M3:2）

2. 釉陶罐（M7:3）

3. 釉陶罐（M7:4）

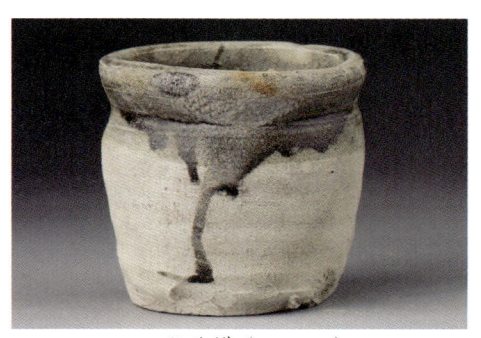

4. 釉陶罐（M8:3）

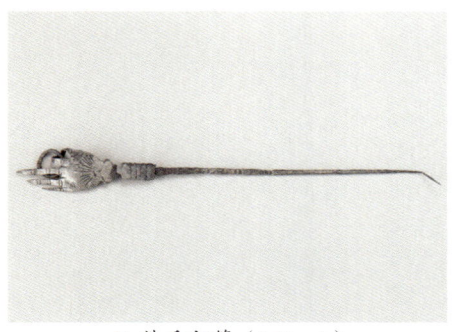

5. 佛手印簪（M1:1）

6. 禅杖形银簪（M8:5）

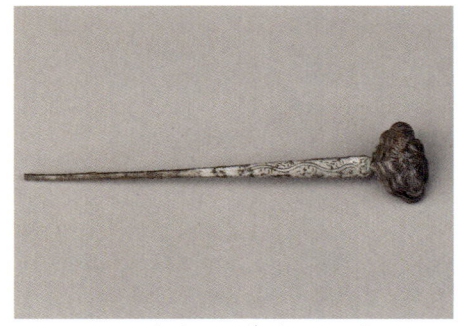

7. 如意蝙蝠银簪（M9:1）

8. 如意蝙蝠银簪（M9:5）

清代墓葬出土陶罐、银簪

朝阳区来广营清代墓葬发掘报告

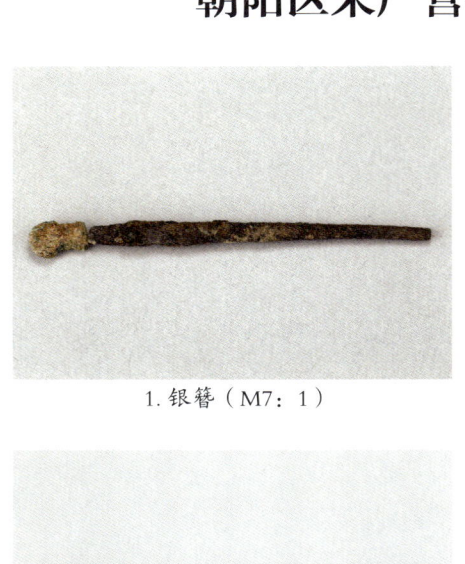

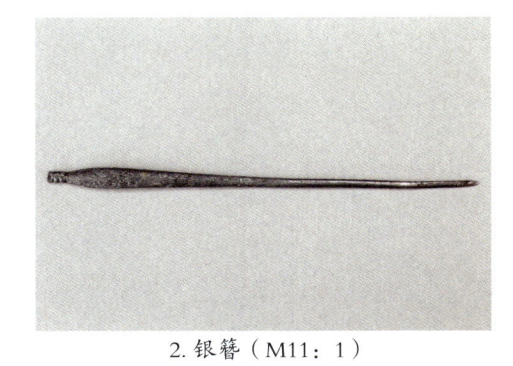

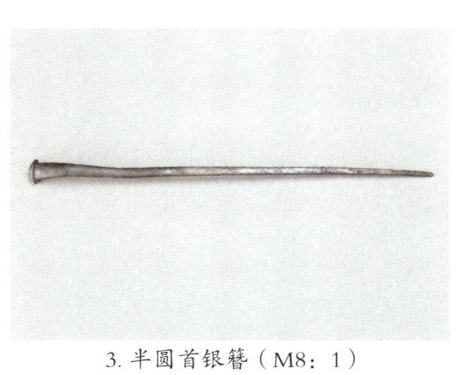

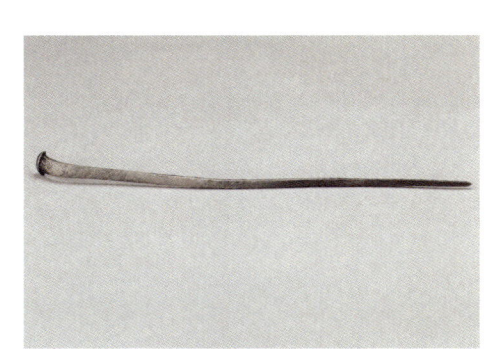

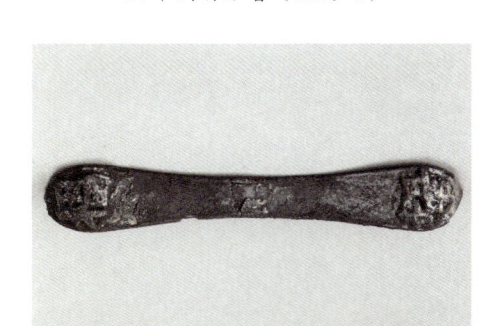

1. 银簪（M7：1）

2. 银簪（M11：1）

3. 半圆首银簪（M8：1）

4. 半圆首银簪（M8：4）

5. 银押发（M1：2）

6. 银扁方（M9：3）

7. 龙形耳环（M1：3）

8. 耳环（M9：2）

清代墓葬出土银器

经济技术开发区路东区清代、民国墓葬发掘报告

1. M1

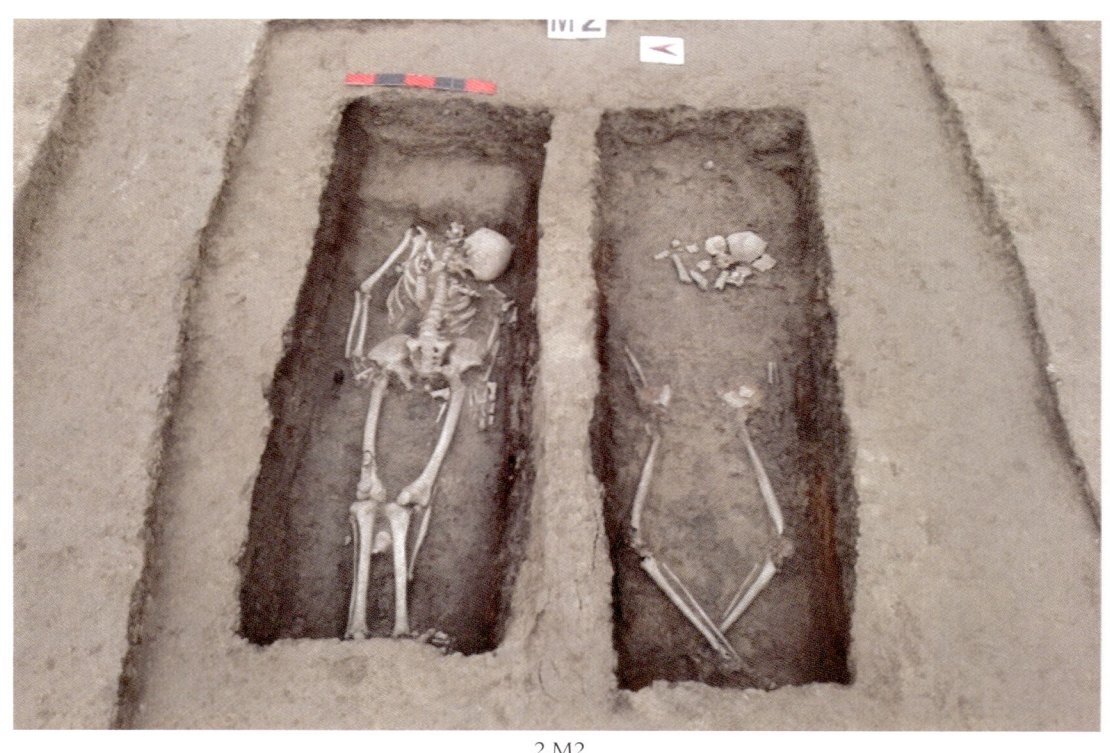

2. M2

清代墓葬 M1、M2

经济技术开发区路东区清代、民国墓葬发掘报告

1. M3

2. M4

清代墓葬 M3、M4

经济技术开发区路东区清代、民国墓葬发掘报告

1. 陶罐（M1：1）

2. 银簪（M4：2）

清代墓葬出土器物

彩版七〇

丰台区分钟寺清代墓葬发掘简报

1. M11

2. M21

清代墓葬 M11、M21

丰台区分钟寺清代墓葬发掘简报

1. M19

2. M22

清代墓葬 M19、M22

丰台区分钟寺清代墓葬发掘简报

1. M26

2. M7

清代墓葬 M26、M7

彩版七三

丰台区分钟寺清代墓葬发掘简报

1. 瓷罐（M5：5）

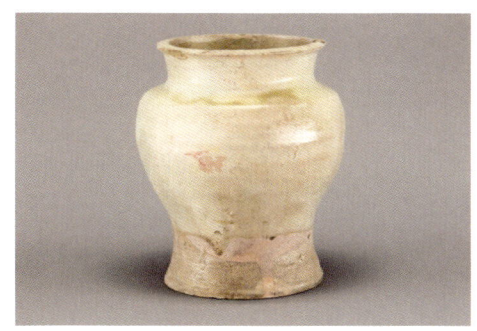

2. 瓷罐（M6：2）

3. 陶罐（M19：2）

4. 瓷罐（M26：8）

5. 银扁方（M27：1）

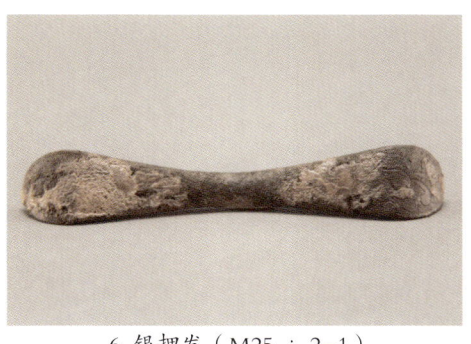

6. 银押发（M25：2-1）

7. 银押发（M25：2-2）

8. 银簪（M25：1）

清代墓葬出土瓷器、银器

彩版七四

丰台区分钟寺清代墓葬发掘简报

1. 银耳环（M2：1）

2. 银耳环（M27：4）

3. 银耳环（M12：1）

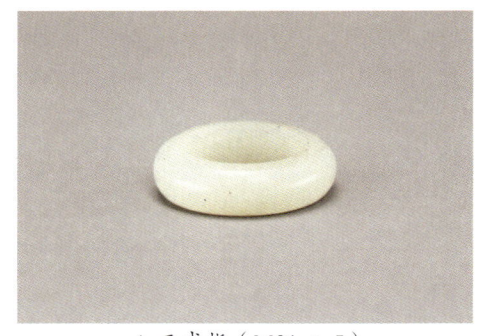

4. 玉戒指（M21：5）

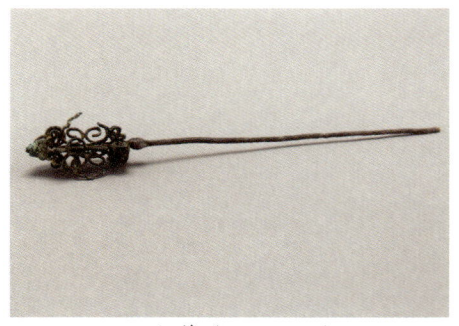

5. 铜簪（M13：2）

6. 铜扣（M20：2）

7. 铜扁方（M4：6）

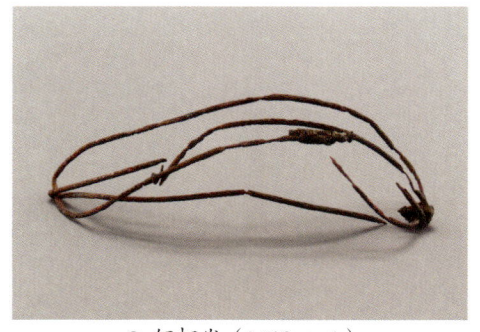

8. 铜押发（M19：1）

清代墓葬出土银器、玉器、铜器

海淀区清河清代、民国墓葬发掘报告

1. 现场照片

2. M1

考古发掘现场及清代墓葬 M1

彩版七六

海淀区清河清代、民国墓葬发掘报告

1. M2

2. M5

3. M3

清代墓葬 M2、M3 及民国墓葬 M5

彩版七七

海淀区清河清代、民国墓葬发掘报告

1. M4

2. M6

民国墓葬 M4 及清代墓葬 M6

彩版七八

海淀区清河清代、民国墓葬发掘报告

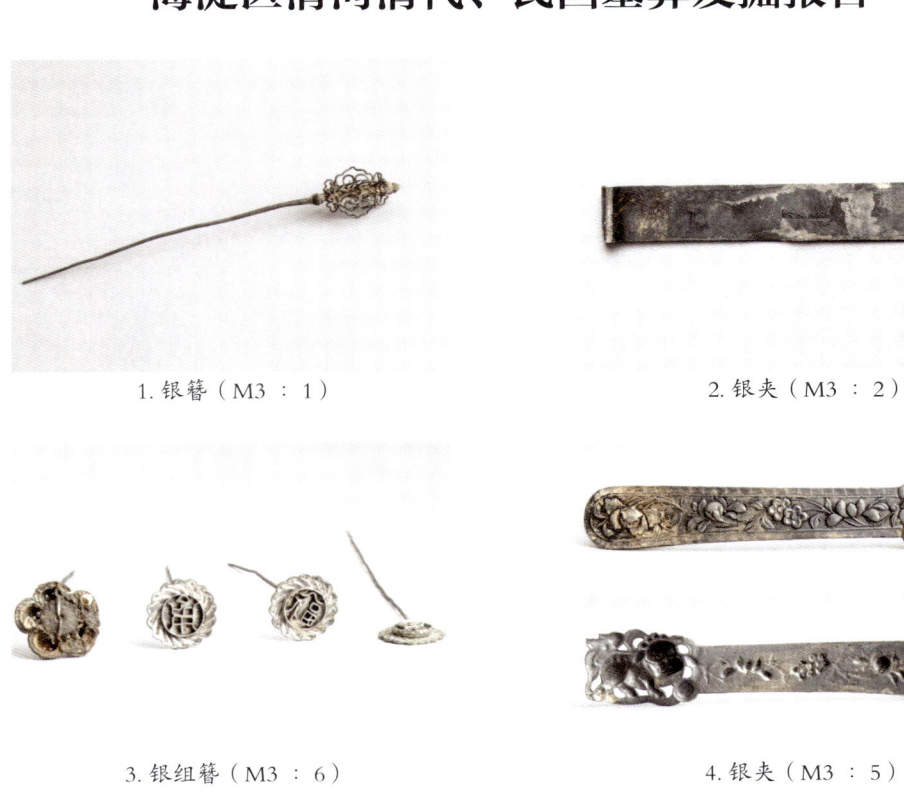

1. 银簪（M3：1）

2. 银夹（M3：2）

3. 银组簪（M3：6）

4. 银夹（M3：5）

5. 银耳环（M3：3）

6. 银簪（M3：7）细部

7. 银簪（M3：7）

清代墓葬出土银器

海淀区树村清代墓葬发掘报告

1. M1

2. M2

清代墓葬 M1、M2

彩版八〇

海淀区树村清代墓葬发掘报告

1. M3

2. M4

清代墓葬 M3、M4

彩版八一

海淀区树村清代墓葬发掘报告

1. M5

2. M6

3. 发掘工地现场地貌

清代墓葬 M5、M6 及发掘工地现场地貌

海淀区树村清代墓葬发掘报告

1. 陶罐（M2:7）

2. 铜耳环（M2:5）

3. 铜簪（M2:1）

4. 铜押发（M2:4）

5. 铜簪（M2:2）

6. 铜簪（M2:3）

清代墓葬出土陶器、铜器

海淀区中关村清代窑址、墓葬发掘报告

1. M5

2. M1

清代墓葬 M5、M1

彩版八四

海淀区中关村清代窑址、墓葬发掘报告

1. M4

2. M2

清代墓葬 M4、M2

彩版八五

海淀区中关村清代窑址、墓葬发掘报告

1. M3

2. Y1

清代墓葬 M5、窑址 Y1

海淀区中关村清代窑址、墓葬发掘报告

1. 银扁方（M5：1）

2. 铜纽扣（M5：4）

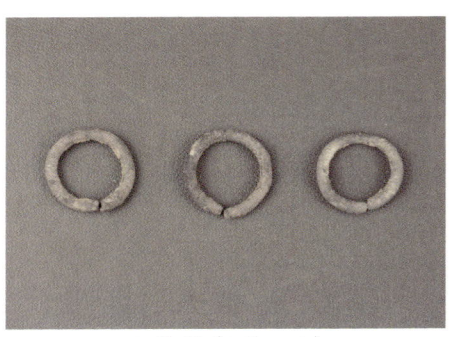

3. 铁环（M5：2）

4. 银簪（M1：1）

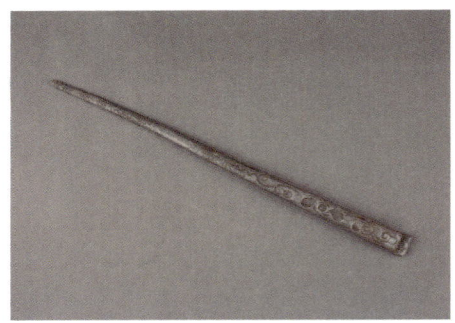

5. 银簪（M4：1-1）

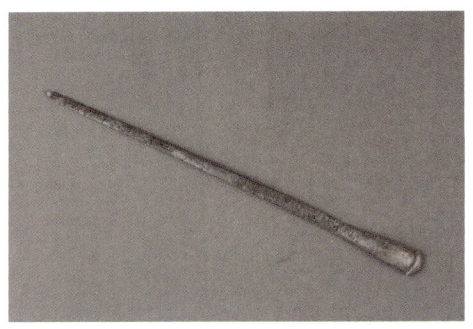

6. 银簪（M4：1-2）

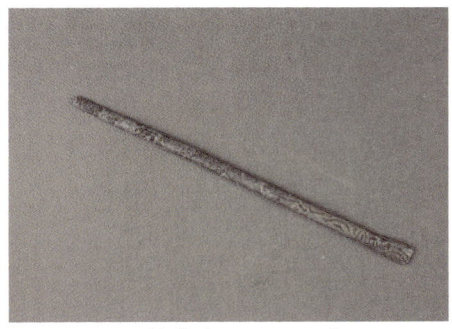

7. 银簪（M4：1-3）

8. 铜纽扣（M4：3）

清代墓葬出土银器、铜器、铁器

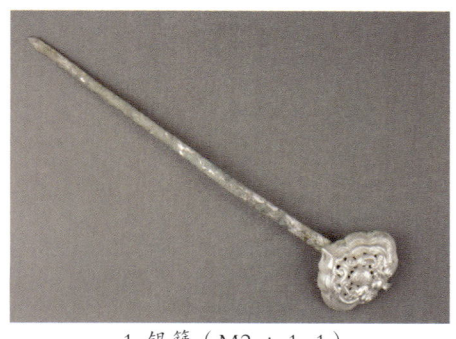

海淀区中关村清代窑址、墓葬发掘报告

1. 银簪（M2：1-1）
2. 银簪（M2：1-2） 
3. 银簪（M2：4-1） 
4. 银扁方（M3：1） 
5. 银簪（M2：4-2） 
6. 银簪（M2：4-3） 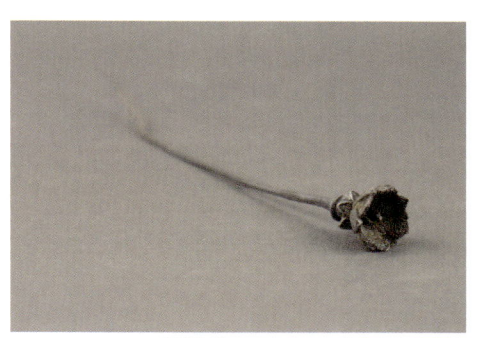
7. 银簪（M2：4-4） 
8. 银簪（M2：4-8） 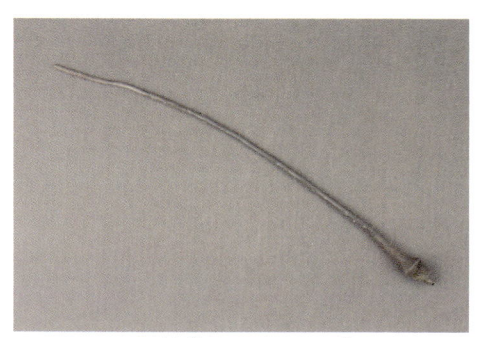

清代墓葬出土银器

彩版八八

海淀区中关村清代窑址、墓葬发掘报告

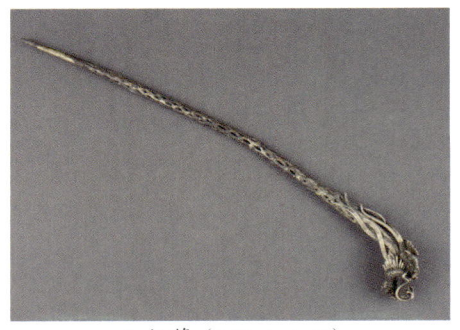

1. 银簪（M2：4-5）
2. 银簪（M2：4-6） 
3. 银簪（M2：4-7） 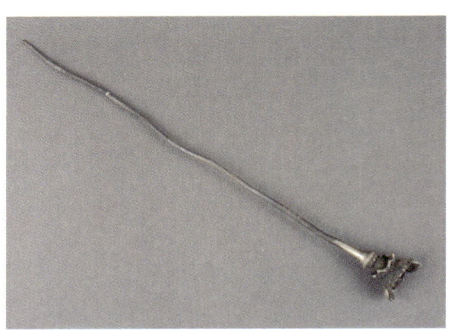
4. 银扁方（M2：5） 
5. 银耳环（M2：6） 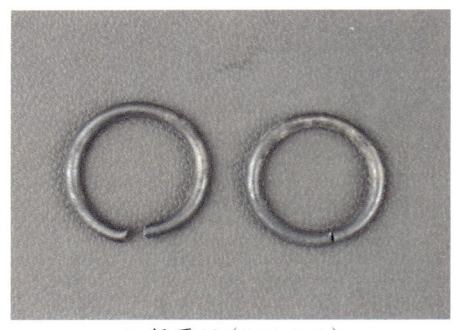
6. 琉璃耳坠（M2：7） 
7. 铜烟锅（M2：3） 
8. 铜烟锅（M2：10） 

清代墓葬出土银器、铜器

彩版八九

海淀区中关村清代窑址、墓葬发掘报告

1. 琉璃耳坠（M2：13）

2. 银戒指（M2：9）

3. 铜纽扣（M2：11）

4. 骨珠（M3：3）

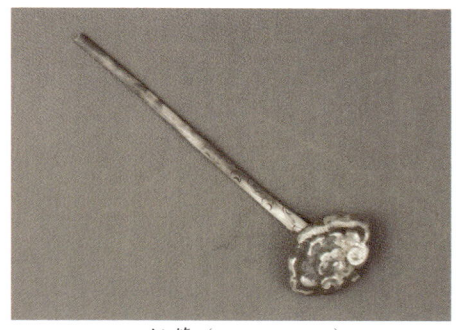

5. 银簪（M3：2-1）

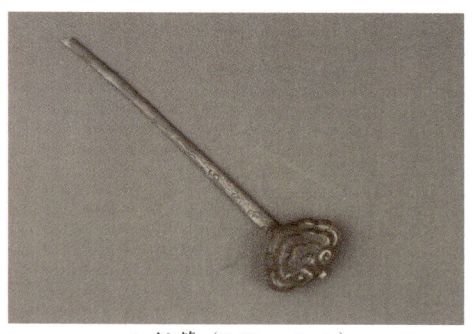

6. 银簪（M3：2-2）

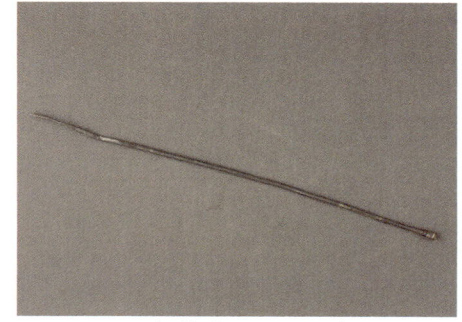

7. 银簪（M3：2-3）

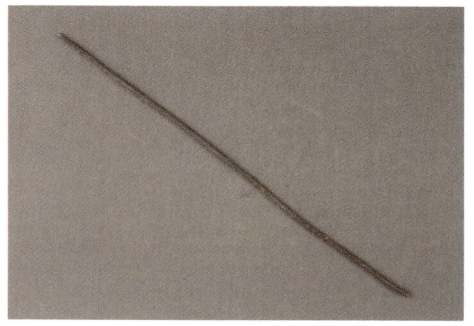

8. 银簪（M3：2-4）

清代墓葬出土银器、铜器、骨器

顺义区赵全营清代、民国家族墓葬发掘简报

1. M30

2. M19

3. M15

清代墓葬 M30、M19、M15

顺义区赵全营清代、民国家族墓葬发掘简报

1. M31

2. H1

清代墓葬 M31 及灰坑 H1

顺义区赵全营清代、民国家族墓葬发掘简报

1. 银簪（M31：3-2）

2. 银簪（M31：3-1）

3. 银手镯（M30：7）

4. 陶罐（M15：3）

5. 银耳环（M30：6）

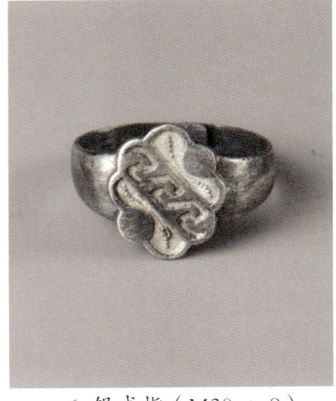

6. 银戒指（M30：8）

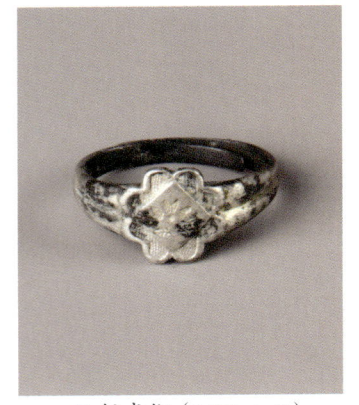

7. 银戒指（M30：9）

清代墓葬出土银器、陶器

彩版九三

顺义区赵全营清代、民国家族墓葬发掘简报

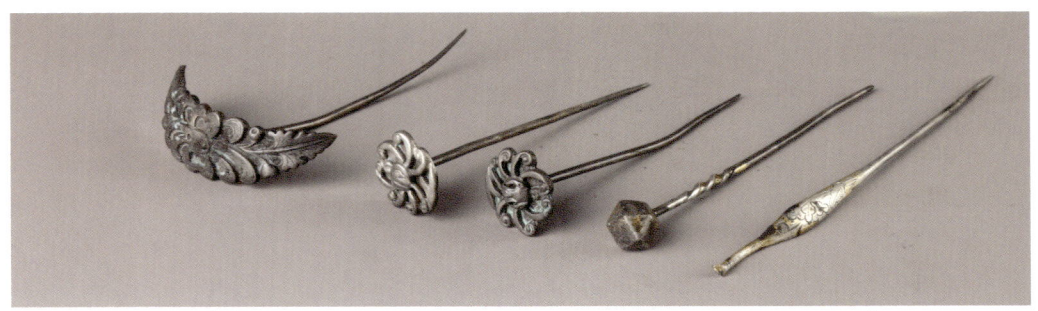

1. 银簪（M30∶2、M30∶1-1、M30∶1-2、M30∶3、M30∶4）

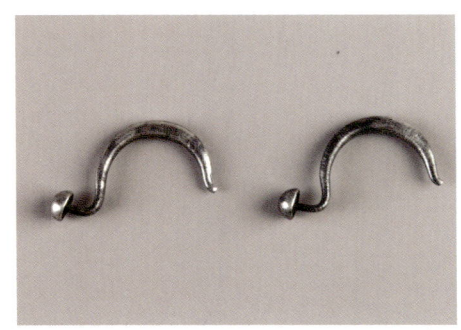

2. 银耳环（M15∶5-1、M15∶5-2）

3. 银戒指（M31∶5）

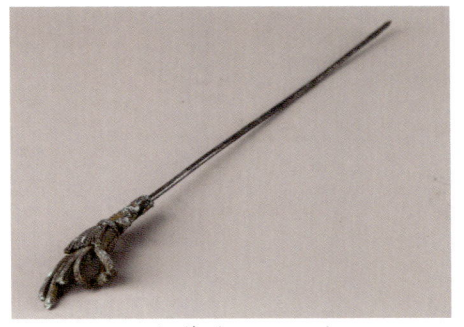

4. 银簪（M31∶4）

5. 银簪（M31∶7）

6. 银扁方（M31∶6）

清代墓葬出土银器

通州区次渠清代墓葬发掘报告

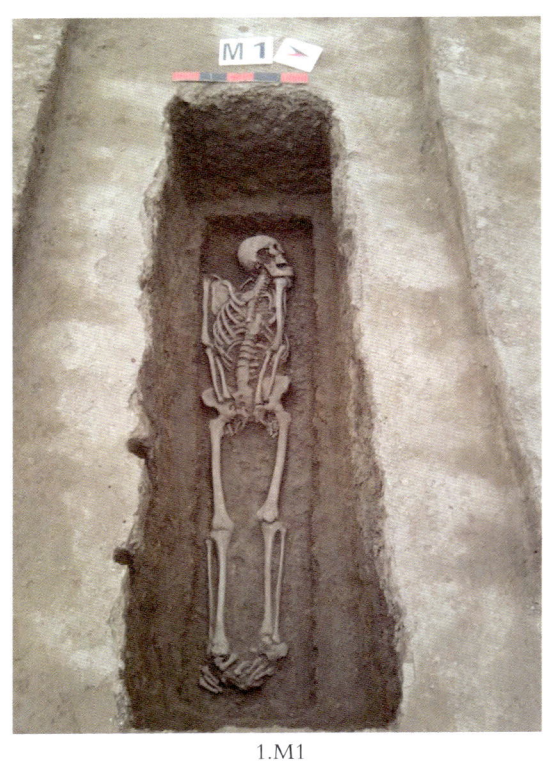

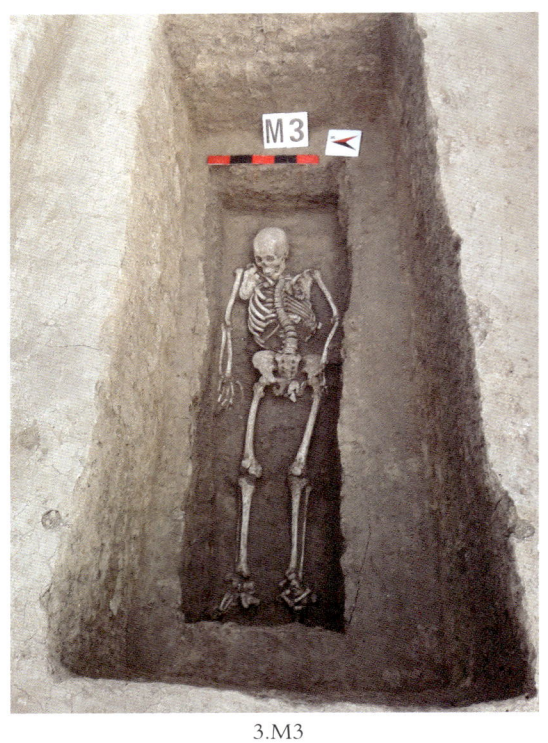

1. M1

2. M2

3. M3

4. M10

清代墓葬 M1、M2、M3、M10

通州区次渠清代墓葬发掘报告

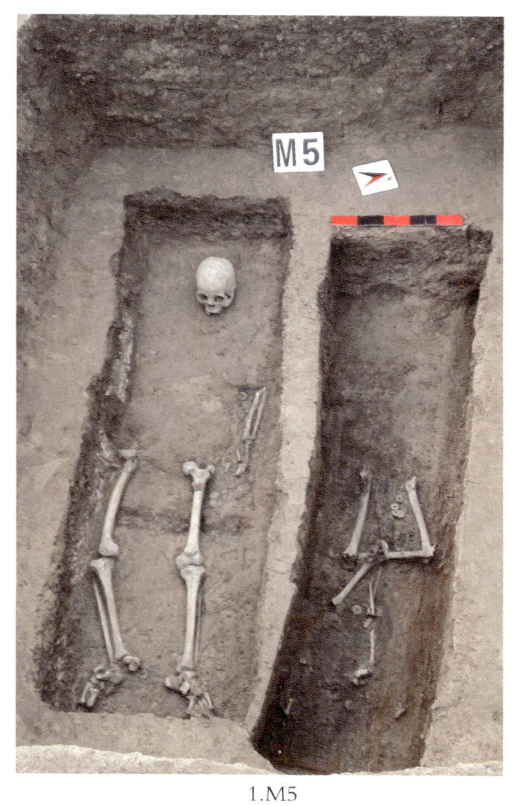

1. M5

2. M7

3. M4

清代墓葬 M5、M7、M4

彩版九六

通州区次渠清代墓葬发掘报告

1. M9

2. M14

3. M13

清代墓葬 M9、M14、M13

通州区次渠清代墓葬发掘报告

1. M8

2. M11

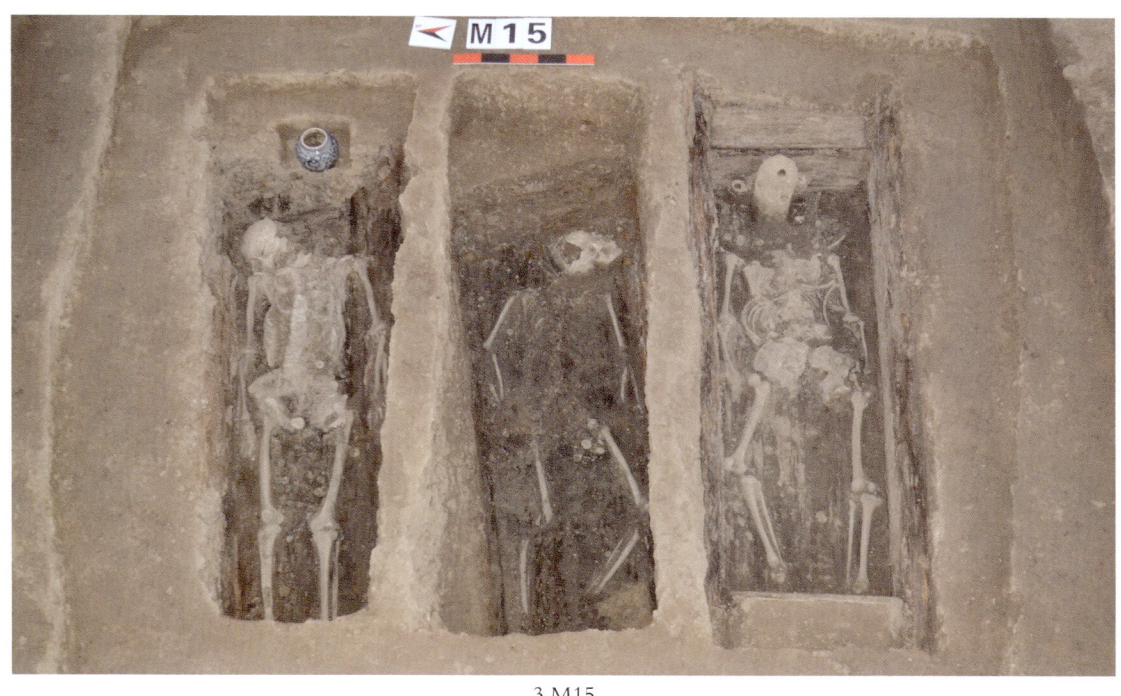

3. M15

清代墓葬 M8、M11、M15

彩版九八

通州区次渠清代墓葬发掘报告

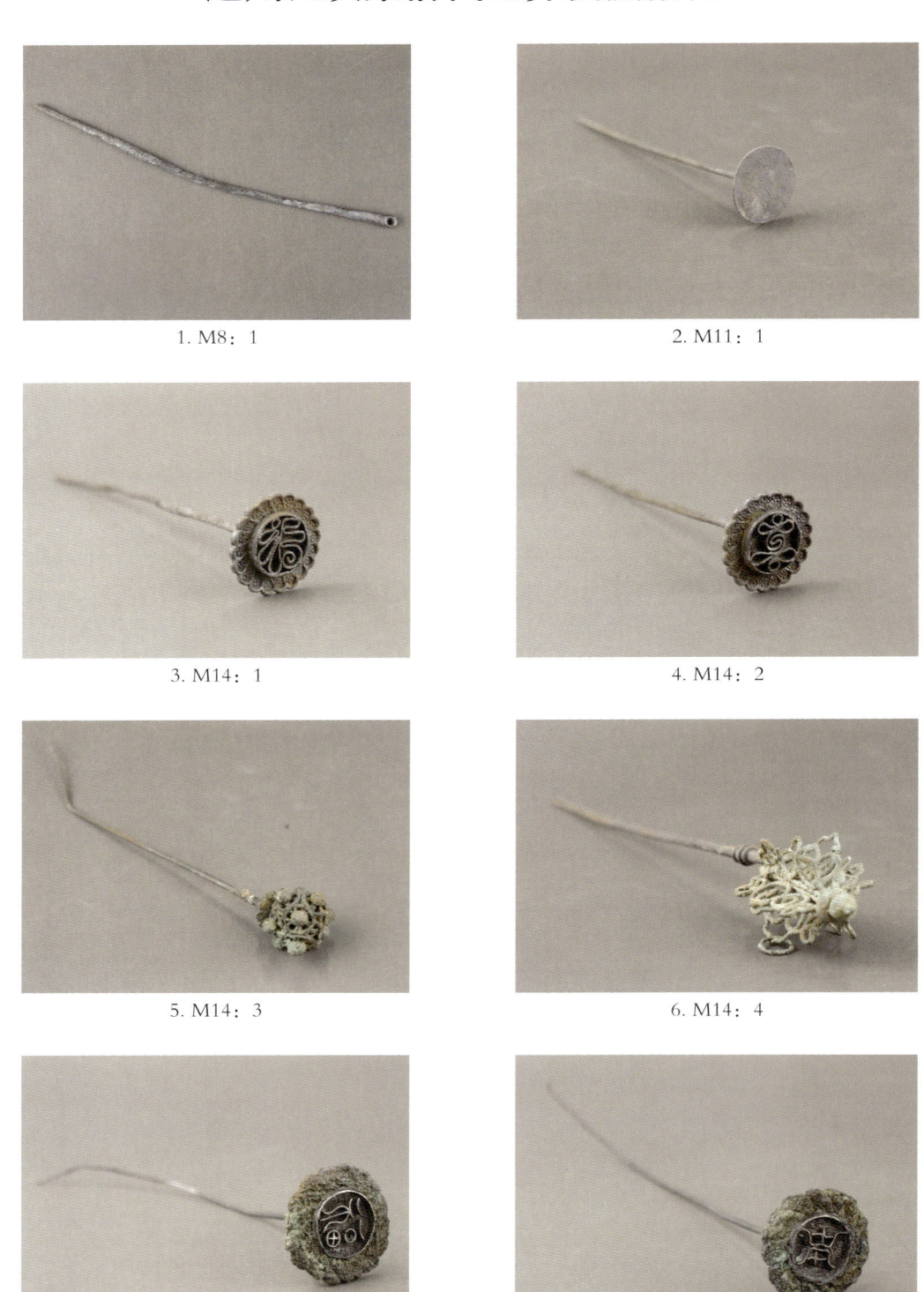

1. M8:1

2. M11:1

3. M14:1

4. M14:2

5. M14:3

6. M14:4

7. M15:1

8. M15:2

清代墓葬出土银簪

彩版九九

通州区次渠清代墓葬发掘报告

1. 银簪（M15：3）

2. 银簪（M15：4）

3. 银簪（M15：5）

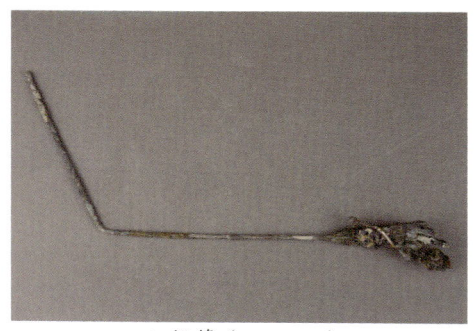

4. 银簪（M15：6）

5. 银扁方（M15：7）

6. 银扁方（M15：8）

7. 银耳环（M15：9）

8. 银耳环（M15：10）

清代墓葬出土银器

八达岭经济开发区清代墓葬发掘报告

1. M3

2. M4

3. M5

清代墓葬 M3、M4、M5

八达岭经济开发区清代墓葬发掘报告

1. M1

2. M2

清代墓葬 M1、M2

八达岭经济开发区清代墓葬发掘报告

1. M6

2. M7

清代墓葬 M6、M7

八达岭经济开发区清代墓葬发掘报告

1. M1∶1

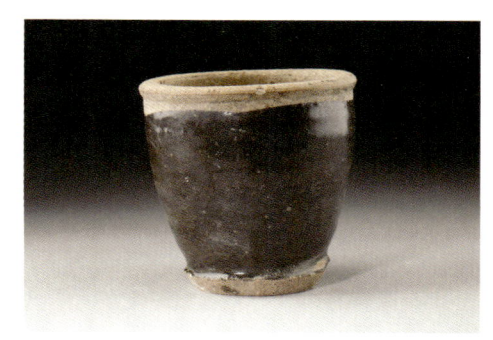

2. M1∶2

3. M2∶1

4. M2∶3

5. M7∶1

清代墓葬出土黑釉瓷罐

彩版一〇四

密云区鼓楼西区考古勘探报告

1. 勘探区西北部深孔土样

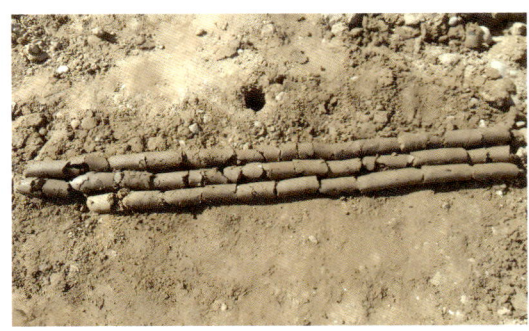

2. 勘探区东北部深孔土样

3. 勘探区中部深孔土样

4. 勘探区东南部深孔土样

5. 勘探区西南部深孔土样

考古勘探土样